Hauptgutachten
der Monopolkommission III

Monopolkommission

Hauptgutachten 1978/1979

Fusionskontrolle bleibt vorrangig

Nomos Verlagsgesellschaft
Baden-Baden

CIP-Kurztitelaufnahme der Deutschen Bibliothek

Fusionskontrolle bleibt vorrangig: Hauptgutachten 1978/79 / Monopolkommission – 1. Aufl. – Baden-Baden, Nomos Verlagsgesellschaft, 1980.
(Hauptgutachten der Monopolkommission; 3)
ISBN 3–7890–0632–7
NE: Monopolkommission

Vorwort

Während der dritten Berichtsperiode der Monopolkommission traten die ersten Veränderungen in der Zusammensetzung der Kommission ein:

Der erste Vorsitzende der Kommission, Ernst-Joachim Mestmäcker, trat zum 31. Dezember 1978 zurück, um einer Berufung als Direktor am Max-Planck-Institut für ausländisches und internationales Privatrecht, Hamburg, folgen zu können.

An seine Stelle berief der Bundespräsident Ulrich Immenga, Professor für Bürgerliches Recht, Handels- und Wirtschaftsrecht sowie Rechtsvergleichung an der Universität Göttingen.

Zu ihrem neuen Vorsitzenden wählte die Kommission Erhard Kantzenbach. Kantzenbach, dessen erste Amtsperiode am 30. Juni 1978 abgelaufen war, wurde vom Bundespräsidenten für eine zweite Amtsperiode bis zum 30. Juni 1982 berufen.

Erich Mittelsten Scheid schied am 30. Juni 1980 aus persönlichen Gründen aus der Kommission aus. An seine Stelle berief der Bundespräsident Frau Anne-Rose Iber-Schade, persönlich haftende Gesellschafterin und Beirat in der Firma Wilhelm Schade, in die Kommission. Gleichzeitig wurden Dieter Fertsch-Röver für eine dritte und Ulrich Immenga für eine erste volle Amtsperiode berufen. Die Amtszeit dieser drei Mitglieder endet am 30. Juni 1984, diejenige von Josef Murawski am 30. Juni 1982.

Die Monopolkommission war bei der Vorbereitung dieses dritten Zweijahresgutachtens auf Mitarbeit und Rat angewiesen. Der von ihr erbetenen Mitwirkung ist überwiegend bereitwillig entsprochen worden. Die Monopolkommission dankt den im Gutachten genannten Sachverständigen, Behörden, Unternehmen und Verbänden für ihre Hilfe.

Der Präsident des Bundeskartellamtes, Herr Kartte, und der Vizepräsident, Herr Lanzenberger, sowie die zuständigen Beamten, insbesondere der Vorsitzende der Grundsatzabteilung, Herr Niederleithinger, und die Vorsitzenden der für die Fusionskontrolle zuständigen Beschlußabteilungen, die Herren Barnikel, Held, Klaue und Markert, haben der Monopolkommission in mehreren Sitzungen und zahlreichen Einzelgesprächen Gelegenheit gegeben, sich ein Urteil über die von ihr zu begutachtenden Fragen des Rechts der Wettbewerbsbeschränkungen zu bilden.

Die Verantwortung für die Vorschläge der Monopolkommission trägt selbstverständlich sie allein.

Als wissenschaftliche Mitarbeiter der Monopolkommission waren während der Vorbereitung dieses Gutachtens tätig Herr Eckstein als Generalsekretär und die Herren Greiffenberg, Horstmann, Schönwitz und Weber sowie in der Schlußphase die Herren Binder und Steinmark. Die Monopolkommission dankt ihren Mitarbeitern für die kollegiale und verantwortungsvolle Zusammenarbeit, die vor allem in den letzten Monaten über die Erfüllung ihrer Dienstpflichten weit hinausgegangen ist.

Das Bundesverwaltungsamt hat die Arbeit der Monopolkommission sachlich und personell unterstützt. Der Dank der Monopolkommission gilt darüber hinaus den Mitarbeitern in der Geschäftsstelle Frau Linden, Frau Möller, Frau Rottland, Frau Wientgen und Herrn Kreutz, auf deren Hilfe und Nachsicht sie stets rechnen konnte.

Köln, den 30. Juni 1980

E. Kantzenbach
D. Fertsch-Röver **E. Mittelsten Scheid**
U. Immenga **J. Murawski**

Gemäß § 24 Abs. 5 des Gesetzes gegen Wettbewerbsbeschränkungen vom 4. April 1974, zuletzt geändert durch Gesetz vom 26. April 1980 (BGBl. I S. 458), zugeleitet mit Schreiben des Bundeskanzlers — 14 (42) — 610 10 — Mo 2/80 — vom 17. Juli 1980.

Inhaltsverzeichnis

Seite

Seite

Anhang

Einführung

A. Der Auftrag und seine Durchführung

1. Der Auftrag der Monopolkommission

1. Die Monopolkommission soll gemäß § 24 b Abs. 3 des Gesetzes gegen Wettbewerbsbeschränkungen (GWB) „in ihrem Gutachten den jeweiligen Stand der Unternehmenskonzentration sowie deren absehbare Entwicklung unter wirtschafts-, insbesondere wettbewerbspolitischen Gesichtspunkten beurteilen und die Anwendung der §§ 22 bis 24 a würdigen. Sie soll auch nach ihrer Auffassung notwendige Änderungen der einschlägigen Bestimmungen dieses Gesetzes aufzeigen"[1]).

2. In diesem Gutachten setzt die Monopolkommission die folgenden Untersuchungen aus den ersten Hauptgutachten fort[2]) [3]):

- Stand und Entwicklung der Konzentration in den Wirtschaftszweigen der Industrie.
- Die hundert größten Unternehmen.
- Konzentrationsentwicklung in der Pressewirtschaft.
- Die Anwendung der Vorschriften der Mißbrauchsaufsicht über marktbeherrschende Unternehmen und der Fusionskontrolle.

Daneben behandelt sie die Themen:

- Berücksichtigung internationaler Wettbewerbseinflüsse bei der nationalen Kontrolle von Unternehmenszusammenschlüssen und das Erfordernis der Schaffung einer europäischen Fusionskontrolle.
- Entflechtung von Unternehmen.

3. In *Kapitel I* schreibt die Monopolkommission ihre Untersuchungen über Stand und Entwicklung der Unternehmenskonzentration in der Industrie bis zum Jahre 1977 fort. Die Analyse der Unternehmenskonzentration basiert auf den Daten der amtlichen Industriestatistik. Das amtliche Berichtssystem unterscheidet zwischen zweistelligen und vierstelligen Wirtschaftszweigen. Auch die tiefer gegliederten Viersteller grenzen die einzelnen Märkte nur unvollkommen ab. Sie stellen jedoch die z. Z. bestmögliche Annäherung an die relevanten Märkte dar.

4. Die auf Wirtschaftszweige bezogene Untersuchung der horizontalen Konzentration vernachlässigt die Wettbewerbswirkungen, die von vertikal und konglomerat integrierten Unternehmen ausgehen. Mit den z. Z. verfügbaren Daten kann jedoch das Ausmaß der vertikalen und konglomeraten Unternehmenskonzentration nicht bestimmt werden. Erst im nächsten Hauptgutachten ist damit zu rechnen, daß statistisches Material zur Verfügung steht, welches den getrennten Ausweis der horizontalen, vertikalen und konglomeraten Unternehmenskonzentration zuläßt. Zu diesem Zweck legt die Monopolkommission ein neues Konzept zur Fortentwicklung des konzentrationsstatistischen Berichtssystems vor.

5. In *Kapitel II* schreibt die Monopolkommission ihre Analyse der hundert größten Unternehmen aus den beiden vorangegangenen Hauptgutachten fort. Dargestellt werden die Positionsveränderungen der Großunternehmen innerhalb der Gruppe der „100 Größten", die Bedeutung der Unternehmen für die gesamtwirtschaftliche Entwicklung, der Anteilsbesitz an Großunternehmen und die Beteiligung der „100 Größten" an den dem Bundeskartellamt nach § 23 GWB angezeigten Unternehmenszusammenschlüssen. Durch die darüber hinaus vorgenommene Erweiterung des Untersuchungsprogramms um die Ermittlung der in den Bilanzen ausgewiesenen Wertschöpfung, der Sachanlagen- und Beteiligungswerte, des Cash-flow und der personellen Verflechtungen der „100 Größten" werden zusätzliche ressourcenorientierte Maßstäbe zur Beurteilung der Unternehmenskonzentration gewonnen.

6. Der Bundesminister für Wirtschaft hat der Monopolkommission mit Schreiben vom 21. Januar 1977 das Ersuchen der Bundesregierung übermittelt, ein Gutachten nach § 24b Abs. 5 Satz 3 GWB zu erstatten über „Stand und Entwicklung der Unternehmenskonzentration in der Presse unter besonderer Berücksichtigung der Beteiligungsverhältnisse bei Presseunternehmen".

In ihrem Gutachten-Ersuchen hat die Bundesregierung die Monopolkommission gebeten, die Untersuchung des Pressebereichs fortzuschreiben. Der Gutachtenauftrag konnte infolge unzureichender Beteiligung der befragten Verlage nicht vollständig erfüllt werden. Über den fortschreibungsfähigen Teil der Untersuchung berichtet die Kommission in *Kapitel III.*

7. Die Monopolkommission hat den gesetzlichen Auftrag, die Anwendung der Mißbrauchsaufsicht über marktbeherrschende Unternehmen und der Fusionskontrolle (§§ 22 bis 24 a GWB) zu würdigen.

---

[1]) Ein Auszug aus dem Gesetz gegen Wettbewerbsbeschränkungen findet sich im Anhang dieses Gutachtens.

[2]) Vgl. Monopolkommission, Mehr Wettbewerb ist möglich, Hauptgutachten 1973/1975, Baden-Baden 1976.

[3]) Vgl. Monopolkommission, Fortschreitende Konzentration bei Großunternehmen, Hauptgutachten 1976/1977, Baden-Baden 1978.

Zur Erfüllung dieses Auftrags hat die Monopolkommission die Verfahrensakten des Bundeskartellamtes eingesehen und in mehreren Sitzungen mit Vertretern des Amtes Probleme bei der Rechtsanwendung diskutiert.

8. Im Berichtszeitraum 1978/1979 wurde die vierte GWB-Novelle beraten. Sie trat im Mai 1980 in Kraft. Soweit hierdurch einschlägige Bestimmungen des GWB geändert wurden, nimmt die Monopolkommission im Rahmen der Würdigung der Rechtsanwendung durch das Bundeskartellamt hierzu Stellung.

9. Die vierte GWB-Novelle änderte außerdem die Erscheinungsweise des Tätigkeitsberichtes des Bundeskartellamtes.

Nach § 50 Abs. 1 Satz 1 GWB in der neuen Fassung veröffentlicht das Bundeskartellamt jeweils nach dem Jahr, in dem die Monopolkommission ein Gutachten zu erstatten hat, einen Bericht über seine Tätigkeit. Damit wechseln sich zukünftig Tätigkeitsberichte des Bundeskartellamtes und Gutachten der Monopolkommission ab. Im Erscheinungsjahr des Hauptgutachtens 1978/1979 der Monopolkommission wird deshalb erstmalig kein Tätigkeitsbericht des Bundeskartellamtes vorliegen. Aus diesem Grund nimmt die bisher vorrangig in den Tätigkeitsberichten des Bundeskartellamtes erfolgte Wiedergabe letztinstanzlicher Entscheidungen etwas breiteren Raum ein als in den vorangegangenen Gutachten. Im übrigen nimmt die Monopolkommission wie bisher im wesentlichen zu solchen Entscheidungen des Bundeskartellamtes Stellung, mit welchen Zusammenschlüsse nicht untersagt wurden.

Die für diese Entscheidungen maßgeblichen Überlegungen werden vom Bundeskartellamt nicht veröffentlicht. Umfang und Form der die Verfahren des Bundeskartellamtes intern abschließenden Schlußvermerke liegen im Ermessen des Amtes. Schon aus diesem Grund kann nicht ausgeschlossen werden, daß die für die Einzelentscheidung erheblichen Überlegungen des Amtes in diesen Vermerken nur unzureichend wiedergegeben wurden. Die Monopolkommission nimmt auch aus diesem Grunde nicht zu den Ergebnissen der Zusammenschlußprüfungen Stellung, sondern beschränkt ihre Kritik auf einzelne Aspekte der Zusammenschlußentscheidungen des Bundeskartellamtes. Die Monopolkommission nimmt in *Kapitel IV* nur dann zu Problemen bei der Rechtsanwendung Stellung, wenn diese für die Fortentwicklung des Rechts bedeutsam erscheinen.

10. In *Kapitel V* untersucht die Monopolkommission Probleme des internationalen Wettbewerbs und der Einführung einer europäischen Zusammenschlußkontrolle. Unter Hinweis auf die zunehmende Integration einzelstaatlicher Märkte, insbesondere im Rahmen der Europäischen Gemeinschaft, wird die Forderung nach einer stärkeren Berücksichtigung internationaler Wettbewerbseinflüsse bei der Kontrolle nationaler Unternehmenszusammenschlüsse erhoben. Den damit im Zusammenhang stehenden Fragen geht die Monopolkommission unter ökonomischen und rechtlichen Aspekten nach. Die Untersuchung bezieht sich insbesondere auf Probleme

- der Abgrenzung räumlich relevanter Märkte, die größer sind als der Geltungsbereich des GWB,
- der Berücksichtigung von Auslandswettbewerb bei der Prüfung der Wettbewerbsintensität und
- der Ermittlungstätigkeit nationaler Behörden im Ausland.

Die begrenzte Möglichkeit der Erfassung internationaler Konzentrationsvorgänge mit Hilfe des geltenden deutschen bzw. internationalen Wettbewerbsrechts führt zu der Frage nach dem Stand der Diskussion um die Einführung einer europäischen Zusammenschlußkontrolle. Mit ihrer Schaffung würde ein wichtiger Teilbereich der internationalen Konzentration — der mit zunehmender Wirtschaftsintegration an Bedeutung gewinnt — einer ergänzenden rechtlichen Kontrolle unterstellt. Neben dem Inhalt der von der EG-Kommission vorgeschlagenen Fusionskontrollverordnung sind Stand und Entwicklung der sich auf sie beziehenden Diskussion in den Organen der Gemeinschaft darzustellen. Hierbei ist auf die Vorbehalte einzelner Mitgliedstaaten einzugehen. Schließlich wird untersucht, ob zwischen der nationalen und der europäischen Fusionskontrolle Konflikte bestehen, und auf welche Weise sie gelöst werden können.

11. In *Kapitel VI* dieses Gutachtens nimmt die Monopolkommission Stellung zur Frage der Entflechtung. Die Kommission hatte sich bereits in früheren Gutachten zu dieser Frage geäußert, ohne jedoch ein umfassendes Konzept für eine entsprechende Gesetzesänderung vorzulegen. Insbesondere die Äußerungen der Kommission zur Entflechtung im ersten Hauptgutachten haben die Diskussion um dieses Problem soweit angeregt, daß eine ausführlichere Darstellung geboten erscheint. Selbst wenn eine erneute Novellierung des GWB unter Einbeziehung der Unternehmensentflechtung noch nicht für erforderlich gehalten werden sollte, empfiehlt sich dennoch, die Auseinandersetzung um dieses wettbewerbsrechtliche Instrument mit einem begründeten Gesetzesvorschlag zu intensivieren. Nach allen Erfahrungen bedürfen derartige Novellierungsvorschläge eines längeren Zeitraums der Diskussion im wissenschaftlichen und politischen Raum.

2. Die Durchführung des Auftrages

12. Die Monopolkommission hat bisher zur Vorbereitung ihrer Stellungnahmen Gutachten an zahlreiche Wissenschaftler vergeben. Sie hat erwogen, diese in einer besonderen Schriftenreihe herauszugeben. Aus verschiedenen Gründen hat sie jedoch davon Abstand genommen. Den beauftragten Gutachtern wird regelmäßig nach Auswertung ihrer Ergebnisse durch die Monopolkommission eine selbständige Veröffentlichung freigestellt. Bisher sind folgende Gutachten veröffentlicht worden:

- Baum, Clemens/Möller, Hans-Hermann: Die Messung der Unternehmenskonzentration und ihre statistischen Voraussetzungen in der Bundesrepublik Deutschland. Meisenheim am Glan: Hain 1976.

— Marfels, Christian: Erfassung und Darstellung industrieller Konzentration. Baden-Baden: Nomos 1977.

— Mönig, Walter/Schmitt, Dieter/Schneider, Hans K./Schürmann, Jürgen: Konzentration und Wettbewerb in der Energiewirtschaft. München: Oldenburg 1977.

— Pischner, Rainer/Dröge, Käthe/Weiser, Brigitta: Konzentration und industrielle Entwicklung. Berlin: Deutsches Institut für Wirtschaftsforschung 1977. Vorabdruck im Anhang des zweiten Hauptgutachtens der Monopolkommission.

— Möschel, Wernhard: Das Trennsystem in der U.S.-amerikanischen Bankwirtschaft. Baden-Baden: Nomos 1978.

— Oberhauser, Alois: Unternehmenskonzentration und Wirksamkeit der Stabilitätspolitik. Tübingen: Mohr 1979.

13. Das Statistische Bundesamt hat der Monopolkommission, wie bereits in den beiden ersten Hauptgutachten, in mehreren konzentrationsstatistischen Sonderaufbereitungen Daten für die Bereiche Bergbau und Verarbeitendes Gewerbe zur Verfügung gestellt. Dieses statistische Material wurde von der Monopolkommission nach verschiedenen, für die Konzentrationsmessung wesentlichen Aspekten ausgewertet.

Die Reform der amtlichen Industriestatistik, die aufgrund des Gesetzes über die Statistik im Produzierenden Gewerbe vom 6. November 1975[1]) durchgeführt wurde, hatte wesentliche Änderungen in der Erhebungs- und Berichtskreisabgrenzung der Ausgangsdaten zur Folge. Zur Fortschreibung der Konzentrationsstatistik auf das Jahr 1977 war deshalb eine Umrechnung der vom Statistischen Bundesamt zur Verfügung gestellten Daten für das Berichtsjahr 1977 auf die im Jahre 1975 gültigen Abgrenzungen erforderlich. Zu diesem Zweck hat das Statistische Bundesamt der Monopolkommission eine Doppelauswertung der Konzentrationsdaten des Berichtsjahres 1975 in den Abgrenzungen der Jahre 1975 und 1976 sowie eine Schätzung der quantitativen Auswirkungen der Einbeziehung des Produzierenden Handwerks im Jahre 1977 auf die Höhe von Umsatz, Beschäftigten- und Unternehmenszahlen der Zweisteller zur Verfügung gestellt. Dadurch konnten fortschreibungsfähige Daten für alle zweistelligen Wirtschaftszweige berechnet werden. Auf die Fortschreibung der tiefer gegliederten Viersteller mußte jedoch mangels entsprechender Unterlagen verzichtet werden.

Ergänzend hierzu diskutierte die Monopolkommission die Probleme der Fortschreibung mit Vertretern des Statistischen Bundesamtes. Dabei wurden auch die Möglichkeiten einer neuen Konzentrationsstatistik zur getrennten Messung der horizontalen, vertikalen und konglomeraten Unternehmenskonzentration erörtert, wie sie von der Monopolkommission vorgeschlagen wurde.

[1]) Vgl. BGBl. I, S. 2779.

14. Während in *Kapitel I* aus statistischen Gründen auf rechtliche Unternehmenseinheiten zurückgegriffen werden mußte, werden in *Kapitel II* wirtschaftliche Unternehmenseinheiten berücksichtigt. Darstellungseinheit sind Konzerne mit ihren inländischen Tochterunternehmen, soweit deren Geschäftsabschlüsse in die Konsolidierung einbezogen werden. Mit der Untersuchung des Anteilsbesitzes an Großunternehmen, der Kooperation im Rahmen von Gemeinschaftsunternehmen und der personellen Verflechtungen werden vor allem auch Hinweise auf die Verbindungen der Großunternehmen untereinander nach unterschiedlichen Gesichtspunkten gewonnen.

15. Die Statistik der hundert größten Unternehmen beruht primär auf der Auswertung von Geschäftsberichten und anderen allgemein zugänglichen Quellen. Die Erweiterung des Untersuchungsprogramms zur Analyse der Konzentration im Bereich von Großunternehmen machten darüber hinaus eine im Vergleich zum Berichtsjahr 1976 weitergehende Befragung der Großunternehmen erforderlich. Die Monopolkommission hat sich bemüht, den Befragungsaufwand für die Unternehmen in einem vertretbaren Rahmen zu halten. Im Zusammenhang mit der gruppenspezifischen Analyse der personellen Verflechtungen zwischen den Großunternehmen hat die Monopolkommission vom Deutschen Gewerkschaftsbund eine Aufstellung über die Gewerkschaftsvertreter in den Aufsichtsräten der hundert größten Unternehmen 1978 erhalten.

16. Auf Ersuchen der Monopolkommission erstellte das Statistische Bundesamt in einer Sonderauswertung aus Daten der Pressestatistik Konzentrationsraten für Presseunternehmen und Presseobjekte.

17. Für die Untersuchung internationaler Wettbewerbseinflüsse und deren Berücksichtigung im Rahmen der nationalen Kontrolle von Unternehmenszusammenschlüssen wurde eine schriftliche Stellungnahme des Bundesverbandes der Deutschen Industrie herangezogen. Die Kommission erörterte diesen Fragenkreis auch mit Beamten des Bundeskartellamtes anläßlich einer Aussprache am 25. April 1980 in Berlin.

Probleme der Einführung einer europäischen Zusammenschlußkontrolle wurden bei einem Gespräch mit Vertretern der EG-Kommission in Brüssel am 29. November 1979 diskutiert.

Zur Vorbereitung dieser Aussprache informierte Herr Ministerialrat Wolf die Monopolkommission über den Standpunkt der Bundesregierung zu diesem Fragenkomplex in der Kommissionssitzung am 16. November 1979 in Köln.

18. Als Materialien zur Frage der Entflechtung haben der Monopolkommission vorgelegen:

— W. Möschel, Entflechtungen im Recht der Wettbewerbsbeschränkungen (Eine vergleichende rechtspolitische Studie), Tübingen 1979.

— W. Oehler, Entflechtung und Kontrahierungszwang (Methoden und Erfahrungen im amerikanischen Recht der Wettbewerbsbeschränkungen), Baden-Baden 1976 und

— R. Schulte-Braucks, Die Auflösung marktbeherrschender Stellungen (Eine rechtsvergleichende Untersuchung des Problems der Marktmacht mit einer Fallstudie über die amerikanische Computerindustrie), Baden-Baden 1980.

19. Die Monopolkommission hat zu den Problemen der Entflechtung als wissenschaftliche Sachverständige die Herren

— Prof. Dr. Wolfgang Harms,
— Prof. Dr. Ernst-Joachim Mestmäcker,
— Prof. Dr. Wernhard Möschel,
— Dr. Wolfgang Oehler,
— Prof. Dr. Fredric M. Scherer,
— Prof. Dr. Ingo Schmidt,
— Prof. Dr. Rupert Scholz,
— Dr. Reinhard Schulte-Braucks,
— Dr. Harald Schumacher

angehört. Herr Prof. Dr. Scherer und Herr Dr. Schumacher gaben schriftliche Stellungnahmen zur Anhörung ab[1]).

Die Monopolkommission hat sich an folgende Verbände gewandt, um sich in einer zweiten Anhörung über das Problem der Entflechtung aus der Sicht der wirtschaftlichen Praxis zu informieren:

— Arbeitsgemeinschaft Selbständiger Unternehmer e.V. (ASU),
— Bundesverband deutscher Banken e.V. (BdB),
— Bundesverband der Deutschen Industrie e.V. (BDI),
— Deutscher Gewerkschaftsbund (DGB).

Als Vertreter dieser Verbände nahmen

— Herr Heribert Juchems (ASU),
— Herr Dr. Dieter Tenhof (ASU),
— Herr Dr. Andreas Kleffel (BdB),
— Herr Dr. Helmuth Cammann (BdB),
— Herr Hans Jörg Döll (BdB),
— Herr Dr. Siegfried Mann (BDI),
— Herr Dr. Werner Benisch (BDI),
— Herr Rudolf Henschel (DGB),
— Frau Doris Schneider-Zugowski (DGB),
— Herr Dr. Karlheinz Marth (DGB)

sowie auf Vorschlag des BDI die Vertreter deutscher Großunternehmen

— Dr. Carl H. Hahn (Continental-Gummiwerke AG),
— Prof. Dr. h. c. Hans L. Merkle (Robert Bosch GmbH),
— Dr.-Ing. E. h. Günther Saßmannshausen (PREUSSAG AG),
— Dr. Dieter Schaub (Bayer AG),
— Dr. Helmuth von Hahn (Hoechst AG)

an der Anhörung teil.

Zur Vorbereitung der Anhörung sandte die Monopolkommission einen Fragebogen an diese Verbände sowie an die Deutsche Angestellten-Gewerkschaft. Schriftliche Stellungnahmen sind von der ASU, dem BDI, der DAG sowie dem Verband öffentlicher Banken eingereicht worden.

Die Ergebnisse der Anhörung und die schriftlichen Unterlagen sind bei der Meinungsbildung der Monopolkommission berücksichtigt worden.

20. Im Auftrag der Monopolkommission erstattete Herr Prof. Dr. Rupert Scholz ein Gutachten über „Entflechtung und Verfassung", das als Monographie vom Verfasser veröffentlicht werden wird.

B. Laufende Projekte

21. Die Monopolkommission hat weitere Untersuchungen zum Stand und zur Entwicklung der Unternehmenskonzentration unter wirtschafts- und insbesondere wettbewerbspolitischen Gesichtspunkten begonnen. Hierbei handelt es sich um folgende Problemkreise:

— Die wettbewerbspolitische Beurteilung der vertikalen und konglomeraten Unternehmenskonzentration;
— Fallstudien zur vertikalen Unternehmenskonzentration in einzelnen Industriebereichen;
— Die Rolle der Deutschen Bundespost im Fernmeldebereich.

Die Ergebnisse der Untersuchungen wird die Monopolkommission nach Abschluß der laufenden Projekte veröffentlichen.

1. Vertikale und konglomerate Unternehmenskonzentration

22. Die nach § 24b GWB gebotene wirtschaftspolitische Würdigung der Unternehmenskonzentration durch die Monopolkommission schließt die Untersuchung der Ursachen sowie der wettbewerblichen Wirkungen vertikaler und konglomerater Konzentration ein. In erster Linie ist hierbei das externe Unternehmenswachstum durch Zusammenschlüsse bedeutsam. Die Monopolkommission nimmt aktuelle Zusammenschlußtendenzen zum Anlaß, Fragestellungen, die speziell bei vertikaler und konglomerater Konzentration relevant werden, zum Gegenstand einer vertiefenden Untersuchung zu machen.

23. Ziel der Untersuchung ist es einmal, die wesentlichen wirtschaftlichen Vorteile herauszustellen, welche Unternehmen dazu veranlassen, in vertikaler oder in konglomerater Richtung zu diversifizieren. Diesen Vorteilen sind mögliche wettbewerb-

[1]) Diese Stellungnahmen sind im Anhang des Gutachtens abgedruckt.

liche Nachteile dieser Konzentrationsformen gegenüberzustellen. Insbesondere aus Fällen, die nach dem amerikanischen Antitrustrecht entschieden wurden, ergeben sich hierzu eine Reihe von verwertbaren Hinweisen. Abschließend sind die Schlußfolgerungen für die Anwendung des geltenden Rechts gegen Wettbewerbsbeschränkungen darzulegen. Sie betreffen im wesentlichen die nichtmarktanteilsbezogenen Kriterien der überragenden Marktstellung und hier insbesondere das Kriterium der Finanzkraft von Unternehmen.

24. Zur Vorbereitung des Projekts hat die Monopolkommission mehrere wissenschaftliche Gutachten eingeholt:

- Prof. Dr. H. Albach, Finanzkraft als Merkmal der Marktbeherrschung in Fusionsfällen;
- Prof. Dr. O. Sandrock, Die Anwendung des US-amerikanischen Antitrustrechts auf die vertikale Konzentration;
- Prof. Dr. W. Möschel, Konglomerate Zusammenschlüsse im US-amerikanischen Antitrustrecht.

Die Monopolkommission wird die in diesen Untersuchungen vorgetragenen Ergebnisse bei ihrer Meinungsbildung berücksichtigen.

2. Fallstudien zur vertikalen Unternehmenskonzentration in einzelnen Industriebereichen

25. Als Ergänzung zur Untersuchung der vertikalen Unternehmenskonzentration hat die Monopolkommission empirische Studien über zwei vertikal integrierte Industriebereiche begonnen. Dadurch sollen die theoretischen Aussagen zur vertikalen Unternehmensintegration eine breitere empirische Basis erhalten. Anhand der Untersuchungen soll für die einbezogenen Bereiche die Entwicklung der vertikalen Integration aufgezeigt werden und Aufschluß darüber erzielt werden, wie sich im Laufe des vertikalen Integrationsprozesses die Wettbewerbsbedingungen auf den betroffenen Märkten verändern.

Insbesondere interessiert dabei, inwieweit sich wettbewerbspolitisch bedenkliche horizontale Auswirkungen der vertikalen Integration auf die Unternehmensstrukturen ergeben, die den unter Umständen erzielbaren Unternehmenseffizienzwirkungen entgegenstehen. Solche Wirkungen können durch Ersparnisse von Transaktionskosten erzielt werden, falls durchzuführende Markttransaktionen effizienter durch vertikale Integrationsbeziehungen ersetzt würden. Im Rahmen dieser Untersuchungen wird auch auf den Aspekt eingegangen, daß vertikale Integration einen Spezialfall von Diversifikation darstellt.

26. Für die Beurteilung der vertikalen Integration hat die Monopolkommission zwei Gutachten in Auftrag gegeben:

- Prof. Dr. M. Neumann, Vertikale Integration und Konzentration zwischen Unternehmen der Eisen- und Stahlindustrie und des Maschinenbaus;
- Internationales Institut für Management und Verwaltung (Berlin), Vertikale Integration in der Mineralöl- und Chemischen Industrie (bearbeitet von Dr. M. J. Dirrheimer unter Mitarbeit von Dr. K. Wagner und T. Hübner).

Die beiden Gutachten liegen vor und werden im Untersuchungsprogramm der Monopolkommission über vertikale Integration berücksichtigt.

3. Die Rolle der Bundespost im Fernmeldebereich

27. Die Monopolkommission hat in ihrem gemäß § 24 b Abs. 5 S. 3 GWB erstatteten Sondergutachten 7 „Mißbräuche der Nachfragemacht und die Möglichkeiten zu ihrer Kontrolle im Rahmen des Gesetzes gegen Wettbewerbsbeschränkungen" zu Problemen der Nachfragemacht in Handel und Industrie Stellung genommen. Sie hat dabei jedoch auf die Analyse der Wettbewerbswirkungen, die von der öffentlichen Hand als Nachfrager ausgehen, verzichtet.

28. Nach der Veröffentlichung ihres Sondergutachtens ist gegenüber der Kommission von verschiedenen Seiten der Wunsch herangetragen worden, auch zu Problemen des Mißbrauchs der Nachfragemacht durch die öffentliche Hand Stellung zu nehmen. Die Monopolkommission hat sich daher im Berichtszeitraum mit dem Verhalten der Deutschen Bundespost auf den Märkten für Fernmeldeeinrichtungen und -geräte befaßt.

Die marktbeherrschende Stellung der Deutschen Bundespost im Fernmeldebereich basiert auf den Bestimmungen des Fernmeldeanlagengesetzes, das der Bundespost die alleinige Befugnis zum Errichten und Betreiben von Fernmeldeanlagen gewährt. Die Durchsetzung des Monopolanspruchs im Fernmeldebereich und im Endgerätemarkt verschafft der Bundespost auch ein Nachfragemonopol gegenüber den Herstellern dieser Geräte und Einrichtungen, weil die Bundespost selbst nicht über entsprechende Produktionsbetriebe verfügt.

Das Aufgreifen dieser Fragestellungen durch die Monopolkommission wurde auch deshalb notwendig, weil die Fernmeldemärkte durch ein hohes Innovationstempo gekennzeichnet sind und die Gefahr besteht, daß die Bundespost ihren Monopolanspruch auf die sich neu entwickelnden Kommunikationsmärkte ausdehnt und damit diese der Wettbewerbsordnung entzieht.

29. Zur Vorbereitung ihrer Untersuchung haben Vertreter der Monopolkommission an Sitzungen des Arbeitskreises der Landeswirtschaftsministerkonferenz über „Deutsche Bundespost und Fernmeldemonopol" teilgenommen. Der Abschlußbericht dieses Arbeitskreises wurde im Februar 1980 vorgelegt. Gleichzeitig gab die Monopolkommission folgende Gutachten in Auftrag:

- Prof. Dr. C. C. v. Weizsäcker, Dr. G. Knieps und Dr. J. Müller, Die Rolle des Wettbewerbs im Fernmeldebereich;

— E. Eggers, Darstellung und wettbewerbspolitische Würdigung des Nachfrageverhaltens der Deutschen Bundespost im Fernmeldebereich.

Darüber hinaus hat die Monopolkommission das Bundesministerium für das Post- und Fernmeldewesen um Unterstützung ihrer Untersuchungen gebeten. Diese Unterstützung wurde der Kommission jedoch nur für Untersuchungen im Bereich des Beschaffungswesens der Bundespost zugesichert.

Das Untersuchungsprogramm der Monopolkommission ist noch nicht abgeschlossen. Die Kommission wird ihre Ergebnisse zu gegebener Zeit veröffentlichen.

C. Zusammenfassung der Ergebnisse

1. Stand und Entwicklung der Unternehmenskonzentration in den Wirtschaftszweigen der Industrie

30. Die Reform der amtlichen Industrieberichterstattung verbessert die Möglichkeiten der Konzentrationsstatistik erheblich. In Zukunft wird es möglich sein, den Grad der horizontalen, vertikalen und konglomeraten Unternehmenskonzentration getrennt auszuweisen. Zu diesem Zweck stellt die Monopolkommission ein *neues konzentrationsstatistisches Programm* vor, das auf der Ausnutzung der verbesserten Datenlage und auf der Anwendung verfeinerter quantitativer Methoden der Konzentrationsmessung beruht. Die Darstellung und Würdigung von Stand und Entwicklung von Unternehmenskonzentration nach dem neuen Programm war in diesem Hauptgutachten nicht möglich, weil die dazu notwendigen Daten noch nicht zur Verfügung standen. (Tz. 153 bis 179)

31. Die Monopolkommission stützt sich im vorliegenden Hauptgutachten bei der Untersuchung über Stand und Entwicklung der Unternehmenskonzentration in den Wirtschaftszweigen der Industrie auf die in der amtlichen Industriestatistik ermittelten Daten für zweistellige und vierstellige Wirtschaftszweige. Die durch die bereits abgeschlossene Reform der amtlichen Industrieberichterstattung verursachten Berichtskreissprünge erschweren die Beurteilung des Konzentrationsstandes und seiner Entwicklung. Auf der Basis von amtlichen Unterlagen hat die Monopolkommission Umrechnungsfaktoren ermittelt, die die Fortschreibung der Konzentrationsdaten über das Berichtsjahr 1975 hinaus „hier zunächst bis 1977" erlauben. (Tz. 187 bis 189)

32. Der Grad der Unternehmenskonzentration hat 1977 ein hohes Niveau erreicht und ist gegenüber 1975 erneut fühlbar gestiegen. Der Anteil der drei größten Unternehmen am *Umsatz* der einzelnen Wirtschaftszweige beträgt 1977 (1975) im Durchschnitt 26,9 % (25,3 %), der Anteil der sechs größten Unternehmen liegt bei durchschnittlich 36,6 % (34,5[1])). Die zehn größten Unternehmen vereinigen im Mittel jeweils 43,7 % (42,3 %) des Gesamtumsatzes der Industriegruppen auf sich. (Tz. 199 bis 200)

33. Der *Konzentrationsgrad* schwankt im Vergleich der Wirtschaftszweige erheblich. Die Umsatzanteile der drei größten Unternehmen reichen von 81,3 % im Luft- und Raumfahrzeugbau bis zu 3,5 % in der Holzverarbeitung. (Tz. 201)

34. Von den untersuchten zweistelligen Wirtschaftszweigen entfallen 14 auf Branchen mit hoher und sehr hoher Unternehmenskonzentration. Die Wirtschaftszweige mit hoher und sehr hoher Unternehmenskonzentration haben ihre Anteile am Umsatz der Gesamtindustrie von 49,5 % auf 52,1 % weiter ausgedehnt. In diesen Wirtschaftszweigen ist im allgemeinen auch die *Zahl der Unternehmen* relativ gering. (Tz. 204, 210)

35. Wettbewerbspolitisch ist die Frage nach der Höhe der Unternehmenskonzentration auf dem jeweils relevanten Markt von vorrangiger Bedeutung. Das statistische Berichtssystem läßt jedoch eine entsprechende Marktabgrenzung nicht zu. Die breit abgegrenzten zweistelligen Wirtschaftszweige stellen nur eine erste grobe Annäherung dar. Die Konzentrationskoeffizienten unterschätzen deshalb in der Regel den Grad der Unternehmenskonzentration. Eine größere Märktnähe als die breit abgegrenzten Zweisteller weisen die vierstelligen Wirtschaftszweige auf. In den Vierstellern liegen die Konzentrationskoeffizienten deutlich über den Werten für die Zweisteller. (Tz. 214 bis 215, 218 bis 219)

36. Im Durchschnitt der 33 zweistelligen Wirtschaftszweige beträgt der *Beschäftigtenanteil* der drei größten Unternehmen eines Wirtschaftszweiges 23,4 %, der *Umsatzanteil* dagegen 26,9 %. Das kann darin begründet sein, daß die größeren Unternehmen

- höhere Faktorproduktivitäten besitzen (Produktivitätseffekt) und/oder
- höhere Verkaufspreise erzielen (Preiseffekt) und/oder
- stärker in anderen Industriezweigen tätig sind (Diversifikationseffekt)

als die kleineren Unternehmen eines Wirtschaftszweiges. Bei den kleineren Unternehmen ist der Beschäftigtenanteil in der Regel höher als der Umsatzanteil. (Tz. 220 bis 223)

37. Die Unterschiede der *Unternehmensgrößen* in den einzelnen Wirtschaftszweigen sind hoch. Im Durchschnitt sind die zehn größten Unternehmen eines Wirtschaftszweiges rd. 56mal größer als die übrigen Unternehmen. Dahinter verbirgt sich ein weites Spektrum unterschiedlicher Unternehmensgrößenproportionen. Am höchsten sind die Größenunterschiede in der Elektrotechnik mit einem Verhältnis von 215 : 1, am niedrigsten sind sie in der Ledererzeugung mit einem Verhältnis von 8 : 1. (Tz. 225 bis 226)

38. Die Unternehmensgrößen sind im Bereich der jeweils sechs größten Unternehmen eines Wirt-

[1]) Ohne Berücksichtigung der Tabakverarbeitung und der Lederverarbeitung.

schaftszweiges *(„Oligopolspitze")* vergleichsweise ausgeglichen. Der Umsatz eines Unternehmens, das zu den drei größten seiner Branche gehört, ist im Durchschnitt etwa 2,6mal so groß wie der Umsatz eines Unternehmens, das zu den drei nachfolgenden Unternehmen gehört. Das Spektrum der Unternehmensgrößenproportionen in der „Oligopolspitze" reicht von 9,1 : 1 im Stahl- und Leichtmetallbau bis zu einem Verhältnis von 1,2 : 1 in der Holzverarbeitung. (Tz. 228 bis 229)

39. Die Entwicklung der Unternehmensgrößen vollzog sich im Berichtszeitraum vor dem Hintergrund eines konjunkturellen Aufschwungs. Der Umsatz aller Industrieunternehmen hat sich zwischen 1975 und 1977 um 14,6 % auf 964 Mrd. DM erhöht. Zu diesem Umsatzwachstum, das vornehmlich auf Mengenwachstum zurückzuführen ist, haben fast alle Wirtschaftszweige beigetragen. Der Trend zu rückläufigen Unternehmenszahlen kehrt sich im Berichtszeitraum um. Die Zahl der rechtlich selbständigen Unternehmen stagnierte zwischen 1975 und 1976 und nimmt 1977 im Mittel um etwa ein Prozent zu. Die Zunahme der Unternehmenszahl erfolgt vor allem in den wachstumsstarken Wirtschaftszweigen. (Tz. 231 bis 235)

40. Die Unternehmenskonzentration schreitet in der Bundesrepublik Deutschland weiter voran. Die Umsatzanteile der größten Unternehmen sind zwischen 1975 und 1977 deutlich gestiegen. Der durchschnittliche Umsatzanteil der zehn größten Unternehmen stieg von 42,3 % im Jahr 1975 auf 43,7 % im Jahr 1977 an. Er ist damit doppelt so stark gewachsen wie im Zweijahreszeitraum davor. Seit dem Jahr 1968 stieg der mittlere Umsatzanteil der zehn größten Unternehmen um 13,5 % an. (Tz. 242 bis 244, 246)

41. Die prozentual stärkste Zunahme der Unternehmenskonzentration erfolgte im Stahl- und Leichtmetallbau, in der Herstellung von Eisen-, Blech-, und Metallwaren und in der Gießereiindustrie. Dagegen ist die Konzentration in der Herstellung von Kunststoffen, bei den Ziehereien, Kaltwalzwerken, Stahlverformung, Mechanik und in der Eisenschaffenden Industrie besonders stark zurückgegangen. (Tz. 245)

42. Seit 1954 steigt die Konzentration stetig. Von dieser Entwicklung sind fast alle Wirtschaftszweige erfaßt worden. Nur in wenigen Wirtschaftszweigen ist die Konzentration seit 1954 gesunken. Dazu gehört an erster Stelle die Herstellung von Kunststoffwaren. (Tz. 246 bis 247)

43. Im Konjunkturabschwung der Jahre 1973 bis 1975 weisen gering konzentrierte Wirtschaftszweige eine deutlich geringere nominale Umsatzzunahme auf als die höher konzentrierten Branchen. In der konjunkturellen Aufschwungphase zwischen 1975 und 1977 läßt sich ein entsprechender Zusammenhang nicht nachweisen. Dies deutet darauf hin, daß die höher konzentrierten Wirtschaftszweige im *Konjunkturablauf* eine stabilere Umsatzentwicklung aufweisen als die geringer konzentrierten Wirtschaftszweige. Die Umsatzentwicklung der großen Unternehmen hoch konzentrierter Wirtschaftszweige ist insofern weniger konjunkturabhängig. (Tz. 248)

44. Der Umsatzanteil der zehn branchengrößten Unternehmen überstieg 1977 mit Ausnahme des Bergbaus und der Eisenschaffenden Industrie in allen Wirtschaftszweigen den Beschäftigtenanteil dieser Unternehmen. Die Produktivitäts-, Preis- und/oder Diversifikationsunterschiede von Unternehmen unterschiedlicher Größe derselben Branche haben sich im Berichtszeitraum vergrößert. Sie stiegen in 19 Wirtschaftszweigen weiter an. In diesen Bereichen lag bei den Großunternehmen die Veränderungsrate ihres Personalbestandes unter dem branchenüblichen Durchschnitt. Sie konnten damit gleichwohl eine über dem Branchendurchschnitt liegende Umsatzausweitung erzielen. Eine Angleichung des Umsatz- und Beschäftigtenanteils bei den größten Unternehmen eines Wirtschaftszweiges findet sich dagegen nur in neun Wirtschaftszweigen. (Tz. 252 bis 256)

45. Die Unternehmensgrößenunterschiede haben sich in den meisten Wirtschaftszweigen erhöht. Der durchschnittliche Umsatz der zehn größten Unternehmen ist in 17 von 28 Wirtschaftszweigen stärker gestiegen als der durchschnittliche Umsatz der übrigen Unternehmen. Durch dieses überproportionale Größenwachstum haben sich die Großunternehmen in der Mehrzahl der Wirtschaftszweige deutlich von den kleineren Unternehmen abgesetzt. Um mehr als 30 % sind die *Unternehmensgrößenproportionen* im Stahl- und Leichtmetallbau, im Ernährungsgewerbe, im Schiffbau und im Bergbau gewachsen. Seit dem Jahr 1973 vergrößern sich die Abstände zwischen den führenden Unternehmen zu den kleineren Konkurrenten stetig in der Mineralölverarbeitung, der Gießerei, der Gummiverarbeitung, der Papier- und Pappeverarbeitung, der Elektrotechnik und der Chemischen Industrie. Die Entwicklung zur Ausdehnung der Unternehmensgrößenunterschiede geht mit einem Wachsen der Konzentrationskoeffizienten einher. (Tz. 259 bis 263)

46. Im Kreis der sechs umsatzstärksten Unternehmen hatten sich in der Vergangenheit die Unternehmensgrößen tendenziell angepaßt. Im Berichtszeitraum hat sich diese Entwicklung leicht umgekehrt. Erstmals seit 1968 haben die drei größten Unternehmen ihren Umsatzanteil gegenüber den drei nächstgrößten Unternehmen in mehr Wirtschaftszweigen ausgedehnt als verringert. (Tz. 264 bis 268)

2. Stand und Entwicklung der Konzentration im Bereich von Großunternehmen

47. Die Monopolkommission hat — wie auch für die Berichtsjahre 1972, 1974 und 1976 — den Stand und die Entwicklung der Konzentration im Bereich von Großunternehmen untersucht. Es wurden die *hundert nach dem Umsatz größten deutschen Unternehmen* 1978 ermittelt. Dabei wurde auf die Konzernumsätze im Sinne des Aktiengesetzes abgestellt. In der Regel wurden damit die Außenumsätze der inländischen Konzerngesellschaften erfaßt. Auf eine Trennung z. B. in Industrie-, Handels- und Dienstleistungsunternehmen wurde verzichtet. Zum Ausgleich der unterschiedlichen Wertschöpfungsanteile wurden die Gesamtumsätze von Unternehmen, die zu mehr als zwei Dritteln im Handel tätig sind, zu 75 % berücksichtigt. Die diesem Kapitel zugrundeliegende Unternehmensdefinition und der Untersuchungsbereich unterscheiden sich somit von den in Kapitel I verwendeten Abgrenzungen.

Gegenüber den beiden vorgenannten Hauptgutachten wurde das Untersuchungsprogramm um die Ermittlung

— der Wertschöpfung,

— der Sachanlagen und Beteiligungen,

— des Cash-flow

und

— der personellen Verflechtung

der Großunternehmen erweitert. (Tz. 270 bis 288)

48. Ein Vergleich der Zusammensetzung der für das Geschäftsjahr 1978 ermittelten Liste der „100 Größten" mit denen der Jahre 1976, 1974 und 1972 zeigt, daß sich die Zahl der Unternehmen, die wegen Einbeziehung in den Konsolidierungskreis anderer Großunternehmen 1976 bis 1978 aus dem Kreis der „100 Größten" ausgeschieden sind, gegenüber den vorangegangenen Berichtsjahren erhöht hat.

Bei der Analyse der Rangänderungen von Großunternehmen wurde deutlich, daß sich die unterschiedlichen Entwicklungen der Wirtschaftszweige im allgemeinen Konjunkturverlauf widerspiegeln. In der Zeitspanne von 1972 bis 1978 ist die größte Platzverbesserung bei der Ruhrgas AG zu verzeichnen. Die Ruhrgas AG konnte infolge einer starken Ausweitung des Mengenabsatzes und aufgrund von Preissteigerungen ihre Stellung innerhalb der „100 Größten" um 40 Plätze von Rang 74 im Jahre 1972 auf Rang 34 im Jahre 1978 verbessern. (Tz. 289 bis 295)

49. Die „100 Größten" erzielten 1978 einen *Gesamtumsatz* von rd. 564 Mrd. DM (1976: 510 Mrd. DM; 1974: 456 Mrd. DM; 1972: 327 Mrd. DM). Damit entfallen 1978 vom Umsatz der Gesamtwirtschaft 24,2 % (1976: 24,4 %; 1974: 24,6 %; 1972: 21,7 %) auf die „100 Größten". (Tz. 296 bis 298)

50. Auch von 1976 bis 1978 sind die Unternehmen an der Spitze der Rangliste deutlich stärker gewachsen als die übrigen Unternehmen. Der Anteil der ersten sechs Unternehmen am Gesamtumsatz der „100 Größten" stieg seit 1972 von 19,8 % auf 23,3 % im Jahre 1978 an. (Tz. 299 bis 301)

51. Bei der nach der *Wertschöpfung* gebildeten Rangfolge der „100 Größten" zeigen sich branchenspezifische Besonderheiten. Bei den Wirtschaftszweigen Mineralölverarbeitung und Handel sind z. T. starke Rückstufungen gegenüber der Umsatzrangfolge zu verzeichnen.

Alle Unternehmen des Bauhauptgewerbes nehmen in der Wertschöpfungsrangfolge beträchtlich höhere Rangpositionen ein als in der Umsatzrangfolge. Neben den fünf Unternehmen des Bauhauptgewerbes erreichen nur IBM Deutschland GmbH und die Messerschmidt-Bölkow-Blohm GmbH einen Wertschöpfungsanteil am Umsatz von knapp über 50 %. Die sechs umsatzgrößten Unternehmen des Jahres 1978 haben an der ermittelten Gesamtwertschöpfung der „100 Größten" einen Anteil von 26,8 %. Die Gesamtwertschöpfung der „100 Größten" macht 16,5 % der gesamtwirtschaftlichen Nettowertschöpfung zu Faktorkosten des Jahres 1978 aus. (Tz. 302 bis 305)

52. Auch bei der Gruppierung der Großunternehmen nach *Sachanlagen und Beteiligungen* ergeben sich branchenspezifische Besonderheiten. Wie zu erwarten war, sind bei der Rangfolge nach den Sachanlagen deutliche Verschiebungen zugunsten der Unternehmen der sachanlageintensiven Wirtschaftszweige Elektrizitätsversorgung, Gasversorgung, Steinkohlenbergbau und Kokerei sowie — überwiegend auch — der Unternehmen der Eisenschaffenden Industrie zu verzeichnen. Unter den sechs nach den Sachanlagen größten Unternehmen aus dem Kreis der „100 Größten" 1978 befinden sich allein drei Unternehmen des Wirtschaftszweiges Elektrizitätsversorgung.

Nach der Höhe der ausgewiesenen Beteiligung haben die Unternehmen des Wirtschaftszweiges Chemische Industrie durchgängig erheblich höhere Ränge zu verzeichnen. Bei den sechs nach der Höhe der ausgewiesenen Beteiligungen ranghöchsten Unternehmen belegen Unternehmen der Chemischen Industrie die ersten vier Plätze. Die an fünfter Stelle stehende VEBA AG ist maßgeblich auch in der Chemischen Industrie tätig. Die Summe der Sachanlagen der „100 Größten" beträgt rd. 25 % des gesamtwirtschaftlichen Sachanlagevermögens. Die sechs umsatzgrößten Unternehmen 1978 haben an den Sachanlagen der „100 Größten" einen Anteil von 21,4 %. (Tz. 306 bis 309)

53. Die „100 Größten" beschäftigten 1978 in ihren inländischen Konzerngesellschaften 3,2 Millionen Arbeitnehmer. Ihr Anteil an der Zahl der sozialversicherungspflichtig beschäftigten Arbeitnehmer der Gesamtwirtschaft betrug damit 1978 17,9 %. Auch bei der Gruppierung der „100 Größten" nach der *Zahl der Beschäftigten* ergeben sich gegenüber der Liste nach der Umsatzhöhe branchenspezifische Änderungen der Rangfolge.

Die Ähnlichkeiten von Wertschöpfungsrangfolge und Beschäftigtenrangfolge, die ihren Ausdruck in einem hochsignifikaten Maßkorrelationskoeffizienten für Wertschöpfung und Beschäftigte finden, zeigt, daß die Zahl der Beschäftigten ein brauchbarer Indikator für die dem externen Bilanzanalytiker schwer zugängliche Wertschöpfung ist. (Tz. 310 bis 313)

54. Bei fünf von 20 Wirtschaftszweigen, in denen Unternehmen aus dem Kreis der „100 Größten" 1978 ihren *Umsatzschwerpunkt* haben, liegt jeweils der Anteil der Unternehmen des betreffenden Wirtschaftszweiges am Gesamtumsatz der „100 Größten" über 10 %. Diesen fünf Wirtschaftszweigen sind 42

Unternehmen zugeordnet, die rd. 61 % des Gesamtumsatzes der „100 Größten" auf sich vereinigen.

In neun Wirtschaftszweigen haben Unternehmen aus dem Kreis der „100 Größten" 1978 50 % und mehr zum Umsatz des Wirtschaftszweiges beigetragen. (Tz. 314 bis 315)

55. Der Anteil der *Exporte* am Gesamtumsatz der „100 Größten" beträgt 28,8 %. Zum Gesamtexport der Bundesrepublik Deutschland tragen die „100 Größten" 52,5 % bei. Die Höhe der Exportquote der einzelnen Unternehmen wird durch deren Wirtschaftszweigzugehörigkeit geprägt. (Tz. 316 bis 320)

56. In den Abweichungen der Rangfolge der Großunternehmen nach dem *Cash-flow* gegenüber der Umsatzrangfolge spiegelt sich die unternehmensspezifische Ertragslage wider. Ganz deutlich wird dies z. B. bei der Allgemeine Elektrizitätsgesellschaft AEG-Telefunken, die in der Rangfolge nach Umsatz an zwölfter Stelle steht, in der Rangfolge nach dem Cash-flow jedoch nur an 60. Stelle. Zehn Großunternehmen haben einen Cash-flow von mehr als 1 Mrd. DM. Bei vier dieser zehn Unternehmen liegt die Kennziffer Cash-flow: Umsatz mit über 10 % deutlich über dem Durchschnitt der „100 Größten".

Die IBM Deutschland GmbH erreichte sogar eine Cash-flow/Umsatz-Relation von über 23 %. (Tz. 321 bis 323).

57. Die „100 Größten" werden überwiegend (87 Unternehmen) als Kapitalgesellschaft geführt. In der Gruppe der Kapitalgesellschaften dominiert mit 66 Fällen die Aktiengesellschaft. Die Verteilung der Großunternehmen auf die unterschiedlichen *Rechtsformen* hat sich seit der ersten Erfassung im Jahre 1972 kaum geändert. (Tz. 324 bis 325).

58. In einer *Weltrangliste* sind die „100 Größten" auf den Rängen 18 bis etwa 700 einzuordnen. Verglichen mit den jeweils größten Unternehmen der Weltliste erreichte das jeweils größte Unternehmen der Liste der Monopolkommission 1978: 22,8 %, 1976: 22,3 %, 1974: 20,6 % und 1972: 16,5 % vom Umsatz dieser Unternehmen. Das Wachstum der deutschen Großunternehmen ist von 1972 bis 1978 im Durchschnitt höher gewesen als das der ausländischen Großunternehmen. Bei der Interpretation dieser Ergebnisse ist jedoch die Wechselkursentwicklung zu berücksichtigen. (Tz. 326 bis 329)

59. *Verflechtungen* der „100 Größten" wurden im Hinblick auf den Anteilsbesitz an Großunternehmen, auf die Zusammenarbeit im Rahmen von *Gemeinschaftsunternehmen* und auf *personelle Verflechtungen* der Großunternehmen untersucht.

Die *Anteilseigner* der „100 Größten" wurden — soweit sie in den veröffentlichten Quellen ausgewiesen sind — erfaßt und nach Gruppen geordnet. Dabei ergibt sich nach der Häufigkeit der Beteiligungsfälle folgende Reihenfolge:

- Ausländische Anteilseigner,
- Anteilseigner aus dem Kreis der „100 Größten",
- Streubesitz,
- Einzelpersonen und Familien,
- Banken,
- öffentliche Hand,
- Versicherungen.

Auffällig ist die hohe Zahl der Beteiligungen, die von ausländischen Anteilseignern und von Unternehmen aus dem Kreis der „100 Größten" gehalten werden. (Tz. 330 bis 335)

60. Von den 82 Mehrheitsbeteiligungen an den „100 Größten" 1978 werden 27 von ausländischen Anteilseignern gehalten. Diese *Beteiligungen* erreichen in 22 Fällen eine Höhe von mindestens 95 %. Die Haupttätigkeitsgebiete der deutschen Töchter und der *ausländischen Muttergesellschaften* stimmen in den meisten Fällen überein. Allein in sieben Fällen handelt es sich um Mineralölgesellschaften, fünf Unternehmen gehören zum Bereich der Elektrotechnik und jeweils drei zur Eisenschaffenden Industrie und zur Herstellung von Kraftwagen. Die ausländischen Muttergesellschaften zählen überwiegend zu den größten Unternehmen der Weltrangliste. Auf die 27 deutschen Töchter entfallen 22,6 % vom Gesamtumsatz der „100 Größten".

Mehrheitlich in *Streubesitz* befinden sich 19 Großunternehmen. Sie gehören überwiegend zu den größten Unternehmen der von der Monopolkommission erstellten Umsatzrangliste. Auf die 19 Unternehmen entfallen 32,9 % vom Gesamtumsatz der „100 Größten".

Mehrheitsbeteiligungen von *Einzelpersonen und Familien* bestehen bei 15 Großunternehmen. Diese Unternehmen gehören überwiegend zur unteren Hälfte der Rangliste. Ein Großteil der Unternehmen in mehrheitlichem Besitz von Einzelpersonen und Familien hat den Tätigkeitsschwerpunkt im Handelsbereich. Die übrigen Mehrheitsbeteiligungen werden von sonstigen Anteilseignern (13), der öffentlichen Hand (6) und Unternehmen aus dem Kreis der „100 Größten" (2) gehalten. (Tz. 336 bis 353)

61. Die *erfaßten Anteile* der Klasse „25 bis unter 50 %" werden überwiegend von *Banken* und von Unternehmen aus der oberen Hälfte der Rangliste der „100 Größten" gehalten. Die Unternehmen, an denen die Banken beteiligt sind, haben vornehmlich ihren Tätigkeitsschwerpunkt im Handelsbereich und im Bauhauptgewerbe.

In bezug auf die Beteiligungsfälle der Banken an den „100 Größten" 1978 besteht eine eindeutige Dominanz der drei Großbanken (Deutsche Bank AG, Dresdner Bank AG und Commerzbank AG). Diese Bankengruppe hat an den insgesamt 26 Beteiligungsfällen von Banken an den „100 Größten" einen Anteil von über zwei Dritteln. (Tz. 354 bis 356)

62. Die *Anteilseignerstruktur* der „100 Größten" 1972 hat sich von 1972 bis 1978 wie folgt geändert:

- Sechs dieser Unternehmen sind in den Konsolidierungskreis anderer Großunternehmen einbezogen worden.

— Die Zahl der von Einzelpersonen und von Familien gehaltenen Beteiligungen ist zurückgegangen.
— Die Gruppe der Banken hat ihre Position als Anteilseigner der „100 Größten" 1972 durch den Erwerb bzw. die Aufstockung von Beteiligungen insgesamt verstärkt. Bei den Beteiligungen von Banken in der Klasse „25 — 50 %" ist jedoch gegenüber 1975 ein Rückgang um vier Fälle zu verzeichnen.

Die Zahl der Fälle, in denen durch Anteilsbesitz eine Verflechtung zwischen den „100 Größten" der Rangliste des Jahres 1972 besteht, ist 1975 bis 1978 mit 42 Fällen gleichgeblieben. Gegenüber 1972 (45 Fälle) zeigt sich allerdings ein Rückgang der Beteiligungsfälle von Unternehmen aus dem Kreis der „100 Größten" untereinander. (Tz. 357 bis 365)

63. Die „100 Größten" hielten im Geschäftsjahr 1978 Anteile an ca. 5 700 anderen Gesellschaften im Inland. Darunter befanden sich 332 Gemeinschaftsunternehmen. Als *Gemeinschaftsunternehmen* wurden Unternehmen gezählt, an denen mindestens zwei Unternehmen aus dem Kreis der „100 Größten" beteiligt sind. Die Gemeinschaftsunternehmen hatten ihrerseits Kapitalanteile bei 381 Gemeinschaftsunternehmen-Töchtern und bei 134 Gemeinschaftsunternehmen-Beteiligungen. Ein Vergleich der Kapitalausstattung zeigt ein Größengefälle von den Großunternehmen über die Gemeinschaftsunternehmen zu deren Tochtergesellschaften und Beteiligungen. Die vorherrschende Rechtsform der Gemeinschaftsunternehmen ist die Gesellschaft mit beschränkter Haftung. (Tz. 365 bis 377)

64. Die „100 Größten" sind unterschiedlich häufig an Gemeinschaftsunternehmen beteiligt. Die stärkste *Verflechtung* über Gemeinschaftsunternehmen wurde bei den größten Unternehmen der Rangliste festgestellt. Eine Aufgliederung nach Wirtschaftszweigen zeigt, daß die Beteiligung an Gemeinschaftsunternehmen bei den Großunternehmen der
— Eisenschaffenden Industrie,
— Elektrizitätsversorgung,
— Mineralölverarbeitung,
— NE-Metallerzeugung und beim
— Steinkohlenbergbau

besonders häufig ist. (Tz. 378 bis 380)

65. Das umsatzstärkste Unternehmen der Liste der „100 Größten" 1978 — die VEBA AG — ist mit Beteiligungen an 151 Gemeinschaftsunternehmen Anteilseigner an 46 % aller hier erfaßten Gemeinschaftsunternehmen. Sie ist dadurch mit 46 anderen Großunternehmen verbunden. Die Prüfung, mit welcher Zahl anderer Unternehmen aus dem Kreis der „100 Größten" die einzelnen Großunternehmen über Gemeinschaftsunternehmen verflochten sind, führt zu dem Ergebnis, daß
— 29 Großunternehmen mit 1 bis 10 Großunternehmen,
— 15 Großunternehmen mit 11 bis 20 Großunternehmen,
— 11 Großunternehmen mit 21 bis 30 Großunternehmen,
— 8 Großunternehmen mit 31 bis 40 Großunternehmen, und
— 2 Großunternehmen mit 41 bis 50 Großunternehmen

über Gemeinschaftsunternehmen verbunden sind. (Tz. 381 bis 383)

66. Unternehmen gelten als personell verflochten, wenn Mitglieder geschäftsführender oder kontrollierender Organe eines Unternehmens gleichzeitig in entsprechenden Organen anderer Unternehmen tätig sind. Bei 40 Unternehmen der „100 Größten" 1978 bestehen *personelle Verflechtungen* mit mindestens einem anderen Großunternehmen durch Mandate von Mitgliedern der Geschäftsführung in Kontrollorganen. Auf der Ebene der Kontrollorgane sind 82 Großunternehmen mit mindestens einem anderen Unternehmen aus dem Kreis der „100 Größten" personell verbunden. Von diesen 82 Unternehmen sind 34 Unternehmen über Kontrollorgane mit mehr als zehn anderen Großunternehmen verflochten.

67. Unter wettbewerbspolitischen Gesichtspunkten ist die Frage von besonderem Interesse, in welcher Weise durch personelle Verflechtungen Unternehmen gleicher Wirtschaftszweige miteinander verbunden sind. Von insgesamt 132 personellen Verflechtungen zwischen geschäftsführenden und kontrollierenden Organen der „100 Größten" sind 10 % personelle Verflechtungen zwischen Unternehmen, die nach ihrem Tätigkeitsschwerpunkt dem gleichen Wirtschaftszweig zugeordnet sind. Auf der Ebene der Kontrollorgane wurden insgesamt 956 personelle Verflechtungen der „100 Größten" 1978 festgestellt. Davon bestehen 20, d. h. 2,1 % zwischen Unternehmen, die dem gleichen Wirtschaftszweig zugeordnet sind. Während bei den personellen Verflechtungen zwischen geschäftsführenden und kontrollierenden Organen von Unternehmen des gleichen Wirtschaftszweiges in der Regel auch kapitalmäßige Verflechtungen festgestellt werden konnten, ist dies bei den personellen Verflechtungen auf der Ebene der Kontrollorgane die Ausnahme. (Tz. 384 bis 394)

68. Die Gesamtzahl der ermittelten *Mandate in Kontrollorganen* der „100 Größten" 1978 beträgt 1 480 Sitze. Hiervon entfallen 145 Mandate (9,8 %) auf Vertreter der Kreditinstitute, 18 Mandate (1,2 %) auf Vertreter von Versicherungen und 201 Mandate (13,6 %) auf Gewerkschaftsvertreter. Die Kreditinstitute entsenden bei 61 Großunternehmen Vertreter in die Kontrollorgane, die Versicherungen bei 16 Großunternehmen und die Gewerkschaften bei 76 Großunternehmen. Personelle Verflechtungen zwischen den „100 Größten" werden auch durch *Bankenvertreter, Versicherungsvertreter* bzw. *Gewerkschaftsvertreter* verursacht, die mehrere Mandate in den Kontrollorganen der „100 Größten" ausüben. Die Zahl der Großunternehmen, bei denen es durch Bankenvertreter zu Verflechtungen mit den Kontrollorganen anderer Großunternehmen kommt, liegt bei 57. Über Gewerkschaftsvertreter entstehen dagegen bei 36 Großunternehmen personelle Verflechtungen mit anderen Großunternehmen, über Versicherungsvertreter bei 15 Großunternehmen. (Tz. 395 bis 396)

69. An den insgesamt 145 Mandaten, die in Kontrollorganen von *Kreditinstituten* wahrgenommen werden, hat die Gruppe der Großbanken einen Anteil von rd. 65 %. Die Verteilung der Mandate innerhalb der Bankengruppe ist ungleichmäßig. Die von Vertretern der Deutschen Bank AG eingenommenen Sitze überwiegen deutlich.

Die besondere Bedeutung der Großbanken spiegelt sich auch darin wider, daß sie mit 15 Mandaten drei Viertel aller durch Kreditinstitute ausgeübten Positionen des Vorsitzenden in Kontrollorganen wahrnehmen und darüber hinaus alle Positionen eines stellvertretenden Vorsitzenden auf sie entfallen.

Die Großbanken sind in 49, die Regional- und Spezialbanken sowie Privatbankiers in 31, der Sparkassensektor in 11 und der Genossenschaftssektor in einem Kontrollorgan vertreten. (Tz. 397 bis 399)

70. Unternehmen aus dem Kreis der „100 Größten" waren im Berichtszeitraum an 496 *Unternehmenszusammenschlüssen* — d. h. an 42,8 % (1. Berichtszeitraum 46,2 %, 2. Berichtszeitraum 43,3 %) aller nach § 23 GWB angezeigten Fälle — auf der Erwerberseite unmittelbar oder mittelbar beteiligt.

71. Die von den „100 Größten" *erworbenen Unternehmen* sind zu einem erheblichen Teil kleine bzw. mittlere Unternehmen gewesen. Nahezu die Hälfte (46,8 %) aller Zusammenschlüsse der „100 Größten" wurden aus diesem Grunde im Rahmen der Fusionskontrolle nicht überprüft. Diese Zahl zeigt, wie notwendig eine Herabsetzung der Schwellenwerte der Anschlußklausel des § 24 Abs. 8 Nr. 2 GWB durch die 4. GWB-Novelle gewesen ist. (Tz. 400 bis 402)

72. Die sich am Anfang der Rangliste befindenden Unternehmen waren erheblich häufiger an Zusammenschlußaktivitäten beteiligt als diejenigen am Ende der Rangliste. (Tz. 403 bis 405)

Auch im Berichtszeitraum 1978/1979 war das von der öffentlichen Hand kontrollierte Unternehmen VEBA häufig an Zusammenschlüssen beteiligt. Auch Unternehmen der Mineralölindustrie (Deutsche BP, Deutsche Shell) weisen eine überdurchschnittliche Beteiligung an Zusammenschlußaktivitäten auf. (Tz. 406)

73. Die *Formen der Zusammenschlüsse* weisen nur geringe Änderungen gegenüber dem 2. Berichtszeitraum auf. Die „100 Größten" haben im Berichtszeitraum durch Zusammenschlüsse mit 496 Unternehmen ein Umsatzvolumen von ca. 40 Mrd. DM erworben. Dies bedeutet eine erhebliche Steigerung gegenüber dem 2. Berichtszeitraum (ca. 29 Mrd. DM). (Tz. 407 bis 409)

3. Konzentrationsentwicklung in der Pressewirtschaft

74. Nach Angaben der *Pressestatistik* gab es am 31. Dezember 1977 in der Bundesrepublik Deutschland einschl. Berlin 311 Unternehmen, deren wirtschaftlicher Schwerpunkt in der Herausgabe von Zeitungen bestand, und 1 181 Unternehmen mit dem wirtschaftlichen Schwerpunkt des Verlags von Zeitschriften. Insgesamt wurden für diesen Erhebungs-Stichtag 372 Hauptausgaben von Tageszeitungen mit 830 Nebenausgaben gezählt. Von den 5 087 erfaßten Zeitschriften waren die Publikumszeitschriften mit 850 Titeln vertreten. Mit einer Verkaufsauflage von 79 Millionen Exemplaren pro Ausgabe waren sie die weitaus auflagenstärkste Zeitschriftenart. Durch den Verlag von Zeitungen und Zeitschriften wurden 1977 13 Mrd. DM Umsatzerlöse erzielt. Davon entfielen 6,7 Mrd. DM auf Zeitungen und 6,3 Mrd. DM auf Zeitschriftenumsätze. (Tz. 410 bis 414)

75. Die Konzentrationsraten für den *Umsatz* bei Presseunternehmen wiesen im Zeitraum von 1975 bis 1977 nur marginale Veränderungen auf. Zum 31. Dezember 1977 lag bei den Zeitschriftenunternehmen mit 38,7 % für die drei größten Unternehmen ein weitaus höherer Wert vor als für die drei größten Zeitungsunternehmen mit einem Umsatzanteil von 23,4 %. Da die Zahl der Zeitschriftenunternehmen sehr viel größer ist, wäre der Unterschied noch größer, wenn ein relatives Konzentrationsmaß verwendet worden wäre. Die auf das gesamte Bundesgebiet bezogenen Konzentrationsraten sagen bei den meisten Zeitungen wegen deren räumlich begrenzten Verbreitungsgebieten kaum etwas über die vorliegende Marktmacht aus. (Tz. 419 bis 423)

76. Bei nahezu gleichgebliebener Zahl der *Zeitungen* hat die *Auflage* von Abonnementszeitungen leicht und die von Straßenverkaufszeitungen (mit jeweils über 5 % pro Jahr) deutlich zugenommen. Die Konzentration war entsprechend den ausgewiesenen Raten bei Abonnementszeitungen tendenziell rückläufig und bei Straßenverkaufszeitungen leicht zunehmend. Die Konzentrationsraten der Straßenverkaufszeitungen lagen mit 81,1 % der drei größten Zeitungen weit über der entsprechenden Vergleichszahl von 7,1 % für die Abonnementszeitungen. Die Anzahl der Abonnementszeitungen ist aber fast 20mal so hoch wie die der Straßenverkaufszeitungen. (Tz. 424 bis 428)

77. Die Auflagenkonzentration der jeweils größten drei Objekte beträgt bei *Zeitschriften* 11,9 % der Verkaufsauflage bzw. 7,0 % der verbreiteten Auflage. Die Durchschnittsauflage der drei größten Zeitschriften ist bei der Verkaufsauflage knapp 230mal so hoch wie der Durchschnitt aller übrigen Zeitschriften. (Tz. 429 bis 433)

4. Die Anwendung der Vorschriften der Mißbrauchsaufsicht über marktbeherrschende Unternehmen und der Fusionskontrolle

78. Die Zahl der im Berichtszeitraum 1978/79 eingeleiteten *Mißbrauchsverfahren* ging im Verhältnis zum vorangegangenen Berichtszeitraum von 68 auf 46 weiter zurück. Es wurde kein Verfahren mit einer Untersagungsverfügung abgeschlossen, die ausschließlich auf § 22 GWB gestützt war. (Tz. 434)

79. Die Anwendung der Mißbrauchsaufsicht über *zu hohe Preise* ist weiterhin durch große Unsicherheit gekennzeichnet. (Tz. 435)

Die BGH-Entscheidung Valium II konkretisiert die Anforderungen an das Vergleichsmarktkonzept. Dadurch wird dessen Anwendungsbereich weiter eingeschränkt. (Tz. 436)

Die Probleme bei der Anwendung der Preismißbrauchsaufsicht sind Folge der konzeptionellen Schwierigkeiten bei der Bestimmung eines wettbewerbsanalogen Preises. Die Monopolkommission sieht keine Möglichkeit, durch Empfehlung von Gesetzesänderungen die Mißbrauchsaufsicht insoweit zu verbessern. (Tz. 437)

80. Die Monopolkommission begrüßt die mit der Vierten GWB-Novelle geschaffene Möglichkeit, mißbräuchlich erlangte Mehrerlöse abzuschöpfen, wie auch den Versuch des Gesetzgebers, den Mißbrauchsbegriff zu konkretisieren. Die Aussichten für eine wirksamere Kontrolle von Ausbeutungspraktiken beurteilt die Monopolkommission aber auch nach dieser Gesetzesänderung zurückhaltend. (Tz. 438 bis 439)

81. Die Monopolkommission wiederholt ihre Anregung, betroffenen Dritten ein Antragsrecht auf Durchführung eines Mißbrauchsverfahrens einzuräumen, da hierdurch die Vorfeldwirkung der Mißbrauchsaufsicht verstärkt werden kann. (Tz. 440)

Die Monopolkommission empfiehlt nicht die Einführung eines besonderen Ungleichbehandlungsverbotes, das es Unternehmen verbietet, nach Einleitung eines Mißbrauchsverfahrens gegen sie die Unternehmen zu benachteiligen, die das Verfahren angeregt haben. Ein solches besonderes Ungleichsbehandlungsverbot näherte sich einer laufenden Verhaltenskontrolle. (Tz. 441)

82. Die Verfahren des Bundeskartellamtes gegen Mineralölunternehmen im Sommer 1979 und Winter 1979/80 wegen überhöhter Preise für Vergaserkraftstoffe zeigen, daß sich bei Anwendung der Sockeltheorie in diesem Bereich die Mißbrauchsaufsicht einer staatlichen Regulierung annähern könnte. Die Monopolkommission hält daher den kartellbehördlichen Schutz der freien Tankstellen und Heizölhändler vor Behinderungsmißbräuchen und Diskriminierungen seitens der Mineralölkonzerne für vorzugswürdig. (Tz. 442 bis 449)

Gleichförmige Preisbewegungen in diesem Bereich sollten zudem zum Anlaß genommen werden, Verfahren nach § 25 Abs. 1 GWB einzuleiten. (Tz. 449)

Die Monopolkommission hält die inoffizielle „Absegnung" einzelner Preiserhöhungen im Mineralölbereich für bedenklich. (Tz. 450)

83. Im Berichtszeitraum 1978/79 ist das Bundeskartellamt verstärkt gegen *Behinderungsmißbräuche* marktbeherrschender Unternehmen vorgegangen. (Tz. 451)

Die Vierte GWB-Novelle bestimmt die Anforderungen an die Untersagung eines Behinderungsmißbrauchs genauer als bisher. Der Behinderungsmißbrauch wird hierdurch als Gefährdungstatbestand gekennzeichnet. (Tz. 453 bis 455)

Der Gesetzgeber verzichtet bei der tatbestandlichen Umschreibung des Behinderungsmißbrauchs auf die Verwendung des Begriffes „Leistungswettbewerb" und folgt damit der jüngsten Entscheidungspraxis des Bundeskartellamtes. Das neue Gesetz fordert eine Abwägung der Interessen des marktbeherrschenden und des behinderten Unternehmens. Dabei sollten nach Auffassung der Kommission die Gefahren einer Wettbewerbserstarrung vermieden werden. (Tz. 456, 457)

84. Im Berichtszeitraum 1978/79 sind 1 160 *Zusammenschlüsse* beim Bundeskartellamt angezeigt oder angemeldet worden. Neun vollzogene Zusammenschlüsse und vier angemeldete Zusammenschlußvorhaben wurden untersagt. Seit Inkrafttreten der Fusionskontrollvorschriften wurden insgesamt zehn Zusammenschlüsse oder Zusammenschlußvorhaben rechtskräftig untersagt. Die in diesen Zahlen nicht zum Ausdruck kommende Vorfeldwirkung der Fusionskontrolle ist bei der Beurteilung der Wirksamkeit der gesetzlichen Vorschriften zu berücksichtigen. (Tz. 458 bis 463)

85. Die Vierte GWB-Novelle versucht, *Umgehungsmöglichkeiten* zu verhindern und verbessert die Möglichkeit, Unternehmenszusammenschlüsse unter Einschaltung von Personengesellschaften rechtlich zu erfassen. (Tz. 465 bis 467)

Die in einem konkreten Fall erworbene rechtliche Stellung in einer Personengesellschaft ist danach mit der Position eines mit Sperrminorität ausgestatteten Anteilseigners in einer AG zu vergleichen. Für diesen Vergleich sind die gesetzlichen Bestimmungen für Personengesellschaften und der Gesellschaftsvertrag im Einzelfall heranzuziehen. Wichtige Beurteilungskriterien sind insoweit die Mitwirkungsrechte der Gesellschafter bei Änderungen des Gesellschaftsvertrages, unentziehbare Individualrechte und sonstige gesellschaftsvertragliche Regelungen insbesondere der Geschäftsführung. (Tz. 468 bis 475)

86. Die Monopolkommission sieht grundsätzlich in jeder Erhöhung einer Beteiligung über gesellschaftsrechtliche Schwellenwerte hinaus einen Zusammenschluß im Sinne des § 23 Abs. 3 GWB. Die mit einem zusätzlichen Anteilserwerb einhergehende gesellschaftsrechtliche Absicherung einer schon vorher bestehenden Möglichkeit eines Unternehmens zur Ausübung maßgeblichen Einflusses kann erhebliche Auswirkungen auf die Stellung des betroffenen Unternehmens im Wettbewerb haben, die im Einzelfall eine Untersagung des zusätzlichen Anteilserwerbs rechtfertigen können. (Tz. 476 bis 479)

Die Wettbewerbswirkungen einer Beteiligungserhöhung können in dem Wegfall eines eigenständigen Wettbewerbers oder in der erhöhten Bereitschaft, Finanzkraft auf dem Markt einzusetzen, liegen. (Tz. 480 bis 485)

Würde eine Beteiligungserhöhung über aktienrechtliche Schwellenwerte hinaus nicht untersagt, weil die Voraussetzungen des § 23 Abs. 3 GWB nicht vorliegen, könnten ungehindert marktbeherrschende Stellungen erlangt oder verstärkt werden. (Tz. 486)

87. Der BGH hat in der WAZ-Entscheidung strengere Anforderungen an die Erfüllung der *Mehrmütterklausel* des § 23 Abs. 1 Satz 2 GWB gestellt als die Monopolkommission. (Tz. 489)

Nach Ansicht des BGH reicht das „Aufeinanderangewiesensein" bei paritätischen Gemeinschaftsunternehmen nicht aus, um einen gemeinsamen beherrschenden Einfluß zu begründen.

Der BGH fordert zusätzlich vertragliche Regeln über eine gemeinsame Unternehmenspolitik und Geschäftsführung, übereinstimmende Interessen, ausgeglichenes Kräfteverhältnis der Gesellschafter untereinander, familiäre Bindungen, etc. (Tz. 487, 488)

88. Nach Ansicht des Bundeskartellamtes können sich die bekannten *Marktabgrenzungskriterien* bei sehr engen Märkten als unzulänglich erweisen. (Tz. 490)

Die Monopolkommission ist der Auffassung, daß sich Besonderheiten auf sehr engen Märkten dadurch erfassen lassen, daß die bei Anwendung des Bedarfsmarktkonzeptes ausgewiesenen hohen Marktanteile nach Maßgabe der Schranken für den Marktzutritt anderer Unternehmen relativiert werden. (Tz. 491 bis 494)

89. *Hohe Finanzkraft* kann nach Ansicht der Monopolkommission nicht nur in Preissenkungen, sondern auch durch Einsatz anderer Aktionsparameter (Werbung, Qualitätsverbesserungen, etc.) im Wettbewerb umgesetzt werden. (Tz. 496 bis 500)

Die Bereitschaft einer Muttergesellschaft, ihrer Tochtergesellschaft Finanzmittel zur Verfügung zu stellen, hängt von der Möglichkeit der Einflußnahme auf die Tochter und der Erwartung ab, daß sich der Einsatz der Finanzkraft langfristig für die Muttergesellschaft auszahlt. Deshalb ist u. U. auch in der Beteiligungserhöhung oberhalb einer Mehrheitsbeteiligung eine Verstärkung einer marktbeherrschenden Stellung zu sehen. (Tz. 501, 502)

90. Der Verhaltensspielraum eines *Gemeinschaftsunternehmens* kann auch dann von der überragenden Finanzkraft einer Muttergesellschaft geprägt werden, wenn die andere Muttergesellschaft nicht über vergleichbare Finanzmittel verfügt. (Tz. 503 bis 506)

91. *Gegengewichtige Marktmacht* kann nicht wesentliche Funktionen des Parallelwettbewerbs ersetzen und ist daher zur Rechtfertigung einer marktbeherrschenden Stellung ungeeignet. (Tz. 508, 509)

92. Möglichkeiten zur *Kooperation* dürfen nicht zur Rechtfertigung von Zusammenschlüssen herangezogen werden, die marktbeherrschende Stellungen entstehen lassen oder verstärken. Hierdurch würde das Prinzip, eine schwächere Form einer Wettbewerbsbeschränkung zuzulassen, um eine stärkere in ihren Wettbewerbswirkungen zu kompensieren, umgekehrt. (Tz. 510 bis 516)

93. Zusammenschlüsse, die zur Abrundung der *Sortimente* der Zusammenschlußpartner führen, können Kostenersparnisse mit sich bringen, aber auch potentielle Konkurrenz ausschalten. Darüber hinaus kann die Bereitschaft wachsen, Finanzkraft in dem Markt des hinzuerworbenen Unternehmens einzusetzen. Unter diesen Gesichtspunkten kann ein solcher Zusammenschluß zu überragenden Marktstellungen führen. (Tz. 517 bis 523)

94. In der *Erdgas-Schwaben-Entscheidung* des BGH wird klargestellt, daß der Markt für ein Produkt nicht in mehrere sachlich relevante Märkte je nach Verwendungszweck dieses Produktes aufgeteilt werden darf. (Tz. 524, 525)

Die Verstärkung einer marktbeherrschenden Stellung muß nicht in einer Marktanteilsaddition bestehen; die Absicherung einer marktbeherrschenden Stellung reicht zu deren Verstärkung aus. Darüber hinaus wurde der Beschränkung des Substitutionswettbewerbs erhebliche Bedeutung beigemessen. (Tz. 526, 527)

95. Nach Ansicht des BGH folgt aus der Erfüllung des Zusammenschlußtatbestandes für Gemeinschaftsunternehmen nicht ohne weiteres, daß die beteiligten Unternehmen eine wettbewerbliche Einheit bilden; vielmehr sei zu prüfen, inwieweit Ressourcen zuzurechnen sind. Diese Auffassung entspricht nach Ansicht der Monopolkommission nicht der Gesetzesgeschichte und würde in letzter Konsequenz die Anwendung des Gesetzes erheblich erschweren. (Tz. 528, 529)

96. Die Monopolkommission begrüßt die Veröffentlichung der Beurteilungsgrundsätze des Bundeskartellamtes für *Gemeinschaftsunternehmen.* (Tz. 530)

Die Monopolkommission stimmt den Grundsätzen insoweit zu, als hierdurch Gemeinschaftsgründungen auf den Märkten der Mütter als Ursache für eine Verringerung des Wettbewerbs unter den Müttern angesehen und daher nach § 1 GWB beurteilt werden. Bei konglomeraten Gemeinschaftsgründungen ist der Eintritt eines Gruppeneffektes jedoch nicht ausgeschlossen. (Tz. 531 bis 533)

Nach Auffassung der Monopolkommission sollten demnach Gemeinschaftsgründungen zweier oder mehrerer miteinander im Wettbewerb stehender Mütter auch dann nach § 1 GWB beurteilt werden, falls die gemeinsame Tochtergesellschaft zwar nicht auf dem Markt der Mütter tätig, für diese aber von besonderer wirtschaftlicher Bedeutung ist. (Tz. 534)

Die Entscheidungsgründe für die Nichtuntersagung des Anteilserwerbs der VDO an der VDO/Argo Instruments, USA, lassen Fragen hinsichtlich einer konsequenten Anwendung der Kartellamtsgrundsätze zu Gemeinschaftsunternehmen offen. (Tz. 535 bis 542)

97. Die Monopolkommission wendet sich erneut gegen die Berücksichtigung von *Zusagen* in Fusionskontrollentscheidungen, insbesondere wenn diese Revisionsklauseln enthalten. (Tz. 543)

Trennungszusagen der Zusammenschlußpartner untereinander begegnen den gleichen rechtlichen Bedenken wie Entflechtungszusagen gegenüber dem Bundeskartellamt. Darüber hinaus hat das Bundeskartellamt bei Trennungszusagen der Zusammenschlußpartner untereinander nicht die Möglichkeit, die Einhaltung gerichtlich durchzusetzen. (Tz. 544)

98. Durch die BGH-Entscheidung „Organische Pigmente" wurde die Auffassung des Bundeskartellamtes bestätigt, daß § 23 GWB auf alle *Auslandszusammenschlüsse* anwendbar sei, durch die möglicherweise der Wettbewerb im Inland beeinträchtigt würde. (Tz. 545 bis 547)

99. Die Konzentration im gesamten *Einzelhandelsbereich* hat zwischen 1962 und 1974 stark zugenommen. Die Konzentration ist in diesem Bereich auch in dem Zeitabschnitt 1974 bis 1978 weiterhin hoch geblieben. (Tz. 548, 549)

Der Zusammenschluß der EDEKA-Zentrale AG mit der Horten AG ist vor dem Hintergrund der hohen Konzentration im Handelsbereich zu beurteilen. (Tz. 550, 562)

Die Verbundklausel des § 23 Abs. 1 Satz 2 GWB gibt Hinweise darauf, ob eine Gruppe von Unternehmen als wettbewerbliche Einheit anzusehen ist. (Tz. 563 bis 565)

Sie verweist auf Vorschriften des Aktiengesetzes. Im Unterschied zum Aktienrecht kommt es für die Auslegung der Verbundklausel darauf an, inwieweit ein Einfluß ausgeübt werden kann, der zu einem koordinierten Einsatz der Gruppenressourcen führt. (Tz. 566)

Die EDEKA-Gruppe erfüllt nach Auffassung der Monopolkommission unter diesen Gesichtspunkten die Voraussetzungen einer wettbewerblichen Einheit. (Tz. 567, 568)

100. Im Rahmen der Fusionskontrolle ist für die Beurteilung der Stellung eines Unternehmens als Nachfrager nicht entscheidend, ob er für einen bestimmten Zulieferer unverzichtbar ist. Auch insoweit ist auf den Marktanteil des Nachfragers abzustellen. Ein Unternehmen kann als Nachfrager aber schon bei geringeren Marktanteilen eine überragende Marktstellung innehaben. (Tz. 569 bis 574)

5. Berücksichtigung internationaler Wettbewerbseinflüsse bei der nationalen Kontrolle von Unternehmenszusammenschlüssen und das Erfordernis der Schaffung einer europäischen Fusionskontrolle

101. Die Monopolkommission befaßt sich mit zwei Problemen aus dem Bereich der internationalen Wettbewerbspolitik:

— Untersucht wird, ob die *deutsche Zusammenschlußkontrolle* der *bei zunehmender Wirtschaftsintegration* steigenden internationalen Wettbewerbsintensität ausreichend Rechnung trägt. (Tz. 580 bis 631)

— Außerdem wird die Einführung einer *europäischen Zusammenschlußkontrolle* unter wirtschafts- und wettbewerbspolitischen Gesichtspunkten gewürdigt und deren Verhältnis zur deutschen Fusionskontrolle untersucht. (Tz. 632 bis 661)

102. Die Monopolkommission ist der Auffassung, daß — unter wirtschaftlichen Gesichtspunkten betrachtet — *Staatsgrenzen* für die räumliche Abgrenzung von Märkten nur insofern relevant sind, als sie zugleich wirtschaftliche Marktschranken darstellen. Eine wechselseitige Durchdringung der Absatzgebiete von Unternehmen zeigt an, daß die Anbieter im Wettbewerb stehen und auf demselben Markt tätig sind. Dies gilt für Märkte, die kleiner sind als das Gebiet der Bundesrepublik Deutschland ebenso wie für solche, die größer sind. (Tz. 585 bis 619)

103. Das Bundeskartellamt und die EG-Kommission sind bei der Abgrenzung räumlich relevanter Märkte innerhalb des Geltungsbereichs des jeweiligen Rechts von *ökonomischen* Aspekten ausgegangen (Tz. 585 bis 591). Nach Meinung der Monopolkommission sollte grundsätzlich eine analoge Behandlung solcher Fälle vorgenommen werden, in denen intensive Wettbewerbsverflechtungen die nationalen Grenzen überschreiten und deshalb von einem größeren räumlich realen Markt auszugehen ist (Tz. 592 bis 600). Während sowohl Entscheidungen der EG-Kommission als auch Hinweisen von ihr gegenüber der Monopolkommission zu entnehmen ist, daß bei der Anwendung der Artikel 85 und 86 EWGV gegebenenfalls räumlich relevante Märkte zugrunde gelegt werden, die über das Gebiet der Gemeinschaft hinausgehen (Tz. 593), wurde in Beschlüssen des Bundeskartellamtes in keinem Fall von einem Markt ausgegangen, der den Geltungsbereich des GWB überschritt (Tz. 592).

104. Das *Bundeskartellamt* berücksichtigt die Wirkungen von Auslandswettbewerb, indem es bei der Marktanteilsbetrachtung die *Im- und Exporte* in die Berechnung einbezieht. Ein Vergleich dieser Vorgehensweise mit der *Abgrenzung räumlich realer Märkte* zeigt, daß beide Methoden unter bestimmten Voraussetzungen zu gleichen Ergebnissen führen, unter anderen Voraussetzungen nicht:

— Gleiche Konzentrationswerte ergeben sich, wenn die Marktanteile konkurrierender in- und ausländischer Wettbewerber in geographischen

Teilbereichen des internationalen Marktes nicht variieren.

— Ungleiche Konzentrationswerte ergeben sich, wenn die Marktanteile geographische Schwerpunkte aufweisen. (Tz. 594 bis 600)

105. Vom Bundeskartellamt sind mehrere *Gründe* dafür genannt worden, daß das Territorium der Bundesrepublik als größter räumlicher Markt in Betracht kommt:

— § 23 GWB bestimme, daß die Verpflichtung der Unternehmen zur Anzeige von Zusammenschlüssen besteht, wenn im „... gesamten Geltungsbereich ..." des Gesetzes die aufgeführten Voraussetzungen erfüllt sind.

— Bei der Überprüfung der Vermutungskriterien in § 22 Abs. 3 GWB sei auf die Verhältnisse im nationalen Bereich abzuheben.

— Behördliche Maßnahmen könnten allein im nationalen Bereich durchgesetzt werden. (Tz. 601)

Dem stehen *Hinweise des Gesetzgebers* — in den amtlichen Begründungen zu § 22 und § 24 GWB — darauf entgegen, daß die Wirkungen des Auslandswettbewerbs einschließlich des potentiellen Auslandswettbewerbs bei der Würdigung der Wettbewerbsverhältnisse auf dem deutschen Markt berücksichtigt werden sollen. (Tz. 602 bis 604)

106. Bei Zugrundelegung des Geltungsbereichs des GWB und der ergänzenden Einbeziehung von Im- und Exporten werden nur effektive Warenströme gewürdigt. Demgegenüber bleibt der *potentielle Auslandswettbewerb* unberücksichtigt. (Tz. 605)

Die Monopolkommission erkennt demgegenüber an, daß starke ausländische Unternehmen, auch ohne auf dem Inlandsmarkt bereits über erhebliche Marktanteile zu verfügen, dort erhebliche Wettbewerbswirkungen auslösen können. Dies gilt vor allem, wenn sie über die notwendigen Kapazitäten sowie das erforderliche technische und wirtschaftliche Know-how verfügen und sich aus diesem Grunde relativ leicht Zugang zum Markt verschaffen können. (Tz. 606 bis 608)

Für die Monopolkommission stellt — ebenso wie für die EG-Kommission — die erkennbare Wahrscheinlichkeit, daß Unternehmen in anderen nationalen Märkten wirtschaftlich tätig werden, ein Element wettbewerbsrechtlicher Beurteilung dar. Schwierigkeiten bereitet indessen der Nachweis solchen potentiellen Wettbewerbs (Tz. 609). Dies gilt auch für die Anwendung der Antitrustgesetze in den USA — insbesondere bei der Würdigung von Zusammenschlüssen gemäß Sec. 7 Clayton Act. (Tz. 610 bis 616)

107. Die Monopolkommission geht davon aus, daß es *nach geltendem Recht nicht möglich* ist, *den Auslandswettbewerb durch Abgrenzung räumlich realer Märkte zu berücksichtigen,* weil bei der Marktstrukturbetrachtung kein größeres Gebiet als das der Bundesrepublik zugrundegelegt werden kann. Dies ist durch die wechselseitige Ergänzung der Vorschriften in den §§ 22 bis 24 GWB (Tz. 620), durch den Wortlaut der Vorschriften über die Anzeigepflicht (§ 23 Abs. 1 Nr. 1 GWB), durch die Marktbeherrschungsvermutungen (§ 22 Abs. 3 GWB) sowie schließlich durch die eingeschränkten behördlichen Ermittlungsmöglichkeiten im Ausland bedingt. Bei dem zuletzt genannten Aspekt handelt es sich nach Auffassung der Monopolkommission um den maßgeblichen Gesichtspunkt. Insbesondere aus diesem Grunde würde auch eine Novellierung des Gesetzes die aufgezeigten Probleme nicht lösen. (Tz. 621)

108. Die Monopolkommission vertritt demgegenüber die Meinung, daß es bereits nach geltendem Recht gelingt, die Wirkungen von Auslandswettbewerb bei der nach § 22 GWB ergänzend durchzuführenden *Untersuchung der Wettbewerbsintensität* zu berücksichtigen. (Tz. 622)

Eine Beurteilung der Intensität des Auslandswettbewerbs ist im konkreten Fall aufgrund einer *Betrachtung der Höhe der Marktschranken* möglich. Hierfür kommen zahlreiche Faktoren in Betracht, zu denen u. a. zählen:

— Höhe der Im- und Exporte sowie deren Entwicklung im Zeitablauf;

— Verteilung der Kapazitäten;

— Transportkosten;

— Homogenität oder Heterogenität der Erzeugnisse;

— Langfristige Lieferverträge;

— Handels- und Serviceorganisationen;

— Präferenzen der Abnehmer;

— Behördliche Handelshemmnisse;

— Tarifäre Handelshemmnisse. (Tz. 624)

109. Liegen keine derartig begründeten Handelsschranken vor, so ist ergänzend zu untersuchen, ob *internationale Kartelle oder internationale Konzentration* zu gleichartigen Wirkungen führen.

Hinweise darauf, ob Staatsgrenzen als Marktgrenzen anzusehen sind, lassen sich auch durch eine Beobachtung der *Preise und Preisentwicklungen* für die in Frage stehenden Produkte in einzelnen Ländern ermitteln. Parallele Preisentwicklungen können als Anzeichen dafür dienen, daß ein einheitlicher Markt vorliegt. Ergänzend sind die *Export- und Importanteile* an der Marktversorgung zu betrachten. (Tz. 625)

110. Verfügt ein potenter Anbieter im benachbarten Ausland über erhebliche freie *Kapazitäten* für die Herstellung eines ähnlichen Produktes, dann können hiervon Wettbewerbswirkungen auf den Inlandsmarkt ausgehen, auch ohne daß tatsächliche Lieferungen erfolgen. Zweifel an dieser Einschätzung sind jedoch angebracht, wenn die Situation bereits seit längerer Zeit besteht, ohne daß es zu einem Übergang von potentiellem zu effektivem Wettbewerb gekommen ist. Ein solches Ausbleiben des Effektivwerdens von potentiellem Wettbewerb läßt vielmehr darauf schließen, daß Absprachen getroffen wurden oder andere Hemmnisse wirksam sind.

Bei der Beurteilung von Zusammenschlüssen ist auch die zukünftige Entwicklung zu würdigen. Wegen des erforderlichen Strukturbezuges können *vorübergehende Wirkungen potentiellen Auslandswettbewerbs* nicht als beachtlich eingestuft werden. (Tz. 626)

111. Die *Monopolkommission* vertritt die Auffassung, daß im Rahmen der Fusionskontrolle der Auslandswettbewerb unter Zugrundelegung der vorstehend gegebenen Hinweise bei der Prüfung der Wettbewerbsintensität erfaßbar ist und gewürdigt werden sollte. (Tz. 627)

112. Schwierigkeiten können bei der Feststellung wettbewerbsrechtlich erheblicher *Tatsachen* auftreten, wenn sie *im Ausland ermittelt* werden müssen.

Die Beschaffung von *Daten und Informationen* kann beispielsweise auf Probleme stoßen, weil eine europäische Konzentrationsstatistik fehlt. Die Monopolkommission unterstützt alle Bestrebungen, die auf eine Beseitigung methodischer Unterschiede der nationalen Statistiken und auf die Schaffung einer europäischen Konzentrationsstatistik gerichtet sind.

Grenzen kartellbehördlicher Ermittlungstätigkeit im Ausland werden auch durch das *Territorialitätsprinzip* gesetzt. Die Monopolkommission empfiehlt der Bundesregierung, die Bestrebungen zum Abschluß von Rechtshilfeabkommen insbesondere auch für das kartellbehördliche Verwaltungsverfahren zu verstärken. (Tz. 628 bis 631)

113. Auf Zusammenschlüsse mit Auslandsbezug ist das *deutsche Wettbewerbsrecht* nur anwendbar, soweit sie sich im Inland auswirken. *Probleme* der Erfassung von Zusammenschlüssen mit Hilfe der nationalen Fusionskontrolle ergeben sich, wenn die beteiligten Auslandsunternehmen

— auf dem Inlandsmarkt mit deutschen Unternehmen konkurrieren und der Inlandsabsatz durch Tochtergesellschaften, insbesondere aber, wenn er durch Einschaltung deutscher Handelsunternehmen erfolgt,

— auf Auslandsmärkten mit deutschen Unternehmen konkurrieren.

Zwar ist die Konzentration auf Auslandsmärkten bei der Beurteilung inländischer Zusammenschlüsse im Rahmen von Gemeinwohlentscheidungen (§ 24 Abs. 3 GWB) zu berücksichtigen. Indessen bereitet die Erfassung der Inlandswirkungen von Auslandswettbewerb und insbesondere von potentiellem Auslandswettbewerb — wie dargelegt — rechtliche Schwierigkeiten.

Durch die Einführung einer europäischen Zusammenschlußkontrolle könnte den aufgezeigten Schwierigkeiten Rechnung getragen werden. Dabei wären u. a. Probleme der Abgrenzung räumlich relevanter Märkte lösbar. Die Monopolkommission spricht sich auch aus diesem Grunde für die baldige Einführung einer europäischen Fusionskontrolle aus. (Tz. 632 bis 635)

114. Grundlage für die Diskussion über die Einführung einer *europäischen Zusammenschlußkontrolle* bilden die Mißbrauchsvorschriften in Artikel 86 EWGV und die auf ihrer Grundlage getroffene Entscheidung des Europäischen Gerichtshofs im Falle „Europemballage". (Tz. 636 bis 642)

Ausgehend hiervon hat die EG-Kommission einen Verordnungsvorschlag erarbeitet, der dem Rat der EG im Jahre 1973 zugeleitet wurde. Zur Verabschiedung einer *Fusionskontrollverordnung* durch den Rat ist es bisher nicht gekommen. (Tz. 643 bis 650)

115. Gegen die Einführung einer EG-Fusionskontrolle werden von den Regierungen einzelner Mitgliedstaaten *Einwände* erhoben. Als wesentlich erweisen sich insoweit Fragen nach

— der sich aus dem EG-Vertrag ergebenden Rechtsgrundlage für die Einführung einer präventiven Kontrolle von Unternehmenszusammenschlüssen;

— einem im Verhältnis zu anderen Mitgliedstaaten unzureichenden Maß an Unternehmenskonzentration in einem Mitgliedstaat sowie

— den Kompetenzen von Organen der Gemeinschaft im Verhältnis zueinander und zu Organen der Mitgliedstaaten in bezug auf das Entscheidungsverfahren. (Tz. 651 bis 656)

116. Nach Auffassung der Monopolkommission sollte eine europäische Fusionskontrolle Konzentrationsvorgänge erfassen, die geeignet sind, die *Funktionsfähigkeit des Wettbewerbs im Gemeinsamen Markt* zu beeinträchtigen. Die Einräumung eines Vorrangs für Maßnahmen der nationalen Industriepolitik kommt nicht in Betracht. Ausnahmen vom Zusammenschlußverbot sollten in der europäischen Fusionskontrollverordnung nach einheitlichen Gesichtspunkten geregelt werden. Sie sollten nur für Konzentrationsvorgänge eingeführt werden, deren Durchführung unerläßlich ist, um ein im allgemeinen Interesse der Gemeinschaft liegendes vorrangiges Ziel zu verwirklichen, wie dies in Artikel 1 Abs. 3 des Verordnungsvorschlags vorgesehen ist. (Tz. 657)

117. *Ein Konflikt zwischen Gemeinschaftsrecht und nationalem Recht* entsteht, wenn ein unter die europäische Fusionskontrolle fallender Zusammenschluß dort anders beurteilt wird als im nationalen Fusionskontrollverfahren.

Nach Auffassung der Monopolkommission sind diese *Konflikte wie folgt zu lösen:*

— Wird der Zusammenschluß nach europäischem Recht untersagt und nach nationalem Recht nicht, so ist der Vorrang des europäischen Rechts unbestritten.

— Bleibt der Zusammenschluß nach europäischem Recht unbeanstandet, ist aber nach nationalem Recht untersagungsfähig, so ist die Frage nicht einheitlich zu beantworten. Sie ist vielmehr abhängig davon, aus welchen Gründen der Zusammenschluß nach europäischem Recht nicht beanstandet wurde.

Die Monopolkommission ist der Auffassung, daß ein möglicher Konflikt zum nationalen Recht durch die Aufnahme einer Kompetenzregelung in die EG-Verordnung gelöst werden sollte, durch die klargestellt wird, daß eine Untersagung nach nationalem Recht möglich bleibt:

— Bleibt der Zusammenschluß unbeanstandet, weil nach Auffassung der EG-Kommission die Untersagungsvoraussetzungen nicht gegeben waren, so steht einer Untersagung nach nationalem Recht nichts im Wege.
— Wird der Zusammenschluß dagegen genehmigt, weil die EG-Kommission an dem Zusammenschluß ein positives Interesse im Rahmen der gemeinsamen Wirtschaftspolitik hat, so ist der Gemeinschaftspolitik Vorrang einzuräumen. Innerhalb der deutschen Zusammenschlußkontrolle ließe sich der Konflikt dadurch lösen, daß der Bundeswirtschaftsminister diesen Entscheidungen der EG-Kommission im Rahmen der Gemeinwohlklausel des § 24 Abs. 3 GWB Rechnung trägt. (Tz. 658 bis 661)

6. Entflechtung

118. Die Monopolkommission hat sich bisher in der Frage der Unternehmensentflechtung auf einige allgemeine und vorläufige Aussagen beschränkt, die vor allem die öffentliche Diskussion anregen sollten. Nach eingehender Beschäftigung mit dieser Frage hält es die Kommission nunmehr für geboten, sich ausführlich zur Entflechtungsfrage zu äußern. (Tz. 662 bis 665)

119. Für die Forderung, auch im deutschen Recht der Wettbewerbsbeschränkungen Entflechtungsmöglichkeiten einzuführen, lassen sich aus der wissenschaftlichen Diskussion zur Wettbewerbspolitik im wesentlichen zwei Begründungen anführen:

— Die fortschreitende *allgemeine* Unternehmenskonzentration in der Bundesrepublik und die mit ihr verbundene Konzentration wirtschaftlicher Macht wird als Gefahr für die Funktionsfähigkeit des Wirtschaftssystems oder sogar der Verfassungsordnung angesehen.
— Die bestehenden wettbewerbspolitischen Instrumente werden als nicht ausreichend erachtet, um *auf einzelnen Märkten* vorhandene beherrschende Positionen wirkungsvoll zu kontrollieren und das Entstehen neuer marktbeherrschender Stellungen ausnahmslos zu verhindern. (Tz. 666 bis 678)

120. Die Monopolkommission befürwortet den Abbau aller Einflüsse der Wirtschafts- und Finanzpolitik, die konzentrationsfördernd wirken. Darüber hinaus empfiehlt die Kommission, zu prüfen, ob nicht andere staatliche Einflußfaktoren auf die Wirtschaft konzentrationshemmend ausgestaltet werden sollten.

Die Kommission ist aber der Auffassung, daß ein *selektiv* auf einzelne Unternehmen wirkendes Mittel wie die Entflechtung nicht primär zur Bremsung der *allgemeinen* Konzentrationsentwicklung eingesetzt werden sollte. Eine derartige Maßnahme sollte vielmehr auf die Verhinderung bzw. Beseitigung wettbewerbswidriger Entwicklungen bei den betreffenden Unternehmen gerichtet sein. (Tz. 671, 672)

121. Auch seit Inkrafttreten der Zweiten Kartellgesetz-Novelle ist die Kontrolle marktbeherrschender Stellungen auf einzelnen Märkten lückenhaft, da

— marktbeherrschende Stellungen schon vor der Einführung der Zusammenschlußkontrolle bestanden,
— marktbeherrschende Stellungen auch jetzt durch internes Wachstum unkontrolliert entstehen können,
— marktbeherrschende Stellungen auch weiterhin durch Zusammenschluß entstehen können, wenn sie durch
  — Verbesserung der Wettbewerbsbedingungen oder durch
  — Gemeinwohlgründe zu rechtfertigen sind,
— marktbeherrschende Unternehmen durch die Mißbrauchsaufsicht nur unzureichend zu kontrollieren sind.

Aus diesen Gründen erscheint es der Monopolkommission geboten, die Wirksamkeit des Gesetzes gegen Wettbewerbsbeschränkungen gegen die Vermachtung von Märkten zu verbessern. Ein mögliches Instrument dazu sieht sie in Unternehmensentflechtungen. Dieses erscheint grundsätzlich geeignet, unvermeidbare Lücken bei der Kontrolle des Konzentrationsprozesses in Einzelfällen nachträglich zu korrigieren. (Tz. 673 bis 678)

122. Das Kommissionsmitglied Mittelsten Scheid vermag einigen referierten Argumentationen in Tz. 666 bis 678 zur Begründung der Anregung einer öffentlichen Diskussion über die Einführung der Entflechtung als ergänzendes Instrument der Wettbewerbspolitik nicht zu folgen.

Nach Meinung von Mittelsten Scheid läßt die Formulierung in Tz. 666 „das Entstehen marktbeherrschender Stellungen ausnahmslos zu verhindern" die Interpretation zu, daß es im Sinne des GWB sei, auch das wettbewerbskonforme Wachstum von Unternehmen in der freien, sozialen Marktwirtschaft der Bundesrepublik zu begrenzen. Seiner Meinung nach könnte eine Formulierung der Mehrheit der Kommission in Tz. 668 auch den Schluß zulassen, daß in der Bundesrepublik marktbeherrschende Unternehmen allgemein „Angebotszurückhaltung" und damit eine „schlechtere Marktversorgung" praktizieren.

Gegen diese Interpretation wendet sich Mittelsten Scheid entschieden. Seiner Meinung nach streben auch die marktbeherrschenden Unternehmen danach, ihren Umsatz unter dem ständigen Kostendruck stetig zu erhöhen, um betriebswirtschaftlich gesund zu bleiben und ihre gesamtwirtschaftlich übernommenen Verpflichtungen erfüllen zu können.

Mittelsten Scheid vermag auch der Argumentation in Tz. 670 nicht zuzustimmen, wonach bei einem marktbeherrschenden Unternehmen — wenn es seine „Entscheidungen auch in gesamtwirtschaftlicher Verantwortung trifft" — „auch ein gewisses Maß politischer Macht" entstehe, welche „im Extremfall ... zu einer Denaturierung der verfassungsmäßigen Ordnung" in der Bundesrepublik führen könne.

Zu Tz. 669 ist Mittelsten Scheid der Meinung, daß jedes marktbeherrschende Unternehmen von einer Haltung dynamischer, stetiger Entwicklung getragen ist, auch dann, wenn es diversifiziert ist und deshalb neben einer gewissen Risikostreuung auch die Kontrolle über zahlreiche Fronten des Wettbewerbs ausüben muß. Wenn es dabei „relativ unabhängig von kurzfristigen Marktschwankungen" ist, so sollte das den Wirtschafts- und Sozialpolitikern doch willkommen sein im Gegensatz zu der Haltung derjenigen Unternehmen, die auf jede Marktverschlechterung mit Personalentlassungen und mit Subventionsforderungen reagieren. Daß diese marktbeherrschenden Unternehmen deshalb auf staatliche Konjunktursteuerungsmaßnahmen auch stetiger reagieren, ist systemkonform. Mittelsten Scheid stellt eher die Frage, ob kurzfristige konjunkturpolitische Maßnahmen der Bundesregierung und/oder der Bundesbank systemkonform sind.

Entsprechend dem im Auftrage der Monopolkommission von Scholz erstellten Gutachten ist verfassungsrechtlich zu diesen Argumentationen zu sagen:

> „Die Teilnahme am Wettbewerb und der wettbewerbliche Erfolg werden von der Rechtsordnung nicht nur als prinzipiell rechtmäßig anerkannt, sie werden von der Rechtsordnung sogar erwünscht und gefördert."

Bezüglich § 22 GWB weist Mittelsten Scheid darauf hin, daß das GWB in § 22 zwar konkrete Definitionen für verschiedene Arten der Marktbeherrschung gibt, aber das Bestehen von Marktbeherrschung als solche mit keinem Wort als gesetzeswidrig bezeichnet. Ein Eingreifen des Bundeskartellamtes ist nur für den Fall der „mißbräuchlichen Ausnutzung einer marktbeherrschenden Stellung" vorgesehen. Insofern kann Mittelsten Scheid auch den Argumentationen in Tz. 674 nicht zustimmen, wonach „marktbeherrschende Unternehmen ... einen Fremdkörper im marktwirtschaftlichen System" darstellen.

Mittelsten Scheid stimmt mit der Mehrheit der Monopolkommission aber darin überein, daß bei nachhaltiger, strukturbedingter, mißbräuchlicher Ausnutzung einer marktbeherrschenden Stellung die Entflechtung - gemäß Vorschlag Tz. 764 — eine diskussionswürdige Erweiterung des Instrumentariums des GWB sein könnte. (Tz. 679)

123. In der amerikanischen Rechtsprechung ist vor allem nach Section 2 Sherman Act sowie Section 7 Clayton Act eine Entflechtung möglich, ohne daß jedoch eine derartige Regelung dem Wortlaut nach vorgesehen ist. Wegen der Unzulänglichkeiten dieser Vorschriften ist eine Reihe von weiterführenden Gesetzesvorschlägen gemacht worden. Die Vorschläge von Kaysen und Turner, Harris sowie Hart sahen Entflechtungen bei Vorliegen von monopolistischer oder oligopolistischer Marktmacht vor. Nach den Vorschlägen von Kennedy und der FTC sollten für Unternehmen oberhalb bestimmter Größenordnungen Zusammenschlüsse nur noch möglich sein, wenn gleichzeitig wirtschaftliche Einheiten entsprechender Größe ausgegliedert würden. Wegen grundsätzlicher Unterschiede zum deutschen Wirtschaftsrecht und zur Rechtsanwendung lassen sich die amerikanischen Erfahrungen mit der Entflechtung aber nur bedingt übertragen. (Tz. 680 bis 691)

124. Nach geltendem deutschen Recht können Entflechtungseingriffe nur im Zusammenhang mit der Zusammenschlußkontrolle vorgenommen werden. Zur nachträglichen Auflösung von Zusammenschlüssen, zu den Auflagen des Bundesministers für Wirtschaft im Rahmen der Ministererlaubnis sowie zur Zusagenpraxis des Bundeskartellamts liegt Fallmaterial in begrenztem Umfang vor. (Tz. 692 bis 699)

125. In ihrem Sondergutachten zur Mitbrauchsaufsicht hat die Monopolkommission vorgeschlagen, daß vor einer Herauslösung von Wirtschaftsbereichen aus dem Anwendungsbereich des GWB und ihrer Unterordnung unter eine Monopolkontrolle, wie sie zum Beispiel die „public utility regulation" in den USA darstellt, geprüft werden sollte, ob die Funktionsfähigkeit des Wettbewerbs nicht durch andere Maßnahmen einschließlich der Entflechtung wiederhergestellt werden kann.

Im ersten Hauptgutachten hat die Monopolkommission darauf hingewiesen, daß durch begrenzte Eingriffe in bestehende wettbewerbsbeschränkende Unternehmensverbindungen ein Mindestmaß funktionsfähigen Wettbewerbs hergestellt werden sollte. Das gilt vor allem, wenn nicht nur der Marktwettbewerb, sondern auch der marktübergreifende Substitutionswettbewerb beschränkt ist. Eine Auflösung von Unternehmensverflechtungen wäre vor allem dort möglich und geboten, wo es sich um finanzielle Kontrollbeteiligungen handelt, von denen nachhaltige wettbewerbsbeschränkende Wirkungen ausgehen, ohne daß sie aus technischen, betrieblichen oder wirtschaftlichen Gründen gerechtfertigt sind. (Tz. 700, 701)

126. Nach Auffassung der Monopolkommission sollten Entflechtungsmöglichkeiten im Rahmen des Rechts gegen Wettbewerbsbeschränkungen ausschließlich an *wettbewerbspolitischen* Zielen, insbesondere an der Erhaltung eines funktionsfähigen Wettbewerbs, orientiert sein. Die gesonderte Berücksichtigung *gesellschaftspolitischer* Ziele hält die Kommission gegenwärtig nicht für sinnvoll. (Tz. 702 bis 708)

127. Die Kommission hält es für zweckmäßig, daß die Entflechtungsnormen an die Tatbestandsvoraussetzungen des geltenden Rechts gegen Wettbewerbsbeschränkungen anknüpfen. Eine Erweiterung der Eingriffsvoraussetzungen auf andere Formen von Wettbewerbsbeschränkungen würde möglicherweise zu Unvereinbarkeiten mit der gegenwärtigen Ausgestaltung der Fusionskontrolle führen. (Tz. 708)

128. Die Monopolkommission hält nur solche Entflechtungsregelungen für geeignet, die bei Vorliegen der Eingriffsvoraussetzungen jederzeit auf die betreffenden Marktstrukturen angewandt werden können.

Sie hält weder den Kennedy/FTC-Vorschlag von Entflechtungen in Verbindung mit Zusammenschlußvorhaben noch den Hart-Vorschlag für eine einmalige umfassende Neustrukturierung ganzer Wirtschaftszweige gegenwärtig für richtungweisend. (Tz. 709 bis 716)

129. Nach Auffassung der Kommission kommen Kriterien der *absoluten Unternehmensgröße,* wie Umsatzhöhe, Beschäftigtenzahl oder Bilanzsumme, als Eingriffskriterien einer wettbewerbspolitisch orientierten Entflechtung nicht in Betracht. Eine entsprechende Regelung ließe sich nur in einer gesellschaftlich orientierten Entflechtung rechtfertigen. (Tz. 718)

130. Die Kommission hält *Marktstrukturkriterien,* insbesondere Konzentrationsraten, bei der Prüfung der Frage, ob eine Entflechtung geboten ist oder nicht, für unerläßlich.

Sie ist jedoch der Auffassung, daß für einen derartig massiven Eingriff, wie ihn die Entflechtung darstellt, Marktstrukturkriterien allein nicht aussagekräftig genug sind. Weitere Verhaltens- oder Ergebniskriterien sollten zur Beurteilung der Sozialschädlichkeit der betreffenden Marktstruktur herangezogen werden. Die Kommission schlägt deshalb vor, auch bei Entflechtungsmaßnahmen von der mißbräuchlichen Ausnutzung einer marktbeherrschenden Stellung auszugehen. (Tz. 719 bis 722)

131. Nach Auffassung der Monopolkommission lassen sich Entflechtungsmaßnahmen, die an bestimmte *Verhaltenskriterien* anknüpfen, nur dann rechtfertigen, wenn sie zur Korrektur beanstandeten Verhaltens sowohl geeignet als auch notwendig sind. Nur unter diesen Voraussetzungen ist die Entflechtung als in die Zukunft wirkende Maßnahme zu rechtfertigen, und es wird vermieden, daß sie den Charakter einer an der Vergangenheit orientierten Sanktionsnorm erhält. (Tz. 725)

132. Ein Anknüpfen von Entflechtungsnormen an die Mißbrauchsaufsicht des geltenden Rechts führt auch zur Übernahme von deren Schwächen. Diese liegen in den Schwierigkeiten, den Mißbrauch einer marktbeherrschenden Stellung im Einzelfall nachzuweisen. Die lange Dauer der Verfahren und der hohe Verwaltungsaufwand erscheinen der Kommission jedoch bei den langfristig wirksamen Entflechtungsmaßnahmen eher gerechtfertigt als bei einer Verhaltenskontrolle. (Tz. 726 bis 728)

133. Die Notwendigkeit einer Entflechtung läßt sich vor allem durch den Nachweis belegen, daß ein zu beanstandendes Verhalten *strukturelle Ursachen* hat, die nur durch Entflechtung beseitigt werden können. Die Kommission schlägt daher vor, diesen Nachweis als zusätzliche Eingriffsvoraussetzung für Entflechtungen in die betreffende gesetzliche Bestimmung aufzunehmen. (Tz. 729 bis 731)

134. Die Kommission sieht ein mißbräuchliches Verhalten dann als strukturbedingt (d. h. durch die Marktstruktur verursacht) an, wenn die strukturellen Bedingungen diese Verhaltensweise besonders nahelegen. Dies ist vor allem dann der Fall, wenn die Unternehmen durch mißbräuchliches Verhalten am besten die vorherrschenden Unternehmensziele wie Gewinnerzielung, Unternehmenswachstum und Risikominderung erreichen können. (Tz. 732)

135. Die Monopolkommission sieht im gegenwärtigen Zeitpunkt keine Möglichkeit, Sachverhaltsgruppen von Mißbrauchsfällen als strukturbedingt zu klassifizieren. Wie bei anderen unbestimmten Rechtsbegriffen, so wird es auch im Fall des strukturbedingten Mißbrauchs nur durch eine Vielzahl von Einzelfallanalysen möglich sein, diesen Begriff weiter zu konkretisieren. Nach Auffassung der Kommission spricht aber vieles dafür, daß strukturbedingter Mißbrauch eher im Bereich des Ausbeutungsmißbrauchs und besonders bei hoher Marktanteilskonzentration vorzufinden ist. (Tz. 733)

136. *Marktergebniskriterien,* wie z. B. Gewinnspannen, Preisflexibilitäten, kommen nach Auffassung der Monopolkommission als alleinige Eingriffsvoraussetzungen nicht in Betracht.

Die Kommission hält aber die Berücksichtigung von Marktergebniskriterien der überlegenen Wirtschaftlichkeit, insbesondere von größenabhängigen Kostenvorteilen („economies of scale"), für unverzichtbar. Die durch die Entflechtung zu erwartenden gesamtwirtschaftlichen Kostennachteile sind im Verfahren abzuwägen gegen die gesamtwirtschaftlichen Vorteile der Wettbewerbsintensivierung. Dabei sind jedoch nur reale Kostenvorteile („real economies") — im Gegensatz zu rein finanziellen Verteilungsvorteilen („financial economies") — in die Abwägung einzubeziehen. (Tz. 736 bis 741)

137. Die Monopolkommission hat in ihrem Sondergutachten zur Mißbrauchsaufsicht vorgeschlagen, die Kartellbehörde zu *Sektorenuntersuchungen* zu ermächtigen. Daran sollte sich die Ermächtigung des Bundeskartellamts anschließen, alle notwendigen Maßnahmen gegenüber der festgestellten Wettbewerbsbeeinträchtigung anzuordnen.

Die Monopolkommission vertritt die Auffassung, daß für die von ihr hier vorgelegte Entflechtungsregelung im GWB eine spezielle Ermächtigung des Bundeskartellamtes zu Sektorenuntersuchungen verzichtbar ist. (Tz. 742 bis 744)

138. Damit ergibt sich, daß Entflechtungsmaßnahmen im Rahmen des GWB beim kumulativen Vorliegen der folgenden Voraussetzungen ergriffen werden sollten:

— marktbeherrschende Stellung,
— mißbräuchliches Verhalten,
— Strukturbedingtheit des Mißbrauchs,
— keine überwiegenden Nachteile für das Gemeinwohl. (Tz. 745)

139. Die Kommission sieht die geringsten Probleme bei der Auflösung von *personellen oder finanziellen Verflechtungen* zwischen Unternehmen, welche im übrigen nicht voneinander abhängig sind.

Liegt bei der Entflechtung *verbundener Unternehmen* zwischen diesen wirtschaftliche Abhängigkeit vor, so ist die Erhaltung ihrer Lebensfähigkeit nach den Erfahrungen der amerikanischen Antitrustpolitik im Zuge von Auflagen möglich.

Bei der Aufspaltung von *Einzelunternehmen* können als „real economies" wirtschaftliche Vorteile der Mehrbetrieblichkeit verlorengehen. Die Wahrscheinlichkeit des Verlustes von „economies" wird bei einer Auflösung von *Betrieben* als einem noch enger eingegrenzten Entflechtungsobjekt so groß, daß nach Auffassung der Monopolkommission Entflechtungsmaßnahmen auf dieser Ebene kaum in Frage kommen. (Tz. 746 bis 749)

140. Die Beschränkung *gewerblicher Schutzrechte* als eigenständige Maßnahme der Entflechtung sollte nach Meinung der Monopolkommission in Betracht gezogen werden, wenn über den Inhalt des Schutzrechts hinaus Patente wettbewerbsbeschränkend benutzt werden. In derartigen Fällen sollte die Zwangslizensierung von Patenten mit Vorrang betrieben werden. (Tz. 750)

141. Eine Ergänzung der Entflechtung *auf der Ebene der Anteilseigner* wird immer dann erforderlich, wenn aufgrund einer hohen Konzentration des Anteilsbesitzes ein dominierender Einfluß einzelner Anteilseigner mit Mehrheitsbesitz möglich bleibt. Bei einer relativ breiten Streuung des Anteilsbesitzes wird dagegen eine solche Entflechtung entbehrlich. (Tz. 751)

142. Die Monopolkommission vertritt die Meinung, daß seine Entflechtung sich auch auf wettbewerbsbeschränkende *Oligopole* erstrecken muß, wenn für diese die Eingriffskriterien vorliegen. Dabei müssen nicht immer alle Oligopolmitglieder entflochten werden. Es genügt, wenn durch die Entflechtung eine Marktstruktur erreicht werden kann, mit der die Bedingungen für funktionsfähigen Wettbewerb entscheidend verbessert werden. (Tz. 752, 753)

143. Bei der Entflechtung von Unternehmen *im Wege des Verkaufs* ergibt sich für die Anteilseigner eine Umstrukturierung des Vermögensbesitzes mit Enteignungscharakter. Aber ebenso wie bei eventuellen Kursrückgängen, von denen eine Entflechtung begleitet sein kann, müssen auch finanzielle Einbußen bei der Veräußerung von Anlagewerten in Kauf genommen werden. Vergleichbares gilt, wenn bei der Entflechtung von gewerblichen Schutzrechten eine angemessene Entschädigung unterbleibt. Im übrigen ist die ordnungsgemäße Bewertung in jedem Falle einer gerichtlichen Überprüfung unterworfen. (Tz. 754 bis 756)

144. Bei einer Entflechtung, die nicht durch Verkauf von Unternehmensteilen abgewickelt wird, ist zwischen verschiedenen Formen der Umschichtung des Anteilsbesitzes bei den Eignern zu unterscheiden. Eine Änderung der Bewertung der Kapitalanteile kann sich daraus ergeben, daß infolge der Entflechtung eine Verringerung des Ertragswertes des Unternehmens erwartet wird. Dabei handelt es sich vermutlich vor allem um Wertverluste, die die Ertragskraft wettbewerbsbeeinträchtigender wirtschaftlicher Macht widerspiegeln und deshalb nicht schutzwürdig sind. Darüber hinausgehende Wertverluste sind nur in dem Ausmaß zu erwarten, wie im Zuge der Abwägung gesamtwirtschaftliche Nachteile der Entflechtung zur Vermeidung überragender Wettbewerbsbeschränkungen in Kauf genommen wurden. (Tz. 757 bis 759)

145. Die Monopolkommission ist der Auffassung, daß ein Entflechtungsplan nur unter gleichzeitiger Berücksichtigung der zu erwartenden Wettbewerbseffekte und möglicher gesamtwirtschaftlicher Nachteile zu erstellen ist. Eine Trennung der Zuständigkeiten zwischen Bundeskartellamt und Bundeswirtschaftsminister wie im Zusammenschlußverfahren erscheint ihr deshalb nicht möglich. Der Entflechtungsplan sollte unter Mitwirkung der betreffenden Unternehmen und mit Zustimmung des Bundeswirtschaftsministers vom Bundeskartellamt aufgestellt werden. Vorauszugehen hätte ihm ein vorläufiger Beschluß des Bundeskartellamtes über das Vorliegen eines strukturell bedingten Mißbrauchs einer marktbeherrschenden Stellung. (Tz. 761 bis 763)

146. Die Monopolkommission schlägt vor, im Anschluß an § 22 Abs. 6 GWB folgende Bestimmung einzufügen:

Sind für ein mißbräuchliches Verhalten eines oder mehrerer Unternehmen mit einer marktbeherrschenden Stellung strukturelle Ursachen maßgeblich und ist deshalb nicht zu erwarten, daß aufgrund von nach Absatz 5 durch die Kartellbehörde anzuordnenden Maßnahmen der Mißbrauch nachhaltig abgestellt werden kann, dann ordnet die Kartellbehörde anstelle einer Mißbrauchsverfügung im Einvernehmen mit dem Bundesminister für Wirtschaft die Entflechtung der marktbeherrschenden Unternehmen an. Von einer Entflechtungsanordnung ist abzusehen, wenn im Einzelfall die Entflechtung von gesamtwirtschaftlichen Nachteilen begleitet würde, welche die wettbewerblichen Vorteile überwiegen, oder wenn der Entflechtung ein überragendes Interesse der Allgemeinheit entgegensteht; hierbei ist auch die Wettbewerbsfähigkeit der Unternehmen auf Märkten außerhalb des Geltungsbereichs dieses Gesetzes zu berücksichtigen. Bei der Entflechtung von Unternehmen sind unter Wahrung der Belange Dritter diejenigen Maßnahmen anzuordnen, die mit dem geringsten Aufwand und der geringsten Belastung zum Ziele führen. Die Entflechtung kann mit Beschränkungen und Auflagen verbunden werden. Diese dürfen sich nicht darauf richten, die beteiligten Unternehmen einer laufenden Verhaltenskontrolle zu unterziehen. (Tz. 764)

147. Die Monopolkommission ist sich bewußt, daß mit der von ihr vorgeschlagenen Entflechtungsmöglichkeit im Rahmen des GWB nur wenige Fälle extrem wettbewerbswidriger Marktstrukturen erfaßt und gelöst werden können.

In früheren Gutachten hat die Monopolkommission wettbewerbsbeschränkende Unternehmensverflechtungen festgestellt, die ihrer Auffassung nach entflochten werden sollten, obwohl der Mißbrauch einer marktbeherrschenden Stellung bei ihnen nicht vorlag. Es handelte sich dabei vor allem um finanzielle Kontrollbeteiligungen der Banken an Nichtbanken sowie um Verflechtungen zwischen verschiedenen Energieträgern, die geeignet sind, den marktübergreifenden Substitutionswettbewerb zu beeinträchtigen.

Die Kommission sieht keine andere Möglichkeit, als derartige branchenspezifische Fälle durch eine spezielle Gesetzgebung zu erfassen. (Tz. 765 bis 768)

148. Vor der Einleitung entsprechender gesetzgeberischer Schritte sollte eine eingehende Untersuchung der Wettbewerbsverhältnisse vorgenommen werden, die sich über den Einzelmarkt hinaus auch auf die sachlich nahen anderen Märkte mit Substitutionsbeziehungen zu einem für die Entflechtung in Frage kommenden Wirtschaftszweig erstreckt. Diese Sektorenuntersuchung, die die Angemessenheit und die Eignung von Entflechtungsmaßnahmen feststellen sollte, ist durch das Bundeskartellamt vorzunehmen. (Tz. 769 bis 773)

149. Die Monopolkommission schlägt vor, eine Erweiterung der Zuständigkeit und der Befugnisse des Bundeskartellamtes zu normieren:

Zur Vorbereitung von Entflechtungen aufgrund besonderer gesetzlicher Regelungen kann der Bundesminister für Wirtschaft dem Bundeskartellamt die allgemeine Untersuchung eines bestimmten Wirtschaftszweiges übertragen. Diese Untersuchung erstreckt sich auf die Prüfung der marktbezogenen sowie marktübergreifenden Wettbewerbsbedingungen und wettbewerblichen Verhaltensweisen unter Berücksichtigung der Verflechtungen von Unternehmen des betreffenden Wirtschaftszweiges. Sie enthält ferner die Feststellung der Ursachen bestimmter wirtschaftlicher Entwicklungen sowie der voraussichtlichen Wirkungen struktureller Eingriffe, gegebenenfalls einschließlich der Darlegung besonderer unternehmerischer Leistung oder des durch Entflechtung drohenden Verlustes überlegener Wirtschaftlichkeit bei Unternehmen oder Unternehmensverbindungen in diesem Wirtschaftszweig. (Tz. 774)

150. Der Entflechtungsvorschlag der Monopolkommission wurde *verfassungsrechtlich* überprüft. (Tz. 775 bis 804)

Die darin vorgesehene Entflechtungsregelung kollidiert nicht mit einer durch die Grundrechte (Artikel 14, 12, 9I, III, 2I, 11, 3I GG) vermittelten *Wirtschaftsverfassung.* Entflechtungsmaßnahmen sollen den Wettbewerb fördern und entsprechen damit den Grundrechten, die für die Ausgestaltung der Wirtschaftsordnung maßgeblich sind. (Tz. 776 bis 779)

151. Entscheidende Verfassungsbestimmungen sind die *Eigentumsgarantie* des Artikels 14 GG und das Grundrecht der *Berufs- und Gewerbefreiheit* aus Artikel 12 GG. Ein als Objekt einer Entflechtung in Frage kommendes Großunternehmen steht in einem besonderen sozialen Bezug im Sinne der Eigentumsrechtsprechung des Bundesverfassungsgerichts. Artikel 12 GG wird lediglich auf der Ebene der Berufsausübung berührt, so daß Einschränkungen mit einfachen Gemeinwohlgesichtspunkten gerechtfertigt sein können.

Diese Grundrechte werden deshalb durch die vorgeschlagene Entflechtungsregelung in verfassungsrechtlich zulässiger Art und unbedenklichem Umfang eingeschränkt. (Tz. 785 bis 801)

152. Der Vorschlag der Monopolkommission widerspricht auch nicht dem *Übermaßverbot,* konkretisiert durch die Grundsätze der Erforderlichkeit, Verhältnismäßigkeit und der Geeignetheit. Er ist damit insgesamt mit dem Grundgesetz vereinbar. (Tz. 780 bis 784)

KAPITEL I

Stand und Entwicklung der Unternehmenskonzentration in den Wirtschaftszweigen der Industrie

1. Das konzentrationsstatistische Programm der Monopolkommission nach Abschluß der Reform der Industriestatistik

1.1. Aufgabe der neuen Konzentrationsstatistik

153. Bereits in ihrem letzten Hauptgutachten hat die Monopolkommission darauf hingewiesen, daß die Reform der amtlichen Industrieberichterstattung, die nach dem Gesetz über die Statistik im Produzierenden Gewerbe vom 6. November 1975[1]) durchgeführt wurde, Auswirkungen auf das konzentrationsstatistische Programm der Monopolkommission haben wird[2]). Das neue industriestatistische Berichtssystem schafft die Voraussetzungen für eine wettbewerbspolitisch wünschenswerte Weiterentwicklung des konzentrationsstatistischen Instrumentariums. Insbesondere wird

— durch die Schaffung einer beim Statistischen Bundesamt geführten Unternehmenskartei,
— durch eine bessere Abstimmung der verschiedenen Statistiken nach Inhalt und Periodizität und
— durch die Berücksichtigung weiterer Konzentrationsmerkmale sowohl für Unternehmen als auch für ihre fachlichen Unternehmensteile

eine differenziertere Erfassung und Beurteilung von Stand und Entwicklung der Unternehmenskonzentration in den Wirtschaftszweigen des Produzierenden Gewerbes ermöglicht als bisher.

154. Die Monopolkommission hat die sich aus der Neuordnung der Statistiken im Produzierenden Gewerbe ergebenden Möglichkeiten zur Fortentwicklung der Konzentrationsstatistik geprüft. Als Ergebnis der Prüfung legt die Kommission ein umfassendes Programm zur Darstellung und Würdigung der Konzentration in den Wirtschaftszweigen der Industrie vor. Das Programm basiert auf der Ausnutzung der verbesserten Datenlage und auf der Anwendung verfeinerter quantitativer Methoden der Konzentrationsmessung. Ein wesentlicher Fortschritt gegenüber der bisherigen Statistik stellt die getrennte Erfassung einzelner Konzentrationsarten dar.

155. Die Konzentrationsforschung unterscheidet horizontale, vertikale und konglomerate Konzentration, denen unterschiedliche Wirkungen auf das Marktergebnis zugeschrieben werden. Meistens werden die nachteiligen Wirkungen auf den Wettbewerb am größten bei der horizontalen und am geringsten bzw. unsichersten bei der konglomeraten Konzentration gesehen. Bei Unternehmenszusammenschlüssen wirft die Zuordnung zu einer der drei Gruppen keine theoretischen Schwierigkeiten auf. Horizontale Zusammenschlüsse sind solche zwischen Konkurrenten auf dem gleichen Markt, vertikale solche zwischen Unternehmen, die auf vor- und nachgelagerten Produktionsstufen tätig sind und konglomerate solche, die keines der beiden Kriterien erfüllen. Schwierigkeiten bereitet dagegen insbesondere die Messung des vertikalen und des konglomeraten Konzentrationsstandes in den einzelnen Wirtschaftszweigen. Der Abgrenzung der drei Konzentrationsformen untereinander kommt dabei große Bedeutung zu. Es ist zweckmäßig, die Abgrenzung der drei Konzentrationsformen derart vorzunehmen, daß keine Überschneidungen bestehen, weil diese eine eindeutige Zuordnung der daraus zu erwartenden Konzentrationswirkungen erschweren würden.

156. Bei der *horizontalen Konzentration* werden die Wettbewerbsstrukturen eines Wirtschaftszweiges anhand der dort getätigten Umsätze, der Zahl der dort tätigen Unternehmen und der Verteilung der Umsätze auf diese Unternehmen dargestellt. Abweichungen vom theoretischen Modell ergeben sich insofern, als die Wirtschaftszweige nicht mit Märkten identisch sind.

Bei der *vertikalen Konzentration* wird die Produktionsstruktur der einzelnen Unternehmen betrachtet. Gemessen wird das Verhältnis zwischen Netto- und Bruttoproduktionswert. Es spiegelt tendenziell das Ausmaß der vertikalen Integration der Unternehmen bzw. der Wirtschaftszweige wider.

Die aus wirtschaftszweigübergreifenden Unternehmensaktivitäten resultierende *konglomerate Konzentration* wird durch die Beschreibung von Größe und Verteilung der Unternehmensumsätze auf die verschiedenen Wirtschaftszweige dokumentiert.

Durch den gesonderten Ausweis dieser drei Konzentrationsformen wird die Aussagekraft der Konzentrationsstatistik wesentlich erhöht und ihre Bedeutung als Entscheidungshilfe der Wettbewerbspolitik gesteigert.

157. Es war ursprünglich beabsichtigt, bereits in diesem Hauptgutachten Stand und Entwicklung der Konzentration nach dem neuen Programm darzu-

---

[1]) Vgl. BGBl. I, S. 2779.

[2]) Vgl. Monopolkommission, Fortschreitende Konzentration bei Großunternehmen, Hauptgutachten 1976/1977, Baden-Baden 1978, Tz. 147 ff.

stellen und zu würdigen. Die dazu erforderlichen Daten konnten jedoch noch nicht im notwendigen Umfang vom Statistischen Bundesamt bereitgestellt werden. Somit wird das konzentrationsstatistische Berichtssystem erst im nächsten Hauptgutachten, beginnend mit dem Berichtsjahr 1978, umgestellt. Dementsprechend beschränkt sich die Kommission in diesem Gutachten auf die formale Darstellung des neuen Programms. Sie eröffnet damit die Möglichkeit, dieses Programm vor seiner ersten Anwendung zu diskutieren, und würde es begrüßen, auf Verbesserungsmöglichkeiten hingewiesen zu werden.

1.2. Änderung der statistischen Datenbasis

158. Bevor auf die Einzelheiten des Konzepts zur Messung der horizontalen, vertikalen und konglomeraten Unternehmenskonzentration näher eingegangen wird, soll deutlich auf Einzelheiten der verbesserten Datenlage hingewiesen werden. Entscheidende Bedeutung für die Konzentrationsstatistik erlangt die im Zuge der Reform beim Statistischen Bundesamt neu aufgebaute *Unternehmenskartei.* Diese Kartei enthält alle Unternehmen des Produzierenden Gewerbes mit 20 und mehr Beschäftigten mit ihren verschiedenen Betrieben. Die fachlichen Betriebs- und Unternehmensteile werden dabei nicht als selbständige Einheiten, sondern nur in Verbindung mit dem jeweiligen Betrieb und Unternehmen in der Kartei geführt. Bei den fachlichen Betriebs- und Unternehmensteilen handelt es sich um selbständige institutionelle Teilbereiche von Betrieben und Unternehmen, deren Tätigkeit einem vierstelligen Wirtschaftszweig der SYPRO[1]) zugeordnet werden kann.

Die Kartei ordnet allen Unternehmen eine Identitätsnummer zu. Diese erlaubt die nachträgliche Zusammenführung aller in den verschiedenen Betriebs- und Unternehmenserhebungen ermittelten Merkmalswerte für jedes berichtspflichtige Unternehmen. Konnten in der bisherigen Konzentrationsstatistik für die nach ihrer Größe geordneten Unternehmen eines Wirtschaftszweiges nur Umsatz und Beschäftigtenzahlen ausgewiesen werden, so ist es nunmehr möglich, auch Daten aus anderen Erhebungen, wie beispielsweise Nettoproduktionswerte, Lagerveränderungen, Exporte, Investitionen usw. nebeneinander auszuweisen oder miteinander in Beziehung zu setzen.

159. Erst diese Kartei schafft die Voraussetzungen, die von der Monopolkommission in einem Acht-Punkte-Katalog vorgeschlagenen Verbesserungsmöglichkeiten mindestens teilweise zu realisieren[2]). Von diesen Vorschlägen war bisher allein der Punkt 8 (jährliche Ermittlung von konzentrationsstatistischen Daten) realisiert. Nunmehr lassen sich auch tiefgegliederte Produktzweige als Bezugsbereiche der horizontalen Konzentration erfassen (Punkt 2); Betriebe und Unternehmen können in Zukunft fachlich aufgegliedert und die einzelnen Betriebs- und Unternehmensteile den jeweiligen Wirtschaftszweigen mit ihren Merkmalswerten zugeordnet werden (Punkt 5); Konzentrationskoeffizienten lassen sich sowohl für Unternehmen als auch für Betriebe ausweisen, so daß Divergenzanalysen durchführbar werden (Punkt 4); als Konzentrationsmerkmal kann für alle Unternehmen der Nettoproduktionswert ausgewiesen werden (Punkt 6); die Darstellung der unternehmensspezifischen Exporte und Lagerbestandsveränderungen wird die Marktanteilsanalyse verfeinern helfen (Punkt 7). Darüber hinaus wird durch eine vergleichbare Berichtskreisabgrenzung im gesamten Produzierenden Gewerbe die Ausdehnung der Konzentrationsstatistik auf die Energiewirtschaft und das Baugewerbe möglich (Punkt 1).

Für die Bereiche Handel, Banken, Versicherungen und Verkehr können jedoch auch in Zukunft keine vergleichbaren Konzentrationsangaben gemacht werden. Hinweise über den in diesen Bereichen erreichten Konzentrationsgrad werden erst die Daten aus der Arbeitsstättenzählung 1981 liefern können.

Dagegen ist der Ausweis von Konzentrationskennziffern für wirtschaftliche Unternehmenseinheiten (Konzerne) nicht möglich (Punkt 3). Nach wie vor werden die Unternehmen nur als rechtliche Einheiten erfaßt. Als Unternehmen gelten die kleinsten Einheiten, die aus handels- oder steuerrechtlichen Gründen Bücher führen und bilanzieren. Die Erfassung des Konzernverbundes zwischen den verschiedenen rechtlichen Einheiten in der Unternehmenskartei würde einen wesentlichen Fortschritt für die Durchführung von konzentrationsstatistischen Analysen darstellen. Solange Unternehmen, die unter wirtschaftlicher Leitung eines anderen Unternehmens stehen, als selbständige Einheiten erfaßt werden, wird das Ausmaß der Konzentration weiterhin systematisch unterschätzt. Die Monopolkommission schlägt daher vor, die rechtlichen Grundlagen dafür zu schaffen, daß in die Unternehmenskartei alle Unternehmensverbindungen im Sinne des § 15 AktG aufgenommen werden. Dadurch würden die Möglichkeiten der Konzentrationsstatistik erweitert und ihre Aussagekraft wesentlich verbessert.

1.3. Darstellung der horizontalen Unternehmenskonzentration

160. Die Darstellung der *horizontalen Konzentration* dient der Analyse der Wettbewerbsverhältnisse, die innerhalb einer Branche bestehen. Die Wettbewerbsstrukturen werden durch die Größe und die Verteilung der Umsatzanteile der Unternehmen einer Branche, durch die Unterschiede in den Unternehmensgrößen und durch die Zahl der dort tätigen Unternehmen beschrieben. Dementsprechend kommt der Abgrenzung der Branche große Bedeutung zu. Bei der Aufstellung einer Statistik der horizontalen Konzentration ist die Monopolkommission jedoch an die Branchenabgrenzungen gebunden, die das Statistische Bundesamt seinen industriestatisti-

---

[1]) Systematik der Wirtschaftszweige (WZ) rev., Fassung für die Statistik im Produzierenden Gewerbe — SYPRO —, Stand 1976; vgl. dazu auch Tz. 183.

[2]) Vgl. Monopolkommission, Mehr Wettbewerb ist möglich, Hauptgutachten 1973/1975, Baden-Baden 1976, Tz. 154.

schen Erhebungen zugrunde legt. Danach kommen prinzipiell

- eine Branchenabgrenzung nach Produktgruppen und
- eine Branchenabgrenzung nach Wirtschaftszweigen

in Betracht.

161. Die Messung der horizontalen Konzentration auf der Basis von *Produktgruppen* ist das weitestgehende Konzept, das das Berichtssystem der Bundesrepublik zulassen würde. Prinzipiell wäre es bei einer Abgrenzung der untersuchten Branchen auf die Meldepositionen der amtlichen Produktionserhebungen möglich, die Konzentrationsstatistik auf etwa 6 000 Branchen auszudehnen. Dadurch könnten die Wettbewerbsstrukturen auf ausreichend homogenen Märkten dargestellt werden. Ein wesentlicher Nachteil dieser Branchenabgrenzung nach Warenarten besteht darin, daß als Konzentrationsmerkmal allein die Absatzproduktion, d. h. die mit Absatzpreisen bewertete Produktion, herangezogen werden kann. Eine Verbindung dieser Werte mit anderen Merkmalen ist nicht möglich, weil in dieser Abgrenzung kein weiteres Datenmaterial bei den statistischen Ämtern verfügbar ist. Hinzu kommt, daß bei einer derart engen Branchenabgrenzung nur so wenige Unternehmen in einer Branche erfaßt werden, daß die gesetzlich vorgeschriebenen Bestimmungen zur Geheimhaltung von Einzelangaben in der überwiegenden Zahl der Fälle einen Ausweis von Konzentrationskennziffern verhindern würden. Dies sind die wesentlichen Gründe, warum die Kommission von einer Darstellung der horizontalen Konzentration im Produktgruppenkonzept Abstand genommen hat.

162. Im neuen konzentrationsstatistischen Programm wird deshalb die Unternehmenskonzentration auf der Basis von *Wirtschaftszweigen* analysiert. Damit schließt die Kommission an ihre bisherigen Darstellungen der Wettbewerbsstrukturen an. Die amtliche Wirtschaftszweigsystematik SYPRO unterscheidet im Produzierenden Gewerbe zwei- und vierstellige Wirtschaftszweige. Da die Viersteller der neuen Systematik tiefer gegliedert sind als die bisher von der Monopolkommission ausgewiesenen Wirtschaftsklassen, bedeuten die neuen Branchenabgrenzungen bereits eine geringfügige Verbesserung.

163. Die neu aufgebaute Unternehmenskartei erlaubt darüber hinaus die Darstellung der Umsatz- und Beschäftigungskonzentration für *fachliche Unternehmensteile.* Dies bedeutet einen wesentlichen Fortschritt in der Konzentrationsforschung. In der alten Konzentrationsstatistik wurden die Unternehmen jeweils dem Wirtschaftszweig mit sämtlichen Aktivitäten zugeordnet, in dem der Schwerpunkt ihrer wirtschaftlichen Tätigkeit lag. Dadurch kam es zu Fehlzuordnungen von Teilen des Umsatzes branchenübergreifend tätiger Mehrproduktunternehmen. Das Ausmaß der Fehlzuordnungen von Umsatzanteilen ist bei der Anwendung des *Schwerpunktprinzips* um so größer, je tiefer die Wirtschaftszweige gegliedert sind und je größer der Diversifikationsgrad der einzelnen Unternehmen ist. Das Schwerpunktprinzip wirkte sich somit in einer systematischen Überhöhung des Konzentrationsstandes aus, soweit die größeren Unternehmen eines Wirtschaftszweiges einen höheren Diversifikationsgrad aufwiesen als die kleineren. Diese unerwünschten Auswirkungen schwerpunktmäßiger Zuordnung werden in der fachlichen Konzentrationsstatistik vermieden. Dort wird dem einzelnen Wirtschaftszweig nur der Unternehmensumsatz zugerechnet, der von den Unternehmensteilen im jeweiligen Wirtschaftszweig getätigt wurde. Die Einführung der fachlichen Konzentrationsstatistik verbessert somit die Beurteilungsgrundlagen und erhöht die Aussagekraft der statistischen Konzentrationsziffern erheblich.

164. Zur Darstellung der horizontalen Konzentration wird die Monopolkommission Konzentrationskennziffern für die jeweils 3, 6, 10, 25 und 50 umsatzgrößten fachlichen Unternehmensteile aller zwei- und vierstelligen Wirtschaftszweige ausweisen. Sie stützt sich dabei auf die für fachliche Unternehmensteile vorliegenden Konzentrationsmerkmale Umsatz, Beschäftigtenzahl, Inlandsumsatz und Zahl der im Wirtschaftszweig tätigen Unternehmen.

In den Wirtschaftszweigen wird die horizontale Unternehmenskonzentration anhand von Höhe und Verteilung des *Umsatzes* gemessen. Bezogen auf den Gesamtumsatz eines Wirtschaftszweiges kennzeichnet der Umsatz auf leicht faßbare Weise das Ausmaß, in dem ein Unternehmen am Markt teilnimmt. Die ausgewiesenen *Konzentrationskoeffizienten* beschreiben Größe und Verteilung des Umsatzes der im Inland ansässigen Produzenten, unabhängig davon, ob diese Umsätze mit in- oder ausländischen Abnehmern erzielt werden. Die Ergänzung der Konzentrationsdaten um den Anteil der davon auf dem deutschen Markt erzielten Umsätze liefert genauere Hinweise zur Beurteilung der tatsächlichen Inlandsmarktstellungen der großen Unternehmen im Verhältnis zu denen der im allgemeinen weniger exportorientierten Kleinunternehmen. Allerdings muß dabei die inländische Konkurrenz durch ausländische Wettbewerber außer Betracht bleiben. Ihre Einbeziehung scheitert daran, daß die in der Außenhandelsstatistik erfaßten Gesamteinfuhrwerte nach Erhebungsgebiet, Kreis der auskunftspflichtigen Unternehmen, Wertstellung und Meldezeitpunkt erheblich von denen im Erhebungsverfahren der amtlichen Industriestatistik angewandten Kriterien abweichen. Die Monopolkommission hat sich trotz dieser Einschränkung für den zusätzlichen Ausweis der Inlandsumsätze entschieden, weil die Divergenz aus Gesamtumsatz und Inlandsumsatz Hinweise über das dadurch bedingte Ausmaß der systematischen Verzerrung der Konzentrationskoeffizienten liefert.

165. Der Ausweis der *Beschäftigtenkonzentration* erfolgt analog der bisherigen Konzentrationsstatistik. Insbesondere die Berechnung der Umsatz-Beschäftigten-Relationen dient als Maß zur Beurteilung der unterschiedlichen Entwicklung der Faktorproduktivitäten und/oder der am Markt durchgesetzten Preise bei den großen und den kleineren Unternehmen. Solange die Umsatz-Beschäftigten-Relationen sich bei den größeren Unternehmen im Wirtschaftszweig stetig gegenüber den Verhältnissen bei den kleineren Unternehmen vergrößern, solange besteht eine Tendenz zur Verschlechterung der Wettbewerbsbedingungen für die kleineren Unternehmen. Denn höhere Preise bzw. günstigere Faktorproduktivitäten erhöhen die Verhaltensspielräume der großen Unternehmen im Wettbewerb. Derartige Entwicklungen könnten eine wesentliche Ursache für die Zunahme der Konzentration in der Wirtschaft sein.

166. Weitere Hinweise auf Konzentrationsursachen gibt die Analyse der *Divergenz von Betriebs- und Unternehmenskonzentration.* Zu diesem Zweck werden in der neuen Statistik Konzentrationskoeffizienten auch für die 3, 6, 10, 25 und 50 fachlichen Betriebsteile für das Merkmal Umsatz vorgelegt. Die Analyse der Divergenz von Betriebs- und Unternehmenskonzentration erlaubt Rückschlüsse auf das technisch bedingte Mindestmaß der Unternehmenskonzentration. Während aus der Umsatzkonzentration der Betriebe Hinweise auf das technisch bedingte Ausmaß der Konzentration gewonnen werden können, kommen in der Umsatzkonzentration der Unternehmen zusätzlich auch wirtschaftlich-finanzielle Bestimmungsfaktoren der Konzentration zum Ausdruck. Die Divergenz zwischen der Betriebskonzentration und der stärkeren Unternehmenskonzentration kann insoweit als Hinweis auf den unternehmenspolitisch bedingten Grad der Konzentration angesehen werden. [1])

1.4. Darstellung der vertikalen Unternehmenskonzentration

167. Die Messung der *vertikalen Unternehmenskonzentration* stellt auf die unterschiedliche Produktionstiefe der betrachteten Unternehmen ab. Vertikal integrierte Unternehmen sind auf hintereinander gelagerten Produktionsstufen tätig und realisieren gegenüber einstufig produzierenden Konkurrenten Wettbewerbsvorteile, die vor allem

— aus ihrem besseren Zugang zu den Absatz- und Beschaffungsmärkten und

— aus Kostenvorteilen bei der Produktion

resultieren. Die betriebswirtschaftlichen Vorteile der vertikalen Integration sind unbestritten. Gesamtwirtschaftlich kann eine Zunahme vertikal integrierter Unternehmensstrukturen wettbewerbsbeschränkende Wirkungen entfalten. Daraus ergibt sich die Notwendigkeit, bei der Beurteilung der vertikalen Konzentration jeweils die daraus resultierenden Vor- und Nachteile für die Gesamtwirtschaft gegeneinander abzuwägen.

[1]) Die Monopolkommission ist sich bewußt, daß auch technisch bedingte Vorteile der Mehrbetrieblichkeit (multiplant economies) existieren. Das Ausmaß ist jedoch nach den vorliegenden Untersuchungen gering einzuschätzen.

168. Im neuen konzentrationsstatistischen Programm werden geeignete Daten vorgelegt, die das Ausmaß der vertikalen Unternehmenskonzentration in der Bundesrepublik beschreiben können. Das Konzentrationsmerkmal Umsatz ist jedoch allein nicht geeignet, vertikale Unternehmensstrukturen aufzuzeigen, weil dadurch lediglich der Außenumsatz der jeweils letzten innerbetrieblichen Produktionsstufe erfaßt und die auf Leistungsgrößen basierende Unternehmensgröße vernachlässigt wird.

Die *Zahl der Produktionsstufen,* die zur Herstellung eines Produktes zu durchlaufen sind, bildet definitorisch die Maßgröße, an der der Grad der vertikalen Integration eines Unternehmens gemessen werden muß. Je mehr Produktionsstufen im Unternehmen selbst durchlaufen werden, desto höher ist sein Integrationsgrad. In dieser Definition bezeichnet man ein Unternehmen dann als vollständig integriert, wenn es das verkaufsfähige Endprodukt ohne die Inanspruchnahme von Leistungen dritter Unternehmen produziert. Das Problem der Messung des vertikalen Integrationsgrades von Unternehmen liegt somit in der Bestimmung der Gesamtzahl aller zur Produktion des entsprechenden Gutes notwendigen Produktionsstufen und in der Bestimmung der Zahl der Produktionsstufen, die in den zu betrachtenden Unternehmen bei der Produktion des Gutes durchlaufen werden. Darüber existiert in der Bundesrepublik jedoch kein entsprechendes statistisches Datenmaterial. Deshalb wird bei der Messung des vertikalen Integrationsgrades von Unternehmen auf *Wertschöpfungsgrößen* abgestellt. So wird als Maß der vertikalen Integration das *Verhältnis aus Nettoproduktionswert und Umsatz* herangezogen. Der Wert dieser Verhältniszahl ist um so größer, je höher der Grad der vertikalen Integration des Unternehmens ist.

169. Die vertikale Unternehmenskonzentration in den Wirtschaftszweigen wird anhand von Höhe und Verteilung der *vertikalen Integrationsgrade* gemessen. Dies geschieht vor allem durch einen Vergleich der mittleren Integrationsgrade der 3, 6, 10, 25 und 50 umsatzgrößten Unternehmen mit den entsprechenden Werten für die übrigen Konkurrenten. Aus der Verteilung der Integrationsgrade kann auf das Ausmaß struktureller Wettbewerbsbedingungen der vertikalen Integration geschlossen werden. Verändern sich diese Kennzahlen mit abnehmender Unternehmensgröße nur geringfügig, so unterscheiden sich die Integrationsgrade der Unternehmen im Wirtschaftszweig nicht wesentlich voneinander. Dementsprechend neutralisieren sich die Wettbewerbsvoraussetzungen der vertikalen Integration im Wirtschaftszweig. Bei einer starken Ungleichverteilung der Integrationsgrade zu Gunsten der umsatzgrößten Unternehmen sind strukturelle Voraussetzungen gegeben, die wettbewerbsbeschränkende Verhaltensweisen zunehmend erwarten lassen.

170. Es zählt zu den Aufgaben einer Konzentrationsstatistik, Unterschiede der vertikalen Konzentration zwischen den Wirtschaftszweigen aufzuzeigen. Ein solcher Vergleich wird erschwert, weil die Gesamtzahl der Produktionsstufen zur Herstellung der wirtschaftszweigspezifischen Endprodukte von

Wirtschaftszweig zu Wirtschaftszweig variiert. So ist das Niveau der vertikalen Konzentration vermutlich in den Branchen höher, die nur wenige Produktionsstufen kennen (z. B. in der Grundstoffproduktion) als in Bereichen, die bei der Produktion viele Produktionsstufen benötigen (z. B. Maschinenbau). Dementsprechend wäre es sachlich nicht gerechtfertigt, aus dem unterschiedlichen Niveau der vertikalen Konzentration zweier Wirtschaftszweige auf unterschiedliche Wettbewerbsbedingungen zu schließen. Stattdessen ist auch hier vom Integrationsgrad der umsatzgrößten Unternehmen in den Wirtschaftszweigen auszugehen. Diese Integrationsgrade müssen bereinigt werden um das Niveau der vertikalen Konzentration im Wirtschaftszweig, indem der durchschnittliche Integrationsgrad der größten Unternehmen auf den durchschnittlichen Integrationsgrad im Wirtschaftszweig bezogen wird. Diese niveaubereinigten Kennziffern der wirtschaftszweigspezifischen vertikalen Konzentration eignen sich zum Vergleich der Konzentrationsverhältnisse unterschiedlicher Wirtschaftszweige und damit zur Beurteilung des vertikalen Konzentrationsstandes in der Industrie.

171. Darüber hinaus wird die Konzentrationsstatistik der Monopolkommission *Verflechtungstabellen* zur Darstellung konglomerater Unternehmensstrukturen ausweisen. Diese sind auch geeignet, Hinweise über das Ausmaß der wirtschaftszweigübergreifenden vertikalen Konzentration zu geben. Die Verflechtungstabellen weisen nämlich die Produktionsaktivitäten der umsatzgrößten Unternehmen in den einzelnen Wirtschaftszweigen aus. So ist aus diesen Tabellen erkennbar, wie stark beispielsweise Unternehmen, deren Schwerpunkte im Stahlbereich liegen, im vorgelagerten Bergbau tätig sind bzw. umgekehrt, wie stark Bergbauunternehmen gleichzeitig im Stahlbereich aktiv sind. Die ergänzende Auswertung der Verflechtungstabellen ist daher geeignet, weitere Maßgrößen zur Beurteilung der vertikalen Unternehmenskonzentration in der Bundesrepublik zu liefern.

172. Eine weitere Ergänzung der Konzentrationsstatistik wird der Ausweis von Höhe und Verteilung der vertikalen Integrationsgrade für die 3, 6, 10, 25, 50, 100, 200, 300, 400 und 500 größten Unternehmen der Bundesrepublik bilden. Diese Konzentrationsdaten dienen der Beurteilung der wirtschaftszweigunabhängigen Entwicklung der vertikalen Konzentration.

1.5. Darstellung der konglomeraten Unternehmenskonzentration

173. Die Messung der *konglomeraten Unternehmenskonzentration* dient der Beurteilung der Verhaltensspielräume von Unternehmen, die sich als Folge ihres *Diversifikationsgrades* ergeben. Diversifizierte Unternehmen sind in verschiedenen Branchen gleichzeitig tätig. Mit einer zunehmenden Zahl unterschiedlicher Tätigkeitsbereiche verringert sich die Abhängigkeit des Unternehmensergebnisses von der Entwicklung eines Einzelmarktes. Dadurch werden Unternehmen in ihren Entscheidungen insgesamt in geringerem Maße vom Wettbewerb kontrolliert, als dies bei Abhängigkeit von einem einzelnen Markt der Fall wäre.

174. Der Diversifikationsgrad von Unternehmen läßt sich beschreiben durch die Zahl der Wirtschaftszweige, in denen die Unternehmen tätig sind und durch die Höhe der in den einzelnen Wirtschaftszweigen getätigten Umsätze. Daraus wird bereits deutlich, daß es sich bei der Messung der konglomeraten Unternehmenskonzentration um eine *wirtschaftszweigübergreifende Betrachtung* handeln muß. Es bereitet dementsprechend Schwierigkeiten, das Ausmaß konglomerater Unternehmensstrukturen wirtschaftszweigbezogen zu messen, ohne daß dadurch das gleiche Unternehmen mehrfach in die Betrachtung eingeht. Zur Vermeidung von Doppelzählungen werden die Unternehmen zunächst nach dem Schwerpunkt ihrer wirtschaftlichen Tätigkeit einem Wirtschaftszweig zugeordnet, um dann die wirtschaftszweigübergreifende Betätigung dieser Unternehmen näher zu untersuchen. Zu diesem Zweck wird das statistische Datenmaterial in Form von Verflechtungstabellen aufbereitet. *Verflechtungstabellen* schlüsseln entweder die Gesamtzahl der Tätigkeitsbereiche der betrachteten Unternehmen eines Wirtschaftszweiges oder den Gesamtumsatz dieser Unternehmen auf alle Wirtschaftszweige auf. Diese Verflechtungstabellen geben die maximale Information über die Struktur der wirtschaftszweigübergreifenden Konzentration wider. In diesen Tabellen sind alle wichtigen Größen enthalten, aus denen sich weitere Kennziffern ableiten lassen, die Einzelaspekte der konglomeraten Unternehmenskonzentration beschreiben können. Wichtige Einzelkenngrößen zur Beurteilung der konglomeraten Konzentration sind

- die absolute Größe der diversifizierten Unternehmen,
- die Größe und Verteilung des Diversifikationsgrades dieser Unternehmen und
- die Verteilung der Zahl der Tätigkeitsbereiche der einem Wirtschaftszweig zugeordneten Unternehmen.

175. Die *absolute Größe* der diversifizierten Unternehmen wird durch den Gesamtumsatz dieser Unternehmen bestimmt. Als Maß zur Beschreibung des *Diversifikationsgrades* der entsprechenden Unternehmensgruppe wird der Quotient aus dem Gesamtumsatz dieser Unternehmen zu ihrem Umsatz im Umsatzschwerpunkt gebildet. Dieses Maß beschreibt tendenziell den Grad der Unabhängigkeit der Unternehmen von den Verhältnissen auf einzelnen Märkten. Da die stärkste Marktabhängigkeit der Unternehmen im allgemeinen dort besteht, wo der Umsatzschwerpunkt liegt, wächst der vom Wettbewerb unkontrollierte Verhaltensspielraum dann, wenn der Umsatz im Schwerpunktbereich nur gering im Verhältnis zum Gesamtumsatz des Unternehmens ist. In einem solchen Fall wird die vorgeschlagene Kennziffer ebenfalls einen großen Wert annehmen. Diese Kennziffer vernachlässigt jedoch die Wettbewerbswirkungen, die daraus resultieren, daß Unternehmen auf besonders vielen Märkten tätig sind. Denn sie berücksichtigt nur die Verteilung der Umsätze zwischen Umsatzschwerpunkt und Gesamtumsatz und nicht die Zahl der unterschiedlichen Tätigkeitsbereiche (fachliche Unternehmensteile). Aus diesem Grund wird neben der vorgeschlagenen Kennziffer als weiteres Maß die Zahl der Tätigkeitsbereiche eines Unternehmens bei der Beurteilung des Ausmaßes der konglomeraten Konzentration hinzugezogen. Erst die Bewertung beider Größen zeichnet ein verläßliches Bild des durchschnittlichen Diversifikationsgrades der betrachteten Unternehmen.

176. Zur Beurteilung der wirtschaftszweigbezogenen konglomeraten Konzentration wird die statistische Verteilung dieser Kennziffern auf die nach der Umsatzgröße geordneten Unternehmen eines Wirtschaftszweiges analysiert. Die Zuordnung der Unternehmen zu den Wirtschaftszweigen erfolgt dabei nach dem Umsatzschwerpunkt. Aus dem *Verhältnis der Diversifikationsgrade* der großen zu denen der kleinen Unternehmen lassen sich Rückschlüsse auf die Wettbewerbsbedingungen im Wirtschaftszweig ziehen.

177. Es ist darüber hinaus geplant, entsprechende Meßziffern der konglomeraten Unternehmenskonzentration auch für die absolut größten Unternehmen des Produzierenden Gewerbes unabhängig von ihrer Zugehörigkeit zu einem Wirtschaftszweig zu berechnen und zu diskutieren.

1.6. Zur Realisierbarkeit des neuen Programms

178. Bei der Ausweitung der Konzentrationsstatistik in der oben beschriebenen Form ist die Monopolkommission auf die Mitarbeit des Statistischen Bundesamtes angewiesen. Nur das Amt kann die Basisdaten der Konzentrationsstatistik der Monopolkommission zur weiteren Aufbereitung zur Verfügung stellen. Das konzentrationsstatistische Programm ist in der vorgeschlagenen Form prinzipiell durchführbar, weil das Amt über das gewünschte Datenmaterial verfügt. Jedoch sind der tatsächlichen Realisierung dieses sachlich wünschbaren Programms enge Grenzen gesetzt,

- — weil die Aufstellung einer Konzentrationsstatistik nicht zu den gesetzlich fixierten Aufgaben des Statistischen Bundesamtes zählt,
- — weil die zeitaufwendige Prüfung der Konzentrationsdaten auf geheimhaltungspflichtige Einzelangaben mit jeder Erweiterung der Konzentrationsstatistik überproportional zunimmt und
- — weil das Zusammenführen von Daten verschiedener Erhebungen zum Zwecke der Analyse der Unternehmenskonzentration beim Statistischen Bundesamt aufwendige konzeptionelle und programmiertechnische Änderungen erforderlich macht.

179. Das Statistische Bundesamt hat der Monopolkommission seine prinzipielle Bereitschaft zur Mitarbeit am Ausbau der Konzentrationsstatistik zugesagt. Es verweist jedoch auf die begrenzten Mitarbeiterkapazitäten zur Durchführung von Arbeiten, die nicht seinem gesetzlichen Auftrag entsprechen. Die Monopolkommission hält es für erforderlich, daß die wirtschaftspolitisch Verantwortlichen die Voraussetzungen zur Realisierung des vorgeschlagenen konzentrationsstatistischen Programms schaffen.

2. Fortschreibung auf das Jahr 1977

2.1. Probleme der Fortschreibung

180. Die Monopolkommission hat in ihren beiden Hauptgutachten[1] [2] eine umfassende Statistik zur Unternehmenskonzentration innerhalb der Wirtschaftszweige der Industrie vorgelegt. Sie hat dabei in begrenztem Umfang konzentrationsstatistische Daten aus der Konzentrationsenquete[3], die sich auf die Jahre 1954 und 1960 beziehen, bis zum Jahre 1975 fortgeschrieben.

In ihrem neuen Gutachten führt die Kommission ihre Berichterstattung über Stand und Entwicklung der Unternehmenskonzentration in der Industrie bis zum Jahre 1977 fort. Dargestellt werden im einzelnen

- — der im Jahre 1977 erreichte *Stand* der Unternehmenskonzentration,
- — die *kurzfristige Entwicklung* der Unternehmenskonzentration zwischen 1973, 1975 und 1977 und
- — in begrenztem Umfang die *langfristige Entwicklung* der Unternehmenskonzentration seit 1954.

181. Die statistischen Aufbereitungen der Kommission basieren wie auch in den vorangegangenen Berichtsjahren auf Unternehmensdaten, die aus den Unternehmenserhebungen im Bergbau und Verarbeitenden Gewerbe stammen und die vom Statistischen Bundesamt der Monopolkommission in Form von Konzentrationstabellen zur Verfügung gestellt wurden. Analysiert werden Konzentrationsdaten für 33 Wirtschaftszweige. Als Träger der Konzentration gelten, wie bisher, die von der amtlichen Industriestatistik erfaßten Unternehmen und als Konzentrationsmerkmal der Umsatz und die Beschäftigtenzahl. Als Konzentrationsmaß werden in erster Linie *Konzentrationskoeffizienten* berechnet, die für die jeweils größten Unternehmen eines Wirtschaftszweiges den auf diese entfallenden Anteil am Gesamtmerkmalsbetrag angeben. Einzelheiten hierzu wurden in den beiden vorangegangenen Hauptgutachten ausführlich dargestellt[4].

---

[1]) Monopolkommission, Hauptgutachten 1973/1975.

[2]) Monopolkommission, Hauptgutachten 1976/1977.

[3]) Bundesamt für gewerbliche Wirtschaft, Bericht über das Ergebnis einer Untersuchung der Konzentration in der Wirtschaft, BT-Drucksache IV/2320.

[4]) Monopolkommission, Hauptgutachten 1973/1975, Tz. 140 bis 152 und Monopolkommission, Hauptgutachten 1976/1977, Tz. 140 bis 141.

Auch in der hier vorliegenden Konzentrationsuntersuchung können mehrfach keine konzentrationsstatistischen Angaben gemacht werden, weil Rücksicht auf die für die amtliche Statistik geltenden Bestimmungen zur Geheimhaltung von Einzelangaben genommen werden mußte [1]. Sofern in einzelnen Wirtschaftszweigen aus Gründen der Geheimhaltung von Einzelangaben keine Angaben gemacht werden können, wird versucht, die fehlenden Werte durch andere publizitätsfähige Angaben aus vorangehenden oder nachfolgenden Jahren zu ergänzen.

182. Die Aufbereitung des konzentrationsstatistischen Materials für das Berichtsjahr 1977 begegnet besonderen Schwierigkeiten, deren Ursachen in der inzwischen durchgeführten *Reform der amtlichen Industrieberichterstattung* begründet sind. Durch die Umstellungen im amtlichen Berichtssystem lassen sich Strukturbrüche in den Ausgangsdaten der Konzentrationsstatistik nicht vermeiden. Die Monopolkommission hat bereits im letzten Hauptgutachten [2]) darauf hingewiesen, daß die jetzt vorliegenden Konzentrationsdaten nicht mehr uneingeschränkt mit denen der Jahre 1975 vergleichbar sind. Als wesentliche Ursache für diese Strukturbrüche sind zu nennen:

— Die Umstellung der Wirtschaftszweigsystematik im Produzierenden Gewerbe (Tz. 183 bis 184),

— die Änderung bei der Abgrenzung der erfaßten Unternehmenseinheiten (Tz. 185),

— die Einbeziehung der produzierenden Handwerksbetriebe in den Kreis der berichtspflichtigen Unternehmen (Tz. 186).

Die quantitative Bereinigung der Ausgangsdaten wird zusätzlich dadurch erschwert, daß die Reform der amtlichen Industriestatistik schrittweise in den Jahren 1976 und 1977 durchgeführt wurde.

183. Die Monopolkommission hat bisher auf der Grundlage der Konzentrationstabellen des Statistischen Bundesamtes die Konzentrationsverhältnisse in 33 Wirtschaftszweigen der Industrie (ohne Bauhauptgewerbe) dargestellt. Die 33 Wirtschaftszweige waren weitgehend identisch mit den dreistelligen Industriegruppen der revidierenden Systematik der Wirtschaftszweige, Stand 1970 (WZ 1970). Innerhalb der Industriegruppen wurden für rd. 150 tiefergegliederte, in der Regel fünfstellige Industrieklassen konzentrationsstatistische Angaben ausgewiesen. Beginnend mit dem Berichtsjahr 1976 werden die industriestatistischen Daten nach einer neuen Wirtschaftszweigsystematik, der *SYPRO* [3]), erhoben. Die SYPRO ist aus der im Jahre 1976 revidierten Wirtschaftszweigsystematik (WZ rev.) abgeleitet, hat jedoch ein eigenes Nummernsystem, das im Bergbau und Verarbeitenden Gewerbe zwischen 35 *zweistelligen Wirtschaftszweigen* unterscheidet, die sich weiter in 213 *vierstellige Wirtschaftszweige* gliedern.

Die Zweisteller der SYPRO entsprechen bis auf kleinere Abweichungen den bisher ausgewiesenen Dreistellern. Neu hinzugekommen sind die Wirtschaftszweige „Herstellung und Verarbeitung von Spalt- und Brutstoffen" und „Reparatur von Gebrauchsgütern (ohne elektrische Geräte für den Haushalt)". Tabelle I.1 [1]) enthält für alle SYPRO-Zweisteller eine Gegenüberstellung der Wirtschaftszweignummer nach alter und neuer Wirtschaftszweigsystematik.

184. Die geringfügigen Abweichungen in den sachlichen Abgrenzungen der Zweisteller erschweren bereits den Vergleich der Konzentrationsdaten zwischen den Berichtsjahren 1975 und 1977. Das Ausmaß der Änderungen in den Abgrenzungen der Wirtschaftszweige ist im Bereich der Viersteller wesentlich größer als im Bereich der Zweisteller, was nicht zuletzt aus der Aufspaltung der bisher ausgewiesenen ca. 150 Wirtschaftsklassen der WZ auf jetzt 213 Viersteller der SYPRO resultiert. Dementsprechend muß auf die Fortschreibung der Unternehmenskonzentration für die tiefgegliederten Wirtschaftsklassen grundsätzlich verzichtet werden. Die Fortschreibung der Konzentrationsstatistik wird nur für zweistellige Wirtschaftszweige vorgenommen.

185. *Veränderte Abschneidegrenzen* für die erfaßten Unternehmenseinheiten bilden die zweite Ursache für einen die Fortschreibung störenden Strukturbruch. Die Berichterstattung der Monopolkommission bezog bisher Unternehmen mit zehn und mehr Beschäftigten in die Konzentrationsstatistik ein. Beginnend mit dem Berichtsjahr 1976 werden die notwendigen Umsatz- und Beschäftigtenzahlen jedoch nur noch für Unternehmen mit 20 und mehr Beschäftigten von den statistischen Ämtern erhoben. Damit fällt zukünftig eine Reihe kleiner Unternehmen als Berichtseinheiten weg. Betrachtet man die Daten des Berichsjahres 1975, so enthalten diese 10 518 Kleinunternehmen mit weniger als 20 Beschäftigten. Dies entspricht einem Anteil an der Gesamtzahl der 1975 berichtspflichtigen Unternehmen von 25,2 %. Der Umsatz dieser Unternehmen betrug insgesamt 17,9 Mrd. DM und somit 2,1 % am getätigten Umsatz der gesamten Industrie. Die Änderung in der Berichtskreisabgrenzung hat dementsprechend zur Folge, daß dadurch die Konzentrationskoeffizienten im gewogenen Durchschnitt um etwa 2,1 % steigen. Allerdings ist das Ausmaß der Veränderung der Konzentrationskoeffizienten in den einzelnen Wirtschaftszweigen unterschiedlich und übersteigt in einzelnen Fällen die 10 %-Grenze.

186. Die *Einbeziehung der produzierenden Handwerksbetriebe* in die amtliche Industrieberichterstattung erfolgte im Berichtsjahr 1977. Seitdem werden Handwerksbetriebe in gleicher Weise erfaßt

---

[1]) Vgl. § 10 des Gesetzes über die Statistik im Produzierenden Gewerbe, BGBl. I, S. 2779.

[2]) Vgl. Monopolkommission, Hauptgutachten 1976/1977, Tz. 148.

[3]) Systematik der Wirtschaftszweige (WZ) rev., Fassung für die Statistik im Produzierenden Gewerbe — SYPRO —, Stand 1976.

[1]) Tabellen, die mit einer römischen Zahl beginnen, befinden sich im statistischen Anhang.

und behandelt wie die entsprechenden industriellen Einheiten des Verarbeitenden Gewerbes. Die bisher in der amtlichen Statistik der Bundesrepublik gültige Trennung zwischen Industrie- und Handwerksbetrieben wird somit aufgehoben. Damit werden Vergleichsmöglichkeiten zwischen den konzentrationsstatistischen Daten der Länder der Europäischen Gemeinschaft eröffnet.

Die Einbeziehung des produzierenden Handwerks erhöht im Jahre 1977 die Zahl der erfaßten Unternehmen um etwa 5 200 Einheiten. Dies entspricht einem Anteil an der Gesamtzahl der Unternehmen von etwa 14 %. Die hinzukommenden produzierenden Handwerksbetriebe tragen rd. 2,5 % zum Gesamtumsatz des Verarbeitenden Gewerbes bei. Bei diesen Handwerksbetrieben handelt es sich durchweg um kleinere Unternehmen. Deshalb werden vor allem die Gesamtumsätze und die Beschäftigtenzahlen der Wirtschaftszweige und damit die Bezugsgrößen bei der Berechnung von Konzentrationsraten erhöht. Die Umsätze der jeweils größeren Unternehmen eines Wirtschaftszweiges bleiben davon weitgehend unberührt. Im Ergebnis werden die Konzentrationskoeffizienten durch die Einbeziehung der produzierenden Handwerksbetriebe im gewogenen Durchschnitt entsprechend ihrem Umsatzanteil um etwa 2,5 % sinken.

187. Wegen der Änderungen in der Erhebungs- und Berichtskreisabgrenzung ist es zur Fortschreibung der Konzentrationsstatistik auf das Jahr 1977 erforderlich, eine Umrechnung der vom Statistischen Bundesamt zur Verfügung gestellten Daten für das Berichtsjahr 1977 auf die im Jahre 1975 gültigen Abgrenzungen vorzunehmen.

Die Monopolkommission hat für alle 33 Wirtschaftszweige *Umrechnungsfaktoren* für den Gesamtumsatz, die Gesamtbeschäftigtenzahl, die Zahl der im Wirtschaftszweig tätigen Unternehmen und die Umsatzanteile der 3, 6, 10, 25 und 50 größten Unternehmen berechnet. Diese in der Tabelle I.2 ausgewiesenen Umrechnungsfaktoren sind grundsätzlich geeignet, die in den 1977 geltenden Berichtskreisabgrenzungen ermittelten Konzentrationsdaten auf die Abgrenzungen des Berichtsjahres 1975 umzurechnen. Durch Multiplikation der Umrechnungsfaktoren mit den entsprechenden Konzentrationskennziffern zukünftiger Berichtsjahre lassen sich Schätzwerte ermitteln, die tendenziell einen Vergleich mit den in den ersten beiden Hauptgutachten ausgewiesenen Konzentrationsdaten ermöglichen.

188. Als Grundlage der Berechnung der Umrechnungsfaktoren dienten amtliche Unterlagen, die das Statistische Bundesamt der Monopolkommission in Form

- einer Doppelauswertung der Konzentrationsdaten des Berichtsjahres 1975 in den Abgrenzungen der Jahre 1975 und 1976 sowie
- einer Schätzung der quantitativen Auswirkungen der Einbeziehung des produzierenden Handwerks im Jahr 1977 auf die Höhe von Umsatz, Beschäftigten und Unternehmenszahlen der Zweisteller

zur Verfügung stellte. Zur Berechnung der Umrechnungsfaktoren wurde zunächst die Konzentrationsentwicklung von 1975 nach 1976 und von 1976 nach 1977 für jeden einzelnen Wirtschaftszweig anhand gleichartig abgegrenzter Daten festgestellt. Die Veränderungsraten der Umsatz- und Beschäftigtenzahlen wurden dann zur Ermittlung der in Tabelle I.2 ausgewiesenen Umsteigefaktoren herangezogen.

189. Die Brauchbarkeit der umgerechneten Konzentrationsdaten für eine Analyse des erreichten Konzentrationsstandes einzelner Wirtschaftszweige wird zusätzlich durch Änderungen in der methodischen Aufbereitung der Basisdaten durch das Statistische Bundesamt gemindert. Störeinflüsse treten vor allem deshalb auf,

- weil das Amt beim Übergang auf die neue Wirtschaftszweigklassifikation (SYPRO) den wirtschaftlichen Schwerpunkt bei allen berichtspflichtigen Unternehmen neu bestimmt hat und
- weil die Daten des Jahres 1977 nicht mehr aus einer Jahreserhebung, sondern aus den kumulierten Ergebnissen der monatlichen Unternehmenserhebungen resultieren.

Während im letzteren Fall eine unwesentliche *Erhöhung der Umsatz- und Unternehmenszahlen* in einzelnen Wirtschaftszweigen hingenommen werden muß, hat dies im ersteren Fall zu einer nennenswerten Zahl von *Schwerpunktverlagerungen* geführt, die in einzelnen Wirtschaftszweigen fühlbare Änderungen bei den Umsatz- und Beschäftigtenzahlen hervorgerufen haben. Besonders auffallend sind die sich bei den größten Unternehmen durch Schwerpunktverlagerungen ergebenden Umsatz- und Beschäftigtenänderungen in den Wirtschaftszweigen:

- Stahl und Leichtmetallbau, Schienenfahrzeuge,
- Herstellung von Musikinstrumenten, Spielwaren, Füllhaltern, usw.,
- Herstellung von Eisen-, Blech- und Metallwaren,
- Herstellung von Kunststoffwaren.

Die aus Schwerpunktverlagerungen resultierenden Abweichungen werden größer, wenn die Zahl der betrachteten Unternehmenseinheiten zunimmt. Sie kumulieren sich im Gesamtumsatz eines Wirtschaftszweiges. Außergewöhnlich hohe Umsatzänderungen finden sich ferner in den Wirtschaftszweigen:

- Straßenfahrzeugbau, Reparatur von Kraftfahrzeugen usw.,
- Luft- und Raumfahrzeugbau,
- Herstellung von Büromaschinen, Datenverarbeitungsgeräten und -einrichtungen,
- Eisenschaffende Industrie.

In den genannten acht Wirtschaftszweigen hat sich die Unternehmenszusammensetzung wesentlich geändert. Dies ist bei der Beurteilung der Wettbewerbsstrukturen im 3. Abschnitt zu berücksichtigen.

2.2. Grenzen der vorliegenden Konzentrationsstatistik

190. Die Monopolkommission hat wiederholt auf die Grenzen der Konzentrationsstatistik hingewiesen[1]. Die Berechnung der ausgewiesenen Konzentrationskoeffizienten beruht auf Basisdaten, die zu anderen als konzentrationsstatistischen Zwecken erhoben wurden. Die Eignung der Ausgangsdaten ist dementsprechend nur bedingt zur Beurteilung der Unternehmenskonzentration geeignet. Durch die notwendig gewordene Umrechnung der Konzentrationsdaten auf die bis zum Jahre 1975 geltenden Berichtskreisabgrenzungen verschlechtert sich zusätzlich die Qualität des Datenmaterials. Diesen Schwierigkeiten muß bei der Analyse Rechnung getragen werden.

191. Die Konzentrationsstatistik der Monopolkommission beschränkt sich weitgehend auf die Berechnung und den Ausweis von Konzentrationskoeffizienten, weil in diesem Maß ohne großen Rechenaufwand und ohne Verletzung von Geheimhaltungsvorschriften wesentliche Aspekte der Unternehmenskonzentration anschaulich zum Ausdruck gebracht werden können. Die maßgeblichen Gründe für den Ausweis von Konzentrationskoeffizienten wurden bereits im ersten Hauptgutachten dargestellt[2].

Konzentrationskoeffizienten beschreiben den Grad der horizontalen Konzentration und vernachlässigen die Beschreibung vertikaler und konglomerater Wettbewerbsstrukturen. Das gegenwärtig verfügbare Datenmaterial läßt jedoch auch bei Verwendung alternativer Konzentrationsmaße die Analyse vertikaler und konglomerater Unternehmensstrukturen nicht zu.

192. Die Aussagefähigkeit der Konzentrationsstatistik wird vor allem durch die unzulängliche konzentrationsstatistische Abgrenzung der Basisdaten gemindert. Als Ursache dafür sind zu nennen:

— Die CR-Werte können nicht, wie es wettbewerbstheoretisch erwünscht wäre, auf jeweils relevante Märkte bezogen werden, sondern nur auf Wirtschaftszweige gemäß der Klassifikation der amtlichen Statistik. Dadurch werden nicht die maßgeblichen Wettbewerbsmärkte erfaßt. Denn die Abgrenzung der Wirtschaftszweige berücksichtigt in erster Linie die Art der eingesetzten Produktionsmittel, die Verwandtschaft der Produktionsverfahren und die damit produzierten Warenarten. Demgegenüber müßte eine Abgrenzung der relevanten Märkte nach den Kriterien der funktionalen Austauschbarkeit der Produkte für die Nachfrager erfolgen.

— In den Konzentrationsdaten werden Konzernverflechtungen nicht berücksichtigt. Statt dessen werden die Unternehmen als rechtliche Einheiten erfaßt. Als Unternehmen gelten die kleinsten Einheiten, die aus handels- und/oder steuerrechtlichen Gründen Bücher führen und bilanzieren.

— Die Unternehmen werden nach dem Schwerpunktprinzip mit sämtlichen Aktivitäten jeweils dem Wirtschaftszweig zugeordnet, in dem der Schwerpunkt ihrer wirtschaftlichen Tätigkeit liegt. Fehlzuweisungen von Umsätzen und Beschäftigtenzahlen werden dadurch in erheblichem Maße hervorgerufen. Erst die fachliche Konzentrationsstatistik, die im nächsten Hauptgutachten vorgesehen ist, wird dieses Problem beseitigen können.

— Außenhandelsverflechtungen und Lagerbestandsveränderungen bleiben unberücksichtigt. Das tatsächliche Marktvolumen der einzelnen Wirtschaftszweige kann somit nicht berechnet werden.

193. Die Konzentrationskennziffern, die auf der Grundlage derartiger Daten ermittelt werden, weisen dementsprechend systematische Verzerrungen auf. Durchgeführte Berechnungen zur Bereinigung von Konzentrationskoeffizienten liefern jedoch Hinweise dafür, daß der Einfluß der systematischen Verzerrungen auf die Höhe der Konzentrationskennziffern sich teilweise kompensiert und daß insgesamt die Unternehmenskonzentration tendenziell zu niedrig ausgewiesen wird[1].

Da die Auswirkungen der Verzerrungen von Wirtschaftszweig zu Wirtschaftszweig unterschiedlich sind, wird der Vergleich der Unternehmenskonzentration zwischen den verschiedenen Wirtschaftszweigen erschwert.

Wenig beeinflußt von statistischen Fehlern ist dagegen der zeitliche Vergleich der Konzentrationskoeffizienten. Die konzentrationsstatistischen Daten wurden seit 1968 methodisch nahezu unverändert aufbereitet. Damit unterliegen sämtliche Konzentrationskennziffern eines Wirtschaftszweiges tendenziell denselben niveauverzerrenden Einflüssen, so daß die Veränderung der Unternehmenskonzentration in der Veränderung des Konzentrationsmaßes zuverlässig zum Ausdruck kommt. Dies gilt tendenziell auch für den zeitlichen Vergleich der Konzentrationsentwicklung auf der Basis der bereinigten Daten des Berichtsjahres 1977.

194. Die Monopolkommission ist sich bewußt, daß Konzentrationskennziffern Rückschlüsse auf das Wettbewerbsverhalten der einbezogenen Unternehmen unmittelbar nicht zulassen. Konzentrationskoeffizienten messen nicht die bestehende Wettbewerbsintensität in den einzelnen Wirtschaftszweigen. Vielmehr geben sie zusammen mit anderen Strukturmerkmalen, wie z. B. die Zahl der Unternehmen, die Größe und die Größenverteilung der Umsätze dieser Unternehmen, Größe und Verteilung der Beschäftigtenzahlen, usw. Aufschluß über die strukturellen Wettbewerbsbedingungen in

---

[1]) Vgl. Hauptgutachten 1973/1975, Tz. 140 bis 152; Hauptgutachten 1976/1977, Tz. 141 bis 146.

[2]) Hauptgutachten 1973/1975, Tz. 151 f.

[1]) Vgl. Baum, Clemens, Systematische Fehler bei der Darstellung der Unternehmenskonzentration durch Konzentrationskoeffizienten auf der Basis industriestatistischer Daten, in: Jahrbücher für Nationalökonomie und Statistik 193 (1978), S. 30 bis 53.

den einzelnen Wirtschaftszweigen und damit Hinweise auf bestehende Verhaltensspielräume bei den jeweils größten Unternehmen.

3. Stand der Unternehmenskonzentration in der Industrie

3.1. Die gesamtwirtschaftliche Bedeutung der Wirtschaftszweige im Jahre 1977

195. Im Jahre 1977 wurde in der gesamten Industrie ein Umsatz von 964 Mrd. DM von insgesamt 42 159 Unternehmen mit jeweils zehn oder mehr Beschäftigten erzielt. Diese Industrieunternehmen beschäftigten insgesamt 7 492 700 Personen. Gegenüber dem Berichtsjahr 1975 entspricht dies einer Umsatzzunahme um rd. 123 Mrd. DM (14,6 %). Gleichzeitig hat sich die Zahl der Unternehmen um 426 Unternehmen (1,0 %) erhöht, während sich die Zahl der Beschäftigten um rd. 231 000 (– 3,0 %) verringert hat. Der Beitrag der gesamten Industrie zum Bruttoinlandsprodukt liegt im Vergleich zu 1975 unverändert bei rd. 50 %.

196. In der Konzentrationsstatistik werden 33 Wirtschaftszweige erfaßt, die in der amtlichen Industriestatistik durch zweistellige Ziffern gekennzeichnet sind. Der Beitrag der einzelnen Wirtschaftszweige zum *Gesamtumsatz* der Industrie schwankt zwischen 1 Mrd. DM und über 110 Mrd. DM. Der Umsatz beträgt

in 3 Wirtschaftszweigen jeweils über 100 Mrd. DM,
in 10 Wirtschaftszweigen jeweils 20 bis unter 100 Mrd. DM,
in 10 Wirtschaftszweigen jeweils 10 bis unter 20 Mrd. DM,
in 6 Wirtschaftszweigen jeweils 5 bis unter 10 Mrd. DM,
in 3 Wirtschaftszweigen jeweils 3 bis unter 5 Mrd. DM
und
in 1 Wirtschaftszweig unter 3 Mrd. DM.

197. Der höchste Umsatz entfällt 1977 mit 113 Mrd. DM auf die Chemische Industrie. Ihr Anteil am Gesamtumsatz der Industrie beträgt 11,7 %. Die Chemische Industrie rückt damit in der Umsatzrangliste vom dritten auf den ersten Platz vor. Auf den nächsten Plätzen folgen das Ernährungsgewerbe mit 109 Mrd. DM Umsatz und einem Umsatzanteil von 11,3 % und der Maschinenbau mit einem Anteil von 10,7 % und 104 Mrd. DM Umsatz. Hohe Umsätze werden ferner in der Elektrotechnischen Industrie (95 Mrd. DM) und im Straßenfahrzeugbau (92 Mrd. DM) erzielt. Diese fünf Wirtschaftszweige zählten bereits 1973 und 1975 zu den mit Abstand umsatzstärksten Wirtschaftszweigen. Am Ende der Umsatzskala aller 33 Industriezweige steht die Ledererzeugung, die mit 1 Mrd. DM Umsatz nur etwa 0,1 % zum Gesamtumsatz der Industrie beiträgt.

198. Betrachtet man die *Beschäftigtenzahlen,* dann rücken der Maschinenbau und die Elektrotechnik an die Spitze. Im Maschinenbau sind 1 028 900 Personen tätig. Dies entspricht einem Anteil von 13,4 % an der Zahl aller in der Industrie Beschäftigten. Fast ebenso hoch ist mit einem Anteil von 13,2 % die Zahl der Beschäftigten in der Elektrotechnik. Dagegen sind in der Ledererzeugung nur rd. 7 200 Personen oder 0,1 % aller industriellen Arbeitnehmer beschäftigt. Genauere Angaben über die Größenunterschiede zwischen den Wirtschaftszweigen finden sich in Tabelle I.3 im Anhang.

3.2. Die Unternehmenskonzentration im Vergleich der Wirtschaftszweige 1977

199. In der Industrie hat der *Grad der Unternehmenskonzentration* ein hohes Niveau erreicht. Der Umsatzanteil der jeweils drei größten Unternehmen eines Wirtschaftszweiges beträgt im Durchschnitt 26,9 %[1]) (1973: 25,4 %; 1975: 25,3 %).

Berücksichtigt man bei der Mittelwertbildung das unterschiedliche Umsatzvolumen der einzelnen Wirtschaftszweige, dann beträgt der gewogene Durchschnitt 25,6 % (1973: 23,8 %; 1975: 24,6 %). Die Abweichung zwischen den gewogenen und den ungewogenen *Konzentrationskoeffizienten* für die drei umsatzgrößten Unternehmen jeweils eines Wirtschaftszweiges zeigt, daß die Konzentrationskoeffizienten in den umsatzstärkeren Industriezweigen tendenziell niedriger sind als in den umsatzschwächeren Industriezweigen. Dies kommt auch darin zum Ausdruck, daß der durchschnittliche Konzentrationskoeffizient für die zehn umsatzstärksten Wirtschaftszweige mit 23,5 % erheblich unter dem Mittelwert der Konzentrationskoeffizienten für die übrigen Wirtschaftsbereiche liegt. Dieser beträgt 28,3 %.

200. Betrachtet man anstelle des durchschnittlichen Umsatzanteils der drei größtenUnternehmen die der sechs (vgl. Tabelle I.5) und der zehn größten Unternehmen (vgl. Tabelle I.6), so werden diese Ergebnisse bestätigt. Der durchschnittliche Umsatzanteil der jeweils sechs größten Unternehmen in den 33 Industriezweigen beträgt im ungewogenen Mittel 36,6 % und im gewogenen Mittel 35,7 %. Vernachlässigt man bei der Mittelwertbildung die entsprechenden Werte für die Tabakverarbeitung und die Lederverarbeitung, wie dies 1973 und 1975 geschehen ist, so betragen die entsprechenden Mittelwerte ungewogen 35,3 % (1973: 34,3 %; 1975: 34,5 %) und mit dem Umsatz gewogen 34,9 % (1973: 32,1 %; 1975: 34,3 %). Auch die Konzentrationskoeffizienten für die Umsatzanteile der zehn größten Unternehmen sind angestiegen. Im Jahre 1977 betrug das ungewogene Mittel aus den 33 Wirtschaftszweigen ungewogen 43,7 % (1973: 41,8 %; 1975: 42,3 %) und gewogen 42,2 % (1973: 39,4 %; 1975: 41,5 %). Gemessen an den Konzentrationsraten für die drei, sechs und zehn größten Unternehmen eines Wirtschaftszweiges ist der Konzentrationsstand in der Industrie verstärkt gewachsen.

---

[1]) Soweit für einzelne Industriegruppen aus Geheimhaltungsgründen für 1977 keine Angaben vorliegen, erfolgt die Mittelwertbildung unter Heranziehung von Werten früherer Jahre. Vgl. dazu Tabelle I.4.

201. Der Grad der Unternehmenskonzentration unterscheidet sich in den einzelnen Wirtschaftszweigen merklich. Der Anteil der jeweils drei umsatzstärksten Unternehmen am Gesamtumsatz eines Industriezweiges reicht von 3,5 % bis 81,3 %. In sechs Wirtschaftszweigen tragen die drei umsatzstärksten Unternehmen zu mehr als 50 % zum Gesamtumsatz des Wirtschaftszweiges bei. Der Konzentrationskoeffizient CR_3 beträgt dort

81,3 % im Luft- und Raumfahrzeugbau,
75,8 % bei der Herstellung von Büromaschinen, Datenverarbeitungsgeräten und -einrichtungen,
69,6 % in der Tabakverarbeitung,
65,9 % im Bergbau,
58,0 % in der Mineralölverarbeitung und
54,0 % im Straßenfahrzeugbau, Reparatur von Kraftfahrzeugen usw.

Die niedrigsten Konzentrationskoeffizienten mit Werten unter 5 % finden sich mit

4,5 % im Bekleidungsgewerbe,
3,8 % im Textilgwerbe und
3,5 % in der Holzverarbeitung.

Die Konzentrationskoeffizienten aller Wirtschaftszweige sind in Tabelle I.4 aufgeführt.

202. Die Gliederung der Wirtschaftszweige nach der Höhe von Konzentrationskoeffizienten liefert erste Hinweise über die Größenverhältnisse der in den Wirtschaftszweigen tätigen Unternehmen. Da die *Wirtschaftszweige* nicht identisch sind mit den weit enger abzugrenzenden *relevanten Märkten*, entsprechen die Umsatzanteile der drei größten Unternehmen auch nicht den für die Ermittlung der Marktbeherrschung nach § 22 Abs. 1 bis 3 GWB erheblichen Marktanteilen.

Unterstellt man die Richtigkeit des bereits in den vorangegangenen Hauptgutachten ermittelten Ergebnisses, daß die Umsatzanteile der drei größten Unternehmen eines Wirtschaftszweiges tendenziell steigen, je enger eine Wirtschaftszweigabgrenzung vorgenommen wird, dann ist die Vermutung gerechtfertigt, daß die drei umsatzgrößten Unternehmen in den Wirtschaftszweigen mit CR_3-Werten, die über 50 % liegen, auch bei Zugrundelegung der zwar anders, aber jedenfalls enger abgegrenzten relevanten Märkte in der Mehrzahl der Fälle die gesetzlichen Vermutungen eines marktbeherrschenden Oligopols erfüllen werden.

203. Die Beurteilung der strukturellen Voraussetzungen für Wettbewerb anhand von Konzentrationskoeffizienten allein wäre pauschal und unzureichend. Vielmehr ist es notwendig, diese Betrachtung zu ergänzen durch eine Reihe von anderen Konzentrationsmerkmalen. Dementsprechend werden in den nachfolgenden Ausführungen neben den Konzentrationskoeffizienten auch die Zahl der Betriebe und Unternehmen der Wirtschaftszweige, die Größenverteilung dieser Unternehmen innerhalb der Wirtschaftszweige sowie Kennziffern über die Beschäftigtenkonzentration herangezogen. Erst aus der Gesamtbetrachtung dieser Konzentrationsmaße ergibt sich ein klares Bild über den Stand der Unternehmenskonzentration in den einzelnen Wirtschaftszweigen.

204. In den vorangegangenen Hauptgutachten hat die Monopolkommission vorgeschlagen, die Wirtschaftszweige nach der Höhe der Konzentrationskoeffizienten für die drei umsatzstärksten Unternehmen zu *klassifizieren*. Danach bezeichnet man Wirtschaftszweige mit Umsatzanteilen für die drei größten Unternehmen in Höhe von

50 und mehr %	als sehr hoch konzentriert,
25 bis unter 50 %	als hoch konzentriert,
10 bis unter 25 %	als mäßig konzentriert,
unter 10 %	als gering konzentriert.

Wie die nachfolgende Tabelle 1 zeigt, hat sich die Verteilung der Wirtschaftszweige nach der Höhe der Unternehmenskonzentration nur wenig geändert.

Von den 33 Wirtschaftszweigen entfallen 14 auf Branchen mit hoher und sehr hoher Unternehmenskonzentration. Aufgerückt in die Klasse mit hoher Unternehmenskonzentration ist der Wirtschaftszweig Stahl- und Leichtmetallbau, Schienenfahrzeuge. Die Entwicklung der Konzentration in diesem Wirtschaftszweig ist jedoch in erster Linie auf die Änderung des wirtschaftlichen Schwerpunktes einzelner Unternehmen zurückzuführen[1]. Die Wirtschaftszweige mit hoher und sehr hoher Unternehmenskonzentration haben ihre Anteile am Umsatz der Gesamtindustrie weiter ausgedehnt. Darin kommt tendenziell eine weiter fortschreitende Konzentration im Bereich der Industrie zum Ausdruck.

[1]) Vgl. dazu Tz. 189.

Tabelle 1

Wirtschaftszweige mit	Zahl			Anteil am Umsatz der Gesamtindustrie			
	1973	1975	1977	1973	1975	1977	
sehr hoher Unternehmenskonzentration	5	6	6	13,1	19,6	20,3	52,1
hoher Unternehmenskonzentration	9	7	8	36,1	29,9	31,8	
mäßiger Unternehmenskonzentration	7	8	7	7,1	8,2	6,3	47,9
geringer Unternehmenskonzentration	12	12	12	43,7	42,2	41,6	

205. In den Tabellen I.5 und I.6 sind die Konzentrationskoeffizienten für die sechs bzw. zehn umsatzgrößten Unternehmen ausgewiesen. Vergleicht man die dort nach dem Grad der Unternehmenskonzentration gebildeten Reihenfolgen der Wirtschaftszweige, so stellt man nur geringfügige Abweichungen fest. Ein Rangkorrelationskoeffizient [1]) von mindestens $r_S = .980$ zwischen den Umsatzanteilen der drei, sechs und zehn umsatzgrößten Unternehmen einer Branche macht deutlich, daß zur Beschreibung des Konzentrationsgrades der Wirtschaftszweige die Betrachtung eines Konzentrationskoeffizienten genügt. Dementsprechend beschränkt sich die Analyse des Standes der Unternehmenskonzentration überwiegend auf die Betrachtung des Umsatzanteils der drei größten Unternehmen. Dagegen wird die Entwicklung der Unternehmenskonzentration aus Gründen der langfristigen Fortschreibung anhand der Umsatzanteile der zehn umsatzgrößten Unternehmen durchgeführt.

206. Die Klassifikation der Wirtschaftszweige nach der Höhe des Konzentrationsgrades bleibt im wesentlichen unverändert, wenn man anstelle des Umsatzanteils der drei größten Unternehmen die Anteile der sechs oder zehn größten Unternehmen verwendet. Dabei sind 1977 als *korrespondierende Grenzwerte* zur Unterscheidung von Wirtschaftszweigen mit sehr hoher, hoher, mäßiger sowie geringer Unternehmenskonzentration ungefähr folgende Umsatzanteile anzusehen:

Tabelle 2

Wirtschaftszweig	gemessen am Umsatz der 3	6	10 größten Unternehmen (in v. H.)
mit sehr hoher Unternehmenskonzentration	50 und mehr	70 und mehr	80 und mehr
mit hoher Unternehmenskonzentration	25 bis unter 50	35 bis unter 70	45 bis unter 80
mit mäßiger Unternehmenskonzentration	10 bis unter 25	15 bis unter 35	25 bis unter 45
mit geringer Unternehmenskonzentration	unter 10	unter 15	unter 25

Es fällt auf, daß im Vergleich zu den entsprechenden Tabellen der Jahre 1973 und 1975 die Grenzwerte bei der Betrachtung der zehn umsatzgrößten Unternehmen, abgesehen von der Klasse mit sehr hoher Unternehmenskonzentration, um 5 %-Punkte heraufgesetzt werden müssen. Dies läßt sich ebenfalls als Indiz einer fortschreitenden Unternehmenskonzentration deuten. Es könnte ein Hinweis dafür sein, daß die Konzentrationsprozesse in erster Linie nicht von den Branchenführern, sondern von den nachfolgenden Unternehmen ausgehen.

207. Die in den Konzentrationskoeffizienten zum Ausdruck kommenden Unterschiede im Grad der Unternehmenskonzentration lassen sich zu einem geringen Teil dadurch erklären, daß die Wirtschaftszweigklassifikation des Statistischen Bundesamtes Wirtschaftszweige unterschiedlich weit abgrenzt. So kann grundsätzlich erwartet werden, daß Wirtschaftszweige, in denen wenige Branchen zusammengefaßt sind, tendenziell höhere Konzentrationskoeffizienten aufweisen als vergleichsweise heterogen abgegrenzte Wirtschaftszweige. Der Grad der Heterogenität eines zweistelligen Wirtschaftszweiges läßt sich tendenziell durch die Zahl der Viersteller beschreiben, die der Zweisteller nach der amtlichen Systematik enthält. Danach bestehen die 14 hoch bis sehr hoch konzentrierten Zweisteller durchschnittlich aus vier Vierstellern. Mehr als doppelt so viele Viersteller enthalten die übrigen 19 Zweisteller. Die Hypothese, daß heterogene Wirtschaftszweige tendenziell geringere Konzentrationskoeffizienten aufweisen, wird auch durch einen Rangkorrelationskoeffizienten $r_S = .428$ [1]) signifikant bestätigt.

208. Ein weiteres Kennzeichen zur Beschreibung der Wettbewerbsverhältnisse in einer Branche ist die Zahl der im Wirtschaftszweig tätigen Unternehmen und Betriebe. In Tabelle I.7 ist für alle Zweisteller die *Zahl der hauptbeteiligten Unternehmen* und die durchschnittliche *Zahl der Betriebe* pro Unter-

[1]) Korrelationsrechnungen messen den statistischen Zusammenhang zwischen zwei Zahlenreihen. Die Stärke des statistischen Zusammenhangs mißt der Korrelationskoeffizient r, mit $+1.0 \geq r \geq -1.0$. Dabei bedeutet ein Korrelationskoeffizient von $r = +1.0$ ($r = -1.0$), daß ein positiver (negativer) Zusammenhang zwischen den beiden Zahlenreihen besteht. Dann gilt allgemein, je größer der Wert in der einen Zahlenreihe ist, um so größer (kleiner) ist auch der zugehörige Wert in der anderen Zahlenreihe. Bei einem Korrelationskoeffizienten von $r = .00$ ist eine solche Beziehung nicht nachweisbar. Der mit dem Korrelationskoeffizienten r ermittelte Zusammenhang wird meist kausal interpretiert. Die Glaubwürdigkeit der Korrelationsaussage wird mit der Irrtumswahrscheinlichkeit α abgesichert. Die Irrtumswahrscheinlichkeit α gibt die Wahrscheinlichkeit an, mit der die Hypothese, der gemessene Zusammenhang sei zufällig, angenommen werden kann. Die einem Korrelationskoeffizienten r zugehörige Wahrscheinlichkeit α hängt von der Größe der Zahlenreihe N ab. Im Verlauf dieses Gutachtens werden sowohl Pearson-Korrelationskoeffizienten r_P, und Spearman-Rangkorrelationskoeffizienten r_S berechnet. Die Werte für r, α und N finden sich in den jeweiligen Fußnoten. Ein Korrelationskoeffizient wird in den meisten Fällen dann als signifikant bezeichnet, wenn die Irrtumswahrscheinlichkeit kleiner als 1 % ist ($\alpha < .01$).

[1]) $N = 31$, $\alpha < .01$.

nehmen zusammen mit der Konzentration ausgewiesen. Bei der Betrachtung der Betriebs- und Unternehmenszahlen eines Wirtschaftszweiges ist jedoch zu berücksichtigen, daß die Unternehmen häufig in mehreren Branchen gleichzeitig tätig sind. Entsprechend der schwerpunktmäßigen Zuordnung wird jedes Unternehmen mit allen seinen Aktivitäten nur jeweils einem Wirtschaftszweig zugerechnet. Eine weitere Aufgliederung der in den einzelnen Wirtschaftszweigen tätigen Unternehmensteilen wäre wünschenswert. Dies wird erst im nächsten Hauptgutachten mit der fachlichen Konzentrationsstatistik erreicht.

209. Im Jahre 1977 gab es rd. 42 200 Unternehmen mit zehn und mehr Beschäftigten. Diese Unternehmen verteilen sich auf die einzelnen Wirtschaftszweige sehr unterschiedlich. Die meisten Unternehmen arbeiten schwerpunktmäßig im Ernährungsgewerbe und im Maschinenbau. Dort liegt die Zahl der Unternehmen bei über 4 500 Einheiten. Überdurchschnittlich viele Unternehmen (mehr als 3 000) sind im Bekleidungsgewerbe und in der Herstellung von Eisen-, Blech- und Metallwaren tätig. Dagegen sind in einer Reihe von Wirtschaftszweigen weniger als 100 Unternehmen anzutreffen. Hierbei handelt es sich um

den Luft- und Raumfahrzeugbau mit 37 Unternehmen,
die Tabakverarbeitung mit 58 Unternehmen,
die Mineralölverarbeitung mit 62 Unternehmen,
die Herstellung von Büromaschinen und Datenverarbeitungsgeräten mit 82 Unternehmen und
die Eisenschaffende Industrie mit 82 Unternehmen.

Diese Wirtschaftszweige gehören ausnahmslos zu den Branchen mit hohem bis sehr hohem Konzentrationsgrad.

210. Eine Korrelationsanalyse verdeutlicht den engen Zusammenhang zwischen der Zahl der Unternehmen und dem Konzentrationsgrad. Danach nimmt die Zahl der Unternehmen im Wirtschaftszweig mit steigendem Konzentrationsgrad spürbar ab.[1]) Dieser Zusammenhang wird auch deutlich, wenn man die durchschnittliche Zahl der Unternehmen der Wirtschaftszweige in den Konzentrationsklassen untersucht. So beträgt die Zahl der Unternehmen im Durchschnitt in den Wirtschaftszweigen

mit sehr hohem Konzentrationsgrad 136 Unternehmen,
mit hohem Konzentrationsgrad 789 Unternehmen,
mit mäßigem Konzentrationsgrad 539 Unternehmen,
mit geringem Konzentrationsgrad 2 606 Unternehmen.

211. Unverkennbar ist auch der Zusammenhang zwischen dem Konzentrationsgrad und der *Zahl der Betriebe.* Wirtschaftszweige mit vielen Unternehmen weisen auch mehr Betriebe auf als Wirtschaftszweige mit geringerer Unternehmenszahl. Die durchschnittliche Zahl der Betriebe pro Unternehmen schwankt von Wirtschaftszweig zu Wirtschaftszweig zwischen 1,1 und 4,6. Im Durchschnitt entfallen auf ein Unternehmen rd. 1,5 Betriebe. Besonders viele Betriebe pro Unternehmen finden sich mit

4,6 Betriebe pro Unternehmen in der Holzbearbeitung,
4,0 Betriebe pro Unternehmen im Bergbau,
2,0 Betriebe pro Unternehmen in der Tabakverarbeitung und
1,9 Betriebe pro Unternehmen bei der Gewinnung und Verarbeitung von Steinen und Erden.

212. Die 33 Wirtschaftszweige lassen sich industriellen Hauptgruppen zuordnen, die in ihrer Rangfolge den volkswirtschaftlichen Produktionsprozeß widerspiegeln. Die amtliche Statistik unterscheidet fünf industrielle Hauptgruppen. Dabei wird im allgemeinen der Wirtschaftszweig „Ziehereien, Kaltwalzwerke, Stahlverformung, Mechanik, a. n. g." aufgeteilt auf das Grundstoff- und Produktionsgütergewerbe und das Investitionsgüter produzierende Gewerbe. Die vorhandene Datenlage erlaubt es allerdings nicht, diese Aufteilung nachzuvollziehen. Deshalb wurde der gesamte Wirtschaftszweig dem Investitionsgüter produzierenden Gewerbe zugeordnet. Betrachtet man nun die Konzentrationsgrade in den *industriellen Hauptgruppen* so zeigt sich, daß der Konzentrationsgrad am größten in den Hauptgruppen ist, die am Anfang des volkswirtschaftlichen Produktionsprozesses stehen. Mit wachsender Nähe zum Konsumgüterbereich sinkt der Konzentrationsgrad. Der durchschnittliche Umsatzanteil der drei, sechs, zehn größten Unternehmen beträgt danach im gewogenen Mittel:

Tabelle 3

industrielle Hauptgruppe	gewogener Konzentrationsgrad		
	CR_3	CR_6	CR_{10}
Bergbau	65,9	84,4	93,9
Grundstoff- und Produktionsgütergewerbe . . .	32,4	47,8	57,2
Investitionsgüter produzierendes Gewerbe . .	28,4	36,5	42,7
Verbrauchsgüter produzierendes Gewerbe . .	7,0	10,9	17,0
Ernährungsgewerbe[1]) .	6,1	9,3	12,8

[1]) Ohne Tabakverarbeitung.
Einschl. der Tabakverarbeitung beträgt der entsprechende CR_3-Wert 13,4 %. CR_6-, CR_{10}-Werte können aus Geheimhaltungsgründen nicht veröffentlicht werden.

Angaben zu allen Wirtschaftszweigen der industriellen Hauptgruppen finden sich in Tabelle I.8.

[1]) Der Rangkorrelationskoeffizient zwischen dem Konzentrationsgrad CR_{10} und der Zahl der Unternehmen im Wirtschaftszweig beträgt $r_s = .841$, $N = 31, \alpha < .001$.

3.3. Die Struktur der Wirtschaftszweige 1977

213. Die amtliche Industrieberichtserstattung untergliedert die 33 zweistelligen Wirtschaftszweige in 211 vierstellige Branchen. Von den 33 Zweistellern sind neun identisch mit einem Viersteller. Die *Zahl der Viersteller*, die einem zweistelligen Wirtschaftszweig zugeordnet sind, schwankt zwischen 1 und 28. Besonders viele Viersteller werden unterschieden

im Ernährungsgewerbe mit 28 Vierstellern,
in der Gewinnung und Verarbeitung von Steinen und Erden mit 22 Vierstellern,
im Textilgewerbe mit 20 Vierstellern.

Insgesamt sechs Zweisteller bestehen aus zehn und mehr Vierstellern. Sie gehören ausnahmslos zu den Wirtschaftszweigen mit geringer Unternehmenskonzentration.

Auch die mehr als 200 tiefgegliederten Wirtschaftszweige, die in der SYPRO durch vierstellige Ziffern gekennzeichnet werden, sind nicht mit relevanten Märkten identisch. Durch ihre im Vergleich zu den Zweistellern engere produktbezogene Abgrenzung nähern sie sich diesen jedoch merklich an. Allerdings nimmt gleichzeitig das Ausmaß der Fehlzuordnung von branchenfremden Umsatzanteilen fühlbar zu, weil auch hier die Zuordnung der Unternehmen mit ihren jeweiligen Gesamtumsätzen zu einem Viersteller nach dem Schwerpunktprinzip erfolgt.

214. Die Analyse der Struktur der Wirtschaftszweige stellt auf die Betrachtung der Konzentrationsverhältnisse in den Vierstellern ab. Dadurch wird eine genauere Beurteilung des erreichten Konzentrationsstandes ermöglicht. Das Fehlen amtlicher Daten zur Umrechnung der Viersteller des Berichtsjahres 1977 auf die Berichtskreisabgrenzungen des Jahres 1975 macht es notwendig, für die nachfolgenden Ausführungen die unbereinigten Konzentrationsdaten des Jahres 1977 heranzuziehen. Diese Werte, die in Tabelle I.9 ausgewiesen werden, lassen sich nicht direkt mit den bereinigten Daten der übrigen Tabellen vergleichen, weil die verfügbaren Daten der Viersteller die Umsätze der produzierenden Handwerksbetriebe enthalten und die Umsätze der kleinen Unternehmen mit weniger als 20 Beschäftigten unberücksichtigt lassen.[1] Die Kommission ist jedoch der Auffassung, daß die Analyse der Viersteller trotz dieser Mängel im Datenmaterial das Ausmaß der Unternehmenskonzentration weiter verdeutlichen hilft.

[1] Zur Bereinigung der Datenbasis vgl. Tz. 183 bis 189.

In Tabelle I.9 werden der Umsatz, die Zahl der Unternehmen, der Anteil der größten Unternehmen am Umsatz des Vierstellers und der Umsatzanteil der vierstelligen Branchen am Umsatz des zweistelligen Wirtschaftszweiges ausgewiesen. In vielen Vierstellern mußte allerdings aus Gründen der Geheimhaltung von Einzelangaben auf den gesonderten Ausweis von Konzentrationskoeffizienten verzichtet werden.

215. Die engere Abgrenzung der Viersteller gegenüber den Zweistellern hat, wie zu erwarten, zur Folge, daß die Konzentrationskoeffizienten im Durchschnitt fühlbar höher liegen. Liegen bei unbereinigten Daten des Jahres 1977 die Umsatzanteile der 3, 6 und 10 größten Unternehmen im Durchschnitt der Zweisteller[1]) bei $CR_3 = 27{,}1$, $CR_6 = 36{,}2$, $CR_{10} = 41{,}3$, so betragen sie im Durchschnitt der Viersteller $CR_3 = 36{,}7$, $CR_6 = 49{,}6$, $CR_{10} = 56{,}8$. Betrachtet man Branchen, in denen mehr als zehn Unternehmen tätig sind, dann kann man in fünf Branchen außerordentlich hohe Konzentrationskoeffizienten mit $CR_3 > 80\ \%$ feststellen. Am niedrigsten ist der Umsatzanteil, der auf die drei größten Unternehmen entfällt, mit 4,2 % in der Reparatur von Kraftfahrzeugen, Fahrrädern; Lackierungen von Straßenfahrzeugen.

216. Die Verteilung der *Unternehmenszahlen* reicht von nur vier Unternehmen im Lokomotivbau und im Feld- und Industriebahnwagenbau bis zu 1 863 Unternehmen im Druckerei- und Vervielfältigungsgewerbe. Bei der Betrachtung der Viersteller wird ebenso wie bei den Zweistellern der Zusammenhang zwischen Unternehmenszahlen und Konzentrationsgrad deutlich. Die folgende Tabelle 4 zeigt, daß der Konzentrationskoeffizient mit zunehmender Unternehmenszahl tendenziell sinkt.

So sind mit einer Ausnahme in gering konzentrierten Wirtschaftszweigen mindestens 200 Unternehmen tätig, während in den sehr hoch konzentrierten Wirtschaftszweigen, bis auf eine Ausnahme, alle Wirtschaftszweige weniger als 200 Unternehmen umfassen.

217. Rund zwei Drittel des gesamten industriellen Umsatzes werden in Branchen mit hoher und sehr

[1]) Die Mittelwertbildung erfolgt ohne Berücksichtigung geheimzuhaltender Werte.

Tabelle 4

Konzentrationskoeffizient und Unternehmenszahlen vierstelliger Wirtschaftszweige

Wirtschaftszweig mit	Zahl der Unternehmen						Anteil am Gesamtumsatz
	bis 10	11 bis 50	51 bis 200	201 bis 500	501 bis 1000	über 1000	
sehr hoher Unternehmenskonzentration	6	26	6	–	1	–	27,5
hoher Unternehmenskonzentration	–	21	25	8	2	–	37,0
mäßiger Unternehmenskonzentration	–	–	26	16	3	1	24,3
geringer Unternehmenskonzentration	–	–	1	2	5	4	11,2
Anteil am Gesamtumsatz	2,0	16,0	36,9	18,2	16,6	10,3	100,0

hoher Unternehmenskonzentration getätigt. Dies zeigt die erhebliche wirtschaftliche Bedeutung der hochkonzentrierten Industrieklassen an. Dagegen ist der Beitrag der gering konzentrierten Branchen mit 11,2 % zum Gesamtumsatz der Industrie ausgesprochen gering. Die Anteilswerte liegen in den hoch und sehr hoch konzentrierten Vierstellern auch über denen in den hoch und sehr hoch konzentrierten zweistelligen Wirtschaftszweigen. Daraus kann geschlossen werden, daß in der Mehrzahl der Fälle damit zu rechnen ist, daß die Konzentrationskoeffizienten noch höher wären, wenn relevante Märkte abgegrenzt würden. Denn die Viersteller der amtlichen Industriestatistik kommen den relevanten Märkten näher als die zweistelligen Wirtschaftszweige. Andererseits ist jedoch auch zu bedenken, daß die Anwendung des Schwerpunktprinzips zur systematischen Erhöhung der Konzentrationskoeffizienten im Bereich der Viersteller führt.

218. Aus Tabelle I.9 geht ebenfalls hervor, daß die Konzentrationskoeffizienten in der überwiegenden Zahl der Viersteller über denen der zugehörigen zweistelligen Wirtschaftszweige liegen. Allerdings ist die Streuung der klassenspezifischen Konzentrationskoeffizienten innerhalb der Zweisteller groß. So gibt es beispielsweise drei Wirtschaftszweige, in denen sowohl sehr hoch, hoch, mäßig hoch und gering konzentrierte Viersteller festzustellen sind. Es handelt sich dabei um

die Industrie der Steine und Erden,
das Bekleidungsgewerbe,
das Ernährungsgewerbe.

Die Mehrzahl der Zweisteller umfaßt vierstellige Branchen, deren Konzentrationskoeffizienten entweder zwei oder drei dieser Konzentrationsklassen angehören. Einzelheiten zur Streuung der klassenspezifischen Konzentrationskoeffizienten für alle Wirtschaftszweige finden sich in Tabelle I.9.

219. Die Probleme bei der Beurteilung des Konzentrationsstandes breit abgegrenzter Wirtschaftszweige werden besonders deutlich, wenn man die Wirtschaftszweige betrachtet, die jeweils mehr als zehn Viersteller umfassen. Es handelt sich dabei um:

Tabelle 5

Wirtschaftszweig	Zahl der Viersteller	CR_3-Wert im Zweisteller in %	mittlerer CR_3-Wert aller Viersteller im Zweisteller[1]) in %
Ernährungsgewerbe	28	*6,0*	*36,8*
Gewinnung und Verarbeitung von Steinen und Erden	22	*7,9*	*40,0*
Textilgewerbe	20	*3,8*	*31,5*
Herstellung von Eisen-, Blech- und Metallwaren	12	*8,4*	*41,3*
Bekleidungsgewerbe	12	*4,6*	*32,3*

[1]) Mittelwertbildung ohne Berücksichtigung von geheimzuhaltenden Werten.

Der mittlere CR-Wert der Viersteller beträgt in diesen fünf Wirtschaftszweigen das Fünf- bis Achtfache des CR_3-Wertes für den Zweisteller. Berücksichtigt man auch noch die große Streuung zwischen den Umsatzanteilen in den Vierstellern eines Wirtschaftszweiges, dann wird deutlich, daß in einer Vielzahl von Vierstellern diese Werte noch deutlich übertroffen werden. Demnach kommen die relativ niedrigen Konzentrationskoeffizienten für die heterogenen Wirtschaftszweige nur dadurch zustande, daß Umsätze, die von Unternehmen auf unterschiedlichen Märkten erzielt werden, rein rechnerisch bei der Ermittlung der Konzentrationskoeffizienten zusammengeführt werden. Auch hieraus kann man schließen, daß bei einer sachgerechten Erfassung der Unternehmensumsätze nach marktbezogenen Gesichtspunkten der Konzentrationsgrad deutlich höher liegen würde. Es ist allerdings mit dem gegenwärtig verfügbaren Datenmaterial nicht möglich, marktbezogene Konzentrationsdaten zu ermitteln. Erst die fachliche Konzentrationsstatistik, wie sie im nächsten Hauptgutachten vorgesehen ist, wird Verbesserungen in dieser Richtung bringen.

3.4. Die Konzentration von Umsatz und Beschäftigung in den Wirtschaftszweigen 1977

220. Aus Tabelle I.10 ist ersichtlich, daß die Konzentration der *Umsätze* auf die großen Unternehmen in den einzelnen Wirtschaftszweigen durchweg höher ist als die Konzentration der *Beschäftigten.* Bis auf die vier Wirtschaftszweige Bergbau, Eisenschaffende Industrie, Chemische Industrie und Lederverarbeitung übersteigt der Anteil der drei umsatzstärksten Unternehmen am Umsatz des Wirtschaftszweiges den Anteil dieser Unternehmen an der Zahl der Beschäftigten. Im Durchschnitt der 33 Wirtschaftszweige beträgt der Beschäftigtenanteil der drei größten Unternehmen eines Wirtschaftszweiges 23,4 %, der Umsatzanteil dagegen 26,9 %. Damit liegt der Umsatzanteil rd. 15 % über dem Beschäftigtenanteil.

221. Der *Umsatz pro Beschäftigten* ist bei den umsatzgrößten Unternehmen in der überwiegenden Zahl der Wirtschaftszweige höher als bei den kleineren Unternehmen. Dies kann verschiedene Ursachen haben:

— Wenn die Beschäftigtenproduktivität bei den großen Unternehmen höher ist als bei den kleineren Einheiten, dann kann dies verschiedene Gründe haben. Diese könnten im Einsatz moderner Technologien, kapitalintensiverer Produktionsverfahren oder in der Realisierung von Massenproduktionsvorteilen liegen.

— Die Divergenz zwischen der Umsatz- und Beschäftigtenkonzentration kann auch darauf beruhen, daß große Unternehmen am Markt höhere Preise durchsetzen können als die übrigen kleineren Unternehmen. Dies könnte man auf die Ausnutzung einer marktmächtigen Stellung oder auf ein besonders hohes aquisitorisches Potential bei den Großunternehmen zurückführen. Höhere Preise können aber auch deshalb erzielt werden, weil die Produkte der großen Unternehmen denen der übrigen Unternehmen qualitativ überlegen sind.

— Schließlich kann die Divergenz auch rein statistische Ursachen haben. Es ist wahrscheinlich, daß die großen Unternehmen tendenziell stärker diversifiziert sind als die kleineren Unternehmen. Werden dabei branchenfremde Produkte mit höherer Umsatz-Beschäftigtenrelation produziert, so führt die Anwendung des Schwerpunktprinzips dazu, daß der umsatzbezogene Konzentrationskoeffizient über dem entsprechenden beschäftigungsbezogenen Konzentrationskoeffizienten liegt.

Welcher Einfluß in den einzelnen Branchen maßgebend ist, kann aus dem vorliegenden Material nicht gefolgert werden. Erst die Einführung der fachlichen Konzentrationsstatistik wird es erlauben, die Verzerrungen zu eliminieren, die sich aus der Anwendung des Schwerpunktprinzips ergeben.

222. Die Divergenz zwischen Umsatz- und Beschäftigtenkonzentration ist im Durchschnitt bei Unternehmen, die zu den 25 größten ihres Wirtschaftszweiges gehören, positiv. Bei den kleineren Unternehmen ist der Beschäftigtenanteil in der Regel höher als der Umsatzanteil. Betrachtet man die einzelnen Unternehmensgrößen, so beläuft sich im Durchschnitt der Umsatzanteil

der 3 größten Unternehmen auf das 1,22fache,
des 4. bis 6. Unternehmens auf das 1,11fache,
des 7. bis 10. Unternehmens auf das 1,26fache,
des 11. bis 25. Unternehmens auf das 1,14fache,
des 26. bis 50. Unternehmens auf das 0,94fache,
der restlichen Unternehmen auf das 0,76fache

des Beschäftigtenanteils dieser Unternehmen. Dieses Ergebnis zeigt, daß die Beziehung zwischen Unternehmensgröße und Wert der Umsatz-Beschäftigten-Relation nicht eindeutig ist. Die Werte unterscheiden sich im Durchschnitt bei den größten Unternehmen nicht wesentlich. Daraus ist zu schließen, daß die Ursache für die ausgewiesene Divergenz weniger auf höheren Preisen, die aufgrund bestehender Größenmacht am Markt durchgesetzt werden können, als auf unterschiedlichen Produktionsbedingungen in den einzelnen Unternehmen bzw. auf Unterschieden im Diversifikationsgrad basiert.

223. Das Spektrum der Unterschiede in der Umsatz- und Beschäftigtenkonzentration in den einzelnen Wirtschaftszweigen ist groß. Die *Umsatz-Beschäftigten-Relation* liegt bei den drei umsatzgrößten Unternehmen zwischen 0,88 und 2,23. In der folgenden Tabelle 6 sind die Wirtschaftszweige mit den größten Unterschieden in der Umsatz- und Beschäftigtenkonzentration zusammengestellt.

Die Angaben zu den übrigen Wirtschaftszweigen sind in Tabelle I.10 und I. 11 enthalten. Betrachtet man die Entwicklung der Umsatz-Beschäftigten-Relation innerhalb der einzelnen Wirtschaftszweige, so zeigt sich in fast allen Industriezweigen die Tendenz, daß mit sinkender Unternehmensgröße die Umsatz-Beschäftigten-Relation abnimmt. Nur in wenigen Wirtschaftszweigen wird diese Tendenz fühlbar gestört. Zu diesen Wirtschaftszweigen gehören, wie schon 1975,

Tabelle 6

Wirtschaftszweig	Quotient aus Umsatzanteil und Beschäftigtenanteil der drei größten Unternehmen 1977
Ernährungsgewerbe	2,23
Papier- und Pappeverarbeitung	1,78
Stahl- und Leichtmetallbau, Schienenfahrzeuge	1,62
Mineralölverarbeitung	1,57
im Durchschnitt	1,22
Eisenschaffende Industrie	0,95
Bergbau	0,94
Lederverarbeitung	0,94
Chemische Industrie	0,88

— der Bergbau,
— die Eisenschaffende Industrie,
— die Gummiverarbeitung,
— die Elektrotechnik, Reparatur von elektrischen Haushaltsgeräten,
— die Chemische Industrie,
— die Herstellung von Musikinstrumenten, Spielwaren, Füllhaltern usw.

3.5. Die Unternehmensgrößen in den Wirtschaftszweigen 1977

224. Zur Beurteilung der Unternehmenskonzentration in den Wirtschaftszweigen ist neben den Konzentrationskoeffizienten, den Umsatz-Beschäftigten-Relationen und der Zahl der Unternehmen in einem Industriezweig auch die *Verteilung der Unternehmensgrößen* zu untersuchen. Sind die Unterschiede in den Unternehmensgrößen der in einem Wirtschaftszweig tätigen Unternehmen nur gering, so kann daraus auf günstige strukturelle Voraussetzungen für Wettbewerb geschlossen werden, weil dominierende Marktstellungen bei einzelnen Unternehmen dann nicht existieren. Dies setzt jedoch genügend große Unternehmenszahlen voraus, weil im allgemeinen mit abnehmenden Unternehmenszahlen die Bereitschaft zu wettbewerbsbeschränkenden Unternehmenskooperationen wächst. Umgekehrt deuten hohe Unternehmengrößenunterschiede darauf hin, daß die großen Unternehmen einen dominierenden Einfluß auf den Wettbewerb ausüben werden, weil die Größe an sich von den kleineren Wettbewerbern im gleichen Markt als bedrohlich empfunden werden kann. Bei der Beurteilung der Größenunterschiede innerhalb eines Wirtschaftszweiges ist auch das Ausmaß der heterogenen Struktur dieses Wirtschaftszweiges zu berücksichtigen. Je heterogener die Struktur des Wirtschaftszweiges ist, um so eher gelingt es kleineren Wettbewerbern, sich in Marktnischen zu etablieren, um damit die Bedrohung durch große Unternehmen zu verringern.

225. Die Größenverteilung der Unternehmen eines Wirtschaftszweiges kann auf verschiedene Weise ermittelt werden. Die Monopolkommission mißt die Unternehmensgrößenunterschiede mit Hilfe der *Unternehmensgrößenproportionen.* Als Unternehmensgrößenproportion wird das Verhältnis des durchschnittlichen Umsatzes der größten Unternehmen zum Durchschnittsumsatz der übrigen Unternehmen bezeichnet. In Tabelle I.12 ist der durchschnittliche Umsatz der zehn größten Unternehmen zum Durchschnittsumsatz der restlichen Unternehmen des Wirtschaftszweiges ausgewiesen. Daneben enthält die Tabelle noch die Zahl der im Wirtschaftszweig tätigen Unternehmen, den Konzentrationskoeffizienten CR_{10} und die durchschnittlichen Umsätze der zehn größten sowie der übrigen Unternehmen im Wirtschaftszweig.

226. Die durchschnittliche Unternehmensgrößenproportion hat sich 1977 gegenüber den vorangegangenen Berichtsjahren kaum verändert. Das Verhältnis des Durchschnittsumsatzes der zehn größten Unternehmen zum durchschnittlichen Umsatz der restlichen Unternehmen beläuft sich im Mittel auf 56 : 1. Dahinter verbirgt sich ein weites Spektrum unterschiedlicher Unternehmensgrößenproportionen in einzelnen Wirtschaftszweigen. In der nachfolgenden Tabelle 7 sind die Wirtschaftszweige mit den größen und den geringsten Unternehmensgrößenunterschieden ausgewiesen.

Die vier Wirtschaftszweige mit den höchsten Unternehmensgrößenproportionen sind durchweg hoch oder sehr hoch konzentriert, während die beiden Wirtschaftszweige mit den niedrigsten Unternehmensgrößenproportionen zu den mäßig konzentrierten Wirtschaftszweigen zählen. Eine Korrelationsanalyse konnte allerdings die Hypothese, daß Wirtschaftszweige mit hohen Unternehmensgrößenproportionen tendenziell höhere Konzentrationsraten aufweisen, nur schwach signifikant absichern [1]. Somit läßt sich die These nicht hinreichend deutlich bestätigen, daß eine wachsende Unternehmenskonzentration mit einem zunehmenden Ungleichgewicht in den Unternehmensgrößen einhergehe.

Tabelle 7

Unternehmensgrößenproportionen ausgewählter Wirtschaftszweige

Wirtschaftszweig	Verhältnis des durchschnittlichen Umsatzes der zehn größten Unternehmen zum Durchschnittsumsatz der restlichen Unternehmen in Höhe von ... im Jahr 1977
Elektrotechnik, Reparatur von elektr. Haushaltsgeräten. . .	215 : 1
Straßenfahrzeugbau, Reparatur von Kraftfahrzeugen usw. . .	198 : 1
Bergbau.	144 : 1
Chemische Industrie	142 : 1
im Durchschnitt.	56 : 1
Zellstoff-, Holzschliff-, Papier- und Pappeerzeugung	19 : 1
Eisenschaffende Industrie . .	18 : 1
NE-Metallerzeugung, NE-Metallhalbzeugwerke	16 : 1
Ledererzeugung	8 : 1

227. Im Vergleich zu den übrigen Wirtschaftszweigen sind die durchschnittlichen Unternehmensgrößen in der Eisenschaffenden Industrie und in der Mineralölverarbeitung besonders hoch. Erst in weitem Abstand folgen die Chemische Industrie und der Straßenfahrzeugbau. Die Durchschnittsumsätze der kleineren Unternehmen dieser Wirtschaftszweige, die nicht zu den zehn größten zählen, beträgt

in der Eisenschaffenden Industrie	164,0 Millionen DM,
in der Mineralölverarbeitung	88,0 Millionen DM,
in der Chemischen Industrie	37,6 Millionen DM,
im Straßenfahrzeugbau	37,5 Millionen DM.

Auch die Durchschnittsumsätze der zehn größten Unternehmen dieser Wirtschaftszweige liegen weit über dem Durchschnitt. Sie betragen jeweils

im Straßenfahrzeugbau	7 426,8 Millionen DM,
in der Chemischen Industrie	5 331,0 Millionen DM,
in der Mineralölverarbeitung	4 967,8 Millionen DM,
in der Elektrotechnik	4 560,0 Millionen DM,
in der Eisenschaffenden Industrie	3 008,2 Millionen DM.

Dieses Ergebnis deutet darauf hin, daß in den zuletzt genannten Wirtschaftszweigen technologische Gründe für das Vorliegen besonders hoher Unternehmensgrößen maßgebend sind. Dies erschwert im allgemeinen den Marktzutritt potentieller Konkurrenten, was einer Verbesserung der strukturellen Wettbewerbsbedingungen entgegenwirkt. Eine Bestätigung dieses Zusammenhangs ergibt sich daraus, daß alle genannten Wirtschaftszweige hoch bis sehr hoch konzentriert sind.

228. Eine weitere Kennzahl zur Beschreibung der Verteilung der Unternehmensgrößen eines Wirtschaftszweiges ist die *Unternehmensgrößenproportion in der „Oligopolspitze".* Dieses Maß beschreibt die Größenverteilung innerhalb der Gruppe der sechs führenden Unternehmen eines Wirtschaftszweiges als Verhältnis des durchschnittlichen Umsatzes der drei größten zum durchschnittlichen Umsatz der drei nachfolgenden Unternehmen.

229. Die Unternehmensgrößen der zur „Oligopolspitze" gehörenden sechs Unternehmen sind vergleichsweise ausgeglichen. Der Durchschnittsumsatz eines Unternehmens, das zu den drei größten seiner Branche gehört, ist etwa 2,6 mal so groß wie der Durchschnittsumsatz eines Unternehmens, das zu den drei nachfolgenden Unternehmen gehört. Nur in neun von 33 Wirtschaftszweigen liegen die Unternehmensproportionen in der „Oligopolspitze"

[1]) $r_p = 0.326$, $N = 31$, $\alpha < .10$.

über dem Mittelwert, in allen übrigen darunter. Wie die nachfolgende Tabelle zeigt, reicht das Spektrum der Größenunterschiede von 9,1 : 1 bis 1,2 : 1.

Tabelle 8

Unternehmensgrößenproportionen in der „Oligopolspitze" ausgewählter Wirtschaftszweige

Wirtschaftszweig	Verhältnis des durchschnittlichen Umsatzes der drei größten Unternehmen zum Durchschnittsumsatz der drei nachfolgenden Unternehmen
Stahl- und Leichtmetallbau .	9,1 : 1
Luft- und Raumfahrzeugbau .	8,6 : 1
Herstellung von Büromaschinen, Datenverarbeitungsgeräten und -einrichtungen .	5,0 : 1
Bergbau	3,5 : 1
Elektrotechnik, Reparatur von elektr. Haushaltsgeräten. . .	3,3 : 1
im Durchschnitt.	2,6 : 1
Holzbearbeitung	1,5 : 1
Textilgewerbe	1,4 : 1
Ziehereien, Kaltwalzwerke, Stahlverformung, Mechanik, a.n.g.	1,3 : 1
Gewinnung und Verarbeitung Steinen und Erden	1,3 : 1
Holzverarbeitung	1,2 : 1

Genaue Angaben für die übrigen Wirtschaftszweige enthält die Tabelle I.13.

230. Aus methodischen Gründen können für das Berichtsjahr 1977 keine Werte für die Unternehmensgrößenproportionen in den Vierstellern ausgewiesen werden. Die Größenverhältnisse in der „Oligopolspitze" sind jedoch darstellbar. Tabelle I.14 enthält für 123 Viersteller, für die entsprechende Daten vorliegen, neben den CR3-Werten und den Durchschnittsumsätzen die Unternehmensgrößenproportionen in der „Oligopolspitze". Im Durchschnitt setzen die drei größten Unternehmen 3,3 mal soviel um als die drei nächstgrößten Unternehmen. Dies zeigt, daß die Unternehmensgrößenproportionen in den Vierstellern, wie schon in den Berichtsjahren zuvor, über den entsprechenden Werten in den Zweistellern liegen. Darin kommt die Tendenz zum Ausdruck, daß die Unternehmensgrößenunterschiede mit zunehmender Tiefengliederung steigen. Das Spektrum des Verhältnisses des durchschnittlichen Umsatzes der drei größten Unternehmen zum durchschnittlichen Umsatz der drei nächstgrößten Unternehmen ist ebenfalls größer als bei den Zweistellern und reicht von 21,7 in der Herstellung von Handelswaffen und deren Munition bis zu einem Unternehmensgrößenverhältnis von 1,1 in der Brauereiindustrie. Insgesamt ist der durchschnittliche Umsatz der drei größten Unternehmen

in 45 Vierstellern	bis zu 2 mal größer,
in 33 Vierstellern	2 bis 3 mal größer,
in 44 Vierstellern über	3 mal größer

als der durchschnittliche Umsatz der drei nächstgrößten Unternehmen. Die Korrelation zwischen der Konzentration und den Größenunterschieden in der „Oligopolspitze" ist erwartungsgemäß höchstsignifikant[1]).

4. Entwicklung der Unternehmenskonzentration in der Industrie

4.1. Die Entwicklung von Umsatz und Zahl der Unternehmen

231. Der *Umsatz* aller Industrieunternehmen hat sich zwischen 1975 und 1977 um 14,6 % von 841 Mrd. DM auf 964 Mrd. DM erhöht. Dies entspricht einer jährlichen Wachstumsrate von rd. 7,1 %. Damit liegt das Umsatzwachstum der gesamten Industrie nominal höher als in der Zeit zwischen 1973 und 1975.

232. Besonders im Jahr 1976 konnten die Unternehmen ihren Umsatz fühlbar ausweiten. Die Umsatzzunahme betrug allein in diesem Zeitraum 10,9 %. Darin kommt der Umschwung in der konjunkturellen Entwicklung zum Ausdruck. Während die Entwicklung der Unternehmenskonzentration im Zweijahreszeitraum 1973/75 vor dem Hintergrund eines konjunkturellen Abschwungs und einer tiefgreifenden Rezession zu beurteilen war, vollzieht sich im Berichtszeitraum zwischen 1975 und 1977 die Konzentrationsentwicklung auf der Grundlage einer konjunkturellen Aufwärtsentwicklung, die 1976 verstärkt einsetzte. Die starke Umsatzzunahme dieses Jahres ist vor allem auf die in der beginnenden Aufschwungphase einsetzenden Verbesserung im Auslastungsgrad der Produktionskapazitäten zurückzuführen. Der Kapazitätsauslastungsgrad in der Industrie erreichte 1975 mit weniger als 89 % gegenüber dem als „normal" angesehenen Niveau seinen bisherigen Tiefstand. Er stieg im Jahr 1976 auf über 92 % an und verbesserte sich im Jahr 1977 geringfügig weiter[2]). Daneben trugen Preissteigerungen zur nominellen Umsatzentwicklung bei. Diese weisen jedoch im Berichtszeitraum relativ niedrige Werte auf. Somit läßt sich das starke nominelle Umsatzwachstum vornehmlich auf Mengenwachstum zurückführen.

233. Fast alle Wirtschaftszweige haben zum Umsatzwachstum der gesamten Industrie zwischen 1975 und 1977 beigetragen. Da in diesem Zeitraum die industriellen Erzeugerpreise bis auf wenige

---

[1]) Der Rangkorrelationskoeffizient zwischen CR_3 und den Werten der Unternehmensgrößenproportion beträgt für die Zweisteller (bereinigt) $r_S = .759$, $\alpha < .01$, N = 33 und für die Viersteller (unbereinigt) $r_S = .719$, $\alpha < .001$, N = 123.

[2]) Vgl. Sachverständigenrat zur Beurteilung der gesamtwirtschaftlichen Entwicklung, Jahresgutachten 1977/78, BT-Drucksache 8/1221, Tz. 87.

Wirtschaftszweige gestiegen sind, liegt der reale Umsatz teilweise deutlich unter dem nominalen. Die folgende Tabelle enthält die Wirtschaftszweige mit den größten nominalen Umsatzsteigerungen sowie das zugehörige reale Umsatzwachstum.

Tabelle 9

Wirtschaftszweig	Erhöhung des nominalen Umsatzes in %	Erhöhung des realen Umsatzes[1]) in %
Straßenfahrzeugbau, Reparatur von Kraftfahrzeugen usw.	36,7	26,5
Stahl- und Leichtmetallbau	34,2	22,4
Herstellung von Musikinstrumenten, Spielwaren, Füllhaltern usw.	33,4	26,8
Holzbearbeitung	29,8	11,4
Herstellung von Eisen-, Blech- und Metallwaren	24,7	16,7

Auch das nominelle Umsatzwachstum der beiden größten Wirtschaftszweige, der Chemischen Industrie und des Ernährungsgewerbes, liegt über dem Durchschnitt aller 33 Wirtschaftszweige. Im nachfolgenden Maschinenbau wird jedoch die durchschnittliche Wachstumsrate nicht erreicht. Ein Rückgang des nominellen Umsatzes war dagegen nur in vier Wirtschaftszweigen zu beobachten.

Tabelle 10

Wirtschaftszweig	Abnahme des nominalen Umsatzes in %	Abnahme des realen Umsatzes[1]) in %
Eisenschaffende Industrie	− 8,6	− 9,1
Bergbau	− 3,0	− 9,9
Gießerei	− 1,8	− 9,6
Druckerei, Vervielfältigung	− 0,3	− 7,4

Genaue Angaben zur Umsatzentwicklung aller Wirtschaftszweige finden sich in Tabelle I.15.

234. Der Trend zu rückläufigen *Unternehmenszahlen* kehrte sich im Berichtszeitraum um. Die Zahl der Unternehmen in der Industrie stagnierte zwischen 1975 und 1976 und nahm 1977 im Mittel um etwa 1 % zu. Während 1975 41 733 Unternehmen ihren wirtschaftlichen Schwerpunkt in der Industrie hatten, existierten 1977 426 Unternehmen mehr. Die Zunahme der Zahl der Unternehmenseinheiten ist um so bemerkenswerter, als auch in den Jahren 1976 und 1977 die Zahl der durch Konkurse oder durch Verschmelzung aus dem Wettbewerb ausscheidenden Unternehmen unverändert hohe Werte aufwies. Somit läßt sich die Zunahme im Berichtszeitraum in erster Linie durch Neugründungen erklären. Dies bedeutet, in der konjunkturellen Aufschwungphase 1976/1977 hat die Bereitschaft zum Markteintritt zugenommen [1]).

Bei einer Betrachtung der Wirtschaftszweige im einzelnen ist das Bild jedoch nicht einheitlich. Elf Wirtschaftszweigen mit zunehmenden Unternehmenszahlen stehen 22 Branchen mit abnehmenden Unternehmenszahlen gegenüber. Veränderungen bei den Unternehmenszahlen lassen sich in einzelnen Branchen auch auf Änderungen im wirtschaftlichen Schwerpunkt der Unternehmen zurückführen. So wurden derartige Wechsel des Schwerpunktbereichs im Zuge der Umstellungen im amtlichen statistischen Berichtssystem häufig vorgenommen. Das vorliegende Datenmaterial läßt jedoch eine Aufspaltung der saldierten Angaben über die Änderungen der Unternehmenszahlen nach einzelnen Ursachen nicht zu.

235. Tabelle I.16 enthält für alle Wirtschaftszweige die Zahl der Unternehmen der Jahre 1973 bis 1977, das Wachstum der Unternehmenszahlen und der Umsätze zwischen 1975 und 1977. Daraus wird ersichtlich, daß der bis 1975 ausgeprägte Trend zur Verringerung der Unternehmenszahlen mit Ausnahme einzelner Wirtschaftszweige abflacht bzw. umkehrt. Betrachtet man jeweils drei Wirtschaftszweige gemeinsam, so stiegen die Unternehmenszahlen in den drei wachstumsstärksten Wirtschaftszweigen im Durchschnitt um 5,4 % an, während sie in den sechs wachstumsschwächsten Wirtschaftszweigen um 7 % zurückgingen. In wachsenden Märkten fällt der Marktzutritt Newcomern offensichtlich leichter. Der Zusammenhang zwischen Umsatzwachstum und Veränderung der Unternehmenszahlen in den Wirtschaftszweigen wird auch durch eine Rangkorrelationsanalyse bestätigt. Je stärker der Umsatz im Wirtschaftszweig gewachsen ist, um so stärker nahm die Zahl der Unternehmen zu, bzw. um so schwächer nahm die Zahl der Unternehmen in den Wirtschaftszweigen ab. Dies gilt sowohl für die absolute als auch für die relative Veränderung der Unternehmenszahlen im Wirtschaftszweig. Die Rangkorrelationskoeffizienten sind beide hoch signifikant [2]).

236. In elf von 33 Wirtschaftszweigen ist die Zahl der Unternehmen zwischen 1975 und 1977 gestiegen. In den übrigen 22 Wirtschaftszweigen hat sie sich dagegen verringert. Zahlenmäßig am stärksten nahm die Zahl der Unternehmen in folgenden Wirtschaftszweigen zu.

---

[1]) Die Preisentwicklung wurde geschätzt mit Hilfe geeigneter Zeitreihen des Indexes der Erzeugerpreise industrieller Produkte. Vgl. dazu auch Tabelle I.17.

[1]) Die Zunahme der Unternehmenszahlen kann auch rein statistische Ursachen haben, wenn im konjunkturellen Aufschwung die Zahl der berichtspflichtigen Unternehmenseinheiten wegen Überschreitung der Abschneidegrenzen steigt.

[2]) Vgl. Tabelle I.16; der Rangkorrelationskoeffizient zwischen Umsatzwachstum (Spalte c) und Veränderung der Unternehmenszahlen beträgt: $r_S = .474, \alpha < .01, N = 33$; der Rangkorrelationskoeffizient zwischen Umsatzwachstum (Spalte c) und Wachstum der Unternehmenszahlen (Spalte h) beträgt: $r_S = .629, \alpha < .01, N = 33$.

Tabelle 11

Wirtschaftszweig	Zunahme der Unternehmenszahl zwischen 1975 und 1977	
	Zahl	in %
Ernährungsgewerbe . . .	1175	32,6
Herstellung von Kunststoffwaren	97	5,1
Elektrotechnik, Reparatur von elektr. Haushaltsgeräten	79	3,5
Herstellung von Musikinstrumenten, Spielwaren, Füllhaltern usw.	59	7,5
Maschinenbau	31	0,7

Abgesehen vom Maschinenbau liegt die Gesamtzahl der Unternehmen in diesen Wirtschaftszweigen auch über den entsprechenden Zahlen des Jahres 1973. Dies deutet auf geringe Marktzutrittsschranken in diesen Wirtschaftszweigen hin. Auffallend ist die starke Zunahme der Unternehmenszahlen im Ernährungsgewerbe. Hierbei handelt es sich in erster Linie um den Markteintritt kleiner Unternehmen. In der Herstellung von Kunststoffwaren hat sich die Entwicklung zur Erhöhung der Anbieterzahlen weiter fortgesetzt. Dieser Wirtschaftszweig wies schon zwischen 1968 und 1975 die stärkste Zunahme der Unternehmenszahlen auf.

237. In 22 Wirtschaftszweigen nahm die Zahl der Unternehmen dagegen ab. Die Zahl der Marktaustritte ist jedoch gesunken. Die Aufgabe der unternehmerischen Selbständigkeit erreicht nicht mehr das gleiche Ausmaß wie in den vorangegangenen Jahren. Um mehr als 100 Unternehmen verringerte sich die Zahl der Unternehmen in den folgenden Wirtschaftszweigen.

Tabelle 12

Wirtschaftszweig	Abnahme der Unternehmenszahl zwischen 1975 und 1977	
	Zahl	in %
Ziehereien, Kaltwalzwerke, Stahlverformung, Mechanik, a.n.g..	– 187	– 10,7
Textilgewerbe	– 164	– 7,2
Gewinnung und Verarbeitung von Steinen und Erden	– 161	– 5,4
Druckerei, Vervielfältigung	– 158	– 5,4
Bekleidungsgewerbe . . .	– 125	– 3,9

Die Gewinnung und Verarbeitung von Steinen und Erden, das Textil- und das Bekleidungsgewerbe gehörten auch im letzten Berichtszeitraum zu den Wirtschaftszweigen mit der größten Verminderung der Unternehmenszahlen. Doch auch für diese Bereiche gilt, daß sich der Trend zu einer Verminderung der Unternehmenszahlen im Wirtschaftszweig abgeflacht hat. Insgesamt kann gesagt werden, daß das Ausscheiden von Unternehmen und damit die Verengung der Märkte auf der Angebotsseite nicht mehr so deutliche Ausmaße annimmt wie in den vorangegangenen Jahren des Abschwungs. Dieses Ergebnis erklärt zum Teil auch die deutliche Zunahme des nominellen Umsatzes im Berichtszeitraum.

238. Die Betrachtung der Veränderung der *Unternehmenszahlen* in den Wirtschaftszweigen genügt nicht allein zur Erklärung des nominellen Umsatzwachstums der Wirtschaftszweige zwischen 1975 und 1977. Ebenso müssen als weitere Komponenten *Preis*änderungen und Änderungen der *Unternehmensgröße* untersucht werden. Diese drei Komponenten des nominellen Umsatzwachstums lassen sich unter gewissen vereinfachenden Annahmen statistisch darstellen. In Tabelle I.17 sind Werte für die einzelnen Komponenten ausgewiesen. Sie enthält für alle Wirtschaftszweige eine Aufgliederung des nominalen Umsatzwachstums in Abhängigkeit von den Veränderungen der Produktionsmenge pro Unternehmen. Auf der Grundlage von Indexwerten ergibt sich die Veränderung der Produktionsmenge eines durchschnittlichen Unternehmens im Wirtschaftszweig als Differenz der preisbereinigten Umsatzentwicklung und der Entwicklung der Unternehmenszahlen im Wirtschaftszweig. Die Berechnung dieser Werte muß auf der Grundlage von Indexpunkten beruhen. Dies resultiert aus dem unzulänglichen Datenmaterial, das eine exaktere Größenbestimmung der einzelnen Komponenten des nominalen Umsatzwachstums nicht zuläßt.

239. Während die *Unternehmensgrößen* im Zeitraum zwischen 1973 bis 1975 im Durchschnitt überwiegend zurückgegangen sind, haben sie sich im Berichtszeitraum in ihrer Mehrzahl vergrößert. In 26 von 33 Wirtschaftszweigen liegt das durchschnittliche Produktionsergebnis der Unternehmen 1977 real über dem des Jahres 1975. In fünf Wirtschaftszweigen beträgt die mengenmäßige Steigerung pro Unternehmen mehr als 20 %, in 17 Wirtschaftszweigen mehr als 10 %. Im Berichtszeitraum davor konnten nur drei Wirtschaftszweige eine 10%ige reale Steigerung des durchschnittlichen Unternehmensumsatzes verzeichnen. Auch in diesen Angaben kommt in erster Linie der Umschwung in der konjunkturellen Entwicklung zum Ausdruck.

240. Die Entwicklung der durchschnittlichen Unternehmensgrößen läßt sich nicht einheitlich erklären. Dies kommt bereits beispielhaft bei der Betrachtung der fünf Wirtschaftszweige mit den größten Zuwächsen im realen Unternehmensumsatz zum Ausdruck.

Es handelt sich dabei um:

Wirtschaftszweig	Veränderung des realen Umsatzes pro Unternehmen nach Indexpunkten
Zellstoff-, Holzschliff-, Papier- und Pappeerzeugung	32,4
Chemische Industrie	24,5
Stahl- und Leichtmetallbau, Schienenfahrzeuge	22,6
Straßenfahrzeugbau, Reparatur von Kraftfahrzeugen usw. . . .	21,8
Herstellung von Musikinstrumenten, Spielwaren, Füllhaltern, usw.	20,7

Während in den ersten beiden Wirtschaftszweigen die überdurchschnittliche Erhöhung des realen Unternehmensumsatzes mit einer Verringerung der Unternehmenszahlen und einer Abnahme bzw. Stagnation im Preisniveau einhergeht, ist dies bei den übrigen drei Wirtschaftszweigen nicht der Fall. Dort stiegen stattdessen die Unternehmenszahlen und die Preise merklich. Die unterschiedlichen Ursachen des Unternehmenswachstums erkennt man auch daran, daß die Angaben im Straßenfahrzeugbau, deutlich das im Berichtszeitraum herrschende gute Konjunkturklima widerspiegeln, während die starke Vergrößerung der Unternehmenseinheiten in der Zellstoff-, Holzschliff-, Papier- und Pappeerzeugung vor allem aus einer besseren Kapazitätsauslastung resultiert, die vermutlich teilweise durch Stillegung (Marktaustritt) ganzer selbständiger Produktionseinheiten erreicht wurde.

Auffällig ist die starke Verkleinerung der Unternehmenseinheiten im Ernährungsgewerbe um 24,9 Indexpunkte. Dieser Wert spiegelt die weit über dem Durchschnitt liegende Zahl von neu in diesen Markt eingetretenen kleinen Wettbewerbern wider.

241. Mit einer Erhöhung des *Preisniveaus* geht eine Senkung des mengenmäßigen Outputs pro Unternehmen einher. Diese Hypothese wurde durch eine Korrelationsanalyse für den Zeitraum 1968 bis 1973 und den Zweijahreszeitraum 1973/1975 signifikant bestätigt. Auch im Berichtszeitraum 1975/1977 zeigt sich die Tendenz, daß die durchschnittlichen Unternehmensgrößen in den Wirtschaftszweigen stärker gewachsen sind, in denen das Preisniveau weniger zugenommen hat[1]).

4.2. Die Entwicklung der Umsatzanteile der größten Unternehmen in den Wirtschaftszweigen

242. Die Unternehmenskonzentration schreitet in der Bundesrepublik Deutschland weiter voran. Der Umsatzanteil der zehn größten Unternehmen, der im Durchschnitt aller Wirtschaftszweige seit 1954 stetig, wenn auch mit geringen Zuwachsraten steigt, hat auch im Berichtszeitraum weiter zugenommen.

Besonders zwischen 1976 und 1977 hat sich die Konzentrationsentwicklung in der Industrie beschleunigt. Betrug der Umsatzanteil der zehn größten Unternehmen 1975 noch 42,3 %, so stieg er 1976 auf 42,7 und 1977 auf 43,7 % an. Der *Konzentrationskoeffizient* ist damit im Zweijahreszeitraum 1975/77 mehr als doppelt so stark gewachsen als im Zweijahreszeitraum davor. Gewichtet man den Konzentrationskoeffizienten CR_{10} mit dem Umsatz, der im Wirtschaftszweig getätigt wurde, so berücksichtigt man die unterschiedliche, am Branchenumsatz meßbare wirtschaftliche Bedeutung der einzelnen Industriezweige bei der Mittelwertbildung. Dieser gewogene Mittelwert der Umsatzanteile der jeweils zehn größten Unternehmen beträgt für alle 33 Wirtschaftszweige 42,2 %. Er liegt damit um 1,5 % unter dem ungewogenen Mittelwert.

Tabelle 13

Berichtsjahr	mittlerer Konzentrationskoeffizient CR_{10} aus 33 Wirtschaftszweigen in %		
	ungewogen	gewogen	Differenz
1973	41,8	39,4	2,4
1975	42,3	41,6	0,7
1977	43,7	42,2	1,5

Wie aus der Tabelle hervorgeht, betrug die Differenz zwichen beiden Mittelwerten 1973 2,4 % und 1975 0,7 %. Im Berichtszeitraum hat sich der Abstand zwischen beiden Werten wieder vergrößert.

243. Die Zunahme der Differenz zwischen den beiden Mittelwerten der Jahre 1975 und 1977 macht deutlich, daß der Konzentrationsprozeß in den umsatzschwächeren Wirtschaftszweigen stärker zugenommen hat als in den umsatzstarken Wirtschaftszweigen. In der konjunkturellen Abschwungphase der Jahre 1974/75 waren es dagegen die umsatzstarken Wirtschaftszweige, die die Konzentrationsentwicklung prägten. Im Aufschwung haben nun die umsatzschwächeren Bereiche aufgeholt.

Betrachtet man die Wirtschaftszweige, in denen 1977 ein Gesamtumsatz von mehr als 90 Mrd. DM erzielt wurde, so liegen die Veränderungen der Unternehmenskonzentration, wenn man vom Ernährungsgewerbe absieht, unter dem Durchschnitt der gesamten Industrie. Die Veränderungen betragen

	mit einem Gesamtumsatz von Mrd. DM	und einer Veränderung des Konzentrationskoeffizienten um
in der Chemischen Industrie	113	*+ 2,1 %*
im Ernährungsgewerbe .	109	*+ 8,5 %*
im Maschinenbau	104	*− 1,4 %*
in der Elektrotechnik, Reparatur von elektr. Haushaltsgeräten	95	*− 1,1 %*
im Straßenfahrzeugbau, Reparatur von Kraftfahrzeugen usw.	92	*+ 2,0 %*

[1]) $r_s = -.323$, $N = 33$, $\alpha < .05$.

Auch dieses Ergebnis steht im Gegensatz zu den Werten des vorangegangenen Berichtsjahres. Damals stieg, abgesehen vom Ernährungsgewerbe, der Konzentrationskoeffizient in den umsatzstarken Wirtschaftszweigen überdurchschnittlich an. Im Ernährungsgewerbe lag die Veränderungsrate des Konzentrationskoeffizienten unter dem Durchschnitt. Offensichtlich reagiert in dieser Branche die Konzentrationsentwicklung nicht in gleicher Weise auf den allgemeinen Konjunkturverlauf wie in den übrigen umsatzstarken Wirtschaftszweigen.

244. Aus Tabelle I.19 geht hervor, daß die Entwicklung der Unternehmenskonzentration in den einzelnen Wirtschaftszweigen unterschiedlich verlaufen ist. In 19 Wirtschaftszweigen ist der Anteil der zehn größten Unternehmen am Branchenumsatz gestiegen, in neun Wirtschaftszweigen ist er gesunken. Betrachtet man nur die Wirtschaftszweige, in denen die Änderung des Konzentrationskoeffizienten CR_{10} ± 2 % übersteigt, so hat in 13 Wirtschaftszweigen die Unternehmenskonzentration spürbar zugenommen und in sechs Wirtschaftszweigen abgenommen. Im vorangegangenen Berichtszeitraum wurde eine spürbare Zunahme der Unternehmenskonzentration in sieben Wirtschaftszweigen und eine deutliche Abnahme in zwei Wirtschaftszweigen ausgewiesen. Hierin kommt zum Ausdruck, daß sich die Wettbewerbsstrukturen in der Industrie nachhaltig ändern. Die fortschreitende Konzentrationsentwicklung beschleunigt sich dabei in der überwiegenden Zahl der Wirtschaftsbereiche.

245. Die am Umsatzanteil der zehn größten Unternehmen gemessene Konzentrationsentwicklung ist prozentual am größten

	mit einer Zunahme
im Stahl- und Leichtmetallbau, Schienenfahrzeuge[1]	von 21,3 % auf 40,6 %
in der Herstellung von Eisen-, Blech- und Metallwaren	von 12,3 % auf 14,2 %
in der Gießereiindustrie	von 37,6 % auf 42,6 %
in der Zellstoff-, Holzschliff-, Papier- und Pappeerzeugung	von 54,1 % auf 59,7 %

In diesen Wirtschaftszweigen liegt der Anstieg der Konzentration über zehn Prozent.

Besonders stark verringert hat sich der Umsatzanteil der zehn größten Unternehmen

	mit einer Abnahme
in der Herstellung von Kunststoffen	von 14,0 % auf 12,0 %
bei Ziehereien, Kaltwalzwerken, Stahlverformung, Mechanik, a. n. g.	von 17,8 % auf 16,1 %
in der Eisenschaffenden Industrie	von 75,1 % auf 71,8 %.

Der Rückgang der Unternehmenskonzentration beträgt in diesen Wirtschaftszweigen mehr als vier Prozent. Es fällt auf, daß die Branchen mit der höchsten Zunahme und der höchsten Abnahme der Unternehmenskonzentration nicht zu den sehr hoch konzentrierten Wirtschaftszweigen zählen. In den sehr hoch konzentrierten Bereichen ist die prozentuale Veränderung der Unternehmenskonzentration gering. Nur in den Branchen, in denen noch Konzentrationsspielräume existieren, schreitet sie fühlbar fort. Tabelle I.19 zeigt jedoch, daß es in einzelnen Bereichen nachhaltige Tendenzen zur Dekonzentration gibt.

246. Betrachtet man die langfristige Entwicklung der Unternehmenskonzentration anhand des Durchschnittswertes der *Anteile der zehn größten Unternehmen* aller Industriezweige, so nimmt die Konzentration kontinuierlich zu. Aus Tabelle I.19 geht hervor, daß die Unternehmenskonzentration seit 1954 stetig anstieg. Die Durchschnittswerte betrugen

1954	31,1 %,
1960	33,5 %,
1968	38,5 %,
1970	40,9 %,
1972	41,5 %,
1973	41,8 %,
1974	42,0 %,
1975	42,3 %,
1976	42,7 %,
1977	43,7 %[1]).

Zwar lassen sich aus methodischen Gründen die Daten des Jahres 1954 und 1960 nicht direkt mit den Daten der Jahre 1968 bis 1977 vergleichen, jedoch ist die Zunahme der Unternehmenskonzentration offensichtlich. Ins Auge fällt vor allem der Konzentrationssprung zwischen 1976 und 1977 um einen ganzen Prozentpunkt. Von dieser Entwicklung sind fast alle Wirtschaftszweige erfaßt worden. Nur in wenigen Wirtschaftszweigen hat die Konzentration im Zeitverlauf stagniert. Dabei handelt es sich um

— die Gewinnung und Verarbeitung von Steinen und Erden,
— den Maschinenbau,
— das Textilgewerbe.

247. In einzelnen Wirtschaftsbereichen ist die Konzentration gesunken. Deutlich wird das vor allem in der Kunststoffwarenherstellung. In dieser Branche geht der Konzentrationsgrad seit 1954 ständig zurück. Aber auch in der NE-Metallerzeugung, NE-Metallhalbzeugwerke ist eine Tendenz zur Dekonzentration feststellbar.

4.3. Der Einfluß der Unternehmenskonzentration auf die Entwicklung des Umsatzes und der Unternehmenszahl

248. Die Monopolkommission hat bereits in ihren beiden ersten Gutachten den Einfluß des Niveaus der Unternehmenskonzentration auf die Verände-

[1]) Dieser enorme Anstieg der Unternehmenskonzentration von mehr als 90 % ist vor allem auf die im Zuge der Reform des statistischen Berichtssystems erfolgten Änderungen im wirtschaftlichen Schwerpunkt großer Unternehmen zurückzuführen. Vgl. Tz. 189.

[1]) Werte für dazwischenliegende Jahrgänge liegen nicht vor.

rungen der Unternehmenszahlen, die Entwicklung des Konzentrationsgrades und die Umsatzentwicklung in den Wirtschaftszweigen untersucht. Sie kam dabei zu unterschiedlichen Ergebnissen. Während von 1973 bis 1975 die nominale Umsatzsteigerung um so höher ausfiel, je größer die Werte der Konzentrationskoeffizienten waren[1]), konnte ein solcher Zusammenhang für den Zeitraum zwischen 1968 und 1973 nicht festgestellt werden. Demnach weisen im *Konjunkturabschwung* der Jahre 1973 bis 1975 gering konzentrierte Industriezweige eine deutlich geringere nominale Umsatzzunahme auf als die höher konzentrierten Branchen. Dies bedeutet, daß die Unternehmen in höher konzentrierten Wirtschaftszweigen weniger stark von der Rezession getroffen wurden als Unternehmen in geringer konzentrierten Wirtschaftszweigen, was die These unterstützen würde, daß konzentrierte Wirtschaftszweige weniger konjunkturanfällig sind. In der *Aufschwungphase* zwischen 1975 bis 1977 läßt sich ein entsprechender Zusammenhang, ähnlich wie in der Aufschwungphase zwischen 1968 und 1973, nicht signifikant nachweisen. Der Korrelationskoeffizient zwischen dem Anteil des Umsatzes der zehn größten Unternehmen und der Entwicklung des Gesamtumsatzes im Wirtschaftszweig ist nur gering. Der Wert des Korrelationskoeffizienten hat eine negatives Vorzeichen[2]).

Demnach besteht auch im Aufschwung eine schwach ausgeprägte Tendenz zur Stabilisierung der Umsatzentwicklung in den höher konzentrierten Wirtschaftsbereichen. Auch dies deutet auf eine geringere Konjunkturabhängigkeit der hochkonzentrierten Branchen hin.

249. Die Beziehung zwischen der Umsatzentwicklung im Wirtschaftszweig und der Veränderung der Unternehmenszahlen ist über den gesamten Konjunkturzyklus hinaus stabil. Die Rate der Umsatzsteigerung ist mit der Änderungsrate der Unternehmenszahlen positiv korreliert. Im Aufschwung nimmt die Zahl der Unternehmen vor allem dort spürbar zu, wo die Absatzchancen am stärksten wachsen. Im Abschwung nimmt die Zahl der Unternehmen vor allem in den Branchen ab, die besonders stark von der Rezession betroffen werden. Dieser Zusammenhang konnte bereits für die Jahre 1968 bis 1973 und 1973 bis 1975 nachgewiesen werden[3]). Er gilt auch in der Aufschwungphase der Jahre 1975 bis 1977[4]).

250. Eine schwach signifikante Beziehung besteht auch zwischen der Entwicklung der Unternehmenszahlen und dem Niveau der Unternehmenskonzentration[5]). Danach nimmt die Zahl der Unternehmen in der Aufschwungphase der Jahre 1975 bis 1977 in den Wirtschaftszweigen stärker zu, die geringer konzentriert sind. Aus diesem Ergebnis kann man schließen, daß der Marktzutritt in den geringer konzentrierten Branchen leichter fällt bzw., daß in den höher konzentrierten Bereichen auch höhere Marktzutrittsschranken bestehen. Hingegen lassen die statistischen Daten nicht erkennen, ob in diesem Zeitraum in den höher konzentrierten Industriezweigen vermehrt Konzentrationsprozesse stattgefunden haben, bei denen Unternehmen ihre wirtschaftliche Selbständigkeit aufgegeben haben.

251. Bei der Bewertung dieser Zusammenhänge ist zu beachten, daß sie auf der Basis des zugrundeliegenden statistischen Materials aus methodischen Gründen nur bedingt aussagefähig sind, weil der Beobachtungszeitraum von zwei Jahren für die Erfassung von Strukturwirkungen vergleichsweise kurz ist. Es ist jedoch deutlich, daß der Beobachtungszeitraum fast vollständig in eine konjunkturelle Aufschwungphase fällt und daß die Ergebnisse tendenziell denen entsprechen, die im ersten Hauptgutachten ausgewiesen wurden. Auch damals handelte es sich um die Beurteilung der Konzentrationsentwicklung in einer Aufschwungphase (zwischen 1968 und 1973). Die vorliegenden Ergebnisse unterscheiden sich jedoch in einzelnen Fragen von denen des letzten Gutachtens, die vor dem Hintergrund eines konjunkturellen Abschwungs ermittelt wurden. Daraus wird erkennbar, daß die allgemeine Konjunkturentwicklung die Entwicklung der Unternehmenskonzentration in der Industrie fühlbar beeinflußt. Hieraus ergibt sich die Notwendigkeit, die Zusammenhänge zwischen Konjunktur und Konzentration auf der Grundlage einer umfassenden Datenbasis, die sich über einen größeren Zeitraum erstreckt, erneut zu untersuchen.

4.4. Die Entwicklung der Konzentration von Umsatz und Beschäftigung in ausgewählten Wirtschaftszweigen

252. Der Umsatzanteil der zehn branchengrößten Unternehmen überstieg 1977 mit Ausnahme des Bergbaus und der Eisenschaffenden Industrie in allen Wirtschaftszweigen, für die geeignetes Datenmaterial vorliegt, den Beschäftigungsanteil dieser Unternehmen. Hohe Werte der *Umsatz-Beschäftigten-Relation* werden damit erklärt, daß die großen Unternehmen im Vergleich zu ihren kleineren Wettbewerbern entweder über höhere Faktorproduktivitäten verfügen, höhere Verkaufspreise erzielen oder unterschiedliche Diversifikationsgrade aufweisen. Die nachfolgende Tabelle zeigt, daß dieses Ergebnis seit 1968 gilt.

Tabelle 14

Jahr	Zahl der Wirtschaftszweige, deren Umsatz-Beschäftigten-Relation		
	unter 1 liegt	1 oder mehr beträgt	nicht berechnet werden kann
1968	3	27	3
1973	2	31	–
1975	2	31	–
1977	2	27	4

[1]) $r_p = .385$, $N = 33$, $\alpha < .05$; verwendet wurden die Konzentrationskoeffizienten CR_{10}.
[2]) $r_p = -.202$, $N = 30$, n. s.
[3]) Vgl. Monopolkommission, Hauptgutachten 1976/1977, Tz. 211 ff.
[4]) $r_s = .629$, $N = 33$, $\alpha < .01$.
[5]) $r_p = -.311$, $N = 30$, $\alpha < .10$.

253. Die Werte der Umsatz-Beschäftigten-Relation entwickelten sich jedoch im Zeitablauf unterschiedlich. In der Aufschwungphase zwischen 1968 und 1973 haben sich die Werte in zehn Wirtschaftszweigen verstärkt und in doppelt so vielen verringert. Eine Verringerung des Quotienten von Umsatz- und Beschäftigungskonzentration bedeutet eine Angleichung der Produktivitäts-, Preis- oder Diversifikationsunterschiede zwischen den größeren und den kleineren Unternehmen derselben Branche. Diese Tendenz einer Angleichung der Verhältnisse in den einzelnen Branchen hat sich in der konjunkturellen Abschwungphase zwischen 1973 und 1975 nicht fortgesetzt. Hier haben sich die Werte in 15 Wirtschaftszweigen erhöht und in 13 verringert. Im Berichtszeitraum zwischen 1975 und 1977 verstärkten sich die Produktivitäts-, Preis- und Diversifikationsunterschiede von Unternehmen unterschiedlicher Größe derselben Branche in 19 Wirtschaftszweigen weiter. Nur in neun Wirtschaftszweigen verringerten sich die Werte.

254. Die größten Veränderungsraten der Umsatz-Beschäftigten-Relation für die jeweils zehn branchengrößten Unternehmen sind in den nachfolgenden Wirtschaftszweigen eingetreten.

Tabelle 15

Wirtschaftszweig	Umsatz-Beschäftigten-Relation für die zehn größten Unternehmen		
	1977	Veränderung gegenüber 1975	
		absolut	in %
Herstellung von Musikinstrumenten, Spielwaren, Füllhaltern usw.	1,25	+ 0,19	+ 17,9
Papier- und Pappeverarbeitung	1,47	+ 0,21	+ 16,7
Druckerei, Vervielfältigung	1,28	+ 0,14	+ 12,3
Chemische Industrie	1,10	+ 0,07	+ 6,8
Ledererzeugung	1,15	+ 0,07	+ 6,5

Die stärkste Abnahme des Quotienten aus Umsatz- und Beschäftigtenkonzentration finden sich in den Branchen:

Tabelle 16

Wirtschaftszweig	Umsatz-Beschäftigten-Relation für die zehn größten Unternehmen		
	1977	Veränderung gegenüber 1975	
		absolut	in %
Ziehereien, Kaltwalzwerke, Stahlverformung, Mechanik, a.n.g.	1,45	− 0,15	− 9,4
Gießerei	1,16	− 0,07	− 5,7
Maschinenbau	1,24	− 0,05	− 3,9

Erachtet man Änderungen bis zu ± 3 % als zufällig, so sind fühlbare Änderungen nur in 14 Wirtschaftszweigen eingetreten. Detaillierte Angaben zur Entwicklung der Umsatz- und Beschäftigtenkonzentration in den Wirtschaftszweigen zwischen 1973, 1975 und 1977 sind in Tabelle I.22 enthalten.

255. Die Veränderung der Umsatz-Beschäftigten-Relationen haben in den verschiedenen Wirtschaftszweigen unterschiedliche Ursachen. In den beiden Wirtschaftszweigen mit der prozentual stärksten Zunahme der Produktivitäts-, Preis- und Diversifikationseffekte stieg einerseits die Umsatzkonzentration und sank andererseits die Beschäftigtenkonzentration. Die Großunternehmen konnten ihren Personalbestand weiter unter den branchenüblichen Durchschnitt senken und gleichwohl eine über dem Branchendurchschnitt liegende Umsatzausweitung erzielen. Jedoch unterscheidet sich die Branchensituation in der Herstellung von Musikinstrumenten, Spielwaren, Füllhaltern usw. im Berichtszeitraum grundlegend von der in der Papier- und Pappeverarbeitung. Während im erstgenannten Wirtschaftszweig die großen Unternehmen ihre Position gegenüber den kleineren Wettbewerbern in einer steilen Aufschwungphase deutlich ausbauen, vollzieht sich die Entwicklung in der zweiten Branche vor dem Hintergrund von Kapazitätsüberhängen. Die Festigung der Marktstellung der zehn größten Unternehmen geht dort mit dem Marktaustritt von Wettbewerbern einerseits und mit einer Einsparung von Arbeitskräften andererseits einher, die vermutlich im Wege von notwendig gewordenen Rationalisierungsmaßnahmen freigesetzt werden. Im Wirtschaftszweig Ziehereien, Kaltwalzwerke, Stahlverformung, Mechanik haben sich die Umsatz- und Beschäftigtenkonzentration prozentual am stärksten angeglichen. Dort sank der Umsatzanteil, während der Beschäftigtenanteil unverändert blieb.

Die drei genannten Wirtschaftszweige gehörten bereits im vorangegangenen Berichtszeitraum (1973 bis 1975) zu den Branchen mit den höchsten Veränderungsraten. In diesen Bereichen finden offensichtlich längerfristig verlaufende Strukturänderungen statt. Das Tempo der Umstrukturierung zugunsten der Großunternehmen wird durch den konjunkturellen Aufschwung in der Musik- und Spielwarenindustrie beschleunigt und bei den Ziehereien und Kaltwalzwerken zu Lasten der Großunternehmen gebremst.

256. Der *langfristige Trend* der Veränderung des Verhältnisses aus Umsatz- und Beschäftigtenkonzentration ist nur in wenigen Wirtschaftszweigen stabil. Seit 1968 ergeben sich stetig zunehmende Veränderungsraten nur

— in der Herstellung von Musikinstrumenten, Spielwaren, Füllhaltern, usw.,

— in der Holzverarbeitung,

— in der Elektrotechnik, Reparatur von elektrischen Haushaltsgeräten.

Eine stetige Abnahme der Umsatz-Beschäftigten-Relationen findet sich jedoch in keinem einzigen Wirtschaftszweig.

Der *kurzfristige Trend* zeigt die Entwicklungen der Konzentrationsverhältnisse zwischen 1973 und 1977 an. In diesem Zeitraum vergrößerten sich die Produktivitäts-, Preis- bzw. Diversifikationseffekte zugunsten der zehn umsatzgrößten Unternehmen stetig in den Bereichen

— Mineralölverarbeitung,
— Straßenfahrzeugbau, Reparatur von Kraftfahrzeugen,
— Zellstoff-, Holzschliff-, Papier- und Pappeerzeugung,
— Stahl- und Leichtmetallbau, Schienenfahrzeuge,
— Papier- und Pappeverarbeitung.

Dagegen zeigt der kurzfristige Trend negative Veränderungsraten in den Wirtschaftszweigen

— Feinmechanik, Optik, Herstellung von Uhren,
— Ziehereien, Kaltwalzwerke, Stahlverformung, Mechanik, a. n. g.,
— Textilgewerbe

an. Dabei ist generell festzustellen, daß der kurzfristige Trend zu abnehmenden Umsatz-Beschäftigten-Relationen sich im Zeitverlauf abschwächt. In den übrigen Wirtschaftszweigen ist weder kurz- noch langfristig ein einheitlicher Trend feststellbar.

257. Die Verteilung der Produktivitäts-, Preis- bzw. Diversifikationsunterschiede auf Unternehmen unterschiedlicher Größe hat sich qualitativ zwischen 1975 und 1977 kaum geändert. Die Reihenfolge der Wirtschaftszweige, die nach der Höhe der Umsatz-Beschäftigten-Relation gebildet wird, ändert sich im Zehnjahreszeitraum zwischen 1968 und 1977 ebenfalls wenig. Lediglich einzelne Wirtschaftszweige haben ihre Position fühlbar gewechselt.

258. In der konjunkturellen Abschwungphase zwischen 1973 und 1975 wurde signifikant festgestellt, daß die Veränderung des Anteils der zehn größten Unternehmen mit einer Änderung der Umsatz-Beschäftigten-Relation einhergeht. Daraus konnte geschlossen werden, daß die größten Unternehmen in den Wirtschaftszweigen ihren Marktanteil stärker ausweiten konnten, in denen sie ihre Umsatz-Beschäftigten-Relationen verbessern konnten. Zunehmende Unternehmenskonzentration ging somit einher mit einer relativen Zunahme der Arbeitsproduktivität, mit verbesserten Absatzpreisen und/oder mit einer starken Diversifikation in Branchen mit höherer Arbeitsproduktivität bzw. mit höherem Preisniveau. Nach diesem Befund erlitten die kleineren Unternehmen im Konzentrationsprozeß während der Abschwungphase relative Nachteile. Diese Entwicklung hat sich im Aufschwung nicht weiter fortgesetzt. Die statistische Überprüfung ergab für den Zeitraum zwischen 1975 und 1977 einen nicht signifikanten Korrelationskoeffizienten [1]).

4.5. Die Entwicklung der Unternehmensgrößen

259. Die Unternehmensgrößenunterschiede haben sich in den meisten Industriezweigen fühlbar verändert. Der durchschnittliche Umsatz der zehn branchengrößten Unternehmen ist in 17 von 28 Wirtschaftszweigen, für die entsprechendes Datenmaterial vorliegt, stärker gestiegen als der durchschnittliche Umsatz der übrigen Unternehmen. In elf Wirtschaftszweigen ist die Unternehmensgrößenproportion gesunken. Aus Tabelle I.23 wird ersichtlich, daß die Veränderungen der Unternehmensgrößenunterschiede in der konjunkturellen Aufschwungphase stärker zugenommen haben als im Konjunkturabschwung des Berichtszeitraums davor. Durch dieses überproportionale Größenwachstum haben sich die Großunternehmen in der Mehrzahl der Wirtschaftszweige deutlich von den kleineren Unternehmen abgesetzt.

260. Betrachtet man Änderungen der *Unternehmensgrößenproportionen* von ± 3 % als zufällig, so ist eine weitgehend gleichmäßige Entwicklung der großen und kleineren Unternehmen nur

— in der Elektrotechnik, Reparatur von elektrischen Haushaltsgeräten,
— in der Chemischen Industrie,
— im Maschinenbau,
— in der NE-Metallerzeugung, NE-Metallhalbzeugwerke

festzustellen. Zur Umsatzentwicklung dieser Wirtschaftszweige haben alle Unternehmen gleichartig beigetragen.

Um mehr als 30 % sind die Unternehmensgrößenproportionen

— im Stahl- und Leichtmetallbau, Schienenfahrzeuge mit 158,3 %,
— im Ernährungsgewerbe mit 46,4 %,
— im Schiffbau mit 35,6 %,
— im Bergbau mit 34,9 %

gewachsen. In diesen Branchen haben die Großunternehmen eine deutlich günstigere Umsatzentwicklung zu verzeichnen als die kleineren Konkurrenten. Dadurch hat sich der Größenabstand zwischen den führenden Unternehmen und ihren Wettbewerbern erheblich ausgeweitet. Dies ist ein Ausdruck einer verstärkten Konzentrationsentwicklung. Die außerordentlich hohe Veränderung der Unternehmensgrößen im Stahl- und Leichtmetallbau ist vornehmlich auf die im Zuge der Reform der amtlichen Industriestatistik erfolgte Neufestsetzung des wirtschaftlichen Schwerpunktes zurückzuführen [1]). Die Unternehmenszusammensetzung dieses Wirtschaftszweiges wurde davon besonders betroffen.

Im Gegensatz dazu haben sich die Unternehmensgrößenunterschiede stark angeglichen

— in der Herstellung von Musikinstrumenten, Spielwaren, Füllhaltern, usw. mit −27,4 %,
— in der Eisenschaffenden Industrie mit −21,0 %,
— bei den Ziehereien, Kaltwalzwerken, Stahlverformung, Mechanik, a. n. g. mit −20,8 %.

In diesen drei Wirtschaftszweigen hat sich vor allem das Umsatzwachstum der kleineren Unternehmen fühlbar erhöht, während bei den Großunternehmen

---

[1]) r_p = .207, N = 27, n. s.

[1]) Vgl. Tz. 189.

die Umsätze teilweise zurückgingen. Nähere Angaben zu den Unternehmensgrößenverhältnissen finden sich in Tabelle I.23.

261. Betrachtet man die langfristige Entwicklung der Unternehmensgrößenproportionen, so zeigt diese nur in einzelnen Wirtschaftszweigen einen stetigen Verlauf. Seit 1968 haben die Unternehmensgrößenunterschiede allein im Stahl- und Leichtmetallbau, Schienenfahrzeuge zugenommen. Eine stetige Anpassung der Unternehmensgrößen verzeichnet das Textilgewerbe und die Gewinnung und Verarbeitung von Steinen und Erden. In allen übrigen Wirtschaftszweigen ist kein einheitlicher langfristiger Trend feststellbar.

Die kurzfristige Entwicklung zwischen 1973 und 1977 zeigt eine stetige Vergrößerung des Abstandes zwischen den führenden Unternehmen zu den übrigen Wettbewerbern

- — in der Mineralölverarbeitung,
- — in der Gießerei,
- — in der Gummiverarbeitung,
- — in der Papier- und Pappeverarbeitung,
- — in der Elektrotechnik, Reparatur von elektrischen Haushaltsgeräten,
- — in der Chemischen Industrie.

Dagegen entwickeln sich die Unternehmensgrößen stetig aufeinander zu

- — in der NE-Metallerzeugung, NE-Metallhalbzeugwerke,
- — in der Holzverarbeitung,
- — in der Feinmechanik, Optik, Herstellung von Uhren,
- — in der Herstellung von Kunststoffwaren,
- — bei den Ziehereien, Kaltwalzwerken, Stahlverformung, Mechanik, a.n.g.

262. Die Unternehmensgrößenproportionen und die Umsatzanteile der zehn größten Unternehmen weisen eine gleichgerichtete Entwicklung auf. Wenn die Konzentration in einem Wirtschaftszweig steigt, dann wachsen dort auch die größeren Unternehmen stärker als die kleineren, bzw. in Wirtschaftszweigen mit abnehmender Konzentration schrumpfen auch die Größenabstände zwischen den Unternehmen. Die Richtigkeit dieses Zusammenhangs wird durch die seit 1968 vorliegenden Daten bestätigt. Während im Zweijahreszeitraum 1973/75 eine gleichgerichtete Entwicklung beider Konzentrationsziffern in allen Wirtschaftszweigen zu beobachten war, trat im Zeitraum 1975/77 in vier von 27 Wirtschaftszweigen eine gegenläufige Entwicklung ein. Da in die Berechnung beider Größen die Umsatzentwicklung sowohl der zehn größten Unternehmen als auch die des Wirtschaftszweiges eingeht, ist bereits aus mathematischen Gründen eine gleichgerichtete Entwicklung beider Größen zu erwarten, sofern die Unternehmenszahlen unverändert bleiben. Das Ergebnis zeigt, daß die Veränderungen der Unternehmenszahlen den Zusammenhang bisher nicht gestört haben.

263. Darüber hinaus besteht auch ein spürbarer Zusammenhang zwischen der Höhe des Konzentrationsgrades und der Entwicklung der Unternehmensgrößenproportionen. Die Unternehmensgrößenunterschiede haben sich vor allem in den Wirtschaftszweigen verstärkt, die bisher einen niedrigen Konzentrationsgrad aufwiesen. Dagegen haben sich in den hoch konzentrierten Wirtschaftszweigen die Unternehmensgrößen tendenziell angeglichen. Der Rangkorrelationskoeffizient zwischen dem Umsatzanteil der zehn größten Unternehmen im Jahre 1977 und der Veränderung der Unternehmensgrößenunterschiede zwischen 1975 und 1977 ist mit rs = —.626 hochsignifikant[1]).

264. Im Kreis der sechs umsatzstärksten Unternehmen haben sich in der Vergangenheit die Unternehmensgrößen tendenziell angepaßt. Die nachfolgende Tabelle zeigt, daß sich zwischen 1975 und 1977 die Entwicklung im Vergleich zu den vorangegangenen Berichtszeiträumen leicht umgekehrt hat. Erstmals seit 1968 kann man beobachten, daß die drei größten Unternehmen ihren Umsatzanteil gegenüber den drei nächstgrößten Unternehmen in mehr Wirtschaftszweigen ausgedehnt als verringert haben.

Tabelle 17

	Die Unternehmensgrößenproportionen in der „Oligopolspitze" haben in ... Wirtschaftszweigen zwischen		
	1968 bis 1973	1973 bis 1975	1975 bis 1977
abgenommen	16	19	11
zugenommen	9	6	12
sich nicht verändert.	5	4	6
insgesamt	30	29	29

Aus der Tabelle geht hervor, daß eine generelle Tendenz zur Anpassung der Unternehmensgrößen in der *„Oligopolspitze"* besteht. Diese Tendenz wird in der Abschwungsphase verstärkt. So ist die Zahl der Wirtschaftszweige, in denen eine Anpassung der Unternehmensgrößen erfolgt, zwischen 1973 und 1975 besonders groß. Dagegen wird diese Entwicklung im konjunkturellen Aufschwung gebremst. In beiden Aufschwungsphasen (1968/73 und 1975/77) steigt die Zahl der Wirtschaftszweige deutlich an, in denen die Größenabstände der drei größten zu den drei nächstgrößten Unternehmen zunehmen.

265. Der konjunkturelle Einfluß wird auch deutlich, wenn man die Tabelle I.24 näher betrachtet. In der Mehrzahl der Wirtschaftszweige haben sich die Unternehmensgrößen im Zweijahreszeitraum 1973/75 und 1975/77 gegenläufig entwickelt. Dies trifft besonders ausgeprägt für die Gruppe der Wirtschaftszweige zu, in denen zwischen 1975 und 1977 eine Zunahme der Unternehmensgrößenproportionen in der „Oligopolspitze" festgestellt wurde. Auffällig ist,

[1]) rs = —.626, N = 27, $\alpha < .01$.

daß in den elf der zwölf Wirtschaftszweige, bei denen die Unternehmensgrößen sich deutlich auseinanderentwickelt haben und insofern eine Tendenz zunehmender Konzentration bestand, die Unternehmensgrößen in der „Oligopolspitze" sich zwischen 1973 und 1975 angeglichen hatten. In diesen Wirtschaftszweigen konnten sich die kleineren Unternehmen der „Oligopolspitze" in der Abschwungsphase offensichtlich besser am Markt behaupten als die drei größten Unternehmen der Branche. Im Aufschwung haben die Großen dann diese Entwicklung rückgängig machen können.

266. Am deutlichsten erhöht haben sich die Größenunterschiede zwischen den Branchenführern

mit einer Zunahme

- — im Stahl- und Leichtmetallbau, Schienenfahrzeuge von 333,3 %[1]),
- — in der Zellstoff-, Holzschliff-, Papier- und Pappeerzeugung von 47,6 %,
- — im Bekleidungsgewerbe von 25,0 %,
- — in der Herstellung von Kunststoffwaren von 21,4 %.

Besonders stark abgenommen haben dagegen die Unternehmensgrößenunterschiede

mit einer Abnahme

- — in der Chemischen Industrie von − 17,4 %,
- — in der Eisenschaffenden Industrie von − 17,4 %,
- — in der Herstellung von Musikinstrumenten, Spielwaren, Füllhaltern usw. von − 15,8 %,
- — im Maschinenbau von − 15,0 %.

Die Tabelle I.24 weist die Entwicklung der Unternehmensgrößenproportionen in der „Oligopolspitze" zwischen 1973, 1975 und 1977 für alle Wirtschaftszweige aus.

267. Seit 1968 hat eine stetige Nivellierung der Unternehmensgrößen bei den sechs branchengrößten Unternehmen

- — im Maschinenbau,
- — bei den Ziehereien, Kaltwalzwerken, Stahlverformung, Mechanik, a.n.g.,
- — im Ernährungsgewerbe

stattgefunden. In diesen drei Wirtschaftszweigen setzen die drei Branchenführer weniger als doppelt so viel um als die drei nachfolgenden Großunternehmen. Dagegen ist in keinem einzigen Wirtschaftszweig ein stetiges Auseinanderentwickeln der Unternehmensgrößen in der „Oligopolspitze" festzustellen. Der einzige Wirtschaftszweig, der bis zum Jahre 1975 stetig steigende Größenunterschiede bei den sechs führenden Unternehmen aufwies, ist die Eisenschaffende Industrie. Auch in dieser Branche wurde jetzt die Phase beendet, in der besonders die Branchenführer von der Umsatzentwicklung begünstigt wurden. Diese Entwicklung hat sich im Berichtszeitraum völlig umgekehrt. Die Eisenschaffende Industrie gehört nunmehr zu den Wirtschaftszweigen mit der stärksten Abnahme der Größenunterschiede. Die Größenunterschiede haben 1977 einen Wert von 1,9 erreicht, der dem von 1973 entspricht.

[1]) Der hohe Zuwachs resultiert aus der Änderung des Schwerpunktbereichs großer Unternehmen. Vgl. Tz. 189.

268. In hoch konzentrierten Wirtschaftszweigen sind die Größenunterschiede im Kreis der sechs umsatzgrößten Unternehmen größer als in den gering konzentrierten Wirtschaftszweigen[1]). Dagegen konnte die Hypothese, daß in hoch konzentrierten Wirtschaftszweigen die Unternehmensgrößenunterschiede wachsen, empirisch nicht belegt werden[2]).

Zwischen der Veränderung der Unternehmensgrößenproportion in der „Oligopolspitze" und der Änderung des Konzentrationsstandes zwischen 1975 und 1977 besteht ein schwach signifikanter Zusammenhang[3]). Dieses Ergebnis wird auch dadurch bestätigt, daß in neun von elf Wirtschaftszweigen gleichzeitig eine Zunahme der Unternehmensgrößenproportionen und des Konzentrationsgrades festzustellen ist. Lediglich

- — in der Herstellung von Kunststoffwaren und
- — in der Holzverarbeitung

steigen die Unternehmensgrößen in der „Oligopolspitze" an bei gleichzeitiger Abnahme des Konzentrationsgrades. Beide Wirtschaftszweige sind durch relativ kleine Unternehmenseinheiten gekennzeichnet, die aber eine prozentual überdurchschnittliche Umsatzentwicklung bei den drei größten Unternehmen aufweisen.

269. In den beiden umsatzstärksten Wirtschaftszweigen der Industrie haben die Größenunterschiede im Kreis der umsatzstärksten Unternehmen abgenommen. Der Konzentrationsgrad hat jedoch in diesen beiden Wirtschaftszweigen zugenommen. Dies bedeutet, daß die Großunternehmen sich in diesen Wirtschaftszweigen größenmäßig einander angeglichen und dabei gleichzeitig ihren Anteil am Umsatz der Gesamtbranche ausgeweitet haben. Die kleineren Unternehmen in der „Oligopolspitze" haben somit gegenüber den großen Unternehmen aufgeholt (vgl. Tabelle I.24).

[1]) $r_S = .759$, $N = 33$, $\alpha < .01$; verwendet wurde der Korrelationskoeffizient CR_3.

[2]) $r_S = .035$, $N = 29$, n.s.; verwendet wurde der Konzentrationskoeffizient CR_{10}.

[3]) $r_S = .325$, $N = 27$, $\alpha < .05$; verwendet wurde die Veränderung des Konzentrationskoeffizienten CR_{10}.

KAPITEL II

Stand und Entwicklung der Konzentration im Bereich von Großunternehmen

1. Die Messung der Konzentration im Bereich von Großunternehmen

1.1. Fortschreibung der Unternehmensstatistik auf das Jahr 1978

270. Für die Beurteilung von Stand und Entwicklung der Unternehmenskonzentration reicht die an rechtliche Einheiten anknüpfende Konzentrationsstatistik der Wirtschaftszweige der Industrie nicht aus.

Die Monopolkommission hat aus diesem Grund in ihren ersten beiden Hauptgutachten Untersuchungen auf der Basis von wirtschaftlichen Einheiten durchgeführt, die hier fortgeschrieben werden. Vorläufer dieser Erhebungen ist eine Untersuchung der tausend rechtlich selbständigen Unternehmen und hundert größten Unternehmensverbindungen, die im Rahmen des Konzentrationsberichts von 1964 erfolgte[1]). Ein Vergleich der Ergebnisse der Konzentrationsenquete mit der Untersuchung der „100 Größten" durch die Monopolkommission verbietet sich jedoch aufgrund konzeptioneller Unterschiede[2]).

271. Die Untersuchung der „100 Größten" erstreckte sich bisher auf die Jahre 1972, 1974 und 1976. Die hier vorgelegte Fortschreibung schließt mit dem Jahr 1978 ab, also mit dem letzten Geschäftsjahr, für das die Jahresabschlüsse der Unternehmen vollständig vorliegen. Auch die Statistiken, die zur Bildung von gesamtwirtschaftlichen Bezugsgrößen benötigt werden, sind in der Regel nur bis zu diesem Zeitpunkt verfügbar. Demgegenüber konnte die Beteiligung der Großunternehmen an den dem Bundeskartellamt angezeigten Unternehmenszusammenschlüssen auf dem Stand von Ende 1979 erfaßt werden.

Bei der Beurteilung der Entwicklung der Großunternehmen ist der Einfluß der gesamtwirtschaftlichen und sektoralen konjunkturellen Entwicklung zu berücksichtigen, wenn Fehlinterpretationen vermieden werden sollen. Die Werte der Jahre 1972, 1974 und 1976 werden neben den Ergebnissen für 1978 auch deshalb mit aufgeführt, weil auf der Grundlage längerer Zeiträume konjunkturelle Einflüsse eher erkennbar werden.

[1]) Vgl. Bundesamt für gewerbliche Wirtschaft, Bericht über das Ergebnis einer Untersuchung der Konzentration in der Wirtschaft, BT-Drucksache IV/2320.

[2]) Nähere Ausführungen dazu finden sich im Hauptgutachten 1973/75, Tz. 219.

272. Die Monopolkommission hat sich auch bei der zweiten Fortschreibung an die im Hauptgutachten 1973/1975 entwickelten Definitionen und Abgrenzungen gehalten, um die Vergleichbarkeit zu gewährleisten: Im Mittelpunkt der statistischen Aufbereitung zur Ermittlung von Stand und Entwicklung der Konzentration im Bereich von Großunternehmen steht somit das inländische Unternehmen als wirtschaftliche Einheit; d. h. als Unternehmen werden hier alle unter einheitlicher Leitung stehenden und zu einem Konzern zusammengefaßten, rechtlichen Einheiten in der Bundesrepublik Deutschland verstanden[1]).

1.2. Erweiterungen des Untersuchungsprogramms

273. Auf der Grundlage der bislang erfaßten Daten der hundert größten wirtschaftlichen Einheiten konnten gewisse Rückschlüsse auf die Ressourcen und die Marktstellung der Großunternehmen gezogen werden. Nach § 22 Abs. 1 GWB sind für die Marktstellung der Unternehmen neben dem Marktanteil insbesondere die Finanzkraft, der Zugang zu den Beschaffungs- und Absatzmärkten und die Verflechtung mit anderen Unternehmen zu berücksichtigen. In den Hauptgutachten 1973/1975 und 1976/1977 zeigte die Untersuchung der *Anteilseigner* der Großunternehmen und die Erfassung der Kooperation der „100 Größten" im Rahmen von *Gemeinschaftsunternehmen* kapitalmäßige Verflechtungen auf.

Durch die Erweiterung des Untersuchungsprogramms um die Ermittlung

- der Wertschöpfung,
- des Cash-flow und
- der personellen Verflechtungen

der „100 Größten" werden zusätzliche ressourcenorientierte Maßstäbe zur Beurteilung der Unternehmenskonzentration gewonnen. Die Einbeziehung der in den Bilanzen ausgewiesenen Sachanlagen- und Beteiligungswerte in das Untersuchungsprogramm soll weitere Anhaltspunkte zur Beurteilung der gesamtwirtschaftlichen Bedeutung der „100 Größten" geben und in späteren Jahren im Zeitvergleich Aussagen über das Investitions- und Wachstumsverhalten von Großunternehmen ermöglichen.

[1]) Vgl. dazu ausführlicher Monopolkommission, Hauptgutachten 1973/1975, Tz. 207—220 sowie Abschnitt 1.3.1.

274. Die *Wertschöpfung* oder Veredelungsleistung ist der durch die Unternehmenstätigkeit erzielte Beitrag zum Volkseinkommen. Dieser Wertzuwachs ergibt sich als der in einer Abrechnungsperiode hinzugefügte produktive Beitrag zu den von anderen Unternehmen empfangenen Vorleistungen. Durch die Ermittlung der Wertschöpfung wird berücksichtigt, daß der Konzernaußenumsatz als Merkmal der Konzentrationsmessung aus methodischer Sicht nicht voll befriedigend ist, weil die unterschiedliche Produktionstiefe der Unternehmen (vertikale Integration) nicht erkennbar wird. In Beziehung zum Umsatz gibt die Wertschöpfung Aufschluß über den (durchschnittlichen) Grad der vertikalen Integration.

275. Der *Cash-flow*-Betrachtung liegt in der externen Bilanzanalyse das Bestreben zugrunde, durch eine Zusammenfassung geeigneter Positionen der Jahresabschlußrechnung einen Einblick in die „finanzielle Stärke" der Unternehmung zu gewinnen. Der Cash-flow soll über die aus eigener Kraft erwirtschafteten Mittel Auskunft geben, die der Unternehmung als Finanzierungsmittel für Ausschüttungen, Tilgung und Investitionen zusätzlich zu evtl. notwendigen Fremdmitteln zur Verfügung stehen.

Die wettbewerbspolitische Bedeutung von Cash-flow-Analysen besteht darin, daß der Cash-flow als Kriterium zur Beurteilung der Finanzkraft im Sinne von § 22 Abs. 1 GWB verwendet werden kann. Er erfaßt die Bestimmungsgrößen der Selbstfinanzierungskraft eines Unternehmens, die sich regelmäßig aus der Gewinn- und Verlustrechnung ermitteln lassen. Die von der Monopolkommission ermittelte Kennzahl Cash-flow zum Umsatz drückt aus, wieviel DM durch 100 DM Umsatz verfügbar gemacht werden.

276. Die Untersuchung der *personellen Verflechtung* auf der Ebene der Organe der Geschäftsführung und -kontrolle ergänzt die bisher durchgeführten Analysen der Verflechtungen bei den „100 Größten" in Form von Beteiligungen und Gemeinschaftsunternehmen.

Die möglicherweise wettbewerbsbeschränkenden Wirkungen personeller Verflechtungen finden im GWB insofern Berücksichtigung, als die Herbeiführung der Personengleichheit von mindestens der Hälfte der Mitglieder des Aufsichtsrats, des Vorstands oder eines sonstigen zur Geschäftsführung berufenen Organs von Unternehmen der Fusionskontrolle unterliegt.

277. Einzelheiten zur Ermittlung der Wertschöpfung, des Cash-flow und der personellen Verflechtungen durch die Monopolkommission finden sich in den Abschnitten 1.3.2. und 3.3.1.

1.3. Methodische Vorbemerkungen

1.3.1. Grundsätze der Auswahl und Zuordnung der Großunternehmen

278. Das Untersuchungsprogramm der Monopolkommission umfaßt den Kreis der hundert größten Unternehmen (Konzerne), die für die Jahre 1972, 1974, 1976 und 1978 nach folgenden Grundsätzen festgestellt wurden:

- Als Umsatz wird grundsätzlich der Konzernaußenumsatz im Sinne der §§ 329ff. AktG bzw. §§ 11 und 13 Publizitätsgesetz (PublG) verwendet, der von Konzernobergesellschaften in der konsolidierten Gewinn- und Verlustrechnung ausgewiesen wird. In ihm sind die Gesamtumsätze aller konsolidierten Gesellschaften — nach der Bereinigung um die Innenumsätze — unabhängig von der Beteiligungshöhe berücksichtigt.
- Der Konsolidierungskreis wird durch die Vorschriften in § 329 Abs. 2 in Verbindung mit § 18 AktG festgelegt. Danach sind inländische Unternehmen, an denen eine Mehrheitsbeteiligung (über 50%) gehalten wird und die unter einheitlicher Leitung stehen, in den Konzernabschluß einzubeziehen[1]).
- Der Untersuchungsbereich wird wegen der vielfältigen Verflechtungen der Großunternehmen nicht auf einzelne Wirtschaftszweige begrenzt, sondern beinhaltet die Gesamtwirtschaft außer Land- und Forstwirtschaft, Kreditinstituten und Versicherungsgewerbe, Organisationen ohne Erwerbscharakter sowie Gebietskörperschaften und Sozialversicherung. Die Deutsche Bundesbahn und die Deutsche Bundespost werden in der Umsatzrangfolge lediglich nachrichtlich mitaufgeführt.
- Da bei den Handelsunternehmen der Wertschöpfungsanteil erheblich niedriger liegt als bei den industriellen Umsätzen, wird bei allen Unternehmen, die mehr als zwei Drittel (66,7%) ihrer Umsätze im Handel tätigen, der Gesamtumsatz in Anlehnung an die Vorschrift des § 23 Abs. 1 GWB nur zu drei Viertel berücksichtigt.
- In den Kreis der „100 Größten" werden auch solche Unternehmen einbezogen, an denen zwei oder mehrere Großunternehmen direkt oder indirekt beteiligt sind (Gemeinschaftsunternehmen) und die von keiner Muttergesellschaft konsolidiert werden.
- In den Fällen, in denen keine Mehrheitsbeteiligungen bestehen oder die Konzernobergesellschaften aufgrund der nachstehend erwähnten gesetzlichen Möglichkeiten von der Erstellung eines Konzernabschlusses absehen, werden Umsätze herangezogen, die auf Einzelabschlüssen beruhen.

279. Eine für alle Unternehmen einheitliche Erfassung der zum Untersuchungsbereich gehörenden Unternehmen ist aufgrund der gesetzlichen Regelungen und infolge von wirtschaftszweigspezifischen Besonderheiten nicht durchführbar.

Bei geringer Bedeutung der abhängigen Gesellschaften für den Konzern kann nach § 329 Abs. 2 AktG von einer Konsolidierung abgesehen werden. Dies muß geschehen, wenn die Einbeziehung den Aussagewert des Konzernabschlusses beeinträchti-

[1]) Für Unternehmen, die nicht in der Rechtsform der Aktiengesellschaft organisiert sind, gelten die Konsolidierungsvorschriften des AktG nach § 13 PublG sinngemäß, wenn die Kriterien von § 11 PublG erfüllt sind.

gen würde. Andererseits läßt § 329 Abs. 2 AktG die Einbeziehung weiterer Konzernunternehmen zu. Die Unternehmen nutzen diese Möglichkeit zum Teil, um ausländische Beteiligungen zu berücksichtigen. In diesen Fällen mußten der Umsatz und andere in das Untersuchungsprogramm einbezogene Bilanzwerte des inländischen Konzerns bei den Unternehmen direkt erhoben werden [1]).

Eine gesetzliche Ausnahme von der Verpflichtung zur Erstellung eines Konzernabschlusses ergibt sich aus § 11 Abs. 5 Satz 2 PublG, wonach Personenhandelsgesellschaften und Einzelkaufleute keinen Konzernabschluß erstellen müssen, wenn sich ihr Gewerbebetrieb auf die Vermögensverwaltung beschränkt und sie nicht Aufgaben der Konzernleitung wahrnehmen. In solchen Fällen kann nicht die Gruppe insgesamt in die Liste der „100 Größten" aufgenommen werden, sondern es werden die einzelnen zur Gruppe gehörenden Unternehmen getrennt erfaßt [2]), soweit sie zum Kreis der „100 Größten" gehören. Dies führt tendenziell zu einer Unterschätzung der Konzentration im Bereich der hundert Großunternehmen.

Die Notwendigkeit, Einzelangaben zu verwenden, ergibt sich ferner bei einigen inländischen Tochtergesellschaften ausländischer Konzernmuttergesellschaften. Zwar ist nach § 333 Abs. 2 AktG das der Konzernleitung am nächsten stehende Unternehmen verpflichtet, einen Teilkonzernabschluß für die Bundesrepublik zu erstellen. Diese Verpflichtung entfällt jedoch, wenn für die ausländische Obergesellschaft ein Konzernabschluß nach deutschen Vorschriften im Bundesanzeiger veröffentlicht wird. Aus diesem Grund fassen nicht alle ausländischen Muttergesellschaften die Angaben für ihre inländischen Unternehmen in einem Teilkonzernabschluß zusammen. Die in diesen Fällen unumgängliche getrennte Berücksichtigung der von ausländischen Müttern abhängigen Gesellschaften führt zu einer Unterbewertung der Größe der unter einheitlicher ausländischer Leitung stehenden wirtschaftlichen Einheiten [3]) und ebenfalls zu einer Unterschätzung der Konzentration im Bereich der „100 Größten".

280. Über die vorstehend erläuterten Abweichungen hinaus ergeben sich weitere aufgrund wirtschaftsbereichsspezifischer Besonderheiten: So sind in den Umsatzerlösen der Bauunternehmen in der Regel die Anteile am Ergebnis von Arbeitsgemeinschaften enthalten, die im Geschäftsjahr abgerechnet wurden. Wegen der in der Regel hohen periodenfremden Anteile sind die in der Gewinn- und Verlustrechnung ausgewiesenen Umsätze ungeeignet, über die Leistung des jeweiligen Geschäftsjahres Auskunft zu geben. Deshalb wird für diese Unternehmen die in den Geschäftsberichten ausgewiesene Bauleistung als geeignetere Größe verwendet. Allerdings ist es nicht in allen Fällen möglich, die Konzernbauleistung exakt zu erfassen.

[1]) Zur Unternehmensbefragung vgl. Abschnitt 1.4.

[2]) So werden aus der Quandt-Gruppe die Konzerne (z. B. BMW, IWKA, VARTA) einzeln berücksichtigt.

[3]) Die Kali-Chemie AG und die Deutschen Solvay Werke GmbH gehen deshalb getrennt in die Untersuchung ein, obgleich beide unter der einheitlichen Leitung der Solvay Cie. stehen.

Auch für bestimmte Unternehmen des Handels ist es nicht sinnvoll, den Umsatz zu verwenden. So erfassen die Einkaufszusammenschlüsse (z. B. Gedelfi, Rewe) in der Gewinn- und Verlustrechnung meistens nur den sogenannten Eigenumsatz, nicht aber den Vermittlungsumsatz und das Delkrederegeschäft [1]). Die Monopolkommission hält es für zweckmäßig, für diese Unternehmen auch die letztgenannten Umsätze in die Betrachtung einzubeziehen.

281. Problematisch ist die Bestimmung von gesamtwirtschaftlichen und sektoralen Bezugsgrößen für die in dieser Untersuchung verwendeten (Konzern-)Umsätze, weil die amtliche Statistik in der Regel von einem abweichenden Unternehmensbegriff ausgeht. Allein die Verwendung der Umsätze der Umsatzsteuerstatistik [2]) ist vertretbar.

Der Umsatzsteuerstatistik liegt als Erhebungseinheit der Unternehmensbegriff von § 2 des Umsatzsteuergesetzes (UStG) 1980 [3]) zugrunde. Zum umsatzsteuerpflichtigen Unternehmen gehören danach auch die sogenannten Organgesellschaften. Erhebungseinheit der Umsatzsteuerstatistik ist der Organkreis. Zwar stimmt auch der Organkreis nicht mit dem aktienrechtlichen Konzernbegriff überein. In beiden Fällen wird aber auf die wirtschaftliche Einheit im Gegensatz zur rechtlichen Einheit der Industriestatistik abgestellt. Hinzu kommt, daß die Umsatzsteuerstatistik die Gesamtwirtschaft umfaßt und nicht auf einzelne Sektoren beschränkt ist. Auch der Umsatzbegriff ist dem in dieser Untersuchung verwendeten vergleichbar. Deshalb werden die Umsätze der Umsatzsteuerstatistik als Bezugsgrößen für die Umsätze der „100 Größten" verwendet.

Sofern zur Veranschaulichung der gesamtwirtschaftlichen Bedeutung der „100 Größten" für die neben den Umsätzen in die Untersuchung einbezogenen Merkmale Bezugsgrößen verwendet werden, die auf rechtlichen Einheiten beruhen, sind die gebildeten Relationen stets unter dem Vorbehalt der abweichenden Abgrenzung zu interpretieren.

282. Die Zuordnung der erfaßten Unternehmen nach Wirtschaftszweigen wurde im Prinzip aus dem vorangegangenen Hauptgutachten übernommen. Die Zuordnung erfolgte dabei nach dem Umsatzschwerpunkt und baute überwiegend auf einer Befragung der Unternehmen aus dem Jahr 1974 auf. Für diese Fortschreibung wurde insbesondere nach vollzogenen Unternehmenszusammenschlüssen anhand der Geschäftsberichte überprüft, ob sich Veränderungen im Tätigkeitsschwerpunkt ergeben haben.

[1]) Die einzelnen Mitglieder sind Vertragspartner der jeweiligen Lieferanten, die Einkaufsgesellschaft handelt jedoch die Konditionen für die gesamte Abnahmemenge aller Mitglieder aus und übernimmt das Inkasso.

[2]) Vgl. Statistisches Bundesamt, Fachserie L, Reihe 7, Umsatzsteuer.

[3]) Das UStG 1980 hat am umsatzsteuerrechtlichen Unternehmensbegriff des in den Hauptgutachten 1973/75 und 1976/77 zugrunde gelegten Umsatzsteuergesetzes vom 29. 5. 1967 nichts geändert.

Änderungen wurden im Hinblick auf die der Zuordnung der erfaßten Unternehmen zugrundeliegende amtliche Klassifikation der Wirtschaftszweige notwendig. Seit 1979 wird vom Statistischen Bundesamt eine neue Systematik der Wirtschaftszweige für alle Wirtschaftsbereiche verwendet, die diejenigen von 1961 und 1970 ersetzt. Dem Aufbau der neuen Systematik liegt weitgehend die bisherige Gliederung zugrunde. Sie enthält aber Änderungen, die auch die Wirtschaftszweigklassifikation der „100 Größten" betreffen und vor allem auf eine Differenzierung gegenüber der Systematik von 1970 zurückzuführen sind. Um die Vergleichbarkeit mit vorangegangenen Berichtsjahren sicherzustellen und um zu gewährleisten, daß Änderungen in der numerischen Klassifikation nicht als Veränderung des wirtschaftlichen Tätigkeitsschwerpunktes interpretiert werden, sind derartige Abweichungen in der folgenden Untersuchung vermerkt.

1.3.2. Zur Erfassung von Wertschöpfung und Cash-flow

283. Zu ermitteln ist die Wertschöpfung bzw. der Cash-flow für die hundert größten inländischen wirtschaftlichen Einheiten. Abweichungen vom Grundsatz, die Konzernwertschöpfung und den Cash-flow für den inländischen Konsolidierungskreis zu berechnen, werden — wie auch bei der Feststellung des Konzernumsatzes — aus dem im vorangegangenen Abschnitt erläuterten Gründen notwendig.

Die (Konzern-)*Wertschöpfung* kann sowohl im Wege einer Entstehungsrechnung[1]) als auch im Wege einer Verteilungsrechnung[2]) ermittelt werden. Die Verteilungsrechnung ist gegenüber der Entstehungsrechnung dem Einwand ausgesetzt, daß nur dann eine Übereinstimmung in den Rechenergebnissen von Entstehungsrechnung und Verteilungsrechnung erwartet werden kann, wenn in einem Geschäftsjahr ausschließlich das zu Einkommen wurde, was auch in der Unternehmung erwirtschaftet wurde. Diese Annahme würde nur für Unternehmen zutreffen, die keine kapitalmäßigen Verflechtungen mit anderen Wirtschaftseinheiten aufweisen oder denen nicht aufgrund vertraglicher Regelungen Einkommen von anderen Unternehmen zufließen. Dies sind Bedingungen, die — wie die Untersuchungsergebnisse der Jahre 1972, 1974 und 1976 zeigen — für die „100 Größten" sicherlich unrealistisch sind.

[1]) Wertschöpfung = Gesamtleistung — Vorleistungen.
[2]) Wertschöpfung = Arbeitseinkommen + Kapitaleinkommen + Gewinneinkommen.

Zur Ermittlung des durch die eigentliche Unternehmenstätigkeit geschaffenen Wertzuwachses wird deshalb der Wertschöpfungsrechnung als Entstehungsrechnung der Vorzug gegeben.

Hierbei wird das folgende Schema verwendet:

GuV-Position gem. § 157 AktG		
1		Umsatzerlöse
2	+	Erhöhung oder (–) Verminderung des Bestandes an fertigen und unfertigen Erzeugnissen
3	+	andere aktivierte Eigenleistungen
4	=	Gesamtleistung (Produktionswert)
5	./.	Aufwendungen für Roh-, Hilfs- und Betriebsstoffe sowie für bezogene Waren
19	./.	Abschreibungen und Wertberichtigungen auf Sachanlagen und immaterielle Anlagewerte
26	./.	sonstige Aufwendungen
24 b)	./.	sonstige Steuern
	=	Wertschöpfung

Generell ist zu berücksichtigen, daß sich eine Wertschöpfungsrechnung aus dem aktienrechtlichen Schema der Gewinn- und Verlustrechnung nur näherungsweise ableiten läßt, weil der Jahresabschluß auch anderen Zielsetzungen dient und Positionen der Gewinn- und Verlustrechnung demzufolge nicht wertschöpfungsbezogene Bestandteile enthalten können [1]). Bei der externen Bilanzanalyse ist eine Eliminierung solcher nicht wertschöpfungsrelevanter Teile nicht möglich.

284. In der betriebswirtschaftlichen Literatur werden unterschiedliche Varianten der Ermittlung des *Cash-flow* vorgeschlagen. Für die Zwecke dieser Untersuchung ist neben der Aussagefähigkeit der Kennziffer zu berücksichtigen, daß die in den Cash-flow eingehenden Komponenten für alle Großunternehmen möglichst einheitlich aus den nach dem AktG und dem PublG veröffentlichten Konzernabschlüssen ermittelbar sind. Diesen Anforderungen genügt das nachstehende, im Rahmen von Jahresabschlußanalysen gebräuchliche Ermittlungschema,

[1]) So ist beispielsweise die handelsrechtliche Abschreibungsverrechnungspraxis nicht in jedem Falle als verursachungsgerechte zeit- und leistungsbezogene Erfassung der Entwertungsvorgänge bei den Gebrauchsgütern zu sehen. Die Position „sonstige Aufwendungen" kann Personalaufwendungen enthalten, die sachlich zu den Arbeitseinkommen der Wertschöpfungsrechnung als Verteilungsrechnung gehören.

das auch von der Monopolkommission verwendet wird:

	Jahresüberschuß/-fehlbetrag
+	Abschreibungen auf Gegenstände des Anlagevermögens
./.	Zuschreibungen zu Gegenständen des Anlagevermögens [1])
+	Erhöhung der langfristigen Rückstellungen [2])
./.	Erträge aus der Auflösung von Rückstellungen
=	Cash-flow

Um die Cash-flow-Kennziffer von zufälligen Vorgängen freizuhalten, wird zum Teil eine weitergehende Berücksichtigung von außerordentlichen Erträgen und Aufwendungen angeregt, als es nach dem hier verwendeten Schema möglich ist. Die für alle Großunternehmen vollständige Berücksichtigung derartiger Sonderbewegungen würde jedoch einen Informationsstand erfordern, der über den des externen Bilanzanalytikers, der primär auf die veröffentlichten Jahresabschlüsse angewiesen ist, hinausgeht. Damit der Befragungsumfang in einem vertretbaren Rahmen gehalten werden kann [3]), beschränkt sich die Monopolkommission bei der Eliminierung zufälliger Vorgänge auf Zuschreibungen zu Gegenständen des Anlagevermögens und auf die Berücksichtigung der Auflösung von Rückstellungen zugunsten des Ergebnisses.

285. Konzerne haben sich gemäß § 332 AktG und § 13 Abs. 2 PublG grundsätzlich an das Gliederungsschema der Gewinn- und Verlustrechnung des § 157 AktG zu halten. Bei der Konzernrechnungslegung sind jedoch folgende, gesetzliche zulässige Abweichungen von dem Schema gemäß § 157 AktG möglich, die eine Erfassung der Wertschöpfung bzw. des Cash-flow aufgrund der publizierten Daten der Gewinn- und Verlustrechnung verhindern:

— Aktiengesellschaften und Gesellschaften, die unter das Publizitätsgesetz fallen, können sich einer vereinfachten Form der Gewinn- und Verlustrechnung nach § 333 AktG bedienen, bei der Größen zusammengefaßt werden, deren Einzelausweis zur Ermittlung der Wertschöpfung notwendig ist.

— Sofern Konzernabschlüsse aufgrund des PublG vorgelegt werden, sind nach § 13 Abs. 2 i. V. mit § 5 Abs. 4 PublG für Personenhandelsgesellschaften und Einzelkaufleute Einschränkungen im Ausweis von Positionen der Gewinn- und Verlustrechnung möglich, die eine Berechnung der Wertschöpfung und des Cash-flow unmöglich machen.

286. In den Fällen, in denen die Unternehmen auf diese Regelungen zur Vereinfachung des Jahresabschlusses zurückgreifen bzw. ausländische Beteiligungen in den Konzernabschluß einbeziehen, mußten die zur Ermittlung der Wertschöpfung und des Cash-flow benötigten Einzelangaben der Jahresabschlußrechnung bei den Unternehmen erfragt werden.

1.4. Datenquellen

287. Quelle für die Umsätze und die übrigen in die Untersuchung einbezogenen Größen sind grundsätzlich die veröffentlichten Jahresabschlüsse und Geschäftsberichte der Obergesellschaften, die die Konsolidierung vornehmen.

Ergänzend wurde insbesondere zur Bestimmung der Anteilseigner der „100 Größten", der zwischen ihnen bestehenden Gemeinschaftsunternehmen und der personellen Verflechtungen auf folgende Publikationen zurückgegriffen:

a) Commerzbank, „Wer gehört zu wem", 13. Auflage 1979,

b) Hoppenstedt-Verlag, Darmstadt
   — „Konzerne in Schaubildern" einschließlich „Konzerne aktuell", Loseblattsammlung,
   — „Handbuch der Aktiengesellschaften", verschiedene Jahrgänge,
   — „Handbuch der Großunternehmen", verschiedene Jahrgänge,
   — „Leitende Männer der Wirtschaft", Ausgabe 1979,

c) Luchterhand-Verlag, „Die Großen 500", Loseblattsammlung.

Sofern im folgenden als Quelle „Eigene Erhebungen" genannt werden, stützen sich diese auf die Auswertung der zuvor genannten Veröffentlichungen und auf Befragungen.

288. Die Erweiterungen des Untersuchungsprogramms zur Analyse der Konzentration im Bereich von Großunternehmen machten aus den in den vorangegangenen Kapiteln dargestellten Gründen eine im Vergleich zum Berichtsjahr 1976 weitergehende Befragung der Großunternehmen erforderlich. Die Monopolkommission hat sich bemüht, den Befragungsaufwand für die Unternehmen in einem vertretbaren Rahmen zu halten.

Aus dem Kreis der „100 Größten" des Jahres 1978 mußten zur möglichst vollständigen Datenerfassung 74 Unternehmen befragt werden. Der Befragungsumfang streute dabei von der Erfassung einzelner Angaben (z. B. Exportumsatz, Beschäftigte) bis zur Versendung von Fragebogen für 17 Positionen des Jahresabschlusses bei Einbeziehung ausländischer Beteiligungen in den Konzernabschluß (13 Fälle).

Die überwiegend vorhandene Auskunftsbereitschaft der Unternehmen ermöglichte es, daß die

[1]) Sofern die Unternehmen nicht von der vereinfachten Form der Konzernrechnungslegung nach § 333 AktG Gebrauch machen, können in dieser Position auch Erträge aus dem Abgang von Gegenständen des Anlagevermögens enthalten sein.

[2]) Neben den in den Bilanzen gesondert ausgewiesenen (langfristigen) Pensionsrückstellungen werden die Rückstellungen in der Regel nicht nach ihren Fristigkeiten getrennt ausgewiesen. Es wird deshalb in Anlehnung an die Praxis der externen Bilanzanalyse durchgängig nur die Erhöhung der Pensionsrückstellungen berücksichtigt, die sich aus der Veränderung der entsprechenden Bilanzposition von einer zur anderen Periode ergibt.

[3]) Vgl. dazu die Ausführungen des folgenden Kapitels.

Ausfallquote der für die Beurteilung der gesamtwirtschaftlichen Bedeutung und der Selbstfinanzierungskraft der „100 Größten" erforderlichen Werte in keinem Falle mehr als 10 % beträgt. Die jeweiligen Befragungsausfälle sind in den einzelnen Abschnitten erkennbar.

2. Die hundert größten Unternehmen 1978

2.1. Im Beobachtungszeitraum eingetretene Veränderungen

289. Aufgrund der dargelegten Kriterien wurden für 1978 die hundert dem Umsatz nach größten Unternehmen *(Inlandskonzerne)* ermittelt. Sie sind in der nachfolgenden Tabelle 1 entsprechend der Höhe ihres Umsatzes im Jahre 1978 geordnet.

In der Zusammensetzung des Kreises der „100 Größten" haben sich gegenüber 1976 folgende Veränderungen ergeben.

290. Ausgeschieden sind:

Firma	Rang			Umsatzentwicklung 1978/1976 in %
	1972	1974	1976	
1. Kraftwerk Union AG	–	86	36	*+ 16,7*
2. Chemische Werke Hüls AG	77	57	67	*– 1,75*
3. Neckermann Versand AG	61	71	68	*– 14,4*
4. Krupp Stahlwerke Südwestfalen AG	78	76	80	*– 58,2*
5. Deutsche Marathon Petroleum GmbH	–	84	90	*– 24,1*
6. Getreide-Import-Gesellschaft mbH	96	77	97	*– 5,6*
7. Norddeutsche Affinerie	85	68	100	*+ 1,0*

Vier Unternehmen sind seit 1977 bzw. 1978 konsolidierte Konzerntochtergesellschaften und haben damit nach der hier angewendeten Abgrenzung ihre wirtschaftliche Selbständigkeit verloren. Es handelt sich dabei um die (in Klammern Angabe der konsolidierenden Gesellschaft)

— Kraftwerk Union AG (Siemens AG)

— Chemische Werke Hüls AG (VEBA AG)

— Neckermann Versand AG (Karstadt AG)

— Krupp Stahlwerke Südwestfalen AG (Fried. Krupp GmbH).

Bei der Neckermann Versand AG und bei der Krupp Stahlwerke Südwestfalen AG hat die produktionstechnische und organisatorische Konzerneingliederung zu einem erheblichen Rückgang der ausgewiesenen Umsätze geführt. Die übrigen drei in der Übersicht aufgeführten Unternehmen sind aufgrund der Umsatzentwicklung ausgeschieden, wobei der Umsatzrückgang der Deutsche Marathon Petroleum GmbH 1978 gegenüber 1976 um 24,1 Prozentpunkte auch mit einer Änderung der Unternehmensstruktur durch Abgabe einer Beteiligung an einer Raffinerie zusammenhängt.

Während sich die Veränderung im Kreis der „100 Größten" gegenüber den Berichtszeiträumen 1972 bis 1974 und 1974 bis 1976 von neun bzw. acht auf sieben ausgeschiedene Unternehmen verringert hat, ist die Zahl der vier fusionsbedingten Fälle gegenüber den vorangegangenen Berichtszeiträumen mit Abstand am höchsten. Im Zeitraum 1972 bis 1974 sind zwei Unternehmen aufgrund von Fusionen ausgeschieden, im Zeitraum 1974 bis 1976 lediglich ein Unternehmen.

Die hundert umsatzstärksten Unternehmen 1978

Quelle: Eigene Erhebungen

Lfd. Nummer[1]				Firma	Wirtschaftszweig[2])	Umsatz[3]) in Millionen DM	Erläuterungen[4])
1978	1976	1974	1972				
				Deutsche Bundespost		33 766	
1	1	2	5	VEBA AG	205	28 839	
				Deutsche Bundesbahn		26 664[5])	
2	6	6	2	Siemens AG	250	23 462	
3	4	4	1	Volkswagenwerk AG	244	22 161	
4	3	5	3	Daimler-Benz AG	244	20 624	
5	2	1	4	Thyssen AG	230–232	19 212	
6	5	3	6	BASF AG	200	17 000	
7	7	7	8	Hoechst AG	200	13 076	
8	11	14	11	Rheinisch-Westfälisches Elektrizitätswerk AG	101	12 778	
9	9	8	9	Ruhrkohle AG	110	12 488	GU
10	10	9	10	Bayer AG	200	12 101	
11	8	10	14	ESSO AG	205	12 076	TK
12	13	11	7	Allgemeine Elektricitäts-Gesellschaft AEG-Telefunken	250	12 024	
13	12	12	18	Deutsche Shell AG	205	11 305	E
14	15	15	13	Fried. Krupp GmbH	230–232	10 986	
15	16	33	12	Adam Opel AG	244	10 642	E
16	14	13	19	Mannesmann AG	230–232/238	10 641	
17	17	31	16	Ford-Werke AG	244	10 475	E
18	20	23	32	Deutsche BP AG	205	9 528	E
19	18	18	15	Gutehoffnungshütte Aktienverein	242	9 479	
20	30	32	30	Karstadt AG	43	8 042 H	
21	19	16	17	Friedr. Flick Industrieverwaltung KGaA	200	7 624	
22	24	27	22	Robert Bosch GmbH	250	7 594	
23	22	20	21	Deutsche Unilever GmbH	28/29	7 307	TK
24	25	22	23	Metallgesellschaft AG	233	7 117	
25	21	25	31	Aral AG	43	7 083 H	E, GU
26	23	19	28	Salzgitter AG	230–232	6 724	
27	26	21	29	Hoesch Werke AG	230–232	6 538	TK
28	27	34	25	IBM Deutschland GmbH	250	6 318	E
29	37	61	49	Bayerische Motoren Werke AG	244	6 184	
30	28	24	46	Alfred C. Toepfer Verwaltungs-Gesellschaft mbH	40/41	5 981 H	
31	33	28	38	Klöckner & Co.	40/41	5 849 H	
32	29	26	36	Deutsche Texaco AG	205	5 547	TK
33	31	30	24	Reemtsma Cigarettenfabriken GmbH	299	5 507	
34	41	72	74	Ruhrgas AG	103	5 493	GU
35	32	29	27	NEUE HEIMAT	7	5 194	So
36	34	36	53	Mobil Oil AG	205	5 174	E
37	35	35	33	Kaufhof AG	43	5 042 H	
38	39	44	45	Deutsche Lufthansa AG	5	4 992	
39	44	40	57	Degussa	200	4 496	
40	42	42	40	Gustav Schickedanz KG	43	4 417 H	
41	57	70	54	Hochtief AG	30	4 303	KBlstg
42	46	63	70	REWE-Zentral AG	40/41/43	4 286 H	So
43	38	37	34	Hertie Waren- und Kaufhaus GmbH	43	4 272 H	

noch Tabelle 1

Lfd. Nummer[1]				Firma	Wirtschafts-zweig[2]	Umsatz[3] in Millionen DM	Erläute-rungen[4]
1978	1976	1974	1972				
44	40	38	37	Allgemeine Deutsche Philips Industrie GmbH	250	4 213	TK
45	58	67	52	Philipp Holzmann AG	30	4 197	KBlstg
46	45	41	39	BAT Cigaretten-Fabriken GmbH	299	4 012	E
47	54	62	50	co op Zentrale AG	40/41	4 004 H	
48	43	43	56	Saarbergwerke AG	110	3 821	
49	47	49	48	Brown, Boverie & Cie AG	250	3 772	TK
50	55	48	58	Klöckner-Werke AG	230–232	3 654	
51	51	58	55	BayWa AG	40/41/43	3 479 H	
52	48	50	67	Vereinigte Industrie-Unternehmen AG[6])	233	3 398	KW
53	49	46	43	Henkel KGaA	200	3 392	
54	60	47	35	Gedelfi Großeinkauf GmbH & Co. KG	40/41	3 376 H	So
55	50	45	44	Klöckner-Humboldt-Deutz AG	242	3 370	
56	53	53	84	Stumm GmbH – Mabanaft Gruppe[7])	40/41	3 347 H	
57	63	56	47	C & A Brenninkmeyer	43	3 334 H	E
58	52	55	65	Deutsche Babcock AG	242	3 194	
59	61	69	66	Vereinigte Elektrizitätswerke Westfalen AG	101	3 143	
60	72	99	98	EDEKA Zentrale AG	40/41	3 001 H	
61	59	65	60	Saint-Gobain-Pont-à-Mousson (Deutschland)	–	2 850	GD
62	62	52	51	Standard Elektrik Lorenz AG	250	2 797	TK
63	64	51	42	Martin Brinkmann AG[8])	299	2 756	E
64	65	54	59	Preussag AG	233	2 684	
65	69	74	64	Nestlé-Gruppe Deutschland GmbH	28/29	2 648	GD
66	77	59	73	Stahlwerke Röchling-Burbach GmbH	230–232	2 556	TK
67	73	94	–	Bertelsmann AG[9])	7	2 489	
68	56	39	41	Oetker-Gruppe	28/29	2 471	
69	71	78	79	Grundig AG	250	2 464	
70	66	64	62	Horten AG	43	2 459 H	E
71	79	80	80	Hapag-Lloyd AG	5	2 453	
72	70	60	69	Otto Wolff AG	40/41	2 388 H	
73	78	–	–	Bilfinger + Berger Bau-AG	30	2 246	KBlstg
74	82	100	83	Otto Versand GmbH & Co.	43	2 129 H	
75	92	89	82	Messerschmitt-Bölkow-Blohm GmbH	248	2 117	E, GUB
76	81	81	–	Franz Haniel & Cie. GmbH	40/41	2 115 H	
77	–	–	–	Bayernwerk AG	101	2 085	
78	76	75	68	Bosch-Siemens Hausgeräte GmbH[8])	250	2 084	E, GU
79	89	98	–	Tengelmann Warenhandelsgesellschaft	43	2 031 H	
80	84	–	–	Elf Mineraloel GmbH	205	2 029	TK
81	91	–	94	Wilh. Werhahn	43	1 981 H	
82	93	–	76	Strabag Bau-AG	30	1 945	KBlstg
83	75	–	–	Magirus-Deutz AG	244	1 927	E
84	85	83	75	Continental Gummi-Werke AG	213	1 915	
85	74	66	63	Enka Glanzstoff AG	200	1 870	TK
86	88	88	81	Agfa-Gevaert AG	200	1 829	E
87	99	–	100	Linde AG	242	1 825	
88	83	91	–	E. Kampffmeyer	40/41	1 808 H	
89	95	–	–	Zahnradfabrik Friedrichshafen AG	244	1 767	
90	96	–	72	Dyckerhoff & Widmann AG	30	1 744	Blstg
91	87	96	–	AGIP AG	205	1 736	TK
92	–	–	86	Axel Springer Verlag AG	7	1 727[10])	

Lfd. Nummer[1])				Firma	Wirtschaftszweig[2])	Umsatz[3]) in Millionen DM	Erläuterungen[4])
1978	1976	1974	1972				
93	98	93	87	Schering AG	200	1 727[10])	
94	–	95	88	ITT Gesellschaft für Beteiligungen mbH	–	1 719	TK
95	–	–	–	Touristik Union International GmbH KG	5	1 685	E, GU
96	–	79	92	Aktiengesellschaft der Dillinger Hüttenwerke	230–232	1 664	E
97	–	–	99	Carl Zeiss	252	1 638	
98	94	85	90	Eschweiler Bergwerks-Verein	110	1 626	TK
99	86	73	–	Rheinische Olefinwerke GmbH	200	1 606	E, GU
100	–	–	–	Michelin Reifenwerke KGaA	213	1 574	E

[1]) In den Fällen, in denen keine lfd. Nr. angegeben ist, befand sich das betreffende Unternehmen in dem Jahr nicht unter den „100 Größten".

[2]) Nummer der amtlichen Systematik der Wirtschaftszweige von 1979. Zur Bedeutung der Kennziffern und zu Änderungen der Systematik gegenüber der in den Hauptgutachten 1973/1975 und 1976/1977 verwendeten Systematik der Wirtschaftszweige von 1961 (Nachtrag 1970) vgl. Tabelle 8. Zuordnung nach dem Umsatzschwerpunkt.

[3]) Grundsätzlich Konzernumsatz der inländischen Konzerngesellschaften. Bei Handelsunternehmen (Kennzeichnung durch „H" hinter der Umsatzangabe) 75% des nominellen Umsatzes.

[4]) Bedeutung der verwendeten Abkürzungen:

Blstg = Bauleistung ohne nähere Abgrenzung des Kreises der einbezogenen Unternehmen
E = Einzelabschluß
GD = Umsätze der deutschen Gruppe (Obergesellschaft und Beteiligungsgesellschaften haben 50% und mehr Kapitalanteil)
GU = Gemeinschaftsunternehmen
GUB = Unternehmen, an denen ein Gemeinschaftsunternehmen eine Beteiligung unter 50% hält
KBlstg = Konzernbauleistung
KW = Konsolidierte Umsätze der in- und ausländischen Konzerngesellschaften
TK = Konsolidierte Umsätze des inländischen Teilkonzerns
So = Sonstige Umsatzabgrenzung

[5]) Summe der Aufwendungen.

[6]) Für 1978 wird erstmals ein Konzernabschluß einschließlich ausländischer Konzerngesellschaften berücksichtigt, da VIAG die Umsatzangabe für den inländischen Konsolidierungskreis nicht zur Verfügung stellen konnte. Nach Angabe der Unternehmensleitung wären die Abweichungen eines konsolidierten Inlandsabschlusses gegenüber dem vorliegenden Abschluß unwesentlich.

[7]) Ab 1. Januar 1978 Namensänderung; zuvor: Marquard & Bahls GmbH & Co.

[8]) Für 1978 werden erstmals Einzelabschlußwerte verwendet, da von der Martin Brinkmann AG und von der Bosch-Siemens Hausgeräte GmbH kein Konzernabschluß mehr erstellt wird.

[9]) Bei der Bertelsmann AG wird für 1978 erstmals der Konzernaußenumsatz des Inlandskonzerns berücksichtigt (zuvor: KW).

[10]) Einordnung aufgrund der Umsatzangabe in tausend DM.

291. In den Kreis der „100 Größten" sind 1978 gegenüber 1976 neu eingetreten:

Firma	Rang		
	1972	1974	1978
1. Bayernwerk AG. . . .	–	–	77
2. Axel Springer Verlag AG.	86	–	92
3. ITT Gesellschaft für Beteiligungen mbH. .	88	95	94
4. Touristik Union International GmbH KG . .	–	–	95
5. Aktiengesellschaft der Dillinger Hüttenwerke	92	79	96
6. Carl Zeiss	99	–	97
7. Michelin Reifenwerke KGaA	–	–	100

Durch die Berücksichtigung der Rangzahlen der Jahre 1972 und 1974 wird deutlich, daß vier der 1978 neu im Kreis der „100 Größten" enthaltenen Unternehmen bereits in den Berichtsjahren 1972 und/oder 1974 zu den „100 Größten" gehörten. Von den drei erstmals im Kreis der „100 Größten" erscheinenden Unternehmen ist das starke Umsatzwachstum der Bayernwerk AG primär auf externes Unternehmenswachstum durch Einbeziehung regionaler Energieversorgungsunternehmen in den Konzernabschluß der Bayernwerk AG zurückzuführen.

292. Veränderungen in der *Umsatzrangfolge* der „100 Größten" können auf folgende wesentliche Einflußfaktoren zurückgeführt werden:

Mengenänderungen durch interne und externe Veränderungen des einzelwirtschaftlichen Produktionspotentials, Absatzänderungen infolge von Nachfrageschwankungen und Änderungen der Preisrelationen. Das unterschiedliche Zusammenwirken dieser Einflußfaktoren kann zu unternehmens- und branchenspezifischen Entwicklungen im Konjunkturverlauf führen.

293. Die konjunkturelle Entwicklung in der Bundesrepublik Deutschland ist seit dem Berichtsjahr 1972, für das die hundert größten Unternehmen durch die Monopolkommission erstmals ermittelt wurden, durch einen Konjunkturaufschwung bis zur Phase der Hochkonjunktur 1973, die Rezession von 1974/1975 und durch eine zögernde Erholung gekennzeichnet, die in der zweiten Jahreshälfte 1978 in einen breiten Konjunkturaufschwung mündete.

Im folgenden soll untersucht werden, inwieweit sich im Hinblick auf diesen allgemeinen Konjunkturzyklus Einflüsse unterschiedlicher Branchenentwicklung bei den „100 Größten" feststellen lassen.

In Tabelle 2 werden die Rangänderungen der „100 Größten" von 1972 bis 1978 nach Wirtschaftszweigen und Richtung der Veränderungen ausgewiesen.

294. Das Datenmaterial läßt es nicht zu, alle Rangänderungen von Unternehmen aus dem Kreis der „100 Größten" nach Wirtschaftszweigen hinsichtlich des Konjunkturverlaufes von 1972 bis 1978 und etwaiger einheitlicher Sonderbewegungen der Branchen eindeutig und generalisierungsfähig zu klassifizieren.

In vielen Wirtschaftszweigen waren die Rangänderungen der Großunternehmen in den drei betrachteten Zeitperioden weder durchgängig in Übereinstimmung mit dem konjunkturellen Trend (Veränderung nach unten 1972/1974, Veränderungen nach oben 1974/1976 und 1976/1978) noch unabhängig von der Konjunkturentwicklung expansiv (nur Veränderungen nach oben) bzw. rückläufig (nur Veränderungen nach unten). Dennoch sind aufgrund der Rangänderungen der „100 Größten" bei einigen Wirtschaftszweigen einheitliche Entwicklungsmuster erkennbar:

— Bei den Rangänderungen von Unternehmen des Bauhauptgewerbes zeigt sich eine vollständige Deckung mit dem Konjunkturverlauf. In der Zeitperiode 1972/1974 hatten zwei Unternehmen des Bauhauptgewerbes Rangänderungen nach unten, während in den Zeitspannen 1974/1976 und 1976/1978 jeweils fünf Bauunternehmen Rangveränderungen nach oben aufwiesen. Im Wirtschaftszweig Herstellung von Kraftwagen wird ein vergleichbar eindeutiges Entwicklungsmuster nur durch die Rangveränderung der Daimler-Benz AG um einen Platz nach unten und die erhebliche Rangverschlechterung der Magirus-Deutz AG um acht Plätze von 1976 auf 1978 gestört. Die starke Rangverschlechterung der Magirus-Deutz AG ist insofern eine Besonderheit für diesen Wirtschaftszweig, als sie mit dem speziellen Fertigungsprogramm dieses LKW-Produzenten und dem 1978 in hohem Maße Verlust bringenden Omnibusgeschäft zusammenhängt.

— Nach der Art der Rangveränderungen von Unternehmen aus dem Kreis der „100 Größten" unabhängig vom Konjunkturverlauf expansive Wirtschaftszweige sind Gasversorgung sowie Verkehr und Nachrichtenübermittlung. In diesen Wirtschaftszweigen sind zwischen 1972 und 1978 nur Rangveränderungen nach oben festzustellen. Der Wirtschaftszweig Elektrizitätsversorgung kommt einer solchen Branchenentwicklung sehr nahe.

— Keiner der Wirtschaftszweige, denen die „100 Größten" schwerpunktmäßig zugeordnet sind, weist zwischen 1972 und 1978 ausschließlich Rangänderungen nach unten auf. Am nächsten kommt diesem konjunkturunabhängig rückläufigen Entwicklungsmuster der Wirtschaftszweig Tabakverarbeitung mit Veränderungen nach unten für alle drei betrachteten Zeitperioden und einer Rangveränderung nach oben in der Zeitspanne 1976/1978 (Rangverbesserung der Martin Brinkmann AG um einen Platz von 64 im Jahre 1976 auf 63 im Jahre 1978). Die rückläufige Entwicklung in der Tabakverarbeitung wird verständlich, wenn man die Entwicklung des Zigarettenabsatzes in der Bundesrepublik über den Zeitraum der letzten zehn Jahre betrachtet, in

Tabelle 2

Rangänderungen der „100 Größten" von 1972 bis 1974, 1974 bis 1976 und 1976 bis 1978 nach Wirtschaftszweigen und Richtung der Veränderungen

Quelle: Eigene Erhebungen

Wirtschaftszweig	Zahl der Unternehmen mit Veränderungen					
	nach oben			nach unten		
	1972/1974	1974/1976	1976/1978	1972/1974	1974/1976	1976/1978
Elektrizitätsversorgung	1	2	3	2	–	–
Gasversorgung	1	1	1	–	–	–
Steinkohlenbergbau und Kokerei	3	–	–	–	2	2
Chemische Industrie	7	–	3	4	10	5
Mineralölverarbeitung	6	6	2	–	2	5
Herstellung von Gummiwaren	–	–	2	1	1	–
Eisenschaffende Industrie	8	–	4	1	7	4
NE-Metallerzeugung	4	1	2	–	3	1
Maschinenbau	1	3	1	3	1	3
Herstellung von Kraftwagen	–	5	4	5	–	2
Luft- und Raumfahrzeugbau	–	–	1	1	1	–
Elektrotechnik	1	4	4	8	4	4
Feinmechanik, Optik	–	–	1	–	–	–
Ernährungsgewerbe ohne Tabakverarbeitung	2	1	1	1	2	2
Tabakverarbeitung	–	–	1	3	3	2
Bauhauptgewerbe	–	5	5	2	–	–
Großhandel	6	3	5	3	5	4
Einzelhandel	1	6	6	8	3	4
Groß- und Einzelhandel	1	2	1	1	–	–
Verkehr und Nachrichtenübermittlung	1	2	3	–	–	–
Sonstige Dienstleistungen	–	1	2	1	1	1
Zuordnung nicht möglich	–	1	1	2	–	1

dem sich das durchschnittliche jährliche Wachstum des gesamten Zigarettenabsatzes auf nur 1,7 % belief.

295. Bisher stand die Frage nach der Richtung der Änderungen und nach einheitlichen wirtschaftszweigspezifischen Entwicklungsverläufen im Vordergrund. Daneben ist die Frage nach der Stärke der Veränderungen zu stellen. Ein Vergleich der in Tabelle 1 angegebenen Plätze der „100 Größten" zeigt, daß die Rangänderungen von 1972 bis 1978 insgesamt bei einigen Unternehmen beachtliche Größenordnungen aufweisen. In dieser Zeitspanne ist die größte Platzverbesserung bei der Ruhrgas AG zu verzeichnen. Die Ruhrgas AG konnte infolge einer starken Ausweitung des Mengenabsatzes und aufgrund von Preissteigerungen ihre Stellung innerhalb der „100 Größten" um 40 Plätze von Rang 74 im Jahre 1972 auf Rang 34 im Jahre 1978 verbessern. Das in der Zeit von 1972 bis 1976 expansivste Unternehmen, die Kraftwerk Union AG, wird seit dem Geschäftsjahr 1978 von der Siemens AG konsolidiert und hat damit entscheidend zur Platzverbesserung der Siemens AG von Platz sechs 1976 auf Platz zwei im Jahre 1978 beigetragen [1]). Die Kraftwerk Union erzielte im Jahr 1978 einen Umsatz von 5 500 Millionen DM.

Auch das starke Umsatzwachstum der Karstadt AG (1976 Rang 30, 1978 Rang 20) ist hauptsächlich durch externes Wachstum bedingt. Der Umsatz der nunmehr in den Konsolidierungskreis des Karstadt-Konzerns einbezogenen Neckermann Versand AG beträgt 1978 2 009 Millionen DM, wobei zu berücksichtigen ist, daß dieses Unternehmen bei der organisatorischen Konzerneingliederung umstrukturiert wurde [2]).

Darüber hinaus erfolgten von 1976 auf 1978 bei weiteren neun Unternehmen, die bereits 1976 zum Kreis der „100 Größten" zählten, Rangverbesserungen um zehn und mehr Plätze, bei drei Unternehmen Rangverschlechterungen um mehr als zehn Plätze. Bei den insgesamt zehn Unternehmen, die ihre Stellung derart stark verbessern konnten, dominieren als Wirtschaftszweige der Handelsbereich

[1]) Zur Problematik der Abschätzung des externen Unternehmenswachstums vgl. Tz. 299.

[2]) Vgl. dazu die Erläuterung in Tz. 290.

und das Baugewerbe: Vier Unternehmen gehören dem Handelsbereich an, drei dem Baugewerbe und jeweils eines der Eisenschaffenden Industrie, dem Maschinenbau und dem Luft- und Raumfahrzeugbau.

2.2. Die gesamtwirtschaftliche Bedeutung der „100 Größten"

2.2.1. Umsätze

296. Die 1972, 1974, 1976 und 1978 jeweils hundert größten Unternehmen haben einen *Gesamtumsatz*[1]) von

Tabelle 3a

1972	326 983 Millionen DM
1974	456 104 Millionen DM
1976	510 380 Millionen DM
1978	563 852 Millionen DM

erzielt. Das entspricht für den Zeitraum 1972 bis 1974 einem Umsatzwachstum von 39,5 %, für 1974 bis 1976 einer Steigerung von 11,9 % und für die Zeitspanne von 1976 bis 1978 einer Zunahme von 10,5 %. Im Vergleich dazu ist der Umsatz der „Gesamtwirtschaft"[2]) im Zeitraum von 1972 bis 1974 um 22,8 %, von 1974 bis 1976 um 12,7 % und von 1976 bis 1978 um 11,4 % auf 2 326 233 Millionen DM gestiegen.

297. Der Anteil der „100 Größten" am Umsatz der Gesamtwirtschaft betrug

Tabelle 3b

1972	21,68 %
1974	24,62 %
1976	24,43 %
1978	24,24 %

Der Anteil für 1978 liegt damit geringfügig unter den Werten der Jahre 1974 und 1976. In der Abnahme des Umsatzanteils der „100 Größten" um weniger als 1 % wird sichtbar, daß die absolut größten Unternehmen der Bundesrepublik im Inland nicht mehr stärker wachsen als die Gesamtwirtschaft. Diese Entwicklung hält seit 1974 an. Das Ergebnis läßt sich möglicherweise dadurch erklären, daß die großen Konzerne ihre Aktivitäten verstärkt auf ausländische Tochtergesellschaften verlagern, deren Umsätze nicht in den vorliegenden Daten erfaßt werden.

298. Die Umsatzgrenze für das hundertste Unternehmen, die von 1972 bis 1974 um 33 % von 998 Millionen DM auf 1 329 Millionen DM und bis 1976 um weitere 16,6 % auf 1 549 Millionen DM gestiegen war, hat sich bis 1978 nur noch um 1,6 % auf 1 574 Millionen DM erhöht. Diese Stagnation der Umsatzgrenzensteigerung von 1976 bis 1978 für das hundertste Unternehmen ist zum einen Folge der nur zögernden konjunkturellen Erholung seit der Rezession 1974/75, zum anderen ist sie Resultat des Ausscheidens von vier Unternehmen aus dem Kreis der „100 Größten" wegen Aufgabe der wirtschaftlichen Selbständigkeit[1]). Würden diese vier Unternehmen auch 1978 noch im Kreis der „100 Größten" berücksichtigt, so ergäbe sich für das hundertste Unternehmen eine Umsatzgrenze von 1 664 Millionen DM und damit gegenüber 1976 eine Steigerung der Umsatzgrenze um 7,4 %.

299. Auch die Umsatzsteigerung des jeweils größten Unternehmens hat sich in den der Periode 1972 bis 1974 (Erhöhung um 66 %) folgenden Zeitabschnitten erheblich verringert. 1974 bis 1976 stieg der Umsatz des Spitzenreiters VEBA um 21 % an, 1976 bis 1978 um 13 %. Diese Umsatzsteigerungen der VEBA AG sind zu einem wesentlichen Teil fusionsbedingt. Zum Konsolidierungskreis der VEBA AG gehören seit 1976 die Gelsenberg AG[2]) (1974: Rang 17 und 7 924 Millionen DM Umsatz) und seit 1978 die Chemische Werke Hüls AG (1976: Rang 67 und 2 348 Millionen DM Umsatz).

Die genaue Ermittlung des fusionsbedingten Umsatzanstiegs, d. h. des externen Unternehmenswachstums, ist aufgrund der gegebenen Datenquellen in der Regel nicht möglich, weil

- häufig mit der Fusion erhebliche Veränderungen bei der Zuordnung von Unternehmensteilen vorgenommen werden. So lag der Umsatz der Gelsenberg AG 1976 gegenüber 1975 wesentlich niedriger, weil im Rahmen der Eingliederung Mineralöl- und Chemiebetriebe an die VEBA-Chemie verpachtet wurden[3]);
- die Konzerninnenumsätze mit dem einbezogenen Unternehmen nicht bekannt sind. Die Kenntnis dieser Konzerninnenumsätze ist ceteris paribus Voraussetzung für die Ermittlung des externen Unternehmenswachstums.

Insgesamt lassen die vorstehenden Ausführungen zum Umsatzwachstum der VEBA AG sowie die Analyse der Stärke der Rangänderungen bei den „100 Größten" in Abschnitt 2.1. die Schlußfolgerung zu, daß bei den größten Unternehmen der Rangliste ein erheblicher Teil des Umsatzanstiegs Ergebnis externen Unternehmenswachstums der Vorjahre ist.

---

[1]) Der Umsatz der Handelsunternehmen wird zu 75 % berücksichtigt. Bei den Unternehmen des Baugewerbes wird die Bauleistung und nicht der Umsatz zugrunde gelegt.

[2]) Umsatz gem. Umsatzsteuerstatistik für alle Wirtschaftszweige außer Land- und Forstwirtschaft (Abt. 0), Kredit- u. Versicherungsgewerbe (Abt. 6), Organisationen ohne Erwerbscharakter (Abt. 8), Gebietskörperschaften und Sozialversicherung (Abt. 9). Die Umsätze der Wirtschaftsbereiche Groß- und Einzelhandel werden dabei zu 75 % berücksichtigt.

---

[1]) Zur Erläuterung vgl. Tz. 290.

[2]) Die Gelsenberg AG wurde 1979 an die Deutsche BP AG veräußert. Vgl. dazu auch die Ausführungen in Abschnitt 3.1.3.

[3]) Vgl. dazu auch Tz. 290.

Tabelle 4

Umsatzgrenzen der „100 Größten" 1972, 1974, 1976 und 1978

Quelle: Eigene Erhebungen

Das auf Platz ... stehende Unternehmen	erzielte einen Umsatz von ... Millionen DM				Zuwachs in %			
	1972	1974	1976	1978	1974/72	1976/74	1978/76	1978/72
3	10 950	15 752	18 387	22 161	*43,9*	*16,7*	*20,5*	*102,4*
6	9 418	13 478	15 746	17 000	*43,1*	*16,8*	*8,0*	*80,5*
10	7 088	10 629	11 666	12 101	*50,0*	*9,8*	*3,7*	*70,7*
25	4 280	5 948	6 226	7 083	*39,0*	*4,7*	*13,8*	*65,5*
50	2 256	2 811	3 212	3 654	*24,6*	*14,3*	*13,8*	*62,0*
75	1 290	1 911	2 010	2 117	*48,1*	*5,2*	*5,3*	*64,1*
100	998	1 329	1 549	1 574	*33,1*	*16,6*	*1,6*	*57,7*

300. Wie Tabelle 4 zeigt, haben sich alle Umsatzgrenzen in den Perioden 1976/74 und 1978/76 erheblich geringer als in der Zeitspanne 1974/72 erhöht. In den hohen Steigerungsraten 1974/72 kommt der Niveaueffekt der Phase der Hochkonjunktur 1973 zum Ausdruck. Der Vergleich der prozentualen Veränderungsraten der Umsatzgrenzen für die Zeitspanne 1976/74 und 1978/76 ergibt kein einheitliches Bild. Es sind bei diesem kurzfristigen Vergleich sowohl höhere (Umsatzgrenzen 3, 25, 75) als auch niedrigere (Umsatzgrenzen 6, 10, 50, 100) prozentuale Umsatzgrenzensteigerungen gegenüber der Vorperiode 1976/74 festzustellen.

Mittelfristig, d.h. von 1972 bis 1978, läßt Tabelle 4 nahezu eindeutig einen stärkeren prozentualen Zuwachs der jeweils übergeordneten Umsatzgrenze erkennen. Dieser Trend zu mittelfristig mit der Ranghöhe der Umsatzgrenzen zunehmenden Zuwachsraten wird nur bei den Umsatzgrenzen 50 und 75 nicht eingehalten, wobei die Abweichung vom Trend nicht gravierend ist. Der Umsatz des 1972 (1974; 1976) auf Platz 1 stehenden Unternehmen belief sich auf das 12,8fache (15,9; 16,5) und der des Spitzenreiters 1978 auf das 18,3fache des jeweils auf Platz 100 stehenden Unternehmens.

301. Die höhere Wachstumsintensität der Unternehmen an der Spitze der Rangliste der „100 Größten" wird auch durch die in Tabelle 5 ausgewiesenen Anteile am Gesamtumsatz der „100 Größten" in v. H. bestätigt. Die größten Unternehmen setzen sich immer stärker von den übrigen ab. So betrug der Anteil der ersten sechs Unternehmen am Gesamtumsatz der „100 Größten"

1972 19,8 %,
1974 20,7 %,
1976 22,2 %,
1978 23,3 %.

In diesen Zahlen kommt eine Konzentrationstendenz der größten Unternehmen zum Ausdruck, die — wie bereits erläutert wurde — zu einem erheblichen Teil auch auf externes Unternehmenswachstum zurückzuführen ist. Zusammenfassend ist diesbezüglich festzuhalten, daß sich die Zusammensetzung der Klasse der sechs größten Unternehmen seit dem Jahre 1972 nicht verändert hat und daß drei in dieser Klasse enthaltene Unternehmen seitdem an vier Zusammenschlüssen mit anderen Unternehmen aus dem Kreis der „100 Größten" beteiligt waren. Neben den zuvor erwähnten Zusammenschlüssen der VEBA AG mit der Gelsenberg AG und mit der Chemische Werke Hüls AG sowie der Siemens AG mit der Kraftwerk Union AG hat sich die Thyssen AG 1974 mit der Rheinstahl AG (jetzt: Thyssen Industrie AG; 1972: Rang 20 und 5 254 Millionen DM Umsatz) zusammengeschlossen.

Tabelle 5

Umsatz der „100 Größten" 1972, 1974, 1976 und 1978 nach Rangstufen

Quelle: Eigene Berechnungen, Statistisches Bundesamt – Umsatzsteuerstatistik

Die an Platz ... bis ... stehenden (I) Die ... größten Unternehmen (II)	hatten einen														
	Umsatz in Millionen DM				Zuwachs in %			Anteil am Gesamtumsatz der „100 Größten" in %				Anteil am Umsatz der Gesamtwirtschaft[1]) in %			
	1972	1974	1976	1978	74/72	76/74	78/76	1972	1974	1976	1978	1972	1974	1976	1978
	I. nicht kumuliert														
1 bis 3	35 835	53 628	64 358	74 462	*49,7*	*20,0*	*15,7*	*10,96*	*11,76*	*12,61*	*13,21*	*2,38*	*2,89*	*3,08*	*3,20*
4 bis 6	28 912	40 753	49 123	56 836	*41,0*	*20,5*	*15,7*	*8,84*	*8,94*	*9,62*	*10,08*	*1,92*	*2,20*	*2,35*	*2,44*
7 bis 10	31 380	45 874	49 426	50 443	*46,2*	*7,7*	*2,1*	*9,60*	*10,06*	*9,68*	*8,95*	*2,08*	*2,48*	*2,37*	*2,17*
11 bis 25	81 942	118 779	126 171	141 923	*45,0*	*6,2*	*12,5*	*25,06*	*26,04*	*24,72*	*25,17*	*5,43*	*6,41*	*6,04*	*6,10*
26 bis 50	77 760	100 347	112 380	123 990	*29,1*	*12,0*	*10,3*	*23,78*	*22,00*	*22,02*	*21,99*	*5,16*	*5,42*	*5,38*	*5,33*
51 bis 75	43 720	58 431	65 597	70 541	*33,7*	*12,3*	*7,5*	*13,37*	*12,81*	*12,85*	*12,51*	*2,90*	*3,15*	*3,14*	*3,03*
76 bis 100	27 434	38 272	43 325	45 657	*39,5*	*13,2*	*5,4*	*8,39*	*8,39*	*8,50*	*8,10*	*1,82*	*2,07*	*2,07*	*1,96*
	II. kumuliert														
3	35 835	53 628	64 358	74 462	*49,7*	*20,0*	*15,7*	*10,96*	*11,76*	*12,61*	*13,21*	*2,38*	*2,89*	*3,08*	*3,20*
6	64 747	94 381	113 481	131 298	*45,7*	*20,2*	*15,7*	*19,80*	*20,70*	*22,23*	*23,29*	*4,30*	*5,09*	*5,43*	*5,64*
10	96 127	140 255	162 907	181 741	*45,9*	*16,2*	*11,6*	*29,40*	*30,76*	*31,91*	*32,23*	*6,38*	*7,57*	*7,80*	*7,81*
25	178 069	259 054	289 078	323 664	*45,5*	*11,6*	*12,0*	*54,46*	*56,80*	*56,63*	*57,40*	*11,81*	*13,98*	*13,84*	*13,91*
50	255 829	359 401	401 458	447 654	*40,5*	*11,7*	*11,5*	*78,24*	*78,80*	*78,65*	*79,39*	*16,97*	*19,40*	*19,22*	*19,24*
75	299 549	417 832	467 055	518 195	*39,5*	*11,8*	*11,0*	*91,61*	*91,61*	*91,50*	*91,90*	*19,87*	*22,55*	*22,36*	*22,28*
100	326 983	456 104	510 380	563 852	*39,5*	*11,8*	*10,5*	*100,00*	*100,00*	*100,00*	*100,00*	*21,68*	*24,62*	*24,43*	*24,24*

[1]) Zur Abgrenzung vgl. Fußnote 1 zu Tz. 27.
Umsatz der Gesamtwirtschaft gemäß Umsatzsteuerstatistik
1972 1 508 245 Millionen DM,
1974 1 852 699 Millionen DM,
1976 2.088 866 Millionen DM,
1978 2.326 233 Millionen DM.

2.2.2. Wertschöpfung

302. Die Monopolkommission ermittelt die *Wertschöpfung*[1]) der „100 Größten" nicht nur, weil damit zusätzliche Hinweise auf die gesamtwirtschaftliche Bedeutung und auf branchenspezifische Merkmale der Großunternehmen gegeben werden, sondern auch, weil die Relation zwischen Wertschöpfung und Umsatz der Unternehmen Aufschluß über den durchschnittlichen Stand der vertikalen Integration geben kann. Je mehr sich der Quotient aus Wertschöpfung und Umsatz dem Wert 1 bzw. — bei Ermittlung des Anteils in % — 100 nähert, desto größer ist die Produktionstiefe.

Zur vollständigen Beurteilung des Standes der vertikalen Integration bei den „100 Größten" wäre der Quotient aus Wertschöpfung und Umsatz des einzelnen Unternehmens mit der in dem betreffenden Wirtschaftszweig bestehenden durchschnittlichen Relation zwischen Wertschöpfung und Umsatz zu vergleichen. Dieses Vorhaben scheitert jedoch daran, daß in der amtlichen Statistik entsprechende Angaben für das Jahr 1978 noch nicht verfügbar sind.

[1]) Zur Methode der Ermittlung der Wertschöpfung vgl. Abschnitt 1.3.2.

303. In Tabelle 6 sind die 90 Unternehmen der „100 Größten" 1978 zusammengestellt, für die die Wertschöpfung ermittelt werden konnte[1]). Vergleich der Rangliste nach der Höhe des Umsatzes mit der nach der Höhe der Wertschöpfung zeigt, daß zwischen beiden Rangordnungen erhebliche Unterschiede bestehen. Diese Rangdifferenzen sollen hier primär unter branchenspezifischen Gesichtspunkten betrachtet werden.

[1]) Vgl. zur Höhe der Ausfallquote auch die Abschnitte 1.3.2. und 1.4.

Tabelle 6

Die Wertschöpfung von 90 Unternehmen aus dem Kreis der „100 Größten" 1978

Quelle: Eigene Erhebungen

Rangfolge nach dem Umsatz	Rangfolge nach der Wertschöpfung[1])	Firma	Wirtschaftszweig[2])	Wertschöpfung in Millionen DM	Wertschöpfung : Umsatz in %	Erläuterungen[3])
1	10	VEBA AG	205	3 848	*13,34*	
2	1	Siemens AG	250	9 594	*40,89*	
3	3	Volkswagenwerk AG	244	7 587	*34,24*	
4	2	Daimler-Benz AG	244	8 164	*39,58*	
5	4	Thyssen AG	230–232	4 944	*25,73*	
6	20	BASF AG	200	2 080	*12,24*	
7	5	Hoechst AG	200	4 807	*36,76*	
8	9	Rheinisch-Westfälisches Elektrizitätswerk AG	101	4 073	*31,88*	
9	6	Ruhrkohle AG	110	4 679	*37,47*	
10	7	Bayer AG	200	4 635	*38,30*	
11	62	ESSO AG	205	555	*4,60*	TK
12	8	Allgemeine Elektricitäts-Gesellschaft AEG-Telefunken	250	4 479	*37,25*	
13	63	Deutsche Shell AG	205	518	*4,58*	E
14	17	Fried. Krupp GmbH	230–232	3 142	*28,60*	
15	12	Adam Opel AG	244	3 654	*34,34*	E
16	14	Mannesmann AG	230–232/238	3 512	*33,00*	
17	11	Ford-Werke AG	244	3 680	*35,13*	E
18	74	Deutsche BP AG	205	314	*3,30*	E
19	19	Gutehoffnungshütte Aktienverein	242	2 118	*22,34*	
20	22	Karstadt AG	43	2 028	*18,91*[4])	
21	28	Friedr. Flick Industrieverwaltung KGaA	200	1 326	*17,39*	
22	15	Robert Bosch GmbH	250	3 320	*43,72*	
23	23	Deutsche Unilever GmbH	28/29	1 776	*24,31*	TK
24	32	Metallgesellschaft AG	233	1 153	*16,20*	
25	81	Aral AG	43	83	*0,88*[4])	E
26	90	Salzgitter AG	230–232	– 332	–[5])	
27	73	Hoesch Werke AG	230–232	343	*5,25*	TK
28	16	IBM Deutschland GmbH	250	3 161	*50,03*	E
29	21	Bayerische Motoren Werke AG	244	2 062	*33,34*	
30	89	Alfred C. Toepfer Verwaltungs-Gesellschaft mbH	40/41	– 288	–[5])	
31	82	Klöckner & Co.	40/41	81	*1,04*[4])	
32	71	Deutsche Texaco AG	205	348	*6,27*	TK
33	53	Reemtsma Cigarettenfabriken GmbH	299	668	*12,13*	
34	61	Ruhrgas AG	103	589	*10,72*	
35	–	NEUE HEIMAT	7	–	–	So
36	70	Mobil Oil AG	205	391	*7,56*	E
37	24	Kaufhof AG	43	1 598	*23,77*[4])	
38	26	Deutsche Lufthansa AG	5	1 508	*30,21*	
39	44	Degussa	200	771	*17,15*	
40	39	Gustav Schickedanz KG	43	890	*15,11*[4])	
41	13	Hochtief AG	30	3 524	*81,90*	KBlstg
42	85	REWE-Zentral AG	40/41/43	18	*4,99*[4])[6])	So
43	30	Hertie Waren- und Kaufhaus GmbH	43	1 286	*22,58*[4])	

Rangfolge nach dem Umsatz	Rangfolge nach der Wertschöpfung[1]	Firma	Wirtschaftszweig[2]	Wertschöpfung in Millionen DM	Wertschöpfung · Umsatz in %	Erläuterungen[3]
44	–	Allgemeine Deutsche Philips Industrie GmbH	250	–	–	TK
45	18	Philipp Holzmann AG	30	2 555	*60,88*	KBlstg
46	76	BAT Cigaretten-Fabriken GmbH	299	271	*6,75*	E
47	–	co op Zentrale AG	40/41	–	–	
48	37	Saarbergwerke AG	110	1 018	*26,64*	
49	27	Brown, Boveri & Cie AG	250	1 420	*37,65*	TK
50	60	Klöckner-Werke AG	230–232	624	*17,08*	
51	88	BayWa AG	40/41/43	– 157	–[5]	
52	38	Vereinigte Industrie-Unternehmungen AG	233	961	*28,28*	KW
53	36	Henkel KGaA	200	1 046	*30,84*	
54	86	Gedelfi Großeinkauf GmbH & Co. KG	40/41	7	*0,67*[4][6]	So
55	34	Klöckner-Humboldt-Deutz AG	242	1 097	*32,55*	
56	–	Stumm GmbH – Mabanaft Gruppe	40/41	–	–	
57	58	C & A Brenninkmeyer	43	633	*14,24*[4]	E
58	54	Deutsche Babcock AG	242	667	*20,88*	
59	42	Vereinigte Elektrizitätswerke Westfalen AG	101	780	*24,82*	
60	83	EDEKA Zentrale AG	40/41	66	*1,65*[4][6]	
61	–	Saint-Gobain-Pont-à-Mousson (Deutschland)	–	–	–	GD
62	29	Standard Elektrik Lorenz AG	250	1 315	*47,01*	TK
63	75	Martin Brinkmann AG	299	309	*11,21*	E
64	72	Preussag AG	233	348	*12,97*	
65	57	Nestlé-Gruppe Deutschland GmbH	28/29	634	*23,94*	GD
66	40	Stahlwerke Röchling-Burbach GmbH	230–232	830	*32,47*	TK
67	–	Bertelsmann AG	7	–	–	
68	66	Oetker-Gruppe	28/29	495	*20,03*	
69	43	Grundig AG	250	773	*31,37*	
70	45	Horten AG	43	760	*23,18*[4]	E
71	64	Hapag-Lloyd AG	5	503	*20,51*	
72	79	Otto Wolff AG	40/41	206	*6,47*[4]	
73	25	Bilfinger + Berger Bau-AG	30	1 580	*70,35*	KBlstg
74	69	Otto Versand GmbH & Co.	43	429	*15,11*[4]	
75	30	Messerschmitt-Bölkow-Blohm GmbH	248	1 060	*50,07*	E
76	80	Franz Haniel & Cie GmbH	40/41	102	*3,62*[4]	
77	51	Bayernwerk AG	101	679	*32,57*	
78	65	Bosch-Siemens Hausgeräte GmbH	250	496	*23,80*	E
79	–	Tengelmann Warenhandelsgesellschaft	43	–	–	
80	87	Elf Mineraloel GmbH	205	–7	–[5]	TK
81	–	Wilh. Werhahn	43	–	–	
82	33	Strabag Bau-AG	30	1 149	*59,07*	KBlstg
83	68	Magirus-Deutz AG	244	450	*23,35*	E
84	46	Continental Gummi-Werke AG	213	750	*39,16*	
85	50	Enka Glanzstoff AG	200	686	*36,86*	TK
86	59	Agfa-Gevaert AG	200	626	*34,23*	E
87	47	Linde AG	242	740	*40,55*	
88	–	E. Kampffmeyer	40/41	–	–	
89	41	Zahnradfabrik Friedrichshafen AG	244	808	*45,73*	

Rangfolge nach dem Umsatz	Rangfolge nach der Wertschöpfung[1])	Firma	Wirtschaftszweig[2])	Wertschöpfung in Millionen DM	Wertschöpfung : Umsatz in %	Erläuterungen[3])
90	31	Dyckerhoff & Widmann AG	30	1 180	*67,66*	Blstg
91	84	AGIP AG	205	49	*2,82*	TK
92	56	Axel Springer Verlag AG	7	644	*37,29*	
93	49	Schering AG	200	699	*40,47*	
94	55	ITT Gesellschaft für Beteiligungen mbH.	–	658	*38,28*	TK
95	–	Touristik Union International GmbH KG	5	–	–	E
96	77	Aktiengesellschaft der Dillinger Hüttenwerke	230–232	232	*13,94*	E
97	48	Carl Zeiss	252	710	*43,35*	
98	52	Eschweiler Bergwerks-Verein	110	671	*41,27*	TK
99	78	Rheinische Olefinwerke GmbH	200	213	*13,26*	E
100	67	Michelin Reifenwerke KGaA	213	489	*31,07*	E

[1]) In den 10 Fällen, in denen keine Rangfolgenummern angegeben ist, konnte die Wertschöpfung für 1978 nicht ermittelt werden.

[2]) Nummer der amtlichen Systematik der Wirtschaftszweige von 1979. Zur Bedeutung der Kennziffern und zu Änderungen der Systematik gegenüber der in den Hauptgutachten 1973/1975 und 1976/1977 verwendeten Systematik der Wirtschaftszweige von 1961 (Nachtrag 1970) vgl. Tabelle 8. Zuordnung nach dem Umsatzschwerpunkt.

[3]) Bedeutung der verwendeten Abkürzungen:
Blstg = Bauleistung ohne nähere Abgrenzung des Kreises der einbezogenen Unternehmen
E = Einzelabschluß
GD = Umsätze der deutschen Gruppe (Obergesellschaft und Beteiligungsgesellschaften haben 50% und mehr Kapitalanteil)
KBlstg = Konzernbauleistung
KW = Konsolidierte Umsätze der in- und ausländischen Konzerngesellschaften
TK = Konsolidierte Umsätze des inländischen Teilkonzerns
So = Sonstige Umsatzabgrenzung.

[4]) Handelsunternehmen. Zur Ermittlung der Kennziffer wird – im Gegensatz zur Rangfolgefeststellung nach dem Umsatz auf der Basis von 75% des nominellen Umsatzes – der Umsatz vollständig berücksichtigt.

[5]) Ermittlung nicht sinnvoll.

[6]) Bei Ermittlung der Kennziffer wurde das Delkrederegeschäft nicht berücksichtigt.

304. Bei den sechs umsatzmäßig an der Spitze der Rangliste 1978 stehenden Unternehmen fallen im Hinblick auf die Wertschöpfungsrangfolge die Rangdifferenzen der VEBA AG und der BASF AG auf.

Die VEBA AG liegt nach der Wertschöpfung nur an zehnter Stelle. Dies ist darauf zurückzuführen, daß

— die VEBA AG schwerpunktmäßig in der Mineralölverarbeitung tätig ist; bei den Mineralölkonzernen ist gegenüber der Umsatzrangfolge durchgängig eine starke Rückstufung festzustellen; das liegt vor allem daran, daß die Umsätze der Mineralölkonzerne durch die Mineralölsteuer, die bei der Wertschöpfungsrechnung als indirekte Steuer in Abzug gebracht wird, stark erhöht werden; die eigentliche Unternehmensleistung (Transport, Raffinerie) erscheint daneben vergleichsweise gering;

— bei der VEBA AG etwa 40% des Konzernumsatzes den Bereichen Handel, Spedition und anderen Dienstleistungsgeschäften entstammen, die einen verhältnismäßig geringen Beitrag zur Wertschöpfung erbringen.

Der Umstand, daß die BASF AG nach der Wertschöpfung nur an 20. Stelle liegt, ist unternehmensspezifisch bedingt. Das wird durch einen Vergleich der BASF AG mit der nach dem Umsatz an nächster Stelle liegenden Hoechst AG deutlich, die dem gleichen Wirtschaftszweig zugeordnet ist. Bei der BASF AG ist die die Wertschöpfung schmälernde Rechnungslegungsposition „Roh-, Hilfs- und Betriebsstoffe" etwa doppelt so hoch wie bei der Hoechst AG.

Neben den Unternehmen des Wirtschaftszweiges Mineralölverarbeitung sind starke Rückstufungen gegenüber der Umsatzrangfolge bei den Einkaufszusammenschlüssen des Handels zu verzeichnen. Im Vergleich zu den Einkaufszusammenschlüssen des Handels liegt der Wertschöpfungsanteil am Umsatz bei den großen Kaufhäusern des Einzelhandels deutlich höher.

Alle Unternehmen des Bauhauptgewerbes nehmen in der Wertschöpfungsrangfolge beträchtlich höhere Rangpositionen ein, als in der Umsatzrangfolge und haben durchweg einen Wertschöpfungsanteil an der Bauleistung von über 50%, d. h. mehr als die

Hälfte der Bauleistung geht bei diesen Unternehmen auf eigene Wertschöpfung zurück. Bei der Interpretation der Ergebnisse für die Bauunternehmen ist allerdings zu berücksichtigen, daß die Wertschöpfung in dieser Untersuchung ausgehend von der Bauleistung ermittelt wird, die — wie bereits ausgeführt — im Rahmen von Konzentrationsuntersuchungen im Vergleich zum Umsatz die geeignetere Größe zur Ermittlung der für den Markt erbrachten Leistung ist. Da in der Bauleistung die Anteile an den Umsatzerlösen der Arbeitsgemeinschaften zwar enthalten sind, aufgrund der Gewinn- und Verlustrechnungen der Bauunternehmen die Aufwendungen der Arbeitsgemeinschaften jedoch nicht ermittelbar sind, wird die Wertschöpfung der Bauunternehmen hier tendenziell zu hoch ausgewiesen.

Über die fünf Unternehmen des Baugewerbes hinaus erreichen nur die IBM Deutschland GmbH und die Messerschmitt-Bölkow-Blohm GmbH einen Wertschöpfungsanteil am Umsatz von (knapp) über 50%.

305. Insgesamt hat die Wertschöpfung der 90 Unternehmen aus dem Kreis der „100 Größten" im Jahr 1978 einen Wert von 134 941 Millionen DM. Für die „Gesamtwirtschaft"[1]) hat das Statistische Bundesamt eine Nettowertschöpfung zu Faktorkosten[2]) von 814 190 Millionen DM im Jahr 1978 ermittelt. Der Anteil der 90 Unternehmen an der so abgegrenzten Gesamtwirtschaft beträgt 16,57%. Bei der Interpretation dieser Relation ist zu berücksichtigen, daß in der amtlichen Statistik die Wertschöpfung nach zusammengefaßten Wirtschaftsbereichen auf der Grundlage von rechtlichen Einheiten ermittelt wird.

Die sechs umsatzgrößten Unternehmen des Jahres 1978 haben an der Gesamtwertschöpfung der 90 Unternehmen aus dem Kreis der „100 Größten" einen Anteil von 26,8%.

2.2.3. Sachanlagen und Beteiligungen

306. Die Erfassung der Sachanlagen- und Beteiligungsveränderungen bei den „100 Größten" auf der Grundlage eines Bestandsvergleichs über die Zeit ermöglicht Aussagen über das Sach- und Finanzanlageinvestitionsverhalten von Großunternehmen. Die Monopolkommission hat deshalb für das Berichtsjahr 1978 die *Sachanlagen* und *Beteiligungen*[1]) der „100 Größten" in ihr Untersuchungsprogramm aufgenommen. Da zur Ermittlung der in Tabelle II.2 des statistischen Anhangs ausgewiesenen Sachanlagen- und Beteiligungswerte teilweise umfangreiche Unternehmensbefragungen erforderlich sind, hat die Monopolkommission mit Rücksicht auf den durch die Befragung verursachten Aufwand bei den Unternehmen auf eine rückwirkende Erhebung für vorangegangene Berichtsjahre verzichtet, so daß ein Zeitvergleich derzeit noch nicht durchführbar ist.

307. Die Sachanlagen und Beteiligungen konnten für 96 Unternehmen der „100 Größten" des Jahres 1978 ermittelt werden.

Wie zu erwarten war, ergeben sich bei der Rangfolge nach den Sachanlagen im Vergleich zur Umsatzrangfolge deutliche Verschiebungen zugunsten der Unternehmen der sachanlageintensiven Wirtschaftszweige Elektrizitätsversorgung (Wirtschaftszweigkennziffer 101), Gasversorgung (Wirtschaftszweigkennziffer 103), Steinkohlenbergbau und Kokerei (Wirtschaftszweigkennziffer 110) sowie — überwiegend auch — der Unternehmen der Eisenschaffenden Industrie (Wirtschaftszweigkennziffer 230 bis 232). Unter den sechs nach den Sachanlagen größten Unternehmen aus dem Kreis der „100 Größten" 1978 befinden sich allein drei Unternehmen des Wirtschaftszweiges Elektrizitätsversorgung.

308. Ein anders geartetes Ergebnis zeigt sich, wenn man die Rangfolge nach den ausgewiesenen *Beteiligungen* betrachtet. Nach der Höhe der ausgewiesenen Beteiligungen haben die Unternehmen des Wirtschaftszweiges Chemische Industrie (Wirtschaftszweigkennziffer 200) durchgängig erhebliche Rangsteigerungen gegenüber der Umsatzrangfolge zu verzeichnen. Bei den sechs nach der Höhe der ausgewiesenen Beteiligungen ranghöchsten Unternehmen belegen Unternehmen der Chemischen Industrie die ersten vier Plätze. Die an fünfter Stelle stehende VEBA AG ist auch in der Chemischen Industrie tätig.

309. Zur Abschätzung der gesamtwirtschaftlichen Bedeutung der 96 Unternehmen der „100 Größten" 1978 auf der Grundlage ihres *Anlagevermögens* können gesamtwirtschaftliche Bezugsgrößen lediglich der von der Deutschen Bundesbank erstellten Statistik über Jahresabschlüsse der Unternehmen entnommen werden. Der Kreis der Unternehmen, deren Abschlüsse in die Bilanzanalyse der Deutschen Bundesbank einbezogen werden, wird wesentlich dadurch bestimmt, daß die Bilanzvorlage primär der der Bundesbank gesetzlich vorgeschriebenen Prüfung der Bonität von Wechselverpflichteten dient. Die so ermittelbaren Jahresabschlüsse werden nach Maßgabe globaler Umsatzangaben auf Gesamtergebnisse für die erfaßten Wirtschaftsbe-

[1]) Gesamtwirtschaft in der hier gewählten Abgrenzung, d. h. außer Land- und Forstwirtschaft (Abt. 0), Kredit- und Versicherungsgewerbe (Abt. 6), Organisationen ohne Erwerbscharakter (Abt. 8) sowie Gebietskörperschaften und Sozialversicherung (Abt. 9).

[2]) Die Nettowertschöpfung zu Faktorkosten (Nettoinlandsprodukt zu Faktorkosten) setzt sich wie folgt zusammen: Umsatz plus/minus Bestandsveränderungen an fertigen und unfertigen Erzeugnissen plus selbsterstellte Anlagen minus Vorleistungen minus indirekte Steuern abzüglich Subventionen. Sie ist damit das gesamtwirtschaftliche Korrelat der hier einzelwirtschaftlich durchgeführten Ermittlung der Wertschöpfung von der Entstehungsseite her.

[1]) Als Beteiligungen gelten Anteilsrechte der wirtschaftlichen Einheiten an anderen Unternehmen, die dazu bestimmt sind, dem Geschäftsbetrieb durch Herstellung einer dauerhaften Verbindung zu dienen. Zur näheren Erläuterung — auch der Sachanlagenbestandteile — vgl. Tabelle II.2, Fußnote 3 bis 6 im statistischen Anhang.

reiche hochgerechnet. In Übereinstimmung mit der bei der Untersuchung der „100 Größten" gewählten Vorgehensweise finden auch in der Bilanzstatistik der Deutschen Bundesbank die Bereiche Land- und Forstwirtschaft, Kredit- und Versicherungsgewerbe, Organisationen ohne Erwerbscharakter sowie Gebietskörperschaften und Sozialversicherung keine Berücksichtigung. Da jedoch im Gegensatz zur Abgrenzung der Monopolkommission in die Bilanzstatistik der Deutschen Bundesbank der Wirtschaftsbereich „Dienstleistungen, soweit von Unternehmen und freien Berufen erbracht" (Abt. 7) nicht einbezogen wird, wird im folgenden die Axel Springer Verlag AG bei der Ermittlung der gesamtwirtschaftlichen Anteilsgröße nicht berücksichtigt [1]). Für 1978 liegen erste „gesamtwirtschaftliche" Ergebnisse der Bilanzstatistik der Deutschen Bundesbank nur für die Position „Sachanlagen insgesamt" vor [2]). Danach beträgt die Höhe der Sachanlagen der erfaßten Wirtschaftsbereiche im Jahre 1978 537 Mrd. DM. Die Summe Sachanlagen insgesamt der 95 Unternehmen aus dem Kreis der „100 Größten" 1978, für die das Anlagevermögen bekannt ist und die nicht der Wirtschaftsabteilung 7 angehören, beträgt 134,2 Mrd. DM und damit rd. 25% des gesamtwirtschaftlichen Sachanlagevermögens in der hier gewählten Abgrenzung. Bei dieser Vergleichszahl ist allerdings zu beachten, daß die Statistik der Deutschen Bundesbank auf rechtlichen Einheiten und auf Hochrechnungen beruht. Die sechs umsatzgrößten Unternehmen des Jahres 1978 haben an den Sachanlagen der 96 Unternehmen gemäß Tabelle II.2 im statistischen Anhang einen Anteil von 21,4%.

2.2.4. Beschäftigte

310. Zur Einschätzung der gesamtwirtschaftlichen Bedeutung der „100 Größten" sind auch Kenntnisse über die Anzahl der bei den Unternehmen beschäftigten Arbeitnehmer notwendig. Deshalb hat die Monopolkommission bereits in ihrem zweiten Hauptgutachten [1]) die Beschäftigten in das Untersuchungsprogramm der „100 Größten" aufgenommen. Auch für das Berichtsjahr 1978 wurde versucht, für die der Tabelle 1 zugrundeliegenden Einheiten die *Beschäftigtenzahlen* zu ermitteln. Von dem Ziel, die Anzahl der im Inland beschäftigten Arbeitnehmer zu den Bilanzstichtagen einheitlich für den inländischen Konsolidierungskreis zu erfassen, mußte auch im Berichtsjahr 1978 aufgrund der heterogenen Zusammensetzung der Liste der „100 Größten" mehrfach abgewichen werden. Bei einigen Handelsunternehmen wurde wegen des hohen Anteils der Teilzeitbeschäftigten zum Teil die Zahl der zum Bilanzstichtag errechneten Vollzeitbeschäftigten verwendet.

Bei den Verkehrsunternehmen wurden das fliegende Personal sowie die Beschäftigten zur See mit in der Zahl der inländischen Arbeitnehmer erfaßt. Bei den Unternehmen des Baugewerbes ist in der Regel ein sehr hoher Anteil von Arbeitskräften auf ausländischen Baustellen tätig. Für diese Unternehmen wurden deshalb nur die im Inland tätigen Mitarbeiter berücksichtigt. Den Geschäftsberichten der Baugesellschaften ist zu entnehmen, daß der Anteil der deutschen Arbeitnehmer auf ausländischen Baustellen meist unter einem Viertel der dort Beschäftigten liegt.

311. In der nachfolgenden Tabelle 7 ist für die „100 Größten" 1978 die Zahl der Beschäftigten angegeben. Auch hier zeigt ein Vergleich der Rangliste nach der Höhe des Umsatzes mit der nach der Anzahl der Beschäftigten, daß branchenspezifische Differenzen bestehen.

---

[1]) Die beiden weiteren Unternehmen der „100 Größten" 1978, die schwerpunktmäßig der Abt. 7 zugeordnet sind (NEUE HEIMAT, Bertelsmann AG) gehen ohnehin nicht in die Berechnung ein, da für sie das Anlagevermögen nicht ermittelt werden konnte.

[2]) Vgl. Monatsberichte der Deutschen Bundesbank, Nr. 11, 1979, S. 16 ff.

[1]) Vgl. Monopolkommission, Hauptgutachten 1976/1977, Tz. 260 ff.

Tabelle 7

Die Beschäftigten der „100 Größten" 1978 im Inland

Quelle: Eigene Erhebungen

Rangfolge nach dem Umsatz 1978	Rangfolge nach Beschäftigten 1978	Rangfolge nach Beschäftigten 1976[1]	Firma	Wirtschaftszweig[2]	Umsatz je Beschäftigten in TDM[3]	Anzahl der Beschäftigten	Erläuterungen[4]
			Deutsche Bundespost		66	509 279	
			Deutsche Bundesbahn		75	356 232	
1	14	15	VEBA AG	205	380	75 840	
2	1	1	Siemens AG	250	105	223 000	
3	2	6	Volkswagenwerk AG	244	160	138 692	
4	4	5	Daimler-Benz AG	244	152	135 275	
5	6	3	Thyssen AG	230–232	148	129 939	
6	8	8	BASF AG	200	195	87 229	
7	10	7	Hoechst AG	200	154	84 659	
8	17	18	Rheinisch-Westfälisches Elektrizitätswerk AG	101	219	58 295	
9	3	2	Ruhrkohle AG	110	91	136 503	
10	7	9	Bayer AG	200	118	102 796	
11	85	80	ESSO AG	205	2 706	4 463	TK
12	5	4	Allgemeine Elektricitäts-Gesellschaft AEG-Telefunken	250	91	131 500	
13	82	81	Deutsche Shell AG	205	2 367	4 776	E
14	13	14	Fried. Krupp GmbH	230–232	145	75 983	
15	16	17	Adam Opel AG	244	164	64 844	E
16	12	11	Mannesmann AG	230–232/ 238	136	78 189	
17	18	21	Ford-Werke AG	244	180	58 247	E
18	86	83	Deutsche BP AG	205	2 272	4 193	E
19	11	10	Gutehoffnungshütte Aktienverein	242	113	83 582	
20	9	13	Karstadt AG	43	92	87 162	
21	23	20	Friedr. Flick Industrieverwaltung KGaA	200	166	45 939	
22	15	12	Robert Bosch GmbH	250	100	75 620	
23	25	25	Deutsche Unilever GmbH	28/29	210	34 790	TK
24	35	36	Metallgesellschaft AG	233	260	27 342	
25	90	88	Aral AG	43	2 975	2 381	E
26	20	22	Salzgitter AG	230–232	134	50 125	
27	22	23	Hoesch Werke AG	230–232	139	47 000	TK
28	38	40	IBM Deutschland GmbH	250	243	26 025	E
29	24	27	Bayerische Motoren Werke AG	244	165	37 496	
30	93	90	Alfred C. Toepfer Verwaltungs-Gesellschaft mbH	40/41	3 977	1 504	
31	73	72	Klöckner & Co.	40/41	680	8 596	
32	79	77	Deutsche Texaco AG	205	1 044	5 312	TK
33	67	66	Reemtsma Cigarettenfabriken GmbH	299	502	10 980	
34	87	87	Ruhrgas AG	103	1 339	4 101	
35	81	79	NEUE HEIMAT	7	989	5 253	So
36	91	89	Mobil Oil AG	205	2 193	2 359	E
37	19	16	Kaufhof AG	43	87	57 694	
38	27	35[5]	Deutsche Lufthansa AG	5	149	33 616	
39	54	63	Degussa	200	294	15 295	

Rangfolge nach dem Umsatz 1978	Rangfolge nach Beschäftigten 1978	Rangfolge nach Beschäftigten 1976[1]	Firma	Wirtschaftszweig[2]	Umsatz je Beschäftigten in TDM[3]	Anzahl der Beschäftigten	Erläuterungen[4]
40	29	29	Gustav Schickedanz KG	43	148	29 882	
41	58	54	Hochtief AG	30	302	14 238	
42	97	97	REWE-Zentral AG	40/41/43	7 598	564	So
43	21	19	Hertie Waren- und Kaufhaus GmbH	43	87	49 000	
44	31	28	Allgemeine Deutsche Philips Industrie GmbH	250	145	29 000	TK
45	60	61	Philipp Holzmann AG	30	306	13 700	
46	88	84	BAT Cigaretten-Fabriken GmbH	299	1 046	3 835	E
47	37	37	co op Zentrale AG	40/41	151	26 472	
48	30	31	Saarbergwerke AG	110	130	29 306	
49	26	24	Brown, Boveri & Cie AG	250	109	34 738	TK
50	32	38	Klöckner-Werke AG	230–232	130	28 149	
51	57	62	BayWa AG	40/41/43	242	14 389	
52	45	42	Vereinigte Industrie-Unternehmungen AG	233	163	20 836	KW
53	46	46	Henkel KGaA	200	177	19 129	
54	100	99	Gedelfi Großeinkauf GmbH & Co. KG	40/41	13 135	257	So
55	33	32	Klöckner-Humboldt-Deutz AG	242	121	27 893	
56	96	96	Stumm GmbH – Mabanaft Gruppe	40/41	5 598	598	
57	51	–[6]	C & A Brenninkmeyer	43	201	16 592	E
58	39	34	Deutsche Babcock AG	242	124	25 718	
59	76	74	Vereinigte Elektrizitätswerke Westfalen AG	101	425	7 389	
60	94	91	EDEKA Zentrale AG	40/41	2 154	1 393	
61	36	33	Saint-Gobain-Pont-à-Mousson (Deutschland)	–	106	26 838	GD
62	28	26	Standard Elektrik Lorenz AG	250	84	33 151	TK
63	84	82	Martin Brinkmann AG	299	603	4 568	E
64	50	50	Preussag AG	233	155	17 295	
65	61	65	Nestlé-Gruppe Deutschland GmbH	28/29	204	13 000	GD
66	40	41	Stahlwerke Röchling-Burbach GmbH	230–232	101	25 283	TK
67	52	59	Bertelsmann AG	7	154	16 143	
68	65	53	Oetker-Gruppe	28/29	210	11 759	
69	41	39	Grundig AG	250	102	24 245	
70	34	30	Horten AG	43	89	27 538	E
71	68	68	Hapag-Lloyd AG	5	225	10 911	
72	83	43[7]	Otto Wolff AG	40/41	501	4 768	
73	77	76	Bilfinger + Berger Bau-AG	30	330	6 800	
74	69	75	Otto Versand GmbH & Co.	43	198	10 740	
75	43	44	Messerschmitt-Bölkow-Blohm GmbH	248	95	22 290	E
76	78	78	Franz Haniel & Cie. GmbH	40/41	387	5 471	
77	75	–	Bayernwerk AG	101	278	7 504	
78	56	60	Bosch-Siemens Hausgeräte GmbH	250	144	14 500	E
79	71	69	Tengelmann Warenhandelsgesellschaft	43	206	9 877	
80	95	93	Elf Mineraloel GmbH	202	2 208	919	TK

noch Tabelle 7

Rangfolge nach dem Umsatz 1978	Rangfolge nach Beschäftigten 1978	Rangfolge nach Beschäftigten 1976[1]	Firma	Wirtschaftszweig[2]	Umsatz je Beschäftigten in TDM[3]	Anzahl der Beschäftigten	Erläuterungen[4]
81	66	71	Wilh. Werhahn	43	171	11 575	
82	74	73	Strabag Bau-AG	30	253	7 686	
83	62	64	Magirus-Deutz AG	244	154	12 525	E
84	44	48	Continental Gummi-Werke AG. .	213	89	21 586	
85	49	45	Enka Glanzstoff AG	200	107	17 494	TK
86	59	56	Agfa-Gevaert AG	200	131	14 012	E
87	53	55	Linde AG	242	119	15 338	
88	98	95	E. Kampffmeyer	40/41	4 708	384	
89	47	51	Zahnradfabrik Friedrichshafen AG	244	97	18 216	
90	70	67	Dyckerhoff & Widmann AG	30	159	10 590	
91	99	98	AGIP AG	205	6 729	258	TK
92	63	–	Axel Springer Verlag AG	7	144	11 965	
93	64	70[5]	Schering AG	200	151	11 466	
94	55	–	ITT Gesellschaft für Beteiligungen mbH	–	118	14 571	TK
95	92	–	Touristik Union International GmbH KG	5	737	2 285	E
96	80	–	Aktiengesellschaft der Dillinger Hüttenwerke	230–232	315	5 274	E
97	42	–	Carl Zeiss	252	68	24 053	
98	48	47	Eschweiler Bergwerks-Verein . .	110	90	18 149	TK
99	89	85	Rheinische Olefinwerke GmbH. .	200	457	3 513	E
100	72	–	Michelin Reifenwerke KGaA . . .	213	164	9 600	E

[1]) In den Fällen, in denen keine Rangfolgenummer angegeben ist, befand sich das betreffende Unternehmen 1976 nicht unter den „100 Größten". Vgl. aber auch Fn. 6.

[2]) Nummer der amtlichen Systematik der Wirtschaftszweige von 1979. Zur Bedeutung der Kennziffern und zu Änderungen der Systematik gegenüber der in den Hauptgutachten 1973/1975 und 1976/1977 verwendeten Systematik der Wirtschaftszweige von 1961 (Nachtrag 1970) vgl. Tab. 8. Zuordnung nach dem Umsatzschwerpunkt.

[3]) Konzernaußenumsatz (inländischer Konsolidierungskreis)
Beschäftigtenzahl des Konzerns im Inland
bzw.
Außenumsatz der Einzelunternehmung
Beschäftigtenzahl der Unternehmung (Ausnahme: VIAG AG, KW).

Bei den Baugesellschaften wurde die Bauleistung auf die Gesamtzahl der Beschäftigten bezogen. Bei den Handelsunternehmen wurden die in Tabelle 1 angegebenen Umsätze berücksichtigt.

[4]) Bedeutung der verwendeten Symbole:
E = Beschäftigtenangabe für die Einzelunternehmung
TK = Beschäftigtenangabe für den inländischen Teilkonzern
KW = Beschäftigtenangabe für den Konzern einschl. der konsolidierten ausländischen Gesellschaften
GD = Beschäftigtenangabe für die deutsche Gruppe
So = Beschäftigtenangabe bei sonstiger Unternehmensabgrenzung.
In den Fällen, in denen kein Symbol angegeben wird, handelt es sich um die Beschäftigten vom Inlandskonzern.

[5]) Rangermittlung 1976 aufgrund der Beschäftigtenangabe für die Einzelunternehmung.

[6]) C & A Brenninkmeyer war 1976 zwar unter den „100 Größten", es konnte für diese Firma jedoch keine Beschäftigtenangabe ermittelt werden.

[7]) Rangermittlung 1976 aufgrund der Beschäftigtenangabe einschließlich ausländischer Konzerngesellschaften.

Bei der Rangfolge nach den Beschäftigten sind Ähnlichkeiten mit der Wertschöpfungsrangfolge gemäß Tabelle 6 feststellbar. Wie bei der Wertschöpfungsrangfolge steht der Siemens-Konzern in der Rangfolge nach den Beschäftigten an erster Stelle. Ebenso zeigt sich bei der VEBA AG eine Parallele zur Wertschöpfungsrangfolge: Die VEBA AG liegt nach der Zahl der beschäftigten Arbeitnehmer lediglich an 14. Stelle. Die Ursache ist auch hier darin zu sehen, daß die VEBA AG in der Mineralölverarbeitung und auch im Handel tätig ist, wobei die Chemieaktivitäten der VEBA AG bewirken, daß die Rückstufung nicht noch stärker ausfällt. Die Unternehmen der Mineralölverarbeitung weisen nämlich in Übereinstimmung mit der Wertschöpfungsrangfolge starke Abweichungen gegenüber der Umsatzliste auf. So stehen die drei großen Mineralölgesellschaften ESSO AG, Deutsche Shell AG und Deutsche BP AG in der Liste nach der Anzahl der Beschäftigten um 68 bis 74 Plätze tiefer. Neben den Unternehmen des Wirtschaftszweiges Mineralölverarbeitung sind deutlich niedrigere Rangplätze gegenüber der Umsatzrangfolge — wiederum in Übereinstimmung mit den Ergebnissen der Wertschöpfungsanalyse — bei den Einkaufszusammenschlüssen des Handels zu verzeichnen. Die großen Kaufhäuser stehen dagegen in der Beschäftigtenliste weiter oben.

Bei den Unternehmen des Bauhauptgewerbes ergibt sich insofern eine Abweichung zum Ergebnis des Vergleichs der Wertschöpfungsrangfolge mit der Umsatzrangfolge, als die drei größten Unternehmen des Baugewerbes (Hochtief AG, Philipp Holzmann AG und Bilfinger + Berger Bau-AG) in der Rangfolge nach den Beschäftigten niedriger eingestuft sind als in der Umsatzrangfolge.

Insgesamt sprechen die Übereinstimmungen der Beschäftigtenrangfolge mit der Reihenfolge nach der Wertschöpfung jedoch dafür, daß die Zahl der Beschäftigten ein recht guter Indikator für die dem externen Bilanzanalytiker schwer zugängliche Wertschöpfung ist. Diese Hypothese wird durch eine Korrelation zwischen Wertschöpfung und Beschäftigten bestätigt, die für die 90 Unternehmen der „100 Größten" 1978, für die die Wertschöpfung ermittelt werden konnte, folgendes Ergebnis erbringt:

$r_p = 0.898, \alpha < .001, N = 90$

Der Wert der Maßkorrelationskoeffizienten nach Pearson ist mit 0.898 hoch signifikant.

312. Im Zeitvergleich der Rangfolgen nach Beschäftigten 1976 und 1978 ist bei gleicher Erhebungseinheit mit zwölf Plätzen die größte Rangverschlechterung bei der Oetker-Gruppe festzustellen. Bei Oetker sind gegenüber 1976 über 20 Unternehmen aus dem Konsolidierungskreis ausgeschieden. Die Unternehmen des Wirtschaftszweiges „Herstellung von Kraftwagen" (Wirtschaftszweigkennziffer 244) weisen gegenüber 1976 durchgängig Rangverbesserungen auf. Hierin spiegelt sich die gute Automobilkonjunktur der letzten Jahre wider.

313. Insgesamt haben die „100 Größten" im Jahr 1978 nach der obigen Abgrenzung 3 173 813 Arbeitnehmer beschäftigt. Im Vergleich dazu betrug in der „Gesamtwirtschaft"[1]) die Zahl der sozialversicherungspflichtig beschäftigten Arbeitnehmer 17 743 439. Der Anteil der „100 Größten" an der so abgegrenzten Gesamtwirtschaft beträgt im Jahr 1978 17,9% und hat sich gegenüber 1976 (17,8%) nur geringfügig verändert.

Die sechs umsatzgrößten Unternehmen des Jahres 1978 haben an der Gesamtzahl der bei den „100 Größten" beschäftigten Arbeitnehmern einen Anteil von 24,9%.

2.2.5. Tätigkeitsschwerpunkte

314. Die Monopolkommission hat in ihrem Hauptgutachten 1973/1975 die Tätigkeitsschwerpunkte der „100 Größten" nach zwei unterschiedlichen Ansätzen untersucht. Zum einen hat sie mit Hilfe einer Befragung eine Aufgliederung der Umsätze eines Teils der „100 Größten" auf die betroffenen Wirtschaftszweige durchgeführt[2]). Zum anderen wurde eine schwerpunktmäßige Zuordnung der gesamten Unternehmen (Konzerne) zu einzelnen Wirtschaftszweigen vorgenommen. Da das erste Verfahren nur aufgrund einer Fragebogenaktion durchführbar ist und im Vergleich zum zweiten Verfahren nur geringe zusätzliche Informationen erbringt, erscheint seine Durchführung nur in längeren Zeitabständen sinnvoll. Daher wird hier, wie auch im Hauptgutachten 1976/1977[3]), nur die auf der schwerpunktmäßigen Zuordnung der Unternehmen aufbauende Statistik fortgeschrieben.

Wie bereits ausgeführt[4]) lag der Zuordnung der Unternehmen nach ihrem Umsatzschwerpunkt bisher die amtliche Systematik der Wirtschaftszweige von 1961 (Nachtrag 1970) zugrunde. Da seit 1979 vom Statistischen Bundesamt eine neue *Systematik der Wirtschaftszweige* für alle Wirtschaftsbereiche verwendet wird, wird in diesem Gutachten die numerische Klassifikation der amtlichen Systematik von 1979 zugrundegelegt. Um sicherzustellen, daß Änderungen in der numerischen Klassifikation nicht als Veränderung des wirtschaftlichen Tätigkeitsschwerpunktes interpretiert werden, sind die Abweichungen in der numerischen Klassifikation gegenüber der Systematik von 1961 (Nachtrag 1970) in Tabelle 8 kenntlich gemacht.

Sofern im folgenden als Bezugsgröße der Wirtschaftszweigumsatz verwendet wird, ist dieser der Umsatzsteuerstatistik entnommen.

[1]) Sozialversicherungspflichtig beschäftigte Arbeitnehmer nach der Beschäftigtenstatistik der Bundesanstalt für Arbeit am 31. Dezember 1978 für die Gesamtwirtschaft in der hier gewählten Abgrenzung, d. h. für alle Wirtschaftszweige außer Land- und Forstwirtschaft (Abt. 0), Kredit- und Versicherungsgewerbe (Abt. 6), Organisationen ohne Erwerbscharakter (Abt. 8) sowie Gebietskörperschaften und Sozialversicherung (Abt. 9). Vgl. auch Amtliche Nachrichten der Bundesanstalt für Arbeit, Heft 11/1979, S. 1398 ff.

[2]) Vgl. dazu ausführlicher Monopolkommission, Hauptgutachten 1973/1975, Tz. 244 bis 258.

[3]) Vgl. Monopolkommission, Hauptgutachten 1976/1977, Tz. 263 f.

[4]) Vgl. Tz. 282.

315. Tabelle 8 enthält diejenigen Wirtschaftszweige, in denen Unternehmen aus dem Kreis der „100 Größten" ihren Umsatzschwerpunkt haben. Die Tabelle weist in den Spalten (k) bis (n) den Anteil aus, den die „100 Größten" zum Umsatz der Wirtschaftszweige, in denen sie ihren Schwerpunkt haben, beitragen. Dabei wurde der Gesamtumsatz der einzelnen Unternehmen dem jeweiligen Wirtschaftszweig voll zugerechnet. Die Zahlen zeigen die durchweg hohe Bedeutung der Unternehmen aus dem Kreis der „100 Größten" für die Bereiche des Produzierenden Gewerbes. Demgegenüber sind die Anteile der Großunternehmen an den Umsätzen des Handelsbereichs und der Wirtschaftszweige „Verkehr- und

Tabelle 8

Zuordnung der „100 Größten" zu Wirtschafts-

Quelle: Eigene Erhebungen, Umsatzsteuerstatistik 1972, 1974, 1976 und 1978

Nummer der amtl. Systematik	Wirtschaftszweig	Zahl der Unternehmen				Gesamtumsatz der Unternehmen des betreffenden Wirtschaftszweiges in Millionen DM			
		1972	1974	1976	1978	1972	1974	1976	1978
(a)	(b)	(c)	(d)	(e)	(f)	(g)	(h)	(i)	(j)
101	Elektrizitätsversorgung. .	3	3	2	3	18 124	28 193	14 193	18 006
103	Gasversorgung	1	1	1	1	1 318	2 047	4 008	5 493
110	Steinkohlenbergbau und Kokerei	3	3	3	3	10 218	16 656	17 770	17 935
200	Chemische Industrie . . .	11	12	11	10	41 321	64 892	64 863	64 721
205	Mineralölverarbeitung . .	6	8	9	8	25 043	48 153	72 283	76 234
210	Herstellung von Kunststoffwaren	1	0	0	0	1 023	–	–	–
213[3])	Herstellung von Gummiwaren	1	1	1	2	1 290	1 584	1 779	3 489
230-232/ 238[3])	Eisenschaffende Industrie einschl. Stahlverformung .	9	9	8	8	35 259	63 200	58 883	61 975
233[3])	NE-Metallerzeugung (einschl. Halbzeugwerke).	4	4	4	3	8 988	14 315	13 836	13 199
242	Maschinenbau	7	5	5	4	18 778	16 348	21 213	17 868
244	Herstellung von Kraftwagen	5	5	7	7	38 291	39 610	60 782	73 780
248	Luft- und Raumfahrzeugbau	1	1	1	1	1 157	1 444	1 635	2 117
250	Elektrotechnik	9	9	9	9	40 193	47 381	53 942	64 728
252	Feinmechanik, Optik . . .	1	0	0	1	1 002	–	–	1 638
264	Zellstoff-, Holzschliff-, Papier- und Pappeerzeugung	1	1	0	0	1 200	1 593	–	–
28/29[3])	Ernährungsgewerbe ohne Tabakverarbeitung	3	3	3	3	9 280	12 305	11 889	12 426
299[3])	Tabakverarbeitung	3	3	3	3	9 674	11 153	11 678	12 275
30	Bauhauptgewerbe	4	2	5	5	6 786	4 341	10 840	14 435
40/41[3])	Großhandel[4])	9	12	10	9	16 832	31 039	29 700	31 869
43	Einzelhandel[4])	10	10	11	10	25 955	31 977	37 906	40 790
40/41/ 43[3])	Groß- und Einzelhandel[4])	2	2	2	2	3 521	4 808	6 715	7 765
5	Verkehr- und Nachrichtenübermittlung	2	2	2	3	3 606	5 018	6 101	9 130
7	Sonstige Dienstleistungen	2	2	2	3	5 345	6 405	7 535	9 410
–	Zuordnung nicht möglich .	2	2	1	2	2 950	3 642	2 828	4 569
	zusammen.	100	100	100	100				

[1]) Angabe aus methodischen Gründen nicht sinnvoll.
[2]) Angabe aus methodischen Gründen gegenüber 1972 zu niedrig.
[3]) Änderung der Numerierung gemäß dem nebenstehenden Schlüssel:

Nr. der amtlichen Systematik 1979	Nr. bisher
213	215
230–232/238	230/238
233	232
28/29	29
299	280
40/41	40
40/41/43	40/43

Nachrichtenübermittlung" sowie „Sonstige Dienstleistungen" deutlich niedriger.
In bezug auf den Anteil am Umsatz der „100 Größten" insgesamt (Spalten [o] bis [r]) liegen — wie auch 1976 — die Unternehmen des Wirtschaftszweiges Mineralölverarbeitung an der Spitze. Bei fünf von 20 Wirtschaftszweigen, in denen Unternehmen aus dem Kreis der „100 Größten" 1978 ihren Umsatzschwerpunkt haben, liegt der Anteil der Unternehmen des betreffenden Wirtschaftszweiges am Gesamtumsatz der „100 Größten" über 10 %. Diesen fünf Wirtschaftszweigen sind 42 Unternehmen zugeordnet, die rd. 61 % des Gesamtumsatzes der „100 Größten" auf sich vereinigen.

Tabelle 8

zweigen nach dem Umsatzschwerpunkt

Anteil am Umsatz des Wirtschaftszweiges in %				Anteil am Umsatz der „100 Größten" insgesamt in %			
1972	1974	1976	1978	1972	1974	1976	1978
(k)	(l)	(m)	(n)	(o)	(p)	(q)	(r)
78,8	– [1])	42,2	46,8	5,54	6,18	2,78	3,19
42,6	40,9	40,6	43,8	0,40	0,45	0,79	0,97
91,4	93,4	– [1])	97,8	3,12	3,65	3,48	3,18
67,4	72,6	64,6	58,8	12,64	14,23	12,71	11,48
91,8	82,7[2])	96,1	97,8	7,66	10,56	14,16	13,52
10,2	–	–	–	0,32	–	–	–
14,4	15,6	19,9	37,9	0,39	0,35	0,35	0,62
77,6	86,4	82,2	86,6	10,78	13,86	11,53	10,99
67,2	74,2	68,3	67,5	2,75	3,14	2,71	2,34
25,4	18,9	21,6	16,9	5,74	3,58	4,16	3,17
75,4	72,5	81,2	75,2	11,71	8,68	11,91	13,08
86,3	87,5	72,5	77,7	0,35	0,32	0,32	0,38
56,9	53,0	53,4	64,4	12,29	10,39	10,56	11,48
11,8	–	–	13,7	0,31	–	–	0,29
9,0	10,3	–	–	0,31	0,35	–	–
11,8	13,3	11,3	9,4	2,84	2,70	2,33	2,20
86,7	88,3	86,1	81,4	2,96	2,45	2,29	2,18
19,5	12,2	28,1	41,3	2,08	0,95	2,13	2,56
				5,15	6,80	5,82	5,65
10,9	13,4	12,6	11,8	7,94	7,01	7,42	7,23
				1,08	1,05	1,32	1,38
6,8	7,8	8,3	11,1	1,10	1,10	1,20	1,62
4,8	6,2	4,6	4,7	1,63	1,40	1,48	1,67
–	–	–	–	0,90	0,80	0,55	0,82
				100	100	100	100

[4]) Umsatz zu 75 % berücksichtigt.

Aus Tabelle 9 werden die Wirtschaftszweige ersichtlich, in denen die hier erfaßten Großunternehmen über 50% zum Umsatz beitragen. Die Rangfolge orientiert sich an den Umsatzanteilen.

Tabelle 9

Wirtschaftszweige, in denen Unternehmen aus dem Kreis der „100 Größten" 1972, 1974, 1976 und 1978 50 % und mehr zum Umsatz beigetragen haben (Zuordnung nach dem Schwerpunkt)

Quelle: Tabelle 8

Umsatzanteil der „100 Größten"	Wirtschaftszweig	Zahl der Unternehmen			
		1972	1974	1976	178
50% bis 75%	Chemische Industrie	11	12	11	10
	Elektrotechnik	9	9	9	9
	NE-Metallerzeugung	4	4	4	3
über 75%	Straßenfahrzeugbau [1])	5	5	7	7
	Luftfahrzeugbau [2])	1	1	1	1
	Tabakindustrie	3	3	3	3
	Eisen- und Stahlerzeugung zusammen mit Ziehereien usw.	9	9	8	8
über 90%	Steinkohlenbergbau und Kokerei	3	3	–	3
	Mineralölverarbeitung	6	8	9	8

[1]) 1974: 72,5%

[2]) 1976: 72,5%

2.2.6. Ausfuhr

316. In der von der Monopolkommission durchgeführten Befragung wurden die „100 Größten" 1978 in den Fällen, in denen die *Exportquote* nicht — bzw. nicht in der benötigten Abgrenzung — in den Geschäftsberichten veröffentlicht wird, um die Angabe ihrer Ausfuhr gebeten [1]). Ein Großteil der Unternehmen hat auch bei relativ geringen Ausfuhren diese mitgeteilt. In den Wirtschaftszweigen „Verkehr und Nachrichtenübermittlung" und „Sonstige Dienstleistungen" stieß die Ermittlung der Exporte auf methodische Schwierigkeiten. Deshalb wurden die sechs Unternehmen dieser beiden Wirtschaftszweige in der Auswertung nicht berücksichtigt [2]). Darüber hinaus konnten für weitere neun Unternehmen der „100 Größten" 1978 die Exporte nicht ermittelt werden [3]), so daß in die Untersuchung der Ausfuhr der „100 Größten" 85 Unternehmen einbezogen sind.

317. Die 85 einbezogenen Unternehmen haben 1978 *Ausfuhren* in Höhe von 149,5 Mrd. DM getätigt. Der Anteil der Exporte am Gesamtumsatz dieser Unternehmen beträgt 1978 somit 28,8 %. Von den 84 schwerpunktmäßig Wirtschaftszweigen zuordnenbaren Unternehmen haben 58 ihren wirtschaftlichen Tätigkeitsschwerpunkt im Bergbau und in der Verarbeitenden Industrie. Die Exportquote dieser Unternehmen liegt 1978 bei 33,4 % und damit deutlich über dem allgemeinen Durchschnitt von 24,0 % in diesem Bereich [1]).

318. Ein direkter Bezug der hier ermittelten Ausfuhrumsätze auf die Außenhandelsstatistik verbietet sich aus methodischen Gründen [2]). Ein Vergleich beider Größen kann nur dazu dienen, die Bedeutung der Großunternehmen für den Export aufzuzeigen. Die gesamte Ausfuhr beträgt 1978 284 907 Millionen DM [3]). Gemessen daran haben die 85 Unternehmen aus dem Kreis der „100 Größten" im Jahr 1978 52,5 % des deutschen Exports aufgebracht.

319. Die Höhe der Exportquote bei den „100 Größten" wird durch die Wirtschaftszweigzugehörigkeit geprägt. So ergeben sich bei den Handelsunternehmen in der Mehrzahl der Fälle Exportquoten bis zu 3,0 %. Eine Ausnahme unter diesen Unternehmen bilden zwei Großhandelsgesellschaften, bei denen die Exportquote zwischen 35 und 45 % liegt.

In Tabelle 10 sind die Ausfuhrumsätze und Exportquoten der erfaßten Unternehmen nach Wirtschaftszweigen aufgeführt. Über 50 % liegen die Exportquoten im Bauhauptgewerbe und im Luft- und Raumfahrzeugbau, wobei der letztgenannte Wirtschaftszweig jedoch nur mit einem Unternehmen aus dem Kreis der „100 Größten" besetzt ist.

[1]) Zur Ausfuhr der „100 Größten" in früheren Berichtsjahren vgl. Monopolkommission, Hauptgutachten 1973/75, Tz. 239 ff. und Hauptgutachten 1976/77, Tz. 267 ff.

[2]) Es handelt sich um folgende Unternehmen: NEUE HEIMAT, Deutsche Lufthansa AG, Bertelsmann AG, Hapag Lloyd AG, Axel Springer Verlag AG, Touristik Union International GmbH KG.

[3]) Für die Unternehmen Hertie Waren- und Kaufhaus GmbH, Allgemeine Deutsche Philips Industrie GmbH, co op Zentrale AG, Vereinigte Industrie Unternehmungen AG, Saint-Gobain-Pont-à-Mousson (Deutschland), Nestlé-Gruppe Deutschland GmbH, Wilh. Werhahn, E. Kampffmeyer und Michelin Reifenwerke KGaA liegen keine Exportangaben vor.

[1]) Vgl. Statistisches Jahrbuch 1979, S. 174.

[2]) Vgl. dazu die methodischen Vorbemerkungen in Abschnitt 1.3.1., Tz. 281.

[3]) Vgl. Statistisches Jahrbuch 1979, S. 240.

Nahe bei 50 % liegen die Exportquoten in der Chemischen Industrie, im Maschinenbau, bei der Herstellung von Kraftwagen und im Wirtschaftszweig Feinmechanik, Optik.

Ausgesprochen niedrig sind die Exportanteile neben dem Handelsbereich in der Elektrizitäts- und Gasversorgung, in der Mineralölverarbeitung und in der Tabakverarbeitung.

320. Wie bereits im Zusammenhang mit den Exporten der „100 Größten" 1976 festgestellt, ergibt ein Vergleich der Exportquoten der erfaßten Unternehmen innerhalb der Wirtschaftszweige, daß die Branchenführer selten die höchsten Exportquoten innerhalb des Wirtschaftszweiges erzielen. Ein Zusammenhang zwischen der Exportquote und der Stellung im Wirtschaftszweig nach dem Umsatz ist nicht nachweisbar.

Tabelle 10

Die Ausfuhr von 85 Unternehmen der „100 Größten" 1978 nach Wirtschaftszweigen

Quelle: Eigene Erhebungen

Nummer der amtlichen Systematik	Wirtschaftszweig	Zahl der einbezogenen Unternehmen	Umsatz der einbezogenen Unternehmen in Millionen DM	Ausfuhr	
				in Millionen DM	in % des Umsatzes
101	Elektrizitätsversorgung	3	18 006	604	*3,4*
103	Gasversorgung	1	5 493	71	*1,3*
110	Steinkohlenbergbau und Kokerei	3	17 935	3 270	*18,2*
200	Chemische Industrie	10	64 721	30 224	*46,7*
205	Mineralölverarbeitung	8	76 234	4 753	*6,2*
213	Herstellung von Gummiwaren	1	1 915	426	*22,2*
230-232/238	Eisenschaffende Industrie einschließlich Stahlverformung	8	61 975	25 799	*41,6*
233	NE-Metallerzeugung (einschließlich Halbzeugwerke)	2	9 801	3 819	*39,0*
242	Maschinenbau	4	17 868	8 418	*47,1*
244	Herstellung von Kraftwagen	7	73 780	34 559	*46,8*
248	Luft- und Raumfahrzeugbau	1	2 117	1 143	*54,0*
250	Elektrotechnik	8	60 515	22 237	*36,7*
252	Feinmechanik, Optik	1	1 638	771	*47,1*
28/29	Ernährungsgewerbe ohne Tabakverarbeitung	2	9 778	1 669	*17,1*
299	Tabakverarbeitung	3	12 275	208	*1,7*
30	Bauhauptgewerbe[1])	5	14 435	7 432	*51,5*
40/41	Großhandel[2])	7	26 057	3 544	*13,6*
43	Einzelhandel[2])	8	34 537	183	*0,5*
40/41/43	Groß- und Einzelhandel[2])	2	7 765	7	*0,1*
5	Verkehr und Nachrichtenübermittlung[3])				
7	Sonstige Dienstleistungen[3])				
–	Zuordnung nicht möglich	1	1 719	395	*23,0*
	zusammen	85	518 564	149 532	*28,8*

[1]) Bei den Unternehmen des Bauhauptgewerbes wurde die Auslandsbauleistung auf die Gesamtbauleistung bezogen.
[2]) Umsatz und Ausfuhr zu 75 % berücksichtigt.
[3]) Exportermitttlung aus methodischen Gründen nicht sinnvoll.

2.3. Selbstfinanzierungskraft (Cash-flow) der „100 Größten"

321. Der *Cash-flow*[1]) gibt über die aus eigener Kraft erwirtschafteten Mittel Auskunft, die der Unternehmung als Mittel für Ausschüttungen, Tilgung und Investitionen zur Verfügung stehen. Die wettbewerbspolitische Bedeutung von Cash-flow-Analysen besteht darin, daß der Cash-flow in der Rechtsprechung als ein Kriterium zur Beurteilung der Finanzkraft von Unternehmen im Sinne von § 22 Abs. 1 Nr. 2 GWB verwendet wird. Der Cash-flow erfaßt die Bestimmungsgrößen der Selbstfinanzierungskraft eines Unternehmens, die sich aus der Gewinn- und Verlustrechnung ermitteln lassen.

Die Monopolkommission hat versucht, den Cashflow für die „100 Größten" des Jahres 1978 zu ermitteln. Dies ist — wie aus Tabelle 11 ersichtlich ist — für 91 Unternehmen gelungen.

[1]) Zur Ermittlung des Cash-flow vgl. Abschnitt 1.3.2.

Tabelle 11

Der Cash-flow von 91 Unternehmen aus dem Kreis der „100 Größten" 1978

Quelle: Eigene Erhebungen

Rangfolge nach dem Umsatz	Rangfolge nach dem Cash-flow [1]	Firma	Wirtschaftszweig [2]	Cash-flow in Millionen DM	Cash-flow zu Umsatz in %	Erläuterungen [3]
1	2	VEBA AG	205	2 297	*7,96*	
2	4	Siemens AG	250	1 750	*7,45*	
3	3	Volkswagenwerk AG	244	1 774	*8,00*	
4	7	Daimler-Benz AG	244	1 461	*7,08*	
5	12	Thyssen AG	230–232	632	*3,28*	
6	5	BASF AG	200	1 486	*8,74*	
7	9	Hoechst AG	200	1 171	*8,95*	
8	1	Rheinisch-Westfälisches Elektrizitätswerk AG	101	2 309	*18,07*	
9	23	Ruhrkohle AG	110	382	*3,05*	
10	8	Bayer AG	200	1 260	*10,41*	
11	13	ESSO AG	205	583	*4,82*	TK
12	60	Allgemeine Elektricitäts-Gesellschaft AEG-Telefunken	250	102	*0,84*	
13	15	Deutsche Shell AG	205	560	*4,95*	E
14	30	Fried. Krupp GmbH	230–232	265	*2,41*	
15	10	Adam Opel AG	244	1 089	*10,23*	E
16	19	Mannesmann AG	230–232/238	468	*4,39*	
17	11	Ford-Werke AG	244	915	*8,73*	E
18	49	Deutsche BP AG	205	147	*1,54*	E
19	24	Gutehoffnungshütte Aktienverein	242	355	*3,74*	
20	22	Karstadt AG	43	391	*3,64* [5]	
21	25	Friedr. Flick Industrieverwaltung KGaA	200	347	*4,55*	
22	16	Robert Bosch GmbH	250	551	*7,25*	
23	20	Deutsche Unilever GmbH	28/29	431	*5,89*	TK
24	42	Metallgesellschaft AG	233	192	*2,69*	
25	58	Aral AG	43	111	*1,17* [5]	E
26	66	Salzgitter AG	230–232	86	*1,27*	
27	27	Hoesch Werke AG	230–232	288	*4,40*	TK
28	6	IBM Deutschland GmbH	250	1 466	*23,20*	E
29	17	Bayerische Motoren Werke AG	244	480	*7,76*	
30	88	Alfred C. Toepfer Verwaltungs-Gesellschaft mbH	40/41	5	*0,06* [5]	
31	80	Klöckner & Co.	40/41	50	*0,64* [5]	
32	59	Deutsche Texaco AG	205	107	*1,92*	TK
33	31	Reemtsma Cigarettenfabriken GmbH	299	265	*4,81*	
34	29	Ruhrgas AG	103	274	*4,98*	
35	–	NEUE HEIMAT	7	–	–	So
36	26	Mobil Oil AG	205	332	*6,41*	E
37	40	Kaufhof AG	43	201	*2,98* [5]	
38	21	Deutsche Lufthansa AG	5	430	*8,61*	
39	37	Degussa	200	238	*5,29*	
40	39	Gustav Schickedanz KG	43	221	*3,75* [5]	
41	45	Hochtief AG	30	173	*4,02*	KBlstg
42	86	REWE-Zentral AG	40/41/43	7	*1,93* [5][6]	So
43	34	Hertie Waren- und Kaufhaus GmbH	43	257	*4,51* [5]	

Rangfolge nach dem Umsatz	Rangfolge nach dem Cash-flow [1]	Firma	Wirtschaftszweig [2]	Cash-flow in Millionen DM	Cash-flow zu Umsatz in %	Erläuterungen [3]
44	41	Allgemeine Deutsche Philips Industrie GmbH	250	193	4,58	TK
45	64	Philipp Holzmann AG	30	88	2,09	KBlstg
46	72	BAT Cigaretten-Fabriken GmbH	299	73	1,81	E
47	77	co op Zentrale AG	40/41	64	1,19 [5]	
48	38	Saarbergwerke AG	110	232	6,07	
49	43	Brown, Boveri & Cie AG	250	182	4,82	TK
50	91	Klöckner-Werke AG	230–232	– 32	– [4]	
51	73	BayWa AG	40/41/43	73	1,57 [5]	
52	28	Vereinigte Industrie-Unternehmungen AG	233	285	8,38	KW
53	36	Henkel KGaA	200	238	7,01	
54	89	Gedelfi Großeinkauf GmbH & Co. KG	40/41	2	0,19 [5] [6]	So
55	44	Klöckner-Humboldt-Deutz AG	242	176	5,22	
56	–	Stumm GmbH – Mabanaft Gruppe	40/41	–	–	
57	33	C & A Brenninkmeyer	43	258	5,80 [5]	E
58	71	Deutsche Babcock AG	242	73	2,28	
59	14	Vereinigte Elektrizitätswerke Westfalen AG	101	562	17,88	
60	85	EDEKA Zentrale AG	40/41	12	0,30 [5] [6]	
61	–	Saint-Gobain-Pont-à-Mousson (Deutschland)	–	–	–	GD
62	56	Standard Elektrik Lorenz AG	250	121	4,32	TK
63	57	Martin Brinkmann AG	299	120	4,35	E
64	35	Preussag AG	233	252	9,38	
65	54	Nestlé-Gruppe Deutschland GmbH	28/29	122	4,60	GD
66	87	Stahlwerke Röchling-Burbach GmbH	230–232	6	0,23	TK
67	–	Bertelsmann AG	7	–	–	
68	–	Oetker-Gruppe	28/29	–	–	
69	76	Grundig AG	250	66	2,67	
70	63	Horten AG	43	89	2,71 [5]	E
71	50	Hapag-Lloyd AG	5	143	5,82	
72	81	Otto Wolff AG	40/41	42	1,31 [5]	
73	70	Bilfinger + Berger Bau-AG	30	74	3,29	KBlstg
74	55	Otto Versand GmbH & Co.	43	122	4,29 [5]	
75	61	Messerschmitt-Bölkow-Blohm GmbH	248	100	4,72	E
76	75	Franz Haniel & Cie. GmbH	40/41	68	2,41 [5]	
77	18	Bayernwerk AG	101	473	22,68	
78	69	Bosch-Siemens Hausgeräte GmbH	250	78	3,74	E
79	–	Tengelmann Warenhandelsgesellschaft	43	–	–	
80	84	Elf Mineraloel GmbH	205	22	1,08	TK
81	–	Wilh. Werhahn	43	–	–	
82	67	Strabag Bau-AG	30	84	4,31	KBlstg
83	90	Magirus-Deutz AG	244	– 6	– [4]	E
84	74	Continental Gummi-Werke AG	213	72	3,75	
85	68	Enka Glanzstoff AG	200	80	4,27	TK
86	62	Agfa-Gevaert AG	200	92	5,03	E
87	52	Linde AG	242	130	7,12	
88	–	E. Kampffmeyer	40/41	–	–	
89	47	Zahnradfabrik Friedrichshafen AG	244	160	9,05	

noch Tabelle 11

Rangfolge nach dem Umsatz	Rangfolge nach dem Cash-flow [1])	Firma	Wirtschaftszweig [2])	Cash-flow in Millionen DM	Cash-flow zu Umsatz in %	Erläuterungen [3])
90	78	Dyckerhoff & Widmann AG	30	63	*3,61*	Blstg
91	82	AGIP AG	205	29	*1,67*	TK
92	79	Axel Springer Verlag AG	7	52	*3,01*	
93	32	Schering AG	200	259	*14,99*	
94	51	ITT Gesellschaft für Beteiligungen mbH	–	135	*7,85*	TK
95	–	Touristik Union International GmbH KG	5	–	–	E
96	65	Aktiengesellschaft der Dillinger Hüttenwerke	230–232	86	*5,16*	E
97	48	Carl Zeiss	252	151	*9,21*	
98	83	Eschweiler Bergwerks-Verein	110	27	*1,66*	TK
99	46	Rheinische Olefinwerke GmbH	200	162	*10,08*	E
100	53	Michelin Reifenwerke KGaA	213	125	*7,94*	E

[1]) In den neun Fällen, in denen keine Rangfolgenummern angegeben sind, konnte der Cash-flow für 1978 nicht ermittelt werden.

[2]) Nummer der amtlichen Systematik der Wirtschaftszweige von 1979. Zur Bedeutung der Kennziffern und zu Änderungen der Systematik gegenüber der in den Hauptgutachten 1973/1975 und 1976/1977 verwendeten Systematik der Wirtschaftszweige von 1961 (Nachtrag 1970) vgl. Tabelle 8. Zuordnung nach dem Umsatzschwerpunkt.

[3]) Bedeutung der verwendeten Abkürzungen:
- Blstg = Bauleistung ohne nähere Abgrenzung des Kreises der einbezogenen Unternehmen
- E = Einzelabschluß
- GD = Umsätze der deutschen Gruppe (Obergesellschaft und Beteiligungsgesellschaften haben 50% und mehr Kapitalanteil)
- KBlstg = Konzernbauleistung
- KW = Konsolidierte Umsätze der in- und ausländischen Konzerngesellschaften
- TK = Konsolidierte Umsätze des inländischen Teilkonzerns
- So = Sonstige Umsatzabgrenzung.

[4]) Ermittlung nicht sinnvoll.

[5]) Handelsunternehmen. Zur Ermittlung der Kennziffer wird – im Gegensatz zur Rangfolgefeststellung nach dem Umsatz auf der Basis von 75% des nominellen Umsatzes – der Umsatz vollständig berücksichtigt.

[6]) Bei Ermittlung der Kennziffer wurde das Delkrederegeschäft nicht berücksichtigt.

322. Von den 91 Unternehmen aus dem Kreis der „100 Größten" 1978 haben zehn Unternehmen einen Cash-flow von mehr als einer Mrd. DM. Bei vier dieser zehn Unternehmen — es handelt sich um Rheinisch-Westfälisches Elektrizitätswerk AG, Bayer AG, Adam Opel AG und IBM Deutschland GmbH — liegt die Kennziffer Cash-flow: Umsatz mit über 10 % deutlich über dem Durchschnitt der „100 Größten". Die IBM Deutschland GmbH erreicht sogar eine Cash-flow/Umsatz-Relation von über 23 %.

An erster Stelle der Rangfolge nach dem Cash-flow steht das Rheinisch-Westfälische Elektrizitätswerk. Auffällig ist, daß mit der Vereinigten Elektrizitätswerke Westfalen AG und der Bayernwerk AG die übrigen Unternehmen des Wirtschaftszweiges Elektrizitätsversorgung im Kreis der „100 Größten" gegenüber der Rangfolge nach dem Umsatz erhebliche Platzsteigerungen haben.

323. Wenngleich auch in der Rangfolge nach dem Cash-flow die Einkaufszusammenschlüsse des Handels gegenüber der Umsatzrangfolge starke Rangveränderungen nach unten zu verzeichnen haben, sind die Abweichungen gegenüber der Umsatzrangfolge insgesamt nicht so sehr branchenspezifisch geprägt wie bei der Wertschöpfungsrangfolge, der Sachanlagenrangfolge und der Beschäftigtenrangfolge. In den Abweichungen gegenüber der Umsatzrangfolge spiegelt sich in stärkerem Maße die unternehmensspezifische Ertragslage wider. Ganz deutlich wird dies bei der Allgemeine Elektricitäts-Gesellschaft AEG-Telefunken, die in der Rangfolge nach dem Umsatz an zwölfter Stelle steht, in der Rangfolge nach dem Cash-flow jedoch nur an 60. Stelle. AEG hatte 1978 einen Jahresfehlbetrag von 347 Millionen DM. Weitere Beispiele für Unternehmen, bei denen es aufgrund von Jahresfehlbeträgen zu Rückstufungen gegenüber der Umsatzrangfolge kommt, sind Fried. Krupp GmbH, Salzgitter AG, Alfred C. Toepfer Verwaltungs-Gesellschaft mbH, Klöckner-Werke AG, Stahlwerke Röchling-Burbach GmbH und die Magirus-Deutz AG. Darin, daß von den sechs letztgenannten Unternehmen, vier der Eisenschaffenden Industrie angehören, kommt die schlechte Ertragslage dieser Branche 1978 zum Ausdruck.

2.4. Rechtsformen der „100 Größten"

324. Die nachstehende Tabelle 12 informiert über die *Rechtsformen* der jeweils zum Kreis der „100 Größten" gehörenden Unternehmen. Bei Konzernen wurde die konsolidierende Obergesellschaft für die Auswertung herangezogen.

Tabelle 12

Rechtsformen der „100 Größten" 1972, 1974, 1976 und 1978

Quelle: Eigene Erhebungen

Rechtsformen	Zahl der Unternehmen			
	1972	1974	1976	1978
Einzelunternehmen	2	3	2	2
AG	68	65	68	66
KGaA	1	2	2	3
GmbH	17	19	17	18
oHG	1	2	2	1
KG	6	5	3	4
GmbH & Co. KG	2	2	3	3
Sonstige (Stiftung, Zuordnung nicht möglich)	3	2	3	3
zusammen	100	100	100	100

Die Aufstellung zeigt, daß die Verteilung der „100 Größten" auf die verschiedenen Rechtsformen im Zeitablauf recht stabil ist. Es sind bisher keine Trends zu Veränderungen feststellbar, sondern nur Veränderungen, die primär aus Änderungen in der Zusammensetzung der Liste der „100 Größten" resultieren. Änderungen der Rechtsform bei den „100 Größten" sind demgegenüber selten. Von den „100 Größten" 1978 hat Wilh. Werhahn ab 1. Januar 1977 die Rechtsform von einer oHG in eine KG geändert.

325. Die *Aktiengesellschaft* stellt durchgängig die häufigste Gesellschaftsform der Großunternehmen dar. Faßt man alle *Kapitalgesellschaften* (AG, KGaA und GmbH) zusammen, so wird deren dominierende Stellung mit 87 Fällen im Jahr 1978 deutlich (1976 ebenfalls 87 Fälle, 1972 und 1974 86 Fälle).

Die zehn Unternehmen, die in der Form der *Personenhandelsgesellschaft* oder als *Einzelunternehmen* geführt werden, sind — mit Ausnahme von Oetker — nahezu ausschließlich im Handel tätig.

Die Untersuchung zeigt, daß die Feststellung, wonach die Konzernspitzen der „100 Größten" in der Regel als Kapitalgesellschaft organisiert sind, längerfristig gültig ist.

2.5. Die „100 Größten" im internationalen Vergleich

326. Zur Einschätzung der Entwicklung der „100 Größten" ist es zweckmäßig, die nationale Sichtweise durch einen *internationalen Vergleich* zu ergänzen. Die Monopolkommission hat dies bisher sowohl für den europäischen Rahmen, als auch in bezug auf einen Weltmaßstab getan[1]).

Dem *europäischen Vergleich* lagen die Angaben der Zeitschrift VISION über „Europas 500 Größte" zugrunde. Dieser Vergleich kann nicht fortgeschrieben werden, da die Zeitschrift VISION ihr Erscheinen eingestellt hat und vergleichbares Datenmaterial bei Abschluß des Gutachtens nicht vorlag. Der internationale Vergleich der Tabelle 13 beruht auf den FORTUNE-Listen:

— The FORTUNE of the 500 Largest U. S. Industrial Corporations sowie
— The FORTUNE Directory of the 500 Largest Industrial Corporations Outside the U. S.[2])
der jeweiligen Jahrgänge.

Zur Bestimmung der Positionen der deutschen Unternehmen werden diese beiden Listen zu einer *„Weltliste"* integriert. Diese Vorgehensweise führt nicht zu einer homogenen Weltliste, weil in der USA-Liste die Töchter nichtamerikanischer Konzerne enthalten sind. Sofern die jeweilige Muttergesellschaft eine Konsolidierung vornimmt, ergeben sich bei der Integration beider Listen Doppelzählungen. Zum Zweck der Abschätzung der Größenordnung deutscher Unternehmen im Weltmaßstab kann diese Ungenauigkeit jedoch hingenommen werden.

Die nachfolgende Tabelle 13 enthält den Weltrang einiger ausgewählter Unternehmen der Ranglisten

[1]) Vgl. Monopolkommission, Hauptgutachten 1976/1977, Tz. 272ff.

[2]) Bis zum Berichtsjahr 1976 wurden von FORTUNE nur die 300 größten Industrieunternehmen außerhalb der USA erfaßt.

Tabelle 13 **Die „100 Größten" im internationalen Vergleich**

Quelle: FORTUNE, Mai 1973, S. 221 ff., September 1973, S. 202 ff., Mai 1975, S. 208 ff., August 1975, S. 155 ff., Mai 1977, S. 364 ff., August 1977, S. 225 ff., Mai 1979, S. 268 ff., August 1979, S. 193 ff.

Unternehmen (Sitz) (Reihenfolge nach Rang 1978 der Weltliste)	Umsatz in Millionen US-\$[1]				Weltrang			
	1972	1974	1976	1978	1972	1974	1976	1978
General Motors (USA)	30 435	31 550	47 181	63 221	1	3	2	1
Exxon (USA)	20 310	42 061	48 631	60 335	2	1	1	2
Royal Dutch/Shell (GB/NL)	14 060	33 037	36 087	44 045	4	2	3	3
Ford Motor (USA)	20 194	23 621	28 840	42 784	3	4	4	4
Texaco (USA)	8 693	23 255	26 451	28 608	10	5	5	6
⋮	⋮	⋮	⋮	⋮	⋮	⋮	⋮	⋮
VEBA[2] (D)	–	–	10 852	14 394	–	–	18	18
Siemens (D)	4 713	6 702	8 060	13 865	21	31	32	19
Volkswagenwerk (D)	5 017	6 569	8 513	13 332	20	32	27	20
⋮	⋮	⋮	⋮	⋮	⋮	⋮	⋮	⋮
Daimler-Benz (D)	4 157	6 289	8 938	12 091	27	35	25	26
Hoechst (D)	4 076	7 821	9 333	12 068	30	23	21	27
Bayer (D)	3 315	6 301	8 298	11 392	47	34	30	28
⋮	⋮	⋮	⋮	⋮	⋮	⋮	⋮	⋮
BASF (D)	3 720	8 497	9 203	10 732	35	22	23	32
⋮	⋮	⋮	⋮	⋮	⋮	⋮	⋮	⋮
Thyssen (D)	3 060	8 664	7 948	9 182	55	21	34	41
⋮	⋮	⋮	⋮	⋮	⋮	⋮	⋮	⋮
Mannesmann (D)	2 054	4 717	4 689	6 321	103	57	74	64
⋮	⋮	⋮	⋮	⋮	⋮	⋮	⋮	⋮
AEG-Telefunken (D)	3 151	4 621	5 351	5 998	53	59	60	72
⋮	⋮	⋮	⋮	⋮	⋮	⋮	⋮	⋮
Grundig (D)	483	798	943	1 236	489	486	484	477
⋮	⋮	⋮	⋮	⋮	⋮	⋮	⋮	⋮
Schering (D)	422	665	793	1 110	549	556	557	538
⋮	⋮	⋮	⋮	⋮	⋮	⋮	⋮	⋮
Messerschmitt-Bölkow-Blohm (D)	365	–	650	1 056	611	–	636	556
⋮	⋮	⋮	⋮	⋮	⋮	⋮	⋮	⋮
Continental Gummi-Werke (D)	439	694	741	1 017	527	537	584	578
⋮	⋮	⋮	⋮	⋮	⋮	⋮	⋮	⋮
Dillinger Hüttenwerke (D)	–	693	596	830	–	538	680	665
⋮	⋮	⋮	⋮	⋮	⋮	⋮	⋮	⋮
Norddeutsche Affinerie (D)	346	850	604	748	646	467	674	718

[1]) Umsatzangaben der FORTUNE-Liste entnommen. Diese Umsatzangaben stimmen wegen abweichender Unternehmensabgrenzung nicht mit den Umsatzangaben in Tabelle 1 überein.

[2]) Die VEBA wird in der FORTUNE-Liste nicht geführt. Die Einordnung wurde mit Hilfe einer Umrechnung nach dem in der FORTUNE-Liste verwendeten Kurs (1 \$ entspricht 2,166 DM) vorgenommen.

1972, 1974, 1976 und 1978 der Monopolkommission. Um einen absoluten Größenvergleich zu ermöglichen, sind außerdem die Umsätze der Unternehmen in US-Dollar angegeben und die Unternehmen an der Spitze der Weltliste mit aufgeführt.

327. Die Umsätze der in der FORTUNE-Statistik erfaßten deutschen Unternehmen weichen in vielen Fällen von den in Tabelle 1 aufgeführten Werten ab. Während die Monopolkommission in ihren Aufstellungen — mit Ausnahme der Baugesellschaften und der Einzelhandelsunternehmen sowie der Vereinigte Industrie-Unternehmungen AG[1]) — einheitlich den Außenumsatz der inländischen (Teil)Konzerne zugrunde legt, werden in den internationalen Ranglisten — je nach Datenlage — Welt-, Gruppen-, Konzern- oder Einzelumsätze verwendet[2]). Zu beachten ist ferner, daß die internationale Rangliste nicht alle von der Monopolkommission berücksichtigten Großunternehmen enthält (z. B. fehlen grundsätzlich Energieunternehmen und Handelsunternehmen).

Die VEBA AG wird nach der Abgrenzung der FORTUNE-Liste den Versorgungsunternehmen zugeordnet und somit dort nicht berücksichtigt. Zum Zweck des internationalen Vergleichs wurde deshalb der VEBA-Weltumsatz mit dem der FORTUNE-Aufstellung zugrunde liegenden Kurs (1 $ entspricht 2,166 DM) umgerechnet. Diese Korrektur macht nochmals die Probleme sichtbar, die in einem derartigen Listenvergleich liegen.

Die VEBA AG liegt in der Weltrangliste wie 1976 an 18. Stelle. Demgegenüber sind bei der Siemens AG (zweitgrößtes Unternehmen der Umsatzrangliste der Monopolkommission 1978) und bei der Volkswagenwerk AG (drittgrößtes Unternehmen der Rangliste der Monopolkommission 1978) in bezug auf den Weltrang 1976 Rangsteigerungen um 13 bzw. 7 Plätze zu verzeichnen. Bei der Interpretation dieser Ergebnisse ist die Wechselkursentwicklung zu berücksichtigen.

328. Verglichen mit dem jeweils größten Unternehmen der Weltliste erreichte das größte deutsche Unternehmen der Listen der Monopolkommission

— 1972 (Volkswagen)	16,5 %
— 1974 (Thyssen)	20,6 %
— 1976 (VEBA)	22,3 %
— 1978 (VEBA)	22,8 %

des Umsatzes dieser Unternehmen.

Diese Aufstellung deutet ein relativ stärkeres Wachstum der größten Unternehmen der „100 Größten" von 1976 bis 1978 an.

329. Eine langfristige Verbesserung der Position einiger deutscher Unternehmen im internationalen Vergleich zeigt die in Tabelle 14 vorgenommene Fortschreibung einer Aufstellung der Konzentrationsenquête[1]). Die *Größenunterschiede* zwischen den aufgeführten deutschen und amerikanischen Unternehmen haben sich von 1972 bis 1978 erheblich verringert. Dies gilt durchgängig für den Umsatz und — mit Ausnahme der Unternehmen der Elektrotechnischen Industrie gemäß Tabelle 14 — auch für die Beschäftigten. Auch dieses Ergebnis deutet auf ein relativ stärkeres Wachstum der größten deutschen Unternehmen von 1972 bis 1978 hin.

Bei dem Vergleich und der Interpretation der Umsatzentwicklung deutscher Unternehmen im internationalen Vergleich sind die zugrunde gelegten Umrechnungskurse und unterschiedliche Preisentwicklungen zu beachten.

---

[1]) Vgl. dazu auch Fußnote 6 zu Tabelle 1.

[2]) Zur beispielhaften Verdeutlichung der Abweichungen der Umsatzangaben für eine einzelne Unternehmung je nach gewählter Abgrenzung vgl. Monopolkommission, Hauptgutachten 1976/1977, Tz. 273.

[1]) Vgl. Bundesamt für gewerbliche Wirtschaft, Bericht über das Ergebnis einer Untersuchung der Konzentration in der Wirtschaft, BT-Drs. IV/2320, S. 27.

Tabelle 14

Großunternehmen ausgewählter Wirtschaftszweige im internationalen Vergleich
Quelle: Konzentrationsenquête; FORTUNE, Mai 1979, S. 268 ff., August 1979, S. 193 ff.

Unternehmen	Umsatz in Mrd. DM		Beschäftigte		Veränderung in %	
	1962[1]	1978[2]	1962	1978	Umsatz	Beschäftigte
Kraftfahrzeugindustrie						
General Motors	58,6	136,9	605 000	839 000	*+ 134*	*+ 39*
Volkswagen	5,5	28,9	90 000	206 000	*+ 425*	*+ 129*
Daimler-Benz	4,7	26,2	100 144	167 165	*+ 457*	*+ 67*
Elektrotechnische Industrie						
General Electric	19,2	42,6	258 000	401 000	*+ 122*	*+ 55*
Siemens	5,4	30,0	240 000	322 000	*+ 456*	*+ 34*
Chemische Industrie						
Du Pont	9,7	22,9	93 000	132 140	*+ 136*	*+ 42*
Bayer	4,0	24,7	76 000	179 000	*+ 518*	*+ 136*
Hoechst	3,7	26,1	—[3]	179 546	*+ 605*	—

[1]) Umrechnungskurs 1 Dollar = 4,000 DM.
[2]) Umrechnungskurs 1 Dollar = 2,166 DM.
[3]) Zahl für 1962 nicht verfügbar.

3. Verflechtungen der „100 Größten"

3.1. Anteilsbesitz an Großunternehmen

3.1.1. Methodische Vorbemerkungen

330. Die Untersuchung des Anteilsbesitzes an Großunternehmen erfolgt in zwei Schritten. Zunächst wird die Struktur der Anteilseigner der „100 Größten" des Jahres 1978 aufgezeigt. In der anschließenden Darstellung der Entwicklung der *Eigentümerstruktur* der „100 Größten" sind drei Ursachen für Veränderungen zu unterscheiden:

a) Durch die unterschiedliche Umsatzentwicklung der Unternehmen kommt es im Zeitablauf zu Veränderungen der Zusammensetzung der „100 Größten" und damit auch zu Veränderungen bei den Anteilseignern.

b) Änderungen der Eigentümerstruktur ergeben sich darüber hinaus aufgrund der Veräußerung und des Erwerbs von Kapitalanteilen.

c) Eine dritte Ursache für Veränderungen liegt in der Aufgabe der wirtschaftlichen Selbständigkeit infolge der Konsolidierung durch die Muttergesellschaft[1]). Nach dem Zusammenschluß werden die betroffenen Unternehmen als eine Einheit betrachtet. Somit werden die Verflechtungen zwischen beiden Unternehmen nicht mehr erfaßt und die Beteiligungen an anderen Unternehmen zusammengefaßt.

Bei der Darstellung der Entwicklung der Eigentümerstruktur wird versucht, die verschiedenen Ursachen der Änderungen erkennbar zu machen.

331. Die Anteilseigner der einzelnen Unternehmen können mit Hilfe der verwendeten Quellen nicht vollständig ermittelt werden. Bei der Interpretation der Ergebnisse der Analyse ist deshalb zu beachten, daß die Tabellen vermutlich in einigen Bereichen zu niedrige Zahlen ausweisen. Dies dürfte besonders für den Streubesitz gelten, der in der Regel nur vermerkt wird, wenn er gegenüber den übrigen Anteilseignern von nennenswerter Bedeutung ist. Der Anteilsbesitz institutioneller Anleger (wie Investmentfonds usw.) ist ganz unberücksichtigt geblieben, weil hierzu keine ausreichenden Informationen verfügbar sind. Zu berücksichtigen ist ferner, daß gelegentlich mehrere Einzelbeteiligungen zusammengezogen sind[1]). Die Tabellen geben deshalb keine Auskunft über die Zahl der Anteilseigner, sondern nur darüber, welche Gruppen an den einzelnen Unternehmen beteiligt sind.

In die Untersuchung werden auch indirekte Beteiligungen einbezogen. Dabei wird auf eine Gewichtung nach dem Anteil an der zwischengeschalteten Beteiligungsgesellschaft verzichtet und die Höhe der direkten Beteiligung jeder der „Mütter" voll zugerechnet.

3.1.2. Anteilseigner der „100 Größten" 1978

332. Die Bestimmung und Gruppierung der Anteilseigner an den 100 größten Unternehmen des Jahres 1978 führt zu den in Tabelle 15 zusammengefaßten Ergebnissen. Bei der Differenzierung nach der Art der Anteilseigner stehen die Beteiligungen von Unternehmen aus dem Kreis der „100 Größten" mit 37 Fällen der Häufigkeit nach an der Spitze. Wenn man die Gruppe „Sonstige Beteiligungen"

[1]) Vgl. hierzu die Ausführungen in Abschnitt 1.1.

[1]) In der Regel wurde jede unabhängige Beteiligung als ein Fall betrachtet. Zusammengefaßt wurden Einzelbeteiligungen, wenn keine ausreichenden Informationen vorlagen oder wenn eine Vielzahl kleinerer Beteiligungen über eine gemeinsame Beteiligungsgesellschaft gehalten wird (Bsp.: Bergemann KG = ein Beteiligungsfall unter „Sonstige Beteiligungen").

nicht berücksichtigt lautet die weitere Reihenfolge: *Streubesitz* (31 Fälle), *Einzelpersonen und Familien* (28 Fälle) sowie *ausländische Großunternehmen* (28 Fälle), *Banken* (26 Fälle), *öffentliche Hand* (16 Fälle), sonstige *ausländische Beteiligungen* (13 Fälle), *Versicherungen* (6 Fälle). Faßt man jedoch die beiden ausländischen Beteiligungsgruppen zusammen, stehen ausländische Beteiligungen mit insgesamt 41 Fällen an der Spitze der Reihenfolge nach der Häufigkeit der Beteiligungsfälle. Die hohe Zahl der Beteiligungen, die von den Unternehmen aus dem Kreis der „100 Größten" gehalten werden, verdeutlicht, daß Konzentrationsstatistiken, die derartige Beziehungsgeflechte mit möglichen konzentrationsähnlichen Wirkungen nicht berücksichtigen, die tatsächlichen Einflußmöglichkeiten von Großunternehmen unterschätzen.

333. Eine Differenzierung nach der Höhe des Anteils zeigt charakteristische Unterschiede bei bestimmten Gruppen von Anteilseignern. Bei Beteiligungen von ausländischen Großunternehmen liegt der Schwerpunkt eindeutig bei Anteilen von über 50 %. Diese Aussage trifft in abgeschwächter Form auch für die Beteiligungen von Einzelpersonen und Familien zu. Bei den Gruppen Banken und Versicherungen sind im Gegensatz dazu keine Mehrheitsbeteiligungen zu verzeichnen. Bei diesen beiden Gruppen befindet sich die größte Zahl der Beteiligungen in der Klasse „25 bis 50" (Banken: 22 Fälle, Versicherungen: 6 Fälle). Es zeigt sich darüber hinaus, daß bei den „100 Größten" der Streubesitz schwerpunktmäßig in der Klasse „über 50" liegt. Es ist jedoch zu beachten, daß die Angaben für die kleineren Klassen in der Gruppe „Streubesitz" vergleichsweise nur unvollständig erfaßt werden konnten.

334. Bei den Beteiligungen von Unternehmen aus dem Kreis der „100 Größten" liegt der Schwerpunkt bei den Anteilen von 25 bis 50 %. Die geringe Zahl der registrierten Beteiligungsfälle mit einem Anteil von über 50 % erklärt sich aus der methodischen Anlage der Untersuchung. In die Betrachtung einbezogen wurden nur Konzernobergesellschaften und konzernunabhängige Unternehmen [1]).

---

[1]) Als konzernunabhängig werden in dieser Untersuchung alle Unternehmen angesehen, die von keinem anderen inländischen Unternehmen konsolidiert werden.

Tabelle 15

Anteilseigner[1]) der „100 Größten" 1978 nach Gruppen[2])

Quelle: siehe unten, Anmerkungen

Art des Anteilseigners	Höhe des Anteils in %			insgesamt
	unter 25	25 bis 50	über 50	
Öffentliche Hand	7	3	6	16
Banken	4	22	0	26
Versicherungen	0	6	0	6
Unternehmen aus dem Kreis der „100 Größten"	14	21	2	37
Einzelpersonen und Familien (ohne Familienstiftungen)	10	3	15	28
Ausländische Großunternehmen[3])	1	1	26	28 } 41
Sonstige ausländische Beteiligungen	7	5	1	13 }
Sonstige Beteiligungen (Stiftungen, Unternehmen außerhalb der „100 Größten", Genossenschaften, usw.)	8	8	13	29
Streubesitz	6	6	19	31
zusammen	57	75	82	214

[1]) Zahl der aufgrund der angegebenen Quellen feststellbaren Fälle. Bei indirekten Beteiligungen war die höchste erkennbare Stufe der Hierarchie maßgeblich; dabei wurde auf eine Gewichtung nach dem Anteil an den zwischengeschalteten Beteiligungsgesellschaften verzichtet und die Höhe der direkten Beteiligung jeder der „Mütter" voll zugerechnet. Die Anteile von Familienmitgliedern wurden insgesamt als Anteil der Familie gewertet.

[2]) In der Regel wurde jede unabhängige Beteiligung als ein „Fall" betrachtet. Zusammengefaßt wurden Einzelbeteiligungen, wenn keine ausreichenden Informationen vorlagen (Beispiel: mehrere Gemeinden oder kleinere Unternehmen) oder wenn eine Vielzahl kleinerer Beteiligungen über eine gemeinsame Beteiligungsgesellschaft gehalten wird (Beispiel: Bergemann KG = ein Beteiligungsfall unter „Sonstige Beteiligungen").

[3]) Unternehmen, die gemäß den FORTUNE-Listen zu den 500 größten Industrieunternehmen der USA oder zu den 500 Größten außerhalb der USA zählen.

Quellen: Eigene Erhebungen auf der Grundlage von: Commerzbank, Wer gehört zu wem, 10. bis 13. Auflage; Geschäftsberichte der „100 Größten"; Verlag Hoppenstedt, Handbuch der Aktiengesellschaften, verschiedene Jahrgänge; Verlag Hoppenstedt, Konzerne in Schaubildern und Konzerne Aktuell; Zeitungsmeldungen; The FORTUNE Directory of the 500 Largest U.S. Industrial Corporations, in: FORTUNE, May 1979, S.268 ff.; The FORTUNE Directory of the 500 Largest Industrial Corporations outside the U.S., in: FORTUNE, August 1979, S. 193 ff.

Sofern eine Konzernobergesellschaft eine Mehrheitsbeteiligung erwirbt, wird die erworbene Gesellschaft in der Regel auch in den Konsolidierungskreis einbezogen. Bei der Aufstellung der „100 Größten" wird das konsolidierte Unternehmen dann mit seinen gesamten Aktivitäten der Konzernobergesellschaft zugerechnet.

335. Ausgehend von den in Tabelle 15 unterschiedenen Eigentümergruppen wird im folgenden die Struktur der Anteilseigner der „100 Größten" des Jahres 1978 dargestellt.

3.1.2.1. Ausländische Beteiligungen

336. Von den insgesamt 82 *Mehrheitsbeteiligungen* an den „100 Größten" entfällt mit 26 Fällen auf die Gruppe der ausländischen Großunternehmen der größte Anteil. In Tabelle 16 werden die Mehrheitsbeteiligungen ausländischer Unternehmen an den „100 Größten" aufgeführt. Dabei fällt die über 50 %ige Beteiligung der Marine-Wendel, Paris an der Aktiengesellschaft der Dillinger Hüttenwerke in die Kategorie „Sonstige ausländische Beteiligungen", da Marine-Wendel nicht in der internationalen Rangskala enthalten ist, die gemäß den FORTUNE-Listen gebildet wurde [1]).

Die Angaben zum Kapitalanteil machen deutlich, wie stark der Einfluß ausländischer Eigentümer ist. Bei den 27 Gesellschaften liegt der Kapitalanteil in

3 Fällen	über 50 %,
2 Fällen	zwischen 75 und unter 95 %,
7 Fällen	zwischen 95 und 99 %,
15 Fällen	über 99 %.

Die Haupttätigkeitsgebiete der deutschen Töchter und der ausländischen Muttergesellschaften stimmen in den meisten Fällen überein.

337. Die Grundig AG und die Stahlwerke Röchling-Burbach GmbH sind seit dem Berichtsjahr 1972 erstmals als Mehrheitsbeteiligung ausländischer Unternehmen ausgewiesen. Bis 1977 hielt die ARBED, Luxemburg, nur eine Beteiligung von 50 % an der Stahlwerke Röchling-Burbach GmbH. Die indirekte Beteiligung der N. V. Philips an der Grundig AG von über 50 % geht auf eine Vereinbarung zwischen Philips und Grundig aus dem Jahr 1979 zurück und ist insofern auf dem Stand von 1979. Bei den in Tabelle 16 aufgeführten Unternehmen, die auch 1976 im Kreis der „100 Größten" waren, hat sich nur bei der Standard Elektrik Lorenz AG der Kapitalanteil mit einer Reduktion der indirekten Beteiligung der ITT von 99,44 % (1977) auf 85,93 % (1978) um mehr als 3 Prozentpunkte verändert.

[1]) Zur Erstellung der internationalen Rangskala vgl. Fußnote 2 in Tabelle 16.

338. Der Tätigkeitsschwerpunkt von sieben der 27 Töchter ausländischer Unternehmen liegt in der Mineralölverarbeitung (Wirtschaftszweigkennziffer 205). Hierin kommt die überragende Bedeutung zum Ausdruck, die die internationalen Mineralölkonzerne in der Mineralölverarbeitung der Bundesrepublik Deutschland haben. Die übrigen 20 Gesellschaften haben ihren Schwerpunkt (bei zwei Unternehmen ist eine Zuordnung nicht möglich) in acht verschiedenen Wirtschaftsbereichen. Fünf Unternehmen gehören zum Bereich der Elektrotechnik und jeweils drei zur Eisenschaffenden Industrie und zur Herstellung von Kraftwagen. Die übrigen Unternehmen sind den Bereichen Steinkohlenbergbau und Kokerei, Chemische Industrie, Herstellung von Gummiwaren, Tabakverarbeitung und Ernährungsgewerbe zugeordnet.

339. Die 27 Töchter ausländischer Unternehmen erzielen im Jahre 1978 einen Umsatz von 127 123 Millionen DM. Damit beträgt ihr Anteil am Gesamtumsatz der „100 Größten" 22,6%. Danach verfügen Unternehmen mit ausländischer Mehrheitsbeteiligung nicht nur nach der Anzahl, sondern auch nach dem Umsatz über eine bedeutende Stellung unter den „100 Größten". Gegenüber dem Berichtsjahr 1976 ist der Anteil der Töchter ausländischer Unternehmen (1976: 23 Töchter) um einen Prozentpunkt gestiegen.

340. Die in Tabelle 16 angegebenen internationalen Rangziffern [1]) der *ausländischen Anteilseigner* weisen auf eine hohe internationale Bedeutung der Muttergesellschaften hin. Acht Gesellschaften gehören in den Kreis der zehn größten Unternehmen der Welt, 11 in den Kreis der 20 Größten.

341. Gegenüber den ausländischen Mehrheitsbeteiligungen spielen die ausländischen Beteiligungen von 50% und weniger eine vergleichsweise geringe Rolle. In Tabelle 17 sind die 13 Unternehmen aus dem Kreis der „100 Größten" aufgeführt, bei denen ausländische Großunternehmen und „Sonstige ausländische Beteiligungen" als Eigentümer erfaßt wurden. Acht der 13 Unternehmen haben Ränge auf der unteren Hälfte der „100 Größten". Unter der heterogen zusammengesetzten Gruppe der ausländischen Anteilseigner befinden sich nur zwei ausländische Großunternehmen. Die Regierung des Staates Iran tritt bei zwei Unternehmen mit Kapitalanteilen von knapp über 25% auf.

[1]) Die mit der Aufstellung einer internationalen Rangliste verbundenen Schwierigkeiten wurden bereits in Abschnitt 2.5. erläutert.

Mehrheitsbeteiligungen ausländischer Unternehmen an den „100 Größten" (1978)

Quelle: Eigene Erhebungen

Rang 1972	Rang 1974	Rang 1976	Rang 1978	Beteiligungsunternehmen	Wirtschaftszweig [1]	Anteilseigner (Sitz)	Rang [2] international	Kapitalanteil in %
14	10	8	11	ESSO AG	205	Exxon Corp. (USA)	2	*100*
18	12	12	13	Deutsche Shell AG	205	Royal Dutch/Shell (NL/GB)	3	*100*
12	33	16	15	Adam Opel AG	244	General Motors Corp. (USA)	1	*100*
16	31	17	17	Ford-Werke AG	244	Ford Motor Comp. (USA)	4	*99,8*
12	23	20	18	Deutsche BP AG	205	The British Petroleum Comp. (GB)	7	*100*
21	20	22	23	Deutsche Unilever GmbH	28/29	Unilever NV (NL/GB)	12	*100*
29	21	26	27	Hoesch Werke AG	230–232	ESTEL (NL)	94	*100*
25	34	27	28	IBM Deutschland GmbH	250	IBM Corp. (USA)	10	*100*
36	26	29	32	Deutsche Texaco AG	205	Texaco Inc. (USA)	6	*99,2*
53	36	34	36	Mobil Oil AG	205	Mobil Oil Corp. (USA)	5	*100*
37	38	40	44	Allgemeine Deutsche Philips Industrie GmbH	250	N.V. Philips (NL)	16	*100*
39	41	45	46	BAT Cigaretten-Fabriken GmbH	299	British American Tobacco Comp. (GB)	49	*100*
48	49	47	49	Brown, Boveri & Cie AG	250	Brown, Boveri & Cie. (CH)	113	*rd. 56*
60	65	59	61	Saint-Gobain-Pont-à-Mousson (Deutschland)	–	Saint-Gobain-Pont-à-Mousson (F)	50	*100*
51	52	62	62	Standard Elektrik Lorenz AG	250	Inter. Standard Electric Corp. (USA) (daran ITT 100%)	15	*85,93*
42	51	64	63	Martin Brinkmann AG	299	Rothmans Int. Ltd. (GB)	475	*100*
64	74	69	65	Nestlé-Gruppe Deutschland GmbH	28/29	Nestlé (CH)	30	*100*
83	59	77	66	Stahlwerke Röchling-Burbach GmbH	230–232	ARBED (Lux.)	492	*97*
79	78	71	69	Grundig AG	250	N.V. Philips (NL) (indirekt 24,5%)	16	*üb. 50*
–	–	84	80	Elf Mineraloel GmbH	205	Elf Union (F)	44	*97,17*
–	–	75	83	Magirus-Deutz AG	244	FIAT (I) (indirekt 80%) [3]	87	*98*
63	66	74	85	Enka Glanzstoff AG	200	Akzo N.V. (NL)	100	*97,2*
–	96	87	91	AGIP AG	205	ENI (I)	22	*100*
88	95	–	94	ITT Gesellschaft für Beteigungen mbH	–	ITT-Industries Inc. (USA)	15	*100*
92	79	–	96	Aktiengesellschaft der Dillinger Hüttenwerke	230–232	Marine-Wendel (F)	–	*üb. 50*
90	85	94	98	Eschweiler Bergwerks-Verein	110	ARBED (Lux.)	492	*95,8*
–	–	–	100	Michelin Reifenwerke KGaA	213	Michelin (F)	112	*üb. 50*

[1]) Siehe Fußnote 2 in Tabelle 1.

[2]) Erstellt nach The FORTUNE Directory of the 500 Largest U.S. Industrial Corporations, in: FORTUNE, May 1979, S. 268 ff., und The FORTUNE Directory of the 500 Largest Industrial Corporations Outside the U.S., in: FORTUNE, August 1979, S. 193 ff.

[3]) Seit 1. Januar 1980 „indirekt 100%". Ab 1. Januar 1980 beträgt die Beteiligung von FIAT an der IVECO, die den Anteil an der Magirus-Deutz AG hält, 100%, da die Klöckner-Humboldt-Deutz AG ihren 20%igen Anteil an der IVECO veräußert hat. Vgl. auch Tabelle 22, Fußnote 2.

Tabelle 17

Ausländische Beteiligungen von 50 % und weniger an den „100 Größten" 1978

Quelle: Eigene Erhebungen

Rang 1972	Rang 1974	Rang 1976	Rang 1978	Beteiligungsunternehmen	Wirtschaftszweig[1]	Anteilseigner	Rang[2] international	Kapitalanteil in %
3	5	3	4	Daimler-Benz AG	244	Regierung des Staates Kuweit	–	*ca. 14*
9	8	9	9	Ruhrkohle AG	110	SIDECHAR, Paris (indirekt und direkt)	–	*13,02*
13	15	15	14	Friedrich Krupp GmbH	230–232	Regierung des Staates Iran	–	*25,01*
23	22	25	24	Metallgesellschaft AG	233	Schweizerische Ges. für Metallwerte	–	*16,46*
50	62	54	47	co op Zentrale AG	40/41	Ausländische Genossenschaftsorganisationen	–	*22,4*
58	48	55	50	Klöckner-Werke AG	230–232	Internationale Industrielle Belegging Maatschappij „Amsterdam" N.V. (NL)	–	*üb. 25*
65	55	52	58	Deutsche Babcock AG	242	Regierung des Staates Iran	–	*25,02*
62	64	66	70	Horten AG	43	BAT, London	49	*üb. 25*
83	100	82	74	Otto Versand GmbH & Co.	43	Schweizerische Kreditanstalt	–	*15*
82	89	92	75	Messerschmitt-Bölkow-Blohm GmbH	248	S.N.I.A.S., Paris (indirekt) The Boeing Comp., Seattle (USA)	– 85	*33,78* *0,99*
–	–	84	80	Elf Mineraloel GmbH	205	LACAUSSADE, S.A., Epinay (F)	–	2,83
81	88	88	86	Agfa-Gevaert AG	200	Gevaert Photo-Producten NV (B)	–	*50*
–	–	95	89	Zahnradfabrik Friedrichshafen	244	Maag Zahnräder- und Maschinen AG, Zürich	–	*4*

[1]) Vgl. Fußnote 2 in Tabelle 1.
[2]) Vgl. Fußnote 2 in Tabelle 16.

3.1.2.2. Streubesitz

342. Von den „100 Größten" 1978 befinden sich 19 Unternehmen mehrheitlich in *Streubesitz.* Die folgende Tabelle 18 gibt Auskunft über die Unternehmen, deren Kapital breit gestreut ist.

Ein Hinweis auf die Bedeutung der Gesellschaften ergibt sich aus deren Rangziffern. Von den 19 Unternehmen stehen 1978 sieben auf den ersten zehn Plätzen. Somit befinden sich insbesondere die größten Unternehmen in Streubesitz.

Die Bedeutung der *Publikumsgesellschaften* kommt auch in deren Anteil von 32,9% am Gesamtumsatz 1978 der „100 Größten" zum Ausdruck [1]. Mit 185569 Millionen DM entfällt ein höherer Umsatz auf die 19 mehrheitlich in Streubesitz befindlichen Unternehmen als auf die 27 Tochterunternehmen ausländischer Gesellschaften. Allein der Anteil der sieben größten Publikumsgesellschaften auf den ersten zehn Plätzen am Gesamtumsatz der „100 Größten" beträgt 24,1%.

[1]) Von den „100 Größten" 1976 befanden sich 16 Unternehmen mehrheitlich in Streubesitz. Diese Unternehmen hatten einen Anteil von 31 % am Gesamtumsatz 1976 der „100 Größten".

Tabelle 18

Unternehmen aus dem Kreis der „100 Größten" 1978 in mehrheitlichem Streubesitz

Quelle: Eigene Erhebungen

Rang				Firma	Wirtschaftszweig [1])	Anteil des Streubesitzes am Kapital in % [2])
1972	1974	1976	1978			
5	2	1	1	VEBA AG	205	rund *56*
2	6	6	2	Siemens AG	250	ca. *89*
1	4	4	3	Volkswagenwerk AG	244	*60*
4	1	2	5	Thyssen AG	230–232	rund *65*
6	3	5	6	BASF AG	200	über *80*
8	7	7	7	Hoechst AG	200	über *80*
10	9	10	10	Bayer AG	200	über *80*
7	11	13	12	AEG-Telefunken	250	über *50*
19	13	14	16	Mannesmann AG	230-232/238	über *80*
57	40	44	39	Degussa	200	über *50*
58	48	55	50	Klöckner-Werke AG	230–232	über *50*
44	45	50	55	Klöckner-Humboldt-Deutz AG	242	über *50*
65	55	52	58	Deutsche Babcock AG	242	rund *70*
59	54	65	64	Preussag AG	233	rund *60*
–	–	78	73	Bilfinger + Berger Bau-AG	30	über *50*
76	–	93	82	Strabag Bau-AG	30	über *50*
75	83	85	84	Continental Gummi-Werke AG	213	über *60*
100	–	99	87	Linde AG	242	ca. *90*
87	93	98	93	Schering AG	200	über *50*

[1]) Vgl. Fußnote 2 in Tabelle 1.

[2]) Für eine exakte Angabe der Höhe der in Streubesitz befindlichen Anteile fehlen entsprechende Unterlagen. Es wird deshalb vorwiegend die untere Grenze der Anteilshöhe angegeben.

343. Betrachtet man die Wirtschaftszweige, in denen die mehrheitlich in Streubesitz befindlichen Unternehmen ihren Schwerpunkt haben, so zeigt sich eine Häufung im Bereich der Chemischen Industrie (Wirtschaftszweigkennziffer 200) sowie in den Zweigen Eisenschaffende Industrie (Wirtschaftszweigkennziffer 230 bis 232) und Maschinenbau (Wirtschaftszweigkennziffer 242), denen fünf bzw. jeweils drei Unternehmen angehören. Die übrigen elf Unternehmen haben ihren Schwerpunkt in weiteren sechs Wirtschaftszweigen.

3.1.2.3. Beteiligungen von Einzelpersonen und Familien

344. Mehrheitsbeteiligungen von Einzelpersonen und Familien[1]) bestehen bei 15 Unternehmen der „100 Größten". Die Kapitalanteile der in Tabelle 19 aufgeführten Unternehmen zeigen, daß die Mehrheitsbeteiligungen überwiegend bei 100% liegen. Es handelt sich somit in den meisten Fällen um *Familienunternehmen,* in denen eine weitgehend ungeteilte Kontrolle durch die Eigentümer ausgeübt wird.

345. Die Rangziffern in Tabelle 19 lassen eine vergleichsweise geringe Bedeutung der in privatem Mehrheitsbesitz stehenden Unternehmen erkennen. Nur in vier Fällen wird ein Rang unter den ersten 50 eingenommen. Der Anteil der 15 im *Mehrheitsbesitz von Einzelpersonen und Familien* bestehenden Unternehmen am Gesamtumsatz der „100 Größten" liegt 1978 bei 9%. Sie erzielen damit — wie die 14 Unternehmen des Jahres 1976 mit Mehrheitsbeteiligungen von Einzelpersonen und Familien — nur rund ein Viertel des Gesamtumsatzes der mehrheitlich in Streubesitz befindlichen Unternehmen.

346. Im Mehrheitsbesitz von Einzelpersonen und Familien stehende Unternehmen aus dem Kreis der „100 Größten" 1978 sind am häufigsten schwerpunktmäßig im Groß- und/oder Einzelhandel tätig (acht Unternehmen). Daraus ergibt sich die Schlußfolgerung, daß im Bereich des Handels die von Einzelpersonen und Familien mehrheitlich beherrschten Unternehmen in der Vergangenheit die besten Möglichkeiten hatten, in den Bereich der Großunternehmen hineinzuwachsen bzw. ihre Stellung zu halten. Drei von den acht schwerpunktmäßig im Handelsbereich tätige Unternehmen aus Tabelle 19 waren 1972 noch nicht im Kreis der „100 Größten". Ein Unternehmen (Wilh. Werhahn) ist nach 1974 wieder in den Kreis der „100 Größten" aufgestiegen. Über den Handelsbereich hinaus verteilen sich die Tätigkeitsschwerpunkte der im Mehrheitsbesitz von Einzelpersonen und Familien stehenden Großunternehmen auf weitere fünf Wirtschaftszweige.

[1]) Stiftungen von Einzelpersonen und Familien sind in dieser Erhebung unter der Anteilseignergruppe „Sonstige Beteiligungen" erfaßt (vgl. dazu Tabelle 15).
Aus Tabelle II.1 im statistischen Anhang wird ersichtlich, daß Stiftungen von Einzelpersonen und Familien als Anteilseigner der „100 Größten" eine gewisse Bedeutung haben. Die Höhe des Anteils derartiger Stiftungen an Unternehmen der „100 Größten" liegt i. d. R. über 50 % und in vier von insgesamt neun festgestellten Fällen bei 100 %. Von den 13 unter der Anteilsgruppe „Sonstige Beteiligungen" in Tabelle 15 erfaßten Beteiligungsfällen über 50 % gehen acht auf Stiftungen von Einzelpersonen und Familien zurück. Nur in einem Fall besteht eine Beteiligung unter 50 %: Die Fritz Thyssen Stiftung hat an der Thyssen AG einen Anteil von rd. 9 %.

347. Beteiligungen in der Höhe von 25 bis 50% an den „100 Größten" befinden sich nur in drei Fällen in der Hand von Einzelpersonen und Familien. In Tabelle 20 sind die Unternehmen mit ihren Anteilseignern aufgeführt. Die indirekten Kapitalanteile bei der Thyssen AG und beim Otto Versand spiegeln nicht die tatsächlichen Einflußmöglichkeiten auf die Geschäftstätigkeit der Unternehmen wider. So ist an der Thyssen Beteiligungsverwaltung neben der Thyssen-Vermögensverwaltung GmbH die Allianz Versicherung AG mit 19,33% beteiligt. Die Thyssen Beteiligungsverwaltung hält den Anteil von rd. 25% an der Thyssen AG. Der Anteil Dritter an der indirekten Beteiligung der Familie W. Otto ist aufgrund der zur Verfügung stehenden Quellen nicht ermittelbar.

3.1.2.4. Beteiligungen der öffentlichen Hand

348. Sechs der in Tabelle 21 aufgeführten *Beteiligungen der öffentlichen Hand* werden als Mehrheitsbeteiligungen ausgewiesen. Dabei ist darauf hinzuweisen, daß die Stimmenmehrheit an RWE als Beteiligungsfall über 50% gezählt wurde, obwohl sich die Stimmenmehrheit auf mehrere öffentliche Anteilseigner verteilt[1]). Von den übrigen fünf Mehrheitsbeteiligungen der öffentlichen Hand liegen vier bei der Bundesrepublik Deutschland. Darüber hinaus hat die Bundesrepublik Deutschland bei der VEBA AG eine herrschende Stellung inne, weil neben ihrem Kapitalanteil von ca. 44% keine weiteren Großaktionäre vorhanden sind. Demnach sind insgesamt sieben Unternehmen zur Gruppe der Unternehmen mit einer herrschenden Stellung der öffentlichen Hand zu rechnen.

349. Die Tätigkeitsschwerpunkte der sieben Unternehmen befinden sich in zwei Fällen in der Elektrizitätsversorgung. In jeweils einem Fall liegen sie im Steinkohlenbergbau, in der Mineralölverarbeitung, in der Eisenschaffenden Industrie, in der NE-Metallerzeugung und im Bereich Verkehr- und Nachrichtenübermittlung. Die Unternehmen erzielen 1978 mit einem Umsatz von 62638 Millionen DM einen Anteil am Gesamtumsatz der „100 Größten" von 11,1%. Der entsprechende Anteil der fünf Bundesunternehmen liegt — wie auch im Jahr 1976 — bei 8,5%.

[1]) Vgl. auch Fußnote 2 zu Tabelle 21.

Tabelle 19

In Mehrheitsbesitz von Einzelpersonen und Familien[1]) stehende Unternehmen aus dem Kreis der „100 Größten" 1978

Quelle: Eigene Erhebungen

Rang				Firma (Eigentümer)	Wirtschafts-zweig[2])	Kapitalanteil der Familien und Einzelpersonen in %
1972	1974	1976	1978			
17	16	19	21	Friedr. Flick Industrieverwaltung KGaA	200	*100*
49	61	37	29	Bayerische Motoren Werke AG (Großaktionär: Dr. H. Quandt)	244	ca. *70*
24	30	31	33	Reemtsma Cigarettenfabriken GmbH	299	*65*
40	42	42	40	Gustav Schickedanz KG	43	*100*
43	46	49	53	Henkel KGaA	200	*100*
84	53	53	56	Stumm GmbH – Mabanaft Gruppe[3]) (Eigentümer: Familie Weisser)	40/41	über *50*
47	56	63	57	C & A Brenninkmeyer	43	*100*
–	94	73	67	Bertelsmann AG	7	*89,3*
41	39	56	68	Oetker-Gruppe	28/29	*100*
69	60	70	72	Otto Wolff AG	40/41	unter *75*
–	81	81	76	Franz Haniel & Cie. GmbH	40/41	*99*
–	98	89	79	Tengelmann Warenhandelsgesellschaft	43	*100*
94	–	91	81	Wilh. Werhahn	43	*100*
–	91	83	88	E. Kampffmeyer	40/41/43	*100*
86	–	–	92	Axel Springer Verlag AG	7	*100*

[1]) Familienstiftungen hier nicht berücksichtigt.
[2]) Vgl. Fußnote 2 in Tabelle 1.
[3]) Ab 1. Januar 1978 Namensänderung. Zuvor: Marquardt & Bahls GmbH & Co.

Tabelle 20

25- bis 50 %-Beteiligungen von Einzelpersonen und Familien an den „100 Größten" 1978

Quelle: Eigene Erhebungen

Rang				Firma (Eigentümer)	Wirtschafts-zweig[1])	Kapitalanteil der Familien und Einzelpersonen in %
1972	1974	1976	1978			
4	1	2	5	Thyssen AG (Thyssen-Vermögensverwaltung, indirekt)	230–232	rund *25*
83	100	82	74	Otto Versand (Familie W. Otto, indirekt)	43	*50*
72	–	96	90	Dyckerhoff & Widmann AG (Familie Lübbert)	30	ca. *30*

[1]) Vgl. Fußnote 2 in Tabelle 1.

Tabelle 21

Beteiligungen der öffentlichen Hand an den „100 Größten"

Quelle: Eigene Erhebungen

Rang 1972	Rang 1974	Rang 1976	Rang 1978	Beteiligungsunternehmen	Wirtschaftszweig[1])	Anteilseigner	Kapitalanteil in %
5	2	1	1	VEBA AG	205	Bundesrepublik Deutschland	ca. *44*
1	4	4	3	Volkswagenwerk AG	244	Land Niedersachsen Bundesrepublik Deutschland	*20* *20*
11	14	11	8	Rheinisch-Westfälisches Elektrizitätswerk AG (RWE)	101	Verschiedene Städte und Kreise	über *50* (Stimmrecht)[2])
28	19	23	26	Salzgitter AG	230–232	Bundesrepublik Deutschland	*100*
45	44	39	38	Deutsche Lufthansa AG	5	Bundesrepublik Deutschland (direkt und indirekt)	über *75*
56	43	43	48	Saarbergwerke AG	110	Bundesrepublik Deutschland Saarland	*74* *26*
67	50	48	52	Vereinigte Industrie-Unternehmungen AG (VIAG)	233	Bundesrepublik Deutschland (direkt und indirekt)	*100*
66	69	61	59	Vereinigte Elektrizitätswerke Westfalen AG	101	Kommunale Energie-Beteiligungsgesellschaft mbH[3]) Kommunale Körperschaften Stadt Bochum	*32,59* *14,98* *4,99*
82	89	92	75	Messerschmitt-Bölkow-Blohm GmbH	248	Freistaat Bayern Hansestadt Hamburg	*7,8* *20,25*
–	–	–	77	Bayernwerk AG	101	Freistaat Bayern	*60*
–	–	–	95	Touristik Union International GmbH KG	5	Deutsche Bundesbahn (indirekt)	*12,37*

[1]) Vgl. Fußnote 2 in Tabelle 1.

[2]) Die Namensaktien mit 20fachem Stimmrecht befinden sich in öffentlicher Hand (Städte, Gemeinden u. a.), die zusammen mit den in ihrem Besitz befindlichen Stammaktien die Stimmenmehrheit besitzt. Die kapitalmäßige Mehrheit liegt in privaten Händen (über 190 000 Aktionäre).

[3]) An der Kommunalen Energie-Beteiligungsgesellschaft mbH ist neben dem Landschaftsverband Westfalen-Lippe und dem Hochsauerlandkreis die Westdeutsche Landesbank beteiligt.

3.1.2.5. Beteiligungen aus dem Kreis der „100 Größten"

350. In Abschnitt 3.1.2. wurde bereits erläutert, warum Mehrheitsbeteiligungen von Unternehmen aus dem Kreis der „100 Größten" aufgrund der methodischen Anlage der Untersuchung selten sind. In Tabelle 22 sind die beiden Unternehmen aufgeführt, an denen Großunternehmen Kapitalanteile über 50% halten. Der Anteil der Klöckner-Humboldt-Deutz AG an der Magirus-Deutz AG wird über die IVECO Industrial Vehicles Corporation, Amsterdam, gehalten, an der Klöckner-Humboldt-Deutz AG mit 20% beteiligt ist. Die übrigen 80% an der IVECO werden von FIAT, Italien, gehalten[1]).

Die wirtschaftliche Bedeutung der Anteilseigner der Mehrheitsbeteiligungen läßt sich abschätzen, wenn der Umsatz der Beteiligungsunternehmen berücksichtigt wird. Eine Addition der Umsätze von Anteilseignern und Beteiligungsunternehmen zeigt, daß bei Zurechnung der zwei Mehrheitsbeteiligungen die beiden Anteilseigner VEBA AG und Klöckner-Humboldt-Deutz AG mehrheitlichen bzw. starken Einfluß auf einen Umsatz von 41 218 Millionen DM, d. h. auf 7,3% vom Gesamtumsatz der „100 Größten", ausüben können.

[1]) Die indirekte Beteiligung der Klöckner-Humboldt-Deutz AG an der Magirus-Deutz AG besteht seit dem 1. Januar 1980 nicht mehr, weil die KHD ihre IVECO-Anteile veräußert hat. Vgl. auch Tabelle 16, Fußnote 3.

351. In Tabelle 15 wurde bereits deutlich, daß Anteilseigner aus dem Kreis der „100 Größten" schwerpunktmäßig Kapitalanteile in der Klasse „25 bis 50" halten. Tabelle 23 zeigt, daß die 21 Beteiligungen in dieser Klasse an 16 Unternehmen bestehen und von 16 verschiedenen Anteilseignern gehalten werden. Folgende Unternehmen verfügen über mehr als eine Beteiligung (in Klammern die Anzahl der Beteiligungen):

Siemens AG	(4)
Deutsche Shell AG	(2)
RWE AG	(2).

Tabelle 22

Mehrheitsbeteiligungen von Großunternehmen

Quelle: Eigene Erhebungen

Rang				Beteiligungs-unternehmen	Wirt-schafts-zweig[1])	Anteilseigner	Rang				Wirt-schafts-zweig[1])	Kapital-anteil in %
1972	1974	1976	1978				1972	1974	1976	1978		
31	25	21	25	ARAL AG	43	VEBA AG	5	2	1	1	205	unter *56*
–	–	75	83	Magirus-Deutz AG	244	Klöckner-Humboldt-Deutz AG (indirekt 20 %)[2])	44	45	50	55	242	*98*

[1]) Vgl. Fußnote 2 in Tabelle 1.
[2]) Diese indirekte Beteiligung besteht seit dem 1. Januar 1980 nicht mehr. Zur Erläuterung vgl. Tabelle 16, Fußnote 3.

Aus den Rangziffern in Tabelle 23 ist ersichtlich, daß drei Viertel der Anteilseigner zur ersten Hälfte der „100 Größten" gehören. Die Beteiligungsunternehmen gehören zu annähernd zwei Dritteln der zweiten Hälfte der „100 Größten" an.

352. Vergleicht man die Wirtschaftszweige, in denen Anteilseigner und Beteiligungsunternehmen ihren Tätigkeitsschwerpunkt haben, so ergibt sich, daß von den 21 Beteiligungsfällen ein Drittel in demselben Wirtschaftszweig liegt. Nur drei Beteiligungsfälle liegen in vollständig fremden Wirtschaftszweigen. Dies macht deutlich, daß Beteiligungen zwischen 25 und 50% vorwiegend an anderen Unternehmen der gleichen Branche oder aus vor- oder nachgelagerten bzw. verwandten Bereichen gehalten werden. Es ist daher anzunehmen, daß es sich nicht um reine *Finanzbeteiligungen* handelt. Von den sieben horizontalen Beteiligungen befinden sich drei in der Chemischen Industrie, zwei in der Elektrotechnik und jeweils eine in den Bereichen Elektrizitätsversorgung und Eisenschaffende Industrie.

353. Die 16 Unternehmen, die über 21 Beteiligungen in der Höhe von 25 bis 50% an 16 Unternehmen verfügen, erzielen 1978 einen Umsatz von 176243 Millionen DM. Wird ihnen der Umsatz der 16 Beteiligungsunternehmen in Höhe von 62567 Millionen DM zugerechnet, so üben sie Einfluß auf 42,4% vom Gesamtumsatz der „100 Größten" aus. Werden zusätzlich die Mehrheitsbeteiligungen in die Betrachtung einbezogen, haben 16 Konzernspitzen Einfluß auf einen Umsatz von 247819 DM, d. h. auf 44% vom Gesamtumsatz der „100 Größten". 1976 hatten 14 Konzernspitzen Einfluß auf einen Umsatz von 237018 Millionen DM und damit auf 46,4% vom Gesamtumsatz der „100 Größten" 1976.

3.1.2.6. Beteiligungen von Banken und Versicherungen

354. Tabelle 24 gibt einen Überblick über die 17 Unternehmen aus dem Kreis der „100 Größten", bei denen *Banken und Versicherungen* als Anteilseigner ermittelt werden konnten. Bereits Tabelle 15 hat ergeben, daß einzelne Banken und Versicherungen 1978 nicht über Mehrheitsbeteiligungen an den „100 Größten" verfügen, dagegen aber in 28 Fällen Anteile zwischen 25 und 50% halten. Hiervon wiederum sind 14 Unternehmen betroffen, von denen sieben Rangziffern aus der ersten Hälfte der Liste der „100 Größten" aufweisen. Die Addition der Umsätze der 14 im maßgeblichen Einfluß von Banken und Versicherungen stehenden Unternehmen ergibt, daß diese insgesamt einen Umsatz von 60884 Millionen DM erzielen. Das sind 10,8% vom Gesamtumsatz der „100 Größten". Gegenüber 1976 (20 Unternehmen; 15,6%) bedeutet dies eine merkliche Anteilsverringerung. Dies ist ein Trend, der auch durch die Ausführungen in Abschnitt 3.1.3. bestätigt wird. Bei sechs Unternehmen liegen zwei bzw. drei (Hapag-Lloyd AG) Beteiligungen in Höhe von jeweils 25 bis 50% bei Banken bzw. Versicherungen, so daß diese Anleger zusammen über Mehrheitsbeteiligungen verfügen.

355. Betrachtet man die Wirtschaftszweige, denen die 17 Unternehmen mit Beteiligungen von Banken und Versicherungen zugeordnet sind, unabhängig von der Beteiligungshöhe, zeigt sich mit jeweils vier Unternehmen eine Schwerpunktbildung im Handelsbereich (Wirtschaftszweigkennziffern 40/41/43) und im Bauhauptgewerbe (Wirtschaftszweigkennziffer 30).

356. In bezug auf die Beteiligungsfälle der *Banken* an den „100 Größten" 1978 besteht eine eindeutige Dominanz der drei Großbanken Deutsche Bank AG, Dresdner Bank AG und Commerzbank AG. Diese drei Großbanken haben an den 26 Beteiligungsfällen von Banken an den „100 Größten" einen Anteil von über zwei Dritteln.

Tabelle 23

Beteiligungen von 25 bis 50 % aus dem Kreis der „100 Größten" 1978

Quelle: Eigene Erhebungen

Rang				Beteiligungs-unternehmen	Wirt-schafts-zweig [1])	Anteilseigner [2])	Rang				Wirt-schafts-zweig [1])	Kapital-anteil in %
1972	1974	1976	1978				1972	1974	1976	1978		
9	8	9	9	Ruhrkohle AG	110	VEBA AG	5	2	1	1	205	27,2
23	22	25	24	Metall-gesellschaft AG	233	Siemens AG (indirekt 33,3 %)	2	6	6	2	250	über 25
31	25	21	25	ARAL AG	43	Mobil Oil AG	53	36	34	36	205	rund 28
74	72	41	34	Ruhrgas AG [3])	103	Deutsche BP AG (indirekt 96,1 %)	32	23	20	18	205	25
						ESSO AG und Dt. Shell AG (indirekt 50 %)	14 18	10 12	8 12	11 13	205	26,5
57	40	44	39	Degussa	200	Henkel KGaA (indirekt 46 %)	43	46	49	53	200	über 25
54	70	57	41	Hochtief AG	30	Rhein.-Westfäl. Elektrizitätswerk AG	11	14	11	8	101	33,89
44	45	50	55	Klöckner-Hum-boldt-Deutz AG	242	Klöckner & Co.	38	28	33	31	40/41	unter 50
66	69	61	59	Vereinigte Elektrizitäts-werke AG	101	Rhein.-Westf. Elektrizitätswerk AG (ind. 30%)	11	14	11	8	101	25,3
82	89	92	75	Messerschmitt-Bölkow-Blohm GmbH	248	Thyssen AG und Siemens AG (indirekt 32,6 %)	4 2	1 6	2 6	5 2	230–232 250	33,78
–	–	–	77	Bayernwerk AG	101	Verein. Industrie-Unternehmungen AG	67	50	48	52	233	40
68	75	76	78	Bosch-Siemens Hausgeräte GmbH	250	Bosch GmbH Siemens AG	22 2	27 6	24 6	22 2	250 250	50 50
76	–	93	82	Strabag Bau-AG	30	Werhahn-Gruppe	94	–	91	81	43	über 25
81	88	88	86	Agfa-Gevaert AG	200	Bayer AG	10	9	10	10	200	50
72	–	96	90	Dyckerhoff & Widmann AG	30	Siemens AG (indirekt 50 %)	2	6	6	2	250	26
92	79	–	96	Aktiengesellsch. der Dillinger Hüttenwerke	230–232	Stahlwerke Röchling-Bur-bach GmbH (indirekt 97 %)	73	59	77	66	230–232	über 25
–	73	86	99	Rheinische Olefinwerke GmbH	200	BASF AG Deutsche Shell AG	6 18	3 12	5 12	6 13	200 205	50 50

[1]) Vgl. Fußnote 2 in Tabelle 1.

[2]) Angaben in Klammern: Anteil an der Beteiligungsgesellschaft, die die direkte Beteiligung hält.

[3]) Stand 1979 gemäß der Entscheidung des Bundesministers für Wirtschaft im Ministererlaubnisverfahren nach § 24 Abs. 3 GWB vom 5. März 1979. Vgl. dazu auch Monopolkommission, Sondergutachten 8, Zusammenschlußvorhaben der Deutschen BP AG und der VEBA AG, Baden-Baden 1979.

Beteiligungen von Banken und Versicherungen an den „100 Größten" 1978

Quelle: Eigene Erhebungen

Rang 1972	Rang 1974	Rang 1976	Rang 1978	Beteiligungsunternehmen	Wirtschaftszweig [1]	Anteilseigner [2]	Kapitalanteil in %
3	5	3	4	Daimler-Benz AG	244	Deutsche Bank	unter 25
15	18	18	19	Gutehoffnungshütte Aktienverein	242	Commerzbank (25 %), Allianz (75 %) indirekt	ca. 30
30	32	30	20	Karstadt AG	43	Commerzbank	über 25
						Deutsche Bank	über 25
23	22	25	24	Metallgesellschaft AG	233	Deutsche Bank (33,3 %), Allianz (33,3 %) indirekt	über 25
						Dresdner Bank	über 25
33	35	35	37	Kaufhof AG	43	Commerzbank	über 25
						Dresdner Bank	über 25
57	40	44	39	Degussa	200	Dresdner Bank (27 %), Münchener Rückversicherungs-Gesellschaft (27 %) ind.	über 25
54	70	57	41	Hochtief AG	30	Commerzbank	über 25
52	67	58	45	Philipp Holzmann AG	30	Deutsche Bank	über 25
						Westdeutsche Landesbank	über 25
55	58	51	51	BayWa AG	40/41/43	Bayerische Raiffeisen Zentralbank	über 25
65	55	52	58	Deutsche Babcock AG	242	Berliner Handels- und Frankfurter Bank	über 5
66	69	61	59	Vereinigte Elektrizitätswerke Westfalen AG	101	Deutsche Bank (25 %), Allianz (15 %) indirekt	25,32
						Westdeutsche Landesbank (indirekt)	32,59
59	54	65	64	Preussag AG	233	Westdeutsche Landesbank	rund 40
62	64	66	70	Horten AG	43	Deutsche Bank (75 %), Commerzbank (25 %) indirekt	25
80	80	79	71	Hapag-Lloyd AG	5	Deutsche Bank	über 25
						Dresdner Bank	über 25
						Münchener Rückversicherungs-Gesellschaft (40 %), Allianz (60 %) ind.	über 25
–	–	78	73	Bilfinger + Berger Bau-AG	30	Dresdner Bank	unter 50
75	83	85	84	Continental Gummi-Werke AG	213	Deutsche Bank	unter 25
72	–	96	90	Dyckerhoff & Widmann AG	30	Bayer. Landesbank (25 %), Nordd. Landesbank (25 %) ind.	26
						Berliner Handels- u. Frankfurter Bank (ind., über 25 %)	ca. 9

[1]) Vgl. Fußnote 2 in Tabelle 1.

[2]) Angaben in Klammern geben bei indirekter Beteiligung den Anteil an der Beteiligungsgesellschaft an, die die direkte Beteiligung hält.

3.1.3. Änderungen der Eigentümerstruktur im Zeitablauf

3.1.3.1. Änderungen der Eigentümerstruktur der „100 Größten" von 1972

357. Im Hauptgutachten 1973/75 hat die Monopolkommission die Anteilseigner der „100 Größten" des Jahres 1972 für zwei Zeitpunkte (Stand 1972 und 1975) dargestellt[1]. Dadurch konnten für diesen konstant gehaltenen Kreis von Unternehmen die auf Veräußerungen und Erwerb von Kapitalanteilen beruhenden Veränderungen der Eigentümerstruktur von 1972 bis 1975 aufgezeigt werden.

In der folgenden Darstellung wird die Eigentümerstruktur der „100 Größten" der Rangliste 1972 auf den Stand von 1978 fortgeschrieben. Für die Interpretation ist zu beachten, daß die Anteilseigner der einzelnen Unternehmen in der Regel nicht vollständig ermittelt werden konnten, so daß in Einzelfällen der als Veränderung erfaßte Vorgang auf Unterschieden in der Genauigkeit der Ermittlung der Anteilseigner zu den verschiedenen Zeitpunkten beruhen kann.

358. Von den hundert Großunternehmen der Rangliste des Jahres 1972 haben bis 1978 insgesamt sechs Unternehmen ihre wirtschaftliche Selbständigkeit verloren[1]. 1974 wurden Rheinstahl von Thyssen und Demag konsolidiert. Seit 1975 konsolidiert VEBA die Gelsenberg AG, die 1979 an die Deutsche BP AG veräußert wurde[2]. Die Neckermann Versand AG wird vom Geschäftsjahr 1977 an von Karstadt und die Stahlwerke Südwestfalen AG von der Fried. Krupp GmbH konsolidiert. Die Chemische Werke Hüls AG sind erstmals 1978 in den Konzernabschluß der VEBA AG einbezogen.

359. In der Tabelle 25 sind die Anteilseigner der „100 Größten" 1972 für die Jahre 1972, 1975 und 1978 nach Gruppen und Anteilshöhen aufgeführt. Die eingeklammerten Werte ergeben sich, wenn statt der 100 Unternehmen nur die jeweils unter einheitlicher Leitung stehenden und zu einem Konzern zusammengefaßten rechtlich selbständigen Einheiten betrachtet werden, d. h. wenn die Anteilseigner der Demag AG, Rheinstahl AG (jetzt: Thyssen Industrie AG), Gelsenberg AG, Neckermann Versand AG, Stahlwerke Südwestfalen AG und Chemische Werke Hüls AG vom Zeitpunkt der Konsolidierung an nicht miterfaßt werden.

360. Die Betrachtung der Veränderungen der *Eigentümerstruktur* von 1975 bis 1978 nach der Höhe der Anteile zeigt, daß es sowohl in der Klasse

[1]) Vgl. Monopolkommission, Hauptgutachten 1973/1975, Tz. 269ff.

[1]) Vgl. dazu die Ausführungen zur Abgrenzung der wirtschaftlichen Einheiten in Abschnitt 1.3.

[2]) Vgl. Tabelle 26.

Tabelle 25

Anteilseigner[1]) der „100 Größten" 1972 nach Gruppen[2])

Quelle und Fußnoten: Siehe Tabelle 15

Art des Anteilseigners	Höhe des Anteils in %											
	unter 25			25 bis 50			über 50			insgesamt		
Stand	1972	1975	1978	1972	1975	1978	1972	1975	1978	1972	1975	1978
Öffentliche Hand	6	6	7	2	2	3	5	5	5	13	13	15
Banken	4	4	5	25	28	24	0	0	2	29	32	31
Versicherungen	2	1	0	8	7	7	0	0	0	10	8	7
Unternehmen aus dem Kreis der „100 Größten"	14	12	13	30	23	21 (20)	1	7 (5)	8 (2)	45	42 (40)	42 (35)
Einzelpersonen und Familien (ohne Familienstiftungen)	9	8	9	6	7	3	13	13	13	28	28	25
Ausländische Großunternehmen[3])	2	2	1	6	3	1	20	20	22	28	25	24
Sonstige ausländische Beteiligungen	5	6	7	3	4	5	0	1	1	8	11	13
Sonstige Beteiligungen (Stiftungen, Unternehmen außerhalb der „100 Größten", Genossenschaften usw.)	12	9	5	5	6	8	12	12	12	29	27	25
Streubesitz	9	11 (9)	8 (6)	8	10	9 (8)	21	16	18	38	37 (35)	35 (32)
zusammen	63	59	55	93	89	81	72	74	81	228	223	217

„25 bis 50" als auch bei den *Mehrheitsbeteiligungen* zu stärkeren Veränderungen gekommen ist. Für diesen Zeitraum steht der Abnahme der Zahl der Beteiligungen von 25 bis 50% um acht auf 81 Fälle eine Zunahme der Mehrheitsbeteiligungen um sieben auf ebenfalls 81 Fälle gegenüber. Die Reduktion der Beteiligungen von 25 bis 50% ist vor allem auf einen Rückgang der Zahl der *Bankbeteiligungen* und der *Beteiligungen von Einzelpersonen und Familien* (je vier Fälle) zurückzuführen.

Der Rückgang der Zahl der Bankbeteiligungen in der Klasse „25 bis 50" gegenüber 1975 ergibt sich aus folgenden Veränderungen:

— Der Anteil des Bankhauses Merck Finck & Co. an der Hochtief AG von ursprünglich über 25% ist veräußert worden.

— 1975 war die Deutsche Bank indirekt (33,33%) mit über 25% an der Continental Gummi-Werke AG beteiligt. Für 1978 wurde hier eine direkte Beteiligung von unter 25% ermittelt.

— Die indirekte Beteiligung des Bankhauses Sal. Oppenheimer an der Strabag Bau-AG besteht nicht mehr.

— Die Berliner Handels- und Frankfurter Bank war 1975 indirekt (50%) mit 25% an der Getreide-Import-Gesellschaft mbH beteiligt. Auch diese Beteiligung besteht im Jahr 1978 nicht mehr.

Die Zunahme der Beteiligungsfälle über 50% auf 81 gegenüber 74 im Jahre 1975 verteilt sich relativ gleichmäßig auf die in dieser Untersuchung unterschiedenen Arten von Anteilseignern. Die von der Zahl der Fälle her größten Zunahmen liegen mit jeweils zwei Fällen bei den Banken, ausländischen Großunternehmen und bei der Kategorie „Streubesitz". Die Beteiligungsunternehmen der Rangliste des Jahres 1972, bei denen sich diese Veränderungen ergeben haben, sind aus Tabelle 26 ersichtlich, in der die wichtigsten Beteiligungsunternehmen, bei denen es von 1975 bis 1978 zu Änderungen in der Beteiligungshöhe gekommen ist, einzeln aufgeführt sind.

361. Die Zahl der Fälle, in denen durch Anteilsbesitz eine Verflechtung zwischen den „100 Größten" der Rangliste des Jahres 1972 besteht, ist 1975 bis 1978 mit 42 Fällen gleichgeblieben. Gegenüber 1972 (45 Fälle) ergibt sich allerdings sowohl ein Rückgang der *Beteiligungsfälle von Unternehmen aus dem Kreis der „100 Größten"* insgesamt als auch eine Änderung der Struktur nach der Höhe des Anteils. Während die Beteiligungen von Unternehmen aus dem Kreis der „100 Größten" in der Klasse „25 bis 50" von 30 Fällen im Jahre 1972 auf 21 Fälle im Jahre 1978 zurückgegangen sind, haben sich die Mehrheitsbeteiligungen im gleichen Zeitraum von einem Fall auf acht Fälle erhöht. Neben der Aral AG[1]) und der Rütgerswerke AG, an der die Ruhrkohle AG indirekt mit über 50% beteiligt ist, sind in den acht Mehrheitsbeteiligungen von Unternehmen aus dem Kreis der „100 Größen" die sechs bereits in Tz. 358 erwähnten Unternehmen enthalten, die seit 1972 in den Konsolidierungskreis der jeweiligen Muttergesellschaft einbezogen worden sind.

3.1.3.2. Anteilseigner der seit 1972 in den Kreis der „100 Größten" aufgestiegenen und der ausgeschiedenen Unternehmen

362. Unterschiede in der Entwicklung der Eigentümerstruktur der „100 Größten" resultieren — wie in Abschnitt 3.1.1. bereits beschrieben — aus der Veräußerung und dem Erwerb von Kapitalanteilen, der Konsolidierung durch die Muttergesellschaft und Unterschieden in der Umsatzentwicklung der Großunternehmen.

In diesem Abschnitt werden die auf Anteilsbesitzwechsel zurückzuführenden Änderungen ausgeschaltet. In Tabelle 27 sind deshalb die Anteilseigner der „100 Größten" der Jahre 1972 und 1978 einheitlich nach dem Stand von 1978 ausgewiesen. Die Abweichungen zwischen den Ergebnissen für 1972 und 1978 resultieren somit ausschließlich aus Unterschieden in der Zusammensetzung der jeweiligen Rangliste infolge differierender Umsatzentwicklung und auf Grund von Konsolidierungen.

363. In der Rangliste 1978 sind gegenüber der von 1972 13 neue Gesellschaften enthalten, die auf Grund ihrer Umsatzentwicklung in den Kreis der „100 Größten" aufgerückt sind. Das Ausscheiden aus dem Kreis der „100 Größten" ist in dieser Zeitspanne nahezu gleichgewichtig auf die Gründe „Umsatzentwicklung" und „Konsolidierung durch die jeweilige Muttergesellschaft" zurückzuführen. So sind gegenüber 1972 sechs Unternehmen wegen Aufgabe der wirtschaftlichen Selbständigkeit[2]) ausgeschieden und sieben infolge ihrer Umsatzentwicklung nicht mehr in der Rangliste der „100 Größten" des Jahres 1978 enthalten.

---

[1]) Vgl. Tabelle 22.

[2]) Vgl. dazu die Ausführungen in Tz. 358.

Tabelle 26

Anteilseigner der „100 Größten" 1972 mit Änderungen der Beteiligungshöhe von 1975 bis 1978

Quelle: Eigene Erhebungen

Rang 1972	Beteiligungsunternehmen	Anteilseigner[1])	Kapitalanteil in %	
			1975	1978
3	Daimler-Benz AG	Deutsche Bank	über 50	unter 25
		Friedrich Flick Industrieverwaltung KGaA	rund 10	rund 10
		Regierung des Staates Kuweit	0	rund 14
		Mercedes-Automobil-Holding AG (daran beteiligt: Bayerische Landesbank, Robert Bosch GmbH, Commerzbank, Dresdner Bank, Schweizerische Bankgesellschaft, Württembergische Kommunale Landesbank Girozentrale)	0	25,23
7	AEG-Telefunken	General Electric	10,7	0
9	Ruhrkohle AG	Kreditanstalt für Wiederaufbau	8,3	0
		SIDECHAR, Paris (direkt und indirekt)	4,8	13
13	Fried. Krupp GmbH	A. Krupp v. Bohlen u. Halbach Stiftung	100	74,99
		Regierung des Staates Iran	0	25,01
15	Gutehoffnungshütte Aktienverein	Nachkommen der Gründer der GHH: Jacobi, Haniel, Huyssen	ca. 30	ca. 20
26	Gelsenberg AG[2])	VEBA AG	96,1	0
		Deutsche BP AG	0	96,1
44	Klöckner-Humboldt-Deutz AG	Streubesitz	unter 50	über 50
50	co op Zentrale AG	Bund deutscher Konsumgenossenschaften	50	39,3
		Beteiligungsgesellschaft für Gemeinwirtschaft	25	38,3
		ausländische Konsumgenossenschaften (indirekt)	10	22,4
51	Standard Elektrik Lorenz AG	Int. Standard Electric Corp. (USA), daran ITT 100 %	99,44	85,93
52	Philipp Holzmann AG	Hans Glöggler	rund 30	0
		Westdeutsche Landesbank	0	über 25
54	Hochtief AG	RWE	über 25	33,89
		Commerzbank	über 25	über 25
		Merck, Finck & Co.	über 25	0
61	Neckermann Versand AG	Familie Neckermann	unter 50	0
		Karstadt AG	0	51,2
		K. H. Reese	ca. 25	0
65	Deutsche Babcock AG	Babcock & Wilcox, London	über 25	0
		Berliner Handels- und Frankfurter Bank	über 10	über 5
		Regierung des Staates Iran	0	25,02
66	Vereinigte Elektrizitätswerke Westfalen AG	Stadt Bochum	4,4	4,99
		Kommunale Energiebeteiligungsgesellschaft (Stadt Dortmund, Landschaftsverband Westfalen-Lippe, Hochsauerlandkreis, Westdeutsche Landesbank)	16,9	32,59
		Kommunale Körperschaften	31,26	14,98
69	Otto Wolff AG	Familienbesitz	91,2	unter 75
73	Stahlwerke Röchling-Burbach GmbH	ARBED, S.A. (Lux.)	50	97,9
		Röchlingsche Familiengemeinschaft	50	2,1
74	Ruhrgas AG[1])	VEBA AG (direkt und indirekt)	28,7	0
		ESSO AG, Deutsche Shell AG (indir. 50 %)	26,5	26,5
		Deutsche BP (indirekt 96,1 %)	0	25
		Bergemann KG	31,1	34,8
75	Continental Gummi-Werke AG	Deutsche Bank (indirekt 33,33 %; ab 1978 direkt)	über 25	unter 25
		Bayer AG (indirekt 33,33 %; ab 1978 direkt)	über 25	11,59

Rang 1972	Beteiligungsunternehmen	Anteilseigner[1])	Kapitalanteil in %	
			1975	1978
76	Strabag Bau-AG	Werhahn Gruppe (direkt und indirekt; ab 1978 direkt)	über 50	über 25
		Sal. Oppenheimer (indirekt über 50 %)	ca. 30	0
		Streubesitz	unter 50	über 50
77	Chemische Werke Hüls AG	Bayer AG (direkt und indirekt; ab 1978 direkt)	50	25
		VEBA AG (direkt und indirekt)	50	75
78	Stahlwerke Südwestfalen AG	Fried. Krupp GmbH	52	98,9
79	Grundig AG[3])	Philips (NL) (indirekt 24,5%)	0	über 50
82	Messerschmitt-Bölkow-Blohm GmbH	Familie Blohm	22	0,75
		Familie Bölkow	13,42	4,14
		Bayerische Landesanstalt für Wiederaufbaufinanzierung	5,93	0
		Freistaat Bayern	0	7,8
		Hansestadt Hamburg	0	20,25
		Thyssen AG (indirekt 32,6 %)		
		Siemens AG (indirekt 32,6 %)	25,6	33,78
		S.N.I.A.S., Paris (indirekt 34,8 %)		
		BOEING (USA)	8,9	0,99
92	Aktiengesellschaft der Dillinger Hüttenwerke	Marine Wendel, Paris	über 50	über 50
		Stahlwerke Röchling-Burbach GmbH (indirekt 97%)	0	über 25
96	Getreide-Import-Gesellschaft mbH	Landwirtschaftliche Rentenbank (indirekt 50 %)	unter 25	100
		Deutsche Genossenschaftsbank (ind. 50 %)		
		Berliner Handels- und Frankfurter Bank (indirekt 50 %)	25	0

[1]) Bei indirekten Beteiligungen ist in Klammern der Anteil an der Beteiligungsgesellschaft angegeben, die die direkte Beteiligung hält. Vgl. auch die methodischen Erläuterungen in Abschnitt 3.1.1.

[2]) Stand 1979 gemäß der Entscheidung des Bundesministers für Wirtschaft im Ministererlaubnisverfahren nach § 24 Abs. 3 GWB vom 5. März 1979. Vgl. dazu auch Monopolkommission, Sondergutachten 8, Zusammenschlußvorhaben der Deutschen BP AG und der VEBA AG, Baden-Baden 1979.

[3]) Stand 1979. Vgl. dazu auch die Erläuterung in Tz. 337.

364. Das Auf- und Absteigen von Unternehmen hat bei den unterschiedlichen Anteilseignerarten sowohl zu Zunahmen als auch zu Abnahmen der Beteiligungsfälle insgesamt geführt.

Anteilseigner mit deutlichen Abnahmen der Zahl der Beteiligungsfälle insgesamt sind „Unternehmen aus dem Kreis der ‚100 Größten'" (fünf Fälle), „Banken" (fünf Fälle) und „Streubesitz" (vier Fälle). Bei den „Unternehmen aus dem Kreis der ‚100 Größten'" liegt die Hauptursache für die deutliche Abnahme der Zahl der Beteiligungsfälle in der Verringerung der Mehrheitsbeteiligungen gegenüber 1978 um sechs Fälle, die sich aus der Konsolidierung von Demag, Rheinstahl, Gelsenberg, Neckermann Versand, Chemische Werke Hüls, Stahlwerke Südwestfalen und Kraftwerk Union AG[1]) sowie dem Aufstieg der Magirus-Deutz AG (indirekte Beteiligung von Klöckner-Humboldt-Deutz AG mit 98 %) ergibt. Bei den Banken ist kein eindeutiger Schwerpunkt für den Rückgang der Zahl der Beteiligungsfälle insgesamt festzustellen. Die Reduktion der Mehrheitsbeteiligungen der Banken von zwei auf null ist Folge des Ausscheidens der Getreide-Import-Gesellschaft mbH aus dem Kreis der „100 Größten"[1]).

Erhebliche Zunahmen der Zahl der Beteiligungsfälle insgesamt liegen bei ausländischen Großunternehmen (vier Fälle), sonstigen Beteiligungen (vier Fälle) sowie bei Einzelpersonen und Familien (drei Fälle) vor. Der Grund für die Zunahme der Beteiligungsfälle ausländischer Großunternehmen insgesamt liegt allein in der Erhöhung der Zahl der Beteiligungen über 50 %. Die Position der ausländischen Großunternehmen wurde durch das auch aus Tabelle 16 ersichtliche Aufrücken der Elf Mineraloel GmbH, der Magirus-Deutz AG, der AGIP AG und der Michelin Reifenwerke KGaA gestärkt.

Auch bei der Anteilseignerkategorie *„Einzelpersonen und Familien"* liegt der Schwerpunkt der Erhöhung bei Beteiligungen über 50 %. Die vier in dieser Klasse aufgestiegenen Unternehmen sind Bertels-

[1]) Die Kraftwerk Union AG wird seit 1977 von der Siemens AG konsolidiert.

[1]) Zur Eigentümerstruktur der Getreide-Import-Gesellschaft mbH vgl. Tabelle 26.

mann AG, Franz Haniel & Cie. GmbH, Tengelmann Warenhandelsgesellschaft und E. Kampffmeyer. Mit Ausnahme von E. Kampffmeyer konnten diese Firmen ihre Position in der Rangfolge der „100 Größten" seit dem Jahr 1974 stetig verbessern und weisen damit ein im Vergleich zum Durchschnitt der „100 Größten" überdurchschnittliches Wachstum auf. Inwieweit der Anstieg auf internem bzw. externem Unternehmenswachstum beruht, konnte nicht ermittelt werden. Jedoch ist anzunehmen, daß z. B. die Übernahme der Gehe & Co. KG durch Franz Haniel & Cie. GmbH (1973) und die Betreuung der Filialen der Kaiser's AG sowie der Plus-Warenhandelsgesellschaft oHG durch die Tengelmann-Gesellschaften die Umsatzsteigerungen in einem erheblichen Maße beeinflußt haben. Auch bei der Bertelsmann AG haben Unternehmenszusammenschlüsse (z. B. mit der Gruner + Jahr AG) die Umsatzsteigerung mitgetragen.

Die beiden Abstiege bei Mehrheitsbeteiligungen von Einzelpersonen und Familien wurden durch das Ausscheiden der Karl Freudenberg GmbH & Co. und von Kugelfischer Georg Schäfer & Co. hervorgerufen.

3.2. Kooperation im Rahmen von Gemeinschaftsunternehmen

3.2.1. Methodische Vorbemerkungen

365. In der folgenden Untersuchung wird festgestellt, in welchem Umfang *Gemeinschaftsunternehmen* (GU) bei den „100 Größten" 1978 nach dem Stand der Beteiligungen von 1978 vorliegen [1]).

Als Gemeinschaftsunternehmen werden Unternehmen bezeichnet, an denen mindestens zwei andere Unternehmen beteiligt sind. In der folgenden Untersuchung ist die *direkte* oder *indirekte Kapitalbeteiligung* von zwei oder mehreren Unternehmen aus

[1]) Zur Untersuchung der Kooperation durch Gemeinschaftsunternehmen in früheren Berichtsjahren vgl. Monopolkommission, Hauptgutachten 1973/1975, Tz. 311 bis 338 und Hauptgutachten 1976/1977, Tz. 323 bis 340.

Tabelle 27

Anteilseigner [1]) der „100 Größten" 1972 und 1978 und der ausgeschiedenen und aufgestiegenen Unternehmen nach Gruppen [2])

(Stand: 1978)

Quelle und Fußnoten: Siehe Tabelle 15. Die Anteilseigner der ausgeschiedenen Unternehmen werden in der Tabelle mit negativem Vorzeichen erfaßt, die der Aufsteiger mit positivem Vorzeichen.

Art des Anteilseigners	Höhe des Anteils in %											
	unter 25			25 bis 50			über 50			insgesamt		
	1972	Auf- und Ab-steiger	1978	1972	Auf- und Ab-steiger	1978	1972	Auf- und Ab-steiger	1978	1972	Auf- und Ab-steiger	1978
Öffentliche Hand	7	+ 1 − 1	7	3		3	5	+ 1	6	15	+ 2 − 1	16
Banken	5	− 1	4	24	+ 1 − 3	22	2	− 2	0	31	+ 1 − 6	26
Versicherungen	0		0	7	− 1	6	0		0	7	− 1	6
Unternehmen aus dem Kreis der „100 Größten"	13	+ 2 − 1	14	21	+ 3 − 3	21	8	+ 1 − 7	2	42	+ 6 − 11	37
Einzelpersonen und Familien (ohne Familienstiftungen)	9	+ 1	10	3		3	13	+ 4 − 2	15	25	+ 5 − 2	28
Ausländische Großunternehmen [3])	1		1	1		1	22	+ 4	26	24	+ 4	28
Sonstige ausländische Beteiligungen	7	+ 2 − 2	7	5		5	1		1	13	+ 2 − 2	13
Sonstige Beteiligungen (Stiftungen, Unternehmen außerhalb der „100 Größten", Genossenschaften usw.)	5	+ 3	8	8	+ 1 − 1	8	12	+ 1	13	25	+ 5 − 1	29
Streubesitz	8	− 2	6	9	− 3	6	18	+ 1	19	35	+ 1 − 5	31
zusammen	55	+ 9 − 7	57	81	+ 5 − 11	75	81	+ 12 − 11	82	217	+ 26 − 29	214

dem Kreis der „100 Größten" 1978 das Kriterium zur Ermittlung der Gemeinschaftsunternehmen. Die Höhe der Beteiligung bleibt somit ebenso unberücksichtigt wie das Vorliegen weiterer Verflechtungstatbestände. Ein Unternehmen wird also auch dann als Gemeinschaftsunternehmen gewertet, wenn die beteiligten Unternehmen relativ niedrige Anteile halten. Dies beruht auf der Überlegung, daß Anteilseigner mit geringen Beteiligungen vertraglich so gestellt werden können, als ob die Beteiligung erheblich höher wäre.

366. In der Auswertung werden darüber hinaus diejenigen Unternehmen erfaßt, an denen Gemeinschaftsunternehmen Beteiligungen halten. Liegt die Beteiligung des Gemeinschaftsunternehmens bei 50 % und mehr, so wird das Unternehmen als Gemeinschaftsunternehmen-Tochter (GUT) bezeichnet; liegt die Beteiligung unter 50 %, so wird es als Gemeinschaftsunternehmen-Beteiligung (GUB) eingestuft. Trifft die Beteiligung eines GU mit der eines Unternehmens aus dem Kreis der „100 Größten" (auch wenn dieses selbst an dem GU beteiligt ist) zusammen, so wird auch deren gemeinsame Tochter als GU gewertet.

367. Grundlage für die Ermittlung der Gemeinschaftsunternehmen sind die Geschäftsberichte der „100 Größten" und ihrer Tochtergesellschaften, soweit diese für das Geschäftsjahr 1978 einen Geschäftsbericht veröffentlicht haben. Da die Unternehmen lediglich verpflichtet sind, ihre konsolidierten Beteiligungen im Geschäftsbericht aufzuführen, wurde daneben auf die Loseblattsammlungen des Hoppenstedt-Verlages „Konzerne in Schaubildern" und „Konzerne aktuell" zurückgegriffen. Bei voneinander abweichenden Angaben, die sich in Einzelfällen durch den unterschiedlichen Stand ergeben, wurde stets die Angabe des Geschäftsberichtes zugrundegelegt.

Das verwendete Datenmaterial läßt keine lückenlose Erfassung aller Beteiligungen der „100 Größten" zu. Nur wenige Gesellschaften veröffentlichen in ihren Geschäftsberichten eine vollständige Übersicht über ihre Beteiligungen. In vielen Fällen werden neben dem Konsolidierungskreis nur wenige ausgewählte Beteiligungen angegeben. Lücken ergeben sich insbesondere bei einigen Unternehmen, die nur dem Publizitätsgesetz unterliegen.

368. Die genannten Einschränkungen führen im Ergebnis zu einer gegenüber der Realität eher zu kleinen Zahl von Gemeinschaftsunternehmen. Die aus der Untersuchung ableitbaren Aussagen tendieren deshalb dazu, den Tatbestand „Kooperation im Rahmen von Gemeinschaftsunternehmen" zu unterschätzen.

369. Hinzuweisen ist weiterhin auf eine methodische Begrenzung, die darin besteht, daß das gesamte Untersuchungsprogramm der „100 Größten" sich auf Unternehmen mit Sitz im Inland beschränkt. Hierdurch werden alle Gemeinschaftsunternehmen aus der Untersuchung ausgeklammert, die — obwohl im Ausland ansässig — der Kooperation deutscher und ausländischer Partner auf dem deutschen Markt dienen. Ferner ist die Analyse auf die „100 Größten" begrenzt, was zur Folge hat, daß alle GU unberücksichtigt bleiben, an denen ein Unternehmen aus dem Kreis der ‚100' zusammen mit einem anderen, z. B. auf Platz 101 stehenden, beteiligt ist.

370. Die Analyse der Beteiligungen an den „100 Größten" im Abschnitt 3.1.2.5. hat gezeigt, daß einige Großunternehmen Anteile an anderen Unternehmen aus dem Kreis der „100 Größten" halten. Nach den oben festgelegten Abgrenzungen zählen von den „100 Größten" 1978 allein 6 Unternehmen[1]) zu den Gemeinschaftsunternehmen und die Messerschmitt-Bölkow-Blohm GmbH zu den Gemeinschaftsunternehmen-Beteiligungen. Diese Unternehmen werden in der folgenden Untersuchung als Gemeinschaftsunternehmen bzw. Gemeinschaftsunternehmen-Beteiligung gewertet.

371. Bei der Erfassung der Zahl der Unternehmen aus dem Kreis der „100 Größten", die Anteile an Gemeinschaftsunternehmen halten, werden bei den Gemeinschaftsunternehmen, die zugleich zu den Großunternehmen zählen, nur die Gesellschafter dieser Unternehmen berücksichtigt.

Z. B. werden bei einer Beteiligung der Ruhrkohle AG somit die Gesellschafter der Ruhrkohle AG als Anteilseigner gewertet, nicht dagegen die Ruhrkohle AG.

Infolge der Einbeziehung von sechs Großunternehmen in den Kreis der Gemeinschaftsunternehmen und der Messerschmitt-Bölkow-Blohm GmbH in den Kreis der Gemeinschaftsunternehmen-Beteiligungen reduziert sich die Zahl der Großunternehmen, zwischen denen Gemeinschaftsunternehmen ermittelt werden, auf 93.

3.2.2. Allgemeine Angaben zu den ermittelten Gemeinschaftsunternehmen

372. Die „100 Größten" halten im Geschäftsjahr 1978 direkt und indirekt Anteile an ca. 5 700 anderen Gesellschaften im Inland. Die entsprechende Zahl für das Geschäftsjahr 1976 betrug 4 800[2]). Aufgrund des Umstandes, daß die Unternehmen bei der Veröffentlichung ihrer Beteiligungen Freiheitsspielräume haben[3]), ist es nicht möglich zu ermitteln, ob der Zuwachs der Zahl der Anteile der „100 Größten" an anderen Gesellschaften im Inland auf einer echten Zunahme der Zahl der Beteiligungen beruht oder ob er nur auf eine erweiterte Publizität der Großunternehmen zurückzuführen ist. Diese Einschränkung gilt auch für Veränderungen der Zahl der *Gemeinschaftsunternehmen*, der *Gemeinschaftsunternehmen-Töchter* und der *Gemeinschaftsunternehmen-Beteiligungen* gegenüber dem Berichtsjahr 1976. Die einzelnen Großunternehmen sind in sehr unterschiedlichem Maße an anderen Unternehmen beteiligt. Die Spanne der im Geschäftsbericht ausgewiesenen Anteile an anderen

[1]) Ruhrkohle AG, Aral AG, Ruhrgas AG, Bosch-Siemens Hausgeräte GmbH, Touristik Union International GmbH KG, Rheinische Olefinwerke GmbH.

[2]) Vgl. Monopolkommission, Hauptgutachten 1976/1977, Tz. 330.

[3]) Vgl. vorstehende Tz. 367.

inländischen Gesellschaften reicht von „keine Beteiligungen" bis zu über 440 direkten und indirekten Beteiligungen (VEBA AG).

373. Unter den ausgewiesenen Beteiligungen der „100 Größten" 1978 wurden nach der oben gegebenen Abgrenzung 332 Gemeinschaftsunternehmen registriert[1]). Eine Gruppierung der Gemeinschaftsunternehmen nach der Anzahl der direkt und indirekt beteiligten Großunternehmen führt zu folgendem Ergebnis:

an ... Gemeinschaftsunternehmen sind	... Großunternehmen beteiligt
171	2
65	3
24	4
12	5
33	6 bis 10
27	11 bis 18

Gemeinschaftsunternehmen mit wenigen Anteilseignern herrschen vor. Die relativ hohe Zahl von Unternehmen mit sechs und mehr Gesellschaftern ist Folge der Zählweise, nach der die direkt und indirekt beteiligten „100 Größten" auch dann berücksichtigt werden, wenn die Beteiligungen über andere Großunternehmen (z. B. Ruhrkohle AG, Ruhrgas AG) bestehen.

[1]) Einschl. der sechs zu den „100 Größten" zählenden Gemeinschaftsunternehmen.

374. Die erfaßten 332 Gemeinschaftsunternehmen halten Anteile von

— 381 Gemeinschaftsunternehmen-Töchtern,

— 134 Gemeinschaftsunternehmen-Beteiligungen[1]).

Bei 244 der Gemeinschaftsunternehmen-Töchter verfügen die beteiligten Gemeinschaftsunternehmen über Anteile in Höhe von 100 %. Bei den restlichen Gemeinschaftsunternehmen-Töchtern liegt der Anteil der Gemeinschaftsunternehmen zwischen 50 und 100 %. Bei den Gemeinschaftsunternehmen-Beteiligungen liegt dagegen der Anteil im Besitz von Gemeinschaftsunternehmen definitionsgemäß unter 50 %.

375. Faßt man die *Gemeinschaftsunternehmen* mit der Zahl der Gemeinschaftsunternehmen-Töchter und Gemeinschaftsunternehmen-Beteiligungen zusammen, so ergibt sich eine Gesamtzahl von 847 Unternehmen, an denen die 93 der „100 Größten" direkt oder indirekt beteiligt sind. Legt man die Anzahl aller über die „100 Größten" erfaßten Unternehmen zugrunde, so ist bei rd. 15 % der Unternehmen ein gemeinsamer Einfluß von mehreren Großunternehmen zu verzeichnen.

376. Es ist auch für das Berichtsjahr 1978 nicht möglich, die Umsätze der erfaßten Gemeinschaftsunternehmen, Gemeinschaftsunternehmen-Töchter und Gemeinschaftsunternehmen-Beteiligungen zu

[1]) Im Berichtsjahr 1976 wurden 284 Gemeinschaftsunternehmen mit 378 Gemeinschaftsunternehmen-Töchtern und 133 Gemeinschaftsunternehmen-Beteiligungen festgestellt. Vgl. Monopolkommission, Hauptgutachten 1976/1977, Tz. 332.

Tabelle 28

Gemeinschaftsunternehmen, Gemeinschaftsunternehmen-Töchter und Gemeinschaftsunternehmen-Beteiligungen unterschieden nach der Höhe des Nominalkapitals [1])

Quelle: Eigene Erhebungen

Kapital in TDM	Gemeinschaftsunternehmen [2])		Gemeinschaftsunternehmen-Töchter [3])		Gemeinschaftsunternehmen-Beteiligungen	
	Anzahl	%	Anzahl	%	Anzahl	%
Keine Angabe	32		22		19	
0 bis unter 10	2	*0,7*	2	*0,6*	2	*1,7*
10 bis unter 100	39	*13,0*	109	*30,4*	32	*27,8*
100 bis unter 1 000	72	*24,0*	121	*33,7*	42	*36,5*
1 000 bis unter 10 000	91	*30,3*	84	*23,4*	26	*22,6*
10 000 bis unter 100 000	68	*22,7*	43	*12,0*	13	*11,3*
100 000 bis unter 500 000	26	*8,7*	—	—	—	—
500 000 bis unter 1 000 000	2	*0,7*	—	—	—	—
Unternehmen mit Angaben insgesamt	300	*100*	359	*100*	115	*100*
Durchschnittliches Eigenkapital	27 352 TDM		3 674 TDM		6 985 TDM	

[1]) Bei Aktiengesellschaften Grundkapital, bei GmbH Stammkapital, bei den übrigen Rechtsformen entsprechende Kapitalabgrenzung.

[2]) Einschl. der sechs zu den „100 Größten" zählenden Gemeinschaftsunternehmen.

[3]) Einschl. der Messerschmitt-Bölkow-Blohm GmbH.

ermitteln, da diese in der Regel nicht veröffentlicht werden. Um dennoch Anhaltspunkte für die Bedeutung dieser Unternehmen zu gewinnen, wurde das Nominalkapital ermittelt.

Für 300 von insgesamt 332 Gemeinschaftsunternehmen liegen Angaben zur *Kapitalausstattung* vor. Das Nominalkapital dieser Gesellschaften beträgt insgesamt 8 206 Millionen DM. Der Durchschnittswert liegt bei 27 Millionen DM. Die Aufteilung nach Größenklassen in Tabelle 28 zeigt eine breite Streuung um den Mittelwert. Zugleich wird in der Tabelle deutlich, daß die Gemeinschaftsunternehmen-Töchter und Gemeinschaftsunternehmen-Beteiligungen erheblich kleiner sind als die Gemeinschaftsunternehmen. Berücksichtigt man außerdem das durchschnittliche Nominalkapital der „100 Größten" von 457 Millionen DM, so wird das erwartete Größengefälle von den Großunternehmen über die Gemeinschaftsunternehmen zu deren Tochtergesellschaften und Beteiligungen bestätigt.

377. Tabelle 29 zeigt, daß die vorherrschende Rechtsform bei den Gemeinschaftsunternehmen, den Gemeinschaftsunternehmen-Töchtern und bei den Gemeinschaftsunternehmen-Beteiligungen die Gesellschaft mit beschränkter Haftung ist. Alle übrigen Rechtsformen sind dagegen von untergeordneter Bedeutung. Bei den Gemeinschaftsunternehmen hat nur noch die Rechtsform der Aktiengesellschaft und bei den Gemeinschaftsunternehmen-Töchtern die der GmbH & Co. KG eine gewisse Bedeutung.

Tabelle 29

Gemeinschaftsunternehmen, Gemeinschaftsunternehmen-Töchter und Gemeinschaftsunternehmen-Beteiligungen unterschieden nach Rechtsformen

Quelle: Eigene Erhebungen

Rechtsform	Gemeinschaftsunternehmen		Gemeinschaftsunternehmen-Töchter		Gemeinschaftsunternehmen-Beteiligungen		zusammen	
	Anzahl	%	Anzahl	%	Anzahl	%	Anzahl	%
AG	42	*12,7*	17	*4,5*	13	*9,7*	72	*8,5*
GmbH	222	*66,9*	295	*77,4*	97	*72,4*	614	*72,5*
oHG	3	*0,9*	1	*0,3*	—	—	4	*0,5*
KG	13	*3,9*	9	*2,4*	4	*3,0*	26	*3,1*
GmbH & Co. KG	29	*8,7*	55	*14,4*	10	*7,5*	94	*11,1*
Sonstige	23	*6,9*	4	*1,0*	10	*7,5*	37	*4,4*
zusammen ...	332	*100*	381	*100*	134	*100*	847	*100*

3.2.3. Verflechtung der „100 Größten" über Gemeinschaftsunternehmen

378. Die 93 der „100 Größten" sind in sehr unterschiedlichem Maße an *Gemeinschaftsunternehmen* beteiligt. Die folgende Aufstellung zeigt, daß für 28 der Großunternehmen keine Beteiligung am Gemeinschaftsunternehmen ermittelt wurde:

Zahl der „100 Größten"	mit ... Gemeinschaftsunternehmen
28	keinem
29	1 bis 5
16	6 bis 20
9	21 bis 40
7	41 bis 80
3	81 bis 120
1	151

Damit sind die 332 festgestellten Gemeinschaftsunternehmen 65 Unternehmen der „100 Größten" zuzurechnen.

379. In Tabelle 30 sind die Beteiligungen der „100 Größten" an Gemeinschaftsunternehmen nach Rangstufen der Großunternehmen aufgeführt. Es zeigt sich, daß auch für das Berichtsjahr 1978 die Großunternehmen an der Spitze der Rangfolge in der Regel besonders häufig an Gemeinschaftsunternehmen beteiligt sind. Von den 28 Großunternehmen, für die keine Beteiligung an Gemeinschaftsunternehmen ermittelt werden konnte, befinden sich mit 17 Unternehmen mehr als 50 % auf der zweiten Hälfte der Rangliste der „100 Größten".

Tabelle 30 zeigt einen Zusammenhang zwischen Unternehmensgröße nach dem Umsatz und Verflechtungen über Gemeinschaftsunternehmen.

Tabelle 30

Beteiligungen der „100 Größten an Gemeinschaftsunternehmen

Quelle: Eigene Erhebungen

Von den 93 Großunternehmen, die nicht GU sind, sind die nach dem Umsatz auf Platz ... stehenden	entsprechender Rang unter den „100 Größten" nach dem Umsatz	zusammen an ... Gemeinschaftsunternehmen beteiligt
1 bis 10	1 bis 11	435
11 bis 20	12 bis 21	291
21 bis 30	22 bis 32	229
31 bis 40	33 bis 43	37
41 bis 50	44 bis 53	137
51 bis 60	54 bis 63	86
61 bis 70	64 bis 73	81
71 bis 80	74 bis 85	29
81 bis 93	86 bis 100	30

380. Die in Tabelle 31 vorgenommene Aufgliederung nach Wirtschaftszweigen läßt erkennen, daß die Zahl der Gemeinschaftsunternehmen je Großunternehmen (Spalte k) nach den Wirtschaftszweigen sehr stark schwankt. Gegenüber dem Berichtsjahr 1976 sind die Wirtschaftszweige, deren Unternehmen besonders häufig über Gemeinschaftsunternehmen verflochten sind, gleichgeblieben [1]):

— Eisenschaffende Industrie einschl. Stahlverformung,

— Elektrizitätsversorgung,

— Mineralölverarbeitung,

— NE-Metallerzeugung,

— Steinkohlenbergbau.

Im Durchschnitt unter 1 liegt die Zahl der Gemeinschaftsunternehmen in den Wirtschaftszweigen Herstellung von Kraftwagen, Tabakverarbeitung und Sonstige Dienstleistungen. Im Großhandel haben allein die drei Unternehmen Klöckner & Co., Otto Wolff AG und Franz Haniel & Cie. GmbH einen relativ hohen Verflechtungsgrad.

[1]) Reihenfolge der Nennung nach der Zahl der Gemeinschaftsunternehmen im Durchschnitt (vgl. Spalte [k] von Tabelle 31).

Tabelle 31

Gemeinschaftsunternehmen und Verpflechtungen der „100 Größten" nach Wirtschaftszweigen

Quelle: Eigene Erhebungen

Nummer des amtlichen Systematik	Wirtschaftszweig	Zahl der erfaßten Großunternehmen mit Schwerpunkt im Wirtschaftszweig: insgesamt	davon mit ... Gemeinschaftsunternehmen: keinem	1 bis 5	6 bis 20	21 bis 40	41 bis 120	121 bis 151	Zahl der Gemeinschaftsunternehmen: insgesamt	im Durchschnitt
(a)	(b)	(c)	(d)	(e)	(f)	(g)	(h)	(i)	(j)	(k)
101	Elektrizitätsversorgung	3			1		2		120	40,0
110	Steinkohlenbergbau und Kokerei	2			1	1			50	25,0
200	Chemische Industrie	9	2	2	3	1	1		114	12,7
205	Mineralölverarbeitung	8	1	1	1	3	1	1	309	38,6
213	Herstellung von Gummiwaren	2	1	1					2	1,0
230—232/238	Eisenschaffende Industrie einschließlich Stahlverformung	8		1	1		6		505	63,1
233	NE-Metallerzeugung	3			1	2			77	25,7
242	Maschinenbau	4	1	1	2				20	5,0
244	Herstellung von Kraftwagen	7	5	2					5	0,7
250	Elektrotechnik	8	3	2	2	1			44	5,5
252	Feinmechanik, Optik	1		1					5	5,0
28/29	Nahrungs- und Genußmittelgewerbe	3		3					5	1,7
299	Tabakverarbeitung	3	2	1					2	0,7
30	Bauhauptgewerbe	5	2	3					5	1,0
40/41	Großhandel	9	4	2	2	1			54	6,0
43	Einzelhandel	9	5	4					12	1,3
40/41/43	Groß- und Einzelhandel	2		2					4	2,0
5	Verkehr und Nachrichtenübermittlung	2		1	1				10	5,0
7	Sonstige Dienstleistungen	3	1	2					2	0,7
—	Zuordnung nicht möglich	2	1		1				10	5,0
	zusammen ...	93	28	29	16	9	10	1		

381. Das umsatzstärkste Unternehmen der Liste der „100 Größten" 1978 — die VEBA AG — ist mit Beteiligungen an 151 Gemeinschaftsunternehmen Anteilseigner an 46 % aller hier erfaßten Gemeinschaftsunternehmen.

Daneben ist eine besonders starke direkte und indirekte Beteiligung an Gemeinschaftsunternehmen bei der Thyssen AG (105), der Hoesch Werke AG (97) und der Fried. Krupp GmbH (90) festzustellen. Eine erhebliche Zahl dieser Beteiligungen wird über die Ruhrkohle AG gehalten.

382. Insgesamt werden 95 der 332 Gemeinschaftsunternehmen direkt oder indirekt in den Konzernabschluß eines Großunternehmens einbezogen. Auch nach der Zahl der konsolidierten Gemeinschaftsunternehmen liegt die VEBA AG an erster Stelle. Sie konsolidiert direkt oder indirekt 27 Gemeinschaftsunternehmen. Bei den übrigen 31 Großunternehmen, die Gemeinschaftsunternehmen konsolidieren, beträgt die Zahl der konsolidierten Gemeinschaftsunternehmen nur bei Klöckner & Co. (8) und Franz Haniel & Cie. GmbH (8) über fünf.

383. Neben dem Ausmaß der Beteiligung an Gemeinschaftsunternehmen ist wettbewerbspolitisch die *Verflechtung der „100 Größten" über Gemeinschaftsunternehmen* von Interesse. Die Prüfung, mit welcher Zahl anderer Unternehmen aus dem Kreis der „100 Größten" die einzelnen Großunternehmen über Gemeinschaftsunternehmen verbunden sind, führt zu folgenden Werten:

... Unternehmen der „100 Größten" sind	mit ... verschiedenen Großunternehmen über Gemeinschaftsunternehmen verbunden
29	1 bis 10
15	11 bis 20
11	21 bis 30
8	31 bis 40
2	41 bis 50

Die VEBA AG als das Unternehmen mit den meisten direkten und indirekten Verbindungen zu Gemeinschaftsunternehmen ist mit 46 der hier zugrundeliegenden 93 Großunternehmen über Gemeinschaftsunternehmen verbunden. Das weitere Unternehmen in der Klasse „41 bis 50" der vorstehenden Übersicht ist die Thyssen AG, die mit 42 anderen Großunternehmen über Gemeinschaftsunternehmen verbunden ist. Die acht Unternehmen der Klasse „31 bis 40" sind: Fried. Krupp GmbH (37), Mannesmann AG (37), Hoesch Werke AG (36), Klöckner-Werke AG (36), Rheinisch Westfälisches Elektrizitätswerk AG (34), Salzgitter AG (34), Vereinigte Elektrizitätswerke Westfalen AG (34) und Preussag AG (31). In Klammern ist die Zahl der Großunternehmen angegeben, zu denen die vorgenannten Unternehmen über Gemeinschaftsunternehmen Verbindungen haben.

3.3. Die personellen Verflechtungen der „100 Größten"

3.3.1. Methodische Vorbemerkungen

384. Unternehmen gelten als personell verflochten, wenn Mitglieder geschäftsführender oder kontrollierender Organe eines Unternehmens gleichzeitig in den Organen anderer Unternehmen tätig sind.

Personelle Verflechtungen bilden neben den Gemeinschaftsunternehmen ein Beziehungsgeflecht zwischen den „100 Größten", das auf unterschiedliche Gründe zurückzuführen sein kann. So kann das Tätigwerden geeigneter Personen in mehreren Unternehmen aus betriebswirtschaftlicher Sicht zur optimalen Nutzung knapper unternehmerischer Fähigkeiten beitragen und damit die Qualität der Führungsgremien steigern. Ein weiterer betriebswirtschaftlicher Vorteil personeller Verflechtungen besteht darin, daß Manager durch Mehrfachmitgliedschaften in geschäftsführenden und kontrollierenden Organen von Unternehmen ihren Erfahrungshorizont zum Nutzen der jeweiligen Geschäftspolitik erweitern können. Als mögliche Wirkungen einer personellen Verflechtung kommen jedoch auch Wettbewerbsbeschränkungen in Betracht. Der Bewertung personeller Verflechtungen als Konzentrationstatbestand liegt die Hypothese zugrunde, daß personelle Verflechtungen eine Koordination von wirtschaftlich und rechtlich selbständigen Unternehmen erleichtern und insoweit geeignet sind, wettbewerbsbeschränkende Wirkungen zu entfalten. Dabei wird davon ausgegangen, daß personell verflochtene Unternehmen über spezielle Informationskanäle verfügen. Den derart verbundenen Unternehmen stehen damit prinzipiell Managementinformationen und deren Bewertung durch unterschiedliche Entscheidungsgremien zur Verfügung, wodurch die Vorhersage des gegenseitigen Marktverhaltens und informelle Verhaltensabstimmungen erleichtert werden können.

Besondere Gesichtspunkte ergeben sich bei personellen Verflechtungen zwischen Finanzunternehmen (z. B. Banken, Versicherungen) und Industrie-, Handels- und Dienstleistungsunternehmen. Hierbei können Interessenkonflikte entstehen, wenn Finanzunternehmen durch personelle Verflechtungen Insiderinformationen zugängig sind, die für Unternehmen von Bedeutung sind, die ihnen in ihrer Funktion als Anteilseigner oder als Kreditgeber nahestehen. Es ist in solchen Fällen die Frage zu stellen, ob es immer möglich sein wird, die Geschäftsinteressen eines Unternehmens bei der Beratung von Problemen des konkurrierenden Unternehmens außer acht zu lassen [1]).

[1]) Vgl. dazu auch Monopolkommission, Hauptgutachten 1973/1975, Tz. 467 ff. und Hauptgutachten 1976/1977, Tz. 529 ff. sowie Studienkommission, Grundsatzfragen der Kreditwirtschaft, Bericht der Studienkommission, Bonn 1979, S. 116 ff.; Schönwitz, D., Weber, H.-J., Personelle Verflechtungen zwischen Unternehmen, in: Zeitschrift für die gesamte Staatswissenschaft 136 (1980) S. 98 bis 112.

Personelle Verflechtungen zwischen Großunternehmen haben auch eine gesellschaftspolitische Dimension, die über wettbewerbspolitische Problemstellungen im engeren Sinne hinausgeht: Unabhängig davon, ob die personellen Verflechtungen zwischen Wettbewerbern bestehen oder nicht, ist die Frage nach der Abhängigkeit der nationalen Volkswirtschaft von einer relativ kleinen Gruppe sehr großer Unternehmen im Sinne einer Konzentration ökonomischer und politischer Macht zu stellen, die ihren Ausdruck auch in personellen Verflechtungen finden kann.

Personelle Verflechtungen werden im Rahmen der Fusionskontrolle nach § 23 Abs. 2 Nr. 4 GWB insofern berücksichtigt, als die Herbeiführung der Personengleichheit von mindestens der Hälfte der Mitglieder des Aufsichtsrats, des Vorstands oder eines sonstigen zur Geschäftsführung berufenen Organs von Unternehmen als Zusammenschlußtatbestand angesehen wird.

385. Die Monopolkommission hat sich mit der Untersuchung der Aufsichtsratsmandate der Kreditinstitute bei Großunternehmen in den beiden vorangegangenen Hauptgutachten auf die Untersuchung personeller Verflechtungen mit Finanzunternehmen beschränkt. Angesichts der wettbewerbspolitischen Bedeutung und des Forschungsdefizits auf dem Gebiet der Untersuchung personeller Verflechtungen hat sich die Monopolkommission entschlossen, die personellen Verflechtungen der „100 Größten" 1978 nicht nur im Hinblick auf Kreditinstitute zu erfassen. Darüber hinaus soll vielmehr untersucht werden, in welcher Weise die „100 Größten" 1978 untereinander über ihre Leitungsorgane und Kontrollorgane verflochten sind (Abschnitt 3.3.2. Darstellung der personellen Verflechtungen zwischen den „100 Größten") und welche Bedeutung neben den Banken die Versicherungen und die Gewerkschaften in den Kontrollorganen von Großunternehmen haben (Abschnitt 3.3.3. Gruppenspezifische Analyse der personellen Verflechtungen).

386. Die Erhebung der personellen Verflechtungen beruht in erster Linie auf den Geschäftsberichten der Großunternehmen. 90 Unternehmen der „100 Größten" 1978 unterscheiden in ihren Geschäftsberichten zwischen Vorstand (bzw. Geschäftsführung) und Aufsichtsrat (bzw. Verwaltungsrat, Beirat, Gesellschafterausschuß) und geben die personelle Besetzung dieser geschäftsführenden und kontrollierenden Gremien an. Die Monopolkommission verkennt nicht, daß die Befugnisse der Kontrollorgane vor allem nach den Rechtsformen der Unternehmen inhaltlich unterschiedlich zu bestimmen sind.

Nach der Intention dieser Erhebung kommt es jedoch nicht primär auf die Befugnisse dieser Organe im einzelnen an, sondern darauf, daß über sie Kontaktmöglichkeiten auf hoher Ebene der Unternehmenshierarchie geschaffen werden können.

In den Fällen, in denen eine Gruppenzuordnung von Aufsichtsrats- bzw. Verwaltungsrats-, Beirats- oder Gesellschafterausschußmitgliedern nach Bankenvertretern und Versicherungsvertretern aufgrund der Geschäftsberichte nicht möglich war, wurde ergänzend auf das Handbuch „Leitende Männer der Wirtschaft, Ausgabe 1979" des Hoppenstedt-Verlags zurückgegriffen. Die Gewerkschaftsvertreter konnten aufgrund einer Befragung des Deutschen Gewerkschaftsbundes ermittelt werden.

Die Unvollständigkeit der Geschäftsberichte vieler Großunternehmen in bezug auf die Herkunft der Mitglieder ihrer Kontrollorgane machte eine weitergehende gruppenspezifische Auswertung der personellen Verflechtungen (z. B. Ermittlung der Vertreter staatlicher Institutionen, Erfassung von Kontrollorganmitgliedern, die nur im Bereich der „100 Größten" tätig sind) unmöglich.

387. Als *Bankenvertreter* bzw. *Versicherungsvertreter* werden Mitglieder der Geschäftsleitung, ehemalige Mitglieder der Geschäftsleitung, sofern sie noch Mitglieder des Aufsichtsrats sind, sowie Mitarbeiter von Banken bzw. Versicherungen gewertet. Im Hinblick auf die Mitarbeiter von Banken und Versicherungen dürfte die Gruppenzuordnung jedoch nicht vollständig sein, da diese unter Umständen nicht im Handbuch des Hoppenstedt-Verlags erfaßt sind.

Gewerkschaftsvertreter sind in dieser Untersuchung hauptamtliche Organisationsvertreter, die aufgrund der Mitbestimmungsgesetzgebung auf Arbeitnehmerseite neben Arbeitnehmern der betreffenden Unternehmen Mandate in Kontrollorganen innehaben [1]). Die gruppenspezifische Analyse personeller Verflechtungen ist insgesamt unter dem Vorbehalt zu sehen, daß man von der Zuordnung zu einer der drei hier unterschiedenen Gruppen nicht unbedingt auf ein einheitliches wettbewerbspolitisch relevantes Handlungsinteresse der Gruppenvertreter schließen kann.

3.3.2. Darstellung der personellen Verflechtungen zwischen den „100 Größten"

388. Bei der Analyse der personellen Verflechtungen zwischen den „100 Größten" 1978 wird der Unterscheidung von Kontrollorganen und Leitungsorganen insofern Rechnung getragen, als

— die personellen Verflechtungen zwischen jeweiligem Vorstand (bzw. Geschäftsführung) und Aufsichtsräten (bzw. Verwaltungsräten, Beiräten, Gesellschafterausschüssen) und

— personellen Verflechtungen zwischen Aufsichtsräten (bzw. Verwaltungsräten, Beiräten, Gesellschafterausschüssen) untereinander

getrennt festgestellt werden.

Die Ergebnisse dieser Erhebung sind im einzelnen in den Tabellen 3 und 4 des statistischen Anhangs ausgewiesen.

---

[1]) Vgl. Gesetz über die Mitbestimmung der Arbeitnehmer vom 4. Mai 1976, BGBl. I, S. 1153 und Gesetz über die Mitbestimmung der Arbeitnehmer in den Aufsichtsräten und Vorständen der Unternehmen des Bergbaus und der Eisen und Stahl erzeugenden Industrie vom 21. Mai 1951, BGBl. I, S. 347.

389. Bei insgesamt 40 Großunternehmen bestehen personelle Verflechtungen mit mindestens einem anderen Großunternehmen durch Mandate von Mitgliedern der Geschäftsführung in deren Kontrollorganen[1]). Die Prüfung, mit welcher Zahl anderer Großunternehmen die einzelnen Unternehmen der „100 Größten" durch Mandate von Geschäftsführungsmitgliedern in Kontrollorganen verbunden sind, ergibt folgende Aufstellung:

... Unternehmen der „100 Größten" sind	mit ... verschiedenen Großunternehmen personell verbunden
28	1 bis 3
8	4 bis 6
4	7 bis 10
insgesamt 40	

Eine nähere Analyse zeigt, daß die personellen Verflechtungen zwischen Leitungsorganen und Kontrollorganen der „100 Größten" meistens durch Wahrnehmung eines Mandats hergestellt werden[2]). Bei vier Großunternehmen haben Geschäftsführungsmitglieder anderer Großunternehmen drei bzw. vier Mandate inne. Es handelt sich dabei durchweg um Unternehmen, an denen die anderen Großunternehmen hohe Kapitalanteile halten[3]).

390. Unter wettbewerbspolitischen Gesichtspunkten ist die Frage von besonderem Interesse, in welcher Weise durch personelle Verflechtungen Unternehmen gleicher Wirtschaftszweige miteinander verbunden werden.

In Tabelle 32 werden die personellen Verflechtungen zwischen Leitungsorganen und Kontrollorganen der „100 Größten" nach Wirtschaftszweigen ausgewiesen. Bei der Interpretation dieser Tabelle ist zu beachten, daß die „100 Größten" den Wirtschaftszweigen nach dem Schwerpunktprinzip zugeordnet sind[4]). Dies hat zur Folge, daß das Ausmaß personeller Verflechtungen nach Wirtschaftszweigen unterschätzt wird.

391. Aus Tabelle 32 ergibt sich, daß bei insgesamt 132 personellen Verflechtungen Großunternehmen, die nach ihrem Umsatzschwerpunkt dem gleichen Wirtschaftszweig zugeordnet sind, 13 personelle Verflechtungen zwischen Leitungsorganen und Kontrollorganen haben. Personelle Verflechtungen zwischen Unternehmen gleicher Wirtschaftszweige werden in der Diagonalen der Tabelle ausgewiesen.

Danach besteht im Wirtschaftszweig Elektrizitätsversorgung eine personelle Verflechtung zwischen Großunternehmen dieses Wirtschaftszweiges. Ein Vorstandsmitglied der Rheinisch-Westfälischen Elektrizitätswerk AG, die zusammen mit der Allianz-Versicherung indirekt einen Kapitalanteil von 25,3% an der Vereinigte Elektrizitätswerke AG hält, ist im Aufsichtsrat der Vereinigte Elektrizitätswerke AG vertreten. Bei den Großunternehmen der Chemischen Industrie sind fünf personelle Verflechtungen zwischen Leitungsorganen und Kontrollorganen zu verzeichnen. Drei dieser fünf personellen Verflechtungen werden dadurch verursacht, daß die Bayer AG mit drei Vorstandsmitgliedern im Aufsichtsrat ihrer 50%-Beteiligung Agfa-Gevaert AG vertreten ist. Die restlichen beiden personellen Verflechtungen dieser Art von Großunternehmen des Wirtschaftszweiges Chemische Industrie bestehen zwischen den Unternehmen Friedrich Flick Industrieverwaltung KGaA und Henkel KGaA sowie zwischen der Bayer AG und Degussa, wobei zwischen diesen Unternehmen keine Kapitalbeteiligungen festgestellt werden konnten. Die sieben personellen Verflechtungen im Wirtschaftszweig Elektrotechnik beruhen ausschließlich darauf, daß Bosch und Siemens Geschäftsführungsmitglieder in den Aufsichtsrat ihrer gemeinsamen Tochter Bosch-Siemens Hausgeräte GmbH entsenden. In der Mehrzahl der Fälle personeller Verflechtungen zwischen geschäftsführenden und kontrollierenden Organen von Großunternehmen gleicher Wirtschaftszweige besteht also gleichzeitig hoher Anteilsbesitz desjenigen Unternehmens, das Geschäftsführungsmitglieder in Kontrollorgane anderer Großunternehmen entsendet.

392. Die personellen Verflechtungen durch Kontrollorgane konnten nur für 90 Unternehmen der „100 Größten" 1978 ermittelt werden, da — wie bereits erwähnt — bei zehn Großunternehmen die personelle Besetzung der Kontrollorgane nicht ermittelbar war[1]). Wie sich aus der nachfolgenden Aufstellung ergibt, sind von diesen 90 Unternehmen 82 mit mindestens einem anderen Unternehmen aus dem Kreis der „100 Größten" auf der Ebene der Kontrollorgane personell verbunden:

... Unternehmen der „100 Größten" sind	mit ... verschiedenen Großunternehmen personell verbunden
29	1 bis 5
19	6 bis 10
12	11 bis 15
13	16 bis 20
9	21 bis 25
insgesamt 82	

Die Aufstellung läßt ein starkes Ausmaß personeller *Verflechtungen zwischen Kontrollorganen* der 90 erfaßten Unternehmen aus dem Kreis der „100 Größ-

[1]) Während die personelle Besetzung der Geschäftsführung für alle Unternehmen der „100 Größten" 1978 ermittelt werden konnte, waren bei zehn Großunternehmen die Mitglieder der Kontrollorgane nicht ermittelbar. Vgl. auch Fußnote 1 zu Tabelle 32.

[2]) Vgl. Tabelle II.3 im statistischen Anhang.

[3]) Bosch und Siemens sind an der Bosch-Siemens Hausgeräte GmbH mit je 50 %, Bayer über Agfa an der Agfa-Gevaert AG ebenfalls mit 50 % und RWE an der Hochtief AG mit 33,89% beteiligt. Vgl. dazu auch Tabelle II.1 im statistischen Anhang.

[4]) Vgl. Abschnitt 1.3.1.

[1]) Vgl. auch Fußnote 2 zu Tabelle 33.

ten" erkennen[1]). Immerhin sind 34 dieser Unternehmen mit mehr als zehn verschiedenen Großunternehmen personell verbunden und neun Unternehmen haben personelle Verflechtungen mit 21 bis 25 anderen Großunternehmen, d. h. mit etwa einem Viertel der in die Untersuchung einbezogenen Großunternehmen.

[1]) Im einzelnen vgl. dazu Tabelle II.4 im statistischen Anhang.

Tabelle 32

Personelle Verflechtung zwischen geschäftsführenden und kontrollierenden[1]) Organen der „100 Größten" 1978 nach Wirtschaftszweigen[2])

Quelle: Eigene Erhebungen

Nummer der amtlichen Systematik	Wirtschaftszweig	Zahl der Unternehmen der „100 Größten" im Wirtschaftszweig	Nummer der amtlichen Systematik																						Gesamt
			101	103	110	200	205	213	230—232/238	233	242	244	248	250	252	28/29	299	30	40/41	43	40/41/43	5	7	—	
101	Elektrizitätsversorgung	3	1	0	0	0	0	0	0	0	1	0	0	1	0	0	0	5	0	1	0	0	0	0	9
103	Gasversorgung	1	0	0	0	0	0	0	1	1	0	0	0	0	0	0	0	0	0	0	0	0	0	0	2
110	Steinkohlenbergbau und Kokerei	3	0	1	0	0	1	0	1	0	2	0	0	1	0	0	0	0	0	0	0	0	0	0	6
200	Chemische Industrie	10	0	0	1	5	1	0	1	2	3	1	0	2	0	0	0	1	1	3	0	1	0	0	22
205	Mineralölverarbeitung	8	0	5	2	1	0	0	2	0	0	0	0	0	0	1	0	0	0	3	0	1	0	0	15
213	Herstellung von Gummiwaren	2	0	0	0	0	0	0	1	0	0	0	0	0	0	0	0	0	0	0	0	0	0	0	1
230–232/238	Eisenschaffende Industrie einschließlich Stahlverformung	8	0	1	4	1	3	0	0	1	1	1	0	3	0	0	0	0	0	0	0	0	1	0	16
233	NE-Metallerzeugung (einschließlich Halbzeugwerke)	3	2	0	0	0	1	0	0	0	0	1	0	0	0	0	0	1	0	0	0	0	0	0	5
242	Maschinenbau	4	0	0	0	1	2	0	0	1	0	1	0	1	0	0	0	1	2	0	0	0	0	0	9
244	Herstellung von Kraftwagen	7	0	0	0	0	0	0	3	0	1	0	0	1	0	0	0	0	0	1	0	0	1	0	7
248	Luft- und Raumfahrzeugbau	1	0	0	0	0	0	0	0	0	0	0	0	1	0	0	0	0	0	0	0	0	0	0	1
250	Elektrotechnik	9	0	0	0	2	0	1	3	1	2	3	0	7	0	0	0	1	1	0	0	0	0	0	21
252	Feinmechanik, Optik	1	0	0	0	0	0	0	0	0	0	0	0	0	0	0	0	0	0	0	0	0	0	0	0
28/29	Ernährungsgewerbe (ohne Tabakverarbeitung)	3	0	0	0	0	0	0	0	0	0	1	0	0	0	0	0	0	0	2	0	0	0	0	3
299	Tabakverarbeitung	3	0	0	0	0	0	0	0	0	0	0	0	0	0	0	0	0	0	0	0	0	0	0	0
30	Bauhauptgewerbe	5	0	0	0	0	0	0	0	0	0	0	0	0	0	0	0	0	0	0	0	0	0	0	0
40/41	Großhandel	9	0	0	0	1	0	0	1	0	2	0	0	1	0	0	0	0	0	0	0	1	0	0	6
43	Einzelhandel	10	1	0	0	0	0	0	0	0	0	0	0	1	0	1	1	2	1	0	0	2	0	0	9
40/41/43	Groß- und Einzelhandel	2	0	0	0	0	0	0	0	0	0	0	0	0	0	0	0	0	0	0	0	0	0	0	0
5	Verkehr und Nachrichtenübermittlung	3	0	0	0	0	0	0	0	0	0	0	0	0	0	0	0	0	0	0	0	0	0	0	0
7	Sonstige Dienstleistungen	3	0	0	0	0	0	0	0	0	0	0	0	0	0	0	0	0	0	0	0	0	0	0	0
—	Zuordnung nicht möglich	2	0	0	0	0	0	0	0	0	0	0	0	0	0	0	0	0	0	0	0	0	0	0	0
	insgesamt	100																							132

Anmerkungen zu Tabelle 32 siehe Seite 116

393. Tabelle 33, die die personellen Verflechtungen auf der Ebene der Kontrollorgane der 90 Unternehmen aus dem Kreis der „100 Größten" nach Wirtschaftszweigen aufzeigt, läßt erkennen, daß insgesamt 956 derartiger personeller Verflechtungen bestehen. Auch für Tabelle 33 gilt, daß infolge der Zuordnung der Großunternehmen nach dem Schwerpunktprinzip der Grad personeller Verflechtungen nach Wirtschaftszweigen unterschätzt wird.

Tabelle 33

Personelle Verflechtungen auf der Ebene der Organe der Geschäftsführungskontrolle[1]) der „100 Größten" 1978[2]) nach Wirtschaftszweigen[3])

Quelle: Eigene Erhebungen

Nummer der amtlichen Systematik	Wirtschaftszweig	Zahl der erfaßten Unternehmen der „100 Größten" im Wirtschaftszweig	Nummer der amtlichen Systematik																					Gesamt
			101	103	110	200	205	213	230—232/238	233	242	244	248	250	28/29	299	30	40/41	43	40/41/43	5	7	—	
101	Elektrizitätsversorgung	3	0	0	1	4	3	1	8	2	1	3	0	1	0	0	4	1	2	0	3	0	0	34
103	Gasversorgung	1	0	0	2	1	2	0	2	0	3	0	0	2	1	0	0	0	2	0	1	1	0	17
110	Steinkohlenbergbau und Kokerei	3	1	2	1	2	4	0	13	5	1	2	0	2	0	0	0	2	0	0	2	1	0	38
200	Chemische Industrie	10	4	1	2	8	7	5	13	7	12	12	0	18	1	3	7	7	7	0	6	1	0	121
205	Mineralölverarbeitung	7	3	2	4	7	0	2	11	6	3	3	0	11	1	0	1	5	3	0	6	1	1	70
213	Herstellung von Gummiwaren	2	1	0	0	5	2	0	1	0	1	2	0	2	0	0	1	1	0	0	0	0	0	16
230–232/238	Eisenschaffende Industrie einschließlich Stahlverformung	8	8	2	13	13	11	1	4	11	12	6	0	14	0	1	2	7	2	0	11	0	1	119
233	NE-Metallerzeugung (einschließlich Halbzeugwerke)	3	2	0	5	7	6	0	11	1	3	8	0	10	0	2	3	3	6	0	8	0	2	77
242	Maschinenbau	4	1	3	1	12	3	1	12	3	2	3	1	14	0	0	4	5	5	0	2	2	0	74
244	Herstellung von Kraftwagen	7	3	0	2	12	3	2	6	8	3	0	1	3	0	1	5	2	4	0	1	0	0	56
248	Luft- und Raumfahrzeugbau	1	0	0	0	0	0	0	0	0	1	1	0	0	0	0	0	0	0	0	0	0	0	2
250	Elektrotechnik	9	1	2	2	18	11	2	14	10	14	3	0	2	0	2	6	5	5	0	4	2	1	104
28/29	Ernährungsgewerbe (ohne Tabakverarbeitung)	2	0	1	0	1	1	0	0	0	0	0	0	0	0	2	0	1	0	0	0	0	0	6
299	Tabakverarbeitung	3	0	0	0	3	0	0	1	2	0	1	0	2	2	0	1	2	3	0	0	0	0	17
30	Bauhauptgewerbe	5	4	0	0	7	1	1	2	3	4	5	0	6	0	1	0	0	4	0	1	1	0	40
40/41	Großhandel	6	1	0	2	7	5	1	7	3	5	2	0	5	1	2	0	2	5	0	0	0	0	48
43	Einzelhandel	8	2	2	0	7	3	0	2	6	5	4	0	5	0	3	4	5	0	0	4	0	0	52
40/41/43	Groß- und Einzelhandel	2	0	0	0	0	0	0	0	0	0	0	0	0	0	0	0	0	0	0	0	0	0	0
5	Verkehr und Nachrichtenübermittlung	3	3	1	2	6	6	0	11	8	2	1	0	4	0	0	1	0	4	0	0	0	1	50
7	Sonstige Dienstleistungen	2	0	1	1	1	1	0	0	0	2	0	0	2	0	0	1	0	0	0	0	0	0	9
—	Zuordnung nicht möglich	1	0	0	0	0	1	0	1	2	0	0	0	1	0	0	0	0	0	0	1	0	0	6
	insgesamt	90	34	17	38	121	70	16	119	77	74	56	2	104	6	17	40	48	52	0	50	9	6	956

Anmerkungen zu Tabelle 33 siehe Seite 116

Das Ausmaß der personellen Verflechtungen der Kontrollorgane nach Wirtschaftszweigen schwankt stark. Während die Chemische Industrie mit 121 personellen Verflechtungen an der Spitze liegt, sind für den Wirtschaftszweig Groß- und Einzelhandel keine personellen Verflechtungen auf der Ebene der Organe der Geschäftsführungskontrolle zu verzeichnen. Diese Schwankungen sind zum einen durch die Zahl der erfaßten Unternehmen der „100 Größten" im Wirtschaftszweig bedingt, zum anderen fließen offenbar aber auch wirtschaftszweigspezifische Besonderheiten ein. So liegt die Zahl der erfaßten Unternehmen der „100 Größten" in den Wirtschaftszweigen Eisenschaffende Industrie einschl. Stahlverformung und Einzelhandel jeweils bei acht. Die Zahl der personellen Verflechtungen ist jedoch bei der Eisenschaffenden Industrie mit 119 mehr als doppelt so hoch wie beim Einzelhandel, für den 52 personelle Verflechtungen nach Wirtschaftszweigen ermittelt wurden. Für eine detailliertere Analyse wirtschaftszweigspezifischer Besonderheiten hinsichtlich der Gesamtzahl personeller Verflechtungen ist das vorliegende Zahlenmaterial jedoch nicht ausreichend.

394. Aus der Summe der Diagonalelemente der Tabelle 33 ist zu entnehmen, daß 20 der insgesamt 956 personellen Verflechtungen von Kontrollorganen zwischen Unternehmen bestehen, die dem gleichen Wirtschaftszweig zugeordnet sind. Der Wirtschaftszweig Chemische Industrie liegt mit acht personellen Verflechtungen an der Spitze, gefolgt von der Eisenschaffenden Industrie einschl. Stahlverformung mit vier personellen Verflechtungen, den Wirtschaftszweigen Maschinenbau, Elektrotechnik und Großhandel mit je zwei personellen Verflechtungen und den Wirtschaftszweigen Steinkohlenbergbau und Kokerei sowie NE-Metallerzeugung mit je einer personellen Verflechtung untereinander.

Bei 17 der insgesamt 20 personellen Verflechtungen über Organe der Geschäftsführungskontrolle zwischen Großunternehmen, die dem gleichen Wirtschaftszweig zugeordnet sind, konnte keine kapitalmäßige Verflechtung festgestellt werden. Das gleichzeitige Bestehen hoher Kapitalanteile ist bei personellen Verflechtungen zwischen Unternehmen des gleichen Wirtschaftszweiges auf der Kontrollorganebene somit die Ausnahme und nicht —

Anmerkungen zu Tabelle 32 (siehe Seite 114):

[1]) In dieser Auswertung sind auf der Kontrollorganebene die folgenden zehn Unternehmen nicht enthalten, da bei diesen Unternehmen nur die personelle Besetzung der Geschäftsführung ermittelbar war:
1. Alfred C. Toepfer Verwaltungsgesellschaft mbH, 2. NEUE HEIMAT, 3. Stumm GmbH — Mabanaft Gruppe, 4. C & A Brenninkmeyer, 5. Oetker-Gruppe, 6. Tengelmann Warenhandelsgesellschaft, 7. E. Kampffmeyer, 8. ITT Gesellschaft für Beteiligungen mbH, 9. Carl Zeiss, 10. Elf Mineraloel GmbH.
Als Kontrollorgane gelten bei Aktiengesellschaften die Aufsichtsräte und bei anderen Rechtsformen die neben der Geschäftsführung im Geschäftsbericht des Unternehmens genannten Kontrollorgane (Verwaltungsrat, Beirat, Gesellschafterausschuß).

[2]) Erfaßt sind die Wirtschaftszweige, denen nach dem Umsatzschwerpunkt Unternehmen der „100 Größten" des Jahres 1978 zugeordnet sind. Die Tabelle ergibt keine spiegelbildliche Matrix, da die personelle Verflechtung, die von einem Mitglied eines geschäftsführenden Organs ausgeht, als hinsichtlich der Wirtschaftszweigzurechnung prägend betrachtet wird. So bedeutet z. B. die in Zeile 1 der Tabelle angegebene personelle Verflechtung zwischen den Wirtschaftszweigen 101 und 250, das von einem Geschäftsführungsmitglied eines Großunternehmens, das dem Wirtschaftszweig Elektrizitätsversorgung zugeordnet ist, ein Kontrollorganmandat bei einem Unternehmen des Wirtschaftszweiges Elektrotechnik ausgeübt wird. Dieser Zusammenhang gilt nicht umgekehrt, so daß keine Verflechtung zwischen den Wirtschaftszweigen Elektrotechnik und Elektrizitätsversorgung ausgewiesen wird.

Anmerkungen zu Tabelle 33 (siehe Seite 115):

[1]) Bei Aktiengesellschaften Aufsichtsräte, bei anderen Rechtsformen neben der Geschäftsführung im Geschäftsbericht des Unternehmens genannte Kontrollorgane (Verwaltungsrat, Beirat, Gesellschafterausschuß).

[2]) In dieser Auswertung sind die folgenden zehn Unternehmen der „100 Größten" 1978 nicht enthalten, weil bei diesen Unternehmen nur die personelle Besetzung der Geschäftsführung ermittelbar war:
1. Alfred C. Toepfer Verwaltungsgesellschaft mbH, 2. NEUE HEIMAT, 3. Stumm GmbH — Mabanaft Gruppe, 4. C & A Brenninkmeyer, 5. Oetker-Gruppe, 6. Tengelmann Warenhandelsgesellschaft, 7. E. Kampffmeyer, 8. ITT Gesellschaft für Beteiligungen mbH, 9. Carl Zeiss, 10. Elf Mineraloel GmbH.

[3]) Erfaßt sind die Wirtschaftszweige, denen nach dem Umsatzschwerpunkt Unternehmen der „100 Größten" des Jahres 1978 zugeordnet sind. Der Wirtschaftszweig 252 „Feinmechanik, Optik" wird nicht berücksichtigt, da bei Carl Zeiss nur die personelle Besetzung der Geschäftsführung ermittelbar war.

wie bei den personellen Verflechtungen zwischen geschäftsführenden und kontrollierenden Organen von Unternehmen des gleichen Wirtschaftszweiges festgestellt — die Regel.

3.3.3. Gruppenspezifische Analyse der personellen Verflechtungen

395. Die Gesamtzahl der *Kontrollorganmandate* der 90 Unternehmen der „100 Größten" 1978, für die die personelle Besetzung dieser Organe ermittelt werden konnte, beträgt 1 480 Sitze. Hiervon entfallen 145 Mandate (9,8%) auf Vertreter der *Kreditinstitute*, 18 Mandate (1,2%) auf Vertreter von *Versicherungen* und 201 Mandate (13,6%) auf *Gewerkschaftsvertreter*. Die Kreditinstitute entsenden bei 61 der 90 Großunternehmen Vertreter in die Kontrollorgane, die Versicherungen bei 16 Großunternehmen und die Gewerkschaften bei 76 Großunternehmen.

Tabelle 34

Kontrollorganmandate von Kreditinstituten, Versicherungen und Gewerkschaften bei den „100 Größten" 1978 [1])

Quelle: Eigene Erhebungen

Gruppe	Art des Mandats			Zahl der Mandate insgesamt	Anteil an der Gesamtzahl der Kontrollorganmandate [2]) in %	Zahl der Unternehmen, in denen Mandate wahrgenommen werden
	Vorsitz	stellv. Vorsitz	übrige Mandate			
Kreditinstitute	20	6	119	145	9,8	61
Versicherungen	1	1	16	18	1,2	16
Gewerkschaften	0	29	172	201	13,6	76

[1]) Zu den erfaßten Unternehmen vgl. Fußnote 2 zu Tabelle 33.
[2]) Die Gesamtzahl der Kontrollorganmandate der 90 erfaßbaren Unternehmen der „100 Größten" 1978 beträgt 1 480 Sitze.

Sowohl hinsichtlich der insgesamt wahrgenommenen Mandate als auch im Hinblick auf die Großunternehmen, in denen Mandate wahrgenommen werden, sind Versicherungen gegenüber den Kreditinstituten und den Gewerkschaften als Vertreter von Gruppeninteressen in den Kontrollorganen der „100 Größen" zahlenmäßig deutlich weniger stark vertreten. Die 18 Mandate der Versicherungen werden von vier Versicherungsgesellschaften gehalten: der Allianz Versicherungs-AG (10 Mandate), der Münchener Rückversicherungs-Gesellschaft (5 Mandate), der Colonia Versicherung AG (2 Mandate) und der Victoria Versicherungs-AG (1 Mandat). Diese vier Versicherungsunternehmen gehören zu den 20 auf der Basis der Beiträge einschl. Nebenleistungen größten Versicherungsunternehmen der Bundesrepublik Deutschland im Jahr 1978.

Tabelle 35

Die personellen Verflechtungen auf der Ebene der Organe der Geschäftsführungskontrolle der „100 Größten" 1978 [1]) verursacht durch Bankenvertreter, Versicherungsvertreter bzw. Gewerkschaftsvertreter

Quelle: Eigene Erhebungen

Verursacher der personellen Verflechtungen	Zahl der Großunternehmen die mit . . . bis . . . verschiedenen Großunternehmen personell verbunden sind					Zahl der Großunternehmen mit personellen Verflechtungen insgesamt
	1 bis 5	6 bis 10	11 bis 15	16 bis 20	21 bis 25	
Bankenvertreter	26	21	9	1		57
Versicherungsvertreter	13	2				15
Gewerkschaftsvertreter	28	8				36

[1]) Zu den erfaßten Unternehmen vgl. Fußnote 2 zu Tabelle 33.

Gewerkschaftsvertreter in den Organen der Geschäftsführungskontrolle der Großunternehmen sind in der Mehrzahl der Fälle Vertreter der für das Unternehmen zuständigen Gewerkschaft. Während die Zahl der durch Gewerkschaftsvertreter wahrgenommenen Mandate durch die Mitbestimmungsgesetzgebung beeinflußt ist [1]) und damit wesentlich auf einem politischen Gestaltungsakt beruht, resultiert die Vertretung von Versicherungen und Kreditinstituten in Kontrollorganen der „100 Größten" aus Entscheidungen der betroffenen wirtschaftlichen Einheiten.

396. Die Untersuchung der personellen Verflechtungen zwischen den Kontrollorganen der „100 Größten" im vorangegangenen Abschnitt hat ergeben, daß von den 90 Unternehmen der „100 Größen" 1978, für die die personelle Besetzung der Organe der Geschäftsführungskontrolle ermittelt werden konnte, 82 mit mindestens einem anderen Unternehmen aus dem Kreis der „100 Größen" personell verbunden sind. Personelle Verflechtungen zwischen den „100 Größten" werden auch durch Bankenvertreter, Versicherungsvertreter bzw. Gewerkschaftsvertreter verursacht, die mehrere Mandate in den Kontrollorganen der „100 Größten" ausüben.

Die durch Bankenvertreter, Versicherungsvertreter und Gewerkschaftsvertreter verursachten personellen Verflechtungen auf der Ebene der Kontrollorgane der „100 Größten" 1978 werden aus Tabelle 35 ersichtlich. Tabelle 35 bestätigt die zahlenmäßig relativ geringere Rolle, die die Versicherungen im Hinblick auf die personellen Verflechtungen der „100 Größten" spielen. Obwohl die Zahl der von Gewerkschaftsvertretern wahrgenommenen Kontrollorganmandate mit 201 die der Kreditinstitute (145 Mandate) um 56 Mandate übersteigt, ergibt sich aus Tabelle 35 eine deutlich größere Bedeutung der Kreditinstitute für das Zustandekommen personeller Verflechtungen zwischen den „100 Größten". Die Zahl der Großunternehmen, bei denen es durch *Bankenvertreter* zu Verflechtungen mit den Kontrollorganen anderer Großunternehmen kommt, liegt bei 57. *Gewerkschaftsvertreter* verursachen dagegen bei 36 Großunternehmen personelle Verflechtungen mit anderen Großunternehmen. Durch Bankenvertreter in Kontrollorganen der Großunternehmen werden in 31 Fällen mehr als fünf Unternehmen miteinander verflochten. Die Mehrfachmitgliedschaft von Gewerkschaftsvertretern in Kontrollorganen führt nur in acht Fällen zu personellen Verflechtungen von mehr als fünf Großunternehmen. Erklärt werden diese Ergebnisse dadurch, daß einzelne Bankenvertreter häufiger mehrere Mandate bei den „100 Größten" wahrnehmen und in der Regel eine größere Zahl von Sitzen innehaben als Gewerkschaftsvertreter.

Tabelle 36 zeigt, in welchem Ausmaß die drei Großbanken Deutsche Bank AG, Dresdner Bank AG und

[1]) Vgl. Gesetz über die Mitbestimmung der Arbeitnehmer vom 4. Mai 1976, BGBl. I, S. 1153 und das Gesetz über die Mitbestimmung der Arbeitnehmer in den Aufsichtsräten und Vorständen der Unternehmen des Bergbaus und der Eisen und Stahl erzeugenden Industrie vom 21. Mai 1951, BGBl. I, S. 347.

Tabelle 36

Personelle Verflechtungen der Großbanken mit den „100 Größten" 1978 durch Mitglieder der Geschäftsleitung

Quelle: Eigene Erhebungen

Vorstandsmitglieder der Großbanken in Spalte (1) sind in den Kontrollorganen der Unternehmen in Spalte (2) vertreten	
Firma (1)	Firma (2)
Deutsche Bank AG	Aktiengesellschaft der Dillinger Hüttenwerke
	Allgemeine Elektricitäts-Gesellschaft AEG Telefunken
	BASF AG
	Bayer AG
	Bertelsmann AG
	Brown, Boveri & Cie AG
	Continental Gummi-Werke AG
	Daimler-Benz AG
	Deutsche Shell AG
	Deutsche Texaco AG
	Enka Glanzstoff AG
	Hapag-Lloyd AG
	Henkel KGaA
	Hoesch Werke AG
	Philipp Holzmann AG
	Horten AG
	Karstadt AG
	Kaufhof AG
	Klöckner-Humboldt-Deutz AG
	Klöckner-Werke AG
	Linde AG
	Mannesmann AG
	Metallgesellschaft AG
	Mobil Oil AG
	Preussag AG
	Reemtsma Cigarettenfabriken AG
	Rheinisch-Westfälisches Elektrizitätswerk AG
	Salzgitter AG
	Schering AG
	Siemens AG
	Stahlwerke Röchling-Burbach GmbH
	Strabag Bau-AG
	Thyssen AG
	VEBA AG
	Vereinigte Elektrizitätswerke Westfalen AG
	Vereinigte Industrie-Unternehmungen AG
	Volkswagenwerk AG
	Otto Wolff AG

noch Tabelle 36

Firma (1)	Firma (2)
Dresdner Bank AG	Allgemeine Elektricitäts-Gesellschaft AEG-Telefunken
	Bilfinger + Berger Bau-AG
	Martin Brinkmann AG
	Brown, Boveri & Cie AG
	Daimler-Benz AG
	Degussa
	Deutsche BP AG
	Deutsche Texaco AG
	Esso AG
	Hapag-Lloyd AG
	Henkel KGaA
	Hoechst AG
	Karstadt AG
	Kaufhof AG
	Fried. Krupp GmbH
	Metallgesellschaft AG
	Rheinisch-Westfälisches Elektrizitätswerk AG
	Siemens AG
	Stahlwerke Röchling-Burbach GmbH
	Standard Elektrik Lorenz AG
	Thyssen AG
	VEBA AG
	Otto Wolff AG
Commerzbank AG	Allgemeine Elektricitäts-Gesellschaft AEG-Telefunken
	Bayer AG
	Bertelsmann AG
	Daimler-Benz AG
	Ford-Werke AG
	Hochtief AG
	Horten AG
	Karstadt AG
	Linde AG
	Preussag AG
	Schering AG
	Standard Elektrik Lorenz AG
	Strabag Bau-AG
	Vereinigte Industrie-Unternehmungen AG

Commerzbank AG durch Kontrollorganmandate ihrer Geschäftsleitungsmitglieder mit den „100 Größten" 1978 personell verbunden sind.

Die Kontrollorganmandate von Bankenvertretern und damit nicht nur von Mitgliedern der Geschäftsleitung der Banken [1]) werden im folgenden einer näheren Betrachtung unterzogen.

[1]) Vgl. dazu die Begriffsklärung in Abschnitt 3.3.1.

397. Die 145 Mandate von Bankenvertretern in Kontrollorganen der „100 Größten" verteilen sich auf die einzelnen Institutsgruppen bzw. Institute wie Tabelle 37 zeigt [1]).

Die Zahlenangaben in Tabelle 37 machen die besondere Bedeutung der *Gruppe der Großbanken* deutlich. Gemessen an der Zahl der Mandate, die auf die Kreditinstitute entfällt, erreichen sie einen Anteil von rd. 65%. Die Verteilung der Kontrollorganmandate ist innerhalb der Gruppe der Großbanken ungleichmäßig. Die von Vertretern der Deutschen Bank AG eingenommenen Sitze überwiegen deutlich. Die besondere Bedeutung der drei Großbanken zeigt sich nicht nur in ihrem Anteil an der Gesamtzahl der von Bankenvertretern ausgeübten Mandate, sondern auch darin, daß die drei Großbanken drei Viertel aller Vorsitze in Kontrollorganen wahrnehmen und darüber hinaus alle stellvertretenden Vorsitze auf sie entfallen. Auch hinsichtlich Vorsitz und stellvertretendem Vorsitz dominiert die Deutsche Bank AG innerhalb der Gruppe der Großbanken.

398. Eine nähere Analyse der personellen Besetzung der Kontrollorgane der 61 Unternehmen, in denen Mandate von Bankenvertretern wahrgenommen werden [2]) zeigt, daß

— die drei Großbanken in 49,

— die Regional- und Spezialbanken sowie Privatbankiers in 31,

— der Sparkassensektor in 11 und

— der Genossenschaftssektor in einem

Kontrollorgan(en) vertreten sind.

Demnach wird in mehr als drei Vierteln aller Fälle, in denen die Kreditwirtschaft in Kontrollorganen der Großunternehmen vertreten ist, mindestens ein Mandat von einem Vertreter aus der Gruppe der Großbanken wahrgenommen. Die Tatsache, daß allein die Deutsche Bank AG wenigstens einen Vertreter in die Organe der Geschäftsführungskontrolle von 40 Großunternehmen entsendet, verdeutlicht nochmals deren besondere Stellung.

399. Bereits im Hauptgutachten 1976/77 [3]) wurde betont, daß unter wettbewerbspolitischen Aspekten diejenigen Fälle von besonderem Interesse sind, in denen Vertreter mehrerer Kreditinstitute gleichzeitig im Kontrollorgan eines Großunternehmens ein Mandat wahrnehmen. Ausgehend von den 61 Unternehmen aus dem Kreis der „100 Größten" 1978 ergibt sich folgendes Bild:

— Die drei Großbanken sind gemeinsam mit wenigstens einem weiteren Kreditinstitut vertreten in einem Kontrollorgan.

— Die drei Großbanken sind gemeinsam ohne weitere Kreditinstitute vertreten in 3 Kontrollorganen.

— Zwei der drei Großbanken sind gemeinsam mit wenigstens einem weiteren Kreditinstitut aus ei-

[1]) Zur Institutsgruppendifferenzierung vgl. Monopolkommission, Hauptgutachten 1976/1977, Tz. 514 und Tz. 529 bis 541.

[2]) Vgl. dazu auch Tabelle 34.

[3]) Vgl. dort Tz. 536.

Tabelle 37

Mandate von Bankenvertretern in Organen der Geschäftsführungskontrolle bei den „100 Größten" 1978 [1])

Quelle: Eigene Erhebungen

Institutsgruppe [2]) bzw. Institute	Vorsitz	stellv. Vorsitz	übrige Mandate	Mandate der Institutsgruppen bzw. Institute insgesamt
I. Großbanken	15	6	73	94
1. Deutsche Bank AG	12	4	35	51
2. Dresdner Bank AG	1	2	21	24
3. Commerzbank AG	2		17	19
II. Regional- und Spezialbanken sowie Privatbankiers	4		32	36
III. Sparkassensektor	1		11	12
IV. Genossenschaftssektor			3	3
insgesamt	20	6	119	145

[1]) Zu den erfaßten Unternehmen vgl. Fußnote 2 zu Tabelle 33.

[2]) Zur Institutsgruppendifferenzierung siehe Monopolkommission, Hauptgutachten 1976/1977, Tz. 514 und Tz. 529 bis 541.

ner der übrigen Institutsgruppen vertreten in 8 Kontrollorganen.

— Zwei Großbanken sind gemeinsam ohne ein weiteres Kreditinstitut vertreten in 12 Kontrollorganen.

— Eine der drei Großbanken ist gemeinsam mit wenigstens einem weiteren Kreditinstitut aus den übrigen Institutsgruppen vertreten in 12 Kontrollorganen.

— Ein Institut der Gruppe Regional- und Spezialbanken sowie Privatbankiers ist gemeinsam mit wenigstens einem weiteren Institut aus dieser Gruppe vertreten in einem Kontrollorgan.

— Ein Institut der Gruppe Regional- und Spezialbanken sowie Privatbankiers ist gemeinsam mit wenigstens einem Institut aus dem Sparkassensektor vertreten in 2 Kontrollorganen.

— Ein Kreditinstitut des Genossenschaftssektors ist gemeinsam mit wenigstens einer weiteren Genossenschaftsbank vertreten in einem Kontrollorgan.

Demnach liegt in 40 Kontrollorganen eine gleichzeitige Vertretung durch mehrere Kreditinstitute vor.

4. Die Beteiligung der „100 Größten" an den dem Bundeskartellamt angezeigten Unternehmenszusammenschlüssen

4.1. Gesamtbetrachtung

400. Die Monopolkommission setzt die schon für den Berichtszeitraum 1973/1975 und 1976/1977 durchgeführten Untersuchungen über die unmittelbare oder mittelbare Beteiligung der (im Jahre 1978) „100 Größten" an den dem Bundeskartellamt nach § 23 GWB angezeigten Unternehmenszusammenschlüssen fort. Sie sucht damit der besonderen wettbewerbspolitischen Bedeutung, die das externe Wachstum gerade der „100 Größten" als Erscheinungsform der Unternehmenskonzentration besitzt, gerecht zu werden.

401. Wie schon in den beiden vorausgegangenen Berichtszeiträumen war auch in den Jahren 1978/1979 die *Zahl der Zusammenschlußaktivitäten* der „100 Größten" beachtlich hoch. Die absolute Zahl der Beteiligungen erreicht mit 496 einen neuen Höchstwert. Der relative Anteil hat sich jedoch — wie schon im 2. Berichtszeitraum — geringfügig verringert. Waren im 2. Berichtszeitraum die „100 Größten" bei 43,3% aller Zusammenschlüsse beteiligt, so beträgt ihr Anteil im 3. Berichtszeitraum nur noch 42,8%. Die geringfügige Veränderung dürfte vor allem darauf zurückzuführen sein, daß im Jahre 1979 mit 602 Zusammenschlüssen der bislang höchste Wert der dem Bundeskartellamt nach § 23 GWB nachträglich gemeldeten Zusammenschlüsse zu verzeichnen war und mit insgesamt 1 160 angezeigten Unternehmenszusammenschlüssen in den Jahren 1978 und 1979 die bedenkliche Entwicklung des externen Wachstums angehalten hat.

Ein genauer, nach Jahren aufgegliederter Überblick über die Zusammenschlüsse der „100 Größten" insgesamt im Verhältnis zur Gesamtzahl sämtlicher angezeigter Zusammenschlüsse kann der folgenden Tabelle entnommen werden.

Tabelle 38

Die Beteiligung der „100 Größten" an den dem Bundeskartellamt angezeigten Unternehmenszusammenschlüssen

Quelle: Tätigkeitsbericht 1978 des BKartA; monatliche Bekanntmachungen des Bundeskartellamtes über Zusammenschlüsse nach § 23 GWB; Hauptgutachten I und II der Monopolkommission; eigene Berechnungen

Jahr	Zahl der Zusammenschlüsse	unter Beteiligung der „100 Größten"		Kontrollpflicht (§ 24, 24 a)		Anschlußfälle (§ 24, Abs. 8 Nr. 2)	
		absolut	in %	absolut	in %	absolut	in %
1973	34	17	*50,0*	7	*41,2*	10	*58,8*
1974	294	143	*48,6*	64	*44,8*	79	*55,2*
1975	445	197	*44,3*	98	*49,8*	99	*50,2*
1. Berichtszeitraum	773	357	*46,2*	169	*47,3*	188	*52,7*
1976	453	196	*43,3*	108	*55,1*	89	*45,4*
1977	554	240	*43,3*	113	*47,1*	126	*52,5*
2. Berichtszeitraum	1 007	436	*43,3*	221	*50,7*	215	*49,3*
1978	558	239	*42,8*	121	*50,6*	117	*49,0*
1979	602	257	*42,7*	141	*54,9*	115	*44,7*
3. Berichtszeitraum	1 160	496	*42,8*	262	*52,8*	232	*46,8*
insgesamt	2 940	1 289	*43,8*	652	*50,6*	635	*49,3*

402. Aus Tabelle 38 läßt sich entnehmen, in welchem Ausmaß Zusammenschlüsse durch die sogenannte Anschlußklausel des § 24 Abs. 8 Nr. 2 a. F. GWB der Fusionskontrolle entzogen wurden. Insgesamt konnten 232 (46,8%) der Zusammenschlüsse unter Beteiligung der „100 Größten" nicht einer materiellen Kontrolle zugeführt werden. Damit entfielen auf die „100 Größten" 52,7% der insgesamt 440 Bagatellfälle des 3. Berichtszeitraums.

4.2. Die Zusammenschlüsse der „100 Größten" im einzelnen

403. Von den im Jahre 1978 „100 Größten" waren in den Jahren 1978/1979 76 an den dem Bundeskartellamt angezeigten Unternehmenszusammenschlüssen auf der Erwerberseite unmittelbar oder mittelbar beteiligt. Dabei befanden sich die größten Unternehmen fast ausnahmslos unter den Erwerbern. Aus der Gruppe der 25 größten Unternehmen haben sich wiederum nur die Unternehmen Adam Opel AG und Ford-Werke AG nicht mit anderen Unternehmen zusammengeschlossen.

Ein genauer Überblick über die *Häufigkeit der Beteiligungen* der „100 Größten" an den angezeigten Zusammenschlüssen im einzelnen kann Tabelle 39 entnommen werden.

404. Auch für den 3. Berichtszeitraum kann festgestellt werden, daß die Unternehmen am Anfang der

Tabelle 39

Die Zusammenschlüsse der „100 Größten" im einzelnen

Quelle: Eigene Berechnungen nach Unterlagen des Bundeskartellamtes

Rang 1978	Unternehmen	Zahl der Zusammenschlüsse			davon Anschlußfälle[1]) (§ 24 Abs. 8 Nr. 2 a.F.)		
		I.	II.	III. Berichtszeitraum	I.	II.	III. Berichtszeitraum
a	b	c	d	e	f	g	h
1	VEBA AG	51	47	50	26	23	23
2	Siemens AG	9	11	17	4	1	8
3	Volkswagenwerk AG	—	2	3	—	—	1
4	Daimler-Benz AG	2	3	4	2	—	1
5	Thyssen AG	17	9	14	8	4	5
6	BASF AG	3	4	9	2	2	1
7	Hoechst AG	18	4	15	7	1	9
8	Rheinisch-Westfälisches Elektrizitätswerk AG	32	55	12	12	36	2
9	Ruhrkohle AG	9	11	15	1	4	7
10	Bayer AG	6	3	6	1	—	1
11	ESSO AG	—	4	13	—	2	11
12	Allgemeine Elektricitäts-Gesellschaft AEG-Telefunken	5	3	3	2	1	1
13	Deutsche Shell AG	5	22	33	4	22	31
14	Fried. Krupp GmbH	6	6	8	2	2	3
15	Adam Opel AG	—	—	—	—	—	—
16	Mannesmann AG	8	9	10	2	3	3
17	Ford-Werke AG	1	—	—	1	—	—
18	Deutsche BP AG	7	26	34	5	21	23
19	Gutehoffnungshütte Aktienverein	13	5	13	4	2	3
20	Karstadt AG	—	2	1	—	—	—
21	Friedr. Flick Industrieverwaltung KGaA	4	1	9	2	—	2
22	Robert Bosch GmbH	2	2	1	1	1	—
23	Deutsche Unilever GmbH	5	7	12	3	2	6
24	Metallgesellschaft AG	6	5	5	—	1	1
25	Aral AG	4	2	2	4	2	2
26	Salzgitter AG	15	9	18	9	1	3
27	Hoesch Werke AG	10	32	21	9	20	12
28	IBM Deutschland GmbH	—	—	—	—	—	—
29	Bayerische Motoren Werke AG	2	—	2	2	—	—
30	Alfred C. Toepfer Verwaltungs-Gesellschaft mbH	2	—	3	2	—	1
31	Klöckner & Co.	12	12	4	9	4	—
32	Deutsche Texaco AG	—	2	3	—	—	—
33	Reemtsma Cigarettenfabriken GmbH	6	3	4	5	2	3
34	Ruhrgas AG	—	4	3	—	1	—
35	NEUE HEIMAT	5	1	3	—	—	—
36	Mobil Oil AG	—	1	2	—	—	1
37	Kaufhof AG	—	2	—	—	1	—
38	Deutsche Lufthansa AG	—	1	1	—	—	—
39	Degussa	5	8	6	5	3	2
40	Gustav Schickedanz KG	2	4	2	2	—	—
41	Hochtief AG	4	1	2	2	1	1
42	REWE-Zentral AG	—	1	6	—	—	3
43	Hertie Waren- und Kaufhaus GmbH	—	—	—	—	—	—

Rang 1978	Unternehmen	Zahl der Zusammenschlüsse			davon Anschlußfälle[1]) (§ 24 Abs. 8 Nr. 2 a.F.)		
		I.	II.	III. Berichtszeitraum	I.	II.	III. Berichtszeitraum
a	b	c	d	e	f	g	h
44	Allgemeine Deutsche Philips Industrie GmbH	—	3	3	—	—	1
45	Philipp Holzmann AG	—	4	2	—	1	1
46	BAT Cigaretten-Fabriken GmbH	—	1	5	—	—	—
47	co op Zentrale AG	3	18	9	—	3	1
48	Saarbergwerke AG	2	2	8	2	—	3
49	Brown, Boveri & Cie AG	1	1	2	1	1	—
50	Klöckner-Werke AG	7	8	7	1	1	3
51	BayWa AG	2	14	7	—	8	5
52	Vereinigte Industrie-Unternehmungen AG	9	1	7	5	—	3
53	Henkel KGaA	5	2	4	4	—	2
54	Gedelfi Großeinkauf GmbH & Co. KG	—	—	3	—	—	—
55	Klöckner-Humboldt-Deutz AG	1	2	3	—	—	2
56	Stumm GmbH-Mananaft-Gruppe	1	2	1	—	—	—
57	C & A Brenninkmeyer	—	—	—	—	—	—
58	Deutsche Babcock AG	6	4	2	2	3	—
59	Vereinigte Elektrizitätswerke Westfalen AG	3	3	5	2	2	—
60	EDEKA Zentrale AG	1	4	11	—	—	—
61	Saint-Gobain-Pont-à-Mousson (Deutschland)	7	5	3	7	2	—
62	Standard Elektrik Lorenz AG	—	1	1	—	—	—
63	Martin Brinkmann AG	—	—	—	—	—	—
64	Preussag AG	6	9	7	4	3	2
65	Nestlé-Gruppe Deutschland GmbH	1	2	2	—	1	1
66	Stahlwerke Röchling-Burbach GmbH	—	3	1	—	—	—
67	Bertelsmann AG	4	7	11	3	3	6
68	Oetker-Gruppe	4	5	11	2	3	9
69	Grundig AG	1	—	1	1	—	1
70	Horten AG	1	1	—	—	—	—
71	Hapag-Lloyd AG	3	3	1	1	—	1
72	Otto Wolff AG	4	5	4	3	3	2
73	Bilfinger + Berger Bau-AG	—[2])	—	—	—[2])	—	—
74	Otto Versand GmbH & Co.	3	1	1	—	—	—
75	Messerschmitt-Bölkow-Blohm GmbH	—	5	—	—	3	—
76	Franz Haniel & Cie. GmbH	3	11	27	3	11	17
77	Bayernwerk AG	—[2])	—[3])	3	—[2])	—[3])	—
78	Bosch-Siemens Hausgeräte GmbH	—	—	—	—	—	—
79	Tengelmann Warenhandelsgesellschaft	2	1	4	2	1	2
80	Elf Mineraloel GmbH	—[2])	1	1	—[2])	—	1
81	Wilh. Werhahn	—[2])	4	12	—[2])	—	2
82	Strabag Bau-AG	—[2])	1	—	—[2])	—	—
83	Magirus-Deutz AG	—[2])	—	—	—[2])	—	—
84	Continental Gummi-Werke AG	2	3	3	1	3	1
85	Enka Glanzstoff AG	3	—	—	2	—	—

noch Tabelle 39

Rang 1978	Unternehmen	Zahl der Zusammenschlüsse			davon Anschlußfälle[1]) (§ 24 Abs. 8 Nr. 2 a.F.)		
		I.	II.	III. Berichtszeitraum	I.	II.	III. Berichtszeitraum
a	b	c	d	e	f	g	h
86	Agfa-Gevaert AG	—	—	—	—	—	—
87	Linde AG	—[2])	3	—	—[2])	—	—
88	E. Kampffmeyer	—	2	—	—	1	—
89	Zahnradfabrik Friedrichshafen AG	—[2])	1	—	—[2])	—	—
90	Dyckerhoff & Widmann AG	—[2])	—	1	—[2])	—	—
91	AGIP AG	—	—	—	—	—	—
92	Axel Springer Verlag AG	—[2])	—[3])	2	—[2])	—[3])	—
93	Schering AG	—	3	4	—	1	—
94	ITT Gesellschaft für Beteiligungen mbH	5	—[3])	—	5	—[3])	—
95	Touristik Union International GmbH KG	—[2])	—[3])	4	—[2])	—[3])	4
96	Aktiengesellschaft der Dillinger Hüttenwerke	—	—[3])	1	—	—[3])	—
97	Carl Zeiss	—[2])	—[3])	—	—[2])	—[3])	—
98	Eschweiler Bergwerks-Verein	—	1	—	—	1	—
99	Rheinische Olefinwerke GmbH	—	—	—	—	—	—
100	Michelin Reifenwerke KGaA	—[2])	—[3])	—	—[2])	—[3])	—

1) Die Summe der in den Spalten e bis h angegebenen Zahlen stimmt deswegen nicht mit den in Tabelle 38 genannten Zahlen überein, weil an verschiedenen Zusammenschlüssen zwei oder mehr Unternehmen beteiligt waren.

2) Das Unternehmen gehörte 1974 nicht zu den „100 Größten", deshalb wurden die Zahlen für den 1. Berichtszeitraum im Hauptgutachten 1976/1977 nicht erfaßt.

3) Das Unternehmen gehörte 1976 nicht zu den „100 Größten", deshalb wurden die Zahlen für den 2. Berichtszeitraum nicht erfaßt.

Rangskala tendenziell wesentlich häufiger an Zusammenschlüssen beteiligt waren als die Unternehmen im unteren Bereich der Rangliste. Während die Gruppe der 25 größten Unternehmen 289mal und die der 50 größten Unternehmen 405mal an den Zusammenschlüssen beteiligt waren, finden wir die 50 Unternehmen am Ende der Rangliste insgesamt nur noch 148mal beteiligt. Eine genaue Übersicht ermöglicht Tabelle 40.

405. Aus der Gruppe der 25 größten Unternehmen waren 23 mit insgesamt 289 *Beteiligungen* vertreten. Demgegenüber finden wir aus der Gruppe der 25 Unternehmen am Ende der Rangliste nur noch 11 mit insgesamt 62 Beteiligungen an Zusammenschlüssen. Diese Zahlen zeigen deutlich die unterschiedliche Stärke der Zusammenschlußaktivitäten innerhalb der Rangliste der „100 Größten".

406. Die Unternehmen, die am häufigsten an den Zusammenschlüssen beteiligt waren, sind — mit Ausnahme der Haniel & Cie. GmbH — der Gruppe der 30 größten Unternehmen zuzurechnen. Wie auch in den ersten beiden Berichtszeiträumen war mit der VEBA AG ein überwiegend von der öffentlichen Hand kontrolliertes Unternehmen besonders häufig an Zusammenschlußaktivitäten beteiligt. Mit der Deutschen BP AG und der Deutschen Shell AG zeigen auch zwei Unternehmen des Mineralölbereichs auffallende Zusammenschlußaktivitäten. Über Einzelheiten gibt Tabelle 41 Aufschluß.

4.3. Die Formen der Zusammenschlüsse

407. Über die von den „100 Größten" gewählten *Anschlußformen* gibt Tabelle 42 Aufschluß. Gegenüber dem letzten Berichtszeitraum sind nur unwesentliche Veränderungen innerhalb der Anteile der einzelnen Zusammenschlußformen festzustellen.

Tabelle 40

Häufigkeit der Beteiligung nach Gruppen

Quelle: Eigene Erhebungen

nicht kumuliert						
Die auf Platz ... bis ... stehenden Unternehmen	waren ... mal an Zusammenschlüssen beteiligt			Das entspricht einem Anteil von ... % an der Gesamtzahl		
	I.	II.	III. Berichtszeitraum	I.	II.	III. Berichtszeitraum
1 bis 25	242	250	289	*62,3*	*51,8*	*52,3*
26 bis 50	62	86	116	*16,0*	*17,8*	*21,0*
51 bis 75	48	101	86	*12,4*	*20,9*	*15,5*
76 bis 100	36	46	62	*9,3*	*9,5*	*11,2*
insgesamt	388	483	553[1])	*100,0*	*100,0*	*100,0*
kumuliert						
Die ... größten Unternehmen	waren ... mal an Zusammenschlüssen beteiligt			Das entspricht einem Anteil von ... % an der Gesamtzahl		
	I.	II.	III. Berichtszeitraum	I.	II.	III. Berichtszeitraum
25	242	250	289	*62,3*	*51,8*	*52,3*
50	304	336	405	*78,3*	*69,6*	*73,3*
75	353	437	491	*90,7*	*90,5*	*88,8*
100	388	483	553[1])	*100,0*	*100,0*	*100,0*

1) Diese Zahl stimmt nicht mit der Gesamtzahl der Zusammenschlüsse überein, vgl. vorige Fußnote 1.

Tabelle 41

Die Unternehmen unter den „100 Größten", die sich am häufigsten an den Zusammenschlüssen beteiligt haben.

Quelle: Eigene Erhebungen

Lfd. Nr.	Rang nach Umsatz 1978	Unternehmen	Zahl der Beteiligungen im Berichtszeitraum			davon Anschlußfälle (§ 24 Abs. 8 Nr. 2 a.F.) im Berichtszeitraum		
			I.	II.	III.	I.	II.	III.
1	1	VEBA AG	51	47	50	26	23	23
2	18	Deutsche BP AG	5	22	34	4	22	23
3	13	Deutsche Shell AG	5	22	33	4	22	31
4	76	Haniel & Cie. GmbH	3	11	27	3	11	17
5	27	Hoesch Werke AG	10	32	21	9	20	12
6	26	Salzgitter AG	15	9	18	9	1	3
7	2	Siemens AG	9	11	17	4	1	8
8	9	Ruhrkohle AG	9	11	15	1	4	7
9	7	Hoechst AG	18	4	15	7	1	9
10	5	Thyssen AG	17	9	14	8	4	5

4.4. Die Umsätze der erworbenen Unternehmen

408. Eine Gliederung der erworbenen Unternehmen nach *Umsatzgrößenklassen* macht deutlich, daß sich die „100 Größten" auch im 3. Berichtszeitraum überwiegend an kleinen und mittleren Unternehmen mit Umsätzen bis zu 50 Millionen DM Jahresumsatz beteiligt haben. Insgesamt hatten nur 15,9 % der erworbenen Unternehmen einen Umsatz, der über 50 Millionen DM lag. Die Größenklasse von 2 bis unter 50 Millionen DM stellt mit 48,8 % den größten Anteil aller erworbenen Unternehmen. Auch diese Zahl stützt die mit der Vierten GWB-Novelle eingeführte Änderung der Anschlußklausel des § 24 Abs. 8 Nr. 2 GWB.

Tabelle 42

Die Formen der Zusammenschlüsse der „100 Größten"

Quelle: Eigene Erhebungen

Form des Zusammenschlusses	I. Berichtszeitraum		II. Berichtszeitraum		III. Berichtszeitraum	
	Anzahl der Fälle	in %[1])	Anzahl der Fälle	in %[1])	Anzahl der Fälle	in %[1])
Vermögenserwerb	57	*16,0*	146	*33,2*	180	*35,3*
Anteilserwerb (insgesamt)	191	*53,5*	161	*36,3*	195	*38,3*
25 bis 50 %	33	*9,2*	37	*8,4*	34	*6,7*
mehr als 50 %	158	*44,3*	124	*28,2*	161	*31,6*
Gemeinschaftsunternehmen (einschließlich Neugründung)	87	*23,4*	105	*23,9*	115	*22,5*
Vertragliche Bindungen	20	*5,6*	19	*4,3*	16	*3,1*
Personengleichheit	1	*0,3*	0	*0,0*	5	*0,0*
Sonstige Verbindungen	1	*0,3*	9	*2,0*	4	*0,8*
insgesamt	357	*100,0*	440	*100,0*	510[2])	*100,0*

1) Abweichung durch Rundung der Zahlen.

2) Die Summe weicht von den in Tabelle 38 angegebenen Zahlen ab, weil einige Zusammenschlußvorgänge zugleich mehreren Zusammenschlußformen zuzuordnen waren.

Tabelle 43

Die erworbenen Unternehmen nach Umsatzgrößenklassen

Quelle: Eigene Berechnungen nach Unterlagen des Bundeskartellamtes

Umsätze der erworbenen Unternehmen (in Millionen DM)	I. Berichtszeitraum (1973 bis 1975)		II. Berichtszeitraum (1976 und 1977)		III. Berichtszeitraum (1978 und 1979)		Gesamtumsatz der Klasse[1])		Durchschnitt in Millionen DM
	Anzahl der Fälle[3])	in %	Anzahl der Fälle[3])	in %	Anzahl der Fälle[3])	in %	(in Mio. DM)	in %	
Kein Umsatz (Neugründungen)	71	*19,9*	84	*19,3*	84	*16,9*	0	*0,0*	0,0
bis unter 2	233	*65,3*	92	*21,1*	91	*18,3*	91	*0,2*	1,0
von 2 bis unter 50			196	*44,9*	242	*48,8*	2 727	*6,7*	11,3
von 50 bis unter 250	31	*8,7*	41	*9,4*	58	*11,7*	6 835	*16,7*	117,8
von 250 bis unter 500	8	*2,2*	10	*2,3*	7	*1,4*	2 453	*6,0*	350,4
von 500 bis unter 1 000	3	*0,8*	7	*1,6*	6	*1,2*	4 263	*10,4*	710,5
mehr als 1 Milliarde	11	*3,1*	6	*1,4*	8	*1,6*	24 635	*60,1*	3 079,4
insgesamt	357	*100,0[4])*	436	*100,0[4])*	496	*100,0[4])*	41 004	*100,0[4])*	*99,5[2])*

[1]) Die Umsatzangaben wurden den Bekanntmachungen des Kartellamtes entnommen. Sie beziehen sich meistens auf das Jahr vor dem Zusammenschluß.

[2]) Bei der Errechnung des Durchschnitts wurden die Neugründungen (84 Fälle) nicht berücksichtigt.

[3]) Die Summe der in den Zeilen 2 und 3 aufgeführten Zahlen stimmt nicht mit der in Tabelle 38 angegebenen Zahl der Anschlußfälle überein, weil einmal in Fällen des Anteils- und des Vermögenserwerbs die Voraussetzungen des § 24 Abs. 8 Nr. 2 GWB dann nicht vorliegen, wenn der Veräußerer insgesamt mehr als 50 Millionen DM Umsatz aufweist, und weil zum anderen in Fällen des Erwerbs durch mehrere Unternehmen § 24 Abs. 8 Nr. 2 GWB ebenfalls keine Anwendung findet.

[4]) Abweichung durch Rundung der Zahlen.

409. Die „100 Größten" haben im Berichtszeitraum mit den 496 Zusammenschlüssen ein Umsatzvolumen von ca. 41 Mrd. DM erworben. Vom erworbenen Umsatzvolumen entfielen auf 8 Unternehmen — mit einem Umsatz jeweils von mehr als 1 Mrd. DM — 60,1 %. Dies bedeutet eine erhebliche Steigerung gegenüber dem 2. Berichtszeitraum, in dem auf die Großfusionen nur 42,5 % (ca. 29 Mrd. DM) des insgesamt erworbenen Umsatzes entfielen. An diesen Zusammenschlußfällen waren die folgenden Unternehmen beteiligt (Erwerber zuerst genannt):

Bayer/Rhinechem,
Thyssen/Budd Company,
Preussag/Amalgamated Metal Corp.,
VEBA/Chem. Werke Hüls,
Flick/Grace & Cie.,
Flick/Versicherungs Holding der Deutschen Industrie,
BP/Gelsenberg,
VW/Triumph Adler.

KAPITEL III

Konzentrationsentwicklung in der Pressewirtschaft

1. Die wirtschaftliche Ausdehnung des Pressebereichs

410. Mit der für 1977 nunmehr zum dritten Mal seit 1975 erhobenen *Pressestatistik* des Statistischen Bundesamtes liegt ein — wenn auch noch begrenzter — Erfahrungszeitraum mit der pressewirtschaftlichen Konzentration vor. Die Daten der Pressestatistik kennzeichnen insbesondere die wirtschaftliche Lage von Unternehmen des Pressebereichs und die publizistisch-technischen Merkmale der Presseobjekte. Bedauerlich ist, daß die kapitalmäßigen Verflechtungen nicht erhoben werden, auf deren Auswertung sich der ursprüngliche Auftrag der Monopolkommission insbesondere richtete.

411. Die Pressestatistik weist für den 31. Dezember 1977 noch 311 Zeitungsverlage aus, die mit 333 verlegten Zeitungen fast 90 % der insgesamt 372 Hauptausgaben von Tageszeitungen herausgaben. In den letzten zwei Berichtsjahren hat es bei diesen Zahlen keine spürbaren Veränderungen gegeben. Dies ist bei den Zeitschriftenverlagen anders. Hier wurden 5 087 Objekte (davon 3 089 bei den 1 181 Zeitschriftenverlagen) mit einer Auflage von über 207,5 Millionen Exemplaren gezählt, wovon 850 Publikumszeitschriften mit einer Auflage von 79 Millionen Exemplaren waren. Das bedeutet eine außerordentlich hohe Zunahme gegenüber den entsprechenden Werten von 1975 mit einer annähernden Verdoppelung der Auflage aller Zeitschriften. Die Auflage bei den Publikumszeitschriften hat sich in den beiden Jahren bei gleichzeitiger Zunahme der Objekte um 44 % erhöht. Sie ist aber im Durchschnitt von über 110 000 Exemplaren pro Objekt auf 93 000 Exemplare pro Objekt gesunken.

412. Wie bereits in den Jahren zuvor erzielten 1977 die mit 311 zahlenmäßig erheblich geringeren Zeitungsunternehmen mit etwa 8,3 Mrd. DM wesentlich höhere *Umsätze* als die 1 181 Zeitschriftenunternehmen mit 6,35 Mrd. DM. Großverlage mit einem Umsatz von über 25 Millionen DM waren unter den Zeitungsunternehmen häufiger vertreten als unter den Zeitschriftenunternehmen. Die jährlichen Umsätze je Presseobjekt lagen bei Zeitungen mit über 18 Millionen DM pro Ausgabe etwa 15mal so hoch wie diejenigen der Kategorie der Zeitschriften insgesamt. Sie waren dagegen nur etwa viermal so hoch wie die Umsätze pro Objekt bei den Publikumszeitschriften.

413. Wesentlich stärker als die Umsatzzahlen divergieren die *Beschäftigtenzahlen* bei den Zeitungs- und Zeitschriftenunternehmen, was den Ergebnissen der früheren pressestatistischen Erhebungen entspricht. Die beinahe sechsmal so hohe Zahl an Zeitschriftenunternehmen verfügt mit über 40 000 Personen ungefähr über ein Drittel der Beschäftigtenzahl der Zeitungsverlage. Die Ursachen dafür liegen einmal in der erwähnten unterschiedlichen Größenverteilung beider Verlagstypen. Zum anderen ist aber auch in jeder Größenklasse die durchschnittliche Beschäftigtenzahl bei den Zeitungsverlagen erheblich größer als bei Zeitschriftenverlagen.

414. Tabelle 1 faßt einige der wesentlichsten unternehmens- und objektbezogenen Kennziffern der Pressestatistik im Vergleich der Jahre 1975 bis 1977 zusammen.

2. Stand der Konzentration von Umsatz und Auflage im Pressebereich

2.1. Die Aussagefähigkeit der pressestatistischen Konzentrationsraten

415. Die durch das Statistische Bundesamt ermittelten Konzentrationsraten sind nur bei einem zeitlichen Vergleich wirklich aussagekräftig [1]). Eine der industriellen Konzentrationsanalyse des Kapitels 1 dieses Gutachtens vergleichbare — wenn auch nicht so breit angelegte — detaillierte Auswertung wird für die Pressewirtschaft daher erst bei Vorliegen von längeren Zeitreihen der Konzentrationsdaten möglich.

416. Grundsätzlich lassen sich Aussagen zur Pressekonzentration auch aus den Angaben der Pressestatistik ableiten. Allerdings ist die Darstellung der Unternehmenskonzentration anhand von Konzentrationsraten die knappste Form, in welcher die Größenstruktur mit ausreichendem Informationsgehalt beschrieben wird. Außerdem hat die Darstellung der Konzentrationsraten gegenüber der Größenklasseneinteilung der Pressestatistik aus den folgenden Gründen eine höhere Aussagekraft:

— Durch die willkürliche Einteilung der Ranggrößenklassen und insbesondere die unterschiedlichen Klassenbreiten können Zufälligkeiten in der Besetzung der Klassendichte entstehen, die

1) Die für die Pressestatistik gültigen Einschränkungen der Aussagekraft — im wesentlichen durch Abgrenzungsprobleme (z. B. für den Begriff der Zeitschriften) und Zuordnungsprobleme (vor allem infolge der den Verlagen überlassenen Selbsteinstufung innerhalb der Kategorien des Pressestatistik-Fragebogens) — bleiben natürlich für die Darstellung nach Konzentrationsraten vollständig erhalten.

Tabelle 1

Ausgewählte Strukturdaten der Pressewirtschaft für 1975 bis 1977

Quelle: Pressestatistik

1. Unternehmen, die Zeitungen oder Zeitschriften verlegen

	Anzahl[1]			Umsatz (Millionen DM)			Beschäftigte[1]		
	1975	1976	1977	1975	1976	1977	1975	1976	1977
Unternehmen insgesamt	1 881	2 111	2 265	16 374	18 610	20 346	202 043	202 210	209 647
davon: Verlagsunternehmen	1 538	1 703	1 828	13 604	15 344	17 153	173 088	169 244	177 840
– davon: Zeitungsverlage	312	309	311	6 590	7 326	8 277	119 741	116 043	119 670
– davon: Zeitschriftenverlage	955	1 074	1 181	4 861	5 723	6 350	35 245	35 398	40 340

2. Verlegte Zeitungen und Zeitschriften

	Anzahl[1]			verkaufte Auflage[2] (in 1 000)			redaktionelle Einheiten[1][4]			objektbezogener Umsatz (Millionen DM)		
	1975	1976	1977	1975	1976	1977	1975	1976	1977	1975	1976	1977
Hauptausgaben von Tageszeitungen[3]	375	374	372	22 702	23 464	23 983	120	127	121	5 393	6 036	6 714
(zugeordnete Nebenausgaben)	(811)	(813)	(830)									
davon:												
– Abonnementszeitungen	356	356	354	14 235	14 509	14 573	107	114	109	4 676	5 248	5 782
– Straßenverkaufszeitungen	19	18	18	8 467	8 955	9 409	13	13	12	717	787	933
Zeitschriften insgesamt	3 838	4 704	5 087	118 690	206 372	207 561	2 548	3 034	3 301	4 766	5 630	6 312
davon: Publikumszeitschriften	590	807	850	65 224	77 043	79 055	513	669	681	2 790	3 372	3 742

[1]) Angaben für den 31. Dezember.

[2]) Durchschnittliche Auflage je Erscheinungstag im vierten Quartal (bei Zeitschriften einschließlich der unentgeltlich abgebenen Auflage).

[3]) Angaben für die Gesamtausgabe.

[4]) Bei Zeitungen: Vollständige redaktionelle Herstellung des Zeitungsmantels in eigener Redaktion.
Bei Zeitschriften: Verlagseigene Redaktion.

zu Fehlinterpretationen führen (bei der Pressestatistik ist die Besetzungsdichte eine Funktion der Klasseneinteilung, während bei den Konzentrationsraten die Besetzungsdichte durch die Abstufung der Werte vorgegeben wird, als deren Funktion sich dann die — den Konzentrationsstand mitbeschreibende — relative Klassenbreite ergibt);

— die offene obere Rangklasse der Pressestatistik ist in den meisten Fällen zu dicht besetzt, so daß die Konzentration der jeweils größten Merkmalsträger nicht hinreichend genau wiedergegeben werden kann; zudem ist für diese Klasse die Berechnung eines die Gleichverteilung charakterisierenden Mittelwerts nicht möglich;

— da Konzentrationsraten prozentual zur gesamten Merkmalsgröße ausgewiesen werden, vermeiden sie die für monetäre Angaben (z. B. Umsatzerlöse) problematische inflationsbedingte Aufblähung, die bei einer festen Klasseneinteilung auch für konstante Realgrößen scheinbare Veränderungen in der Größenverteilung signalisiert;

— durch die Abstufungen der Konzentrationsraten wird eine gleichbleibende Klassenbreite vorgegeben, wodurch immer die gleiche Zahl — rangmäßig geordneter — Merkmalsträger im zeitlichen Vergleich gegenübergestellt werden kann.

417. Als Konzentrationsmerkmale werden für die Unternehmen die Umsatzerlöse und für die Presseobjekte die Auflagenhöhen herangezogen.

Im Merkmal des Umsatzes soll die wirtschaftliche Konzentration erfaßt werden. Da in der Pressestatistik die Unternehmen nach rechtlichen und nicht — wie zu wünschen wäre — nach wirtschaftlichen Einheiten abgegrenzt werden, wird der Konzentrationsgrad durch die vorliegenden Werte zum Teil erheblich unterschätzt.

Das Merkmal der Auflage kann die publizistische Konzentration der Presseobjekte näherungsweise beschreiben. Nicht berücksichtigt bleiben dabei aber publizistische Verflechtungen zwischen den Merkmalsträgern (redaktionelle Zusammenarbeit, gemeinsame Korrespondenz usw.), wodurch die Konzentrationsraten den Grad der publizistischen Konzentration tendenziell unterschätzen.

418. Bezüglich der Grenzen der Aussagefähigkeit von Konzentrationsraten der hier verwendeten Art kann auf die Ausführungen zu Kapitel 1 der Hauptgutachten I bis III verwiesen werden. Besonders hervorzuheben ist für den Pressebereich:

— Vielfach (insbesondere für die Mehrzahl der Tageszeitungen) wird in den Werten eine zu weite Abgrenzung vorgenommen, wenn die statistische Grundgesamtheit mehrere gegeneinander abgrenzbare publizistische oder wirtschaftliche Teilmärkte enthält;

— die Klassenzuordnung der Merkmalsträger durch die Pressestatistik läßt wesentliche Formen der wirtschaftlichen bzw. publizistischen Konzentration unberücksichtigt; Konzentrationsphänomene sowie wirtschaftliche Vorgänge, die sich nicht in einer Veränderung der rechtlichen Einheiten auswirken, werden nicht erkannt;

— die Konzentrationsraten sind aus diesem Grunde auch nicht in der Lage, die mediendiagonale und konglomerate Konzentration von Presseunternehmen statistisch auszuweisen.

Nach Auffassung der Monopolkommission ist allerdings die prinzipielle Eignung der Konzentrationsraten zur Darstellung von Konzentrationsstand und -bewegungen durch diese Unvollkommenheiten nicht in Frage gestellt.

2.2. Die Umsatzkonzentration in der Presse

419. In Tabelle 2 sind die Umsatzanteile der jeweils größten nach verschiedenen Tätigkeitsschwerpunkten rangmäßig gegliederten Unternehmensgruppen im Vergleich der Jahre 1975 bis 1977 und in Tabelle 3 die entsprechenden weiter aufgeschlüsselten Angaben für 1977 zusammengestellt[1]).

[1]) Innerhalb der Pressestatistik und der darauf aufbauenden Sonderauswertung werden Unternehmen aufgrund ihrer Umsatzstruktur klassifiziert und bestimmten Unternehmenstypen zugeordnet, deren Differenzierung sich im einzelnen aus der Tabelle ergibt. Zunächst werden alle Unternehmen erfaßt, die als selbständige rechtliche Einheiten Zeitungen oder Zeitschriften herausgeben. Ein großer Teil dieser Unternehmen ist dem Verlagsgewerbe zuzuordnen; es handelt sich dabei um eine Zuordnung nach dem Schwerpunktprinzip, wonach Unternehmen, die mindestens die Hälfte ihres gesamten Umsatzes aus dem Verlag von Presseerzeugnissen (Bücher, Zeitungen, Zeitschriften) erzielen, als Verlagsunternehmen eingestuft werden. Von dieser Kategorie werden als Zeitungs- und Zeitschriftenunternehmen solche Verlage bezeichnet, bei denen innerhalb des Umsatzschwerpunkts Verlagstätigkeit der Zeitungs- und/oder Zeitsschriftenumsatz überwiegt, aber nicht notwendig 50 % des gesamten Umsatzes erreicht. Diese Unternehmen lassen sich aufspalten in solche mit überwiegendem Umsatz im Zeitungsbereich und solche mit vergleichsweise höherem Umsatz im Zeitschriftenbereich. Bedingt durch diese Zuordnung nach dem Schwerpunktprinzip könnten sich scheinbare strukturelle Änderungen unter Umständen schon dann ergeben, wenn — bei unterschiedlicher Entwicklung der Tätigkeitsbereiche von Unternehmen — der Unternehmensschwerpunkt (ggf. nur kurzfristig) wechselt, wie dies insbesondere bei Unternehmen mit mehreren Tätigkeitsbereichen von gleicher Größenordnung wahrscheinlich ist. In solchen Fällen würde bei Gleichbleiben der übrigen Bedingungen ein Unternehmen beispielsweise einmal zu den Verlagsunternehmen und ein anderes Mal zu den Druckereien gezählt.

420. Bei *Anzahl* und *Umsatz* von Unternehmen, die Zeitungen und Zeitschriften verlegen, ist von 1975 bis 1977 — abgesehen von den Zeitungsverlagen — eine relativ stetige Entwicklung zu verzeichnen (Tabelle 2). Die Unternehmenszahl nahm im allgemeinen im Jahre 1976 mit Zuwächsen zwischen 9,2 und 12,5 % etwas stärker zu als im Jahre 1977 (zwischen 7,3 und 10,0 %); die Zahl der Zeitungsunternehmen blieb nahezu konstant. Entsprechend der Zunahme der Anzahl der Zeitschriftenunternehmen wuchs auch der Umsatz dieser Unternehmen im Jahre 1976 mit zwischen 12,8 bis 17,7 % (Zeitungsunternehmen: 11,2 %) stärker als in 1977 (zwischen 9,3 und 12,1 %; Zeitungsunternehmen: 13,0 %).

Die Entwicklung der Konzentrationsraten weist nur marginale und zudem nicht einheitliche Veränderungen aus, so daß Trendaussagen zur Entwicklung der Umsatzkonzentration noch nicht möglich sind.

421. Die Gesamtumsätze der drei größten Unternehmen lagen Ende 1977 bei den verschiedenen Unternehmenskategorien — mit Ausnahme der höher konzentrierten Zeitschriftenunternehmen — relativ nahezu zusammen (Tabelle 3). Diese Unternehmen mit Umsatzanteilen zwischen 16,6 und 23,4 % würde man entsprechend der in Kapitel 1 aufgestellten Einstufung als mäßig konzentriert, die Umsatzanteile der drei größten Zeitschriftenunternehmen mit 38,7 % als hoch konzentriert bezeichnen.

Bei der Gegenüberstellung der Konzentrationsraten von Zeitungs- und Zeitschriftenunternehmen ist jedoch zu berücksichtigen, daß Zeitschriften zu beinahe 70 % (Publikumszeitschriften zu über 90 %) überregional verbreitet waren. Dagegen ist das Verbreitungsgebiet der Zeitungen im allgemeinen lokal oder regional begrenzt. Aus diesem Grunde kann man für die den Zeitschriftenverlagen zugehörigen Konzentrationsraten auf der Grundlage des Bundesgebietes eine größere Annäherung an den relevanten Markt unterstellen als bei den Zeitungsunternehmen, deren Werte — auf jeden Fall bei Einbeziehung nicht nur der „Oligopolspitze" — den Konzentrationsstand stark unterschätzen.

422. Bis auf zwei Ausnahmen[1]) sind sämtliche Konzentrationsraten des Zeitschriftenumsatzes (Vertrieb und Anzeigen) für alle Unternehmensgruppen deutlich höher als die Anteilswerte bei den sonstigen Umsatzsparten.

Damit bildet die Konzentration der Zeitschriftenumsätze eine Besonderheit, die sich nicht nur — wie vorher festgestellt — in der überdurchschnittlich hohen Umsatzkonzentration bei Zeitschriftenunternehmen niederschlägt, sondern auch bei den Umsatzsparten der übrigen Unternehmensgruppen (größte Zeitungsverlage; übrige größte Unternehmen innerhalb und außerhalb des Verlagsgewerbes) sichtbar wird.

[1]) Die Konzentrationsraten sowohl der 50 größten Unternehmen des Verlagsgewerbes als auch der 50 größten Zeitungs- und Zeitschriftenunternehmen weisen um 2,0 bzw. 2,7 Prozentpunkte höhere Werte beim Umsatz aus Zeitungsvertrieb aus als beim Umsatz aus Zeitschriftenvertrieb.

Tabelle 2

Unternehmen, die Zeitungen oder Zeitschriften verlegen (Stand: 31. Dezember), von 1975 bis 1977 im Vergleich
(Anteil der größten Unternehmen am Gesamtumsatz)

Quelle: Statistisches Bundesamt

Berichtsjahr	Umsatz (Millionen DM)	Anteil der ... größten Unternehmen in %					Anzahl der Unternehmen
		3	6	10	25	50	
		1. Alle Unternehmen					
1975	16 374	*16,0*	*22,9*	*26,9*	*39,0*	*51,0*	1 881
1976	18 610	*16,0*	*23,6*	*27,5*	*39,2*	*50,8*	2 111
1977	20 346	*16,6*	*23,2*	*26,9*	*38,6*	*50,2*	2 265
		2. Unternehmen des Verlagsgewerbes					
1975	13 604	*19,3*	*25,1*	*29,6*	*42,0*	*54,4*	1 538
1976	15 344	*20,0*	*25,9*	*30,3*	*42,6*	*54,6*	1 703
1977	17 153	*19,7*	*25,6*	*29,9*	*42,3*	*54,4*	1 828
		3. Zeitungs- und Zeitschriftenunternehmen					
1975	11 451	*22,9*	*29,9*	*35,2*	*48,6*	*61,0*	1 267
1976	13 049	*23,5*	*30,4*	*35,6*	*48,9*	*60,9*	1 383
1977	14 627	*23,2*	*30,1*	*35,1*	*48,4*	*60,3*	1 492
		4. Zeitungsunternehmen					
1975	6 590	*22,8*	*29,7*	*37,7*	*55,5*	*72,2*	312
1976	7 326	*23,2*	*30,0*	*37,9*	*55,4*	*71,9*	309
1977	8 277	*23,4*	*30,0*	*37,7*	*55,3*	*71,7*	311
		5. Zeitschriftenunternehmen					
1975	4 861	*39,5*	*47,2*	*52,6*	*63,8*	*72,0*	955
1976	5 723	*39,7*	*47,6*	*53,1*	*63,1*	*70,7*	1 074
1977	6 350	*38,7*	*46,8*	*52,1*	*61,7*	*69,2*	1 181

423. Unterschiede in der relativen Umsatzkonzentration zeigen sich, wenn man die durchschnittlichen Umsätze der drei größten Unternehmen mit denen der nachfolgenden Unternehmen vergleicht:

Die drei größten Unternehmen der Zeitungsverlage (Zeitschriftenverlage) vereinigten mit je durchschnittlich 7,8 % (12,9 %) mehr als das über 3,5fache (fast 5fache) des Umsatzes auf sich als die drei nächstgrößeren. Gegenüber 1975 bedeutet dies eine geringfügige Zunahme bei Zeitungsunternehmen und eine geringfügige Abnahme bei Zeitschriftenunternehmen. Die drei umsatzstärksten Zeitungsunternehmen erzielten im Vergleich zu allen restlichen Unternehmen durchschnittlich über 30fach höhere Umsätze, während diese Relation bei den Zeitschriftenunternehmen sogar das nahezu 250fache ausmacht. Die relative Konzentration in dieser Gegenüberstellung hat sich gegenüber 1975 bei den Zeitungsunternehmen geringfügig, bei den Zeitschriftenunternehmen dagegen (gegenüber der Relation des 207fachen Umsatzes in 1975) stark erhöht.

2.3. Die Auflagenkonzentration in der Presse

424. Zeitungen werden als Abonnements- oder als Straßenverkaufszeitungen eingestuft, je nachdem welcher der beiden Vertriebswege im Absatz überwiegt. In den Tabellen 4 und 5 sind die Konzentrationsraten dieser beiden Zeitungstypen zusammengestellt.

425. In den Jahren 1975 bis 1977 ist die Zahl der Zeitungen nahezu gleichgeblieben (Tabelle 4). Bei der gesamten Zeitungsauflage hat sich bei den Abonnementszeitungen eine leichte, bei den Straßenverkaufszeitungen eine (mit jeweils mehr als 5 % pro Jahr) deutliche Zunahme ergeben. Während die Konzentrationsraten bei den Abonnementszeitungen tendenziell eher rückläufig waren, sind leicht Zuwächse, die bei konstanter Zeitungszahl ein Ansteigen der relativen Auflagenkonzentration bedeuten, bei den Straßenverkaufszeitungen festzustellen.

426. Nach wie vor ungewöhnlich hoch ist der Konzentrationsgrad der Straßenverkaufszeitungen. Die

Unternehmen, die Zeitungen oder Zeitschriften verlegen Tabelle 3

(Stand: 31. 12. 1977)

(Anteil der größten Unternehmen am Gesamtumsatz und an einzelnen Umsatzarten)

Quelle: Statistisches Bundesamt

Umsatzart	Umsatz (Millionen DM)	Anteil der . . . größten Unternehmen in %					Anzahl der Unternehmen
		3	6	10	25	50	
1. Alle Unternehmen							
Gesamtumsatz	20 346	*16,6*	*23,2*	*26,9*	*38,6*	*50,2*	2 265
darunter: Umsatz aus							
– Vertrieb und Anzeigen von/in							
– Zeitungen	6 718	*13,1*	*15,5*	*22,1*	*34,4*	*50,4*	
– Zeitschriften	6 353	*31,6*	*37,1*	*40,4*	*47,1*	*53,2*	
– Zeitungen und Zeitschriften zusammen	13 071	*22,1*	*26,0*	*31,0*	*40,6*	*51,7*	
– sonstigen eigenen Verlagserzeugnissen	2 324	*0,5*	*0,6*	*0,7*	*19,3*	*33,5*	
2. Unternehmen des Verlagsgewerbes							
Gesamtumsatz	17 153	*19,7*	*25,6*	*29,9*	*42,3*	*54,4*	1 828
darunter: Umsatz aus							
– Vertrieb und Anzeigen von/in							
– Zeitungen	6 540	*13,5*	*15,9*	*23,1*	*39,4*	*58,6*	
– Zeitschriften	6 122	*32,8*	*41,7*	*44,6*	*49,7*	*55,0*	
– Zeitungen und Zeitschriften zusammen	12 662	*22,8*	*28,4*	*33,5*	*44,4*	*56,8*	
– sonstigen eigenen Verlagserzeugnissen	2 229	*0,6*	*0,6*	*0,7*	*20,8*	*34,6*	
3. Zeitungs- und Zeitschriftenunternehmen							
Gesamtumsatz	14 627	*23,2*	*30,1*	*35,1*	*48,4*	*60,3*	1 492
darunter: Umsatz aus							
– Vertrieb und Anzeigen von/in							
– Zeitungen	6 535	*13,5*	*15,9*	*23,1*	*44,7*	*63,6*	
– Zeitschriften	5 700	*35,2*	*44,8*	*47,9*	*51,7*	*58,6*	
– Zeitungen und Zeitschriften zusammen	12 235	*23,6*	*29,4*	*34,7*	*48,0*	*61,3*	
– sonstigen eigenen Verlagserzeugnissen	434	*2,9*	*3,3*	*3,8*	*13,6*	*20,0*	
4. Zeitungsunternehmen							
Gesamtumsatz	8 277	*23,4*	*30,0*	*37,7*	*55,3*	*71,7*	311
darunter: Umsatz aus							
– Vertrieb und Anzeigen von/in							
– Zeitungen	6 535	*18,9*	*25,5*	*34,2*	*52,7*	*71,4*	
– Zeitschriften	532	*85,3*	*87,2*	*87,3*	*93,5*	*94,7*	
– Zeitungen und Zeitschriften zusammen	7 066	*23,9*	*30,2*	*38,2*	*55,8*	*73,2*	
– sonstigen eigenen Verlagserzeugnissen	49	—	*4,2*	*4,8*	*7,9*	*20,6*	
5. Zeitschriftenunternehmen							
Gesamtumsatz	6 350	*38,7*	*46,8*	*52,1*	*61,7*	*69,2*	1 181
darunter: Umsatz aus							
– Vertrieb und Anzeigen von/in							
– Zeitungen	—	—	—	—	—	—	
– Zeitschriften	5 167	*36,9*	*46,2*	*52,2*	*61,3*	*68,8*	
– Zeitungen und Zeitschriften zusammen	5 168	*36,8*	*46,2*	*52,2*	*61,3*	*68,8*	
– sonstigen eigenen Verlagserzeugnissen	385	*3,7*	*9,4*	*15,6*	*39,8*	*54,3*	

drei größten Zeitungen halten 81,1 % und damit mehr als 7,6 Millionen Exemplare der Verkaufsauflage (Tabelle 5). Dagegen liegt bei den drei größten Abonnementszeitungen mit 7,1 % Auflagenanteil (das sind etwas mehr als 1 Million Exemplare) ein mäßig hoher Konzentrationsgrad vor. Die absolute Größendifferenz der drei auflagenstärksten Verkaufszeitungen gegenüber den Abonnementsblättern bzw. ihre über 7fach höhere Durchschnittsauflage lassen erkennen, daß das Verbreitungsgebiet von Straßenverkaufszeitungen vergleichsweise weiter ausgedehnt ist. Daher kann man bei den auf das gesamte Bundesgebiet bezogenen Konzentrationsraten den Straßenverkaufszeitungen eine stärkere Marktbezogenheit als den Abonnementszeitungen unterstellen.

Bei der Zusammenfassung der Abonnements- und der Straßenverkaufszeitungen schlägt sich der Einfluß der auflagenstärksten Straßenverkaufszeitung(en) in dem Umsatzanteil der drei größten Objekte nieder, die mit dem Wert von 31,8 % ebenfalls über 7,6 Millionen Exemplare der Verkaufslage auf sich vereinigen.

427. Die nach Vertriebsarten getrennten Konzentrationsraten der beiden Zeitungstypen weisen eine stärkere Konzentration bei den Einzelverkaufsexemplaren bei allen Zeitungstypen aus. Die drei größten Abonnementszeitungen setzen 19,4 % des Einzelverkaufs ihrer statistischen Gruppe ab. Im Vergleich zu ihrem — allerdings erheblich bedeutenderen — primären Vertriebsweg liegt damit ein mehr als 3fach höherer Konzentrationsgrad vor. Dieser Unterschied ist bei den Straßenverkaufszeitungen mit einem 164fach höheren Konzentrationsgrad des Einzelverkaufs gegenüber dem fast bedeutungslosen Abonnementsverkauf. Die Höhe der nach Vertriebsart getrennt ausgewiesenen Konzentrationsraten gleicht sich bei beiden Zeitungstypen mit wachsender Zahl der einbezogenen Objekte relativ stetig an. Daraus läßt sich entnehmen, daß innerhalb der beiden Gruppen bei den kleineren Zeitungen eine relativ ausgeglichenere Vertriebsstruktur vorliegt als bei den auflagenstärksten Zeitungen.

428. Die relative Konzentration der ersten sechs Zeitungen ist bei den Abonnementszeitungen wesentlich ausgeglichener als die der Straßenverkaufszeitungen, wo die durchschnittliche Auflage der ersten drei Zeitungen das mehr als 8fache derjenigen der nächstfolgenden drei Zeitungen ausmacht. Unterschiede für beide Zeitungstypen ergeben sich auch bei dem Verhältnis der durchschnittlichen Auflage der drei größten zu allen übrigen Zeitungen. Bei den Abonnementszeitungen beträgt dieses Verhältnis das mehr als 8fache, bei den Straßenverkaufszeitungen dagegen das über 21fache.

429. Bei den *Zeitschriften* wurde als Merkmalsgröße nicht nur die verkaufte Auflage, sondern auch die verbreitete Auflage angegeben. Insbesondere bei den Fachzeitschriften findet sich innerhalb der unentgeltlich abgegebenen Auflage eine Vielzahl von Zeitschriftenexemplaren, die nur für Mitglieder einer Organisation erhältlich sind und für die ein mittelbares Entgelt durch den Mitgliedsbeitrag entrichtet wird. Die unentgeltlich abgegebene Auflage von Zeitschriften kann deshalb mit den vermutlich überwiegend zu Werbezwecken verteilten Freiexemplaren der Zeitungen nicht verglichen werden. Bei den Publikumszeitschriften ist die unentgeltlich abgegebene Auflage von geringerem Umfang; daher wird bei dieser Zeitschriftenkategorie die verbreitete Auflage nicht gesondert ausgewiesen.

Tabelle 4

**Konzentrationsraten der Zeitungen (Hauptausgaben) nach der Verkaufsauflage[1])
im 4. Quartal von 1975 bis 1977 im Vergleich**

Quelle: Statistisches Bundesamt

Berichtsjahr	Verkaufsauflage in 1 000 Stück	Anteil der ... größten Zeitungen in %					Anzahl der Zeitungen
		3	6	10	25	50	
				1. Alle Zeitungen			
1975	22 702	*30,1*	*34,6*	*39,8*	*54,8*	*71,3*	375
1976	23 464	*30,8*	*35,1*	*40,2*	*54,5*	*70,9*	374
1977	23 983	*31,8*	*36,1*	*41,2*	*55,5*	*71,6*	372
				2. Abonnementszeitungen			
1975	14 235	*7,6*	*13,7*	*20,8*	*41,2*	*63,2*	356
1976	14 509	*7,1*	*13,2*	*19,8*	*39,7*	*61,8*	356
1977	14 573	*7,1*	*13,2*	*19,9*	*39,9*	*61,9*	354
				3. Straßenverkaufszeitungen			
1975	8 467	*80,0*	*89,6*	*96,9*	*100,0*	*100,0*	19
1976	8 955	*80,4*	*90,0*	*97,3*	*100,0*	*100,0*	18
1977	9 409	*81,1*	*90,5*	*97,6*	*100,0*	*100,0*	18

1) Hauptausgabe mit zugeordneten Nebenausgaben.

In den Tabellen 6 und 7 wird die Auflagenkonzentration der Zeitschriften insgesamt und einzelne Arten von Publikumszeitschriften, untergliedert nach der Erscheinungshäufigkeit, ausgewiesen. Die Zuordnung der Rangfolge der 3, 6, usw. auflagenstärksten Zeitschriften (in Tabelle 7) erfolgt nach dem Kriterium der verbreiteten Auflage aller einer Gruppe (d. h. dem entsprechenden Tabellenabschnitt) zugehörigen Zeitschriften. Diese Rangfolge nach der verbreiteten Auflage wird in die Unterkategorien der verkauften Auflage sowie der Publikumszeitschriften insgesamt bzw. einzelner Arten aufgeschlüsselt. Dabei ist es möglich und — wie aus den Zahlenangaben ersichtlich — auch tatsächlich gegeben, daß Anteilswerte bei einzelnen Unterkategorien nicht oder nicht in der dem Anteilswert entsprechenden Anzahl besetzt sind. So sind z. B. bei den Zeitschriften mit 4- bis 9maligem Erscheinen in Tabelle 7 unter den 3, 6 und 10 größten keine Publikumszeitschriften enthalten.

430. Während die Anzahl der Zeitschriften (mit Ausnahme der mit mindestens 55mal am häufigsten erscheinenden Objekte) von 1975 bis 1977 durchgängig aber mit unterschiedlichen Wachstumsraten gestiegen ist, ergibt sich bei der Auflagenentwicklung ein uneinheitliches Bild (Tabelle 6). Die verbreitete Auflage der Zeitschriften mit 15- bis 50maligem Erscheinen ist trotz Zunahme der Objektzahl kontinuierlich geschrumpft. Dagegen ist bei konstant gebliebener Anzahl die Auflage der Zeitschriften mit 55- oder mehrmaligem Erscheinen in beiden Jahren angestiegen. Bei den Zeitschriften mit 51- bis 54maligem Erscheinen hat die Auflage ebenfalls zugenommen, diese Zunahme bleibt jedoch weit hinter den hohen Wachstumsraten der Objektanzahl zurück.

Insgesamt gesehen hat die Zunahme der Anzahl der Zeitschriften, die bei der auflagenstärksten Kategorie mit den Wochenzeitschriften — bzw. Zeitschrif-

Tabelle 5

Konzentrationsraten der Zeitungen (Hauptausgaben) nach der Verkaufsauflage[1]) im 4. Quartal 1977

Quelle: Statistisches Bundesamt

	Verkaufsauflage in 1 000 Stück	Anteil der . . . größten Zeitungen in %					Anzahl der Zeitungen
		3	6	10	25	50	
1. Alle Zeitungen							
Abonnentenexemplare	13 343	*1,4*	*5,8*	*10,0*	*29,7*	*53,4*	
Einzelverkauf	10 640	*70,0*	*74,2*	*80,5*	*87,8*	*94,3*	
Verkaufsauflage insgesamt	23 983	*31,8*	*36,1*	*41,2*	*55,5*	*71,6*	372
darunter: von Zeitungen mit einer Erscheinungsweise von 5 × wöchentlich und mehr:							
– zusammen	20 224	*23,5*	*28,6*	*33,1*	*50,0*	*67,7*	
– Abonnentenexemplare	12 670	—	*4,6*	*8,6*	*29,3*	*52,5*	
2. Abonnementszeitungen							
Abonnentenexemplare	13 221	*5,9*	*11,4*	*18,1*	*37,7*	*60,3*	
Einzelverkauf	1 352	*19,4*	*31,0*	*37,2*	*61,0*	*77,8*	
Verkaufsauflage insgesamt	14 573	*7,1*	*13,2*	*19,9*	*39,9*	*61,9*	354
darunter: von Zeitungen mit einer Erscheinungsweise von 5 × wöchentlich und mehr:							
– zusammen	13 746	*4,9*	*11,4*	*18,5*	*39,6*	*61,1*	
– Abonnentenexemplare	12 604	*4,6*	*10,4*	*17,5*	*38,0*	*59,9*	
3. Straßenverkaufszeitungen							
Abonnentenexemplare	122	*0,5*	*82,1*	*96,9*	*100,0*	*100,0*	
Einzelverkauf	9 287	*82,1*	*90,6*	*97,6*	*100,0*	*100,0*	
Verkaufsauflage insgesamt	9 409	*81,1*	*90,5*	*97,6*	*100,0*	*100,0*	18
darunter: von Zeitungen mit einer Erscheinungsweise von 5 × wöchentlich und mehr:							
– zusammen	6 478	*78,8*	*87,7*	*98,0*	*100,0*	*100,0*	
– Abonnentenexemplare	67	*0,9*	*70,0*	*97,1*	*100,0*	*100,0*	

1) Hauptausgabe mit zugeordneten Nebenausgaben.

ten mit 51- bis 54maligem Erscheinen — besonders stark ausgeprägt war, die Konzentrationsraten in Bewegung gebracht. Eine Einheitlichkeit ist nicht festzustellen, hervorzuheben ist jedoch das durchgängige Absinken aller Konzentrationsraten bei den auflagenstärksten Zeitschriften von 1975 bis 1977.

431. Innerhalb der verschiedenen Gruppen von Zeitschriften mit unterschiedlicher Erscheinungshäufigkeit wichen für 1977 bei den drei größten Zeitschriften die Auflagenanteile mit einem Wert zwischen 12,8 bis 27,8 % stark voneinander ab (Tabelle 7). Allerdings fielen nur die mit 4- bis 9mal am seltensten und die mit 55- oder mehrmal am häufigsten erscheinenden Zeitschriften aus dem Rahmen. Bei den übrigen Zeitschriften lagen die Konzentrationsraten für die größten drei mit 12,8 bis 14,8 % dicht beieinander. Bei der verkauften Auflage sind — abgesehen von den am seltensten erscheinenden Zeitschriften — mit Werten von 20,9 bis 26,5 % geringe Schwankungen festzustellen.

432. Die Konzentration der verbreiteten Auflage ist bei den jeweils drei größten Objekten der Zeitschriften sowie der Publikumszeitschriften insgesamt — u. a. bedingt durch die hohe Anzahl der Merkmalsträger — wesentlich geringer als bei denen nach Erscheinungshäufigkeit gegliederten Untergruppen. Beim Vergleich der Auflage für die drei größten Publikumszeitschriften mit den drei größten Zeitschriften insgesamt ergeben sich stark abweichende Werte (etwa 15 Millionen Exemplare bei den Zeitschriften insgesamt gegenüber 9,3 Millionen Exemplare bei den Publikumszeitschriften). Daraus ist ersichtlich, daß die drei größten Zeitschriften nicht alle zugleich Publikumszeitschriften

Tabelle 6

Konzentrationsraten der Zeitschriften nach der Erscheinungsweise und der verbreiteten Auflage im 4. Quartal 1975 bis 1977 im Vergleich

Quelle: Statistisches Bundesamt

Berichtsjahr	Auflage in 1 000 Stück	Anteil der . . . größten Zeitschriften in %					Anzahl der Zeitschriften
		3	6	10	25	50	
1. Zeitschriften mit 4- bis 9maligem Erscheinen							
1975	42 998	*27,6*	*46,9*	*58,0*	*73,9*	*82,2*	1 089
1976	46 498	*24,6*	*40,2*	*48,7*	*65,3*	*74,7*	1 365
1977	43 659	*26,8*	*39,8*	*48,8*	*63,2*	*71,9*	1 444
2. Zeitschriften mit 10- bis 14maligem Erscheinen							
1975	57 401	*13,3*	*18,9*	*24,5*	*40,3*	*54,5*	1 627
1976	65 039	*15,4*	*21,3*	*26,8*	*40,9*	*54,1*	1 843
1977	67 754	*14,8*	*21,4*	*27,0*	*40,7*	*53,2*	1 914
3. Zeitschriften mit 15- bis 50maligem Erscheinen							
1975	30 500	*14,6*	*24,7*	*36,2*	*57,1*	*70,6*	564
1976	29 415	*21,9*	*31,6*	*39,9*	*55,0*	*66,0*	644
1977	24 952	*14,8*	*24,7*	*32,0*	*47,0*	*58,4*	683
4. Zeitschriften mit 51- bis 54maligem Erscheinen							
1975	60 975	*16,9*	*28,0*	*38,2*	*63,2*	*78,6*	487
1976	64 487	*14,2*	*23,1*	*33,1*	*58,7*	*74,9*	781
1977	70 233	*12,8*	*21,6*	*30,9*	*56,4*	*73,0*	976
5. Zeitschriften mit 55- oder mehrmaligem Erscheinen							
1975[1])	796	*32,8*	*46,4*	*59,3*	*80,9*	*95,5*	71
1976	934	*26,1*	*45,8*	*58,5*	*82,7*	*96,0*	71
1977	962	*27,8*	*46,6*	*59,7*	*83,2*	*96,2*	70
6. Zeitschriften insgesamt							
1975	194 352	*6,5*	*12,2*	*17,7*	*31,1*	*44,0*	3 838
1976	206 372	*6,6*	*11,7*	*17,0*	*29,3*	*41,8*	4 704
1977	207 561	*7,0*	*11,4*	*16,1*	*28,0*	*40,7*	5 087

1) Zahlenwerte berichtigt.

Konzentrationsraten der Zeitschriften nach der Erscheinungsweise und der verbreiteten Auflage im 4. Quartal 1977

Quelle: Statistisches Bundesamt

	Auflage in 1 000 Stück	Anteil der . . . größten Zeitschriften in %					Anzahl der Zeitschriften
		3	6	10	25	50	
1. Zeitschriften mit 4- bis 9maligem Erscheinen							
Alle Zeitschriften							
– verbreitete Auflage	43 659	26,8	39,8	48,8	63,2	71,9	1 444
– verkaufte Auflage	20 189	—[1]	35,4	40,5	54,6	64,0	
Publikumszeitschriften zusammen	4 615	—	—	—	9,8	33,8	
darunter:							
– Illustrierte, Magazine, allgemeine Unterhaltung, Programmzeitschriften	715	—	—	—	—[1]	57,5	
– Motor, Reise, Freizeit, Hobby	1 029	—	—	—	—	44,2	
– Frauen, Familie, Mode, Wohnen	900	—	—	—	—	28,0	
2. Zeitschriften mit 10- bis 14maligem Erscheinen							
Alle Zeitschriften							
– verbreitete Auflage	67 754	14,8	21,4	27,0	40,7	53,2	1 914
– verkaufte Auflage	46 563	21,5	24,4	26,5	40,9	51,8	
Publikumszeitschriften zusammen	29 829	33,6	38,1	38,1	53,4	64,4	
darunter:							
– Illustrierte, Magazine, allgemeine Unterhaltung, Programmzeitschriften	4 093	—	—[1]	—[1]	—[1]	49,3	
– Motor, Reise, Freizeit, Hobby	9 626	—[1]	—[1]	—[1]	—[1]	62,9	
– Frauen, Familie, Mode, Wohnen	11 261	41,5	41,5	41,5	76,7	91,3	
3. Zeitschriften mit 15- bis 50maligem Erscheinen							
Alle Zeitschriften							
– verbreitete Auflage	24 952	14,8	24,7	32,0	47,0	58,4	683
– verkaufte Auflage	13 028	20,5	26,2	33,1	47,9	57,7	
Publikumszeitschriften zusammen	8 087	33,2	42,4	48,0	61,1	67,1	
darunter:							
– Illustrierte, Magazine, allgemeine Unterhaltung, Programmzeitschriften	251	—	—	—	—	—	
– Motor, Reise, Freizeit, Hobby	1 369	—	—	—[1]	63,0	81,4	
– Frauen, Familie, Mode, Wohnen	4 078	65,8	84,0	84,0	95,1	95,1	
4. Zeitschriften mit 51- bis 54maligen Erscheinen							
Alle Zeitschriften							
– verbreitete Auflage	70 233	12,8	21,6	30,9	56,4	73,0	976
– verkaufte Auflage	42 769	20,9	30,3	37,5	64,7	78,1	
Publikumszeitschriften zusammen	36 437	24,7	35,7	44,3	73,9	89,8	
darunter:							
– Illustrierte, Magazine, allgemeine Unterhaltung, Programmzeitschriften	28 125	32,0	46,3	57,4	81,5	92,2	
– Motor, Reise, Freizeit, Hobby	150	—	—	—	—	—	
– Frauen, Familie, Mode, Wohnen	2 893	—	—	—	90,9	90,9	

noch Tabelle 7

	Auflage in 1 000 Stück	Anteil der . . . größten Zeitschriften in %					Anzahl der Zeitschriften
		3	6	10	25	50	
5. Zeitschriften mit 55- oder mehrmaligem Erscheinen							
Alle Zeitschriften							
– verbreitete Auflage	962	*27,8*	*46,6*	*59,7*	*83,2*	*96,2*	70
– verkaufte Auflage	661	*25,4*	*39,4*	*47,3*	*78,8*	*94,7*	
Publikumszeitschriften zusammen	138	—[1]	—[1]	—[1]	*82,0*	*97,1*	
darunter:							
– Illustrierte, Magazine, allgemeine Unterhaltung, Programmzeitschriften	77	—[1]	—[1]	—[1]	—[1]	*100,0*	
– Motor, Reise, Freizeit, Hobby	—	—	—	—	—	—	
– Frauen, Familie, Mode, Wohnen	—	—	—	—	—	—	
6. Zeitschriften insgesamt							
Alle Zeitschriften							
– verbreitete Auflage	207 561	*7,0*	*11,4*	*16,1*	*28,0*	*40,7*	5 087
– verkaufte Auflage	123 210	*11,9*	*11,9*	*18,1*	*32,7*	*42,0*	
Publikumszeitschriften insgesamt	79 055	*11,8*	*11,8*	*21,6*	*42,1*	*53,0*	
darunter:							
– Illustrierte, Magazine, allgemeine Unterhaltung, Programmzeitschriften	33 261	—[1]	—[1]	*27,0*	*56,7*	*75,7*	
– Motor, Reise, Freizeit, Hobby	12 175	—[1]	—[1]	—[1]	—[1]	—[1]	
– Frauen, Familie, Mode, Wohnen	19 133	—	—	—[1]	*40,2*	*52,2*	

1) Keine Veröffentlichung wegen der für die amtliche Statistik geltenden Geheimhaltungsbestimmungen.

sind. Gleichzeitig wird damit nachgewiesen, daß für den Anteil der drei größten Objekte innerhalb der gesonderten Kategorie der Publikumszeitschriften ein höherer Wert anzusetzen ist.

433. Die verbreitete Auflage der drei auflagenstärksten Zeitschriften ist 1,6mal so groß wie die der drei nächsten. Bei der verkauften Auflage sowohl der Zeitschriften insgesamt als auch der Publikumszeitschriften liegen zwischen den drei und den sechs größten Zeitschriften keine Änderungen vor; daraus ist zu schließen, daß Zeitschriften der Rangfolge 4 bis 6 entsprechend der verbreiteten Auflage unentgeltlich abgegeben werden.

Die starke relative Konzentration bei den Zeitschriften zeigt sich daran, daß die Durchschnittsauflagen der drei auflagenstärksten Zeitschriften insgesamt

— bei der verbreiteten Auflage das beinahe 130fache
— bei der Auflage von Publikumszeitschriften das über 225fache
— bei der Verkaufsauflage das knapp 230fache

der übrigen 5 084 Zeitschriften ausmachen. Stellt man die zehn auflagenstärksten den restlichen Zeitschriften gegenüber, so liegen diese Relationen zwischen dem über 97- bis 140fachen. Gegenüber 1975 haben sich diese Zahlenwerte der relativen Konzentration beträchtlich erhöht.

KAPITEL IV

Die Anwendung der Vorschriften der Mißbrauchsaufsicht über marktbeherrschende Unternehmen und der Fusionskontrolle

1. Die Anwendung der Vorschriften für die Mißbrauchskontrolle in der Verwaltungspraxis des Bundeskartellamtes im Berichtszeitraum 1978/79

434. Das Bundeskartellamt übte im Berichtszeitraum 1978/79 weiterhin Zurückhaltung bei der Mißbrauchsaufsicht. Während im Berichtszeitraum 1976/77 noch 68 Verfahren eingeleitet wurden (1973 bis 1975: 341), verringerte sich die Anzahl der neu eingeleiteten Verfahren im Berichtszeitraum 1978/79 auf 46. In diesem Zeitraum wurde kein Verfahren mit einer Untersagungsverfügung abgeschlossen, die ausschließlich auf § 22 GWB gestützt war.

1.1. Ausbeutungsmißbräuche

435. Diese zurückhaltende Verwaltungspraxis des Kartellamtes fiel in einen Zeitabschnitt, der generell durch Unsicherheit sowohl der Verwaltungsbehörden als auch der Kartellrechtswissenschaft in bezug auf eine sinnvolle Handhabung der Mißbrauchsaufsicht über Ausbeutungspraktiken gekennzeichnet war. Diese Unsicherheit hat ihren Ursprung zu einem wesentlichen Teil in der Schwierigkeit, die Konzepte zur Bestimmung des wettbewerbsanalogen Preises und damit des Maßstabes für die Ermittlung des Mißbrauchs in die Praxis umzusetzen. Die Monopolkommission hat sich kritisch mit dem Vergleichsmarktkonzept, der Sockeltheorie sowie dem Modell der Gewinnspannenbegrenzung als Methoden zur Ermittlung eines mißbräuchlichen Verhaltens in ihrem Sondergutachten 1 (Tz. 43f.)[1]) geäußert. Sie hält an ihrer dort eingehend begründeten Kritik fest und wiederholt ihre Empfehlung, das Schwergewicht der kartellamtlichen Kontrolltätigkeit auf die Erhaltung wettbewerblicher Strukturen im Wege einer wirksamen Fusionskontrolle und Aufsicht über Behinderungsmißbräuche zu legen.

436. Die ungewöhnlich lange Dauer und der Abschluß des Mißbrauchsverfahrens des Bundeskartellamtes gegen das Schweizer Pharmaunternehmen Hoffmann La Roche wegen mißbräuchlich überhöhter Preise für Valium und Librium (Beschluß vom 12. Februar 1980, *Valium II*)[2]) bestärken die Monopolkommission in ihrer im Sondergutachten 1 geäußerten Ansicht. In dieser Entscheidung bestätigt der BGH die Auffassung des Kammergerichts, daß die Frage der mißbräuchlichen Ausnutzung einer marktbeherrschenden Stellung danach zu beantworten sei, ob die von dem marktbeherrschenden Unternehmen verlangten Preise erheblich über den Preisen liegen, die sich bei funktionsfähigem Wettbewerb bilden würden und diese Preisgestaltung wirtschaftlich gerechtfertigt sei. Der BGH führt weiter aus: „Dementsprechend hat das Kammergericht mit Recht auf eine Gegenüberstellung der beanstandeten Preise mit denen bei wirksamem Wettbewerb zu erzielenden Preisen abgestellt. Für dieses Vergleichsmarktkonzept hat sich das Kammergericht auf einen Vergleich der beanstandeten Preise der Betroffenen mit denen seiner Meinung nach in intensivem Wettbewerb gebildeten Preisen der niederländischen Arzneimittelfirma C beschränkt. Der erkennende Senat hat dies in seiner ersten Rechtsbeschwerdeentscheidung nicht beanstandet, jedoch bereits darauf hingewiesen, daß die Heranziehung eines Vergleichsmarkts mit verhältnismäßig beschränktem Vergleichsmaterial zu Unsicherheitsfaktoren bei der Ermittlung des wettbewerbsanalogen Preises führt und schon aus diesem Grund dem betroffenen Unternehmen eine entsprechend erweiterte Bandbreite in seiner Preisgestaltung zugestanden werden muß, um diesen Unsicherheitsfaktoren und dem begrenzten Wert des Vergleichsmaterials Rechnung zu tragen. Das vom Kammergericht zugrundegelegte Vergleichsmarktkonzept beruht, wie der erkennende Senat in seiner ersten Rechtsbeschwerdeentscheidung näher ausgeführt hat, auf der Überlegung, den Preis, der sich auf dem relevanten Markt bei funktionsfähigem Wettbewerb bilden würde, dadurch zu ermitteln, daß die auf einem vergleichbaren Markt im Wettbewerb gebildeten Preise als Beurteilungsgrundlage herangezogen werden. Den Preis beeinflussende Faktoren, insbesondere Unterschiede in der Marktstruktur, werden dabei mitberücksichtigt und durch entsprechende Zu- oder Abschläge ausgeglichen. Vorausgesetzt ist damit ein dem relevanten Markt — bis auf die im Wettbewerb erfolgte Preisbildung — im wesentlichen vergleichbarer Markt, dessen Besonderheiten und Unterschiede gegenüber dem für die Mißbrauchsaufsicht relevanten Markt noch durch entsprechende Zu- oder Abschläge ausgeglichen werden können. Dabei können zwar nicht zu hohe Anforderungen an die Vergleichbarkeit gestellt werden; doch dürfen andererseits — insbesondere in einem Fall wie dem vorliegenden, in dem als Vergleichsmaterial lediglich die (Wettbewerbs-)Preise eines einzelnen Vergleichsunternehmens herangezogen werden — die Unterschiede nicht so erheblich sein, daß sich Zu- oder Abschläge von einem sol-

---

[1]) Monopolkommission, Sondergutachten 1, Anwendung und Möglichkeiten der Mißbrauchsaufsicht über marktbeherrschende Unternehmen seit Inkrafttreten der Kartellgesetznovelle, Baden-Baden, 1975.

[2]) NJW 1980, 1164f.

chen Ausmaß ergeben, daß die ermittelten (mutmaßlichen) Wettbewerbspreise sich im Ergebnis nicht mehr auf konkrete Vergleichszahlen stützen, sondern durch das Übergewicht der auf reinen Schätzungen beruhenden Zu- oder Abschläge sowie der dem betroffenen Unternehmen zusätzlich zuzubilligenden Bandbreite zu einem letztlich nur noch fiktiven Wettbewerbspreis ohne sachliche Grundlage führen."

437. Durch die beiden in diesem Verfahren ergangenen BGH-Entscheidungen vom 16. Dezember 1976 und vom 12. Dezember 1980 sind die Anforderungen an die Feststellung eines Mißbrauchs so erhöht worden, daß auf der Grundlage des zum Zeitpunkt der letzten BGH-Entscheidung geltenden § 22 GWB nur noch solche Mißbräuche kartellrechtlich verhindert werden könnten, die in der Mehrzahl der Fälle ohnehin wirtschaftlich nicht durchhaltbar wären, da derartige Mißbrauchsgewinne zu Marktzutritten führten und damit eine Erosion der marktbeherrschenden Stellung bewirkten. Diese Probleme bei der Anwendung der Preismißbrauchsaufsicht sind Folge der konzeptionellen Schwierigkeiten bei der Bestimmung eines wettbewerbsanalogen Preises. Sie existieren damit unabhängig von der rechtlichen Ausgestaltung der Mißbrauchsaufsichtsregeln in § 22 GWB. Die Monopolkommission sieht daher keine Möglichkeit, durch Empfehlung von Gesetzesänderungen nachhaltig Abhilfe zu schaffen, ohne den Zweck des § 22 GWB zu verändern, nur dort behördliche Kontrolle einsetzen zu lassen, wo die Kontrolle durch den Wettbewerb versagt.

438. Bei einer Zeitspanne von mehr als sechs Jahren zwischen Verfahrenseinleitung und rechtskräftigem Abschluß wie in dem Valium/Librium-Fall, kann eine wirksame Kontrolle mißbräuchlicher Verhaltensweisen marktbeherrschender Unternehmen kaum ausgeübt werden. Die Monopolkommission begrüßt daher, daß die Vierte GWB-Novelle die Möglichkeit geschaffen hat, den mißbräuchlich zwischen der ersten Kartellamtsverfügung und rechtskräftigem Verfahrensabschluß erlangten Mehrerlös abzuschöpfen. Der weitergehende Vorschlag der Monopolkommission, § 22 GWB zu einem Schutzgesetz umzugestalten und damit bei dessen Verletzung privatrechtliche Schadensersatzansprüche zu gewähren, mit welchen auch Schäden vor der ersten Kartellamtsverfügung ausgeglichen werden könnten, wurde nicht aufgegriffen. Die in das Gesetz aufgenommene *Mehrerlösabschöpfung* beseitigt jedoch ebenfalls einen wesentlichen Anreiz für die zeitliche Streckung des Mißbrauchsverfahrens durch die betroffenen Unternehmen bei Aufrechterhaltung des für mißbräuchlich erachteten Preises.

439. Die Monopolkommission begrüßt zudem die Bemühungen des Gesetzgebers, mit der Vierten GWB-Novelle den *Mißbrauchsbegriff zu konkretisieren.* Ein Mißbrauch wird darin insbesondere in dem „Fordern von Entgelten oder sonstigen Geschäftsbedingungen gesehen, die von denjenigen abweichen, die sich bei wirksamem Wettbewerb mit hoher Wahrscheinlichkeit ergeben würden; hierbei sind insbesondere die Verhaltensweisen von Unternehmen auf vergleichbaren Märkten mit wirksamem Wettbewerb zu berücksichtigen". Ob durch diese Aufnahme der Vergleichsmarkttheorie in das Gesetz Schwierigkeiten bei deren Handhabung vermieden werden können, erscheint allerdings zweifelhaft. Die Monopolkommission sieht in dieser Bestimmung des Mißbrauchsbegriffs in Übereinstimmung mit den Gesetzesmaterialien[1]) den Verzicht auf einen „Erheblichkeitszuschlag", wie er vom BGH auf der Grundlage des vor der Vierten GWB-Novelle geltenden Rechts gefordert wurde. Gleichwohl beurteilt die Monopolkommission die Aussichten für eine wirksamere Kontrolle von Ausbeutungspraktiken auch nach dieser Gesetzesveränderung zurückhaltend.

440. Wie in den Jahren 1976/77 wurde ein Teil der Verfahren (insgesamt acht) eingestellt, nachdem das vom Amt oder von Dritten beanstandete Verhalten aufgegeben worden war. Dies trifft jedoch insbesondere auf Verfahren gegen Behinderungsmißbräuche zu. Die Monopolkommission sieht diese Verhaltensumstellungen als Vorfeldwirkung der Mißbrauchsaufsicht an, die ohne Erlaß einer förmlichen Untersagungsverfügung einsetzt. Hiermit ist zwar der Nachteil verbunden, daß die maßgeblichen Überlegungen des Amtes der Öffentlichkeit verborgen bleiben, da Verfahrenseinstellungen — gleich aus welchen Gründen — nach geltendem Recht keiner Begründung bedürfen. Diesem Mangel steht jedoch die positive Vorfeldwirkung der Amtsermittlung gegenüber. Die Monopolkommission wiederholt ihre im Hauptgutachten 1976/1977 (Tz. 358) gemachte Anregung, betroffenen Dritten ein Antragsrecht auf Durchführung eines Mißbrauchsverfahrens einzuräumen, auch deshalb, weil hierdurch die Vorfeldwirkung der Mißbrauchsaufsicht verstärkt wird.

441. Ein weiterer Teil der eingeleiteten Mißbrauchsverfahren konnte nicht durch Untersagungsverfügung abgeschlossen werden, weil die betroffenen Dritten, die das Verfahren angeregt hatten, kein Interesse an dessen Fortführung zeigten und auf Anschreiben des Bundeskartellamtes im Zuge der Ermittlungen nicht mehr reagierten. Die Monopolkommission befürchtet, daß in mehreren Fällen wirtschaftliche Abhängigkeitsverhältnisse zwischen dem verdächtigen Unternehmen und dem betroffenen Dritten die Ursache für das Erlahmen des Interesses an der Weiterführung des Ermittlungsverfahrens darstellte. Abhilfe könnte insoweit nur durch Normierung eines besonderen Ungleichbehandlungsverbotes geschaffen werden, das dem marktbeherrschenden Unternehmen nach der Einleitung eines Verfahrens nach § 22 GWB untersagt, demjenigen Unternehmen, das dieses Verfahren veranlaßt hat, wirtschaftliche Nachteile zuzufügen oder hiermit zu drohen. Eine ähnliche Regelung — Einführung eines bußgeldbewehrten Nachteilszufügungsverbotes — wurde im Zusammenhang mit der Modifizierung des Diskriminierungsverbotes des § 26 Abs. 2 GWB im Rahmen der Beratungen der Vierten GWB-Novelle unter dem Stichwort „Roß- und Reiter-Problematik" erörtert. Die Monopolkom-

[1]) BT-Drucksache 8/3690, Beschlußempfehlung und Bericht des Ausschusses für Wirtschaft, S. 25.

mission kann die Ergänzung des geltenden Rechts um ein derartiges besonderes Ungleichbehandlungsverbot nicht empfehlen. Ein wirksamer Schutz des betroffenen Dritten vor Repressalien des verdächtigten Unternehmens erforderte eine zeitlich unbefristete Beobachtung der Geschäftstätigkeit des inkriminierten Unternehmens und näherte sich damit — dies gilt für die Mißbrauchsaufsicht wie für das Diskriminierungsverbot — einer laufenden Verhaltenskontrolle.

442. Von den Preismißbrauchsverfahren, die aus anderen als den oben genannten Gründen eingestellt wurden, sind insbesondere die gegen die führenden Mineralölunternehmen wegen der Anhebung der *Preise für Vergaserkraftstoffe* im Sommer 1979 und Winter 1979/80 zu nennen.

Die Monopolkommission hat sich wiederholt mit der Praxis des Bundeskatellamtes, Preismißbräuche bei Vergaserkraftstoffen anhand der *Sockeltheorie* zu ermitteln, beschäftigt. Die Kommission sieht ihre im Sondergutachten 1 (Tz. 43f.) dargelegten Bedenken im Zusammenhang mit der Anwendung der Sockeltheorie bei der Mißbrauchsaufsicht über Preise auch durch den Ablauf dieser Kartellamtsverfahren gegen die Mineralölunternehmen im Sommer 1979 und Winter 1979/80 bestätigt.

Das Bundeskartellamt hat — beginnend mit einem Verfahren nach der Suez-Krise im Jahre 1967 gegen Mineralölgesellschaften (Tätigkeitsbericht 1967, S. 41f.) — mehrfach versucht, Preismißbräuche im Vergaserkraftstoffbereich durch Vergleich der Preise marktbeherrschender Unternehmen vor und nach zwischenzeitlich eingetretenen Kostensteigerungen zu ermitteln. Diese Verwaltungspraxis wurde beibehalten.

443. Das Verfahren gegen die Mineralölkonzerne im Sommer 1979 sowie das Verhalten des Bundeskartellamtes bei der weiteren Preisanhebung der Minealölunternehmen im Winter 1979/80 soll in den Grundzügen dargestellt und erörtert werden: Nach Auskunft der Vertreter des Bundeskartellamts führte die sich seit Herbst 1978 verändernde Wettbewerbsposition der freien Tankstellen im Absatz von Vergaserkraftstoffen zu der Notwendigkeit, das Preisgebaren der führenden Mineralölunternehmen zu beobachten. In den Jahren vor 1978 hätten freie Händler die Möglichkeit gehabt, durch Zukauf preisgünstiger Fertigprodukte in Rotterdam Preisdruck auf die Markenunternehmen auszuüben. Diese Möglichkeit zugunsten der freien Unternehmen sei nach 1978 aufgrund steigender Preise nicht mehr gesichert.

444. Für die Feststellung mißbräuchlich überhöhter Preise habe im Vergaserkraftstoff-Bereich nicht die Möglichkeit bestanden, Vergleichsmärkte für die Feststellung eines Mißbrauchs heranzuziehen. Deshalb habe das Amt versucht, die unternehmensinternen Kalkulationen der Mineralölkonzerne nachzuvollziehen. Dabei sei man davon ausgegangen, daß sich die Mineralölunternehmen (zumindest) dann mißbräuchlich verhielten, wenn sie für Vergaserkraftstoffe höhere Preise forderten, als infolge der Überwälzung ansteigender Kosten notwendig gewesen wäre. Voraussetzung für die Mißbrauchskontrolle sei daher eine fortlaufende Beobachtung der für die unternehmerische Kalkulation notwendigen Daten gewesen, insbesondere also der Preisentwicklung für Rohöleinstandspreise ab deutscher Grenze. Bei der Beobachtung der Kostenweitergabe ausschließlich innerhalb der deutschen Töchterunternehmen ohne Überprüfung der von den Müttern den Töchtern in Rechnung gestellten Einstandspreise habe nicht berücksichtigt werden können, daß Gewinne durch Vereinbarung konzerninterner Verrechnungspreise zwischen den Müttern und ihren deutschen Töchtern verlagert werden könnten. Damit könnte auch in der bloßen Weitergabe erhöhter Kosten schon ein mißbräuchliches Verhalten des gesamten Konzerns auf dem deutschen Markt liegen. Aus diesem Grunde seien Kontrollberechnungen für die Preisstellung für Rohöl, das den deutschen Töchtern von ihren Müttern geliefert wurde, angestellt worden. Hierfür sei erforderlich gewesen, jede Veränderung der OPEC-Preise im Hinblick auf ihre Auswirkungen auf den Rohöleinstandspreis an der deutschen Grenze in die Berechnung einzubeziehen.

445. Verläßliche Maßstäbe für die Ermittlung eines mißbräuchlichen Verhaltens könnten nach Ansicht des Bundeskartellamtes aus diesem Verfahren nur dann abgeleitet werden, wenn das Bundeskartellamt alle diejenigen Datenveränderungen, die nach Ansicht der Beschlußabteilung zulässigerweise zur Grundlage der Preiskalkulation der Mineralölunternehmen gemacht werden können, fortlaufend in seine parallele Kalkulationen einarbeitete. Aus diesem Grunde seien ständig ein oder zwei Mitarbeiter der Beschlußabteilung damit befaßt, Datenveränderungen zu registrieren und in ihr Rechenwerk einzubeziehen.

446. Anhand der geschilderten Konzeption zur Feststellung eines Mißbrauchs sei das Bundeskartellamt im Sommer 1979 auf Diskrepanzen zwischen der eigenen Kontrollkalkulation und der Preisgestaltung der Mineralölunternehmen gestoßen. Es habe festgestellt werden können, daß die Preise für Vergaserkraftstoffe bereits zu einem Zeitpunkt angehoben worden seien, als die zur Begründung hierfür vorgetragene Erhöhung der Rohölpreise noch gar nicht auf den Inlandspreis habe durchschlagen können, da das durch den OPEC-Aufschlag verteuerte Rohöl noch nicht nach Europa und damit in die Weiterverarbeitung gelangt sei. Des weiteren sei durch die Kontrollberechnung des Amtes ermittelt worden, daß die Abgabepreise für Vergaserkraftstoffe sich immer an der Leistungsfähigkeit des schwächsten Unternehmens innerhalb der Gruppe von Mineralölkonzernen orientierten: Die Bezugsquellen der Mineralölunternehmen in der Bundesrepublik seien sehr unterschiedlich. Da einige Mineralölunternehmen einen Großteil ihres Rohöls von Nicht-OPEC-Staaten bezögen, so z. B. aus der Bundesrepublik oder aus der Nordsee, hätten diese

Unternehmen die Wettbewerbsvorteile an sich am Markt einsetzen müssen. Statt dessen verzichteten sie auf diesen Einsatz und ermöglichten es damit zum einen den Mineralölunternehmen, die nicht über diese Vorteile verfügten, ihre Marktanteile zu halten und erlangten zum anderen „windfall profits" infolge des wesentlich kostengünstigeren Rohstoffbezugs.

447. Nach Angaben der Vertreter des Bundeskartellamtes sei auf den förmlichen Abschluß des Ermittlungsverfahrens im Sommer 1979 durch eine Untersagungsverfügung verzichtet worden, weil abzusehen gewesen sei, daß sich die Markt- und Wettbewerbsverhältnisse bis zur Rechtskraft dieser Verfügung grundlegend mehrfach geändert hätten. Da für die Feststellung eines Mißbrauchs grundsätzlich der Zeitpunkt der letzten mündlichen Verhandlung vor der letzten Tatsacheninstanz — in diesem Fall dem Kartellsenat des Kammergerichts — maßgeblich sei, habe keinerlei Hoffnung bestanden, zu einer rechtskräftigen Mißbrauchsverfügung zu gelangen. Zudem hätte das Amt keine rechtliche Handhabe gehabt, den in der Zwischenzeit evtl. mißbräuchlich erlangten Mehrerlös der Mineralölunternehmen abzuschöpfen. Insofern sei der Verfahrensablauf im Sommer 1979 ein erneuter Beweis für die Notwendigkeit der mit der Vierten GWB-Novelle inzwischen in Kraft getretenen Mehrerlösabschöpfung gewesen.

448. Die weitere Preisanhebung im Winter 1979/80 habe dagegen die vom Kartellamt errechnete Grenze für die gewinneutrale Weitergabe erhöhter Einstandspreise nicht überschritten. Dieses Ergebnis der Kartellamtsprüfung sei den Mineralölunternehmen umgehend mitgeteilt worden.

449. Diese Verfahren zeigen, daß die Sockeltheorie bei konsequenter Anwendung die Gefahr einer sich *ständig ausweitenden Verhaltenskontrolle* in sich birgt. Die Monopolkommission verkennt nicht die Schwierigkeiten des Bundeskartellamtes, Mißbrauchsmaßstäbe für das Verhalten marktbeherrschender Unternehmen in solchen Märkten zu bestimmen, für die keine wettbewerblich strukturierten Vergleichsmärkte existieren. Sie hält aber die mit der Anwendung der Sockeltheorie verbundenen Schwierigkeiten in der Handhabung und deren negative Auswirkungen auf den Wettbewerb, wie sie im Sondergutachten 1 (Tz. 43f.) ausführlich dargestellt wurden, für erheblich. Die Monopolkommission hält daher den kartellbehördlichen Schutz der freien Tankstellen und Heizölhändler vor Behinderungsmißbräuchen und Diskriminierungen seitens der Mineralölkonzerne für vorzugswürdig. Gleichförmige Preisbewegungen für Mineralölprodukte der führenden Mineralölkonzerne sollten seitens des Bundeskartellamtes zudem zum Anlaß genommen werden, Verfahren wegen des Verdachts aufeinander abgestimmten Verhaltens nach § 25 Abs. 1 GWB einzuleiten.

450. Für bedenklich hält die Monopolkommission die im zweiten Verfahren dieses Berichtszeitraumes zutage getretene Neigung des Bundeskartellamtes, die im Zusammenhang mit der Durchführung von Mißbrauchskontrollverfahren entstehenden rechtlichen Schwierigkeiten dadurch zu umgehen, daß Preisanhebungen in einem inoffiziellen Prüfverfahren von Amts wegen unmittelbar nach Verkündung der veränderten Preise seitens der Unternehmen durch das Bundeskartellamt „abgesegnet" werden.

Damit nähert sich die Mißbrauchsaufsicht im Ergebnis einer staatlichen Regulierung. Auf die Gefahren für einen funktionsfähigen Wettbewerb, die durch behördliche Vorprüfung geschaffen werden, insbesondere die Tendenz zu einer laufenden Preis- und Investitionskontrolle und langfristig zu einer Angleichung der Preise, hat die Monopolkommission schon in der Vergangenheit hingewiesen (Sondergutachten 1, Tz. 50f.). Sie hält die inoffizielle „Nachprüfung" jeder einzelnen Preisveränderung und die umgehende Mitteilung des Ergebnisses dieser Prüfung von Amts wegen für gleichermaßen bedenklich, da sie in der Wirkung behördlichen Preisvorprüfungen sehr nahe kommen.

1.2. Behinderungsmißbräuche

451. Im Berichtszeitraum 1978/79 ist das Bundeskartellamt verstärkt gegen Behinderungsmißbräuche marktbeherrschender Unternehmen vorgegangen. Zwei dieser Verfahren wurden durch Untersagungsverfügung abgeschlossen. Diese Entscheidungen wurden neben § 22 auch auf § 26 GWB gestützt.

Die Monopolkommission begrüßt die dieser Entwicklung zugrundeliegende Verlagerung des Schwergewichts im Bereich der Mißbrauchskontrolle von der Verfolgung von Ausbeutungsmißbräuchen zur Verhinderung und Beseitigung von Behinderungspraktiken, da hierdurch einer weiteren Verschlechterung struktureller Wettbewerbsbedingungen entgegengewirkt werden kann.

452. Die Entscheidungen des Bundeskatellamtes gegen Behinderungspraktiken im Berichtszeitraum 1978/79 eignen sich nur beschränkt zur Darstellung und kritischen Würdigung der Verwaltungspraxis bei Anwendung des § 22 GWB gegen Behinderungsmißbräuche. Das Verfahren gegen die Effem GmbH, Verden/Aller, wegen mißbräuchlicher Behinderung von Wettbewerbern durch Gewährung progressiv gestaffelter Jahresumsatzboni ist noch nicht rechtskräftig.

Die zweite herausragende Entscheidung des Bundeskartellamtes gegen Behinderungspraktiken marktbeherrschender Unternehmen, die Untersagung der kostenlosen und an das Wochentagsabonnement einiger süddeutscher Zeitungen gekoppelten Verbreitung der Sonntagszeitung „Sonntag aktuell", erging im Wege der Einstweiligen Anordnung und wurde vom Kammergericht Berlin aufgehoben. Eine Entscheidung in der Hauptsache steht noch aus.

453. Die Monopolkommission hat in ihren bisherigen Haupt- und Sondergutachten nur in Ausnahmefällen zu noch nicht rechtskräftig abgeschlossenen Verfahren Stellung genommen.

Die in der Natur einer Einstweiligen Anordnung liegende Vorläufigkeit der Kartellamtsentscheidung in dem Verfahren „Sonntag aktuell" läßt allenfalls eine Kommentierung der erkennbaren Tendenz in der Auslegung des § 22 GWB, nicht aber eine grundsätzliche Kritik der Entscheidungspraxis zu:

Der Vergleich der bisher ergangenen, auf § 22 GWB gestützten Mißbrauchsentscheidungen des Bundeskartellamtes zeigt, daß — neben der unbestritten erforderlichen "Marktbeherrschung" des behindernden Unternehmens — zwei weitere Tatbestandselemente weiterer Konkretisierung bedurften:
das „leistungswidrige Verhalten" des marktbeherrschenden Unternehmens und die dadurch hervorgerufene „Verschlechterung der Marktstruktur".

454. Die Anforderungen an das Ausmaß der Gefährdung der Marktstruktur durch Behinderungspraktiken waren Gegenstand der Kartellamts- und Kammergerichtsentscheidungen in den Fällen „Kombinationstarif" und „Rama-Mädchen". Hierzu hat die Monopolkommission in den vorangegangenen Gutachten Stellung genommen (Sondergutachten 1, Tz. 34f.; HG II, Tz. 360f.).

455. Mit der *Vierten GWB-Novelle* werden die Anforderungen an die Untersagung eines *Behinderungsmißbrauchs* erstmalig im Gesetz genauer bestimmt. Nach § 22 Abs. 2 Satz 2 Nr. 1 GWB liegt ein Mißbrauch dann vor, wenn ein „marktbeherrschendes Unternehmen als Anbieter oder Nachfrager einer bestimmten Art von Waren oder gewerblichen Leistungen die Wettbewerbsmöglichkeiten anderer Unternehmen in einer für den Wettbewerb auf dem Markt erheblichen Weise ohne sachlich gerechtfertigten Grund beeinträchtigt".

Mit dieser Formulierung wird der Behinderungsmißbrauch eindeutig als Gefährdungstatbestand gekennzeichnet. Im Bericht des Wirtschaftsausschusses wird unterstrichen, daß dieser Tatbestand nicht erst eingreife, wenn eine Beeinträchtigung der Marktstrukturen bereits eingetreten sei. Vielmehr komme es darauf an, präventiv gegen ein Verhalten vorzugehen, das eine weitere Verschlechterung der Wettbewerbsbedingungen für andere Unternehmen als naheliegend erscheinen lasse (BT-Drucksache 8/3690, S. 25). Damit wird die in der Rechtsprechung erkennbare Tendenz abgelehnt (vgl. Hauptgutachten 1976/1977, Tz. 363f.), Behinderungen im Wettbewerb durch marktbeherrschende Unternehmen erst zu mißbilligen, wenn Wettbewerber vernichtet oder in ihrer Existenz schwerwiegend gefährdet werden. Die Monopolkommission begrüßt die mit der Novellierung ausgedrückte Rechtsauffassung. Sie entspricht der im Hauptgutachten II erhobenen Forderung, den Restwettbewerb nicht nur vor dem Erliegen zu schützen.

456. Hervorzuheben ist, daß die tatbestandliche Umschreibung des Behinderungsmißbrauchs den Begriff des Leistungswettbewerbs nicht enthält. Der Bericht des Wirtschaftsausschusses lehnt seine Heranziehung ausdrücklich ab (a. a. O., S. 25). Diese Auffassung entspricht der jüngsten Entscheidungspraxis des Bundeskartellamtes, das einen Mißbrauch insbesondere bei unbilliger Behinderung annimmt und diese durch Interessenabwägung bestimmt (WuW/E BKartA 1817, 1824f. „Fertigfutter"). Auf diesen Weg verweist auch die gesetzliche Konkretisierung des Mißbrauchsbegriffes mit der Tatbestandsvoraussetzung „ohne sachlich gerechtfertigten Grund".

457. Die Auslegung dieses Begriffes kann nicht dahingehen, allein auf Marktstrukturverschlechterungen aufgrund eines Verhaltens des marktbeherrschenden Unternehmens abzustellen. Wird jede negative Auswirkung des Verhaltens eines marktbeherrschenden Unternehmens auf den noch möglichen Restwettbewerb als mißbräuchlich angesehen, so führt das zu einer Wettbewerbserstarrung, in deren Windschatten auch der Restwettbewerb zu erliegen droht.

2. Die Anwendung der Fusionskontrollvorschriften in der Verwaltungspraxis des Bundeskartellamtes im Berichtszeitraum 1978/79

458. Die Monopolkommission hat sich wie in den vorangegangenen Jahren anhand der Verfahrensakten des Bundeskartellamtes über dessen Verwaltungspraxis unterrichtet. Kritische Anmerkungen der Monopolkommission in der folgenden Zusammenstellung beziehen sich überwiegend auf einzelne Aspekte eines Zusammenschlusses und deren Beurteilung durch das Bundeskartellamt. Die Kritik erstreckt sich auch auf solche Erwägungen des Amtes, die nicht entscheidungserheblich waren.

2.1. Angezeigte Zusammenschlüsse und Untersagungen

459. Im Berichtszeitraum 1978/1979 sind 1 160 Zusammenschlüsse beim Bundeskartellamt angezeigt oder angemeldet worden. Neun vollzogene Zusammenschlüsse und vier angemeldete[1]) Zusammenschlußvorhaben wurden in dem Berichtszeitraum untersagt. Hierbei handelt es sich um folgende Fälle:

Bertelsmann/Deutscher Verkehrsverlag
(nach Rücknahme der Beschwerde rechtskräftig),
Entscheidung des Bundeskartellamtes vom
22. Februar 1978, B 6 — 75/77 (AG 1979, S. 24)

Andreae — Noris Zahn / R. Holdermann
(rechtskräftig nach Rücknahme der Beschwerde),
Entscheidung des Bundeskartellamtes vom 31. März 1978, B 8 — 170/77 (WuW/E BKartA 1747)

AVEBE / KSH — Emslandstärke
(rechtskräftige einstweilige Anordnung des Bundeskartellamtes),
Entscheidung des Bundeskartellamtes vom 3. Mai 1978, B 6 — 187/77 (AG 1979, S. 55)

[1]) Vollzugsanzeigen nach vorausgegangenen Anmeldungen des Zusammenschlußvorhabens werden nicht berücksichtigt, so daß Doppelzählungen vermieden werden.

Bergedorfer Buchdruckerei / Elbe-Wochenblatt
(rechtskräftig nach Rechtsbeschwerde beim Bundesgerichtshof),
Entscheidung des Bundeskartellamtes vom 18. Januar 1978, B 6 — 62/77 (WuW/E OLG 2109; AG 1979, S. 161)

BP / VEBA
(rechtskräftig nach Ministererlaubnis),
Entscheidung des Bundeskartellamtes vom 27. März 1978, B 8 — 92/78 (WuW/E BKartA 1719; WuW 4/1979, S. 227)

RWE / Stadt Leverkusen
(aufgehoben durch Kammergericht Berlin),
Entscheidung des Bundeskartellamtes vom 30. Juni 1978, B 8 — 78/77 (AG 1979, S. 79)

Springer Verlag / Münchener Zeitungsverlag
(Untersagung bestätigt vom Kammergericht Berlin),
Entscheidung des Bundeskartellamtes vom 6. Juli 1978, B 6 — 88/76 (AG 1979, S. 163)

Deutscher Transportbeton Vertrieb GmbH, Ratingen / Verkaufsbüro Siegerländer Transportbeton GmbH & Co. KG, Siegen
(vom Kammergericht aufgehoben),
Entscheidung des Bundeskartellamtes vom 6. Juli 1978, B 6 — 172/77

Deutscher Transportbeton Vertrieb GmbH, Ratingen / Transportbeton-Vertrieb Sauerland GmbH, Arnsberg
(vom Kammergericht aufgehoben),
Entscheidung des Bundeskartellamtes vom 21. September 1978, B 6 — 184/77

Klöckner-Werke AG / Becorit Grubenausbau GmbH
(Untersagung vom Kammergericht Berlin bestätigt),
Entscheidung des Bundeskartellamtes vom 15. Dezember 1978, B 7 — 20/78 (WuW/E OLG 2182)

Tonolli International B. V. / Blei- und Silberhütte Braubach GmbH
(vom Kammergericht Berlin aufgehoben),
Entscheidung des Bundeskartellamtes vom 30. März 1979, B 8 — 137/78 (AG 1979, S. 228)

Münchener Wochenblatt Verlags- und Werbegesellschaft mbH / Drei Münchener Anzeigenblätter
(nicht rechtskräftig),
Entscheidung des Bundeskartellamtes vom 22. November 1979, B 6 — 12/79

Teerbau/Makadam
(nicht rechtskräftig),
Entscheidung des Bundeskartellamtes vom 24. Mai 1978, B 6 — 108/77 (WuW/E OLG 2093)

460. Der Zusammenschluß VEBA/BP wurde vom Bundesminister für Wirtschaft mit Verfügung vom 5. März 1979 (Geschäftszeichen: I B 6 — 22 08 40/15) aus überwiegenden gesamtwirtschaftlichen Gründen unter Auflagen genehmigt. Die Monopolkommission [1]) hatte dem Bundesminister für Wirtschaft zuvor empfohlen, den Zusammenschluß in der von den Zusammenschlußpartnern vereinbarten Form aus den Gründen nicht zu erlauben, die später in der Auflage des Bundesministers für Wirtschaft berücksichtigt wurden.

461. Seit Inkrafttreten der Fusionskontrollvorschriften wurden insgesamt zehn Zusammenschlüsse oder Zusammenschlußvorhaben rechtskräftig untersagt. Die Anzahl der rechtskräftig untersagten Zusammenschlüsse oder Zusammenschlußvorhaben läßt nur begrenzt Rückschlüsse auf die Wirksamkeit der Fusionskontrolle des GWB zu. Einige Zusammenschlußvorhaben wurden nach der Anmeldung aufgegeben, nachdem das Bundeskartellamt auf rechtliche Probleme hingewiesen hatte. Die Fusionskontrollvorschriften beeinflussen darüber hinaus Zusammenschlüsse, soweit sie sich noch im Stadium der unternehmensinternen Planung befinden; es ist zu vermuten, daß ein Teil dieser Vorhaben aufgegeben wurde, noch bevor eine Anmeldung beim Bundeskartellamt erfolgte. Diese Vorfeldwirkungen der Fusionskontrolle sind bei der Beurteilung der Wirksamkeit der Fusionskontrolle zu berücksichtigen.

462. Im Rahmen der folgenden Darstellung werden neben Entscheidungen des Bundeskartellamtes auch solche des Kammergerichts und des Bundesgerichtshofes erörtert, soweit sie im Berichtszeitraum 1978/1979 gefällt wurden und für die Fortentwicklung des Rechts bedeutsam erschienen. Die materiell-rechtlich herausragende Entscheidung des BGH vom 21. Februar 1978 „GKN/Sachs" wurde ausführlich im Hauptgutachten 1976/1977 dargestellt und kommentiert [2]). Hierauf wird an dieser Stelle nicht erneut eingegangen.

463. Die Vierte GWB-Novelle wurde am 28. Februar 1980 nach zweiter und dritter Lesung im Bundestag und Zustimmung des Bundesrats vom 21. März 1980 verabschiedet. Sie trat — hinsichtlich der Fusionskontrollvorschriften rückwirkend zum 28. Februar 1980 — nach Verkündigung im Bundesgesetzblatt [3]) am 30. April 1980 in Kraft. Zu den hierdurch geänderten Vorschriften nimmt die Monopolkommission im Rahmen der folgenden Erörterung Stellung.

2.2. Probleme bei der Auslegung des Zusammenschlußtatbestandes in § 23 GWB

464. Bei mehreren Fusionskontrollentscheidungen des Bundeskartellamtes stand die Frage im Vordergrund, ob die zu beurteilende gesellschaftsrechtliche Verbindung zwischen zwei oder mehreren Unternehmen den Zusammenschlußtatbestand des § 23 GWB erfüllt. Zwei Problembereiche aus diesem Fragenkomplex sind von besonderem Gewicht:

---

[1]) Sondergutachten 8, Zusammenschlußvorhaben der Deutschen BP AG und der VEBA AG, Baden-Baden 1979.

[2]) Hauptgutachten 1976/1977, Tz. 410ff.

[3]) BGBl. I, 1980, 458.

— die Umgehung der an der Aktiengesellschaft ausgerichteten detaillierten gesetzlichen Bestimmungen des Zusammenschlußbegriffs durch Einschaltung von Personengesellschaften und
— die Aufstockung bereits vorhandenen Anteilsbesitzes zu Mehrheitsbeteiligungen ohne gleichzeitige Verstärkung der Einflußmöglichkeiten auf das (nun) abhängige Unternehmen.

2.2.1. Zusammenschlüse unter Einschaltung von Personengesellschaften

465. Die Zusammenschlußvorschriften des § 23 Abs. 2 und 3 GWB sind in bezug auf die dort festgelegten Schwellenwerte von 25% (§ 23 Abs. 2 Nr. 2a) und 50% (§ 23 Abs. 2 Nr. 2b) der Anteile des stimmberechtigten Kapitals des erworbenen Unternehmens offenbar auf die Vorschriften des Aktiengesetzes abgestimmt, das an den jeweiligen Anteilsbesitz in vorgenannter Höhe bestimmte, die Einflußnahme des Anteilseigners betreffende Rechtsfolgen knüpft. Die Anwendung der Zusammenschlußvorschriften auf andere Kapitalgesellschaften als die AG, also vor allem die GmbH, bereitete keine besonderen Auslegungsschwierigkeiten, da beide Gesellschaftsformen von Mitwirkungs- und Entscheidungsrechten der Anteilseigner bzw. Gesellschafter entsprechend ihrem Kapitalanteil ausgehen.

466. Dagegen sind die entsprechenden Rechtsverhältnisse bei Personengesellschaften gesetzlich anders ausgestaltet. Zudem sind diese gesetzlichen Regelungen durch Gesellschaftsverträge abdingbar und veränderbar. Die Mitgliedschaftsrechte der Gesellschafter richten sich daher häufig nicht nach deren Kapitalanteil. In jedem Fall haben die stärkeren Individualrechte der Personengesellschafter im Vergleich zum Aktionär ein besonderes Gewicht.

467. Diese Unterschiede in der gesetzlichen Ausgestaltung der gesellschaftsrechtlichen Grundtypen „Personengesellschaft" und „Kapitalgesellschaft" eröffneten nach bisherigem Recht die Möglichkeit, Unternehmensverbindungen herzustellen, die den geltenden Zusammenschlußtatbeständen nicht zugeordnet werden konnten, obwohl die hierdurch hergestellten Bindungen zwischen den beteiligten Unternehmen in ihrer Intensität und der damit möglicherweise verbundenen Wettbewerbsschädigung den gesetzlich normierten Zusammenschlußformen nicht nachstanden.

468. Für eine derartige Unternehmensverbindung sei als Beispiel der Fall *Philips/Grundig* angeführt:

Die Ausgestaltung der rechtlichen Beziehungen zwischen dem niederländischen Philipskonzern und der Grundig AG, Fürth, stellt sich in der nach Rücksprache mit dem Bundeskartellamt veränderten Fassung wie folgt dar:

Grundig erwirbt eine Mehrheitsbeteiligung an einer holländischen Holding, die eine Beteiligung in Höhe von etwa 6% an der Philips-Besitzgesellschaft hält, die ihrerseits als Obergesellschaft des Philipskonzerns fungiert. Im Gegenzug erwirbt Philips eine mit einem Stimmrecht von 24,5% verbundene Kommanditbeteiligung an einer KG, die zusammen mit der Grundig-Stiftung als Komplementärin gegründet wird. Zwischen der KG und der Grundig AG wird ein Beherrschungsvertrag abgeschlossen. Die Geschäftsführung innerhalb der KG steht allein der Grundig-Stiftung zu, die für bestimmte Maßnahmen der Zustimmung der Gesellschafterversammlung bedarf. Zu diesen zustimmungsbedürftigen Maßnahmen gehört nicht die Ausübung der Rechte aus dem Beherrschungsvertrag zwischen der KG und der Grundig AG. Durch Gesellschaftsvertrag ausgeschlossen ist auch das Widerspruchsrecht des Kommanditisten aus § 164 HGB gegen Handlungen der Geschäftsführung, die über den gewöhnlichen Betrieb des Handelsgewerbes der Gesellschaft hinausgehen.

Die Beteiligungsverhältnisse nach der Neuordnung veranschaulicht die folgende Skizze:

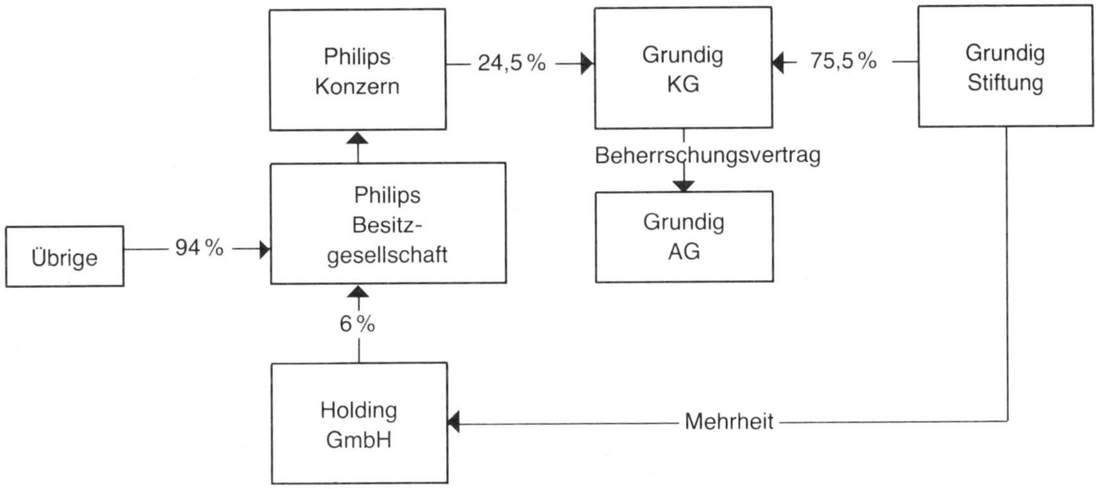

Die gesamte Umstrukturierung umfaßt mehrere Einzelmaßnahmen, die — wie der Abschluß des Beherrschungsvertrages oder der Anteilserwerb zwischen KG und Grundig AG — Zusammenschlußtatbestände erfüllen. Der wettbewerblich entscheidende Erwerb der Kommanditistenstellung des Philipskonzerns in der KG konnte dagegen nach Auffassung des BKartA gemäß dem zum Zeitpunkt der Kartellamtsentscheidung im August 1979 geltenden Recht nicht als Zusammenschluß gewertet werden, da der Stimmrechtsanteil der Philips mit 24,5% in der KG unter der gesetzlich festgelegten Beteiligungshöhe von 25% (§ 23 Abs. 2 Nr. 2a GWB) blieb.

469. In Übereinstimmung mit der Monopolkommission (Hauptgutachten 1973/1975, Tz. 879ff.) sieht das Bundeskartellamt (Tätigkeitsbericht 1978, S. 94) zwar den Erwerb von Anteilen unter 25% als Zusammenschluß an, falls aufgrund besonderer vertraglicher Regelungen mit diesem Anteilserwerb eine Stellung erlangt wird, die wirtschaftlich dem gesetzlich geregelten Fall gleichsteht. Damit wurden die Möglichkeiten zur Umgehung der Zusammenschlußvorschriften erheblich eingeschränkt.

Gleichwohl sah das Bundeskartellamt die Philips-Grundig-Verbindung über eine KG nicht als eine derartige rechtlich erfaßbare Umgehung des § 23 Abs. 2 Nr. 2a GWB an.

Auch unter Berücksichtigung des Auffangtatbestandes des § 23 Abs. 2 Nr. 5 GWB wurde die Unternehmensverbindung zwischen Grundig und Philips nicht als Zusammenschluß gewertet, da Philips weder allein noch zusammen mit der Grundig-Stiftung einen beherrschenden Einfluß auf die AG ausüben konnte. Die gemeinsame Beherrschung als Zusammenschlußtatbestand setzt eine beständig gesicherte Grundlage für die Beherrschungsmöglichkeit voraus. Eine derartige Grundlage schafft weder der Gesellschaftsvertrag, der die Möglichkeiten der Einflußnahme Philips' auf die Grundig AG im gesellschaftsrechtlich gestaltbaren Umfang einschränkt, noch — bei den ungleichen Beteiligungsverhältnissen wie im vorliegenden Fall — die Situation des „Aufeinanderangewiesenseins", wie sie für 50/50 Gemeinschaftsunternehmen typisch ist. Das Bundeskartellamt sah daher nach dem in der Fassung vor Inkrafttreten der Vierten GWB-Novelle geltenden Recht keine Möglichkeit, die Unternehmensverbindung als Zusammenschluß anzusehen.

470. Mit der *Vierten GWB-Novelle* wurde die rechtliche Beurteilung auf eine eindeutige Grundlage gestellt, ohne allerdings die Frage, ob Unternehmensverbindungen durch Einschaltung von Personalgesellschaften als Zusammenschluß zu werten sind, damit zu beantworten.

Danach wird in § 23 Abs. 2 Nr. 2 der Satz 4 durch folgende Sätze 4 und 5 ersetzt:

> Als Zusammenschluß gilt auch der Erwerb von Anteilen, soweit dem Erwerber durch Vertrag, Satzung, Gesellschaftsvertrag oder Beschluß eine Rechtsstellung verschafft ist, die bei der Aktiengesellschaft ein Aktionär mit mehr als 25% des stimmberechtigten Kapitals innehat. Anteilen an Unternehmen stehen Stimmrechte gleich.

Nach geltendem Recht ist demnach die in einem konkreten Fall erworbene rechtliche Stellung in einer Personengesellschaft mit der Position eines mit Sperrminorität ausgestatteten Anteilseigners in einer AG zu vergleichen.

471. Die besondere Position des Inhabers einer Sperrminorität in einer Aktiengesellschaft beruht auf dessen Möglichkeit, solche Maßnahmen in einer AG zu verhindern, die mit mindestens 75% Mehrheit des bei der Beschlußfassung vertretenen Grundkapitals beschlossen werden müssen. Solche Mehrheiten sind insbesondere erforderlich für

- Satzungsänderungen[1]) (§ 179 Abs. 2 AktG),
- Maßnahmen der Kapitalbeschaffung (§ 182 Abs. 1, § 193 Abs. 1, § 202 Abs. 2, § 207 Abs. 2 i. V. mit § 182 Abs. 1, § 221 Abs. 1 AktG),
- Maßnahmen der Kapitalherabsetzung (§ 221 Abs. 1, § 229 Abs. 3 AktG),
- Abschluß oder Veränderungen von Unternehmensverträgen (§ 292 Abs. 1, § 295 Abs. 1 i. V. m. § 293 Abs. 1 AktG),
- Eingliederung der Gesellschaft in eine andere Aktiengesellschaft (§ 319 Abs. 2 AktG),
- Verschmelzung, Umwandlung, Vermögensübertragung (§ 340 Abs. 2, § 353 Abs. 1, § 354 Abs. 1, § 359 Abs. 2 und § 362 Abs. 1 AktG).

Die für die Bestimmung des Zusammenschlußbegriffs in § 23 Abs. 2 Satz 4 und 5 GWB entscheidende Frage ist demnach, ob und unter welchen Bedingungen der Gesellschafter einer Personengesellschaft die rechtlich gesicherte oder wirtschaftlich langfristig wahrscheinliche Möglichkeit hat, grundlegende Entscheidungen der oben für die Aktiengesellschaft dargestellten Art in der OHG oder KG zu verhindern.

472. Diese Frage kann nicht allgemein beantwortet werden. Die rechtliche Stellung des Gesellschafters in einer Personengesellschaft hängt ab von der konkreten Ausgestaltung des Gesellschaftsvertrages. Wichtige Kriterien für die Beurteilung der Position des Gesellschafters sind:

- Mitwirkung der Gesellschafter bei Änderungen des Gesellschaftsvertrages, einschließlich der Kapitalstruktur,
- unentziehbare Individualrechte,
- sonstige gesellschaftsvertragliche Regelungen, insbesondere der Geschäftsführung.

Nach Auffassung der Monopolkommission ist der Erwerb der Gesellschafterstellung in einer Personengesellschaft grundsätzlich als Zusammenschluß anzusehen, wenn nicht in dem Gesellschaftsvertrag unter Beachtung des Bestimmtheitsgrundsatzes[2]) das Einstimmigkeitsprinzip ausdrücklich für Grundlagenentscheidungen abbedungen ist.

473. Die Monopolkommission mißt darüber hinaus den von der Beteiligungshöhe unabhängigen unent-

---

[1]) Hierzu zählt auch die Änderung des Gegenstandes des Unternehmens.

[2]) BGH 8, 41.

ziehbaren Individualrechten in einer Personengesellschaft eine für den Vergleich im Einzelfall möglicherweise ausschlaggebende Bedeutung bei. Hierzu zählen das Recht der außerordentlichen Kündigung aus wichtigem Grund oder des Austritts bei einer Fortsetzungsklausel, verbunden mit einem Abfindungsrecht, das außerordentliche Informations- und Kontrollrecht sowie Ansprüche aus dem Gesellschaftsverhältnis, insbesondere auf Schadensersatz gegenüber der Geschäftsführung (actio pro socio). Die Drohung mit der Geltendmachung dieser Rechte für den Fall, daß Gesellschafterbeschlüsse gegen den erklärten Willen eines unterlegenen Gesellschafters durchgesetzt werden, kann eine Sperrposition schaffen. Diese Drohwirkung hängt ab von den Rechtsfolgen der Ausübung der vorgenannten unentziehbaren Rechte: Die Kündigung einer Gesellschaft durch einen Gesellschafter führt entweder zur Auflösung der Gesellschaft oder bei einer vertraglich vereinbarten Fortsetzung zur Auszahlung des ausscheidenden Gesellschafters; solche Vorgänge haben in jedem Fall besondere wirtschaftliche Bedeutung für die Gesellschaft.

474. In allen übrigen Fällen ist nach Maßgabe der besonderen Ausgestaltung des Gesellschaftsvertrages, der Beteiligungshöhe und den übrigen rechtlichen und wirtschaftlichen Beziehungen der Gesellschafter untereinander zu entscheiden, ob der Erwerb der Stellung eines Personalgesellschafters nach § 23 Abs. 2 Satz 4 und 5 GWB als Zusammenschluß zu werten ist.

475. Schließlich kann nach Ansicht der Monopolkommission bei dem Vergleich der Rechtspositionen des mit Sperrminorität ausgestatteten Anteilseigners einer Aktiengesellschaft und eines Personengesellschafters weiteren Rahmendaten wie der Kapitalverflechtung der Gesellschafter untereinander über andere Unternehmen im Einzelfall erhebliches Gewicht beizumessen sein.

2.2.2. Aufstockung des Anteilsbesitzes zu einer Mehrheitsbeteiligung ohne gleichzeitige Verstärkung der Einflußmöglichkeiten auf das abhängige Unternehmen

476. Das Bundeskartellamt hatte mehrere Fälle zu beurteilen, bei welchen der Zusammenschluß in Form eines Erwerbs weiterer Anteile im Rahmen einer schon bestehenden Unternehmensverbindung zwar zu einer Mehrheitsbeteiligung führte, diese Aufstockung des Anteilsbesitzes aufgrund besonderer Umstände aber keine Verstärkung des Einflusses des nunmehr herrschenden Unternehmens auf das abhängige bewirkte. Solche besonderen Umstände sah das Bundeskartellamt vor allem in der Wahrnehmung unternehmerischen Einflusses durch das später herrschende Unternehmen auch schon vor der Aufstockung der Anteile zu einer Mehrheitsbeteiligung.

477. Das mit diesen Zusammenschlüssen zusammenhängende Beurteilungsproblem betrifft zwei Stadien der Fusionskontrollentscheidung:

— Zunächst ist zu prüfen, ob ein solcher Anteilserwerb zu einer „wesentlichen Verstärkung der Unternehmensverbindung" führt, — ob folglich ein Zusammenschluß im Sinne des § 23 Abs. 3 GWB vorliegt.

— Danach ist zu prüfen, ob durch diese Verstärkung der Unternehmensverbindung eine marktbeherrschende Stellung entsteht oder verstärkt wird, ob also die Voraussetzungen für die Untersagung eines solchen Zusammenschlusses gem. § 24 Abs. 1 GWB vorliegen.

478. Die Monopolkommission hat in ihrem ersten Hauptgutachten 1973/1975 (Tz. 882) auf die Gefahr hingewiesen, daß materielle Zusammenschlußtatbestände der Fusionskontrolle entzogen werden, falls in der Aufstockung eines 25%-Anteilsbesitzes auf eine 50%- oder Mehrheitsbeteiligung kein Zusammenschluß im Sinne des § 23 Abs. 3 GWB gesehen wird, wenn der Erwerber aufgrund vertraglicher Regelungen schon vor dem zusätzlichen Beteiligungserwerb die Stellung eines Mehrheitsgesellschafters innegehabt hat.

Die Entscheidungspraxis des Bundeskartellamtes im Berichtszeitraum 1978/79 veranlaßt die Monopolkommission, ihre im Hauptgutachten 1973/1975 geäußerten Bedenken gegen eine Auslegung der Fusionskontrollnormen, die Umgehungsmöglichkeiten eröffnet, um zwei Aspekte zu ergänzen:

479. Die Monopolkommission hält die Aufstockung einer Minderheitsbeteiligung auf eine 50%- oder Mehrheitsbeteiligung bei schon vor dem weiteren Anteilserwerb bestehendem maßgeblichen Einfluß des Minderheitsanteilseigners nicht nur in solchen Fällen für einen Zusammenschluß im Sinne des § 23 Abs. 3 GWB, in denen vor dem weiteren Zusammenschluß die Möglichkeit zur Leitung durch den Minderheitsgesellschafter durch vertragliche Regelungen abgesichert war. Für die Auslegung der Zusammenschlußvorschriften darf es nicht darauf ankommen, ob die Möglichkeit zur Einflußnahme vor Erwerb der Mehrheitsbeteiligung durch Verträge abgesichert war oder aufgrund anderer Umstände gegeben war. Gerade bei nicht vertraglich geregelter, sondern aufgrund anderer Umstände bestehender faktischer Möglichkeit zur maßgeblichen Einflußnahme durch den Minderheitsanteilseigner stellt der Hinzuerwerb weiterer Anteile über die 50%-Grenze hinaus regelmäßig einen Zusammenschluß dar. Die Monopolkommission sieht grundsätzlich in jeder Erhöhung einer Beteiligung über gesellschaftsrechtliche Schwellenwerte, die regelmäßig die Möglichkeit zur Verstärkung der Einflußnahme eröffnen, hinaus einen Zusammenschluß im Sinne des § 23 Abs. 3 in Verbindung mit § 23 Abs. 2 Nr. 2b GWB.

480. Zum anderen kann die mit einem zusätzlichen Anteilserwerb einhergehende gesellschaftsrechtliche Absicherung einer schon vorher bestehenden, vertraglich nicht gesicherten Möglichkeit zur Ausübung maßgeblichen Einflusses erhebliche Auswirkungen auf die Stellung des betroffenen Unternehmens im Wettbewerb haben, die im Einzelfall eine Untersagung des zusätzlichen Anteilserwerbs nach § 24 Abs. 1 GWB rechtfertigen können.

481. Hierfür soll beispielhaft der Mehrheitserwerb an der *Ahlsen-Breitenburg Zement- und Kalkwerke GmbH, Hamburg*, durch ein von der Holder-Bank, Schweiz, abhängiges Unternehmen in den Grundzügen dargestellt werden:

Die Holder-Bank, ein Schweizer Kreditinstitut, ist ausschließlich im Zement- und Kalkbereich tätig. Sie ist die Spitze eines verzweigten, weltweit tätigen Konzerns. In der Bundesrepublik hält sie über zwei zwischengeschaltete abhängige Unternehmen (BPCH, BPCF) 50% der Anteile an der Ahlsen-Breitenburg Zement- und Kalkwerke GmbH (ABZK), Hamburg. Die übrigen 50% der ABZK-Anteile liegen in der Hand der Ahlsen'schen Portland-Cement-Fabriken AG (APCF), einer reinen Holdinggesellschaft.

Mit dem vom Bundeskartellamt zu prüfenden Zusammenschluß erwarb die Holder-Bank u. a. mittelbar die Mehrheit der Anteile an der APCF. Wirtschaftlich ist der Zusammenschluß daher als Erhöhung der bestehenden mittelbaren Beteiligung der Holder-Bank an der ABZK, dem einzigen beteiligten Unternehmen, das im Markt als Zementhersteller tätig ist, anzusehen. Die Beteiligungsstruktur der vom Zusammenschluß betroffenen Unternehmen geht aus der folgenden Skizze hervor:

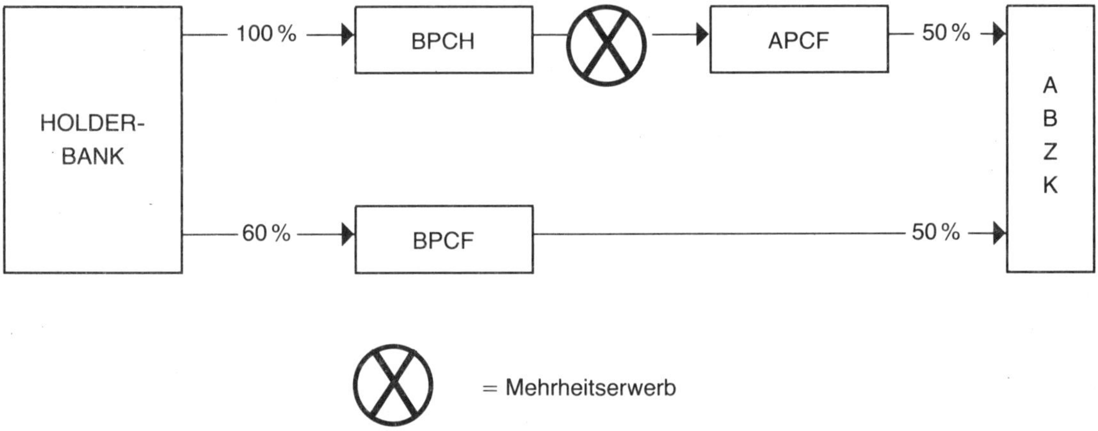

482. Das Bundeskartellamt untersagte den mittelbaren Mehrheitserwerb der Holder-Bank an der ABZK deshalb nicht, weil die Holder-Bank schon vorher als Minderheitsanteilseigner einen Einfluß auf die ABZK ausübte, der über die anteilsgemäße Position eines Minderheitsaktionärs weit hinausging und faktisch der eines mit Mehrheit Beteiligten vergleichbar war. Dieser gesteigerte Einfluß der Holder-Bank auf die Geschäftsführung der ABZK beruhte auf den dem Management der ABZK überlegenen Kenntnissen und Fertigkeiten der Holder-Bank im Tätigkeitsbereich der ABZK sowie darauf, daß die Holder-Bank Vorteile aus der weltweiten Tätigkeit des Konzerns der ABZK nutzbar machte. Zudem verhinderten Meinungsverschiedenheiten unter den übrigen Anteilseignern der APCF eine nachhaltige Einschränkung des Einflusses der Holder-Bank auf die Geschicke der ABZK. Nach Ansicht des Bundeskartellamtes änderte der zusätzliche mittelbare Anteilserwerb der Holder-Bank an der ABZK deshalb nichts an deren Marktverhalten. Da folglich dem Vorgang keine wettbewerbliche Bedeutung beigemessen wurde, wurde der Zusammenschluß nicht untersagt.

483. Bei dieser Auslegung des § 24 Abs. 1 GWB wird der Absicherung einer bereits vor dem Zusammenschluß bestehenden Einflußmöglichkeit durch Veränderung der Beteiligungsstruktur zu einer Mehrheitsbeteiligung eine zu geringe Bedeutung beigemessen:

Die Holder-Bank kann nach dem Erwerb der Mehrheitsbeteiligung gesellschaftsrechtlich abgesichert — und damit langfristig — die Geschicke der abhängigen ABZK lenken. Vor dieser Absicherung hätte die rein faktisch bestehende Möglichkeit der Einflußnahme jederzeit — beispielsweise durch Austausch des Managements der ABZK nach Beilegung der Streitigkeiten unter den Anteilseignern der APCF — geschmälert werden können. Der mittelbare Erwerb der Mehrheitsbeteiligung an der ABZK durch die Holder-Bank beseitigt damit endgültig die Möglichkeit, daß die ABZK unter maßgeblicher Einflußnahme der übrigen Anteilseigner als eigenständiger Wettbewerber am Markt auftritt.

484. Außerdem könnte mit dem Anteilserwerb die Bereitschaft der Holder-Bank, der ABZK Ressourcen des Konzerns zur Verfügung zu stellen und damit der Abschreckungseffekt gegenüber aktuellen und potentiellen Wettbewerbern der ABZK erheblich anwachsen.

485. In der Einschränkung potentieller Konkurrenz infolge weiteren Anteilserwerbs über den Schwellenwert von 50 % hinaus sah auch das Kammergericht im Beschluß vom 15. März 1979 *„Steinkohlenstromerzeuger"*[1]) einen wesentlichen Grund für die Untersagung eines derartigen Zusammenschlusses.

In dieser rechtskräftigen Entscheidung wird der Übergang von der Stellung als Minderheitsgesellschafter zu derjenigen eines Mehrheitsgesellschafters als Erweiterung des Verhaltensspielraums aus

[1]) Kart 23/77, WuW/E OLG 2113.

gesellschaftsrechtlichen Gründen gewertet, obwohl aufgrund besonderer Umstände (Vetorechte des Minderheitsgesellschafters) auch in diesem Fall die Stellung des Minderheitsgesellschafters schon erheblich verstärkt worden war. Der erweiterte Verhaltensspielraum resultiert nach Ansicht des Kammergerichts u. a. aus dem Wegfall des infolge der Anteilsaufstockung abhängigen Unternehmens als potentiellem Wettbewerber. Unter den besonderen Bedingungen des betroffenen Marktes (Energiebereich) sah das Kammergericht hierin die Verstärkung einer marktbeherrschenden Stellung.

486. Die in der Holder-Bank-Entscheidung erfolgte Auslegung der §§ 23 und 24 Abs. 1 GWB durch das Bundeskartellamt eröffnet langfristig Möglichkeiten, auch die materiellen Zusammenschlußnormen des GWB zu umgehen, indem gesellschaftsrechtlicher Anteilserwerb und faktische Einflußnahme wechselseitig verstärkt werden. Unternehmen könnten durch Erwerb von Beteiligungen, die den Zusammenschlußtatbestand des § 23 GWB und damit auch der Untersagungstatbestand des § 24 nicht erfüllen, und anschließende Steigerung der faktischen Einflußnahme — wiederum gefolgt von Beteiligungserhöhungen, die dann „faktisch nichts verändern" — Mehrheitsbeteiligungen und damit verbundene marktbeherrschende Stellungen erlangen, ohne kartellrechtlich daran gehindert werden zu können.

2.2.3. Die Auslegung der „Mehrmütterklausel" durch den BGH

487. Die „Mehrmütterklausel" des § 23 Abs. 1 Satz 2 Hs. 2 GWB hat folgenden Wortlaut:

> „Wirken mehrere Unternehmen aufgrund einer Vereinbarung oder in sonstiger Weise derart zusammen, daß sie gemeinsam einen beherrschenden Einfluß auf ein beteiligtes Unternehmen ausüben können, so gilt jedes von ihnen als herrschendes Unternehmen."

Die Frage, unter welchen Voraussetzungen eine paritätische Beteiligung von zwei Unternehmen an einem anderen Unternehmen einen beherrschenden Einfluß begründet, wurde bisher in der Literatur und in der Entscheidungspraxis nicht einheitlich beantwortet. Mit seinem *Beschluß vom 8. Mai 1979 (WAZ)*[1]) hat der *BGH* hierzu Stellung genommen. Diese Entscheidung soll wegen ihrer Bedeutung für die Auslegung der Zusammenschlußvorschriften bei Gemeinschaftsunternehmen in den Grundzügen wiedergegeben werden, soweit in ihr die „Mehrmütterklausel" interpretiert wird.

488. Der BGH hält das Aufeinanderangewiesensein bei der Willensbildung in Gemeinschaftsunternehmen mit paritätischer Beteiligung der Mütter — insbesondere in den 50 : 50 Gemeinschaftsunternehmen — für sich allein nicht für ausreichend, um den Tatbestand der gemeinsamen Beherrschung zu erfüllen. Er folgert dies aus dem Wortlaut der „Mehrmütterklausel", wonach „erforderlich ist, daß mehrere Unternehmen ‚aufgrund einer Vereinbarung oder in sonstiger Weise' derart zusammenwirken, daß sie gemeinsam einen beherrschenden Einfluß ausüben können".

Zur Erfüllung des Beherrschungstatbestandes reiche es aber beispielsweise aus, wenn die Mütter „Regeln über eine gemeinsame Unternehmenspolitik und Geschäftsführung und über die Stimmrechtsausübung oder über ein gemeinsames Leitungsorgan vertraglich festgelegt hätten." In diesen Fällen hätte unzweifelhaft von einem gemeinsamen Beherrschungswillen ausgegangen werden können, dessen Durchsetzung beständig gesichert gewesen wäre. Wie im BGH Z 62, 193 dargelegt worden sei, könne ein beherrschender Einfluß aber auch dann von mehreren gleichgerichteten Unternehmen ausgehen, wenn keine vertragliche oder organisatorische Bindung geschaffen worden sei, sondern rechtliche oder tatsächliche Umstände sonstiger Art eine ausreichend sichere Grundlage für die Ausübung gemeinsamer Herrschaft bildeten. Das entspreche auch dem Tatbestandsmerkmal ‚in sonstiger Weise' in der Mehrmütterklausel des § 23 Abs. 1 Satz 2 GWB und rechtfertige sich daraus, daß in der wirtschaftlichen Praxis häufig besondere Umstände wie übereinstimmende Interessen, ausgeglichenes Kräfteverhältnis der Gesellschafter untereinander, familiäre Bindungen in gleicher Weise wie vertragliche Bindungen ein gemeinsames Vorgehen sicherstellten.

Ob ein bestehendes Spannungsverhältnis — weil dieses eine gegenseitige Machtbeschränkung herbeiführen und das andere Unternehmen demgemäß vor der Fremdbestimmung schützen könne — bei einer paritätischen Beteiligung regelmäßig dazu führe, einen beherrschenden Einfluß im Sinne des § 23 Abs. 1 Satz 2 GWB zu verneinen, bedürfe hier keiner Entscheidung. Es bedürfe insbesondere keines Eingehens auf die Auffassung der Monopolkommission (Hauptgutachten 1973/1975, Tz. 874), daß diese Frage grundsätzlich zu bejahen sei, weil die kollidierenden Interessen auch mit Hilfe des ‚abhängigen' Unternehmens ausgeglichen werden könnten.

489. Nach der im Hauptgutachten 1973/1975 (Tz. 874) niedergelegten Ansicht der Monopolkommission reicht bei einer gemeinsamen Beteiligung mehrerer Unternehmen, die so ausgestaltet ist, daß ohne deren Zusammenwirkung die Willensbildung bei den Beteiligungsunternehmen ausgeschlossen ist, dieses Aufeinanderangewiesensein aus, um den beherrschenden Einfluß zu begründen. Die vom BGH neben der paritätischen Beteiligung zusätzlich für erforderlich gehaltenen Umstände sonstiger Art, die eine ausreichend sichere Grundlage für die Ausübung gemeinsamer Herrschaft bilden, werden sehr weit gefaßt. Hierzu zählt der BGH insbesondere auch gleichgerichtete wirtschaftliche Interessen und ausgeglichene Kräfteverhältnisse auf seiten der Gesellschafter. Insofern stellt der BGH höhere Anforderungen als die Monopolkommission an die Begründung der „gemeinsamen Beherrschung" im Sinne der Mehrmütterklausel.

[1]) WuW/E BGH 1608.

2.3. Marktabgrenzungsprobleme

490. Das Ergebnis mehrerer Fusionskontrollentscheidungen des Bundeskartellamtes wurde entscheidend von der Abgrenzung des relevanten Marktes vorbestimmt. Die bei der Abgrenzung und der rechtlichen Erfassung relevanter Märkte aufgetauchten Probleme sollen hier nur insoweit erörtert werden, als die bekannten Marktabgrenzungskriterien vom Bundeskartellamt als ungeeignet angesehen wurden, die volle wettbewerbliche Bedeutung einzelner typischer Zusammenschlüsse zu erfassen.

491. Für grundsätzlich unzulänglich hielt das Bundeskartellamt das Bedarfsmarktkonzept bei Zusammenschlüssen, die *sehr enge Märkte* betrafen. Für die Beurteilung eines Zusammenschlusses, an dem der Verleger einer Fleischerfachzeitschrift beteiligt war, ermittelte das Bundeskartellamt die Anteile des Unternehmens auf dem Lesermarkt für sämtliche Lebensmittelzeitschriften. Dieser umfassendere Markt wurde der rechtlichen Prüfung zugrunde gelegt, obwohl das Bundeskartellamt selbst davon ausging, daß die einzelnen Zeitschriften des Lebensmittelsektors, beispielsweise des Bäcker- und Fleischerhandwerks, nicht zur Deckung des gleichen Bedarfs untereinander austauschbar (Bedarfsmarktkonzept) und damit nicht einem einheitlichen sachlich relevanten Markt zuzuordnen waren. Eine konsequente Anwendung des Bedarfsmarktkonzeptes hätte demnach eine Begrenzung des sachlich relevanten Marktes auf Fleischerfachzeitschriften erfordert. In ähnlicher Weise wich das Bundeskartellamt für die Bestimmung des sachlich relevanten Marktes anderer Fachzeitschriften von dem Bedarfsmarktkonzept ab und prüfte die Zusammenschlußwirkungen auf weiter abgegrenzten Märkten.

Eine enge Abgrenzung des sachlich relevanten Marktes sah das Bundeskartellamt nicht für sachgerecht an, da in diesem Fall sämtliche Fachzeitschriften als marktbeherrschende Unternehmen anzusehen wären, da in den einzelnen Sparten jeweils nur ein Verlag existierte und damit die weitaus meisten Fachverlage Monopolstellungen innehätten. Außerdem wurde auf gesondert abzugrenzende Anzeigemärkte hingewiesen.

492. Dieses Abweichen vom Bedarfsmarktkonzept führt zu willkürlichen Marktabgrenzungen. Die Eigenarten der Fachzeitschriftenmärkte können auch unter Beibehaltung des Bedarfsmarktkonzeptes sachgerecht gewürdigt werden:

Fachzeitschriftenmärkte sind gekennzeichnet durch besonders niedrige Marktzutrittsschranken. Die zur Neugründung eines Fachzeitschriftenverlages erforderlichen Investitionen sind gering. Anders als im übrigen Zeitungsmarkt, in dem die Anzeigen-Auflagenspirale Neugründungen praktisch verhindert, werden Fachzeitschriften mit geringer Stückzahl aufgelegt. Sie können direkt an potentielle Abnehmer geschickt werden, so daß besondere Vertriebssysteme nicht aufgebaut bzw. allgemein zugängliche Absatzkanäle nicht erschlossen werden müssen. Diese niedrigen Marktzutrittsschranken bedeuten für die vorhandenen Verlage eine ständige Bedrohung ihrer Marktstellung. Diese intensive potentielle Konkurrenz begrenzt den Verhaltensspielraum der „marktbeherrschenden" Verlage, so daß die durch Anwendung des Bedarfsmarktkonzepts ermittelten Anteile auf dem Lesermarkt an Aussagekraft für die Beurteilung der Marktstellung verlieren.

493. Diese erhöhte potentielle Konkurrenz ist bei der Anwendung der Fusionskontrollvorschriften zu würdigen. Für die Beurteilung einer überragenden Marktstellung sind nach § 22 Abs. 1 Nr. 2 GWB „tatsächliche Schranken für den Marktzutritt anderer Unternehmen zu berücksichtigen". Besonders niedrige Marktzutrittsschranken sind dabei als wesentlicher Bestimmungsgrund für einen Verhaltensspielraum ebenso zu berücksichtigen, wie besonders hohe Schranken.

494. § 22 Abs. 1 Nr. 1 GWB sieht zudem solche Unternehmen als Marktbeherrscher an, die „keinem wesentlichen Wettbewerb ausgesetzt sind". Wesentlicher Wettbewerb kann dabei sowohl von aktuellen als auch von potentiellen Wettbewerbern ausgehen. Die Stellung eines Verlages auf dem Anzeigen- und Inseratenmarkt hängt zwar wesentlich von dessen Position im Lesermarkt ab.[1]) Der rechtlichen Beurteilung der Zusammenschlußwirkungen sind gleichwohl die jeweiligen, unter Umständen voneinander abweichenden sachlich relevanten Leser- und Anzeigenmärkte zugrundezulegen.

Die Besonderheiten auf sehr engen Märkten lassen sich demnach unter Befolgung des Bedarfsmarktkonzeptes sachgerecht erfassen. Die durch Anwendung dieses Konzeptes ausgewiesenen hohen Marktanteile sind hierzu nach Maßgabe der Schranken für den Marktzutritt anderer Unternehmen zu relativieren.

2.4. Die Auslegung des Tatbestandsmerkmals der „überragenden Marktstellung" in § 22 Abs. 1 Nr. 2 GWB

2.4.1. „Finanzkraft" als Merkmal einer überragenden Marktstellung

495. Das Bundeskartellamt hatte im Berichtszeitraum 1978/79 mehrere Zusammenschlüsse zu beurteilen, an welchen finanzstarke Unternehmen beteiligt waren. Die Erfassung der Finanzkraft als Marktbeherrschungselement erwies sich unter verschiedenen Aspekten als problematisch.

Auf Schwierigkeiten bei der Messung der Finanzkraft soll an dieser Stelle nicht eingegangen werden, da sich die Monopolkommission hierzu demnächst gesondert äußern wird.

Im folgenden wird die Entscheidungspraxis des Bundeskartellamtes nur insoweit gewürdigt, als Formen des Finanzkrafteinsatzes und die Bereitschaft

---

[1]) Vgl. hierzu die KG-Entscheidung ‚Elbe-Wochenblatt' vom 1. Dezember 1978 — vom BGH bestätigt — (WuW/E OLG 2109).

finanzkräftiger Unternehmen, Finanzmittel zugunsten von Tochtergesellschaften einzusetzen, vom Bundeskartellamt beurteilt wurden.

2.4.1.1. Unterschiedliche Formen des Finanzkrafteinsatzes

496. Das Bundeskartellamt stellte in einigen Zusammenschlußentscheidungen Überlegungen zu möglichen Auswirkungen eines erhöhten Finanzpotentials der Fusionspartner an. Für entscheidend wurde dabei gehalten, wie sich Preissenkungen — finanziert aus dem Finanzpool der Zusammenschlußpartner — auf den von dem Zusammenschluß betroffenen Märkten auswirken können.

497. Der Zusammenschluß zwischen der *Monheim-Gruppe,* dem führenden Hersteller von Schokoladeartikeln in der Bundesrepublik Deutschland, und der General Chocolate, Belgien, wurde unter anderem deshalb nicht untersagt, weil die durch den Zusammenschluß verbesserte Möglichkeit der Unternehmen, die finanziellen Ressourcen der Monheim-Gruppe auf dem betroffenen Pralinenmarkt einzusetzen, nicht zur Stärkung der Marktstellung der Zusammenschlußpartner führen würde.

Die Unbedenklichkeit der Finanzkraftverstärkung wurde mit Besonderheiten des Pralinenmarktes begründet: Pralinen wären zum weit überwiegenden Teil Geschenkartikel; die Vergangenheit hätte gezeigt, daß Preissenkungen bei einer Pralinenmarke nicht zu einer Absatzerhöhung, sondern zu einem Imageverfall führe, der Absatzeinbußen zur Folge hätte. Ein solcher Imageverlust wäre unter Beibehaltung der eingeführten Marke praktisch nicht reparabel.

498. Ähnliche Überlegungen wurden bei der Prüfung eines Zusammenschlusses zwischen einem finanzstarken Verlag und einem Hersteller von Brillengestellen angestellt. Nach Ansicht des Amtes führte der Zuwachs der Finanzkraft auf seiten des Brillenherstellers nicht zu einer Verbesserung der Marktstellung des Unternehmens, da nicht der Preis für Brillengestelle, sondern modische Trends die Kaufentscheidung maßgeblich beeinflußten und Preisunterbietungen daher nicht als Instrument zur Ausweitung des Marktanteils eingesetzt werden könnten.

499. Diese Beurteilung der Auswirkungen eines verbesserten Zugangs zu Finanzmitteln läßt andere mögliche Formen des Finanzkrafteinsatzes unberücksichtigt. Ebenso wahrscheinlich, wie Preissenkungen in der Mehrzahl der Märkte zu Absatzausweitungen führen, können diese Wirkungen auch durch verstärkte Werbeanstrengungen, Verbesserung der Garantieleistungen oder anspruchsvollere Verpackungen beim Pralinenabsatz erzielt werden, wenngleich dies gegebenenfalls auch erst nach Einführung einer neuen Marke möglich ist.

Verstärkte Werbung könnte auch den Absatz von Brillengestellen fördern. Zu dem gleichen Zweck könnten auch neue Vertriebssysteme geschaffen werden.

500. Alle genannten Maßnahmen zur Verbesserung der Wettbewerbsstellung erfordern — ebenso wie Preisunterbietungen — einen verstärkten Einsatz von Finanzmitteln, der gegebenenfalls erst durch einen Zusammenschluß mit einem finanzkräftigen Unternehmen möglich wird. Derartige Zusammenschlüsse unter Beteiligung finanzstarker Unternehmen können demnach wettbewerblich nicht mehr ausreichend kontrollierte Verhaltensspielräume auch in Märkten eröffnen, in denen Preissenkungen nicht als Mittel zur Absatzausweitung eingesetzt werden können. Gezielte Preissenkungen stellen zwar eine bedeutende, aber nicht die einzige Form dar, in der eine Verstärkung finanzieller Ressourcen durch Zusammenschluß in Absatzerfolge und damit Marktanteilserhöhungen umgesetzt werden kann.

2.4.1.2. Bereitschaft zum Ressourcentransfer

501. Das Bundeskartellamt hatte in mehreren Fällen zu entscheiden, ob mit der Erhöhung der Anteilsbesitzer die Bereitschaft einer finanzkräftigen Mutter wächst, der Tochter Finanzmittel zur Verfügung zu stellen. Diese Entscheidung wurde regelmäßig an der Möglichkeit der Mutter, Einfluß auf die Tochter auszuüben, ausgerichtet.

502. Diese gleichartige Bewertung der Möglichkeiten, das Verhalten der Tochterunternehmen zu beeinflussen und der Bereitschaft, Finanzmittel des Konzerns einzusetzen, erscheint nicht sachgerecht.

Die Bereitschaft, finanzielle Mittel zur Verfügung zu stellen, hängt von zwei Faktoren ab: Der Einflußnahmemöglichkeit unter Berücksichtigung der aktienrechtlichen Schwellenwerte und der Erwartung, daß sich der Einsatz der Konzernfinanzkraft langfristig für die Konzernmutter auszahlt.

Die Veränderung von Beteiligungsverhältnissen von beispielsweise 51 % auf 75 % zwischen zwei verbundenen Unternehmen läßt zwar die Einflußmöglichkeiten der Muttergesellschaft auf die Tochtergesellschaft unverändert. Da der Muttergesellschaft nach der Anteilserhöhung aber Vorteile aus der Nutzung der Konzernfinanzkraft seitens der Tochter in vollem Umfang zugute kommen, während vorher zu 49 % außenstehende Anteilseigner an dem wirtschaftlichen Erfolg des Finanzkrafteinsatzes teilgenommen hätten, wächst nach Ansicht der Monopolkommission regelmäßig die Bereitschaft der Muttergesellschaft, der nun 75 %igen Tochter Finanzmittel zur Verfügung zu stellen, beträchtlich.

2.4.1.3. Der Ressourcentransfer auf ein Gemeinschaftsunternehmen

503. Die Bereitschaft, Finanzmittel auf ein verbundenes Unternehmen zu transferieren, wurde vom Bundeskartellamt auch im Zusammenhang mit der Gründung eines Gemeinschaftsunternehmens durch ein finanzstarkes und ein mittelständisches Unternehmen geprüft.

Das Bundeskartellamt ging bei seiner Entscheidung, den Zusammenschluß nicht zu untersagen, davon aus, daß eine finanzstarke Muttergesellschaft, die mit 50 % an einem Gemeinschaftsunternehmen beteiligt ist, nicht bereit sei, dem Gemeinschaftsunternehmen Finanzmittel zur Verfügung zu stellen, falls die andere, ebenfalls mit 50 % beteiligte Muttergesellschaft nicht über ähnliche große Finanzkraft verfügte. Dabei unterstellte das Bundeskartellamt, daß die finanzkräftige Mutter ohne entsprechende Beteiligung an der Finanzierung durch die andere Mutter kein Interesse daran hätte, einer Tochter, an der sie nicht mit Mehrheit beteiligt ist, finanzielle Ressourcen zuzuführen, da Vorteile aus dieser Mittelzuführung nur zur Hälfte an sie selbst zurückflössen.

504. Diese Entscheidung beruht auf der Überlegung, daß sich verstärkter Finanzkrafteinsatz seitens der gemeinsamen Tochtergesellschaft in steigenden Gewinnen dieses Unternehmens niederschlagen werde und diese erhöhten Gewinne nach dem Verhältnis der Kapitalanteile — regelmäßig in Form höherer Dividendenzahlungen — an die Muttergesellschaften weitergeleitet würden. Die finanzierende Mutter trüge demnach die volle Last der Mittelzuwendung, ohne in den Genuß des gesamten Ertrages aus diesem Ressourcentransfer und -einsatz zu gelangen. Diese Überlegungen führen zu dem Ergebnis, daß für die Beurteilung der Finanzkraft eines Gemeinschaftsunternehmens von der finanzschwächsten Mutter auszugehen ist.

505. Bei dieser Entscheidung berücksichtigt das Bundeskartellamt nicht andere Möglichkeiten der Gewinnübertragung zwischen Unternehmen. Es kann demnach nicht ausgeschlossen werden, daß der Verhaltsspielraum eines Gemeinschaftsunternehmens, an dem die Mütter zu je 50 % beteiligt sind, auch dann von der besonderen Finanzkraft einer der Mütter bestimmt wird, wenn die andere Muttergesellschaft nicht über ähnliche finanzielle Ressourcen verfügt. Jedenfalls ist nicht von vornherein ausgeschlossen, daß die Finanzkraft der einen Mutter im Wettbewerb des Gemeinschaftsunternehmens eingesetzt wird.

506. Die Ausrichtung der Zusammenschlußentscheidung an der finanzschwächsten Mutter bei Gemeinschaftsgründungen eröffnete zudem die Möglichkeit, die mit der Vierten GWB-Novelle eingeführte ‚Eindringvermutung' in den vom Gesetzgeber angestrebten Wirkungen zu unterlaufen. Finanzkräftige Unternehmen könnten sich beispielsweise dadurch der Vermutungswirkung entziehen, daß sie eine geplante Übernahme eines mittelständischen Unternehmens nicht allein durchführen, sondern ein paritätisches Gemeinschaftsunternehmen mit dem bisherigen mittelständischen Unternehmer bilden. Auch aus diesem Grund begegnet diese Auslegung der Fusionskontrollnormen erheblichen Bedenken.

2.4.2. Begrenzung des Verhaltensspielraums durch gegengewichtige Marktmacht oder Kooperationsmöglichkeiten der Wettbewerber

507. In einigen Zusammenschlußentscheidungen gelangte das Bundeskartellamt zu der Ansicht, daß wettbewerblich nicht ausreichend kontrollierte Verhaltensspielräume zwar entstehen, diese Spielräume aber von den zusammengeschlossenen Unternehmen nicht ausgenutzt werden könnten, weil entweder die Marktgegenseite Gegenmacht ausübte, oder sich die Wettbewerber durch Kooperationsvereinbarungen gegen die Ausnutzung der Spielräume zur Wehr setzen könnten.

2.4.2.1. Gegengewichtige Marktmacht

508. Der Verzicht auf eine Untersagung des Zusammenschlusses der Monheim-Gruppe mit der General-Chocolate wird u. a. dadurch begründet, daß Aldi als hauptsächlicher Abnehmer die Monheim-Gruppe in der Gestaltung ihrer Aktionsparameter beschränke. Dabei wurde offenbar unterstellt, daß die Macht der Marktgegenseite in gewissem Ausmaß Wettbewerb ersetzen könne.

509. Parallelwettbewerb auf einer Marktseite erfüllt eine Vielzahl unterschiedlicher statischer und dynamischer Funktionen. Gegengewichtige Marktmacht ersetzt allenfalls die Funktion, die Gewinnhöhe zu begrenzen (sogenannte Verteilungsfunktion). Die Orientierung der Angebotsstruktur an der effektiven Nachfrage und die Durchsetzung der kostengünstigsten Produktionsverfahren (sogenannte Allokationsfunktion) kann durch Gegenmacht demgegenüber nicht gewährleistet werden. Auch die Förderung des technischen Fortschritts und der Anpassungsflexibilität ist nur durch funktionsfähigen Parallelwettbewerb und nicht durch Gegenmarktmacht zu erwarten.

2.4.2.2. Kooperationsmöglichkeiten der Wettbewerber

510. Überlegungen, ob durch Zusammenschluß erzielte Wettbewerbsvorsprünge aufgrund besonderer Umstände gerechtfertigt sein könnten und daher hinzunehmen seien, stellte das Bundeskartellamt zu Teilaspekten des Zusammenschlusses *Volkswagenwerk/Triumph-Adler-Werke* an.

Im Frühjahr 1979 hatte das Volkswagenwerk das Vorhaben angemeldet, eine Mehrheitsbeteiligung an der Triumph-Adler-Werke Nürnberg AG zu erwerben. Da beide Unternehmen in unterschiedlichen Märkten tätig waren, führte der Zusammenschluß nicht zu Marktanteilsausweitungen. Das Bundeskartellamt prüfte demnach, welche Wettbewerbswirkungen aus dieser konglomeraten Verbindung — insbesondere des Finanzkraftzuwachses — sowie einzelnen vertikalen Aspekten zu erwarten seien.

511. Nach Ansicht des Bundeskartellamtes war nicht zu erwarten, daß durch den Zusammenschluß marktbeherrschende Stellungen entstehen oder verstärkt werden könnten: Für die Marktstellung der Triumph-Adler-Werke sei der Zusammenschluß mit Volkswagen nur hinsichtlich der Finanzkraft bedeutsam. Es gebe zuverlässige Anhaltspunkte dafür, daß VW den Triumph-Adler-Werken erheblich mehr finanzielle Mittel zur Verfügung stellen würde als die bisherige Muttergesellschaft Litton Industries Inc. VW sei aber nicht im engeren wettbewerblichen Umfeld der Triumph-Adler-Werke tätig. Die vom BGH in der GKN/Sachs-Entscheidung für erforderlich gehaltenen Voraussetzungen für eine Untersagung seien deshalb in diesem Fall nicht erfüllt.

512. Die Triumph-Adler-Werke hätten bei *Schreibmaschinen und Bürocomputern* beachtliche Marktanteile. So sei Triumph-Adler bei elektrischen Büroschreibmaschinen mit 24,5 % (1978) hinter IBM und Olympia (AEG/Telefunken) der drittgrößte Anbieter. Auf den Märkten für elektrische mechanische Kleinschreibmaschinen habe Triumph-Adler 27,7 % bzw. 21,3 %. Größter Anbieter sei dort jeweils Olympia. Auf allen drei Märkten sei Triumph-Adler wesentlichem Wettbewerb ausgesetzt und hätte keine überragende Marktstellung. Es sei auch nicht zu erwarten, daß Triumph-Adler durch die Finanzkraft von VW hier eine marktbeherrschende Stellung erlangen werde. Bei den ständig an Bedeutung verlierenden mechanischen Büroschreibmaschinen gebe es zwar Anhaltspunkte, daß Olympia als weitaus größter Anbieter und Triumph-Adler (zusammen 41,3 %) wegen fehlenden Innenwettbewerbs ein marktbeherrschendes Oligopol bildeten. Auch wenn man davon ausginge, daß für diese Maschinen ein eigener Markt bestünde, sei jedoch eine Verstärkung unwahrscheinlich, da nicht damit zu rechnen sei, daß Triumph-Adler die zusätzliche Finanzkraft gerade auf diesem sterbenden Markt einsetzen werde.

513. Für *Bürocomputer* hätte Triumph-Adler im ersten Halbjahr 1978 gemessen am Umsatz einen Anteil von ca. 18,5 % erreicht und sei damit größter Anbieter vor Olivetti (10,7 %), Kienzle (10,1 %), IBM (8,7 %), Nixdorf (8,5 %) und Philips (6 %) gewesen. Ein weiterer finanzstarker Wettbewerber sei die Siemens AG, die 1978 erstmals Bürocomputer angeboten hätte und bereits 2 % Anteil erreicht hätte. Ob für Bürocomputer angesichts der starken Veränderungen im Bereich der Datentechnik noch ein eigener Markt angenommen werden könne, sei nicht zweifelsfrei. Jedenfalls dürfte der Umsatzanteil der Triumph-Adler-Werke inzwischen weiter zurückgegangen sein, da sich der Markt in einer dynamischen Entwicklung befände sowohl hinsichtlich seines Wachstums als auch in bezug auf technische Neuerungen, Preissenkungen und seine Beziehungen zu anderen Bereichen der Informationstechnik. Diese Marktentwicklung lasse auch für die Zukunft nicht erwarten, daß Triumph-Adler durch Finanzkraft von VW marktbeherrschend werde, zumal andere Hersteller wie IBM, Philips und Siemens vergleichbare Finanzkraft und außerdem größere Erfahrungen und Ressourcen für Forschung und Entwicklung auf diesem Gebiet hätten und mit dem Zutritt weiterer potenter Newcomer zu rechnen sei.

514. Für den *Pkw-Markt* des VW-Konzerns gelangte das Bundeskartellamt zu dem Ergebnis, daß eine spürbare Verstärkung der Marktstellung von VW als Automobilhersteller nicht zu erwarten sei. Selbst wenn VW durch den Zusammenschluß mit den Triumph-Adler Werken bei Kraftfahrzeug-Elektronik einen Vorsprung erreichen könnte, sei nicht zu erwarten, daß VW dadurch auf den Märkten für Pkw eine marktbeherrschende Stellung nach § 22 Abs. 1 GWB erlangen würde oder ein marktbeherrschendes Oligopol der führenden Pkw-Hersteller verstärkt würde. Wegen des hohen Entwicklungsstandes und -potentials der Wettbewerber und der Zulieferer, insbesondere Bosch, und der Möglichkeit einer Kooperation mit Computerherstellern sei es unwahrscheinlich, daß ein etwaiger Vorsprung von VW bei Kraftfahrzeug-Elektronik mehr als nur kurzfristig bestehen könnte.

515. Die Monopolkommission teilt die Auffassung des Bundeskartellamtes, daß nach dem im Zeitpunkt der Entscheidung geltendem Recht in der Auslegung des BGH kaum Aussicht bestand, den Zusammenschluß wegen der zu erwartenden Finanzkraftauswirkungen auf dem Markt für Schreibmaschinen und Bürocomputer zu untersagen. In bezug auf die Auswirkungen auf dem Pkw-Markt weist der Zusammenschluß zwischen dem Volkswagen-Werk und Triumph-Adler nach Ansicht der Monopolkommission sowohl vertikale als auch horizontale Aspekte auf:

Als Hersteller von Elektronikbauteilen im weitesten Sinne kommt Triumph-Adler als Zulieferer des VW-Werkes für Kfz-Elektronik in Betracht. Wettbewerblich nicht kontrollierte Vorteile des VW-Werkes könnten sich aus dieser Angliederung eines (aktuellen oder potentiellen) Zulieferers ergeben, falls entweder Triumph-Adler als Hersteller der Vorprodukte oder das Volkswagenwerk als deren Abnehmer über hohe Marktanteile verfügte; in diesem Fall könnten die Zusammenschlußpartner entweder den Vor- oder den Endproduktmarkt für die jeweiligen Wettbewerber verschließen. Ein solcher *Marktverschließungseffekt* ist in diesem Fall nicht zu erwarten.

516. Triumph-Adler und das Volkswagenwerk sind aber nicht nur (potentielle) Anbieter und Nachfrager desselben Produkts (Kfz-Elektronik-Bauteile), sondern zugleich (zumindest potentielle) Wettbewerber im Forschungs- und Entwicklungsbereich der Kfz-Elektronik. Da Elektronik im Kfz-Bereich zunehmend an Bedeutung gewinnt, ist diesem *horizontalen Aspekt* der gemeinsamen Forschung und Entwicklung besonderes Gewicht beizumessen.

Wettbewerbsvorteile infolge des Zusammenschlusses zwischen Volkswagen und Triumph-Adler können im Kfz-Markt darin liegen, daß im Bereich der Kfz-Elektronik eine fortlaufende Abstimmung der Zusammenschlußpartner über technische Anforderungen und deren Realisierungsmöglichkeiten erfolgen kann, die zu Vorsprüngen in Forschung und Entwicklung und damit längerfristig auch zu entsprechenden Absatzerfolgen führen können.

Für die wettbewerbsrechtliche Beurteilung dieses (eventuellen) Vorsprungs der Zusammenschlußpartner nach § 24 Abs. 1 GWB sind ausschließlich die Forschungs- und Entwicklungsaktivitäten der Hersteller von Kfz's mit dem entsprechenden Tätigkeitsbereich von VW/Triumph-Adler zu vergleichen. Die Möglichkeit der Wettbewerber, diesen (eventuellen) Vorsprung durch Kooperationen mit Dritten aufzuholen oder zu verringern, darf im Rahmen der Fusionskontrollentscheidung nicht berücksichtigt werden: Horizontale Kooperationen kleinerer Wettbewerber untereinander sind in höher konzentrierten Märkten grundsätzlich nur dadurch gerechtfertigt, daß durch sie bereits vorhandene Macht beschränkt, jedenfalls nicht verstärkt wird und der Wettbewerb nicht noch stärker erlahmt. Würde ein Zusammenschluß mit dem Hinweis auf Kooperationsmöglichkeiten der Wettbewerber und daran anschließend Kooperationen mit Hinweis auf konzentrierte Macht gerechtfertigt, könnte die Konzentration in allen Märkten durch diese wechselseitige Rechtfertigung erhöht werden.

Eine solche Bewegung könnte auch durch die Nichtuntersagung des Zusammenschlusses VW/Triumph-Adler ausgelöst werden. Kooperationen der Wettbewerber von VW mit Dritten könnten die Vorsprünge der Zusammenschlußpartner nur dann kompensieren, wenn sie zu vergleichbaren Erfolgen in Forschung und Entwicklung führten. Diese setzten aber eine sehr intensive und langfristige Kooperation voraus, die in ihren Wirkungen auf den Wettbewerb denen vertikaler Zusammenschlüsse nicht nachstünden.

Das Prinzip, eine schwächere Form einer Wettbewerbsbeschränkung zuzulassen, um eine stärkere in ihren Wettbewerbswirkungen zu kompensieren, würde damit umgekehrt, falls Kooperationsmöglichkeiten der Wettbewerber wettbewerbsbeschränkende Zusammenschlüsse rechtfertigen könnten.

2.4.3. Sortimentsabrundungen

517. In einigen Zusammenschlußfällen wurde vom Bundeskartellamt außer der Frage, ob die Produkte der Zusammenschlußpartner zu gleichen oder unterschiedlichen Märkten gehören, noch berücksichtigt, ob die Produkte Bestandteile eines Sortiments seien. Der Abrundung eines Sortiments durch einen Zusammenschluß wurde eine eigenständige wettbewerbspolitische Bedeutung zugemessen.

Der Begriff „Sortiment" hat sich in der kaufmännischen Umgangssprache für unterschiedliche Produktgruppen eingebürgert. Am häufigsten wird der Begriff angewendet auf:

- eine volle Palette technisch ähnlicher Produkte eines Herstellers, die dieser möglichst geschlossen an den Handel abzusetzen wünscht,
- eine volle Kollektion komplementärer Produkte, die vom Nachfrager geschlossen von einem Anbieter bezogen werden,
- eine umfassende Auswahl substitutiver (gleichartiger) Produkte, aus denen der Nachfrager die für ihn bestmögliche Auswahl treffen kann.

Dabei ist es möglich, daß die betreffenden Produkte zu demselben Markt gehören oder nicht.

Bei isolierter Betrachtung der Marktanteile auf den gesonderten sachlich relevanten Märkten der verschiedenen Produkte eines Sortiments würde der einzelmarktübergreifende Wettbewerbseffekt sortimentsabrundender Zusammenschlüsse nicht angemessen erfaßt.

518. Der Beurteilung des Zusammenschlusses zwischen der Monheim-Gruppe und der General Chocolate, Belgien [1]), legte das Bundeskartellamt mehrere sehr eng begrenzte Märkte zugrunde. Es ermittelte die Marktstellung der Zusammenschlußpartner auf den Märkten für Riegelschokolade, Pralinen, Monoartikel, etc. Bei einer isolierten Beurteilung dieser einzelnen Märkte wird die Stellung des gesamten Unternehmens und die zu erwartende Entwicklung der Marktstellung der Zusammenschlußpartner nicht sachgerecht gewürdigt. Die von der Monheim-Gruppe in einem Teilbereich ihres Sortiments hinzuerworbenen Marktanteile müssen mit der starken Stellung der Monheim-Gruppe auf den übrigen Märkten des Gesamtsortiments in Zusammenhang gebracht werden, um die wahrscheinlichen Auswirkungen des Zusammenschlusses prognostizieren zu können. Ergänzt ein führender Anbieter von Markenartikeln sein Sortiment durch einen Zusammenschluß um ein Produkt, das einen eigenen sachlich relevanten Markt bildet, so wird die Position der Zusammenschlußpartner auf diesem unmittelbar von dem Zusammenschluß betroffenen Markt wesentlich von der Stellung der Zusammenschlußpartner auf den übrigen Märkten des Gesamtsortiments beeinflußt.

519. Diese besonderen Marktwirkungen einer Sortimentsabrundung durch Zusammenschluß erfordern aber keine besonderen Marktabgrenzungsmethoden. Die Feststellung der Marktanteile auf eng abgegrenzten Märkten ist zu diesem Zweck zu ergänzen um eine zweite Prüfungsstufe, auf der die Zusammenschlußwirkungen mit Hilfe der im Gesetz genannten Kriterien für die überragende Marktstellung zu beurteilen sind.

Der Umstand, daß ein vorhandenes unvollständiges Sortiment durch einen Zusammenschluß mit Anbietern entsprechende Produkte abgerundet werden kann, kann auf verschiedene Weise die Marktstellung des zusammengeschlossenen Unternehmens beeinflussen:

520. Zunächst wird der Anbieter des vollen Sortiments einen Wettbewerbsvorteil gegenüber seinen Wettbewerbern mit unvollständigem Sortiment erringen, der möglicherweise eine überragende Marktstellung schafft oder verstärkt. Dieser Wettbewerbsvorteil beruht darauf, daß das Angebot des vollen Sortiments für die Nachfrager *Kostenersparnisse* mit sich bringt. Bei Sortimenten substitutiver Produkte sinken die Informationskosten des Nachfragers, weil er alle Alternativen bei einem Anbieter abwägen kann. Bei Sortimenten komplementärer Produkte sinken dagegen die Transaktionskosten, da er den Kauf aller Produkte mit einem Anbieter abwickeln kann.

521. Soweit die zu einem Sortiment gehörenden Produkte durch ähnliche Herstellungsverfahren ge-

---

[1]) Vgl. Tz. 497, 508.

kennzeichnet sind, was häufig der Fall ist, ist zusätzlich mit einer *Verringerung der potentiellen Konkurrenz* durch den betrachteten Zusammenschluß zu rechnen. Dieser Effekt tritt deshalb ein, weil es Unternehmen in der Regel sehr viel leichter fällt, innerhalb eines technologischen Bereichs zu diversifizieren und in die entsprechenden Märkte einzudringen, als außerhalb dieses Bereichs. Bei einer Sortimentsabrundung durch Zusammenschluß fällt deshalb, wenn schon kein effektiver Wettbewerber, so doch häufig ein potentieller Wettbewerber aus.

522. Schließlich ist zu erwarten, daß die Bereitschaft, für eine Tochtergesellschaft, deren Angebot zur Sortimentsabrundung beiträgt, *Finanzmittel* zur Verfügung zu stellen, besonders groß ist. Die Muttergesellschaft kann in diesem Fall den zu erwartenden Erfolg eines Ressourcentransfers besonders gut beurteilen.

523. Während der letzte Aspekt — die Auswirkungen erhöhter Finanzkraft — bisher in den Entscheidungen des Bundeskartellamtes berücksichtigt wurde, widmete das Amt der Möglichkeit der Zusammenschlußpartner, vorhandene Vertriebssysteme für hinzuerworbene Produkte zu nutzen, und dem Wegfall potentieller Konkurrenz bisher weniger Aufmerksamkeit. Die wettbewerbliche Bedeutung einer Sortimentsabrundung infolge eines Zusammenschlusses liegt demnach in dem verbesserten Zugang zu Absatzmärkten, der Ausschaltung potentieller Konkurrenz sowie der größeren Wahrscheinlichkeit eines Finanzkrafteinsatzes. Der „Zugang zu Absatz- und Beschaffungsmärkten" und die „Finanzkraft" sind im Gesetz ausdrücklich als Marktbeherrschungsmerkmale benannt worden. Potentielle Konkurrenz ist um so größer, je niedriger die im Gesetz benannten „Schranken für den Marktzutritt" sind. Bei konsequenter Anwendung der Marktabgrenzungsgrundsätze sowie der vom Gesetzgeber benannten Kriterien für eine überragende Marktstellung können demnach auch solche Zusammenschlüsse in ihrer vollen wettbewerblichen Wirkung erfaßt werden, die zwar nicht zu steigenden Marktanteilen, aber zur Abrundung vorhandener Sortimente eines marktstarken Anbieters führen.

2.4.4. Verstärkung einer marktbeherrschenden Stellung durch ihre Absicherung

524. Der BGH hat in seinem Beschluß *„Erdgas Schwaben"* vom 12. Dezember 1978[1]) die Kriterien zur Beurteilung einer marktbeherrschenden Stellung fortentwickelt. Die Entscheidung betraf die Gründung eines Gemeinschaftsunternehmens durch die Lech Elektrizitätswerke AG, die AG für Licht- und Kraftversorgung und die Stadt Augsburg. Mit Hilfe des Gemeinschaftsunternehmens sollte die Gasversorgung im Regierungsbezirk Schwaben aufgebaut werden. Das Bundeskartellamt untersagte die Gemeinschaftsgründung, weil hierdurch die bestehende marktbeherrschende Stellung der Lech-Elektrizitätswerke auf dem Markt für elektrischen Strom verstärkt würde. Die Entscheidung wurde vom Bundesgerichtshof bestätigt.

---

1) WuW/E BGH 1533.

525. Von grundsätzlicher Bedeutung für andere Märkte sind zunächst die Ausführungen zur Berücksichtigung unterschiedlicher Verwendungszwecke ein und desselben Produkts für die *Marktabgrenzung.* Insoweit stellt der BGH klar, daß eine Aufteilung des Marktes für ein vielseitig verwendbares Produkt in mehrere sachlich relevante Teilmärkte für einzelne Verwendungszwecke mit § 22 Abs. 1 Nr. 2 GWB unvereinbar sei.

526. Die *Verstärkung* einer *marktbeherrschenden Stellung* muß nach Ansicht des BGH nicht unbedingt in einem Zugewinn weiterer Marktanteile zum Ausdruck kommen. Eine Verstärkung kann danach auch in der Fähigkeit zur Abwehr des nachstoßenden Wettbewerbs durch Minderung des von Wettbewerbern zu erwartenden Wettbewerbsdrucks und damit auch allein in der Erhaltung der errungenen Marktstellung liegen.

527. Von maßgeblicher Bedeutung ist darüber hinaus die Berücksichtigung des *Substitutionswettbewerbs.* Das Gericht bejaht dessen Wirkung, auch wenn der einem Substitutionswettbewerb ausgesetzte Teil des gelieferten Stroms verhältnismäßig gering sei, weil im Bereich der Energieversorgung angesichts des hohen Konzentrationsgrads und der vorhandenen Gebietsmonopole dem Substitutionswettbewerb ausschlaggebende Bedeutung zukomme. In diesen Ausführungen liegt eine Bestätigung der Rechtsauffassung der Monopolkommission zur Bedeutung des Substitutionswettbewerbs im Bereich der Energiewirtschaft (Hauptgutachten 1973/1978, Tz. 794 ff.).

528. Das Gericht folgt dem Bundeskartellamt nicht in der Auffassung, daß bereits aufgrund der gesetzlichen Regelung die an einem Gemeinschaftsunternehmen beteiligten Unternehmen in jedem Fall nicht als Wettbewerber auf dem Markt des Gemeinschaftsunternehmens, sondern insoweit als *wettbewerbliche Einheit* anzusehen seien (vgl. § 23 Abs. 2 Nr. 2 GWB). Um die Verstärkung der marktbeherrschenden Stellung einer der Mütter des Gemeinschaftsunternehmens zu ermitteln, ist nach BGH zu prüfen, in welcher Art und in welchem Ausmaß diesem Unternehmen Leitungsmacht im Gemeinschaftsunternehmen in Richtung eines den Wettbewerb hemmenden Einflusses zukomme.

529. Diese Auffassung des Bundesgerichtshofes bedeutet in letzter Konsequenz, daß bei Vorliegen der Voraussetzungen eines Zusammenschlußtatbestandes i. S. des § 23 Abs. 2 GWB nicht ohne weiteres von einer wettbewerblichen Einheit der Beteiligten ausgegangen werden kann. Die Zurechnung der Ressourcen wäre in jedem Einzelfall zu prüfen. Demgegenüber ergibt sich jedoch bereits aus der Vorgeschichte zur Einführung der Fusionskontrolle, daß das Gesetz davon ausgeht, daß aus Zusammenschlüssen im Sinne des § 23 Abs. 2 GWB eine neue Einheit entsteht (Hauptgutachten 1973/1975, Tz. 877). Eine Anwendung der Rechtsauffassung des BGH würde, insbesondere wenn sie über den Fall der Gemeinschaftsunternehmen hinausgeht, nach Ansicht der Monopolkommission die Rechtsanwendung im Bereich der Fusionskontrolle erheblich erschweren. Das würde insbesondere gelten, wenn keine Mehrheitsbeteiligungen erworben werden.

2.5. Die Beurteilung von Gemeinschaftsunternehmen

530. Das Bundeskartellamt hat im Berichtszeitraum 1978/79 Grundsätze für die rechtliche Beurteilung von Gemeinschaftsunternehmen aufgestellt und im Tätigkeitsbericht 1978 (S. 23f.) veröffentlicht. Die Monopolkommission hat in den ersten beiden Hauptgutachten zu wettbewerbsrechtlichen Problemen bei der Erfassung von Gemeinschaftsgründungen, der Änderung der Beteiligungsverhältnisse und dem gemeinschaftlichen Vorstoß in neue Märkte Stellung genommen (Hauptgutachten 1973/1975, Tz. 311f., 854, 886f.; Hauptgutachten 1976/1977, Tz. 323f., 424f., 447f.). Auf eine umfassende Auseinandersetzung mit den Kartellamtsgrundsätzen wird deshalb an dieser Stelle verzichtet.

Die Monopolkommission begrüßt die Entwicklung und Veröffentlichung von Beurteilungsgrundsätzen des Bundeskartellamtes, da hiermit Entscheidungen zusammenschlußwilliger Unternehmen im Vorfeld kartellbehördlicher Verfahren und Beschlüsse erleichtert werden.

Der komplexe Problembereich der wettbewerbsrechtlichen Bewertung von Gemeinschaftsunternehmen soll unter den beiden Aspekten betrachtet werden, ob die Kartellamtsgrundsätze den „Gruppeneffekt" unter den Müttern hinreichend erfassen und ob die Grundsätze konsequent angewandt wurden.

2.5.1. Gruppeneffekt und Kartellamtsgrundsätze

531. Der Gruppeneffekt, also die Verringerung der Intensität des Wettbewerbs unter den Müttern infolge oder aus Anlaß der Gründung des Gemeinschaftsunternehmens, wird in den Kartellamtsgrundsätzen nicht ausdrücklich erwähnt. Ein besonderer Tatbestand für die Erfassung des Gruppeneffekts wäre entbehrlich, falls bei Anwendung der Grundsätze alle Gemeinschaftsgründungen, die den Eintritt eines Gruppeneffekts erwarten lassen, auch nach § 1 GWB beurteilt würden: da nach § 1 GWB vertragliche Vereinbarungen mit spürbaren wettbewerbsbeschränkenden Wirkungen unwirksam sind, könnten Gruppeneffekte, die den Wettbewerb spürbar beeinträchtigen, wirksam ausgeschaltet werden.

Die in den Kartellamtsgrundsätzen für die Erfassung des Gruppeneffektes maßgebliche Bestimmung führt alle konzentrativen Zusammenschlüsse ausschließlich einer Prüfung nach § 24 GWB zu — und klammert die Verringerung der Wettbewerbsintensität im Verhältnis der Mütter zueinander folglich als wettbewerbsrechtliches Problem aus — wenn „die Muttergesellschaften selbst auf dem sachlichen Markt des Gemeinschaftsunternehmens nicht oder nicht mehr tätig sind".

Von der als Sonderfall behandelten Gründung eines Gemeinschaftsunternehmens auf vorgelagerter Stufe abgesehen, geht das Bundeskartellamt offenbar davon aus, daß wettbewerbsbeeinträchtigende Gruppeneffekte bei Tätigkeiten der Mütter und der gemeinsamen Tochter auf nicht miteinander zusammenhängenden Märkten entweder nicht zu erwarten oder aber hinzunehmen seien.

532. Den Grundsätzen des Bundeskartellamtes ist insoweit zuzustimmen, als hierdurch Gemeinschaftsgründungen auf den Märkten der Mütter als Ursache für eine Verringerung des Wettbewerbs unter den Müttern angesehen und daher — als typischer Anwendungsfall der Theorie des Gruppeneffekts — nach § 1 GWB beurteilt werden.

533. Die Monopolkommission sieht die Gefahr für den Wettbewerb durch Eintritt eines Gruppeneffekts ebenso wie das Bundeskartellamt in den verbleibenden „konglomeraten" Gemeinschaftsgründungen als tendenziell geringer an.

Jedoch wird der Eintritt eines Gruppeneffekts bei diesen konglomeraten Gemeinschaftsgründungen nicht für ausgeschlossen gehalten. Denkbar wäre die Gründung eines wirtschaftlich bedeutenden Gemeinschaftsunternehmens durch zwei Mütter, die untereinander auf einem Markt im Wettbewerb stehen, der keine Berührungspunkte zu dem Markt des Gemeinschaftsunternehmens aufweist. Hinge in einem solchen Fall beispielsweise der wettbewerbliche Erfolg der Gemeinschaftsgründung zudem von einer fortlaufenden weiteren Mittelzuführung seitens der Mütter ab, die die Ertragskraft der Mütter wesentlich in Anspruch nähme, läge es sehr nahe, auf wettbewerbliche Vorstöße gegeneinander zu verzichten und statt dessen zu versuchen, den Gewinn für beide Mütter zu steigern, um die Entwicklung der gemeinsamen Tochter nicht durch gewinnschmälernde Wettbewerbshandlungen untereinander zu gefährden. Die Gründung eines solchen konzentrativen Gemeinschaftsunternehmens auf einem sachlich von dem der Mütter getrennten Markt läßt in diesem Falle demnach eine erhebliche Verringerung der Wettbewerbsintensität unter den Müttern erwarten, die von den Grundsätzen des Bundeskartellamtes nicht hinreichend erfaßt wird.

534. Nach Auffassung der Monopolkommission sollten demnach Gemeinschaftsgründungen zweier oder mehrerer miteinander in Wettbewerb stehender Mütter auch dann nach § 1 GWB beurteilt und gegebenenfalls untersagt werden, falls die gemeinsame Tochter zwar nicht auf dem Markt der Mütter tätig, für diese aber von besonderer wirtschaftlicher Bedeutung ist.

2.5.2. Konsequente Anwendung der Kartellamtsgrundsätze

535. Nach der Veröffentlichung der Grundsätze des Bundeskartellamtes für die Beurteilung von Gemeinschaftsgründungen ist deren konsequente Anwendung besonders wichtig.

Insoweit lassen die Entscheidungsgründe für die Nichtuntersagung des Anteilserwerbs der VDO

Adolf Schindling AG, Frankfurt, an der *VDO/ARGO Instruments*, USA, Fragen offen:

536. Der Anteilserwerb an der VDO/ARGO durch die VDO Adolf Schindling AG wandelt die VDO/ARGO in eine gemeinsame Tochter der VDO und der Kienzle Apparate GmbH, Villingen, um.

VDO ist ein Konzernunternehmen mit Schwerpunkt-Produktionsprogramm im Bereich der Meß- und Regeltechnik. Der Konzern ist über eine Vielzahl von Tochtergesellschaften und verbundenen Unternehmen stark diversifiziert und international mit Produktionsstätten und Handelsunternehmen vertreten. Der herausragende Geschäftsbereich ist die Entwicklung, die Herstellung und der Vertrieb von Anzeige- und Meßinstrumenten für Kraftfahrzeuge. Der hierauf entfallende inländische Marktanteil betrug 1975 ca. 76 %. Nach Schätzung des Bundeskartellamtes lag der Marktanteil 1977 etwa bei 75 %.

Ebenso wie bei VDO stellen Anzeige- und Meßinstrumente für Kraftfahrzeuge einen *Kienzle*-Produktionsschwerpunkt dar. Die diesbezügliche Angebotspalette überschneidet sich jedoch mit derjenigen von VDO unmittelbar nur bei Parkuhren und Parksystemen. Im wesentlichen handelt es sich bei Kienzle-Produkten um Fahrtenschreiber, Taxameter, Wegstreckenzähler etc. Kienzle besitzt bei dem wichtigsten Umsatzträger, bei Fahrtenschreibern, einen Inlandsmarktanteil von mindestens 80 %.

Gegenstand des *Gemeinschaftsunternehmens* in den USA ist die Herstellung und der Vertrieb von Geräten und Zusatzeinrichtungen für die Ausrüstung von Kraftfahrzeugen, insbesondere anzeigende Kraftfahrzeuginstrumente, Scheibenwasch- und Zentralverriegelungsanlagen sowie Tachographen und Taxametern.

537. Obwohl die Produkte der Mütter in Randbereichen den gleichen relevanten Märkten zugerechnet wurden und sich im übrigen durch besondere Technologienähe auszeichnen, untersagte das Bundeskartellamt den Zusammenschluß der Unternehmen nicht, weil die Gründung eines Gemeinschaftsunternehmens in den Vereinigten Staaten nicht zu einer Veränderung der Wettbewerbsverhältnisse in der Bundesrepublik führe.

Dies wurde u. a. aus der Tatsache gefolgert, daß die Zusammenschlußpartner vereinbart haben, Know-how zur Fertigung und Entwicklung von Kfz-Instrumenten auf die Tochter zu übertragen. Deshalb sei mit der Gemeinschaftsgründung keine Verhaltensabstimmung der Mütter auf dem deutschen Markt verbunden. Das Bundeskartellamt ging zwar davon aus, daß eine Erfolg versprechende Betätigung der Mütter in dem Gemeinschaftsunternehmen nur möglich sei, falls Verhaltensabstimmungen in der Bundesrepublik vorgenommen worden seien. Diese Verhaltensabstimmungen seien aber dann vor der Gründung des Gemeinschaftsunternehmens erfolgt und könnten demnach nicht von der Gemeinschaftsgründung verursacht worden sein.

538. Nach den veröffentlichten Grundsätzen für die Beurteilung von Gemeinschaftsunternehmen[1]) sieht das Bundeskartellamt Gemeinschaftsunternehmen als rein konzentrativ an, wenn

— es sich um ein funktionsfähiges Unternehmen mit den wesentlichen Unternehmensfunktionen handelt;
— es marktbezogene Leistungen erbringt und nicht ausschließlich oder überwiegend auf einer vor- oder nachgelagerten Stufe für die Muttergesellschaften tätig ist;
— die Muttergesellschaften selbst auf dem sachlichen Markt des Gemeinschaftsunternehmens nicht oder nicht mehr tätig sind.

Nur bei Vorliegen dieser Voraussetzungen wendet das Bundeskartellamt das Kartellverbot des § 1 GWB auf die Gemeinschaftsgründung und unmittelbar hiermit zusammenhängende Vereinbarungen nicht an.

539. Da Gegenstand des Gemeinschaftsunternehmens in den Vereinigten Staaten die Herstellung und der Vertrieb der zum Produktionsprogramm beider Mütter zählenden Instrumente und Einrichtungen ist, sind die Muttergesellschaften auf dem sachlich relevanten Markt der gemeinsamen Tochter tätig. Damit hätte die Gemeinschaftsgründung an dem Kartellverbot des § 1 GWB gemessen werden müssen.

540. Aber auch die erkennbar an § 24 Abs. 1 GWB orientierte Entscheidung des Bundeskartellamtes erscheint nicht sachgerecht:

VDO und Kienzle verfügen mit 75 bzw. 80% Marktanteil über marktbeherrschende Positionen, die die Vermutungsgrenze des § 22 Abs. 3 GWB weit übertreffen. Bei derartig gefestigten Marktpositionen kommt dem Ausschluß potentieller Konkurrenz infolge eines Zusammenschlusses besonderes Gewicht zu. Die Vereinbarung der Muttergesellschaften mit der gemeinsamen Tochtergesellschaft, dieser das Recht zur Verwertung der gewerblichen Schutzrechte und des Fertigungs-know-hows der Muttergesellschaften einzuräumen, führt mittelbar zu einer Beschränkung des Wettbewerbs im Bereich der Forschung und Entwicklung unter den Müttern, denn etwaige Wettbewerbsvorsprünge einer Muttergesellschaft in diesem Bereich wären nach dieser vertraglichen Vereinbarung von geringerem Wert, da der Erfahrungsaustausch über das Gemeinschaftsunternehmen den Forschungs- und Entwicklungsstand der Muttergesellschaften einander angliche. Die Chance, über Neuentwicklungen in den angestammten Markt der anderen Muttergesellschaft einzubrechen, wird damit erheblich eingeschränkt. Die hiermit erzielte Einschränkung des potentiellen Wettbewerbsdrucks sichert die marktbeherrschenden Stellungen beider Muttergesellschaften auf den jeweiligen Marktbereichen ab.

541. Die Argumentation des Bundeskartellamtes wäre auch nicht dazu geeignet, die getroffene Entscheidung zu tragen, falls sie am Kartellverbot des

[1]) TB 78, S. 23 ff.

§ 1 GWB ausgerichtet worden wäre. Problematisch wäre insoweit die Begründung des Bundeskartellamtes, die Wettbewerbsbeschränkung müsse Folge der Gründung des Gemeinschaftsunternehmens sein, und die vorliegende Gemeinschaftsgründung erfülle die Voraussetzung nicht, da der Wettbewerbsverzicht schon vor der Gründung vereinbart worden sein müsse. Bei folgerichtiger Anwendung der BGH-Grundsätze zum ZVN-Urteil[1]) hätten Beweggründe, die verfolgten Zwecke der Beteiligten und die wirtschaftlichen Auswirkungen der Gemeinschaftsgründung insgesamt beurteilt werden müssen. Es erscheint demnach nicht sachgerecht, die Gründungsvereinbarungen der beteiligten deutschen Unternehmen losgelöst von den Rahmenbedingungen zu betrachten, die diese Unternehmen selbst geschaffen haben, um den wirtschaftlichen Erfolg der Gemeinschaftsgründung zu sichern. Sofern zu diesen Rahmenbedingungen der Verzicht auf Wettbewerb in bestimmten Formen in der Bundesrepublik gehört, stellt dieser Verzicht ein Element der Gemeinschaftsgründung dar und ist daher im Rahmen der Beurteilung des Gemeinschaftsunternehmens zu würdigen.

Die Wettbewerbseinschränkung im Forschungs- und Entwicklungsbereich zwischen den Müttern wurde auch insoweit nicht sachgerecht erfaßt.

542. Die Argumentation des Bundeskartellamtes, die Gemeinschaftsgründung in den USA führe nicht zu einem Know-how-Rückfluß an die deutschen Mütter und bewirke demnach keine Änderungen des Wettbewerbsverhaltens der Mütter, berücksichtigt zudem nicht die vielfältigen Entwicklungsmöglichkeiten sowohl der beteiligten Unternehmen, als auch der Märkte, auf denen diese tätig sind. Daß sich die Flußrichtung des Know-hows in Zukunft umkehren wird, kann dabei nicht ausgeschlossen werden. Auch diesem Aspekt hätte bei der Zusammenschlußkontrolle, die langfristige Strukturveränderungen zu beurteilen hat, Rechnung getragen werden müssen.

2.6. Zusagenpraxis

2.6.1. Bayer/Metzeler

543. In den Berichtszeitraum des dritten Hauptgutachtens fällt der endgültige Verzicht des Bundeskartellamtes, die anläßlich des Zusammenschlusses Bayer/Metzeler von der Bayer AG abgegebene Zusage durchzusetzen, ihre Beteiligung an der Metzeler Schaum GmbH aufzugeben, falls bestimmte Voraussetzungen erfüllt sein sollten.

Die Monopolkommission hat die Entscheidung des Bundeskartellamtes, den Zusammenschluß Bayer/Metzeler aufgrund dieser Zusagen nicht zu untersagen, in ihrem ersten Hauptgutachten unter mehreren Aspekten kritisiert (HG I, Tz. 947).

Die Monopolkommission nimmt die inzwischen eingetretene und mit Ablauf des Jahres 1979 abgeschlossene Entwicklung dieses Falles zum Anlaß, sich erneut gegen die Berücksichtigung von Zusagen in Fusionskontrollentscheidungen, die Revisionsklauseln der geschilderten Art enthalten, zu wenden. Revisionsklauseln heben § 24 Abs. 1 GWB in seiner vom Gesetzgeber gewollten Wirkung auf und verschieben die Prüfung auf einen späteren Zeitpunkt. Die mit § 24 Abs. 1 GWB geforderte Prognose auf das zukünftige Wettbewerbsverhalten wird damit unterlaufen.

2.6.2. Trennungszusagen

544. Im Berichtszeitraum 1978/1979 wurden weitere Zusagen von Zusammenschlußpartnern entgegengenommen und in die kartellrechtliche Prüfung einbezogen: Einige Zusammenschlüsse zwischen Kreditinstituten und Industrieunternehmen wurden unbeanstandet gelassen, weil die Zusammenschlußpartner untereinander eine zeitliche Befristung der Beteiligung vereinbart hatten. Der Anteilserwerb einer nahezu 100%igen Tochter der Deutschen Bank an einem Industrieunternehmen in Höhe von 30% wurde nicht untersagt, weil sich die Unternehmen nach Erreichen des Beteiligungszweckes wieder voneinander trennen wollten.

Wenn Beteiligungen dieser Art zwischen Tochtergesellschaften von Banken und Industrieunternehmen im allgemeinen auch wettbewerbspolitisch unbedenklich sein mögen, so geht die Begründung der Nichtuntersagung mit einer solchen Trennungszusage doch fehl und birgt die Gefahr in sich, daß auch andere Unternehmen von „Trennungszusagen" dieser Art Gebrauch machen. Zum einen begegnen die Trennungszusagen den gleichen Bedenken, wie sie gegenüber Entflechtungszusagen allgemein vorgetragen wurden. Darüber hinaus hängt die Einhaltung dieser Trennungszusagen allein vom Willen der Zusammenschlußpartner ab, da die Zusage nicht dem Bundeskartellamt, sondern dem Zusammenschlußpartner gegeben wurde. Falls die Unternehmensverbindung nicht vereinbarungsgemäß aufgelöst wird, hat das Bundeskartellamt keine rechtliche Möglichkeit, die Einhaltung der vertraglichen Verpflichtung durchzusetzen. Trennungszusagen sind in ihrer Verbindlichkeit und Durchsetzbarkeit seitens des Bundeskartellamtes Entherrschungsverträgen ähnlich, die das Bundeskartellamt inzwischen in Fusionskontrollentscheidungen zu Recht nicht mehr berücksichtigt. Auch hieraus geht hervor, daß das Bundeskartellamt auf vertragliche Verpflichtungen der Zusammenschlußpartner untereinander bei der Zusammenschlußprüfung kein Gewicht legen darf.

2.7. Die rechtliche Erfassung von Zusammenschlüssen unter Beteiligung ausländischer Unternehmen

545. Das GWB enthält keine detaillierten Bestimmungen für die rechtliche Erfassung von Zusammenschlüssen, die zwar im Ausland vollzogen wurden, aber den inländischen Wettbewerb beeinflussen. Dies gilt sowohl für die Anzeige- bzw. Anmeldepflicht nach §§ 23, 24a GWB, als auch für die materiell-rechtliche Beurteilung nach § 24 Abs. 1 GWB. § 98 Abs. 2 GWB erklärt das Gesetz allgemein „auf alle Wettbewerbsbeschränkungen, die sich im Gel-

[1]) BGHZ 65, 30, 36 ff.

tungsbereich dieses Gesetzes auswirken" für anwendbar, auch wenn sie außerhalb des Geltungsbereichs des GWB veranlaßt wurden. Das Bundeskartellamt hat Grundsätze für die Beurteilung von Inlandsauswirkungen eines im Ausland vollzogenen Zusammenschlusses[1]) aufgestellt und damit die Voraussetzungen für die Pflicht zur Anmeldung bzw. Anzeige dieser Zusammenschlüsse nach §§ 23, 24a GWB näher bestimmt. Dabei geht das Bundeskartellamt davon aus, daß § 98 Abs. 2 GWB als Kollisionsnorm den Anwendungsbereich des deutschen Kartellrechts im Lichte der jeweils in Frage kommenden Sachnorm des Teils 1 des GWB festlegt. Die §§ 23, 24a GWB normierten Anzeige- bzw. Anmeldepflichten für Zusammenschlüsse, weil hierdurch möglicherweise der Wettbewerb beeinträchtigt werde; ob hierdurch marktbeherrschende Stellungen geschaffen oder verstärkt würden, sei insoweit unerheblich. Es komme demnach für die Beurteilung auslandsbezogener Zusammenschlüsse insoweit nicht darauf an, daß die inländischen Wettbewerbsstrukturen durch einen Zusammenschluß tatsächlich erheblich verschlechtert würden. Im Hinblick auf die §§ 23ff. GWB sei die „Wettbewerbsbeschränkung" im Sinne des § 98 Abs. 2 GWB der Zusammenschlußvorgang als solcher.

546. Diese Rechtsansicht des Bundeskartellamtes wurde durch den Beschluß des BGH vom 29. Mai 1979 *„Organische Pigmente"*[2]) bestätigt. Dieser Entscheidung lag der Erwerb des Geschäftsbereichs „Organische Pigmente" eines amerikanischen Chemieunternehmens durch die Harmon Colors Corporation, Trenton, USA, eine 100%ige Urenkelin der Bayer AG, zugrunde. Sowohl Bayer als auch der Veräußerer des Geschäftsbereichs „Organische Pigmente" waren in der Bundesrepublik im gleichen Geschäftsbereich tätig — Bayer mit einem Marktanteil von 3,5% und der Veräußerer über einen Importeur mit einem Anteil von 0,23% (1976).

Die beteiligten Unternehmen hielten im Ausland vollzogene Zusammenschlüsse nur dann für anzeigepflichtig, wenn hierdurch im Inland marktbeherrschende Stellungen geschaffen oder verstärkt würden. Entscheidende Sachnorm bei der Anwendung des § 98 Abs. 2 GWB sei also auch für die Beurteilung der Anmelde- und Anzeigepflicht von Auslandszusammenschlüssen § 24 Abs. 1 GWB.

Der BGH verweist in seiner Entscheidung auf die eigenständige Bedeutung der Anzeigepflicht nach § 23 GWB: Ihr unterlägen nicht nur die von der Fusionskontrolle nach § 24 GWB erfaßten Zusammenschlüsse, sondern darüber hinausgehend auch solche, bei denen aufgrund der absoluten Größenverhältnisse und/oder ihrer wettbewerblichen Bedeutung auf dem Markt die Gefahr einer Beeinträchtigung der Wettbewerbsfreiheit bestehen könne. Die Anzeigepflicht habe demnach eine — gegenüber der Fusionskontrolle nach § 24 GWB — selbständige Bedeutung; sie habe nicht nur, wie die Rechtsbeschwerde meine, eine Art Hilfsfunktion zur Ermöglichung und Durchsetzung der Fusionskontrolle nach § 24 GWB; vielmehr enthalte die Auferlegung der Anzeigepflicht für solche Zusammenschlüsse, die nicht unter die Fusionskontrolle nach § 24 GWB fallen, aber gleichwohl aufgrund der Größenverhältnisse und Wettbewerbslage Gefahren für die Wettbewerbsfreiheit befürchten ließen, eine eigenständige — gegenüber der Fusionskontrolle nach § 24 GWB minderschwere — Maßnahme des Kartellgesetzgebers.

Diese selbständige Bedeutung der Anzeigepflicht rechtfertige es, die Bestimmung des § 23 GWB als selbständige Sachnorm im Sinne des § 98 Abs. 2 GWB anzusehen. Das habe aber zur Folge, daß es für die Frage, ob der Erwerb des besonderen Geschäftsbereichs für „Organische Pigmente" relevante Inlandsauswirkungen zeitige, allein darauf ankomme, ob sich dieser Fusionsvorgang unmittelbar auf die Wettbewerbsverhältnisse auf dem relevanten Inlandsmarkt auswirke. Dagegen sei es unerheblich, ob die Eingriffsvoraussetzungen für die Fusionskontrolle nach § 24 GWB vorlägen.

547. Die Monopolkommission begrüßt diese weite Auslegung des § 98 Abs. 2 GWB im Hinblick auf die Anzeige- und Anmeldevorschriften für Unternehmenszusammenschlüsse. Die breite Erfassung aller möglicherweise wettbewerbserheblichen Konzentrationsvorgänge entspricht dem eigenständigen, insoweit neben der Durchführung der materiellen Fusionskontrolle stehenden Zweck des § 23 GWB. Aber auch die „Hilfsfunktion", die materielle Fusionskontrolle zu ermöglichen und durchzuführen, kann § 23 GWB nur erfüllen, wenn die Pflicht zur Anzeige nicht auf solche Unternehmenszusammenschlüsse beschränkt wird, die marktbeherrschende Stellungen entstehen lassen oder verstärken. Für Inlandszusammenschlüsse ist dies durch den zweistufigen Aufbau der formellen und materiellen Fusionskontrolle im GWB mit jeweils sehr unterschiedlichen Anwendungsbereichen gesetzlich festgelegt. Sachliche Gründe, für Auslandszusammenschlüsse von dem Prinzip abzuweichen, alle möglicherweise den Inlandswettbewerb schädigenden Zusammenschlüsse anzeigepflichtig zu machen, sind nicht erkennbar.

Während das Bundeskartellamt nach der BGH-Entscheidung „organische Pigmente" über höchstrichterlich weitgehend geklärte Beurteilungsmaßstäbe für die Anwendung der §§ 23, 24a GWB auf Auslandszusammenschlüsse verfügt, erscheint die Kartellamtspraxis bei der materiellen Kontrolle von im Ausland vollzogenen Zusammenschlüssen weniger gesichert.

2.8. Zusammenschlüsse im Handel

2.8.1. Allgemeine Entwicklung

548. Die Monopolkommission hat in ihrem Sondergutachten 7[1]) eingehende Untersuchungen zum

[1]) TB 75, S. 45ff.
[2]) WuW/E BGH 1613

[1]) Monopolkommission, Sondergutachten 7, Mißbräuche der Nachfragemacht und Möglichkeiten ihrer Kontrolle im Rahmen des Gesetzes gegen Wettbewerbsbeschränkungen, Baden-Baden 1977.

Stand und zur Entwicklung der Konzentration im Handelsbereich durchgeführt. Diese Untersuchungen bezogen sich im wesentlichen auf den Zeitraum von 1960 bis 1974.

Die ermittelten Daten belegten, daß die Konzentration im gesamten Einzelhandelsbereich seit 1962 stark zugenommen hatte (Tz. 86ff.). Dabei kam dem Einzelhandel mit Nahrungs- und Genußmitteln, auf den im Jahre 1974 etwa ein Drittel des gesamten institutionellen Einzelhandelsumsatzes entfiel, dominierende Bedeutung zu (Tz. 92). Die Zahl der Unternehmen in diesem Bereich war um über 91000 von ca. 210000 im Jahre 1962 auf rd. 119000 im Jahre 1974 geschrumpft. Die durchschnittliche jährliche Abnahme der Zahl der Unternehmen hatte sich von 3,8% zwischen 1962 und 1970 auf 6,3% im Zeitraum von 1970 bis 1974 nahezu verdoppelt. Im Einzelhandel mit Nahrungs- und Genußmitteln hatte sich im Beobachtungszeitraum 1960 bis 1974 nach Feststellung der Monopolkommission ein erheblicher Konzentrationsprozeß vollzogen. So erzielten im Jahr 1974 0,13% aller Unternehmen im Einzelhandel mit Nahrungs- und Genußmitteln knapp 40% des Gesamtumsatzes dieser Branche.

549. Diese Entwicklung hat sich in dem Zeitraum nach 1974 fortgesetzt. Die Monopolkommission hat für diesen Zeitraum zwar keine eingehenden Untersuchungen angestellt; die aus den Tätigkeitsberichten des Bundeskartellamtes der Jahre 1974 bis 1978 ermittelten Zusammenschlußzahlen sowie die allgemeinen Untersuchungen der Monopolkommission zum Stand und zur Entwicklung der Konzentration in einzelnen Wirtschaftsbereichen lassen den Schluß auf eine fortgesetzt hohe Konzentration im Handelsbereich zu. In diese Richtung weist die steigende Anzahl der in den Folgejahren nach 1974 nach § 23 GWB angezeigten Zusammenschlüsse, bei welchen Unternehmen des „Handels- und des Handelshilfsgewerbes" als Erwerber beteiligt waren:

1974: 24 (Tätigkeitsbericht 1975, Tabelle 7)
1975: 34 (Tätigkeitsbericht 1975, Tabelle 7)
1976: 50 (Tätigkeitsbericht 1976, Tabelle 7)
1977: 76 (Tätigkeitsbericht 1977, Tabelle 10)
1978: 73 (Tätigkeitsbericht 1978, Tabelle 10).

Der Anteil der größten Unternehmen am Gesamtumsatz im Bereich des Einzelhandels mit Nahrungs- und Genußmitteln ist weiterhin hoch. Im Jahre 1976 erzielten 0,16% aller Unternehmen in diesem Bereich 42,88% des Gesamtumsatzes [1]).

2.8.2. Der Zusammenschluß Horten/EDEKA

550. Der Zusammenschluß der Edeka-Zentrale AG, Hamburg, mit der Horten AG, Düsseldorf, ist in diesem Zusammenhang zu sehen.

Am 5. Februar 1979 haben die Edeka-Zentrale AG und die Horten AG ein Zusammenschlußvorhaben angemeldet, das die Anmietung der Lebensmittelabteilungen der Horten AG durch die Edeka-Zentrale AG zum Gegenstand hat. Der zwischen der Edeka-Zentrale AG und der Horten AG geschlossene Vertrag sieht vor, daß die Edeka-Zentrale AG die 58 Lebensmittelabteilungen der Horten AG anmietet und die Warenvorräte sowie die gesamte Einrichtung und die maschinellen Vorrichtungen der Supermärkte und der Nebeneinrichtungen kauft. Die Edeka-Zentrale AG ist nach dem Vertrag verpflichtet, die Rechte und Pflichten aus dem Vertrag auf ein Unternehmen der Edeka-Gruppe zu übertragen, dessen ausschließliche Geschäftstätigkeit darin besteht, die „vertragsgegenständlichen Supermärkte zu betreiben". An dieser Betriebsführungsgesellschaft sollten sich neben der Edeka-Zentrale AG und den übrigen Zentralorganisationen der Edeka auch regionale Großhandlungen der Edeka-Gruppe beteiligen.

Das Zusammenschlußvorhaben wurde inzwischen durchgeführt.

2.8.2.1. Die Zusammenschlußpartner

551. Die *Horten AG* betreibt einschließlich der mit ihr verbundenen Unternehmen 58 Warenhäuser in innerstädtischen Bereichen, denen jeweils eine Lebensmittelabteilung angehörte, in der ein breites Sortiment von Nahrungs- und Genußmitteln angeboten wurde. Das Unternehmen hat 1978 insgesamt Umsatzerlöse in Höhe von 3277,9 Millionen DM erzielt. Davon entfielen auf Umsatzerlöse in Nahrungs- und Genußmitteln im Supermarktbereich ca. 700 Millionen DM (außer Gastronomiebereich) [1]).

Die Warenbestellung erfolgte — von Ausnahmen abgesehen — zentral zu einheitlich festgelegten Konditionen. Die Ware wurde aber von den Herstellern oder in bestimmten Fällen von Frischdienst-Großhändlern im Streckengeschäft an die einzelnen Häuser geliefert.

552. Die *Edeka-Zentrale AG* bildet zusammen mit dem Edeka-Verband e. V. und der Edeka-Bank AG die Zentralorganisation der Edeka-Gruppe. Diese baut sich — vereinfacht dargestellt [2]) — auf ca. 22000 rechtlich selbständigen Edeka-Kaufleuten auf, die an 41 Großhandelsbetrieben beteiligt sind. In den 25 Fällen, in denen die Großhandelsbetriebe nicht mehr als Genossenschaft, sondern als Edeka-Handelsgesellschaft mbH geführt werden, sind die Edeka-Kaufleute Mitglieder der Genossenschaft/Genossenschaften, die an der jeweiligen Handelsgesellschaft beteiligt sind.

Die Großhandelsbetriebe sind zu 87% an der Edeka-Zentrale AG und dem Edeka-Verband und zu 56% an der Edeka-Bank beteiligt (Rest: 19% Zentralorganisation; 25% IDUNA-Versicherung).

Der Aufsichtsrat — soweit er nicht von den Arbeitnehmervertretern zu wählen ist — der Edeka-Zentrale und der Verbandsausschuß des Edeka-Verban-

---

[1]) Vgl. Statistisches Bundesamt, Fachserie 14, Reihe 8, Umsatzsteuer, Tabelle 13.

[1]) Der Lebensmitteleinzelhandel erzielte 1978 insgesamt 103,4 Mrd. DM Umsatz (Quelle: Hauptverband des Deutschen Lebensmittel-Einzelhandeks e. V., Bonn).

[2]) Stand: Mitte 1979.

des setzen sich paritätisch aus aktiv tätigen Edeka-Einzelhandelskaufleuten und aus Geschäftsführern der Großhandelsbetriebe zusammen. Die Edeka-Zentrale ist mittelbar an den 25 Großhandelsgesellschaften mit 50% beteiligt (Rest jeweils bei einer oder mehreren Genossenschaften). Sie hält im übrigen diverse Beteiligungen an Handels-, Werbe-, Lagerhaus- und Produktionsgesellschaften.

Die Edeka-Zentrale AG hat nach ihren eigenen Angaben 1978 einschließlich ihrer Tochtergesellschaften Umsätze in Höhe von über 4 Mrd. DM erzielt (ohne MwSt.).

553. Die Struktur der Edeka-Gruppe veranschaulicht die folgende Skizze:

Übersicht über die Organisation der EDEKA-Gruppe (stark vereinfacht, Stand Juli '77)
Quelle Hoppenstedt-Schaubilder, Geschäftsberichte, Presseberichte, Angaben der EDEKA

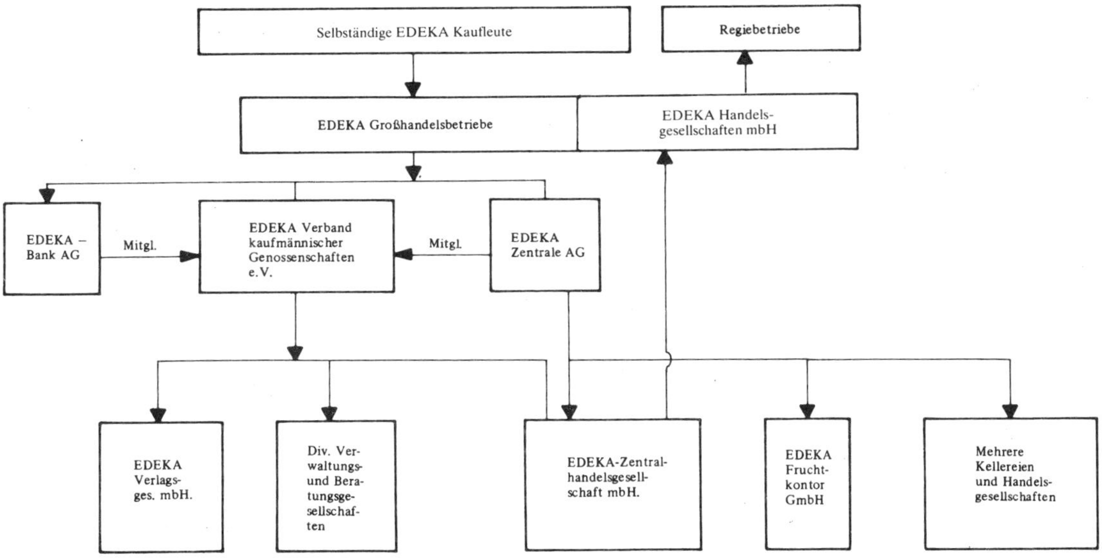

2.8.2.2. Die EDEKA-Gruppenpolitik

554. Die rechtlich selbständigen Edeka-Kaufleute sind durch ein umfassendes Dienstleistungsangebot der Zentraleinrichtungen sowie durch die Warenbezüge vom Edeka-Großhandel in die Edeka-Gruppe integriert: Der Edeka-Verband bietet beispielsweise neben seinen *satzungsgemäßen Aufgaben* (wirtschaftliche Prüfung der Großhandelsbetriebe, Organisationsberatung, Finanzplanung, Kostenrechnung, Rechts- und Steuerberatung, Aus- und Fortbildung) über eine Reihe von Tochtergesellschaften ein geschlossenes System zur Förderung des selbständigen Lebensmitteleinzelhandels an. So werden von der *Edeka-Betriebsberatungs- und Kapitalbeteiligungs GmbH (EKB)* in der gesamten Bundesrepublik geeignete Standorte für die Errichtung bzw. Anmietung von Einzelhandelsbetrieben gesucht und analysiert.

Für Objekte im Planungsstadium bietet die *Edeka-Treuhandverwaltungs- und Betriebsgesellschaft mbH (ETVB)* der zuständigen Bauverwaltung die Übernahme oder die Mithilfe bei der Bauplanung und Baubetreuung an. Sie übernimmt Gesamtobjekte gegebenenfalls auch als Generalmieter. Über die *Edeka Immobilien-Treuhand AG (ITAG)*, die sich u. a. an Ausschreibungen zum Bau von Gewerbezentren beteiligt, bietet die ETVB auch die Baudurchführung von geplanten Objekten an. Das fertiggestellte Objekt — in jedem Fall der zu errichtende Edeka-Laden — werden von der *Edeka-Ausstattungs- und Baudienst GmbH (EAB-Dienst)* eingerichtet. Der fertiggestellte Laden wird dann von der ETVB untervermietet, und zwar entweder an den regional zuständigen Großhändler oder direkt an einen geeigneten Einzelhändler. In vielen Fällen wird dann die Erstausstattung mit Waren durch den Großhändler auf Kredit geliefert. Ein von der ETVB oder einem regionalen Edeka-Großhändler ermitteltes Objekt wird in aller Regel von dem zuständigen regionalen Großhändler angemietet, da Einzelhändler als direkte Mieter häufig abgelehnt werden. Soweit erforderlich, werden diese Läden vom EAB-Dienst eingerichtet und dann an einen geeigneten Einzelhändler untervermietet. Mit diesen Mietverträgen sind regelmäßig Bezugsverpflichtungen der Einzelhändler verbunden.

555. Für die Förderung der Edeka-Einzelhändler hat die *Edeka-Bank* besondere Kreditprogramme entwickelt. Die Leistungen der Edeka-Bank in diesem Bereich sind erheblich. Von den längerfristigen Krediten in Höhe von 140 Millionen DM entfallen ca. 100 Millionen DM auf Ausleihungen an Einzelhändler. Die Kreditzinsen, die von der Edeka-Bank für Kredite an Einzelhändler in Rechnung gestellt werden, liegen durchweg ca. 1% unter den marktüblichen Zinsen. Die Kredite werden, soweit sie die Sicherheiten des Kreditnehmers übersteigen, durch Garantie- und Bürgschaftsfonds der Edeka-Gruppe abgesichert.

Die *Kreditvergabe* durch die Edeka-Bank ist in bestimmten Fällen (Modell des Edeka-Kooperationskaufmannes) an den Warenbezug bei Edeka-Großhandlungen gebunden. Daneben enthalten auch Kreditverträge in Verbindung mit Untermietverträgen als Gegenleistung für die Förderung regelmäßig Bezugsverpflichtungen des Einzelhändlers. Da nach den Angaben in den Geschäftsberichten der Edeka jährlich 450 Einzelhändler durch Existenzgründung und weitere 500 bei der Erweiterung ihrer Geschäfte gefördert werden, dürfte die Gesamtzahl derartiger Verträge nicht unbeachtlich sein. Nach mündlichen Angaben der Edeka bestehen derzeit gut 1 400 Miet- und Kreditverträge mit Bezugsbindungen sowie ca. 50 Verträge nach dem Modell des Edeka-Kooperationskaufmannes. Da die Geschäfte, für die derartige Verträge vorliegen, überdurchschnittlich groß sind, dürfte der auf sie entfallende Umsatzanteil beachtlich sein.

556. Auf die von den Edeka-Großhandlungen selbst geführten Einzelhandelsbetriebe (Regiebetriebe) entfielen 1978 ca. 16% der gesamten Einzelhandelsumsätze der Edeka-Gruppe. Diese Unternehmen werden direkt von den Edeka-Großhandlungen beeinflußt.

557. Die warenwirtschaftliche Konzentration innerhalb der Edeka-Gruppe durch derartige Bezugsverpflichtungen wird durch andere Maßnahmen und Vorschriften, die von der Monopolkommission in ihrem Sondergutachten 7 ausführlich dargestellt wurden[1]), zusätzlich gefördert. Tatsächlich erreicht die Edeka-Gruppe im Warengeschäft auf der Ebene *Zentrale-Großhandel* bei einem gesamten Wareneinkauf aller Großhandlungen von über 8 Mrd. DM eine *Bezugskonzentration* von über 80%, was einem Bezug über die Zentrale von knapp 7 Mrd. DM entspricht (1978). Die Bezüge über die Zentrale setzen sich aus Eigengeschäften (Umsätze mit Erzeugnissen aus eigener Produktion der Zentrale), Handelsgeschäften (Umsätze mit Erzeugnissen, die die Zentrale einkauft) und Vermittlungsgeschäften (von der Zentrale regulierte Umsätze aus Einkäufen der regionalen Großhandlung) zusammen.

558. Das *Vermittlungsgeschäft* (Zentralregulierungsgeschäft) besteht in Umsätzen aus Einkäufen der regionalen Großhandlungen bei Herstellern, die als Edeka-Lieferanten bei der Zentrale „gelistet" sind und die über die Zentralorganisation reguliert werden. Der artikelbezogenen Listung liegen Lieferabkommen zugrunde, die regelmäßig Vereinbarungen über Grundkonditionen enthalten und in denen sich die jeweiligen Hersteller verpflichten, ihre Erzeugnisse nicht am Edeka-Großhandel vorbei an den Edeka-Einzelhandel direkt zu verkaufen.

559. Der Edeka-Einzelhandel bezieht seine Waren zu über 65 % bei dem Edeka-Großhandel. Die hohe Bezugskonzentration erleichtert es der Zentrale, Einfluß auf die Sortimentspolitik der Gruppe zu nehmen. Diesem Ziel dient auch die schrittweise Einführung eines Schwerpunktprogrammes, das die Herausbildung eines nationalen Kernsortiments zum Gegenstand hat. Der Einfluß auf die Sortimentsgestaltung wird durch zentrale Werbemaßnahmen verstärkt, mit denen in Fernsehspots und Anzeigen jeweils mehrere Markenartikel — auch Eigenmarken der Edeka — herausgestellt werden.

560. Die Edeka-Gruppe insgesamt hat 1978 folgende Umsatzerlöse erzielt:

Einzelhandel:	ca. 16 Mrd. DM
Großhandel:	ca. 10 Mrd. DM
davon	ca. 1 Mrd. DM Cash & Carry.

561. Die Edeka-Gruppe hat seit Anfang der 70er Jahre eine grundlegende gruppeninterne Straffung erfahren. Während 1970 noch 105 Genossenschaften als Großhandlungen ungefähr 34 200 Edeka-Geschäfte belieferten, waren es 1977 durch Fusion bzw. Gründungen von Handelsgesellschaften nur noch 50 Großhandelsbetriebe und nur noch 24 200 Geschäfte, bei einem von 11 auf knapp 16 Mrd. DM gestiegenen Umsatz. Mitte 1979 waren es noch 41 Großhandelsbetriebe, von denen 25 Handelsgesellschaften waren, an denen die Zentrale beteiligt war, und knapp 22 000 Edeka-Geschäfte.

562. Das Bundeskartellamt hat das Zusammenschlußvorhaben aus mehreren Gründen nicht untersagt. Die Monopolkommission nimmt nur zu solchen Problembereichen des Zusammenschlusses Stellung, denen grundsätzliche Bedeutung für die Entscheidung ähnlicher Fälle für die Zukunft zukommt. Hierbei handelt es sich insbesondere um die Qualifizierung einer Gruppe von Unternehmen als wettbewerbliche Einheit und um die Voraussetzungen einer marktbeherrschenden Stellung eines Unternehmens als Nachfrager.

2.8.2.3. Die EDEKA-Gruppe als wettbewerbliche Einheit

563. Für die Prüfung von Zusammenschlüssen, an welchen nicht nur einzelne, rechtlich selbständige Unternehmen unmittelbar beteiligt sind, sondern die (auch) Unternehmensgruppen betreffen, ist in vielen Fällen entscheidend, welche Unternehmen im Einzelfall als der Gruppe zugehörig und im Wettbewerb als Einheit anzusehen sind. Diese Vorfrage hat Bedeutung sowohl für die Errechnung der Marktanteile der Gruppe als auch für die Beurteilung der Gruppenressourcen sowie der übrigen Merkmale einer überragenden Marktstellung eines Unternehmens, die in § 22 Abs. 1 Nr. 2 GWB benannt sind.

564. Das Bundeskartellamt sah die gesamte Edeka-Gruppe im Ergebnis nicht als wettbewerbliche Einheit an. Es wurden zwar gewichtige Gründe für die Annahme einer wettbewerblichen Einheit der Edeka-Gruppe angeführt. Nach Ansicht des Bundeskartellamtes träten die der Gruppe angehörigen Unternehmen nicht isoliert am Markt auf, sondern würden in ihrem Marktverhalten weitgehend von der

[1]) Tz. 114 ff.

einheitlichen Gruppenkonzeption beeinflußt, die der Tätigkeit der Edeka insgesamt zugrunde läge. Diese Gruppenkonzeption führe auf der Großhandelsebene dazu, daß wegen der Gebietsangrenzungen zwischen den einzelnen Großhandlungen kein Wettbewerb herrsche, und bewirke über gemeinsam erarbeitete Empfehlungen (Verkaufspreise, Sortiment, Sonderaktionen, Werbung) ein tendenziell einheitliches Auftreten im Markt. Den einzelnen Unternehmen der Gruppe stünden darüber hinaus im Rahmen der förderungswirtschaftlichen Zielsetzungen die Gruppenressourcen für ihr wettbewerbliches Verhalten zur Verfügung.

Für entscheidend hielt das Bundeskartellamt aber die mangelnde Absicherung der wettbewerblichen Einheit durch „zentrale" Entscheidungskompetenzen und Einwirkungsmöglichkeiten. Diese müsse zwar nicht gesellschaftsrechtlich abgesichert sein, aber hinsichtlich ihrer Wirksamkeit und ihrer Dauerhaftigkeit der Organisations- und Entscheidungsstruktur bei Konzernen nahekommen. Der Ausschluß wesentlichen Wettbewerbs zwischen mehreren Unternehmen reiche allein dafür nicht aus, weil die wettbewerbliche Einheit auch ein Mindestmaß an langfristig gesichertem einheitlichen Auftreten im Markt sowie zumindest weitgehend einheitliche Entscheidungen bezüglich zukünftiger Konzeptionen (Investitionen, Sortimentsgestaltung, Preisverhalten als Anbieter und Nachfrager usw.) erfordere.

565. Diese Voraussetzungen seien bei der Edeka-Gruppe tatsächlich nicht erfüllt, da der zentrale Einfluß im Sinne einer einheitlich-verbindlichen Entscheidungsfindung sich auf Empfehlungen beschränke (Preisempfehlung, Sortimentsempfehlung, Standortsicherung, usw.) und keine Zusammenfassung von Entscheidungskompetenzen vorliege, die der Steuerungsmöglichkeit innerhalb verbundener Unternehmen im Ergebnis auch nur angenähert vergleichbar wäre. Die Entscheidungsfreiheit der einzelnen Unternehmen der Edeka-Gruppe werde zumindest derzeit noch in einem Ausmaß wahrgenommen, daß ein einheitliches Auftreten der Gruppe insgesamt im Markt nicht gewährleistet sei. Dies gelte auch für den Bereich der Edeka-Handelsgesellschaften, der Großhandelsunternehmen, an denen die Zentrale mit 50 % beteiligt sei. Die Geschäftsführungsbefugnis obliege auch in diesen Unternehmen primär bis ausschließlich den jeweiligen regionalen Genossenschaften.

566. Für die Anwendung der Fusionskontrolle ist entscheidend, ob die Edeka-Gruppe als wettbewerbliche Einheit anzusehen wäre, inwieweit der hier tätig werdenden Edeka-Zentrale AG also die Ressourcen der Edeka-Gruppe zugerechnet werden könnten.

Maßstäbe zur Beantwortung dieser Frage enthält die Verbundklausel des § 23 Abs. 1 Satz 2 GWB. Diese Klausel verweist sowohl für § 23 wie auch für die Frage der Marktbeherrschung nach § 22 GWB auf Definitionen des Aktiengesetzes. Das Bundeskartellamt geht davon aus, daß keine Zusammenfassung von Entscheidungskompetenzen vorliege, die den Steuerungsmöglichkeiten innerhalb verbundener Unternehmen im Ergebnis auch nur annähernd vergleichbar wäre.

Für die Annahme einer wirtschaftlichen Einheit im Sinne der Verbundklausel ist nicht zu fordern, daß einheitliche Leitung im Sinne des § 18 AktG vorliegt. Es genügt, daß tatsächlicher Einfluß die Möglichkeit zur Beherrschung eröffnet. Dabei ist zu beachten, daß es für die Fusionskontrolle lediglich darauf ankommt, inwieweit ein Einfluß zu einem koordinierten Einsatz von Ressourcen führen könnte. Damit sind geringere Anforderungen als nach dem Aktienrecht zu stellen, dessen Schutzzweck auch die Schädigungsmöglichkeit abhängiger Unternehmen umfassen muß.

567. Die Edeka-Gruppe erfüllt zumindest unter diesem Gesichtspunkt die Voraussetzungen eines Verbundes. Die Monopolkommission hat bereits in ihrem Nachfragemacht-Gutachten darauf hingewiesen, daß sich die Form der Einkaufszusammenschlüsse in ihren Strukturen denen von Filialunternehmen angenähert habe [1]). Dazu wurden die organisatorischen Änderungen beschrieben, die in einem internen Konzentrationsprozeß zu einer Verlagerung und Zentralisierung der Entscheidungskompetenzen auf die obere Stufe der Gruppenhierarchie geführt hatten (Tz. 117). Maßgeblich für die Annahme einer wettbewerblichen Einheit als Folge eines Einflusses auf die Gruppenmitglieder sind ferner die Schaffung eigener Handelsmarken, die zentralen Werbeaktionen, die sich unmittelbar auf die Sortimentszusammensetzung auswirken, sowie die Zentralregulierungsverträge. Auch die festgestellte Selektion von kleinen Mitgliedsfirmen spricht für einen erheblichen Einfluß der Zentralinstanz, der im übrigen hinsichtlich der Regiebetriebe nicht zweifelhaft sein kann. Zu beachten ist schließlich die steigende Zahl von Bezugspflichten, die von Einzelhändlern im Zusammenhang mit Untermiet- oder Darlehnsverträgen übernommen werden.

Die vom Bundeskartellamt festgestellte Auftragskonzentration der Bezüge der Einzelhändler in Höhe von 65 % schließt nicht aus, daß das von der Edeka-Gruppe geführte Sortiment bis zu 100 % bezogen wird, da die Mitglieder darüber hinaus weitere Waren in ihr jeweiliges Angebot übernehmen können.

Überdies wird zu erwarten sein, daß mit der Angliederung der Horten-Lebensmittelabteilungen die Auftragskonzentration tendenziell steigt. Denn die damit verstärkte Stellung der Edeka-Gruppe kann zu günstigeren Konditionen beim Einkauf führen und so den Anreiz zum Bezug des Angebots der Edeka-Gruppe verstärken.

568. Die Monopolkommission weist auf die erheblichen rechtlich wie wirtschaftlich nachteiligen Folgen der Rechtsanwendung des Bundeskartellamtes in diesem Fall hin. Zusammenschlüsse zwischen Einkaufsvereinigungen untereinander oder mit Dritten wären der Zusammenschlußkontrolle des § 24 Abs. 1 GWB weitgehend entzogen. Da auf die großen Einkaufsvereinigungen des Lebensmittelhandels § 1 GWB nicht angewandt wird, gelten für

[1]) Sondergutachten 7, Tz. 16, 123.

diese auch nicht die Kooperationsgrenzen des § 5b GBW. Weiteres externes Anwachsen der Einkaufsvereinigungen könnte folglich mit Hilfe des GWB nicht gebremst werden.

2.8.2.4. Die marktbeherrschende Stellung eines Unternehmens als Nachfrager

569. Das Bundeskartellamt prüft, inwieweit die Zusammenschlußpartner eine marktbeherrschende Stellung als Nachfrager erlangen könnten. Dabei werden solche Nachfrager als keinem wesentlichen Wettbewerb ausgesetzt angesehen, die aufgrund ihres Nachfragevolumens oder anderer Faktoren (regionale Marktstellung, Ubiquität, Repräsentanz) für die Hersteller unverzichtbare Abnehmer seien. Diesen Abnehmern könnten die Hersteller, wenn überhaupt, nur unter Inkaufnahme erheblicher wirtschaftlicher Nachteile ausweichen. Aus der Sicht der Hersteller hätten diese unverzichtbaren Abnehmer hinsichtlich ihres Verhaltens als Nachfrager Verhaltensspielräume, die nicht durch Wettbewerb begrenzt würden.

570. Diese Voraussetzungen sah das Bundeskartellamt im Horten/Edeka-Fall nicht als erfüllt an: Die Edeka-Zentrale übernehme im Wareneinkauf lediglich das Delcredere und die Zentralregulierung. Sie könne die „Listung" von Herstellern bzw. Produkten sowie über die Empfehlung, bestimmte Erzeugnisse in das Schwerpunktsortiment aufzunehmen, zwar die Absatzchancen der Hersteller beeinflussen. Die Einkaufsentscheidungen würden jedoch von den regionalen Großhandlungen jeweils einschließlich der Festlegung der Konditionen selbst getroffen. Das Einkaufsvolumen der einzelnen Großhandlungen sei, gemessen an dem der führenden Filial- und Großbetriebsunternehmen, spürbar geringer. Das gleiche gelte für den Teil der Umsätze, den die Zentrale als Eigenhändler tätigt (vorwiegend Importe). Insofern sei nicht mit der erforderlichen Sicherheit von der Unverzichtbarkeit der Edeka-Gruppe als Nachfrager auszugehen. Dies gelte auch hinsichtlich der Vorzugskonditionen, die die Edeka-Großhandlungen erhielten, da die Ermittlungsergebnisse nur die Absatzmengen und Geldleistungen enthielten. Die Aufteilung von Nachlässen anderer Art (Regalpflege, Inventurhilfen, Preisauszeichnungen durch die Hersteller) hätten nicht abnehmer- und produktbezogen ermittelt werden können, so daß das Ermittlungsergebnis in dieser Hinsicht keinen zweifelsfreien Rückschluß auf die Marktstellung der Edeka als Nachfrager zugelassen habe.

571. Das Bundeskartellamt hielt zudem die eigenen Erwägungen zu den Voraussetzungen einer marktbeherrschenden Stellung als Nachfrager gem. § 24 Abs. 1 GWB für rechtlich stark angreifbar: Die Annahme, unverzichtbare Nachfrager seien insoweit marktbeherrschend, führe dazu, daß mehrere Unternehmen gleichzeitig ohne wesentlichen Wettbewerb und damit marktbeherrschend im Sinne des § 22 Abs. 1 Nr. 1 GWB sein könnten, ohne daß die wirtschaftlichen Voraussetzungen des Oligopoltatbestandes (Reaktionsverbundenheit) gegeben seien; es sei möglich, daß mehrere Abnehmer gleicher Produkte für mehrere unterschiedliche Hersteller unverzichtbar seien und die Abnehmer untereinander nicht die Voraussetzung des Oligopoltatbestandes erfüllten. Auch § 22 Abs. 1 Nr. 2 GWB, der nach dem Willen des Gesetzgebers die Feststellung der Marktbeherrschung erleichtern solle, gehe schon nach dem Wortlaut eindeutig davon aus, daß nur ein Unternehmen die überragende Marktstellung „im Verhältnis zu seinen Wettbewerbern" haben könne.

572. Die Monopolkommission hat in ihrem Sondergutachten 7 die Ansicht begründet, daß auch für die Beurteilung der Marktstellung eines Unternehmens als Nachfrager dessen Marktanteile heranzuziehen seien (Tz. 49, 200ff.). Sie hat sich dort gegen die Auffassung des Bundeskartellamtes gewandt, daß Marktanteilsbetrachtungen im Einzelhandel bei Nachfragern nicht aussagefähig seien.
Wird die Marktbeherrschung nicht unternehmensindividuell ermittelt, so entfällt die als Konsequenz der Auffassung des Bundeskartellamtes gegebene Möglichkeit mehrerer marktbeherrschender Stellungen auf einem Markt.
Das Bundeskartellamt untersucht dagegen in seiner Horten/Edeka-Entscheidung wiederum, ob die Edeka-Gruppe als unverzichtbarer Nachfrager anzusehen ist. Auf die Abgrenzung des Marktes und die von der Edeka-Gruppe gehaltenen Marktanteile wird nicht eingegangen. Die statt dessen vom Bundeskartellamt für entscheidungserheblich gehaltene Position der Edeka-Gruppe im Verhältnis zu einzelnen Herstellern ist nach Auffassung der Monopolkommission nicht geeignet, über die Stellung der Edeka-Gruppe als Nachfrager auf einem bestimmten relevanten Markt Aussagen zu machen.

573. Da das Bundeskartellamt nicht ermittelt hat, welche Marktanteile die Zusammenschlußpartner als Nachfrager erlangen, kann die Monopolkommission den Zusammenschluß unter dem Aspekt der Erhöhung der Nachfragemacht nicht abschließend beurteilen. Die Monopolkommission weist erneut auf die in ihrem Sondergutachten 7 näher begründete Ansicht hin, daß Marktmacht auf der Nachfrageseite in der Regel schon bei geringeren Konzentrationsgraden erreicht wird als auf der Angebotsseite (Tz. 47ff., 200). Die Monopolkommission schließt daher nicht aus, daß bei Zugrundelegung dieser Kriterien der Zusammenschluß Horten/Edeka zu einer marktbeherrschenden Stellung der Zusammenschlußpartner als Nachfrager führen könnte.

574. Erheblichen Bedenken begegnet schließlich die in der Kartellamtsentscheidung niedergelegte Ansicht, die Edeka-Großhandelsunternehmen seien als Anbieter nicht marktbeherrschend. Der besondere Zugang der Edeka-Großhändler zu den Einzelhändlern der Edeka-Gruppe könnte, zusammen mit den vom Bundeskartellamt ermittelten Marktanteilen der Großhändler, die Annahme rechtfertigen, daß diese als Anbieter über eine überragende Marktstellung gemäß § 22 Abs. 1 Nr. 2 GWB verfügten. Da das Bundeskartellamt insoweit keine detaillierten Marktuntersuchungen angestellt hat, kann die Monopolkommission hierzu, wie auch zur Frage der verwandten Marktabgrenzungskriterien, nicht abschließend Stellung nehmen.

KAPITEL V

Berücksichtigung internationaler Wettbewerbseinflüsse bei der nationalen Kontrolle von Unternehmenszusammenschlüssen und das Erfordernis der Schaffung einer europäischen Fusionskontrolle

1. Eingrenzung des Untersuchungsgegenstandes

575. Die *Außenhandelsverflechtung* der Bundesrepublik Deutschland erreicht ein hohes Maß. Dies gilt sowohl für die Importe als auch für die Exporte. Die Sicherung der Einfuhr von Rohstoffen (insbesondere von Rohöl) zeigt das Problem ebenso wie die Exportorientierung der deutschen Wirtschaft, die in einzelnen Branchen (z. B. Maschinenbau) besonders groß ist.

Ursachen für die zunehmende Außenhandelsverflechtung sind die liberale deutsche Handelspolitik nach dem zweiten Weltkrieg und die europäische Integration im Rahmen der Montanunion und der Europäischen Wirtschaftsgemeinschaft. An der Sicherung und Intensivierung eines freien internationalen Wirtschaftsverkehrs besteht aus der Sicht der Bundesrepublik ein nachhaltiges Interesse. Hieraus folgt, daß der Welthandel vor Beeinträchtigungen durch Wettbewerbsverzerrungen geschützt werden sollte. Dies gilt unabhängig davon, ob Beeinträchtigungen des internationalen Handels auf staatliche Maßnahmen (Zölle, mengenmäßige Beschränkungen) oder auf solche privatwirtschaftlicher Art zurückzuführen sind.

Als *Folge* einer zunehmenden Wirtschaftsintegration tritt eine Steigerung der Wettbewerbsintensität durch verstärkte Auslandskonkurrenz in den zuvor getrennten Volkswirtschaften ein. Diese Wirkung ist aus wirtschaftspolitischen Gründen beabsichtigt. Ihrer Herbeiführung und Sicherung dienen die Vorschriften über den Abbau staatlicher Handelsschranken sowie die Wettbewerbsregeln des Vertrages zur Gründung der Europäischen Wirtschaftsgemeinschaft (Artikel 85 und 86 EWGV) und die Bestimmungen über Kartelle und Zusammenschlüsse im Vertrag über die Gründung der Europäischen Gemeinschaft für Kohle und Stahl (Artikel 65 und 66 MUV).

576. Von seiten der Wirtschaft ist wiederholt kritisiert worden, daß nach deutschem Wettbewerbsrecht die *Wettbewerbsposition inländischer Unternehmen* allein nach den Verhältnissen innerhalb des Geltungsbereichs des Gesetzes gegen Wettbewerbsbeschränkungen beurteilt werde. Demgegenüber hätten sich die Unternehmen an den internationalen Wettbewerbsverhältnissen zu orientieren. In einigen Wirtschaftszweigen sei der nationale Markt für eine kostenoptimale Produktion zu klein. Maßgeblich für die Wettbewerbsfähigkeit deutscher Unternehmen sei nicht nur der vom nationalen Wettbewerb ausgehende Leistungsansporn, sondern auch eine an internationalen Maßstäben ausgerichtete Unternehmensgröße. Deutsche Unternehmen seien gegenüber ihren ausländischen Konkurrenten benachteiligt, weil das deutsche Wettbewerbsrecht in vieler Hinsicht schärfer sei als das der Handelspartner. International tätige Unternehmen müßten deshalb auch internationalen Aufsichtsmaßstäben unterliegen. Aus diesen Gründen sei es vor allem zu bedauern, daß die Fusionskontrolle nicht nach einheitlichen Kriterien in der EG gehandhabt werde.

Inländische Unternehmen seien außerdem einem besonders starken Wettbewerbsdruck ausgesetzt, wenn ihre ausländischen Wettbewerber Subventionen erhielten, oder — wegen des Nachfrageverhaltens staatlicher Stellen — über einen gegen Auslandswettbewerb gesicherten Heimatmarkt verfügten. Deutsche Unternehmen würden auch in besonderem Maße von Wechselkursänderungen betroffen. Ihre Wettbewerbsfähigkeit werde durch die ständige Aufwertung der D-Mark gefährdet.

577. Die Monopolkommission nimmt im folgenden zu zwei Problemen aus diesem Fragenkreis Stellung:

- Untersucht wird, ob die *nationale Zusammenschlußkontrolle* einer steigenden internationalen Wettbewerbsintensität ausreichend Rechnung trägt, die bei zunehmender Wirtschaftsintegration von ausländischen Konkurrenten ausgeht. Vor allem ist zu prüfen, inwieweit bei der Betrachtung relevanter Märkte nicht mehr wie bisher auf den nationalen Markt, sondern auf den europäischen bzw. auf den Weltmarkt abgestellt werden sollte, auf dem die Konzentration regelmäßig als geringer angesehen wird.
- Außerdem wird die Einführung einer *europäischen Zusammenschlußkontrolle* unter wirtschafts- und wettbewerbspolitischen Gesichtspunkten gewürdigt und deren Verhältnis zur deutschen Fusionskontrolle untersucht.

578. Von einer ausführlichen Erörterung der übrigen erwähnten Probleme wird aus folgenden Gründen abgesehen:

- Die Anwendung des nationalen Wettbewerbsrechts ist nicht geeignet, Wettbewerbsverzerrungen zu begegnen, die durch die *Subventionie-*

rung ausländischer Konkurrenten und durch andere hoheitliche Maßnahmen herbeigeführt werden. Solche Handelshemmnisse lassen sich nur auf der Grundlage internationaler Vereinbarungen verringern oder beseitigen. Innerhalb der EG bieten u. a. die Vorschriften der Artikel 90ff. EWGV, die öffentliche Unternehmen, Dumping-Maßnahmen und staatliche Beihilfen betreffen, Rechtsgrundlagen für Abhilfen. Die Monopolkommission begrüßt die beabsichtigte Intensivierung der Rechtsanwendung auf diesem Gebiet durch die EG-Kommission.

— Soweit sich die dargestellte Argumentation auf Wirkungen bezieht, die *Wechselkursänderungen* zugeschrieben werden, handelt es sich um die Beurteilung von Instrumenten der Globalsteuerung. Entscheidungen, die den Außenwert der D-Mark betreffen, fallen in die Zuständigkeit der Instanzen, die für die Wirtschafts- und Währungspolitik verantwortlich sind. Die Anwendung des Wettbewerbsrechts und speziell der Vorschriften über die Fusionskontrolle in § 24 Abs. 1 GWB stellt kein geeignetes Instrument dar, um die Wirkungen von Maßnahmen der Globalsteuerung außer Kraft zu setzen.

579. Ergänzend ist auf die vielfältigen Anstrengungen der Bundesregierung hinzuweisen, im Rahmen *internationaler Gremien* eine Verbesserung der Zusammenarbeit bei der Kontrolle wettbewerbsverfälschender Praktiken im internationalen Handel zu erreichen. Erwähnt sei die Mitarbeit in Gremien der Vereinten Nationen (Welthandels- und Entwicklungskonferenz der Vereinten Nationen [UNCTAD]), des GATT, der OECD und der EG.

Hinzuweisen ist weiter auf das bilaterale „Abkommen zwischen der Regierung der Bundesrepublik Deutschland und der Regierung der Vereinigten Staaten von Amerika über die Zusammenarbeit in bezug auf restriktive Geschäftspraktiken", das Mitte 1976 unterzeichnet wurde. Darin ist ein gegenseitiger Beistand der Kartellbehörden vorgesehen

— bei kartellrechtlichen Untersuchungen und Verfahren,
— bei Studien zur Wettbewerbspolitik und zur Änderung der Kartellgesetze sowie
— bei Tätigkeiten in internationalen Organisationen.

Die Monopolkommission begrüßt die Bemühungen der Bundesregierung, im Rahmen bilateraler und multilateraler Vereinbarungen zu Regelungen zu kommen, die der Herbeiführung und Sicherung einer marktwirtschaftlich orientierten Weltwirtschaftsordnung dienen.

2. Berücksichtigung internationaler Wettbewerbseinflüsse bei der nationalen Kontrolle von Unternehmenszusammenschlüssen

2.1. Zum Verhältnis von Wirtschaftsintegration und nationaler Fusionskontrolle

580. Bei der Anwendung der Vorschriften über die Kontrolle von Unternehmenszusammenschlüssen kommt der *Abgrenzung relevanter Märkte* eine zentrale Bedeutung zu, weil auf ihrer Grundlage darüber entschieden wird, ob Marktbeherrschung im Sinne des Gesetzes vorliegt. Die Ermittlung relevanter Märkte erfolgt in sachlicher und räumlicher Hinsicht.

Die *sachliche Marktabgrenzung* wird jeweils unter Berücksichtigung der Ausweichmöglichkeiten der Marktgegenseite vorgenommen. Zur Bestimmung beispielsweise von Angebotsmacht werden Waren bzw. Leistungen demselben relevanten Markt zugeordnet, wenn sie aus der Sicht der Abnehmer funktionell austauschbar sind; wenn sie also der Dekkung desselben Bedarfs dienen. Den Einzelheiten der Bestimmung sachlich relevanter Märkte ist hier nicht weiter nachzugehen.

Bei der *Abgrenzung räumlich relevanter Märkte* ergeben sich analoge Fragen. Auch bei ihrer Ermittlung sind beispielsweise in Fällen, in denen geprüft wird, ob Angebotsmacht besteht, die Ausweichmöglichkeiten der Nachfrager zu beachten. Bei der Bestimmung räumlich relevanter Märkte spielen die Standorte von Unternehmen oder Betrieben und damit Transportkosten häufig eine wichtige Rolle. Für die Einbeziehung effektiven und potentiellen Auslandswettbewerbs ist die Abgrenzung räumlich relevanter Märkte von maßgeblicher Bedeutung.

581. Der *Gesetzgeber* ist davon ausgegangen, daß der räumlich relevante Markt im Regelfall dem nationalen Markt gleichzusetzen ist. Dies wird durch die Vorschrift in § 23 GWB deutlich, wonach Zusammenschlüsse anzuzeigen sind, wenn durch sie „. . . im gesamten Geltungsbereich dieses Gesetzes oder einem wesentlichen Teil desselben . . ." ein Marktanteil von 20% erreicht oder erhöht wird. Die dieser Regelung zugrundeliegende Annahme, daß die größte Ausdehnung eines räumlich relevanten Marktes mit dem Staatsgebiet übereinstimmt, ist unter wirtschaftlichen Gesichtspunkten gerechtfertigt, wenn Staatsgrenzen zugleich Marktschranken darstellen. Früher war diese Voraussetzung wegen des Vorhandenseins von Zöllen und quantitativen Handelsschranken regelmäßig gegeben. Dort, wo solche Handelshemmnisse heute durch die Vereinbarung von Wirtschaftsgemeinschaften oder Freihandelszonen beseitigt worden sind, können z. B. administrative Handelshemmnisse, Sprachbarrieren, abweichende Verbrauchsgewohnheiten und unterschiedliche Organisationen des Handels ähnliche Wirkungen entfalten. Werden auch diese Handelsschranken beseitigt, dann verschmelzen die nationalen Märkte zu einem einheitlichen gemeinsamen Markt. In dem Maße, in dem sich diese Entwicklung vollzieht, ist eine Gleichsetzung staatlicher Grenzen mit den Grenzen räumlich relevanter Märkte nicht mehr zu rechtfertigen.

582. Zu den Aufgaben der *EG-Kommission* zählt es, Vereinbarungen zwischen Unternehmen, die zu einer Abriegelung nationaler Märkte führen, aufzugreifen und nach den Artikeln 85 und 86 EWGV bzw. nach den Bestimmungen in Artikel 65 und 66 MUV zu beurteilen. Der Europäische Gerichtshof hat die Untersagung solcher Maßnahmen durch die

EG-Kommission wiederholt bestätigt[1]). Mit zunehmender Integration nationaler Märkte durch die europäische Wettbewerbspolitik verbessern sich die Voraussetzungen für einen über die einzelstaatlichen Grenzen hinausgreifenden Wettbewerb.

583. Der Aspekt, daß die nationale Fusionskontrolle das Ausmaß der Integration von Märkten innerhalb der Europäischen Wirtschaftsgemeinschaft nicht unbeachtet lassen kann, hat — wie die *Begründung des Regierungsentwurfs* zeigt — auch bei der Einführung der Zusammenschlußkontrolle in das GWB eine Rolle gespielt[2]):

— Die Einbeziehung der Fusionskontrolle in das Gesetz wurde damit begründet, daß die nationalen Märkte in Europa noch durch rechtliche, vor allem aber durch tatsächliche Handelsschranken unzureichend integriert seien. Deshalb bestünde die Gefahr, daß sich auf den Teilmärkten marktbeherrschende Stellungen bildeten bzw. verstärkten. Eine solche Verkrustung solle durch die Einführung der Zusammenschlußkontrolle verhindert werden.

— In der Regierungsbegründung wurde aber auch darauf hingewiesen, daß die wechselseitige Durchdringung von Märkten bei der Prüfung eines Zusammenschlusses nach § 24 GWB berücksichtigt werden solle. Hohe Marktanteile im nationalen Bereich nähmen bei steigender Integration ab.

584. Auslandswettbewerb läßt sich bei der Beurteilung der Frage, ob eine marktbeherrschende Stellung besteht oder verstärkt wird, in unterschiedlicher Weise berücksichtigen:

— Er kann erstens durch eine Ausdehnung des der Betrachtung zugrundegelegten räumlich relevanten Marktes auf *Gebiete außerhalb der Grenzen eines Staates* berücksichtigt werden. Ein solches Vorgehen impliziert, daß keine Marktschranken an den Staatsgrenzen bestehen.

— Eine zweite Möglichkeit besteht darin, die in einem Betrachtungszeitraum zu verzeichnenden *Importe und Exporte* in die Berechnung der Marktanteile einzubeziehen. Auf diese Weise werden nur die effektiven Warenströme beachtet. Unberücksichtigt bleiben Wirkungen potentiellen Auslandswettbewerbs, und zwar unabhängig davon, ob Marktschranken vorhanden sind.

— Schließlich kann der effektive und potentielle Auslandswettbewerb qualitativ bei der Würdigung der Wettbewerbsverhältnisse auf dem Inlandsmarkt berücksichtigt werden.

[1]) Vgl. u. a. die Hinweise im letzten Wettbewerbsbericht der Kommission: Achter Bericht über die Wettbewerbspolitik. Brüssel, Luxemburg, April 1979, S. 24 ff.

[2]) Vgl. Begründung zum Entwurf der Bundesregierung eines Zweiten Gesetzes zur Änderung des Gesetzes gegen Wettbewerbsbeschränkungen. In: WuW 1971, S. 531 ff., hier S. 545 f. und S. 557 f.

2.2. Räumlich reale Märkte und die ökonomische Bedeutung von Staatsgrenzen

2.2.1. Kleinere räumlich reale Märkte als der nationale Markt

585. In einigen Fällen sind vom Bundeskartellamt und von der EG-Kommission räumlich relevante Märkte abgegrenzt worden, die kleiner waren als das Gebiet der Bundesrepublik Deutschland bzw. als das gesamte Wirtschaftsgebiet der EG. Eine solche Vorgehensweise wurde insbesondere erforderlich, wenn hohe Transportkosten zu beachten waren.

Die *Bestimmungen des GWB und der europäischen Verträge* tragen diesem Erfordernis ausdrücklich Rechnung. Gemäß § 23 Abs. 1 Satz 1 Nr. 1 besteht die Anzeigepflicht auch für Zusammenschlüsse, durch die in einem wesentlichen Teil des Geltungsbereichs des GWB ein Marktanteil von 20% erreicht oder erhöht wird. In Artikel 66 § 2 MUV ist vorgeschrieben, daß die Genehmigung zu einem Zusammenschluß nur erteilt wird, wenn für die beteiligten Unternehmen nicht die Möglichkeit besteht, „... auf einem bedeutenden Teil des Marktes ..." für Montanerzeugnisse u. a. den Wettbewerb zu verhindern. Gemäß Artikel 86 EWGV ist die mißbräuchliche Ausnutzung einer marktbeherrschenden Stellung mit dem Gemeinsamen Markt unvereinbar und verboten, soweit dies zu einer Beeinträchtigung des Handels zwischen den Mitgliedstaaten führen kann. Dieses Verbot gilt unter der Voraussetzung, daß eine marktbeherrschende Position auf dem Gemeinsamen Markt oder zu einem wesentlichen Teil desselben besteht. Der deutsche Markt stellt beispielsweise einen wesentlichen Teil des Gemeinsamen Marktes im Sinne dieser Vorschrift dar[1]).

586. Aus der *Verwaltungs- und Gerichtspraxis* lassen sich die Maßstäbe ermitteln, anhand derer die Abgrenzung kleinerer räumlich relevanter Märkte erfolgt.

Das *Bundeskartellamt* hat im Fall „Zementmahlanlage" festgestellt, daß die bereits vorhandene marktbeherrschende Stellung von Ahlsen-Breitenburg durch den Zusammenschluß verstärkt wurde[2]). Das Amt legte einen räumlich relevanten Markt zugrunde, der einen Teilbereich der Bundesrepublik — den Raum Schleswig-Holstein/Unterelbe — umfaßte. Bei der Prüfung der Frage der Marktbeherrschung wurde auch auf die Intensität des effektiven und potentiellen Wettbewerbs von Unternehmen eingegangen, die ihren Produktionsstandort außerhalb des so abgegrenzten Marktes hatten. Unter Hinweis auf die Frachtkosten kam das Amt zu dem Ergebnis, daß ein wirtschaftlicher Absatz des Massenschwergutes Zement nur in einer Entfernung bis zu maximal 200 km um die Produktionsstandorte in Betracht komme. Wettbewerb gehe deshalb nur von wenigen Anbietern aus und betreffe nur einen Teilbereich des räumlich relevanten Marktes[3]). In dem Beschluß des Amtes werden auch dynamische

[1]) Vgl. WuW/E EV 353 ff., hier 357 „Continental Can Company".

[2]) Vgl. WuW/E BKartA 1667 ff.

[3]) Vgl. WuW/E BKartA 1668.

Aspekte berücksichtigt. Die Erwartung, daß durch den Zusammenschluß die Verstärkung einer marktbeherrschenden Stellung eintreten werde, sei durch die Marktanteilsentwicklung von Ahlsen-Breitenburg in den Jahren 1974 und 1975 nicht zu widerlegen. Die in diesen beiden Jahren eingetretenen geringfügigen Marktanteilsverluste seien durch die Absatzkrise in der gesamten deutschen Zementindustrie bedingt. Solche vorübergehenden Entwicklungen seien nicht geeignet, die von dem Zusammenschluß ausgehende langfristige Verschlechterung der Wettbewerbsstruktur zu kompensieren [1]).

587. Im vergangenen Jahr hat der *Bundesgerichtshof* die vom Kammergericht zugrundegelegte Abgrenzung des räumlich relevanten Marktes auf das Gebiet Schleswig-Holstein/Unterelbe bestätigt. Sporadische und relativ geringfügige Lieferungen aus dem bzw. in das Gebiet des relevanten Marktes führten nicht zu einer anderen räumlichen Marktabgrenzung [2]).

588. Dieselben Probleme treten im *EG-Recht* auf, wenn räumlich relevante Märkte abgegrenzt werden müssen, die kleiner sind als das Gesamtgebiet der Gemeinschaft.

Im „Continental Can-Fall" wurde der deutsche Markt als geographisch relevanter Markt zugrundegelegt. Dies geschah unter Hinweis darauf, daß in naher Zukunft nicht von einer Verschärfung des seit mehreren Jahren sehr schwachen Wettbewerbsdrucks durch die in den Nachbarländern ansässigen wichtigsten Konkurrenten auf den deutschen Markt auszugehen sei. Die Werke einiger dieser Hersteller, die sich Deutschland am nächsten befänden, lägen von der Mehrzahl der deutschen Abnehmer zu weit entfernt, als daß diese ständig von ihnen beziehen könnten [3]).

589. Bei der Beurteilung des Zusammenschlusses der Fried. Krupp Hüttenwerke AG mit der Stahlwerke Südwestfalen AG gemäß Artikel 66 § 2 MUV hob die EG-Kommission auf den Markt der Gemeinschaft ab. Zwar wurde festgestellt, daß die zusammengeschlossenen Unternehmen auf ihrem Hauptmarkt — dem der Bundesrepublik Deutschland — für einige Produkte über eine starke Marktstellung verfügten. Die Frage, ob der nationale Markt der Betrachtung zugrunde zu legen sei, wurde indessen unter Hinweis auf die beachtlichen Importanteile verneint. Der Anteil der Importe am deutschen Walzstahlmarkt betrug in den Jahren 1972 und 1973 ein Drittel bis ein Viertel [4]).

590. In einem Verfahren gemäß Art. 86 EWGV überprüfte die EG-Kommission die Marktposition der United Brands Company auf dem Bananenmarkt. Bei dem abgegrenzten geographischen Markt handelte es sich um einen mehrere nationale Märkte umfassenden Teilbereich der EG, der durch die Bundesrepublik, Dänemark, Irland, die Niederlande, Belgien und Luxemburg gebildet wurde. Für die Eingrenzung dieses räumlich relevanten Marktes war der Umstand wesentlich, daß die Importeure und Händler innerhalb des Teilbereiches der Gemeinschaft die Produkte ohne wirtschaftlich bedeutende Schranken vertreiben konnten. Die Ausgrenzung der Märkte Frankreichs, Italiens und des Vereinigten Königreichs erfolgte wegen der dort bestehenden Einfuhrregelungen, der besonderen Vermarktungsbedingungen und der verkauften unterschiedlichen Bananensorten [1]).

591. Die vorstehenden Untersuchungen zeigen, daß sowohl das Bundeskartellamt als auch die EG-Kommission bei der Ermittlung räumlich relevanter Märkte innerhalb des Geltungsbereichs des jeweiligen Rechts von ökonomischen Aspekten ausgehen. Für die Marktabgrenzung wurden folgende *Kriterien* herangezogen:

- Höhe der Importe und Exporte sowie deren Entwicklung im Zeitablauf,
- Transportkosten (Standortwahl),
- Präferenzen von Abnehmern (Versorgungssicherheit),
- Produktdifferenzierung

  sowie
- unterschiedliche Vermarktungsbedingungen.

2.2.2. Größere räumlich reale Märkte als der nationale Markt

592. Von einem grundsätzlichen wirtschaftstheoretischen Standpunkt aus gesehen gibt es keinen Grund, warum diejenigen Fälle, in denen intensive Wettbewerbsverflechtungen die nationalen Grenzen überschreiten, nicht analog zur vorstehend erörterten Fallgruppe behandelt werden sollten. In diesen Fällen, in denen die *nationalen Grenzen keine erheblichen Marktschranken* darstellen, ist der räumlich reale Markt größer als das Staatsgebiet. Bei der Beurteilung der Konzentration und der Wettbewerbsverhältnisse auf diesem weiteren Markt sind die Marktstellungen inländischer und ausländischer Anbieter unterschiedslos zu berücksichtigen. Das gleiche gilt im Falle der europäischen Wettbewerbspolitik analog für das Gebiet der Gemeinschaft.

593. Einer Anzahl von Entscheidungen der EG-Kommission sind Hinweise darauf zu entnehmen, daß bei der Anwendung der Artikel 85 und 86 EWGV auch räumlich relevante Märkte zugrunde gelegt werden, die über das Gebiet der Gemein-

---

[1]) Vgl. WuW/E BKartA 1669.

[2]) Vgl. WuW/E BGH 1655ff., hier 1658 „Zementmahlanlage II".

[3]) Vgl. WuW/E EV 353ff., hier 357 „Continental Can Company".

[4]) Vgl. WuW/E EV 604ff., hier 605 „Krupp Hüttenwerke — Stahlwerke Südwestfalen".

[1]) Vgl. Amtsblatt d. Europ. Gem., Nr. L 95, S. 1ff. vom 9. April 1976, hier S. 12.

schaft hinausgehen [1]). Von der Kommission in Brüssel ist dies gegenüber der Monopolkommission auch ausdrücklich bestätigt worden.

Die Anwendungspraxis der Vorschriften des GWB zeigt, daß das Bundeskartellamt in keinem Fall einen räumlich relevanten Markt zugrundegelegt hat, der den Geltungsbereich des Gesetzes überschritten hat.

594. Die *Aktendurchsicht beim Bundeskartellamt* hat ergeben, daß das Amt bei seinen Untersuchungen regelmäßig die Marktstellung der betreffenden Unternehmen auf dem Inlandsmarkt zugrundegelegt hat. Zur Berechnung der Marktanteile wird die Inlandsproduktion einzelner Anbieter nach Abzug ihrer Exporte auf die Inlandsverfügbarkeit bezogen. Die Inlandsverfügbarkeit errechnet sich aus der Inlandsproduktion des betreffenden Produktes insgesamt, abzüglich der Exporte und zuzüglich der Importe.

$$\text{Marktanteil des Unternehmens A} = \frac{\text{Produktion — Exporte des Unternehmens A}}{\text{Inlandsproduktion + Importe — Exporte insgesamt (Inlandsverfügbarkeit)}}$$

Die Inlandsverfügbarkeit wird auf der Grundlage von Jahresangaben ermittelt. Konzerninterne Lieferungen von oder an Auslandsunternehmen werden nicht berücksichtigt [2]).

595. Ein Vergleich der beiden Methoden bei der Berücksichtigung von Auslandskonkurrenz, nämlich

— der Zugrundelegung von *Marktabgrenzungen ohne Berücksichtigung nationaler Grenzen,* soweit dies ökonomisch geboten erscheint, und

— der Zugrundelegung nationaler Märkte unter *Berücksichtigung der Exporte und Importe*

führt zu unterschiedlichen Ergebnissen. Nur unter bestimmten Voraussetzungen führen beide Methoden zu den gleichen Konzentrationswerten.

596. *Zu gleichen Konzentrationswerten führen die beiden Methoden,* wenn die Marktanteile der konkurrierenden in- und ausländischen Unternehmen in den einzelnen geographischen Teilen des internationalen Marktes nicht variieren. In diesen Fällen ist die Höhe der Marktanteile aller inländischen Unternehmen unabhängig davon, ob die Marktabgrenzung den gesamten räumlich relevanten Markt umfaßt oder nur einen beliebigen Teil davon. Im letzteren Fall werden sich die Marktanteile der durch die Marktabgrenzung ausgeschlossenen Unternehmen als Importanteile darstellen.

In der Realität sind diese Bedingungen vor allem gegeben, wenn die Transportkosten für die betreffenden Produkte minimal sind und die Nachfragepräferenzen geographisch nicht differenziert sind.

597. *Zu ungleichen Konzentrationswerten führen die beiden Methoden* dagegen, wenn die Marktanteile der einzelnen Produkte geographische Schwerpunkte aufweisen. Dies wird vor allem der Fall sein, wenn die Nachfrage geographisch differenziert ist oder, bei unterschiedlichen Produktionsstandorten, die Transportkosten einen erheblichen Anteil der Gesamtkosten der Belieferung ausmachen.

Die Auswirkung einer ökonomisch willkürlichen Marktabgrenzung auf die Konzentrationswerte soll im folgenden an einem einfachen Modellbeispiel erläutert werden.

598. In dem *Modellbeispiel* wird angenommen, daß drei ähnliche Produkte (I, II, III) an drei verschiedenen Standorten (A, B, C) hergestellt und jeweils an allen drei Standorten abgesetzt werden. Infolge räumlicher Präferenzen und hoher Transportkosten sei jedoch der Marktanteil jedes Produktes an seinem Herstellungsort besonders groß (60 %), an den Herstellungsorten der Konkurrenzprodukte entsprechend geringer (jeweils 20 %).

Es ergeben sich daraus mithin folgende Marktanteile an den drei Stand- und Absatzorten:

A:	I 60 %;	II 20 %;	III 20 %
B:	I 20 %;	II 60 %;	III 20 %
C:	I 20 %;	II 20 %;	III 60 %

Im gesamten relevanten Markt betragen die Marktanteile der Produkte jeweils 33 1/3 %.

Nimmt man nun an, daß der räumlich reale, die Standorte A B C umfassende Markt durch eine nationale Grenze zwischen A und B einerseits und C andererseits getrennt wird, so ergeben sich für die nationalen Märkte folgende Marktanteile:

Nationaler Markt A B
I 40 %; II 40 %; III (Import) 20 %,

nationaler Markt C
III 60 %; I + II (Import) 40 %

599. Die Ableitungen aus dem zugrundegelegten einfachen Modellbeispiel zeigen, daß der Einwand betroffener Unternehmen, die Beschränkung von Untersuchungen auf den nationalen Markt führe zu *verzerrten Marktanteilsberechnungen,* nicht ohne weiteres von der Hand zu weisen ist. Er gilt andererseits aber nicht in jedem Fall. Verzerrungen sind

[1]) Zu erwähnen sind in diesem Zusammenhang Entscheidungen über Kartelle und Gemeinschaftsunternehmen. Insbesondere sei auf die beiden folgenden Kartellfälle verwiesen: „Transocean Marine Paint-Association" ABl. Nr. 163 v. 20. Juli 1967, S. 10 ff. und „Feinpapier" ABl. L 182 v. 10. August 1972, S. 24 ff. Von den Entscheidungen, die Gemeinschaftsunternehmen betrafen, seien die folgenden genannt: „Bayer/Gist" ABl. L 30 v. 5. Februar 1976, S. 13 ff.; „Vacuum Interrupters Ltd." ABl. L 48 v. 19. Dezember 1977, S. 2 ff.; „De Laval-Stork" ABl. L 215 v. 23. August 1977, S. 1 ff.; „General Electric Company Ltd. — Weir Group Ltd." ABl. L 327 v. 20. Dezember 1977, S. 26 ff.

[2]) Bei dem hier dargestellten Schema handelt es sich nur um einen ersten Untersuchungsschritt, der allenfalls zu dem Ergebnis führt, den betreffenden Zusammenschluß ohne weitere Prüfung unbeanstandet zu lassen. In Untersagungsfällen wurde die Entscheidung demgegenüber auf eine eingehendere qualitative Würdigung auch des Auslandswettbewerbs gestützt.

vielmehr nur unter bestimmten, allerdings nicht unrealistischen Bedingungen nachweisbar.

600. Die vorstehenden Überlegungen und das Modellbeispiel beziehen sich ausschließlich auf den effektiven Auslandswettbewerb, der durch tatsächliche Importe seinen Ausdruck findet. Von seiten betroffener Unternehmen wird darüber hinaus geltend gemacht, daß schon die Bereitschaft ausländischer Unternehmen, auf den inländischen Markt zu liefern, den Wettbewerb auf dem Inlandsmarkt beeinflusse, auch wenn noch kein Import tatsächlich stattfinde. Diese Form des *potentiellen Wettbewerbs* wird gesondert behandelt[1]).

2.2.3. Gründe des Bundeskartellamtes für die von ihm gewählte Marktabgrenzung

601. Vom Amt sind *mehrere Gründe* dafür genannt worden, daß das Territorium der Bundesrepublik als größter räumlich relevanter Markt in Betracht kommt:

— § 23 GWB bestimme, daß die Verpflichtung der Unternehmen zur Anzeige von Zusammenschlüssen besteht, wenn im „... genannten Geltungsbereich ..." des Gesetzes die aufgeführten Voraussetzungen erfüllt sind.

— Bei der Überprüfung der Vermutungskriterien in § 22 Abs. 3 GWB sei auf die Verhältnisse im nationalen Bereich abzuheben.

— Behördliche Maßnahmen könnten allein im nationalen Bereich durchgesetzt werden.

602. Diesen Erwägungen stehen *Hinweise des Gesetzgebers* darauf entgegen, daß die Wirkungen des Auslandswettbewerbs bei der Würdigung der Wettbewerbsverhältnisse auf dem deutschen Markt berücksichtigt werden sollen. So wird in der Begründung des Gesetzes zu § 24 bezüglich des Marktbegriffs zunächst auf die Erläuterungen zu § 22 verwiesen und danach ausgeführt:

> „Die Berücksichtigung der Substitutionskonkurrenz und der potentiellen Konkurrenz, insbesondere soweit sie vom Ausland her auf die Märkte innerhalb des Geltungsbereichs dieses Gesetzes einwirkt, ist im Rahmen der Zusammenschlußkontrolle besonders wichtig."[2])

In der Begründung zu den Vorschriften über die überragende Marktstellung in § 22 findet sich folgender Hinweis:

> „Für die Beurteilung der Marktstellung eines inländischen Unternehmens ist auch das ausländische Angebot oder die ausländische Nachfrage relevant, soweit sie auf dem inländischen Markt in Erscheinung tritt. In diesem Zusammenhang sind nicht nur die tatsächlichen Im- und Exporte, sondern auch bestehende Im- und Exportmöglichkeiten zu berücksichtigen. Es muß allerdings eine hohe Wahrscheinlichkeit bestehen, daß die potentiellen Wettbewerber zu aktuellen Wettbewerbern werden. Nur dann ist potentielle Konkurrenz geeignet, das Marktgeschehen innerhalb des Geltungsbereichs dieses Gesetzes zu beeinflussen."[1])

603. Demnach geht der Gesetzgeber davon aus, daß Auslandswettbewerb bei der Beurteilung der Marktstellung inländischer Unternehmen berücksichtigt werden soll, soweit Inlandswirkungen feststellbar sind. Er hat darüber hinaus zwischen aktuellem und potentiellem Auslandswettbewerb unterschieden und dem zuletzt genannten ein geringeres Gewicht beigemessen. Aus dem Gesetz wird indessen nicht unmittelbar ersichtlich, wie dem Auslandswettbewerb bei der Rechtsanwendung Rechnung getragen werden soll.

604. Ein weiteres Problem besteht darin, daß Wirkungen internationalen Wettbewerbs nicht nur bei der Beurteilung von Zusammenschlüssen gemäß § 24 Abs. 1 GWB, sondern auch bei der Würdigung nach § 24 Abs. 3 GWB zu berücksichtigen sind. Im Rahmen der Gemeinwohlentscheidung ist die Wettbewerbsfähigkeit der Unternehmen „... auf Märkten außerhalb des Geltungsbereichs dieses Gesetzes ..." in die Abwägung einzubeziehen. Dem Wortlaut der Vorschrift folgend, ist allein auf die Verhältnisse auf den Auslandsmärkten abzustellen. Demnach können das Volumen der Im- und Exporte sowie dessen Entwicklung im Zeitablauf bei der Anwendung der Vorschriften in § 22 und § 24 Abs. 1 GWB als Anzeichen für das Maß an Integration einzelstaatlicher Märkte und damit als Indizien für eine Abgrenzung räumlich relevanter Märkte verwendet werden, die größer sind als das Gebiet der Bundesrepublik.

2.3. Zum Problem der Erfassung potentiellen Wettbewerbs

605. *Von seiten der Wirtschaft* ist gegenüber der Monopolkommission wiederholt auf den erheblichen Wettbewerbsdruck hingewiesen worden, der auch von der potentiellen ausländischen Konkurrenz ausgehe. Bereits die Fähigkeit und die Bereitschaft ausländischer Großunternehmen, in den inländischen Markt zu liefern, führten zu einem spürbaren Preisdruck. Dazu sei es nicht erforderlich, daß der Import einen erheblichen Umfang erreicht habe. Die auf Marktanteilsberechnungen beruhenden Untersuchungen des Bundeskartellamtes könnten diese Wirkungen nicht hinreichend berücksichtigen.

606. Die Monopolkommission anerkennt demgegenüber, daß starke ausländische Unternehmen auch ohne erheblichen Marktanteil auf dem Inlandsmarkt dort *fühlbare Wettbewerbswirkungen* auslösen können. Insofern unterscheiden sie sich von inländischen Kleinunternehmen mit ähnlich geringen Marktanteilen. Ihr Einfluß beruht darauf, daß sie in der Regel fähig sind, relativ kurzfristig einen erheblichen Inlandsmarktanteil zu erobern. Insbe-

---

[1]) Vgl. Tz. 605ff.

[2]) Begründung zum Entwurf der Bundesregierung eines Zweiten Gesetzes zur Änderung des Gesetzes gegen Wettbewerbsbeschränkungen. In: WuW 1971, Seite 531 ff., hier Seite 558.

[1]) Vgl. ebenda, S. 552.

sondere verfügen sie über die notwendigen Produktionskapazitäten und das technische und wirtschaftliche Know-how. Diesbezüglich sind sie mit inländischen Großunternehmen vergleichbar, die ihren Tätigkeitsschwerpunkt auf technisch verwandten Gebieten haben und sich aus diesem Grunde relativ leicht Zugang zum Markt verschaffen können. In der Wettbewerbstheorie sind diese beiden Vorgänge unter der Bezeichnung Markterweiterung bzw. Produkterweiterung als die häufigsten Formen konglomeraten Wirtschaftswachstum bekannt.

607. Die *Wirkungen* potentieller Konkurrenz aus räumlich benachbarten oder aus technisch verwandten Märkten bestehen vor allem darin, daß die im Markt tätigen Unternehmen versuchen, durch ihr Verhalten einen Markteintritt der potentiellen Konkurrenten zu verhindern. Sie werden insbesondere vermeiden, durch überhöhte Preise neue Wettbewerber anzulocken. Insofern stellt potentielle Konkurrenz selbst bei hohen Konzentrationsgraden ein wirksames Hindernis gegen Ausbeutungsmißbrauch dar. Deshalb sind bei der Feststellung einer überragenden Marktstellung gemäß § 22 Abs. 1 Ziff. 2 GWB die Marktzutrittsmöglichkeiten potentieller Wettbewerber zu berücksichtigen.

608. Wie unter Zugrundelegung der Materialien zu § 22 und § 24 GWB erwähnt, ist es auch *wettbewerbsrechtlich erheblich,* ob eine hohe Wahrscheinlichkeit dafür vorliegt, daß Unternehmen staatliche Grenzen überspringen und in andere nationale Märkte eindringen. Den Wirkungen potentiellen Auslandswettbewerbs ist bisher bei der Anwendung des nationalen Rechts nicht ausreichend Rechnung getragen worden.

609. Für die *EG-Kommission* stellt die erkennbare Wahrscheinlichkeit, daß Unternehmen in anderen nationalen Märkten wirtschaftlich tätig werden, ein Element wettbewerbsrechtlicher Beurteilung dar. Für sie bereitet indessen der Nachweis solchen potentiellen Wettbewerbs Schwierigkeiten. Bei der Beurteilung seien sowohl Strukturaspekte als auch unternehmerische Verhaltensweisen in der Vergangenheit zu berücksichtigen. Administrative Handelshemmnisse und Sprachbarrieren könnten ebenso wie das Erfordernis des Aufbaues umfassender Vertriebs- und Servicenetze Gründe für die Begrenzung der Tätigkeitsgebiete von Unternehmen auf das Gebiet ihres jeweiligen Sitzstaates darstellen. Wichtiger für die Abschottung nationaler Märkte seien aber wettbewerbsbeschränkende Praktiken von Unternehmen [1]). Demgegenüber lägen die Voraussetzungen für die Berücksichtigung potentiellen Wettbewerbs vor, wenn die Zutrittsschranken gering seien und dem bisherigen Wettbewerbsverhalten von Auslandsunternehmen Hinweise auf einen bevorstehenden Markteintritt entnommen werden könnten. Hierbei komme es auf die Berücksichtigung von Indizien im Einzelfall an. Der Fortbestand erheblicher Preisunterschiede auf nationalen Märkten über längere Zeiträume sei beispielsweise als Hinweis darauf zu werten, daß mit dem Übergang von potentiellem in aktuellen Wettbewerb nicht zu rechnen sei.

[1]) Hinzuweisen ist in diesem Zusammenhang beispielsweise auf die zwischen maßgeblichen europäischen Aluminiumproduzenten vereinbarten Kartellabsprachen, die sich auf Hüttenaluminium bezogen, und deren Praktizierung durch die EG-Kommission aufgrund von Artikel 85 EWGV untersagt wurde. Vgl. ABl. v. 29. August 1975, Nr. L 228, S. 3ff.

2.4. Berücksichtigung potentieller Konkurrenz im U.S.-amerikanischen Recht

610. Für die Bemessung der Intensität potentiellen Wettbewerbs bilden Untersuchungen über die Höhe der bestehenden Marktzutrittsschranken den Ansatzpunkt. Probleme ihrer Erfassung sind vor allem bei der Anwendung der Antitrustgesetze in den USA und speziell bei der *Würdigung von Zusammenschlüssen gemäß Section 7 Clayton Act* diskutiert worden.

611. Die *zugrundeliegenden Fälle* bilden Konzentrationsvorgänge, in denen Unternehmen durch externes Wachstum in Märkte eindrangen, in denen sie bisher nicht tätig waren. Zu beurteilen war das Ausmaß der Verringerung potentiellen Wettbewerbs infolge von Zusammenschlüssen. Von diesen Vorgängen unterscheiden sich die hier zu betrachtenden Fälle insoweit, als beurteilt werden muß, ob durch den Zusammenschluß inländischer Anbieter eine marktbeherrschende Position erreicht oder verstärkt wird, oder ob dies wegen des Vorhandenseins potentiellen Auslandswettbewerbs nicht der Fall ist.

Abgesehen von diesen Unterschieden lassen sich jedoch aufgrund der Anwendungspraxis des in den USA geltenden Rechts Anhaltspunkte für die Ermittlung der Intensität potentiellen Wettbewerbs ableiten.

612. Bei der Beurteilung konglomerater Unternehmenszusammenschlüsse wird im amerikanischen Recht zwischen zwei *Wirkungen* unterschieden:

— Der Erwartung, daß das erwerbende Unternehmen ohne den Zusammenschluß auf andere Weise (durch internes Wachstum oder den Erwerb eines kleineren Unternehmens) in den Zielmarkt eingedrungen wäre und dort die Wettbewerbsverhältnisse verbessert hätte *(actual potential entrant theory).*

— Dem Wegfall eines potentiellen Wettbewerbers durch den Zusammenschluß, wobei allein der bisherigen Existenz des Konkurrenten am „Rande" des Marktes disziplinierende Wirkungen auf die im Markt befindlichen Unternehmen zugeschrieben werden. Diese ließen ihre Verhaltensspielräume (beispielsweise die bei ihnen bestehenden Preiserhöhungsspielräume) unausgeschöpft, um für den Markteintritt des potentiellen Wettbewerbers keine Anreize zu schaffen *(perceived potential entrant theory).*

613. In diesem Zusammenhang interessiert nur die zweite Doktrin. Den *Ausgangspunkt* für die Anerkennung der Theorie bilden Fälle, in denen konzentrierte Märkte vorliegen, die durch einen Mangel insbesondere an Preiswettbewerb gekennzeichnet sind.

614. Die kritische *Beurteilung eines Zusammenschlusses* unter Heranziehung der perceived potential entrant theory hängt u. a. davon ab, ob das erwerbende Unternehmen aus der Sicht der Unternehmen des Zielmarktes zuvor als potentieller Wettbewerber erkannt worden ist. In einigen Entscheidungen wurden zu diesem Zweck subjektive Aspekte herangezogen. Sie besitzen wenig Überzeugungskraft. In Zukunft wird voraussichtlich objektiven Beurteilungsgesichtspunkten größere Bedeutung beigemessen. Insoweit wird es darauf ankommen, ob Anreizfaktoren und Möglichkeiten für einen alternativen Marktzutritt vorhanden sind.

Auf *Anreize* für den Marktzutritt ist abgehoben worden, soweit sie in Besonderheiten

— des Zielmarktes (hohe Gewinne, Eindringen anderer potentieller Wettbewerber)

oder

— des angliedernden Unternehmens (Produktergänzung, Markterweiterung, Erstreckung vorhandener Technologien) zum Ausdruck kamen.

Daneben ist nach der *Fähigkeit des Unternehmens* gefragt worden, auf andere Weise als durch den Zusammenschluß in den Markt einzudringen. Um diese Möglichkeit abschätzen zu können, wurde eine Würdigung rechtlicher und tatsächlicher Marktzutrittsschranken erforderlich. Der zuletzt genannten Kategorie sind u. a. zugerechnet worden: Besondere technologische Voraussetzungen (scale economies, wenn sie den Zutritt erheblich beschränkten), Werbeaufwendungen und Kundentreue. Die Finanzkraft des erwerbenden Unternehmens spielte in diesem Zusammenhang eine ebenso wichtige Rolle.

615. In der amerikanischen Diskussion wird darauf hingewiesen, daß eine Untersagung von Zusammenschlüssen auf der Grundlage der Theorie nachhaltig erschwert würde, wenn der *Nachweis* erbracht werden müßte, daß die Unternehmen innerhalb des Zielmarktes auf die vorhandene Markteintrittsdrohung in besonderer Weise reagiert haben. Gegen das Erfordernis eines „market response" (zurückhaltende Preispolitik, angemessene Gewinne, besondere Anstrengungen hinsichtlich der Produktqualität, etc.) sind nicht nur konzeptionelle Gründe angeführt worden. Ergänzend wurde auf die Formulierungen der Vorschrift in Sec. 7 Clayton Act hingewiesen, die sich mit „probabilities" begnügt. Deshalb wird hinsichtlich der Marktreaktionen argumentiert, daß sie als mögliche, nicht aber als zwingend erforderliche Beweistatsachen anzusehen sind.

616. Die Erörterungen zeigen, daß es auch in den USA bisher nicht gelungen ist, die vielfältigen Aspekte, die der besseren Erfassung der Höhe von Marktschranken dienen, auf wenige sachadäquate Beurteilungskriterien zu verdichten. Trotz einiger Einschränkungen lassen die dort unternommenen Bemühungen jedoch erkennen, daß die *Bestimmung der Intensität potentiellen Wettbewerbs* im konkreten Fall möglich ist. Hierbei sind — wie bereits in anderem Zusammenhang erwähnt[1]) — zahlreiche Gesichtspunkte zu berücksichtigen.

2.5. Wettbewerbspolitische und wettbewerbsrechtliche Würdigung

617. Die *Monopolkommission* geht bei der folgenden Beurteilung davon aus, daß den Gesetzesmaterialien zu § 22 und § 24 GWB — wie dargelegt[2]) — das Erfordernis zu entnehmen ist, die Inlandswirkungen von Auslandswettbewerb bei der Ermittlung der Marktbeherrschung zu berücksichtigen.

Das *Bundeskartellamt* mißt einigen Problemen der Erfassung solcher Wettbewerbswirkungen Bedeutung bei[3]). Dies trifft für die Einbeziehung der Im- und Exporte in die Marktanteilsermittlung im Betrachtungszeitraum zu. Auf diese Weise werden die tatsächlichen Warenströme berücksichtigt. Weitgehend unbeachtet bleibt jedoch der potentielle Auslandswettbewerb, und zwar unabhängig vom Vorhandensein von Marktschranken.

618. Wie ausgeführt[4]), kommen für die *Erfassung der Wirkungen von Auslandswettbewerb* grundsätzlich zwei Möglichkeiten in Betracht:

— Die Einbeziehung durch eine Erweiterung der räumlichen Marktabgrenzung.

— Die Berücksichtigung bei der Prüfung der Wettbewerbsintensität.

2.5.1. Räumlich reale Marktabgrenzung als Ansatzpunkt

619. Aus *ökonomischer Sicht* sind Staatsgrenzen für die räumliche Abgrenzung der Märkte nur insoweit relevant, als sie zugleich wirtschaftliche Schranken darstellen. Eine wechselseitige Durchdringung der Absatzgebiete mehrerer Unternehmen zeigt an, daß die Anbieter im Wettbewerb stehen und auf demselben Markt tätig sind. Ebenso wie bei der Abgrenzung kleinerer Märkte bedarf es bei der Erfassung größerer Märkte, die über das Gebiet der Bundesrepublik hinausgehen, einer Gesamtwürdigung aller maßgeblichen Faktoren. Prinzipielle Unterschiede bestehen insoweit nicht.

620. Die *Anwendung geltenden Rechts führt zu Schwierigkeiten,* wenn der Auslandswettbewerb bei der räumlichen Abgrenzung relevanter Märkte berücksichtigt werden soll. Aus dem Gesetz folgt, daß den Vorschriften über die Fusionskontrolle (§§ 22 bis 24 GWB) eine einheitliche Marktabgrenzung zugrundeliegt, soweit es um die Prüfung der Frage geht, ob durch den Zusammenschluß eine Verschlechterung der Marktstruktur eintritt. Dies ergibt sich aus der wechselseitigen Ergänzung der einschlägigen Vorschriften:

— Die Fusionskontrolle erfaßt Zusammenschlüsse, durch die eine marktbeherrschende Stellung

---

[1]) Vgl. die vom Bundeskartellamt und der EG-Kommission verwendeten Maßstäbe Tz. 585ff., insb. Tz. 591.

[2]) Vgl. Tz. 602ff.

[3]) Vgl. hierzu Tz. 585 bis 587 und 593ff.

[4]) Vgl. Tz. 584.

entsteht oder verstärkt wird (§ 24 Abs. 1 GWB). Was unter dem Begriff Marktbeherrschung zu verstehen ist, kann dieser Vorschrift nicht entnommen werden. Zu einer Bestimmung muß auf die Definition des Gesetzgebers zum Marktbeherrschungsbegriff zurückgegriffen werden. Die maßgeblichen Kriterien enthalten die Vorschriften in § 22 Abs. 1 bis 3 GWB. Dem Wortlaut der Bestimmung entsprechend stellt die darin getroffene Regelung eine Definition „... im Sinne dieses Gesetzes ..." dar.

— Ebenso wie hinsichtlich der beiden vorstehend erwähnten Vorschriften ist bezüglich des Verhältnisses der Bestimmungen in den §§ 22 und 23 GWB davon auszugehen, daß ihnen eine einheitliche Abgrenzung des relevanten Marktes zugrundeliegt. Nur unter dieser Voraussetzung lassen sich die hierin enthaltenen Marktanteilskriterien aufeinander beziehen.

621. Neben dem Erfordernis, daß die Zusammenschlußkontrolle auf der Basis einer einheitlichen Marktstrukturbetrachtung zu erfolgen hat, läßt es der *Wortlaut des Gesetzes* nicht zu, hierbei von einem größeren Gebiet als dem der Bundesrepublik auszugehen:

— Eine solche Vorgehensweise würde schon wegen der Regelungen, die sich auf die *Anzeigepflicht* von Unternehmenszusammenschlüssen beziehen, auf Bedenken stoßen. Wie bereits erwähnt, muß ein Zusammenschluß angezeigt werden, wenn durch ihn ein Marktanteil von 20 % erreicht oder erhöht wird. Bei der Marktanteilsermittlung kann maximal von den Verhältnissen „... im Geltungsbereich dieses Gesetzes ..." ausgegangen werden (§ 23 Abs. 1 Nr. 1 GWB).

— Die Berücksichtigung eines größeren räumlich relevanten Marktes stößt auch wegen der Festlegung quantitativer Marktanteile in den Bestimmungen über die *Marktbeherrschungsvermutungen* auf Grenzen. Die Fixierung der Kriterien in § 22 Abs. 3 GWB ist ohne Annahmen über den zugrundezulegenden räumlichen Markt nicht verständlich.

— Schließlich ist auf die Einschränkungen hinzuweisen, die für *behördliche Ermittlungstätigkeiten im Ausland* bestehen[1]). Auch deshalb kann bei der Marktabgrenzung nicht über den Geltungsbereich des Gesetzes hinausgegangen werden. Nach Auffassung der Monopolkommission handelt es sich hierbei um den maßgeblichen der genannten Gesichtspunkte. Insbesondere aus diesem Grunde würde auch eine Novellierung des Gesetzes die aufgezeigten Probleme nicht lösen.

2.5.2. Einbeziehung von Auslandswettbewerb bei der Prüfung der Wettbewerbsintensität

622. Anders als bei der Analyse der Marktstruktur gelingt es bereits nach geltendem Recht, die Wirkungen von Auslandswettbewerb im Rahmen der nach § 22 GWB ergänzend durchzuführenden *Untersuchung der Wettbewerbsintensität* zu berücksichtigen. Auf diese Weise läßt sich auch die Forderung des Gesetzgebers erfüllen, aktuellem und potentiellem Auslandswettbewerb entsprechend seiner Bedeutung im konkreten Fall Rechnung zu tragen.

623. Das Erfordernis der Beachtung von Auslandswettbewerb ergibt sich auch aus einem anderen Grund. Die Fusionskontrolle bezieht sich — anders als die Mißbrauchsaufsicht — nicht nur auf die bestehenden Verhältnisse. Sie eröffnet vielmehr die Möglichkeit, *zukünftige Entwicklungen* in die Betrachtung einzubeziehen. Denkbar ist, daß nur potentielle Wettbewerber vorhanden sind, von denen jedoch wettbewerbsrelevante Wirkungen ausgehen. Dies kann davon abhängig sein, wie wahrscheinlich der Marktzutritt potentieller Konkurrenten ist und innerhalb welcher Zeiträume mit dem Markteintritt gerechnet werden kann. Solche Besonderheiten lassen sich sachgerecht nur bei der Prüfung der Wettbewerbsintensität berücksichtigen. Maßgeblich kommt es darauf an, ob Marktzutrittsschranken für ausländische Wettbewerber bestehen und welche Höhe sie erreichen.

624. Eine *Beurteilung der Intensität des Auslandswettbewerbs* ist nur im konkreten Fall möglich.

Die Darstellung von Einzelfällen aus unterschiedlichen Rechtsordnungen[1]) hat gezeigt, daß sich die Wettbewerbsintensität aufgrund einer Betrachtung der *Höhe von Marktschranken* würdigen läßt. Zahlreiche Gesichtspunkte kommen hierfür in Betracht. Bisher ist es jedoch nicht gelungen, aus der Vielzahl von Aspekten wenige Beurteilungskriterien abzuleiten. Ohne Anspruch auf Vollständigkeit sei auf folgende Faktoren hingewiesen:

— Höhe der Im- und Exporte sowie deren Entwicklung im Zeitablauf;
— Verteilung der Kapazitäten;
— Transportkosten;
— Homogenität oder Heterogenität der Erzeugnisse;
— langfristige Lieferverträge;
— Handels- und Serviceorganisationen;
— Präferenzen der Abnehmer;
— behördliche Handelshemmnisse;
— tarifäre Handelshemmnisse.

625. Liegen keine derartig begründeten Handelsschranken vor, so ist ergänzend zu untersuchen, ob *internationale Kartelle oder internationale Konzentration* zu gleichartigen Wirkungen führen.

Hinweise darauf, ob Staatsgrenzen als Marktgrenzen anzusehen sind, lassen sich auch durch eine Beobachtung der *Preise und Preisentwicklungen* für die in Frage stehenden Produkte in den einzelnen Ländern ermitteln. Parallele Preisentwicklungen können als Anzeichen dafür dienen, daß ein einheitlicher Markt vorliegt. Ergänzend sind die *Export- und Importanteile* an der Marktversorgung zu be-

[1]) Vgl. ergänzend die Ausführungen in Tz. 628 ff.

[1]) Vgl. ergänzend Tz. 585 ff. insbes. Tz. 591 sowie Tz. 610 bis 616.

trachten. Die Berücksichtigung der Angaben lediglich für ein Jahr wird hierbei regelmäßig nicht ausreichen. Vielmehr sind mehrere Perioden zu betrachten. Wie bei der Ermittlung von Marktanteilen unter Zugrundelegung kleinerer räumlich relevanter Märkte, müssen konzerninterne Lieferungen auch in diesem Zusammenhang außer Betracht bleiben.

626. Verfügt ein potenter Anbieter im benachbarten Ausland über erhebliche freie *Kapazitäten* für die Herstellung eines ähnlichen Produktes, dann können hiervon Wettbewerbswirkungen auf den Inlandsmarkt ausgehen, auch ohne daß tatsächlich Lieferungen erfolgen. Zweifel an dieser Einschätzung sind jedoch angebracht, wenn die Situation bereits seit längerer Zeit besteht, ohne daß es zu einem Übergang von potentiellem zu effektivem Wettbewerb gekommen ist. Ein solches Ausbleiben des Effektivwerdens von potentiellem Wettbewerb läßt vielmehr darauf schließen, daß Absprachen getroffen wurden, oder andere Hemmnisse wirksam sind.

Bei der Beurteilung von Zusammenschlüssen ist auch die zukünftige Entwicklung zu würdigen. Wegen des erforderlichen Strukturbezuges können *vorübergehende Wirkungen potentiellen Auslandswettbewerbs* nicht als beachtlich eingestuft werden.

627. Die Monopolkommission vertritt die Auffassung, daß im Rahmen der Fusionskontrolle der Auslandswettbewerb unter Zugrundelegung der vorstehend gegebenen Hinweise bei der Prüfung der Wettbewerbsintensität erfaßbar ist und gewürdigt werden sollte.

2.5.3. Grenzen der Sachverhaltsermittlung im Ausland

628. Schwierigkeiten können bei der Feststellung wettbewerbsrechtlich erheblicher Tatsachen auftreten, wenn sie im Ausland ermittelt werden müssen. Die Berücksichtigung solcher *Daten und Informationen* ist erforderlich, um die Höhe von Zutrittsbarrieren bestimmen und damit die Intensität potentiellen Auslandswettbewerbs würdigen zu können.

629. Die Schaffung dieser Voraussetzungen kann beispielsweise Schwierigkeiten bereiten, weil eine *europäische Konzentrationsstatistik* bisher nicht besteht. Zwar enthalten die seit 1972 jährlich von der EG-Kommission erstatteten Berichte über die Entwicklung der Wettbewerbspolitik jeweils ein Kapitel über „Die Entwicklung der Konzentration in der Gemeinschaft". Indessen ist es bei der statistischen Darstellung der Konzentration nicht möglich, auf Datenmaterial der Europäischen Amtsstatistik zurückzugreifen. Die bestehenden Lücken lassen sich auch durch die nationalen Statistiken der Mitgliedstaaten — sofern sie überhaupt geeignete Daten zur Messung der Unternehmenskonzentration erfassen — nicht schließen. Die Zusammenführung von Konzentrationsdaten aus nationalen Erhebungen ist erschwert oder unmöglich, weil Unterschiede in den Erhebungsmethoden sowie bei der Abgrenzung der Merkmale und der Berichtskreise vorhanden sind.

630. Soweit es nicht gelingt, die für die Beurteilung wesentlichen Informationen im Ausland zu gewinnen, fehlt die Voraussetzung für eine Berücksichtigung von Auslandswettbewerb bei der Beurteilung im konkreten Konzentrationsfall. Dies gilt für die Würdigung der Intensität von Auslandswettbewerb nach geltendem deutschen Recht und für eine noch zu schaffende europäische Fusionskontrolle, soweit bei ihr zur Bestimmung von Strukturveränderungen auf Größen Bezug genommen werden muß, die nach einheitlichen Methoden für den Gesamtbereich der Gemeinschaft ermittelt wurden. Die Monopolkommission unterstützt deshalb alle Bestrebungen, die auf eine Beseitigung methodischer Unterschiede der nationalen Statistiken und auf die *Schaffung einer europäischen Konzentrationsstatistik* gerichtet sind.

631. Zu beachten sind ferner die durch das *Territorialitätsprinzip* gesetzten Grenzen kartellbehördlicher Ermittlungstätigkeit im Ausland. Nachforschungsrechte i. S. d. § 46 GWB könnten infolge ihrer hoheitlichen Natur im Ausland nicht durchgesetzt werden. Das gilt nach herrschender Auffassung auch für nicht-hoheitliche Erkundigungen als Handlungen tatsächlicher Art ohne Zwangsausübung. Ausnahmen sind völkerrechtlich nur bei Gestattung des betreffenden Staates möglich, die im Einzelfall oder aufgrund eines multi- oder bilateralen Vertrages erfolgen kann. Die Monopolkommission empfiehlt der Bundesregierung, die Bestrebungen zum Abschluß von Rechtshilfeabkommen insbesondere auch für das kartellbehördliche Verwaltungsverfahren zu verstärken.

3. Probleme der europäischen Zusammenschlußkontrolle

3.1. Ansatzpunkte

632. Das *deutsche Wettbewerbsrecht* ist auf Unternehmenszusammenschlüsse mit Auslandsbezug nur anwendbar, wenn sie sich im Inland auswirken (§ 98 Abs. 2 GWB)[1]. Aber auch insoweit ergeben sich erhebliche *Schwierigkeiten.*

[1]) Der Gesetzgeber hat sich mit der Entscheidung für das „Wirkungsprinzip" gegen das im Regierungsentwurf vorgesehene „Standortprinzip" ausgesprochen. Gemäß dem Regierungsentwurf sollte das Gesetz anwendbar sein auf „... Unternehmen mit Sitz oder Geschäftsleitung im Ausland ...", soweit sich die Wirkungen ihrer Geschäftstätigkeit auf das Bundesgebiet erstrecken, insbesondere soweit sie im Bundesgebiet durch gesetzliche Vertreter, Bevollmächtigte oder Agenten am Markt innerhalb der Bundesrepublik beteiligt sind" (§ 73 Abs. 2 des Regierungsentwurfs). Entwurf eines Gesetzes gegen Wettbewerbsbeschränkungen, Deutscher Bundestag, 2. Wahlperiode 1953. Drucksache 1158, S. 17.
Der Wirtschaftspolitische Ausschuß gab der Norm die endgültige Fassung. Im Ausschußbericht wird auf das damit verfolgte Ziel hingewiesen: „Mit dieser sehr allgemeinen und weiteren Fassung ... will der Ausschuß erreichen, daß alle Wettbewerbsbeschränkungen, die sich im Inland auswirken, unter das Gesetz fallen, ohne daß es darauf ankommt, wo und von wem die Wettbewerbsbeschränkungen vereinbart oder veranlaßt wurden." Schriftlicher Bericht des Ausschusses für Wirtschaftspolitik (21. Ausschuß) über den Entwurf eines Gesetzes gegen Wettbewerbsbeschränkungen. Deutscher Bundestag, 2. Wahlperiode 1953. Zu Drucksache 3644. S. 40.

Am ehesten wird eine Erfassung von Sachverhalten gelingen, in denen sich

— ausländische Tochterunternehmen inländischer Muttergesellschaften untereinander oder
— eine ausländische Tochtergesellschaft einer inländischen Muttergesellschaft mit einem Auslandsunternehmen

zusammenschließen. Dies gilt, weil Anordnungen des Bundeskartellamtes gegenüber inländischen Muttergesellschaften durchgesetzt werden können, die auf die Zusammenschlußaktivitäten der von ihnen abhängigen Tochterunternehmen Einfluß nehmen können.

633. Größere Probleme werden regelmäßig entstehen, falls die am Auslandszusammenschluß beteiligten Unternehmen im Geltungsbereich des GWB nur mit jeweils einer Tochtergesellschaft vertreten sind, oder gar nur ein Zusammenschlußpartner über eine inländische Tochtergesellschaft verfügt. Die nachhaltigsten Schwierigkeiten werden sich bei der Erfassung von Auslandszusammenschlüssen ergeben, wenn die beteiligten Unternehmen ihre Produkte in der Bundesrepublik nur durch inländische Importeure absetzen. Bei den zuletzt angeführten Sachverhaltsgruppen ist insbesondere zu berücksichtigen, daß auch die Durchsetzung von Entscheidungen auf der Grundlage des deutschen Rechts als Folge des Territorialitätsprinzips auf Grenzen stößt.

634. Probleme bezüglich der nationalen Fusionskontrolle ergeben sich also bei Zusammenschlüssen, soweit die beteiligten Auslandsunternehmen

— auf dem Inlandsmarkt mit deutschen Unternehmen konkurrieren und der Inlandsabsatz durch Tochtergesellschaften, insbesondere aber, wenn er durch Einschaltung deutscher Handelsunternehmen erfolgt,
— auf Auslandsmärkten mit deutschen Unternehmen konkurrieren.

Wettbewerbsbezüge erlangen solche Zusammenschlüsse, wenn auf diese Weise technische scale economies der Betriebsgröße oder multiplant economies der Unternehmensgröße erzielt werden. Wettbewerbswirkungen sind aber auch zu verzeichnen, soweit derartige Konzentrationsvorgänge zur Erlangung von Marktmacht führen, die auf Beschaffungsmärkten zur Durchsetzung von Preisvorteilen genutzt wird, oder auf Absatzmärkten die Voraussetzung für mißbräuchliche Verhaltensweisen schafft.

635. Zwar ist die Konzentration auf Auslandsmärkten bei der Beurteilung inländischer Zusammenschlüsse nach § 24 Abs. 3 GWB zu berücksichtigen. Im Rahmen der *Gemeinwohlentscheidung* soll „... die Wettbewerbsfähigkeit der beteiligten Unternehmen auf Märkten außerhalb des Geltungsbereiches dieses Gesetzes ..." in die Abwägung einbezogen werden. Wie die Ausführungen im 2. Abschnitt dieses Kapitels jedoch gezeigt haben, bereitet die Erfassung der Inlandswirkungen von Auslandswettbewerb und insbesondere von potentieller Auslandskonkurrenz rechtliche Schwierigkeiten [1]). Dies gilt, obwohl die Integration der Märkte, jedenfalls innerhalb der Europäischen Gemeinschaft, tendenziell zunimmt. Durch die Einführung einer europäischen Zusammenschlußkontrolle könnte den aufgezeigten Schwierigkeiten Rechnung getragen werden. Dabei wären u. a. Probleme der Abgrenzung räumlich relevanter Märkte lösbar. Die Monopolkommission spricht sich auch aus diesem Grunde für die baldige Einführung einer europäischen Fusionskontrolle aus.

636. Als möglicher *Ansatzpunkt für eine europäische Zusammenschlußkontrolle* ist ergänzend auf die Vorschriften in Artikel 66 MUV hinzuweisen. Anfang der 50er Jahre wurde mit diesen Bestimmungen die erste Zusammenschlußkontrolle in Europa geschaffen, bei der es sich zudem nicht um eine einzelstaatliche, sondern um eine europäische Regelung handelte. Zwischenzeitlich liegen umfangreiche Erfahrungen vor, die bei ihrer Anwendung gesammelt wurden. Zwar begegnet eine Erweiterung des Anwendungsbereichs der Vorschriften mit dem Ziel, sie als generell geltende europäische Fusionskontrolle zu verwenden, insofern Bedenken, als sie konzeptionell auf die Besonderheiten des Montanmarktes zugeschnitten sind. Auch wenn die Bestimmungen aus diesem Grunde nicht als allgemeiner Anknüpfungspunkt in Betracht kommen, stellen sie gleichwohl ein Beispiel für eine funktionsfähige europäische Fusionskontrolle dar.

3.2. Bisherige Ansätze nach dem EWG-Vertrag

637. Grundlage für die Diskussion über die Einführung einer europäischen Zusammenschlußkontrolle bilden die Vorschriften in *Artikel 86 EWGV*. Hierbei handelt es sich um Bestimmungen, die die Mißbrauchsaufsicht über marktbeherrschende Unternehmen regeln. Gemäß Art. 86 EWGV sind mit dem Gemeinsamen Markt unvereinbar und verboten „... die mißbräuchliche Ausnutzung einer marktbeherrschenden Stellung auf dem Gemeinsamen Markt oder auf einem wesentlichen Teil desselben durch ein oder mehrere Unternehmen, soweit dies dazu führen kann, den Handel zwischen Mitgliedstaaten zu beeinträchtigen".

638. Die EG-Kommission hat dieser Vorschrift entnommen, daß auch Unternehmenszusammenschlüsse eine mißbräuchliche Ausnutzung beherrschender Stellungen auf dem Gemeinsamen Markt darstellen können. Als einen solchen Mißbrauch sah sie die Monopolisierung eines Marktes durch einen Unternehmenszusammenschluß an. Im Falle *„Continental Can"* untersagte sie den Zusammenschluß zwischen dem von diesem Unternehmen mit Hilfe der Holding-Gesellschaft Europemballage kontrollierten deutschen Gesellschaft Schmalbach-Lubeca Werke AG mit der niederländischen Thomassen und Drijver-Verblifa N. V. [2]).

---

[1]) Vgl. Tz. 601 ff.

[2]) Vgl. WuW/E EV 353 ff. „Continental Can Company".

639. Der *Europäische Gerichtshof* hob die Entscheidung der Kommission in dem anschließenden Verfahren zwar auf, weil die Kommission von einer unzureichenden Marktabgrenzung und Einbeziehung des Substitutionswettbewerbs ausgegangen war [1]), er bestätigte und präzisierte indessen die Auffassung der Kommission bezüglich der Erfassung von Unternehmenszusammenschlüssen mit Hilfe der Mißbrauchsaufsicht in Artikel 86 EWGV. Zurückgewiesen wurden insbesondere die von den beteiligten Unternehmen vorgetragenen Erwägungen, daß die Mißbrauchsaufsicht

- lediglich ein Instrument der behördlichen Kontrolle unternehmerischen Marktverhaltens zum Schutz der Verbraucher darstelle,
- nicht auf die Veränderung von Marktstrukturen anwendbar sei.

640. Das Gericht hat hierzu ausgeführt, daß zu prüfen sei, ob in Artikel 86 mit dem Ausdruck „mißbräuchliche Ausnutzung" nur solche Verhaltensweisen von Unternehmen gemeint seien, die sich unmittelbar auf den Markt auswirken könnten und nachteilig für Erzeugung oder Absatz, Abnehmer oder Verbraucher seien, oder ob er sich auch auf Veränderungen der *Struktur* eines Unternehmens beziehe, die zu schweren Beeinträchtigungen des Wettbewerbs auf einem wesentlichen Teil des Gemeinsamen Marktes führe. Diese Frage wurde vom Gericht bejaht. Bezüglich des Zusammenhangs zwischen der beherrschenden Stellung und der mißbräuchlichen Ausnutzung wird ausgeführt, daß zwischen ihr und dem Verhalten kein ursächlicher Zusammenhang bestehen muß. Auch die Verstärkung der Stellung eines Unternehmens könne mißbräuchlich und damit nach Artikel 86 verboten sein. Dies gelte unabhängig davon, mit welchen Mitteln sie erreicht worden sei. Maßgeblich komme es allein auf die hervorgerufenen Wirkungen an.

641. Das Urteil enthält zudem Hinweise darauf, daß Zusammenschlüsse von Unternehmen gemäß Artikel 86 verboten sein können, wenn die *beherrschende Stellung erst durch den Zusammenschluß herbeigeführt wird.* Diesbezüglich hat das Gericht ausgeführt, daß Voraussetzung für die Anwendbarkeit der Vorschrift nicht die Ausschaltung jeglichen Wettbewerbs sein muß. Vielmehr reiche es aus, wenn durch die EG-Kommission nachgewiesen werde, daß der Wettbewerb durch den Zusammenschluß so wesentlich beeinträchtigt werde, daß die verbleibenden Wettbewerber kein ausreichendes Gegengewicht mehr bilden könnten.

642. Die von „Continental Can" erreichten Marktanteile waren auf einzelnen Märkten sehr hoch. Unter ökonomischen Gesichtspunkten handelte es sich daher bei dem der Entscheidung zugrundeliegenden Sachverhalt um einen *Extremfall.* Zwar sind seither eine Reihe von Zusammenschlüssen durch die EG-Kommission überprüft worden. Zu Untersagungen ist es jedoch nicht gekommen. Die wirtschaftlichen Wirkungen der Entscheidung dürfen deshalb nicht überschätzt werden. Von besonderer Bedeutung ist der „Continental-Can-Fall" jedoch für die Fortentwicklung des europäischen Wettbewerbsrechts und vor allem als Ansatzpunkt für die Schaffung einer europäischen Zusammenschlußkontrolle.

[1]) Vgl. hierzu und zum folgenden WuW/E EWG/MUV 296 ff. („Europemballage").

3.3. Wesentlicher Inhalt der von der EG-Kommission vorgeschlagenen Verordnung über die Kontrolle von Unternehmenszusammenschlüssen

643. Ausgehend vom Urteil des Europäischen Gerichtshofes im Falle „Continental Can" hat die EG-Kommission eine Verordnung erarbeitet, die sich auf die Kontrolle von Unternehmenszusammenschlüssen bezieht. Hierbei stützt sie sich insbesondere auf Artikel 87 EWGV, der die Verpflichtung zu einer weiteren Konkretisierung der Vorschriften in Artikel 85 und 86 enthält, sowie auf Artikel 235 EWGV, der die Möglichkeit zum Erlaß weiterer Vorschriften eröffnet, die einer Verwirklichung der Ziele des Gemeinsamen Marktes dienen. Der wesentliche *Inhalt des Entwurfs der Verordnung* läßt sich wie folgt zusammenfassen [1]):

- Ein unmittelbarer oder mittelbarer Zusammenschluß zwischen Unternehmen, durch den diese die Möglichkeit erlangen oder verstärken, wirksamen Wettbewerb auf dem Gemeinsamen Markt oder einem wesentlichen Teil desselben zu verhindern, ist mit dem Gemeinsamen Markt unvereinbar (Artikel 1 Abs. 1 VO-Vorschlag).
- Unter die Fusionskontrolle fallen Zusammenschlüsse, soweit an ihnen wenigstens ein Unternehmen mit Sitz innerhalb des Gemeinsamen Marktes beteiligt ist und die Zusammenschlüsse dazu führen können, den Handel zwischen den Mitgliedstaaten zu beeinträchtigen (Artikel 1 Abs. 1 VO-Vorschlag).
- Von der Zusammenschlußkontrolle sollen Zusammenschlüsse ausgenommen werden, wenn der Gesamtumsatz der am Zusammenschluß beteiligten Unternehmen weniger als 200 Millionen Rechnungseinheiten ausmacht und darüber hinaus einen Marktanteil von 25 % in keinem der Mitgliedstaaten überschritten wird (Artikel 1 Abs. 2 VO-Vorschlag) [2]).
- Ausnahmen vom Fusionsverbot sind vorgesehen, soweit die Konzentrationsvorgänge zugleich für die Verwirklichung eines im allgemeinen Interesse der Gemeinschaft liegenden vorrangigen Zieles unerläßlich sind (Artikel 1 Abs. 3 VO-Vorschlag). Auf diese Weise soll bestimmten Erfordernissen der Industrie-, Technologie-, Sozial- und Regionalpolitik der Gemeinschaft Rechnung getragen werden.

[1]) Der vollständige Text der Verordnung ist im Anhang unter C. 1 abgedruckt.

[2]) Eine grundsätzliche Übereinstimmung besteht hinsichtlich der kumulativen Verwendung von Kriterien des Gesamtumsatzes und des Marktanteils zur Bestimmung des Anwendungsbereichs der Zusammenschlußkontrolle. Keine einheitliche Meinung hat sich indessen bisher bezüglich der Höhe der numerischen Größen gebildet.

— Eine vorherige Anmeldepflicht soll Unternehmenszusammenschlüsse betreffen, soweit die an dem Zusammenschluß beteiligten Unternehmen einen Gesamtumsatz von 1 Mrd. Rechnungseinheiten erzielen (Artikel 4 Abs. 1 VO-Vorschlag). Auf die Anmeldung folgt eine Frist von drei Monaten, innerhalb der die Kommission ein Verfahren einleiten kann (Artikel 6 VO-Vorschlag). Innerhalb dieses Zeitraumes darf der Zusammenschluß nicht vollzogen werden (Artikel 7 VO-Vorschlag). Wird ein Verfahren eingeleitet, so muß es innerhalb einer weiteren Frist von neun Monaten durch eine Entscheidung abgeschlossen werden (Artikel 17 VO-Vorschlag).
— Keine Anmeldepflicht soll für solche Unternehmenszusammenschlüsse bestehen, bei denen der Umsatz des erworbenen Unternehmens unter 30 Millionen Rechnungseinheiten liegt (Artikel 4 Abs. 2 VO-Vorschlag).
— Anstelle des Umsatzkriteriums wurde für Banken und Finanzierungsinstitute die Bilanzsumme sowie für Versicherungen die Summe der vereinnahmten Prämien als Kriterium gewählt (Artikel 5 Abs. 2 VO-Vorschlag)[1].
— Die übrigen Teile des Verordnungsentwurfs enthalten verfahrensrechtliche Bestimmungen.

3.4. Stand der Beratungen der Fusionskontroll-Verordnung

644. Die *EG-Kommission* hat den Entwurf der Verordnung dem Rat der EG mit Schreiben vom 20. Juli 1973 zugeleitet[2]. Vor der Zuleitung an den Rat hat die Kommission die Stellungnahmen von Verbänden der gewerblichen Wirtschaft, der Gewerkschaften und der Verbraucher auf europäischer Ebene eingeholt[3].

645. Dem Verordnungsentwurf stimmten das *Europäische Parlament* sowie der *Wirtschafts- und Sozialausschuß*, deren Stellungnahmen vom Rat eingeholt wurden, jeweils mit großer Mehrheit am 12. Februar bzw. 28. Februar 1974 zu[4]. Im Rahmen dieser Aussprachen wurden Änderungsvorschläge unterbreitet, denen die Kommission in den folgenden drei Punkten zustimmte:

1. Berücksichtigung der Wettbewerbslage auf dem Weltmarkt bei der Beurteilung von Unternehmenszusammenschlüssen;
2. Erstreckung der Fusionskontrollvorschriften auf Tatbestände der Gründung von Gemeinschaftsunternehmen

   sowie schließlich
3. Heraufsetzung der Schwelle für die Meldung von Unternehmenszusammenschlüssen, soweit sie Handelsunternehmen betreffen, von 1 Mrd. auf 1,25 Mrd. Rechnungseinheiten.

[1]) Keine einheitliche Meinung herrscht bezüglich der Einführung von Bereichsausnahmen für Banken, Versicherungen und öffentliche Unternehmen.
[2]) Vgl. Dritter Bericht über die Wettbewerbspolitik. Brüssel, Luxemburg 1974, S. 33.
[3]) Vgl. Dritter Bericht . . ., a. a. O., S. 40.
[4]) Vgl. Vierter Bericht über die Wettbewerbspolitik. Brüssel, Luxemburg 1975, S. 20 f.

646. Im Unterschied zu der zügigen Behandlung des Verordnungsvorschlages der Kommission durch die erwähnten Institutionen hat der *Ministerrat der EG* den Entwurf bisher nicht ausführlich diskutiert. Dies gilt, obwohl der Rat in seiner Tagung am 17. und 18. Dezember 1973 einen Zeitplan für die Durchführung des ersten Abschnitts des Aktionsprogramms für eine Industriepolitik angenommen hatte, demzufolge der Rat bis zum 1. Januar 1975 über den Vorschlag einer Verordnung über die Kontrolle von Unternehmenszusammenschlüssen entscheiden wollte[1]).

647. Eine erste Aussprache über den Verordnungsentwurf erfolgte am 14. Juni und 25. Juli 1974 in der *für Wirtschaftsfragen zuständigen Gruppe des Ministerrats.* Erörtert wurde insbesondere der Zusammenhang zwischen der nationalen Industrie-, Sozial- und Regionalpolitik und etwaigen Entscheidungen, die auf Gemeinschaftsebene bezüglich der Unternehmenskonzentration getroffen werden könnten. Eine für das Jahresende 1974 anberaumte Sitzung zur Diskussion des Verordnungs-Entwurfs wurde abgesagt[2]).

Im Jahre 1975 befaßte sich die Gruppe „Wirtschaftsfragen" des Rates im Verlauf von vier Sitzungen mit dem Verordnungs-Vorschlag. Indessen kamen die Beratungen nur schleppend voran, was im wesentlichen auf die Ungewißheit über den Ausgang des Referendums zurückzuführen war, das Anfang Juni im Vereinigten Königreich stattfand. Die EG-Kommission wandte sich deshalb im Juli 1975 mit der Bitte an den Rat, dem Verordnungs-Vorschlag von nun an Priorität im Rahmen seiner politischen Arbeit zu geben[3]).

648. Im Jahre 1976 trat die Arbeitsgruppe für Wirtschaftsfragen des Ministerrats nur einmal zusammen, um über die Vorlage zu beraten. Die Arbeitsgruppe hat dem Ausschuß der ständigen Vertreter des Ministerrates[4]) einen vorläufigen Bericht über Grundsatzfragen vorgelegt, über die vor weiteren Erörterungen des Verordnungsentwurfs entschieden werden sollte. Bei den zu behandelnden grundsätzlichen Problemen handelte es sich um:

— Rechtsgrundlage für die Einführung einer präventiven Kontrolle von Zusammenschlüssen;
— Anwendungsbereich der geplanten Verordnung;
— Verbotsausnahmen;
— Anmeldung der Zusammenschlüsse
  und
— Entscheidungsbefugnisse.

[1]) Vgl. Dritter Bericht . . ., a. a. O., S. 40.
[2]) Vgl. Vierter Bericht . . ., a. a. O., S. 21. Der Arbeitsgruppe „Wirtschaftsfragen" gehören Beamte aus den Ministerien der einzelnen Mitgliedstaaten an.
[3]) Vgl. Fünfter Bericht über die Wettbewerbspolitik. Brüssel, Luxemburg 1976, S. 15.
[4]) Der Ausschuß der ständigen Vertreter des Ministerrats wird durch die Botschafter der einzelnen EG-Staaten gebildet.

Der Ausschuß der ständigen Vertreter des Ministerrats hat sich im Jahre 1976 nicht mehr zu den Fragen geäußert [1]).

649. Im Jahre 1977 hat der Ausschuß der ständigen Vertreter des Rates den die fünf Grundsatzfragen enthaltenden Zwischenbericht der Gruppe für Wirtschaftsfragen auf seinen Tagungen am 17. März, 11. Mai, 19. Oktober und 25. November erörtert. Gewisse Annäherungen der Standpunkte in den Fragen der Ausnahmeregelung und der Anmeldung wurden anläßlich der Aussprache festgestellt. Die genannten fünf Hauptprobleme bleiben weiterhin auf der Tagesordnung des Ausschusses [2]).

Im jüngsten EG-Bericht wird vermerkt, daß die Erörterungen über den Verordnungsentwurf in der Gruppe für Wirtschaftsfragen des Rates fortgesetzt wurden. Nennenswerte Fortschritte seien in bezug auf die Grundsatzfragen nicht erzielt worden. Ebenso wie das Europäische Parlament bringt die EG-Kommission ihre Besorgnis bezüglich dieser Situation zum Ausdruck [3]).

650. Sowohl die Tatsache, daß politische Leitlinien für einen Entwurf und nicht der vorliegende Entwurf selbst den Gegenstand der Erörterung bilden, als auch die politische Ebene, auf der die Diskussion geführt wird, lassen erkennen, daß die Einführung einer europäischen *Fusionskontrolle bisher nicht als vordringliche Aufgabe angesehen* wird.

3.5. Vorbehalte von Mitgliedstaaten gegen die Einführung einer europäischen Zusammenschlußkontrolle

651. Gegen die Einführung einer EG-Fusionskontrolle werden von den Regierungen einzelner Mitgliedstaaten *unterschiedliche Einwände* erhoben. Als zentrale Punkte erweisen sich insoweit Fragen nach

— der sich aus dem EG-Vertrag ergebenden Rechtsgrundlage für die Einführung einer präventiven Kontrolle von Unternehmenszusammenschlüssen,

— einem im Verhältnis zu anderen Mitgliedstaaten unzureichenden Maß an Unternehmenskonzentration in einem Mitgliedstaat sowie

— den Kompetenzen von Organen der Gemeinschaft in ihrem Verhältnis zueinander und zu Organen der Mitgliedstaaten in bezug auf das Entscheidungsverfahren.

652. Anläßlich der Beratungen über den Verordnungsvorschlag sind von einer Regierungsdelegation Zweifel daran geäußert worden, ob die Artikel 87 und 235 des EWGV eine ausreichende Grundlage für die Einführung einer präventiven Kontrolle von Zusammenschlüssen darstellen. Abweichend von der EG-Kommission wird die Meinung vertreten, daß eine vorbeugende Fusionskontrolle als Änderung des EG-Vertrages im Sinne von Artikel 236 anzusehen sei. Hiervon ausgehend wäre eine andere *verfahrensrechtliche Vorgehensweise* der EG-Kommission erforderlich gewesen. Insbesondere hätte dies zur Folge, daß Vertragsänderungen erst in Kraft treten könnten, nachdem sie zuvor von allen Mitgliedstaaten gemäß ihren verfassungsrechtlichen Vorschriften ratifiziert worden wären (Artikel 236 Abs. 3).

Demgegenüber hat sich die EG-Kommission auf den Standpunkt gestellt, daß es sich bei der Einführung einer präventiven Kontrolle von Zusammenschlüssen um den Erlaß einer *Verordnung im Sinne von Artikel 87 EWGV* handelt, die der Verwirklichung der in den Artikeln 85 und 86 niedergelegten Grundsätze dient. Die Verordnung sei erforderlich, um im Rahmen des Gemeinsamen Marktes ein Ziel der Gemeinschaft zu verwirklichen (Artikel 235 EWGV). Der Juristische Dienst des Rates der EG hat sich diesem Standpunkt angeschlossen.

653. Die schleppende Behandlung des Verordnungsvorschlages wird noch auf einen weiteren Vorbehalt der Vertreter desselben Mitgliedstaates zurückgeführt. Sie tragen vor, daß in ihrem Land im Vergleich zu den übrigen Staaten der Gemeinschaft ein erheblicher *Nachholbedarf an Konzentration* vorhanden sei. Aus diesem Grunde würde ihr Land benachteiligt, wenn eine europäische Zusammenschlußkontrolle zum gegenwärtigen Zeitpunkt eingeführt würde. Es sei vielmehr erforderlich, die Konzentration in den anderen Mitgliedsländern vor der Schaffung einer EG-Fusionskontrolle auf das Maß an Konzentration in diesem Lande zurückzuführen oder so lange mit dem Erlaß der Verordnung zu warten, bis die Wirtschaft des Landes das Konzentrationsniveau in den übrigen Ländern erreicht habe.

Der Hinweis, daß in einem Mitgliedstaat ein Nachholbedarf an Konzentration besteht, kann nach Auffassung der Monopolkommission in dieser allgemeinen Form nicht überzeugen. Die internationale Wettbewerbsfähigkeit von sich zusammenschließenden Unternehmen läßt sich im Einzelfall im Rahmen der Fusionskontrolle, wie sie der Verordnungsvorschlag der EG vorsieht, berücksichtigen.

654. Gemäß Artikel 3 des Verordnungsvorschlages soll die EG-Kommission in erster Instanz darüber entscheiden, ob ein Zusammenschluß mit dem Gemeinsamen Markt vereinbar oder unvereinbar ist. Diese Entscheidungen sollen in zweiter Instanz durch den Europäischen Gerichtshof überprüft werden können. Was die Beziehungen zu den nationalen Behörden anbelangt, ist gemäß Artikel 19 vorgesehen, daß vor jeder Entscheidung nach Artikel 3 eine Anhörung des Beratenden Ausschusses für Kartell- und Monopolfragen durchgeführt wird.

Gegen dieses im Verordnungsvorschlag vorstrukturierte *Entscheidungsverfahren* sind Einwände erhoben worden. Die überwiegende Zahl der Delegationen hat sich für eine stärkere Einbeziehung der Mitgliedstaaten in das Verfahren ausgesprochen. In die-

[1]) Vgl. Sechster Bericht über die Wettbewerbspolitik. Brüssel, Luxemburg 1977, S. 22.

[2]) Vgl. Siebenter Bericht über die Wettbewerbspolitik. Brüssel, Luxemburg 1978, S. 65.

[3]) Vgl. Achter Bericht über die Wettbewerbspolitik. Brüssel, Luxemburg 1979, S. 20.

sem Zusammenhang wurde erwogen, den Bedenken dadurch Rechnung zu tragen, daß der Rat eingeschaltet wird, wenn sich Meinungsunterschiede zwischen der Kommission und dem Beratenden Ausschuß nicht ausräumen lassen.

3.6. Zum Verhältnis der nationalen zu einer europäischen Fusionskontrolle

655. Die angeführten Meinungsunterschiede bezüglich des Entscheidungsverfahrens spiegeln zugleich sachlich unterschiedliche Standpunkte wider. Vorbehalte bestehen bei einzelnen Regierungen hinsichtlich der Einräumung eines generellen *Vorrangs der europäischen Zusammenschlußkontrolle* vor der nationalen Struktur- und Industriepolitik bzw. der einzelstaatlichen Wettbewerbspolitik.

656. Von einigen Delegationen ist darauf hingewiesen worden, daß sie einer europäischen Fusionskontrolle nur zustimmen könnten, wenn ihre nationalen Interessen, die aus *industrie- und strukturpolitischen Zielsetzungen* resultierten, auch in Zukunft durchsetzbar seien.

Von seiten der deutschen Delegation ist hervorgehoben worden, es sei unzweckmäßig, eine Zusammenschlußkontrolle einzuführen, bei der nicht deutlich sei, daß wettbewerbspolitischen und ordnungspolitischen Zielen Priorität zuerkannt werde. Es wird die Befürchtung ausgesprochen, daß die europäische Fusionskontrolle als Mittel zur Erreichung nationaler struktur- und industriepolitischer Zwecke umgestaltet werden könne. Außerdem wurde unter Bezugnahme auf das *Verhältnis einer europäischen zur deutschen Zusammenschlußkontrolle* darauf hingewiesen, daß sich bei einer großzügigen Handhabung der europäischen Fusionskontrolle eine strenge nationale Fusionskontrolle nicht durchführen lasse. Wenn auf europäischer Ebene bedeutende Konzentrationsvorgänge ständig nicht untersagt würden, dann verliere eine nationale Fusionskontrolle, die Zusammenschlüsse kleinerer Unternehmen untersage, an Überzeugungskraft.

657. Nach Auffassung der Monopolkommission sollte eine europäische Fusionskontrolle Konzentrationsvorgänge erfassen, die geeignet sind, die *Funktionsfähigkeit des Wettbewerbs im Gemeinsamen Markt* zu beeinträchtigen. Die Einräumung eines Vorrangs für Maßnahmen der nationalen Industriepolitik kommt nicht in Betracht. Ausnahmen vom Zusammenschlußverbot sollten in der europäischen Fusionskontrollverordnung nach einheitlichen Gesichtspunkten geregelt werden. Sie sollten nur für Konzentrationsvorgänge eingeführt werden, deren Durchführung unerläßlich ist, um ein im allgemeinen Interesse der Gemeinschaft liegendes vorrangiges Ziel zu verwirklichen, wie dies in Artikel 1 Abs. 3 des VO-Vorschlags vorgesehen ist.

658. Zwischen europäischem und nationalem Recht können Konflikte entstehen, wenn die Prüfung im konkreten Fall zu unterschiedlichen Ergebnissen führt. Dieses Problem der *Kompetenzkonfliktregelung* ist wettbewerbspolitisch im Hinblick auf den Verordnungsvorschlag bisher nicht gelöst. Seit dem Urteil des Europäischen Gerichtshofes im Fall Walt-Wilhelm [1]) gilt, daß die Anwendung nationalen Rechts die uneingeschränkte und einheitliche Anwendung des Gemeinschaftsrechts und die Wirksamkeit der zu seiner Durchführung ergangenen oder zu treffenden Maßnahmen nicht beeinträchtigen darf.

659. Ein Konflikt zwischen Gemeinschaftsrecht und nationalem Recht entsteht, wenn ein unter die europäische Fusionskontrolle fallender Zusammenschluß dort anders beurteilt wird als im nationalen Fusionskontrollverfahren.

Nach Auffassung der Monopolkommission sind diese Konflikte wie folgt zu lösen:

- Wird der Zusammenschluß nach europäischem Recht untersagt und nach nationalem Recht nicht, so ist der Vorrang des europäischen Rechts unbestritten.
- Bleibt der Zusammenschluß nach europäischem Recht unbeanstandet, ist aber nach nationalem Recht untersagungsfähig, so ist die Frage nicht einheitlich zu beantworten. Sie ist vielmehr abhängig davon, aus welchen Gründen der Zusammenschluß nach europäischem Recht nicht beanstandet wurde.

Die Monopolkommission ist der Auffassung, daß ein möglicher Konflikt zum nationalen Recht durch die Aufnahme einer Kompetenzregelung in die EG-Verordnung gelöst werden sollte, durch die klargestellt wird, daß eine Untersagung nach nationalem Recht möglich bleibt.

660. Bleibt ein Zusammenschluß nach europäischem Recht unbeanstandet, weil nach Auffassung der EG-Kommission die Untersagungsvoraussetzungen nicht gegeben waren, so sieht die Monopolkommission keine Gründe, die einer Untersagung nach nationalem Recht entgegenstünden. Da in diesem Falle kein positives Interesse der Gemeinschaft an dem betreffenden Zusammenschluß besteht, kann eine Untersagung nach nationalem Recht auch dem Gemeinschaftsinteresse nicht schaden.

661. Wird der Zusammenschluß jedoch von der EG-Kommission als Ausnahme vom Fusionsverbot gemäß Artikel 1 Abs. 3 VO-Vorschlag genehmigt, weil diese in dem Zusammenschluß einen Beitrag für die von ihr verfolgte gemeinsame Wirtschaftspolitik sieht, so muß der Gemeinschaftspolitik nach Auffassung der Monopolkommission Vorrang eingeräumt werden. In diesen Fällen besteht ein positives wirtschaftspolitisches Interesse seitens der Gemeinschaft an dem Zusammenschluß, dem eine Untersagung nach nationalem Recht zuwiderlaufen würde.

Nach Auffassung der Monopolkommission läßt sich dieser Gesichtspunkt im Rahmen des deutschen Wettbewerbsrechts dadurch lösen, daß der Bundeswirtschaftsminister der Entscheidung der EG-Kommission im Rahmen der Gemeinwohlklausel des § 24 Abs. 3 GWB Rechnung trägt. Dies scheint der Monopolkommission deshalb gerechtfertigt, weil ihrer Auffassung nach die zuständigen Organe der Bundesrepublik mit dem Beitritt zur Europäischen Gemeinschaft implizit zum Ausdruck gebracht haben, daß ein „überragendes Interesse" an einer funktionsfähigen gemeinsamen Wirtschaftspolitik der Gemeinschaft besteht.

[1]) Vgl. WuW/E EWG/MUV 201 ff. („Farbenhersteller").

KAPITEL VI

Entflechtung

1. Grundlagen der Untersuchung

662. Im Laufe ihrer Beratungen ist die Monopolkommission verschiedentlich auf Industrie- und Marktstrukturen gestoßen, in denen nach ihrer Meinung Entflechtungen von Unternehmen und Unternehmensverbindungen zu einer Verbesserung der Wettbewerbsvoraussetzungen hätten beitragen können. Für die betreffenden Einzelfälle konnte die Kommission eine derartige Empfehlung jedoch nicht aussprechen, da das Gesetz gegen Wettbewerbsbeschränkungen keine generelle Entflechtungsnorm kennt. Entflechtungen von Unternehmensstrukturen sind nach geltendem Recht vielmehr nur gemäß § 24 Abs. 2 GWB als Folge einer nachträglichen Untersagung bereits vollzogener Zusammenschlüsse durch das Bundeskartellamt oder als Auflagen des Bundesministers für Wirtschaft bei der Erlaubnis von Zusammenschlüssen aus Gemeinwohlgründen gemäß § 24 Abs. 3 GWB möglich. Als Adressaten von Entflechtungsanordnungen bzw. -auflagen kommen also immer nur die Partner eines geplanten oder vollzogenen Unternehmenszusammenschlusses in Frage. Eine eigene Initiative der wettbewerbspolitischen Instanzen durch systematischen Einsatz von Entflechtungsmaßnahmen ist deshalb nach geltendem Recht nicht möglich.

663. Die Monopolkommission hat bisher davon abgesehen, aus den genannten Anlässen sogleich die Ergänzung des Gesetzes gegen Wettbewerbsbeschränkungen um eine Entflechtungsnorm vorzuschlagen. Sie hat sich vielmehr in dieser Frage zunächst auf einige allgemeine und vorläufige Aussagen beschränkt, die vor allem die öffentliche Diskussion anregen sollten. Diese Zurückhaltung schien der Kommission deshalb geboten, weil es sich bei der Entflechtung um ein wettbewerbspolitisches Instrument von besonders hoher Eingriffsintensität in die Autonomie der Unternehmen handelt, das schon aus diesem Grund innerhalb eines marktwirtschaftlichen Systems nur als „ultima ratio" in Frage kommt. Eine Empfehlung zur Einführung von Entflechtungsnormen setzt deshalb eine umfassende und sorgfältige Abwägung aller möglichen Vor- und Nachteile und die Berücksichtigung bisheriger Erfahrungen mit entsprechenden Regelungen voraus. Die Kommission war aber immer der Auffassung, daß sie zu einem geeigneten Zeitpunkt auch in dieser Frage sich eine umfassende und fundierte Stellungnahme erarbeiten sollte.

664. Nach eingehenden Diskussionen hält es die Kommission nunmehr für geboten, sich ausführlich zur Entflechtungsfrage zu äußern und einen entsprechenden Gesetzesvorschlag zur Diskussion zu stellen.

Hierfür waren im wesentlichen die folgenden Gründe maßgeblich:

— Die langsam aber stetig fortschreitende Unternehmenskonzentration in der Bundesrepublik sowie die Mängel des bestehenden wettbewerbspolitischen Instrumentariums zur Verhinderung der Entstehung marktbeherrschender Positionen läßt eine Fortentwicklung und Ergänzung dieses Instrumentariums notwendig erscheinen. (Tz. 666 bis 678)

— Im Zusammenhang mit neuen Gesetzesinitiativen hat in den USA eine intensive Diskussion der Entflechtungsproblematik stattgefunden, die nun auch im deutschen Schrifttum ihren Niederschlag gefunden hat und die für einen deutschen Gesetzesvorschlag ausgewertet werden kann. (Tz. 680 bis 691)

— In der Bundesrepublik liegen nunmehr erste Erfahrungen mit Entflechtungsmaßnahmen nach dem geltenden Recht vor, die ebenfalls bei einer Gesetzesinitiative berücksichtigt werden können und müssen. (Tz. 692 bis 699)

665. Gegen die Vorlage eines Gesetzesvorschlages zur Entflechtung zum gegenwärtigen Zeitpunkt spricht nach Auffassung der Kommission auch nicht die Tatsache, daß der Deutsche Bundestag erst kürzlich die Vierte Novelle zum Gesetz gegen Wettbewerbsbeschränkungen verabschiedet hat, die wesentliche Verbesserungen vor allem für die Effizienz der Fusionskontrolle bringt. Die Kommission teilt die Auffassung derer, die in zu häufigen Gesetzesnovellen eine Gefahr für eine ausgewogene und stetige Fortentwicklung des Wettbewerbsrechts sehen.

Andererseits zeigen die Erfahrungen bei der Einführung der Fusionskontrolle, daß größere Reformen des Gesetzes nur nach jahrelangen politischen Auseinandersetzungen in der Öffentlichkeit durchsetzbar sind. Die Kommission hält es deshalb für sinnvoll, daß die politischen Kräfte in unserem Lande schon jetzt beginnen, sich mit dem Problem von Entflechtungsmöglichkeiten zu befassen, auch wenn deren Realisierung im gegenwärtigen Zeitpunkt im allgemeinen noch nicht als eilbedürftig angesehen wird.

1.1. Mögliche Begründungen für die Einführung von Entflechtungsregeln in das deutsche Wettbewerbsrecht

666. Für die Forderung, auch im deutschen Wettbewerbsrecht Entflechtungsmöglichkeiten einzuführen, lassen sich aus der wissenschaftlichen Diskussion zur Wettbewerbspolitik im wesentlichen zwei Begründungen anführen:

— Die fortschreitende *allgemeine* Unternehmenskonzentration der Bundesrepublik und die mit ihr verbundene Konzentration wirtschaftlicher Macht wird als Gefahr für die Funktionsfähigkeit des Wirtschaftssystems oder sogar der Verfassungsordnung angesehen.

— Die bestehenden wettbewerbspolitischen Instrumente werden als nicht ausreichend erachtet, um *auf einzelnen Märkten* vorhandene beherrschende Positionen wirkungsvoll zu kontrollieren und das Entsehen neuer marktbeherrschender Stellungen ausnahmslos zu verhindern.

Beide Argumente sollen im folgenden getrennt behandelt werden.

1.1.1. Hemmung der allgemeinen Konzentrationsentwicklung durch Entflechtung

667. Wie aus dem der Monopolkommission vorgelegten Zahlenmaterial hervorgeht, ist die Konzentrationsentwicklung in der Bundesrepublik Deutschland recht heterogen. Industriezweigen mit steigendem Konzentrationsgrad stehen andere mit sinkenden oder schwankenden Konzentrationsgraden gegenüber. Insgesamt überwiegen jedoch die Industriezweige mit steigender Konzentration, eine Tendenz, die um so deutlicher hervortritt, je länger der betreffende Beobachtungszeitraum gewählt wird. Auch im Bereich der Großunternehmen lassen sich branchenübergreifend steigende Umsatzanteile der jeweils größten Unternehmen feststellen. Zusammenfassend wird man daraus die Beurteilung ableiten müssen, daß in der westdeutschen Industrie ein zwar langsamer, aber stetiger Konzentrationsprozeß stattfindet.

668. Viele empirische Untersuchungen, die vor allem seit den 50er Jahren in den USA vorgenommen wurden, bestätigen die Hypothese, daß steigende Unternehmenskonzentration zu einer Verschlechterung der Marktergebnisse führt. Insbesondere ließ sich die Tendenz zu höheren Stückgewinnen nachweisen, die ihrerseits auf eine gewisse Angebotszurückhaltung der Unternehmen und damit eine schlechtere Marktversorgung hinweisen.

Erklärt wurden diese Beobachtungen in der Regel damit, daß es unter jeweils wenigen Konkurrenten mit individuellen Wettbewerbsbeziehungen leichter zur Herausbildung kooperativer Verhaltensweisen und zum Verzicht auf aggressive Wettbewerbshandlungen kommt als zwischen vielen Konkurrenten mit nur anonymen Marktabhängigkeiten. In jüngster Zeit ist jedoch diese verbreitete Auffassung auch auf zunehmende Kritik gestoßen. Eine Reihe von Autoren der sogenannten *Chicagoer Schule* vertritt die Auffassung, daß die höheren Gewinne konzentrierter Industriezweige ausschließlich als Ergebnisse höherer Effizienz, höherer Investitionsleistung und höherer Risikoprämien zu interpretieren seien.

699. In der wirtschaftspolitischen Diskussion der Bundesrepublik wird häufig auf mögliche nachteilige Folgen steigender Unternehmenskonzentration für die gesamtwirtschaftliche Stabilität hingewiesen. Diversifizierte Großunternehmen in hochkonzentrierten Industriezweigen seien in ihrem Angebots-, Produktions- und Investitionsverhalten relativ unabhängig von kurzfristigen Marktschwankungen. Zwar könnten sie damit unter Umständen verstetigend auf den Konjunkturablauf einwirken, andererseits aber auch möglicherweise die Schwierigkeiten in wenig konzentrierten Wirtschaftssektoren noch vergrößern. Entscheidend ist jedoch das Argument, daß die betreffenden Großunternehmen sich der Beeinflussung durch die Konjunkturpolitik des Staates und der Notenbank weitgehend entziehen könnten und damit deren Wirksamkeit verringerten. Eine Vielzahl empirischer Untersuchungen in den USA zu diesem Fragenkomplex scheint diese Hypothesen überwiegend zu bestätigen. Doch sind die Ergebnisse keinesfalls eindeutig.

In ihrem zweiten Hauptgutachten hat die Monopolkommission diese Hypothese durch eine Untersuchung des Deutschen Instituts für Wirtschaftsforschung, Berlin, für die Bundesrepublik Deutschland empirisch überprüfen lassen. Aufgrund des unzulänglichen statistischen Materials konnte jedoch keine Bestätigung gefunden werden.

670. Schließlich wird darauf verwiesen, daß Großunternehmen über ihre wirtschaftliche Macht auch politische Macht zuwächst. Allein ihre Größe, die Zahl ihrer Beschäftigten, die Höhe des eingesetzten Kapitals und ihr Investitionsvolumen bewirkt, daß die Entscheidungen ihres Managements gesamtwirtschaftlich erhebliche Auswirkungen haben. Die Entwicklung jedes einzelnen Unternehmens dieser Größenordnung kann den wirtschaftspolitisch verantwortlichen Instanzen nicht gleichgültig sein. Vom Management dieser Unternehmen wird erwartet, daß es seine Entscheidungen nicht ausschließlich aus einzelwirtschaftlicher Sicht, sondern auch in gesamtwirtschaftlicher Verantwortung trifft. Damit entsteht zwangsläufig auch ein gewisses Maß politischer Macht, die Möglichkeit, durch Art und Ausmaß der Kooperationsbereitschaft die staatliche Wirtschaftspolitik zu beeinflussen. Nach dem Verfassungssystem der Bundesrepublik Deutschland ist diese politische Macht, ähnlich wie diejenige der Verbände, nicht legitimierbar. Im Extremfall könnte sie zu einer Denaturierung der verfassungsmäßigen Ordnung führen.

671. Die Monopolkommission ist der Auffassung, daß aufgrund der dargestellten Zusammenhänge gewichtige Gründe dafür sprechen, den allgemeinen Prozeß der Unternehmenskonzentration zum Stillstand zu bringen. Sie befürwortet aus diesem Grunde nachhaltig, alle Einflüsse der Wirtschafts- und Finanzpolitik, die konzentrationsfördernd wirken, abzubauen. Dies gilt nach dem Abbau des Schachtelprivilegs bei der Vermögensteuer vor allem für das verbleibende Schachtelprivileg bei der Gewerbesteuer. Darüber hinaus empfiehlt die Kommission zu prüfen, ob nicht andere staatliche Einflußfaktoren auf die Wirtschaft sogar konzentrationshemmend ausgestaltet werden sollten.

672. Die Monopolkommission ist jedoch der Auffassung, daß ein *selektiv* auf einzelne Unternehmen wirkendes Mittel wie die Entflechtung nicht primär zur Bremsung der *allgemeinen* Konzentrationsentwicklung eingesetzt werden sollte. Sein Einsatz sollte vielmehr primär auf die Verhinderung bzw. Beseitigung unerwünschter Entwicklungen bei dem betreffenden Unternehmen gerichtet sein, gegen das sich die Maßnahme richtet. Daß bei häufiger vorgenommenen Entflechtungen damit auch dekonzentrative Wirkungen auf ganze Wirtschaftszweige oder sogar die gesamte Industrie auftreten, ist dabei jedoch als erwünschter Nebeneffekt anzusehen.

1.1.2. Entflechtung zur Beseitigung konkreter marktbeherrschender Positionen

673. Die Eingriffsschwelle des deutschen Wettbewerbsrechts gegenüber Unternehmenskonzentrationen liegt relativ hoch. Anders als im amerikanischen Antitrustrecht sind an die bloße Verschlechterung von Wettbewerbsbedingungen oder an die Tendenz zum Monopol noch keine Rechtsfolgen geknüpft. Die deutsche Wettbewerbspolitik greift vielmehr erst ein, wenn bereits eine beherrschende bzw. überragende Stellung auf einem bestimmten Markt erreicht wird. Unternehmenszusammenschlüsse, die zu marktbeherrschenden Stellungen führen, sind untersagt, soweit nicht besondere Rechtfertigungsgründe vorliegen. Das Marktverhalten bestehender marktbeherrschender Unternehmen unterliegt einer besonderen Mißbrauchsaufsicht.

674. Beiden Bestimmungen liegt die Vorstellung zugrunde, daß die beherrschende bzw. überragende Marktstellung dem betreffenden Unternehmen einen vom Wettbewerb nicht kontrollierten Verhaltensspielraum eröffnet, den es zu Lasten seiner Marktpartner oder seiner Wettbewerber mißbrauchen kann. Marktbeherrschende Unternehmen stellen einen Fremdkörper im marktwirtschaftlichen System dar. Ihr Entstehen soll deshalb möglichst verhindert werden. Wo dies nicht möglich ist, sollen sie durch die staatliche Rechtsanwendung zu einem systemgerechten Marktverhalten veranlaßt werden. Aufgrund ihrer bisherigen Untersuchungen gelangt die Monopolkommission jedoch zu der Auffassung, daß die Mißbrauchsaufsicht und die Zusammenschlußkontrolle diese in sie gesetzten Erwartungen nicht voll erfüllen konnten.

675. Wie die Kommission in ihrem Sondergutachten 1 über „Anwendung und Möglichkeiten der Mißbrauchsaufsicht über marktbeherrschende Unternehmen seit Inkrafttreten der Kartellgesetznovelle" im einzelnen dargelegt hat, kann eine behördliche Verhaltenskontrolle immer nur ein sehr unvollkommener Ersatz für die Steuerung des Unternehmensverhaltens durch funktionsfähigen Wettbewerb sein. Sie kann allenfalls bestimmte Formen des Ausbeutungs- und Behinderungsmißbrauchs verhindern. Die positiven gesamtwirtschaftlichen Wirkungen des Wettbewerbs durch Stimulierung des technisch-organisatorischen Fortschritts, durch Rationalisierung der Produktion und ihre flexible Anpassung an die Konsumentenpräferenzen lassen sich niemals durch behördliche Maßnahmen simulieren.

Aber selbst bei dieser beschränkten Aufgabenzuweisung stößt eine Verhaltenskontrolle, wie die Erfahrungen mit der Mißbrauchsaufsicht zeigen, auf konzeptionelle Probleme und Beweisschwierigkeiten, die ihre Wirksamkeit begrenzen. Nach Auffassung der Kommission sollte deshalb die Wettbewerbspolitik immer vorrangig darauf gerichtet sein, schon die Entstehung marktbeherrschender Positionen zu verhindern, damit die Verhaltenskontrolle auf wenige Ausnahmefälle beschränkt bleiben kann.

676. Eine Zusammenschlußkontrolle wurde in der Bundesrepublik Deutschland bereits in dem Kartellgesetz-Entwurf von Josten im Jahre 1949 gefordert. Eingeführt wurde sie jedoch erst mit der Zweiten Kartellgesetz-Novelle rückwirkend zum 7. Juni 1973. Zu diesem Zeitpunkt war der Konzentrationsprozeß in der Bundesrepublik schon weit fortgeschritten. Viele Unternehmen hatten durch Zusammenschlüsse vor Inkrafttreten der Novelle bereits marktbeherrschende Positionen erlangt [1]).

677. Aber auch seit Inkrafttreten der Zweiten Kartellgesetz-Novelle ist es nicht möglich, die Entstehung oder Verstärkung marktbeherrschender Stellungen in jedem Falle zu verhindern:

— Die Zusammenschlußkontrolle richtet sich ausschließlich gegen externes Unternehmenswachstum. Internes Unternehmenswachstum durch Neuinvestitionen ist von der Kontrolle ausgeschlossen. Die Monopolkommission hält eine unterschiedliche Beurteilung und Behandlung von externem und internem Wachstum aus mehreren Gründen für gerechtfertigt. Dennoch ist zu berücksichtigen, daß auch durch Neuinvestitionen und leistungsgerechten Wettbewerb marktbeherrschende Positionen aufgebaut werden können.

— Unternehmenszusammenschlüsse, die marktbeherrschende Stellungen begründen oder verstärken, werden gemäß § 24 Abs. 1 GWB nur dann untersagt, wenn nicht nachweisbar ist, daß „durch den Zusammenschluß auch Verbesserungen der Wettbewerbsbedingungen eintreten und daß diese Verbesserungen die Nachteile der Marktbeherrschung überwiegen". Bisher wurde diese Klausel vor allem zur Rechtfertigung sogenannter „Sanierungsfusionen" verwandt. Deren Problematik hat die Monopolkommission aus Anlaß des Zusammenschlusses Karstadt/Neckermann in ihrem Sondergutachten 5 dargelegt.

---

[1]) Das Bundeskartellamt hat in seinem Tätigkeitsbericht 1973 den Versuch zur quantitativen Erfassung jener Bereiche unternommen, in denen nach den Vermutungskriterien des § 22 Abs. 3 GWB der Verdacht einer marktbeherrschenden Stellung besteht. Es kam zu dem Ergebnis, daß dies bei 1 050 Märkten bzw. Produktionsbereichen der Fall sei. Von diesen 1 050 konnte für 450 Bereiche der Bruttoproduktionswert mit insgesamt 109 Mrd. DM ermittelt werden. Dies entsprach einem Anteil am Produktionswert des Verarbeitenden Gewerbes in 1972 von 16,6 %. Vgl. BKartA, TB 1973, S. 14ff., 59ff.

In diesem Zusammenhang bleibt nur darauf hinzuweisen, daß durch diese sogenannte Abwägungsklausel ein weiterer Weg zur Erreichung marktbeherrschender Stellungen eröffnet wurde.

— Das gleiche gilt schließlich für die Befugnis des Bundeswirtschaftsministers, gemäß § 24 Abs. 3 GWB marktbeherrschende Zusammenschlüsse zu erlauben, „wenn im Einzelfall die Wettbewerbsbeschränkung von gesamtwirtschaftlichen Vorteilen des Zusammenschlusses aufgewogen wird oder der Zusammenschluß durch ein überragendes Interesse der Allgemeinheit gerechtfertigt ist". Von dieser Befugnis hat der Minister bisher in vier Fällen von insgesamt 26 Untersagungsfällen bis zum Zeitpunkt der Einführung der Vierten Kartellgesetz-Novelle Gebrauch gemacht [1]).

678. Zusammenfassend ist somit festzustellen, daß

— marktbeherrschende Stellungen schon vor der Einführung der Zusammenschlußkontrolle bestanden,

— marktbeherrschende Stellungen auch jetzt durch internes Wachstum unkontrolliert entstehen können,

— marktbeherrschende Stellungen auch weiterhin durch Zusammenschluß entstehen können, wenn sie durch
  — Verbesserung der Wettbewerbsbedingungen oder durch
  — Gemeinwohlgründe zu rechtfertigen sind,

— marktbeherrschende Unternehmen durch die Mißbrauchsaufsicht nur unzureichend zu kontrollieren sind.

Aus diesen Gründen erscheint es der Monopolkommission geboten, die Wirksamkeit des Gesetzes gegen Wettbewerbsbeschränkungen gegen die Vermachtung von Märkten zu verbessern. Ein mögliches Instrument dazu sieht sie in Unternehmensentflechtungen. Dieses erscheint grundsätzlich geeignet, unvermeidbare Lücken bei der Kontrolle des Konzentrationsprozesses in Einzelfällen nachträglich zu korrigieren.

679. Das Kommissionsmitglied Mittelsten Scheid vermag einigen referierten Argumentationen in Tz. 666 bis 678 zur Begründung der Anregung einer öffentlichen Diskussion über die Einführung der Entflechtung als ergänzendes Instrument der Wettbewerbspolitik nicht zu folgen.

Nach Meinung von Mittelsten Scheid läßt die Formulierung in Tz. 666 „das Entstehen marktbeherrschender Stellungen ausnahmslos zu verhindern" die Interpretation zu, daß es im Sinne des GWB sei, auch das wettbewerbskonforme Wachstum von Unternehmen in der freien, sozialen Marktwirtschaft der Bundesrepublik zu begrenzen. Seiner Meinung nach könnte eine Formulierung der Mehrheit der Kommission in Tz. 668 auch den Schluß zulassen, daß in der Bundesrepublik marktbeherrschende Unternehmen allgemein „Angebotszurückhaltung" und damit eine „schlechtere Marktversorgung" praktizieren.

Gegen diese Interpretation wendet sich Mittelsten Scheid entschieden. Seiner Meinung nach streben auch die marktbeherrschenden Unternehmen danach, ihren Umsatz unter dem ständigen Kostendruck stetig zu erhöhen, um betriebswirtschaftlich gesund zu bleiben und ihre gesamtwirtschaftlich übernommenen Verpflichtungen erfüllen zu können.

Mittelsten Scheid vermag auch der Argumentation in Tz. 670 nicht zuzustimmen, wonach bei einem marktbeherrschenden Unternehmen — wenn es seine „Entscheidungen auch in gesamtwirtschaftlicher Verantwortung trifft" — „auch ein gewisses Maß politischer Macht" entstehe, welche „im Extremfall ... zu einer Denaturierung der verfassungsmäßigen Ordnung" in der Bundesrepublik führen könne.

Zu Tz. 669 ist Mittelsten Scheid der Meinung, daß jedes marktbeherrschende Unternehmen von einer Haltung dynamischer, stetiger Entwicklung getragen ist, auch dann, wenn es diversifiziert ist und deshalb neben einer gewissen Risikostreuung auch die Kontrolle über zahlreiche Fronten des Wettbewerbs ausüben muß. Wenn es dabei „relativ unabhängig von kurzfristigen Marktschwankungen" ist, so sollte das den Wirtschafts- und Sozialpolitikern doch willkommen sein im Gegensatz zu der Haltung derjenigen Unternehmen, die auf jede Marktverschlechterung mit Personalentlassungen und mit Subventionsforderungen reagieren. Daß diese marktbeherrschenden Unternehmen deshalb auf staatliche Konjunktursteuerungsmaßnahmen auch stetiger reagieren, ist systemkonform. Mittelsten Scheid stellt eher die Frage, ob kurzfristige konjunkturpolitische Maßnahmen der Bundesregierung und/oder der Bundesbank systemkonform sind.

Entsprechend dem im Auftrage der Monopolkommission von Scholz erstellten Gutachten ist verfassungsrechtlich zu diesen Argumentationen zu sagen:

> „Die Teilnahme am Wettbewerb und der wettbewerbliche Erfolg werden von der Rechtsordnung nicht nur als prinzipell rechtmäßig anerkannt, sie werden von der Rechtsordnung sogar erwünscht und gefördert."

Bezüglich § 22 GWB weist Mittelsten Scheid darauf hin, daß das GWB in § 22 zwar konkrete Definitionen für verschiedene Arten der Marktbeherrschung gibt, aber das Bestehen von Marktbeherrschung als solche mit keinem Wort als gesetzeswidrig bezeichnet. Ein Eingreifen des Bundeskartellamtes ist nur für den Fall der „mißbräuchlichen Ausnutzung einer marktbeherrschenden Stellung" vorgesehen. Insofern kann Mittelsten Scheid auch den Argumentationen in Tz. 674 nicht zustimmen, wonach „marktbeherrschende Unternehmen ... einen Fremdkörper im marktwirtschaftlichen System" darstellen.

Mittelsten Scheid stimmt mit der Mehrheit der Monopolkommission aber darin überein, daß bei nachhaltiger, strukturbedingter, mißbräuchlicher Aus-

[1]) Es handelt sich um die Fälle VEBA/Gelsenberg, Babcock/Artos, VEBA/BP und — mit Teilerlaubnis — Thyssen/Hüller Hille.

nutzung einer marktbeherrschenden Stellung die Entflechtung — gemäß Vorschlag Tz. 764 — eine diskussionswürdige Erweiterung des Instrumentariums des GWB sein könnte.

1.2. Geltendes Recht und rechtspolitische Diskussion in den USA

1.2.1. Section 2 Sherman Act und Section 7 Clayton Act

680. Nach geltendem amerikanischen Recht sind Entflechtungseingriffe vor allem nach Section 2 Sherman Act und nach Section 7 Clayton Act möglich und durchgeführt worden[1]). Dagegen waren Versuche, durch Erfassung des interdependenten Verhaltens von Oligopolunternehmen als Tatbestand der „conspiracy" nach Section 1 Sherman Act oder durch Erfassung der antikompetitiven Effekte von konzentrierten Marktstrukturen als Tatbestand der „unfair method of competition" nach Section 5 FTC Act bisher für die Rechtsprechung nicht maßgeblich (Section 1 Sherman Act) oder doch nur von untergeordneter Bedeutung (Section 5 FTC Act).

681. *Section 2 Sherman Act* sieht zwar nicht ausdrücklich Entflechtungsmaßnahmen vor, diese sind jedoch im Laufe der Rechtsprechung aus dem Norminhalt entwickelt worden. Die Vorschrift stellt auf das Verbot des „monopolizing" ab. Insofern ist diese Rechtsnorm als verhaltensorientiert zu charakterisieren, da jedenfalls ursprünglich neben dem Tatbestandsmerkmal Monopolmacht („monopoly power" im relevanten Markt) auch das der Monopolisierungsabsicht („intend to monopolize") erfüllt sein mußte, um Section 2 Sherman Act zur Anwendung kommen zu lassen. In einigen Fällen, in denen eine derartige Monopolisierungsabsicht nicht nachzuweisen war[2]), unterlag daher die Regierung, weil — wie der Supreme Court im Falle U.S. Steel hervorgehoben hat — Marktmacht oder Größe an sich („mere size" bzw. „existence of unexerted power") nicht ungesetzlich seien.

682. Das Verhaltenselement von Section 2 Sherman Act verlor nachfolgend in gleicher Weise an Bedeutung, je mehr sich die Interpretation der Gesetzesvorschrift von der Ausrichtung an der einzelwirtschaftlichen Entscheidungsfreiheit abkehrte und sich primär an der Wahrung der Funktionsfähigkeit des Wettbewerbs orientierte. Beispielhaft hierfür war die Entscheidung im Alcoa-Fall[3]), wonach das Gericht den Nachweis der Monopolisierungsabsicht als Voraussetzung einer Monopolisierung nach Section 2 Sherman Act durch die Monopolunternehmen ablehnte. Eine Rechtswidrigkeit von Monopolmacht — im Fall Alcoa bei Kontrolle von 90 % der amerikanischen Aluminiumerzeugung — war nach der Entscheidung nur dann abzulehnen, wenn das Monopol gewissermaßen durch die unternehmerische Leistung „aufgedrängt" worden sei („thrust-upon defense") und das Ergebnis von Zufallseinflüssen sei. Der Supreme Court argumentierte im Zweiten American-Tobacco-Fall ebenso[1]), indem er darauf abstellte, daß die Existenz von Monopolmacht und die Möglichkeit, nicht aber ihr tatsächlicher Gebrauch zur Ausschaltung des Wettbewerbs ausreichendes Tatbestandsmerkmal sei. Diese strikte Hinwendung von Section 2 Sherman Act zum reinen Strukturbezug ist in der Folgezeit jedoch nicht beibehalten worden. So wird im Fall Grinnel[2]) festgestellt, daß die Vermutung von Monopolmacht nach Section 2 Sherman Act sowohl auf der Monopolmacht an sich als auch auf der Monopolisierungsabsicht („wilful acquisition or maintenance of that power") beruht. Die Rechtsprechung verzichtet somit auch heute nicht auf den Nachweis der Monopolisierungsabsicht. Eine Hervorhebung des Strukturkriteriums ist jedoch darin zu sehen, daß die Beweisanforderungen zunehmend durch verstärkte Zulassung von Indizien verringert worden sind.

683. Auch *Section 7 Clayton Act* enthält dem Wortlaut nach keine ausdrückliche Entflechtungsregelung. Die Vorschrift ist von ihrem Norminhalt gegen Zusammenschlüsse gerichtet. Im Ergebnis hat sich diese Konzentrationskontrolle — insbesondere wegen der langen Dauer der Verfahren[3]) sowie dem Aufgreifen von weit zurückliegenden Zusammenschlüssen[4]) — immer mehr in Richtung einer Entflechtungsregelung entwickelt. Der Strukturbezug dieser Vorschrift tritt deutlicher als beim Sherman Act hervor, weil das Eingriffskriterium in einer mit hoher Wahrscheinlichkeit zu erwartenden wesentlichen Wettbewerbsbeeinträchtigung oder der Tendenz zur Schaffung einer Monopolstellung besteht („where ... the effect of such acquisition may be substantially to lessen competition or to tend to create a monopoly").

684. Die Unzulänglichkeiten von Section 2 Sherman Act und Section 7 Clayton Act für eine wettbewerbsbezogene Anwendung von Entflechtungsmaßnahmen auf der Grundlage von Strukturkriterien liegen in dem Erfordernis des Nachweises von „monopolizing" (Section 2 Sherman Act) — selbst wenn

---

[1]) Die Auflösung von Verflechtungen im Bereich der öffentlichen Versorgungsunternehmen aufgrund von Section 11 Public Utility Holding Company Act wird nicht weiter in Betracht gezogen, weil sie wegen der Beibehaltung von Monopolstellungen in den Ausnahmebereichen nach Durchführung der Entflechtungsmaßnahmen untypisch für das generelle Anliegen von Entflechtungen ist.

[2]) Dies sind z. B. die Fälle
U. S. v. United Shoe Machinery Co., 247 U. S. 32 (1918),
U. S. v. U. S. Steel Corp., 251 U. S. 417 (1920) und
U. S. v. International Harvester Co., 274 U. S. 693 (1927).

[3]) U. S. v. Aluminium Co. of America, 148 F. 2d 416 (2d Cir. 1945).

[1]) American Tobacco Co. v. U. S., 328 U. S. 781 (1946).

[2]) U. S. v. Grinnel Corp., 384 U. S. 563 (1966).

[3]) Das wohl bisher umfangreichste Verfahren — das allerdings aufgrund von Section 2 Sherman Act eingeleitet wurde — ist durch die letzte Klage gegen IBM von 1969 initiiert worden und bisher noch nicht abgeschlossen worden.

[4]) Im in der Literatur heftig umstrittenen Falle du Pont-General-Motors — U. S. v. E. I. du Pont de Nemours & Co., U. S. 586 (1957) — wurde ein Beteiligungserwerb nach über 30 Jahren unter Anwendung von Section 7 Clayton Act untersagt.

hierbei die Nachweisprobleme erleichtert wurden — und in der Unangreifbarkeit von intern gewachsenen Monopolstellungen (Section 7 Clayton Act), wie sie etwa im IBM-Fall vorliegt. Aus diesem Grunde hat es eine Reihe von Reformvorschlägen gegeben, welche durch eine wettbewerbspolitisch orientierte Normierung von Entflechtungsregelungen die erwähnten Schwächen beheben wollten.

1.2.2. Weiterführende Gesetzesvorschläge

685. Nach einem Vorschlag von *Kaysen und Turner*[1]) soll bei Vorliegen übermäßiger Marktmacht („unreasonable market power") durch ein besonderes Gericht („Economic Court") die Entflechtung der Vermögenswerte angeordnet werden. Übermäßige Marktmacht wird als dauernde Fähigkeit (einzelner oder mehrerer gemeinsam) verstanden, die Produktion einzuschränken oder Preise festzulegen, ohne wesentliche Ertragsminderung durch die zunehmende Produktion bzw. niedrigere Preise von Wettbewerbern befürchten zu müssen. Als Indizien für das Vorliegen von übermäßiger Marktmacht gelten u. a. die folgenden Bedingungen:

- Anhaltendes Ausbleiben von Preisreaktionen auf wesentliche Nachfrage- und Kostenrückgänge sowie auf wesentliche Überschußkapazitäten,
- anhaltende überdurchschnittlich hohe Gewinne unter Berücksichtigung von Einflußfaktoren wie Risiko oder Überschußkapazität

  oder
- Ausbleiben des Marktzutritts neuer Konkurrenten während längerer Perioden überdurchschnittlich hoher Gewinne sowie bei anhaltender oder wiederkehrender Angebotsrationierung.

Übermäßige Marktmacht wird unwiderleglich vermutet, wenn über einen Zeitraum von fünf oder mehr Jahren

- einzelne Unternehmen mindestens 50 %

  oder
- vier (oder weniger) Unternehmen gemeinsam mindestens 80 % der jährlichen Umsätze im Markt tätigen.

Das Eingriffskriterium reduziert sich bei diesen Vermutungen also lediglich auf die Höhe des Marktanteils in Verbindung mit einer Klausel, die ein vorübergehendes Hineinwachsen in die kritischen Schwellenwerte von Entflechtungseingriffen ausnehmen soll.

686. Auf der Grundlage des Berichts der „White House Task Force on Antitrust Policy" („Neal-Report") von 1968 schlug Senator *Harris* 1971 den „Concentrated Industries Act" vor[2]).

Dieser sah eine Entflechtung bei oligopolistischen Industrien vor, bei denen Marktanteile der größten vier (oder weniger) Unternehmen von mindestens 70 % in wenigstens sieben der letzten zehn und vier der letzten fünf Jahre vorlagen. Erklärtes Ziel der Gesetzesvorlage war es, die Marktanteile von Oligopolunternehmen unter eine Grenze von 12,5 % zu drücken.

687. Ebenso wie der Vorschlag von Kaysen und Turner geht auch der Vorschlag des Senators *Hart* von der Marktmacht („monopoly power") aus[1]). In seinem „Industrial Reorganization Act" von 1972, der 1973 erneut eingebracht wurde, wird der Besitz von Marktmacht als ungesetzlich erklärt. Marktmacht wird widerlegbar vermutet, wenn folgende Kriterien vorliegen:

- eine Relation von durchschnittlichem Gewinn zu Eigenkapital nach Steuern von mehr als 15 % über einen Zeitraum von fünf aufeinanderfolgenden der letzten sieben Jahre,
- das Fehlen wesentlichen Wettbewerbs für drei aufeinanderfolgende der letzten fünf Jahre

  oder
- mindestens 50 % Marktanteil bei vier oder weniger Unternehmen in einem der letzten drei Jahre.

Außerdem sollte eine besondere Institution („Industrial Reorganization Commission") sieben besonders bezeichnete Industriebereiche untersuchen und einen Entflechtungsplan für eine Reorganisation dieser Bereiche vorlegen.

688. Wegen der politischen Undurchsetzbarkeit des „Industrial Reorganization Act" in vorhersehbarer Zukunft schlug *Hart* mit seinem „Monopolization Reform Act of 1976" eine Änderung von Section 2 Sherman Act vor[2]). Hierin werden nicht mehr konkrete Marktanteile genannt, die Marktmacht vermuten lassen, sondern Marktmacht wird definiert als die Fähigkeit, Preise zu kontrollieren oder Wettbewerber vom Markt auszuschließen.

Nach diesem Vorschlag würde es nicht mehr erforderlich sein, Absicht, Mißbrauch oder Wohlüberlegtheit für die Anwendung von Section 2 Sherman Act bei Entflechtungsfällen nachzuweisen, und der Gegeneinwand der „überlegenen Leistung" wäre nicht mehr möglich.

Die Behörden hätten nur das Vorhandensein von Marktmacht nachzuweisen, um eine Auflösung der Unternehmen oder andere geeignete Maßnahmen zu begründen. Bei evtl. Privatklagen, die nach amerikanischem Recht sehr bedeutsam sind, könnten die bisher zulässigen Gegeneinwände vom Unternehmen weiterhin vorgetragen werden.

689. In dem von Senator *Kennedy*, dem derzeitigen Chairman of the Senate Committee on the Judiciary in den Senat eingebrachten Entwurf eines „Small Business Protection Act of 1979"[3]) sowie in dem Vor-

---

[1]) Vgl. C. Kaysen and D. F. Turner, Antitrust Policy (An Economic and Legal Analysis), Cambridge 1959, S. 266 ff.

[2]) S. 2614, 92nd Congress, 1st Session (1971).

[1]) Vgl. Commerce Clearing House, Trade Regulation Reports, Current Comment, CCH Analysis, § 50, 166.

[2]) Vgl. Commerce Clearing House, Trade Regulation Reports, No. 299, May 17, 1976, S. 5 und S. 9 ff.

[3]) Vgl. den Gesetzesauszug in: Commerce Clearing House, Trade Regulation Reports, No. 376, March 12, 1979, S. 10 ff.

schlag der *Federal Trade Commission* einer neuen Section 7 B im Clayton Act („The Merger Act of 1979")[1]) sind Entflechtungsmaßnahmen vorgesehen als Voraussetzung für die Genehmigung eines Zusammenschlusses von Unternehmen oberhalb einer bestimmten Größe. Die auf Vorschlag des betroffenen Unternehmens auszugliedernde Wirtschaftseinheit soll dabei von gleicher Größe sein wie die durch den beabsichtigten Zusammenschluß zu erwerbende Einheit. Das Eingriffskriterium der absoluten Unternehmensgröße, dessen Vorliegen zu einer quantitativen Begrenzung des externen Wachstums führt, erklärt sich aus der Zielsetzung der vorgeschlagenen Bestimmungen, vor allem zum Schutz von mittelständischen Unternehmen gegenüber großen Konglomeraten mit hoher Neigung zum externen Wachstum beizutragen.

1.2.3. Vergleichbarkeit der amerikanischen Rechtsprechung

690. Die wissenschaftliche Diskussion um eine Entflechtung nach deutschem Recht, die durch die Stellungnahme der Monopolkommission zu diesem Thema im ersten Hauptgutachten[2]) intensiviert wurde und die mittlerweile in den politischen Raum übergegriffen hat, schließt an die Erfahrungen der amerikanischen Rechtsprechung an. Dies ist zweckmäßig und geboten, solange es sich um wirtschaftliche Fragestellungen handelt, die sich bei Vorliegen gleichgearteter Wirtschaftssysteme weitgehend übertragen lassen. Dies gilt vor allem für die Fragen der Verluste an technisch-wirtschaftlicher Effizienz oder des Gewinns an wettbewerblicher (allokativer) Effizienz bei der Durchführung konkreter Entflechtungsmaßnahmen.

691. Grenzen der Übertragbarkeit der amerikanischen Erfahrungen entstehen indessen bei Rechtsfragen. Sie treten insbesondere dort auf, wo die an sich vergleichsweise ähnlichen Rechtsordnungen Differenzierungen aufweisen, die für eine Ausgestaltung von Entflechtungsregeln konstitutiv sind. Damit sind einerseits die andersartigen verfassungsrechtlichen Voraussetzungen für die Einführung einer generellen Entflechtungsnorm nach deutschem Recht angesprochen. Es bestehen insbesondere Zweifel daran, ob Generalklauseln nach Art des amerikanischen Antitrustrechts nicht auf verfassungsrechtliche Hindernisse stoßen. Zum anderen wirken sich auch Verfahrensunterschiede auf die Wirksamkeit und die Akzeptanz von Entflechtungsanordnungen aus.

Nach amerikanischem Recht sehen die gerichtlichen Antitrustverfahren die Möglichkeit eines Vergleichs („consent decree") vor und die Verfahren vor der Federal Trade Commission können durch „consent orders" beigelegt werden. Das Ergebnis dieser sogenannten „proceedings in equity" unterscheidet sich u. a. dadurch von anderen Gerichtsurteilen bzw. Unterlassungsanordnungen („cease and desist orders"), daß hier eine Anknüpfung von Privatklagen auf Schadensersatz in dreifacher Höhe („treble damages") nicht möglich ist. Das bedeutet, daß Unternehmen durch die Beilegung der Streitsache innerhalb eines Vergleichs neben unerwünschter Publizität und hohen Prozeßkosten auch nicht kalkulierbare Folgekosten des Schadensersatzes vermeiden können.

[1]) Vgl. Statement of Alfred F. Dougherty, Jr. (Director of the Bureau of Competition, Federal Trade Commission) before the Senate Committee on the Judiciary on the Merger Act of 1979, March 8, 1979, S. 101 ff.

[2]) Vgl. Monopolkommission, Hauptgutachten 1973/1975, Tz. 962 bis 966.

1.3. Entflechtungen nach geltendem Recht in der Bundesrepublik Deutschland

692. Entflechtungen sind nach geltendem Recht gegen Wettbewerbsbeschränkungen bereits möglich, allerdings nur in Verbindung mit der Zusammenschlußkontrolle:

— Das Bundeskartellamt kann nach § 24 Abs. 2 Satz 5 GWB *bereits vollzogene Zusammenschlüsse* nachträglich auflösen, wenn eine rechtskräftige Untersagung vorliegt. Entsprechend § 24 Abs. 6 Satz 1 GWB kann diese Entflechtung auch „auf andere Weise als durch Wiederherstellung des früheren Zustands" geschehen. Nach dem Willen des Gesetzgebers sollen die vom Bundeskartellamt anzuordnenden Entflechtungsmaßnahmen dem Grundsatz der Verhältnismäßigkeit entsprechen.

— Anordnungen, die einer Entflechtung gleichkommen, können ebenfalls durch den Bundesminister für Wirtschaft getroffen werden. Nach § 24 Abs. 3 Satz 3 GWB kann er einem *Antrag auf Ministererlaubnis* in Verbindung mit „Beschränkungen und Auflagen" stattgeben. Die Einwirkung auf die Unternehmensstruktur aufgrund dieser Befugnis soll die wettbewerbsbeschränkende Wirkung des Zusammenschlusses auf das Maß beschränken, das zur Erreichung der gesamtwirtschaftlichen Vorteile unerläßlich ist.

— Eine dritte, in den gesetzlichen Vorschriften nicht ausdrücklich erwähnte Maßnahmengruppe mit Entflechtungscharakter besteht in der *Zusagenregelung,* die vom Bundeskatellamt gelegentlich praktiziert wird. Obwohl die Voraussetzungen des § 24 Abs. 1 GWB erfüllt sind, sieht das Bundeskartellamt in einzelnen Fällen von der Untersagung eines Zusammenschlusses ab, wenn die beteiligten Unternehmen bestimmte Trennungszusagen abgeben.

1.3.1. Nachträgliche Auflösung von Zusammenschlüssen

693. Die in § 24 Abs. 2 Satz 5 GWB niedergelegte Vorschrift, wonach ein bereits vollzogener Zusammenschluß nachträglich aufzulösen ist, wenn eine Untersagung rechtskräftig wurde, ist in der bisherigen Fallpraxis des Bundeskartellamts noch nicht angewendet worden. Mittelbare Erfahrungen mit den Schwierigkeiten der Auflösung vollzogener Zusammenschlüsse liegen dennoch durch den Zusammenschlußfall Andreae-Noris Zahn AG (Anzag) mit der Richard Holdermann GmbH vor[1]). Der Zusammen-

[1]) Vgl. BKartA TB 1978, S. 75 f.

schluß war vom Bundeskartellamt untersagt worden, da zu erwarten war, daß durch ihn auf dem Markt für pharmazeutische Produkte und apothekenübliche Waren, auf dem pharmazeutische Großhandelsunternehmen als Anbieter und öffentliche Apotheken als Nachfrager auftreten, eine überragende Marktstellung von Anzag verstärkt würde [1]). Die überragende Marktstellung im Sinne von § 22 Abs. 1 Nr. 2 GWB — sowohl auf den verschiedenen inländischen Regionalmärkten als auch bundesweit — gründete sich darauf, daß Anzag als einziges pharmazeutisches Handelsunternehmen bundesweit tätig ist und über das weitaus dichteste Filialnetz verfügt, der weitaus umsatzstärkste Wettbewerber ist, auf die größten Ressourcen zurückgreifen kann und bundesweit — wie in den meisten Regionalmärkten — die größten Marktanteile hält. Die Untersagungsverfügung wurde durch Rücknahme der zunächst eingelegten Beschwerde unanfechtbar. Damit lagen die Voraussetzungen des § 24 Abs. 2 Satz 5 GWB zur Auflösung eines vollzogenen Zusammenschlusses vor.

694. Nach Angaben des Bundeskartellamtes hat sich die Holdermann GmbH bereits vor Einleitung des Verfahrens zur Auflösung des vollzogenen Zusammenschlusses als objektiv unverkäuflich erwiesen. Das Bundeskartellamt hat daher von Maßnahmen zur Entflechtung oder zur Sicherung eines die spätere Entflechtung ermöglichenden Unternehmenszustandes von Holdermann abgesehen und anstelle der Auflösung des Zusammenschlusses die Auflösung des Unternehmens selbst angeordnet. Das Bundeskartellamt war der Auffassung, daß die Einbringung von Personal sowie der Aktiva und Passiva in eine neue Anzag-Filiale eine geringere Verstärkung der Marktposition von Anzag bewirke als im Falle der Weiterführung des von Anzag erworbenen Unternehmens als Holdermann GmbH.

695. Der Fall Anzag/Holdermann gibt erste Hinweise auf faktische Probleme bei der Anwendung von Entflechtungsmaßnahmen im allgemeinen. Wenn die Auflösung von Unternehmenszusammenschlüssen innerhalb eines kurzen Zeitraums bereits schwerwiegende Probleme aufwirft, ist mit noch größeren Schwierigkeiten bei der Entflechtung von Unternehmen zu rechnen, die seit längerem integriert sind. Dies gilt insbesondere für Unternehmen, die ihre Stellung durch internes Wachstum erreicht haben. Es zeigt sich, daß der Vollzug von Unternehmenszusammenschlüssen Fakten schafft, die eine Wiederauflösung des Zusammenschlusses erheblich erschweren können. Durch diesen Zusammenschlußfall, der zugleich die Schwächen der nachträglichen Zusammenschlußkontrolle aufdeckt, wird zudem deutlich, daß Entflechtungsregelungen die Fortentwicklung der Zusammenschlußkontrolle nicht überflüssig machen. Die Einführung einer Entflechtungsnorm sollte nach Auffassung der Monopolkommission nicht davon abhalten, alle Möglichkeiten der Zusammenschlußkontrolle auszuloten. Hierzu gehören insbesondere Überlegungen, die Fusionskontrolle grundsätzlich präventiv auszugestalten. Die Monopolkommission begrüßt es, daß der Gesetzgeber mit der Novellierung des § 24a GWB den Bereich der vorher anzumeldenden Zusammenschlußfälle wesentlich erweitert hat. Vor einer erneuten Novellierung dieser Vorschriften sollten nach ihrer Auffassung zunächst die Ergebnisse und Erfahrungen der Vierten GWB-Novelle abgewartet werden.

[1]) Vgl. WuW BKartA 1747 ff., Beschluß vom 31. März 1978.

1.3.2. Auflagen des Bundesministers für Wirtschaft

696. Im Rahmen ihrer gutachtlichen Stellungnahmen, die Zusammenschlußfälle gemäß § 24 Abs. 3 GWB betrafen, hat die Monopolkommission die Zulassung einzelner Zusammenschlüsse in Verbindung mit Auflagen empfohlen. Diese Auflagen, die einer Entflechtung gleichkommen, betrafen die Reduzierung von Kapitalanteilen (Thyssen/Hüller Hille [1]), VEBA/BP [2]) und Minderheitsvotum im Falle Kaiser/PREUSSAG/VIAG [3])) sowie die Ausgliederung eines vollständigen Unternehmens (VEBA/Gelsenberg [4])):

- Das Bundeskartellamt untersagte den Zusammenschluß *VEBA/Gelsenberg* mit der Begründung, daß marktbeherrschende Stellungen auf dem Elektrizitätsmarkt, im Mineralölbereich, bei zwei Märkten für chemische Produkte, in der Binnenschiffahrt und im Brennstoffhandel entstehen oder verstärkt würden [5]).

  Der Bundesminister für Wirtschaft hat in seiner Verfügung vom 1. Februar 1974 den Zusammenschluß genehmigt, weil er die Sicherung der Energieversorgung verbessere.

  Die Monopolkommission hat sich in ihrem Gutachten zum Falle VEBA/Gelsenberg mehrheitlich für eine nachträgliche Ausgliederung der PREUSSEN-ELEKTRA AG aus der erweiterten VEBA AG ausgesprochen, da ein Verbleiben im Konzernverbund für die angestrebte Stärkung der Wettbewerbsstellung der VEBA auf den internationalen Rohölmärkten nicht erforderlich war.
- Im Falle *Kaiser/PREUSSAG/VIAG* untersagte das Bundeskartellamt den Zusammenschluß, weil es die Entstehung bzw. Verstärkung marktbeherrschender Stellungen auf dem Markt für Hüttenaluminium und sieben Märkten im Bereich der Aluminium-Verarbeitung festgestellt hatte [6]).

[1]) Vgl. Monopolkommission, Sondergutachten 6, Zusammenschluß der Thyssen Industrie AG mit der Hüller Hille GmbH, Baden-Baden 1977, Tz. 67.

[2]) Vgl. Monopolkommission, Sondergutachten 8, Zusammenschlußvorhaben der Deutschen BP AG und der VEBA AG, Baden-Baden 1978, Tz. 124.

[3]) Vgl. Monopolkommission, Sondergutachten 3, Zusammenschlußvorhaben der Kaiser Aluminium & Chemical Corporation, der PREUSSAG AG und der Vereinigte Industrie-Unternehmungen AG, Baden-Baden 1976, Tz. 115.

[4]) Vgl. Monopolkommission, Sondergutachten 2, Wettbewerbliche und strukturelle Aspekte einer Zusammenfassung von Unternehmen im Energiebereich (VEBA/Gelsenberg), Baden-Baden 1975, Tz. 3, Nr. (8).

[5]) Vgl. WuW/E BKartA 1457 ff., Beschluß vom 7. Januar 1974.

[6]) Vgl. WuW/E BKartA 1571 ff., Beschluß vom 23. Dezember 1974.

Die Mehrheit der Monopolkommission empfahl, den Antrag auf Ministererlaubnis abzulehnen. Das Kommissionsmitglied Mittelsten Scheid schlug dagegen vor, den Zusammenschluß — mit Ausnahme der Beteiligung der VAW an der Voerder-Hütte — mit der Auflage zu genehmigen, daß ca. 74% der neuen Anteile privatisiert werden, die öffentliche Hand aber eine Sperrminorität behält.

Der Bundesminister für Wirtschaft lehnte den Antrag auf Ministererlaubnis ab.

— Das Bundeskartellamt untersagt den Zusammenschluß *Thyssen/Hüller Hille*, weil damit marktbeherrschende Stellungen auf den Märkten für Transferstraßen und für numerisch gesteuerte Bearbeitungszentren entstanden sei [1]).

Die Monopolkommission empfahl die Beschränkung der Ministererlaubnis auf höchstens ein Drittel des stimmberechtigten Kapitals, um einerseits die Existenz der Hüller Hille GmbH zu sichern, andererseits den Machtzuwachs bei Thyssen so gering wie möglich zu halten.

Der Bundesminister für Wirtschaft reduzierte bei seiner Teilerlaubnis die Beteiligung auf eine Höhe von 45%.

— Im Falle *VEBA/BP* untersagte das Bundeskartellamt den Zusammenschluß, weil durch ihn die überragende Marktstellung der Ruhrgas AG auf dem Gasmarkt verstärkt würde [2]).

Die Monopolkommission empfahl, den an die Deutsche BP AG zu veräußernden Ruhrgas-Anteil auf 9% zu begrenzen und zu verhindern, daß die 9% übersteigenden Anteile in den Einflußbereich der Unternehmen mit Erdöl- und Erdgas-Interessen gelangen. Damit sollte der BP AG zwar der Einstieg in den Gasmarkt ermöglicht, eine beherrschende Stellung der Mineralölkonzerne auf diesem Markt aber verhindert werden.

Der Bundesminister für Wirtschaft genehmigte den Zusammenschluß mit Auflagen, die dem gleichen Ziel dienten. Diese bestanden u. a. darin, daß

— die VEBA AG ihre restliche Beteiligung an der Ruhrgas AG der Bergemann KG andient und

— die Deutsche BP AG ihre Beteiligungen auf eine Höhe von 9% reduziert, falls die Bergemann KG aufgelöst werden sollte.

697. In ihrer Würdigung zum Falle VEBA/Gelsenberg bedauerte die Monopolkommission, daß aufgrund des Fehlens genereller Entflechtungsmöglichkeiten eine wettbewerbspolitisch wichtige Veränderung der Wettbewerbsstrukturen nicht zu erreichen war [3]). Beim Zusammenschluß VEBA/Gelsenberg war nach Auffassung der Kommission im Zuge einer Auflage durch den Bundesminister für Wirtschaft auch eine Abspaltung der Handelsunternehmen Hugo Stinnes AG von VEBA und Raab Karcher GmbH von Gelsenberg zu erwägen. Dadurch hätte gegenüber einem vollständig vollzogenen Zusammenschluß eine Verbesserung der Wettbewerbsbedingungen im Handelsbereich erreicht werden können, insbesondere weil eine Reihe von weniger diversifizierten Handelsunternehmen als Wettbewerber auf dem Markt war. Von der Forderung nach einer solchen vertikalen Desintegration von VEBA/Gelsenberg wurde jedoch abgesehen, weil sie die Wettbewerbsposition des zusammengeschlossenen Unternehmens gegenüber den multinationalen Konkurrenten im Mineralölhandel geschwächt hätte, die ihrerseits vollständig vertikal integriert waren. Bei Vorhandensein von Entflechtungsmöglichkeiten hätte eine Verselbständigung des Handelsbereichs im gesamten Sektor (also auch bei den am Zusammenschluß nicht beteiligten Mineralölkonzernen) erreicht werden können, wodurch in Verbindung mit der Abspaltung der Handelsunternehmen von VEBA/Gelsenberg eine ausgeglichenere Wettbewerbsstruktur geschaffen worden wäre. Damit hätte ein Teilzusammenschluß VEBA/Gelsenberg (ohne Handelsbereich) die vom Bundesminister für Wirtschaft mit seiner Genehmigung bezweckte Erfüllung energiepolitischer Ziele ebenso gut wie der vollzogene Zusammenschluß erreicht, ohne daß aber die Marktstrukturbedingungen im Handelsbereich davon nachteilig berührt worden wären. Wegen des Fehlens einer generellen Entflechtungsregelung ließ sich dieser Weg jedoch nicht beschreiten. Eine Teilentflechtung dieses Bereichs wurde von VEBA freiwillig vorgenommen, als beim Zusammenschlußfall VEBA/BP Teile des Brennstoffhandels der VEBA von der BP erworben wurden.

¹) Vgl. WuW/E BKartA 1657 ff., Beschluß vom 17. Dezember 1976.
²) Vgl. WuW/E BKartA 1719 ff., Beschluß vom 27. September 1978.
³) Vgl. Monopolkommission, Sondergutachten 2, Tz. 3 Mr. (7).

1.3.3. Zusagenpraxis des Bundeskartellamts

698. Das Bundeskartellamt hat in der Vergangenheit eine Nichtuntersagung von Zusammenschlüssen in einigen Fällen davon abhängig gemacht, daß die Unternehmen sich freiwillig von Beteiligungen trennen, die im Zusammenhang mit dem Zusammenschluß zu einer marktbeherrschenden Stellung geführt hätten (sogenannte „Vorfeldwirkung" der Fusionskontrolle). In der Amtspraxis ist dieses Vorgehen auch auf Trennungszusagen im laufenden Verfahren ausgedehnt worden, nach deren Abgabe von einer Untersagung abgesehen wird. Im Zusammenschlußfall Bayer/Metzeler zeigte sich wiederum die Problematik dieser Zusammenschlußregelung mit Hilfe von Zusagen [1]).

699. Die Monopolkommission hat bereits in früheren Gutachten ihre Auffassung zu dieser Form der „Entflechtung auf freiwilliger Basis" geäußert [2]). Sie hält die Zusagenpraxis wettbewerbsrechtlich für bedenklich und ist der Auffassung, daß nach einer Ergänzung des Gesetzes um eine Auflagenkompetenz für das Bundeskartellamt das verfahrensrechtlich angemessenere Mittel bereitsteht.

¹) Zur Würdigung dieses Falles s. o. Tz. 543.
²) Vgl. Monopolkommission, Hauptgutachten 1973/1975, a. a. O., Tz. 936 bis 950 sowie Monopolkommission, Hauptgutachten 1976/1977, a. a. O., Tz. 439 bis 446.

1.4. Bisherige Aussagen der Monopolkommission zur Entflechtung

700. In ihrem Sondergutachten zur Mißbrauchsaufsicht war die Monopolkommission auf die Frage eingegangen, in welchem Verhältnis die Mißbrauchsaufsicht zu einer laufenden Verhaltenskontrolle nach Kriterien des öffentlichen Interesses steht[1]). Die Kommission war zur Auffassung gelangt, daß eine solche Kontrolle nicht im Rahmen der Mißbrauchsaufsicht nach geltendem Recht zu lösen sei, sondern eine Frage der Weiterentwicklung des Wirtschaftsrechts durch den Gesetzgeber sei. Die Kommission hat aber hervorgehoben, daß vor einer Herauslösung von Wirtschaftsbereichen aus dem Anwendungsbereich des GWB und ihrer Unterordnung unter eine Monopolkontrolle, wie sie z. B. die „public utility regulation" in den USA darstellt, geprüft werden sollte, ob die Funktionsfähigkeit des Wettbewerbs auf andere Weise hergestellt werden kann. Zu den Maßnahmen, die nach Meinung der Kommission Vorrang vor dieser Art Monopolkontrolle haben sollten, gehört die Veränderung bestehender Unternehmensstrukturen einschließlich der Entflechtung.

701. Im ersten Hauptgutachten hat die Monopolkommission darauf hingewiesen, daß die Ergebnisse der von ihr vorgelegten Konzentrationsuntersuchung die Notwendigkeit bestätigen, nicht nur das Fortschreiten der Unternehmenskonzentration durch Zusammenschlüsse zu begrenzen, sondern durch begrenzte Eingriffe in bestehende wettbewerbsbeschränkende Unternehmensverbindungen ein Mindestmaß funktionsfähigen Wettbewerbs herzustellen[2]). Das gilt vor allem, wenn — wie im Energiesektor — nicht nur der Marktwettbewerb, sondern auch der marktübergreifende Substitutionswettbewerb beschränkt ist.

Die Kommission schließt die Möglichkeit nicht aus, daß bei der Anwendung von Entflechtungsmaßnahmen Veränderungen der Markt- und Unternehmensstruktur mit den Erfordernissen wirtschaftlicher Produktionsbedingungen in Konflikt geraten können. Diese Konflikte sollte eine gesetzliche Regelung soweit wie möglich vermeiden. Die gesetzliche Ermächtigung sollte daher so gefaßt sein, daß sie die maßgeblichen Kriterien enthält für die Abwägung des öffentlichen Interesses an der Sicherung des Wettbewerbs mit den konkurrierenden Kriterien der Wirtschaftlichkeit und der Beschränkung des Eingriffs auf das zur Erreichung des Gesetzeszwecks unerläßliche Mindestmaß. Nach Auffassung der Kommission wäre die Auflösung von Unternehmensverflechtungen daher vor allem dort möglich und geboten, wo es sich um finanzielle Kontrollbeteiligungen handelt, von denen nachhaltige wettbewerbsbeschränkende Wirkungen ausgehen, ohne daß sie aus technischen, betrieblichen oder wirtschaftlichen Gründen gerechtfertigt sind. Mögliche Beispiele für solche Sachverhalte bieten wettbewerbsbeschränkende Beteiligungen von Banken an Nichtbanken. Die Auflösung dieser Beteiligungen wäre möglich, ohne unternehmerische Einheiten zu zerstören und ohne in die zugrundeliegenden Eigentumsrechte der Aktionäre der Banken einzugreifen. Auch die Verflechtungen zwischen den verschiedenen Energieträgern, welche den Substitutionswettbewerb nachhaltig beschränken, beruhen häufig nicht auf produktionstechnischen oder betrieblichen Erfordernissen.

[1]) Vgl. Monopolkommission, Sondergutachten 1, a. a. O., Tz. 24.

[2]) Vgl. Monopolkommission, Hauptgutachten 1973/1975, a. a. O., Tz. 962 ff.

2. Grundsatzfragen zur Entflechtung

2.1. Zielsetzungen der Entflechtung

702. Von grundsätzlicher Bedeutung für die Konzeption einer Entflechtungsregelung im deutschen Recht ist die Frage nach der Zielsetzung, an welcher die zu schaffende Norm ausgerichtet werden soll. Die Entflechtung kann einerseits an der umfassenden Zielvorstellung einer möglichst weitgehenden Dekonzentration jeglicher Art von gesellschaftlicher Macht orientiert sein. Sie kann zum anderen als Bestandteil einer Wettbewerbspolitik angesehen werden, die speziell darauf gerichtet ist, die Funktionsfähigkeit unseres Wirtschaftssystems zu erhalten. In vielen Bereichen werden sich diese Aspekte überschneiden, da die Kontrolle wirtschaftlicher Macht aus wettbewerbspolitischer Sicht gleichzeitig auch gesellschaftspolitische Bezüge beinhaltet und weil beide Konzeptionen im Ergebnis tendenziell eine Dezentralisierung von großen wirtschaftlichen Einheiten anstreben. Hingegen lassen sich aus den beiden Konzepten auch unterschiedliche Folgerungen für die Ausgestaltung von Entflechtungsregeln ableiten, die nicht zuletzt für die Frage der Eingriffskriterien präjudizierend wirken. Abgesehen von der gesellschaftspolitischen oder der wettbewerbspolitischen Einordnung einer Entflechtungsregelung bleibt die Frage nach den verfassungsrechtlichen Grenzen ihrer konkreten Ausgestaltung zu beantworten[1]).

2.1.1. Gesellschaftspolitische Zielsetzungen

703. Der gesellschaftspolitische Aspekt der Entflechtung stellt auf die Gefahren ab, die eine ökonomische Machtzusammenballung aus politischer Sicht in sich birgt. Darin enthalten sind die gesellschaftlichen Risiken der politischen Ausübung wirtschaftlicher Macht auf lokaler, regionaler oder überregionaler Ebene, wie auch gesamtwirtschaftliche Fehlentwicklungen durch Machtkonzentration, die gesellschaftspolitische Belange tangieren. Eine Entflechtungsregelung aus dieser Perspektive würde sich also gegen unternehmerische Macht als solche richten und daher letztlich zum Eingriffskriterium der absoluten Unternehmensgröße führen, ohne daß notwendig ein wettbewerblicher Maßstab zur Norm des Eingriffs werden müßte. Die oben erwähnten

[1]) Vgl. hierzu ausführlicher Abschnitt 6 dieses Kapitels.

Vorschläge von Kennedy und der FTC, die eine Begrenzung des externen Wachstums oberhalb bestimmter Größenordnungen vorsehen, können für diesen Sachverhalt als Beispiel herangezogen werden.

704. Vorrangige Zielobjekte der gesellschaftspolitisch begründeten Entflechtungskonzeption sind reine Finanzbeteiligungen und große Konglomerate, die oft als gesellschaftspolitisches Problem angesehen werden. Bei dieser Fallkategorie wäre eine Anknüpfung der Entflechtung an marktbezogene wettbewerbsrechtliche Kriterien verfehlt, weil eine Vielzahl von möglicherweise gewünschten Entflechtungsfällen tatbestandlich nicht erfaßt werden könnte. Gleichzeitig sind aber gerade dies die Unternehmen, deren Entflechtung aus wirtschaftlicher Sicht tendenziell die wenigsten Probleme aufwirft, weil abgrenzbare betriebliche Einheiten mit separaten Produktionsaufgaben vorhanden sind. Die Zerstörung von wirtschaftlichen Vorteilen durch Entflechtungsmaßnahmen ist nach allen Erfahrungen dann am wenigsten zu erwarten, wenn die Auflösung bei organisatorischen Trennungslinien innerhalb des Unternehmens ansetzen kann, deren Existenz auf einen lediglich lockeren wirtschaftlichen Zusammenhang hindeutet. Die Einbindung der Entflechtung in gesellschaftspolitische Zielvorstellungen hat daher den Vorzug einer Auflösungsmöglichkeit auch bei solchen Zusammenballungen wirtschaftlicher Macht, die aufgrund des fehlenden Marktmachtbezugs ansonsten nicht faßbar wären, verbunden mit einer geringen wirtschaftlichen Härte des Eingriffs.

2.1.2. Wettbewerbspolitische Zielsetzungen

705. Bei einer Orientierung des Entflechtungsansatzes an rein wettbewerbspolitischen Kriterien sind zwei unterschiedliche Konzeptionen denkbar:

- Das Entflechtungsinstrument könnte an die bereits im Gesetz normierten Eingriffsvoraussetzungen anknüpfen. Dies würde dann lediglich eine Ergänzung der bisherigen Wettbewerbspolitik um ein zusätzliches Instrument mit besonders hoher Eingriffsintensität darstellen, ohne daß damit der Bereich der erfaßten Wettbewerbsbeschränkungen erweitert würde.
- Das Entflechtungsinstrument könnte aber auch gegen solche unerwünschten wettbewerbsbeschränkenden Strukturen angewandt werden, die außerhalb der bisherigen Eingriffsmöglichkeiten des Rechts gegen Wettbewerbsbeschränkungen liegen. Dabei handelt es sich im wesentlichen um Wettbewerbsbeschränkungen unterhalb der Schwelle der Marktbeherrschung.

706. In der wissenschaftlichen Diskussion wird bei Entflechtungsnormen im Regelfall an die Eingriffskriterien des GWB angeknüpft. Den Ausgangspunkt bildet eine nicht-kompetitive Marktstruktur mit einem hohen, nicht tolerierbaren Grad an Marktmacht (Marktbeherrschung, ggf. im Zusammenhang mit unanfechtbar gewordenen Mißbrauchsverfügungen). Insofern würden die Tatbestände, die zum Entflechtungseingriff führen, in ihrem Maß nicht über diejenigen der Zusammenschlußkontrolle hinausgehen.

707. Wie bereits der gesellschaftspolitische Entflechtungsansatz erfordert auch das über den Marktbezug hinausgehende Entflechtungskonzept eine neue, gegenüber dem GWB weitergehende gesetzliche Regelung. Demgegenüber hat eine Einbindung von Entflechtungsregeln in das GWB den Vorzug, daß auf der Grundlage der bisherigen Rechtsprechung zum Kartellgesetz ein größerer Umfang an generalisierungsfähigen Maßstäben ableitbar ist, weil bestimmte Auslegungsgrundsätze nutzbar gemacht werden können. Im Zusammenhang damit ist auch zu erwarten, daß der politische Ermessensspielraum bei einer Anknüpfung an durch die Rechtsprechung inhaltlich ausgefüllte Leitlinien vergleichsweise gering sein dürfte. Dies führt dazu, daß einer den Rahmen des geltenden Wettbewerbsrechts nicht überschreitenden Entflechtungsnorm aus verfassungspolitischer Sicht der Vorzug zu geben ist. Den bisherigen Ausführungen läßt sich unschwer entnehmen, daß eine solche Entflechtungsregelung letztlich auch von leichterer politischer Durchsetzbarkeit wäre als eine an darüber hinausgehenden Zielsetzungen ausgerichtete Entflechtungsvorschrift.

2.1.3. Stellungnahme der Monopolkommission

708. Nach Auffassung der Monopolkommission stellt die Entflechtung einen strukturellen Eingriff dar, mit dem in erster Linie die Effizienz des Wettbewerbs erhöht werden sollte. Die weiteren Überlegungen der Kommission zur Entflechtung beruhen daher ausschließlich auf wettbewerbspolitischen Zielsetzungen. Nach Meinung der Kommission sollte aus grundsätzlichen wie auch aus praktischen Erwägungen [1]) die zu schaffende Entflechtungsnorm möglichst an den Tatbestandsvoraussetzungen des geltenden Rechts gegen Wettbewerbsbeschränkungen anknüpfen. Dabei ist im einzelnen zu prüfen, welche der Voraussetzungen als hinreichend für einen strukturellen Eingriff anzusehen sind. Entflechtungsmaßnahmen sollten grundsätzlich nur in Erwägung gezogen werden, wenn der Wettbewerb durch ein Übermaß an Marktmacht beschränkt wird und wenn die Wettbewerbsbeschränkungen mit herkömmlichen Mitteln nicht nachhaltig beseitigt werden können. Wettbewerbsbeschränkende finanzielle Kontrollbeteiligungen unterhalb der Marktbeherrschungsschwelle lassen sich dagegen nur durch besondere Gesetze erfassen, welche die Entflechtung im einzelnen regeln.

2.2. Ansatzpunkte für Entflechtungen

2.2.1. Entflechtung in Verbindung mit der Kontrolle von Zusammenschlußvorhaben

709. Als Beispiel für eine an die präventive Zusammenschlußkontrolle anschließende Entflechtungs-

[1]) Vgl. dazu Tz. 707.

regelung sind die bereits erwähnten Gesetzesentwürfe von Senator Kennedy und der FTC vom Jahre 1979 anzusehen [1]).

Nach Section 2 des *Kennedy*-Vorschlages sind Zusammenschlüsse [2]) untersagt, wenn

(a) die Vermögenswerte oder Umsatzerlöse einzeln mehr als 2 Mrd. $ betragen,

(b) die Vermögenswerte oder Umsatzerlöse einzeln mehr als 350 Millionen $ betragen

oder

(c) bei einer wirtschaftlichen Einheit Vermögenswerte oder Umsatzerlöse mehr als 350 Millionen $ betragen und die andere 20 % (oder mehr) Marktanteil eines bedeutenden Marktes (mit einem Jahresumsatz von mehr als 100 Millionen $) hält.

Bei dem ersten Kriterium handelt es sich um ein absolutes Zusammenschlußverbot ohne Zulassung von Ausnahmen. Dagegen können in Fällen, die den beiden nachfolgenden Kriterien (b) und (c) entsprechen, Rechtfertigungsgründe geltend gemacht werden, wenn nicht bereits in dem dem Zusammenschluß vorangegangenen Jahr eine der Parteien an einem Zusammenschluß beteiligt war, der den Bestimmungen der Kriterien (b) und (c) unterlag. Als Rechtfertigungsgründe werden nach dem Kennedy-Vorschlag in Section 3 folgende Tatbestände bezeichnet:

— Wesentliche Verbesserung des Wettbewerbs,

— wesentliche Effizienzsteigerung (eingeschlossen „economies of scale" in Produktion, Marketing, Vertrieb sowie Forschung und Entwicklung)

oder

— die Abstoßung von einer oder mehreren lebensfähigen Wirtschaftseinheiten, deren Vermögenswerte und Erträge mindestens so groß sind wie die erworbenen, innerhalb des vorangegangenen Jahres.

710. Der letzte Ausnahmetatbestand des Kennedy-Vorschlages wird im *FTC*-Vorschlag zum zentralen Anknüpfungspunkt einer Zusammenschlußkontrolle. Eingreifkriterium ist hier der Durchschnitt von Vermögenswerten und Umsatzerlösen des letzten Jahres in einer Höhe von mehr als 2 Mrd. $ als Ergebnis des Erwerbs. Oberhalb dieser Schwelle ist ein Zusammenschluß [2]) nur zulässig, wenn der Federal Trade Commission und dem Assistant Attorney General in Charge of the Antitrust Division — die für die Durchführung des Gesetzes Sorge tragen und entsprechend Section 7 A über die notwendigen Auskunftsrechte verfügen — ein detaillierter Plan zur Entflechtung von (gegebenenfalls mehreren) Unternehmenseinheiten mit (zusammen) vergleichbarer Größe vorgelegt wird. Die Vorschrift greift nur ein, wenn eine Kontrolle von Vermögenswerten oberhalb der Grenze von 100 Millionen $ erlangt wird. Die maßgeblichen Größenschwellen des Betriebsvermögens und der Umsatzerlöse sollen ab 1981 auf der Grundlage des vom Bureau of Economic Analysis des Department of Commerce errechneten Preisindex („implicit price deflator") angepaßt werden, damit sichergestellt ist, daß nur die größten Transaktionen der größten Unternehmen erfaßt werden.

711. Mit dem „cap und spin-off" der Vorschläge von Kennedy und der FTC sollen nicht mehr nur die wettbewerbsbeschränkenden Zusammenschlüsse, sondern es soll aus gesellschaftspolitischen Gründen das externe Wachstum von Großunternehmen generell eingeschränkt werden. Logische Konsequenz wäre ein vollständiges Zusammenschlußverbot (wie es der Kennedy-Vorschlag für die größten der Großunternehmen vorsieht). Dies könnte jedoch schwerwiegende wirtschaftliche Probleme herbeiführen, die sich insbesondere im Strukturwandel zeigen könnten. Die Unternehmen könnten nicht mehr durch eine flexible Investitionstätigkeit zum schnelleren Strukturwandel beitragen.

Bei der Begründung der Notwendigkeit zur Einführung von derartigen Regelungen bleibt der Bezug zu den Marktwirkungen außer acht. Das Gewicht der Argumentation wird nur auf die aggregierte Konzentration sowie die politischen Gefahren großer konglomerater Unternehmen gelegt. In dem Angriff auf das externe Unternehmenswachstum schlechthin in den von Kennedy und der FTC vorgeschlagenen Ansätzen wird daher der rein an gesellschaftspolitischen Kriterien orientierte Charakter der „Entflechtung auf freiwilliger Basis" deutlich. Die Monopolkommission hält diese Konzeption in der gegenwärtigen Entflechtungsdiskussion der Bundesrepublik Deutschland nicht für richtungweisend. Eine Entflechtungsregelung nach deutschem Recht sollte sich — wie oben begründet [1]) — vielmehr an rein wettbewerbspolitischen Maßstäben orientieren.

2.2.2. Einmalige umfassende Reorganisation

712. Modellfall für eine einmalige Entflechtung ganzer Wirtschaftszweige ist die Entflechtung durch die alliierten Siegermächte nach dem Zweiten Weltkrieg in Deutschland. Betroffene Industriebereiche waren der Kohlebergbau, die Eisen- und Stahlindustrie, die IG-Farben, die drei Filialgroßbanken und die Filmwirtschaft. Bei Kohle- sowie Eisen- und Stahlindustrie wurden sogenannte Einheitsgesellschaften gegründet, auf die das Vermögen der zu liquidierenden Gesellschaften übertragen wurde. Die IG-Farben Industrie AG wurde in drei Kerngesellschaften und zwei weitere selbständige Unternehmen aufgespalten. Die Großbanken wurden aufgesplittert und regionalisiert. Die vor dem Krieg reichseigene Ufa-Filmgesellschaft wurde unter eine Treuhandverwaltung gestellt; eine durch Verkauf geplante Auflösung konnte jedoch nicht erreicht werden. Eine Reihe von erheblichen Rekonzentrationsvorgängen hat dazu geführt, daß der Entflech-

---

[1]) Vgl. oben Tz. 689.

[2]) Als Zusammenschlüsse gelten „merger", „consolidation", „acquisition of the stock or other share capital" und „acquisition (directly or indirectly) of assets", wenn hierdurch eine Kontrolle ermöglicht wird.

[3]) Als Zusammenschlüsse gelten „merger", „consolidation" und „acquisition (directly or indirectly) of voting securities or assets".

[1]) Vgl. oben Tz. 702 ff.

tung dieser Wirtschaftsbereiche kein nachhaltiger Erfolg beschieden war.

713. Die Monopolkommission ist der Auffassung, daß eine der alliierten Entflechtung vergleichbare Dekonzentration nur in außergewöhnlichen historischen Situationen — wie sie etwa im Zusammenbruch des Deutschen Reiches mit der Notwendigkeit des politischen und wirtschaftlichen Wiederaufbaus vorlag — möglich ist. Daher ist ein solcher Entflechtungsansatz für die vorliegende Diskussion abzulehnen. Die in der Hauptsache aus politischen Gründen durchgeführten Entflechtungen der Alliierten zeigen aber, daß auch die Entflechtung ganzer Industriebereiche — wenn auch unter großen Widerständen — prinzipiell möglich ist.

714. Eine weitere Form der einmaligen Entflechtung ganzer Industriezweige ist in dem Vorschlag des Senators Hart zur Einführung eines „Industrial Reorganization Act" enthalten [1]). Er sah die Einrichtung einer „Industrial Reorganization Commission" vor, die eine Sektorenuntersuchung vornehmen sollte in den Bereichen

- — Chemie und Pharmazie,
- — Elektrische Maschinen und Einrichtungen,
- — Elektronische Datenverarbeitung und Kommunikationseinrichtungen,
- — Energie,
- — Eisen und Stahl,
- — Kraftfahrzeuge
  und
- — Nichteisen-Metalle.

Zweck der Untersuchung sollte die Feststellung sein, ob Marktmacht in einem dieser Sektoren besteht, sowie — unabhängig von dieser Feststellung — der Entwurf eines Plans zur Reorganisation dieser Industriebereiche. In dem Plan sollte für jeden Industriebereich festgelegt werden

- — die höchstmögliche Anzahl von Wettbewerbern jeder Stufe ohne Verlust wesentlicher „economies",
- — der geringstmögliche Grad vertikaler Integration ohne den Verlust wesentlicher „economies",
- — der höchstmögliche Grad des leichten Zutritts auf jeder Stufe.

Zusätzlich sollte die „Industrial Reorganization Commission" in jedem Industriebereich die Tarifverhandlungen und deren Auswirkungen auf den Wettbewerb untersuchen. Nach den Vorstellungen Harts sollte die „Industrial Reorganization Commission" nach 15 Jahren aufgelöst werden, wenn die von ihr zu schaffende kompetitive Struktur durch die bestehenden Antitrustgesetze erhalten werden könnte.

715. Die Anordnung einer Sektorenuntersuchung im Hart-Vorschlag stellt neben einem kaum tragbaren Verwaltungsaufwand vor allem wegen des an das Untersuchungsergebnis anschließenden Plans zur industriellen Reorganisation hohe wissenschaftliche Anforderungen an die Voraussetzungen zur Gestaltung von Marktstrukturen. Mit dem gegenwärtigen wissenschaftlichen Erkenntnisstand lassen sich jedoch derart detaillierte Feststellungen, die im Reorganisationsplan nach dem „Industrial Reorganization Act" die Grundlage für Entflechtungsmaßnahmen bilden sollten, nicht mit hinlänglicher Sicherheit treffen. Gegen ein Vorgehen, wie es der „Industrial Reorganization Act" vorsieht, spricht auch die vorgegebene Begrenzung der Untersuchung auf einzeln aufgeführte Wirtschaftszweige und deren strenge Abgrenzung zu den Industriebereichen, die nicht reorganisiert werden sollen.

Die Monopolkommission sieht aus diesen Gründen keine Möglichkeit, eine dem Vorschlag von Hart vergleichbare Lösung in das GWB einzufügen. Gegen die zeitliche Begrenzung von Entflechtungsregeln entsprechend dem Hart-Vorschlag bestehen seitens der Kommission daneben generell erhebliche Bedenken verfassungsrechtlicher Art, da sowohl Aspekte der Rechtssicherheit als auch des staatlichen Vertrauensschutzes dieser Lösung entgegenstehen.

2.2.3. Ständige Korrektur einzelner Marktstrukturen

716. In den Vorschlägen zur Einführung von Entflechtungsnormen in das deutsche Recht bestehen zwar erhebliche Differenzen in der Frage der Eingriffskriterien. Einheitlich dagegen wird von einer Regelung ausgegangen, die ständig für eine Korrektur von nicht-kompetitiven Marktstrukturen zur Verfügung steht. Dieser Ansatz ist bereits in den Entflechtungen in den USA nach Sherman Act und nach Clayton Act vorgezeichnet. Nach Auffassung der Monopolkommission ist dies der einzig akzeptable Weg für die Durchführung von Entflechtungsmaßnahmen. Im folgenden wird daher nur hierauf Bezug genommen.

3. Eingriffsvoraussetzungen

717. Als Eingriffskriterien für Entflechtungsmaßnahmen sind die Höhe der Umsatzerlöse oder andere Kennzahlen der absoluten Unternehmensgröße denkbar. Weitere Anhaltspunkte für Entflechtungsmaßnahmen können sich daneben auch auf Kriterien der den Wettbewerbsprozeß beschreibenden Größen von Marktstruktur, Marktverhalten und Marktergebnissen stützen. Strukturelle Kriterien werden in der Regel als Indikatoren für wirtschaftliche Macht aufgefaßt, während Verhaltens- und Ergebniskriterien wirtschaftliche Fehlsteuerungen im Wettbewerb signalisieren. Das zugrundeliegende Wettbewerbskonzept geht davon aus, daß die Bedingungen der Marktstruktur den Bereich der unternehmerischen Handlungsfreiheit mehr oder weniger stark begrenzen; das Marktergebnis folgt dann aus der konkreten Verhaltensweise in Verbindung mit den strukturellen Gegebenheiten. Auf dieser Grundlage wird mit Hilfe strukturverändernder Maßnahmen eine Verbesserung der Leistungsfähig-

---

[1]) Vgl. oben Tz. 687.

keit des Marktes angestrebt, die sich in wirtschaftlich effizienteren Marktergebnissen niederschlagen soll. Schließlich kann eine Entflechtungsregelung auch an das Ergebnis von Sektorenuntersuchungen (als Gesamtanalyse des Wettbewerbsprozesses) geknüpft werden.

Bei der Prüfung der dargelegten Vorschläge, die im wissenschaftlichen oder politischen Raum diskutiert werden, sieht die Monopolkommission keine Lösungsalternative, die von vornherein als zwingend geboten erscheint.

3.1. Absolute Unternehmensgröße

718. Wenn man die Unternehmensgröße als solche zum Gegenstand von Entflechtungen machen wollte, so kämen als Eingriffskriterien Größenmerkmale des Unternehmens wie z. B. Umsatzerlöse, Zahl der Beschäftigten oder Bilanzsumme in Betracht. Ansätze in dieser Richtung — vergleichbar den Vorschlägen von Kennedy und der FTC zur Begrenzung des externen Wachstums — lassen sich auf die wirtschaftspolitische Problematik der konglomeraten Konzentration zurückführen. Sie ergibt sich bei der Behandlung großer Konglomerate dadurch, daß konkrete Wettbewerbsbeeinträchtigungen auf bestimmten Märkten durch die Existenz von Konglomeraten kaum schlüssig nachweisbar sind. Gleichzeitig werden aber die mit zunehmender konglomerater Konzentration wachsenden wirtschaftlichen Interdependenzen sowie die Zunahme an wirtschaftlicher Macht sowohl aus wettbewerbspolitischer als auch aus gesellschaftspolitischer Sicht als Gefahren angesehen. Umfassend ließe sich ein Vorgehen gegen große konglomerate Unternehmen bzw. gegen Unternehmensgröße als solche nur mit gesellschaftspolitischen Argumenten begründen, die regelmäßig zur Begrenzung der Unternehmensgröße oder des externen Wachstums herangezogen werden. Aus den oben dargelegten Gründen[1]) lehnt die Monopolkommission eine solche Anknüpfung der Entflechtungsregelung ab.

3.2. Marktstrukturkriterien

719. Die Anknüpfung von Entflechtungsmaßnahmen an Strukturkriterien stellt regelmäßig auf Marktanteile bzw. den Konzentrationsgrad ab; vorstellbar wäre auch ein Ansetzen bei der vertikalen Integrationstiefe oder der Anzahl der marktbeherrschenden Stellungen eines Unternehmens. Die Quantifizierung der marktbezogenen Kriterien führt zu Schwellenwerten, oberhalb derer eine absolut dominierende Stellung von Unternehmen definiert oder vermutet wird. Beispiele für derartige Anknüpfungen an Marktstrukturkriterien sind die Gesetzesentwürfe von *Kaysen und Turner*[2]), *Harris*[3]) und *Hart*[4]).

720. Die genannten Vorschläge beinhalten indessen keine reine Strukturanknüpfung. Die Starrheit struktureller Kriterien wird zumeist durch die Einführung von Ausnahmeklauseln („escape clauses") ausbalanciert oder durch Einführung von zusätzlichen nicht-strukturellen Eingriffskriterien gelokkert. So soll nach dem Vorschlag von Kaysen und Turner Marktmacht als unwesentlich gelten, wenn sie auf folgenden Umständen fußt:

— „economies", die auf Größe im Verhältnis zum gesamten Markt beruhen,

— Eigentum an rechtmäßig erworbenen und ausgeübten Patenten (wenn Marktmacht durch Patente geschaffen und aufrechterhalten wird, soll die Verwaltung die Beweislast der Ungültigkeit bzw. des unrechtmäßigen Erwerbs oder Gebrauchs tragen),

— geringe Preisen oder überlegene Produkte durch die Einführung neuer Prozesse, Produktverbesserungen oder Vertriebsmethoden sowie außerordentlicher Effizienz eines Unternehmens im Vergleich zu anderen Unternehmen mit wesentlichen Marktanteilen.

Außerdem soll bei der Entflechtungsanordnung berücksichtigt werden, daß

— das Gericht keinen Plan empfehlen soll, der die Entflechtung von Vermögenswerten eines einzelnen Betriebes vorsieht,

— bei der Festlegung von Entflechtungsmöglichkeiten mutmaßliche andauernde Verluste von wesentlichen „economies" des oder der beklagten Unternehmen durch das Gericht in Betracht zu ziehen sind,

— das Gericht keine Trennung von Vermögenswerten anordnen soll, wenn beklagte Unternehmen nachweisen, daß durch eine solche Abhilfe keine Verbesserung der Wettbewerbsbedingungen erzielt wird, die auch andere von den Beklagten vorgeschlagene Maßnahmen erreichen würden,

und

— das Gericht keinen Entflechtungsplan empfehlen soll, wenn beklagte Unternehmen nachweisen, daß ein oder mehrere aus dem Plan entstehende Unternehmen keine gerechtfertigten Aussichten zum Überleben unter den sich ergebenen Wettbewerbsbedingungen haben würden.

Die Vermutungskriterien des „Industrial Reorganization Act" von *Hart* sind ein Mischtatbestand, da neben strukturellen Kriterien (50 % Marktanteil bei vier oder weniger Unternehmen) auch Verhaltens- (Fehlen wesentlichen Wettbewerbs) und Marktergebniskriterien (Gewinn zu Eigenkapital nach Steuern von mehr als 15 %) genannt werden. Von einer Entflechtung wird trotz Vorliegen der Voraussetzungen abgesehen, wenn die Marktmacht auf dem Besitz von rechtmäßig erworbenen und ausgeübten Patenten beruht oder wenn eine Entflechtung den Verlust wesentlicher „economies" zur Folge haben würde.

721. Für ein Abstellen des Eingriffskriteriums von Entflechtungsmaßnahmen auf Strukturmerkmale wurde der Monopolkommission vorgetragen, daß es

---

[1]) Vgl. oben Tz. 702 ff.

[2]) Vgl. oben Tz. 685.

[3]) Vgl. oben Tz. 686.

[4]) Vgl. oben Tz. 687, 688.

sich klarer und leicht feststellbarer Maßstäbe bediene, die längerfristig eher stabil und daher stärker zukunftsorientiert seien, während das Anknüpfen am Marktverhalten oder Marktergebnis an Normgrößen der Vergangenheit ausgerichtet sei. Gleichzeitig bestünden aber Zweifel daran, daß Entflechtungsregelungen aufgrund von Strukturmerkmalen wirksam und empfehlenswert seien. Die regelmäßige Zulassung von Ausnahmeklauseln stelle die Wirksamkeit in Frage. Die Klauseln führten zu einer Veränderung des Entflechtungseingriffs in Richtung auf den Verhältnismäßigkeitsgrundsatz, was im Zusammenhang mit den Bewertungsproblemen bei Vorliegen von „economies of scale" die zu erwartende Zurückhaltung bei richterlichen Entscheidungen eher verstärken würde.

Wenig empfehlenswert erscheine eine Entflechtungsregelung allein auf der Grundlage von marktstrukturellen Kriterien auch deshalb, weil das wettbewerbstheoretische Grundwissen — insbesondere die Aussagen der Theorie der „Industrial Organization" zum Verhältnis von Marktstruktur, -verhalten und -ergebnissen — zu wenig gefestigt sei, um Märkte nach einem bei Entflechtungsmaßnahmen vorauszusetzenden positiven Muster zu ordnen. Allenfalls sei auf dieser Grundlage das Verbot einer bestimmten isolierten Verhaltensweise (wie etwa bei einem Zusammenschluß) möglich, weil hierbei die Gestaltungsfreiheit der Unternehmen in geringerem Maße eingeschränkt würde.

722. Die an Strukturkriterien ansetzenden Vorschläge von Entflechtungsregeln stellen regelmäßig auf den Marktanteil als einem Kriterium für Marktmacht ab. Die Monopolkommission hält bei der Prüfung, ob eine Entflechtung geboten erscheint, die Berücksichtigung der Marktmacht von Unternehmen für unerläßlich. Sie ist jedoch der Auffassung, daß für einen derart massiven Eingriff, wie ihn die Entflechtung darstellt, das Vorliegen von Marktmacht allein für eine abschließende Beurteilung nicht ausreicht, sondern daß zusätzliche Merkmale hinzutreten müssen.

3.3. Marktverhaltenskriterien

3.3.1. Anknüpfung am Mißbrauch

723. Nach einem Vorschlag des Wissenschaftlichen Beirats beim Bundeswirtschaftsministerium sollten Eingriffe bei marktbeherrschenden Unternehmen und Unternehmensverbindungen im Sinne von § 22 GWB innerhalb der Mißbrauchsaufsicht ermöglicht werden[1]). Dieser Maßnahmen wären immer dann erforderlich,

> „wenn aufgrund mehrfacher behördlich festgestellter Mißbräuche erkennbar wird, daß die schädlichen Wirkungen der marktbeherrschenden Stellung nicht anders als durch deren Beseitigung zu verhindern sind."

[1]) Vgl. Stellungnahme des Wissenschaftlichen Beirats beim Bundeswirtschaftsministerium zu „Fragen der Einführung einer Fusionskontrolle", in: Bulletin der Bundesregierung, Nr. 25/1970, S. 247 ff., Tz. 9.

724. Ein Eingriffskriterium, das ohne weitere Bedingung lediglich am Tatbestand des (mehrmaligen) Mißbrauchs einer marktbeherrschenden Stellung anknüpfen würde, weist der Entflechtungsmaßnahme den Charakter einer Strafsanktion zu. Eine derartige Implikation sollte nach Meinung der Monopolkommission jedoch vermieden werden, weil sie bereits im Ansatz verfehlt ist. Die Kommission sieht im Mißbrauch einer marktbeherrschenden Stellung ein objektives Fehlverhalten von Unternehmen, welches der Steuerung im Sinne der Wettbewerbsfunktionen in einem marktwirtschaftlichen System nicht entspricht. Dementsprechend sind Mißbräuche nicht als subjektiv vorwerfbare Verhaltensweisen anzusehen, die einer Sanktion bedürften. Nach Auffassung der Kommission ist der Tatbestand des (mehrmaligen) Mißbrauchs zu trennen von der Notwendigkeit der Beseitigung der strukturellen Ursachen des Mißbrauchs, da die Häufigkeit des Mißbrauchs gegebenenfalls ein Indiz, keinesfalls aber ein Nachweis für diese Notwendigkeit ist.

725. Entflechtungsmaßnahmen, die an bestimmte Verhaltenskriterien anknüpfen, werfen besondere Begründungsprobleme auf. Nach Auffassung der Monopolkommission lassen sich solche Maßnahmen nur dann rechtfertigen, wenn sie zur Korrektur des beanstandeten Verhaltens sowohl geeignet als auch notwendig sind. Insbesondere ist der Nachweis zu erbringen, daß bloße Verhaltensnormen nicht erwarten lassen, daß mißbräuchliche Verhaltensweisen in Zukunft unterbleiben. Nur unter diesen Voraussetzungen ist die Entflechtung als in die Zukunft wirkende Maßnahme zu rechtfertigen, und es wird vermieden, daß sie den Charakter einer an der Vergangenheit orientierten Sanktionsnorm erhält.

3.3.2. Würdigung des am Mißbrauch orientierten Entflechtungsansatzes

726. Der Vorteil der Anknüpfung an nachgewiesene Mißbräuche liegt in einer stärkeren Bezugnahme auf Kriterien, die auch für die von Entflechtungsmaßnahmen betroffenen Unternehmen leichter einsehbar — und damit als Gesamtkonzept leichter legitimierbar — sind. Außerdem nimmt für diese Form der Entflechtung die Bedeutung von Ausnahmeregelungen ab, die sich auf unternehmerische Leistungen beziehen. Man kann jedoch auch beim Verhaltensansatz nicht darauf verzichten.

727. Gegen eine unmittelbare Anknüpfung von Entflechtungsregelungen an mißbräuchliches Verhalten spricht einmal die Vergangenheitsorientiertheit des Verhaltenskriteriums. Es müßte bei Verwendung dieses Kriteriums zumindest sichergestellt sein, daß nicht ein mißbräuchliches Verhalten in der Vergangenheit, das keinen Zusammenhang zur bestehenden Wettbewerbsstruktur aufweist, zum Gegenstand von Entflechtungserwägungen gemacht wird.

Die Anknüpfung an die Mißbrauchsaufsicht des geltenden Rechts würde außerdem zur Übernahme der darin enthaltenen Schwächen führen. Eine prinzipielle Schwäche der Anknüpfung der Entflechtung an konkret nachgewiesene mißbräuchliche Verhaltensweisen liegt in dem Nachweisproblem beim Mißbrauch einer marktbeherrschenden Stellung [1]), das bereits die Mißbrauchskontrolle vor kaum lösbare Aufgaben gestellt hat und zu einer unangemessenen Dauer bei einzelnen Verfahren führte. Während Behinderungs- oder Preisstrukturmißbräuche zu der Mißbrauchskategorie zählen, die leichter feststellbar ist, ergeben sich beim Nachweis des Ausbeutungsmißbrauchs oft erhebliche Schwierigkeiten.

Nach Auffassung der Monopolkommission sind der hohe Verwaltungsaufwand und die lange Verfahrensdauer für die Feststellung mißbräuchlichen Verhaltens aber in Entflechtungsverfahren eher zu rechtfertigen. Anders als in den gegenwärtigen Mißbrauchsverfahren, in denen die beanstandete Verhaltensweise im Zeitpunkt der Unanfechtbarkeit des Urteils häufig durch die wirtschaftliche Entwicklung ohnehin überholt ist, haben Entflechtungsanordnungen eine ungleich dauerhaftere und umfassendere Wirksamkeit.

Als weiteres Problem tritt auf der Maßnahmenseite hinzu, daß im Regelfall zuerst das Abstellen der beanstandeten Verhaltensweise in Betracht zu ziehen ist, wobei zunächst die Struktur und damit die Ursache dieses Verhaltens bestehen bleibt. Einer den Grundsatz der Verhältnismäßigkeit von Mißbrauch und Abhilfe beachtenden Entflechtungsregelung obliegt die Pflicht, über den innerhalb der Mißbrauchsaufsicht gegen marktbeherrschende Unternehmen notwendigen Nachweis hinaus festzustellen, ob das beanstandete mißbräuchliche Verhalten auf Ursachen zurückzuführen ist, die nur durch Entflechtung zu beseitigen sind.

728. Die Monopolkommission hält eine Anknüpfung von Entflechtungsmaßnahmen allein an Kriterien des Marktverhaltens für nicht sachgerecht. Sie ist aber der Auffassung, daß mißbräuchliches Verhalten für eine Entflechtungsregelung insofern von Bedeutung ist, als beim Mißbrauch einer marktbeherrschenden Stellung eine Beachtung der Umstände notwendig wird, die diese Verhaltensweise verursacht haben und die letztlich die Entscheidung für oder gegen eine Entflechtung beeinflussen. Der Mißbrauch könnte somit als Indiz für die Sozialschädlichkeit der Marktstrukturen angesehen werden. Die Beseitigung des Mißbrauchs durch strukturelle Maßnahmen ist letztlich aber nur dann geboten, wenn der Nachweis der strukturellen Bedingtheit des Mißbrauchs vorliegt.

3.3.3. Strukturelle Bedingtheit des Mißbrauchs

729. Die Notwendigkeit einer Entflechtung läßt sich vor allem durch den Nachweis belegen, daß ein zu beanstandendes Verhalten strukturelle Ursachen hat, die nur durch Entflechtung beseitigt werden können. Dabei stellt sich die Frage, wie eng der kausale Zusammenhang zwischen der verursachenden Markt- bzw. Unternehmerstruktur einerseits und der durch sie verursachten mißbräuchlichen Verhaltensweise sein muß, um den Eingriff in die verursachende Struktur rechtfertigen zu können. Theoretisch lassen sich dabei drei kausale Abhängigkeitsgrade unterscheiden: Die zugrundeliegende Marktstruktur kann die verursachte Verhaltensweise

— erzwingen bzw. ausschließen,
— besonders begünstigen bzw. benachteiligen,
— lediglich zulassen.

730. Nicht ausreichend für die Rechtfertigung eines strukturellen Eingriffs ist ein Zusammenhang, bei dem die Marktstruktur die beanstandete Verhaltensweise lediglich zuläßt, darüber hinaus aber nicht besonders nahelegt, fördert oder begünstigt. Andere, nicht mißbräuchliche Verhaltensweisen stehen den Unternehmen genauso offen, und es steht ihnen völlig frei, für welche sie sich entscheiden. In diesen Fällen ist eine Verhaltensnorm zweifellos ausreichend, um in der Mehrzahl der Fälle das mißbräuchliche Verhalten zu unterbinden.

731. Im entgegengesetzten Extremfall, in dem die Marktstruktur eine bestimmte Verhaltensweise von den Unternehmen erzwingt, können wettbewerbspolitische Eingriffe überhaupt nur an der Marktstruktur ansetzen. Derartige deterministische Zusammenhänge zwischen Struktur und Verhalten sind aber nur in theoretischen Grenzfällen denkbar. In der Realität haben sie keinerlei Bedeutung. Sie sind aber auch nicht notwendig, um einen strukturellen Eingriff zur Korrektur mißbräuchlichen Verhaltens rechtfertigen zu können.

732. Wirtschaftspolitisch relevant für das dargestellte Problem sind vielmehr vor allem diejenigen Fälle, in denen die strukturellen Rahmenbedingungen den Unternehmen bestimmte mißbräuchliche Verhaltensweisen besonders nahelegen. Die Unternehmen entscheiden sich für dieses Verhalten, weil sie unter den gegebenen strukturellen Bedingungen auf diese Weise die vorherrschenden Unternehmensziele wie Gewinnerzielung, Unternehmenswachstum, Risikominderung usw. am leichtesten erreichen können. Die Wettbewerbsaufsicht klassifiziert sie als mißbräuchlich, weil sie unter Wettbewerbsbedingungen in dieser Form bzw. mit diesen Marktergebnissen nicht möglich wären.

In diesen Fällen erzwingt die Marktstruktur zwar die mißbräuchliche Verhaltensweise nicht. Die Entscheidungsfreiheit und auch ein gewisser Entscheidungsspielraum der Unternehmen bleibt erhalten. Handelt ein Unternehmen in dieser Lage mißbräuchlich, so hält es die Monopolkommission für gerechtfertigt, von „strukturbedingtem Mißbrauch" zu sprechen. Sie sieht daher den Eingriff in die verursachende Marktstruktur als das einzig dauerhafte erfolgversprechende Mittel zur Korrektur des Mißbrauchs an.

[1]) Gesondert könnte erwogen werden, ob die Schwelle der Marktbeherrschung für Entflechtungsverfahren höher anzusetzen wäre als bei der Mißbrauchsaufsicht über marktbeherrschende Unternehmen. Die Monopolkommission lehnt eine derartige tatbestandliche Trennung jedoch ab.

733. Die Monopolkommission sieht im gegenwärtigen Zeitpunkt keine Möglichkeit, Sachverhaltsgruppen von Mißbrauchsfällen als strukturbedingt zu klassifizieren. Wie bei anderen unbestimmten Rechtsbegriffen, so wird es auch im Fall des strukturbedingten Mißbrauchs nur durch eine Vielzahl von Einzelfallanalysen möglich sein, diesen Begriff weiter zu konkretisieren. Nach Auffassung der Kommission spricht aber vieles dafür, daß strukturbedingter Mißbrauch eher im Bereich des Ausbeutungsmißbrauchs und besonders bei hoher Marktanteilskonzentration vorzufinden ist.

734. An einem Erfolg und damit an der Eignung der Entflechtung fehlt es, wenn sich die zu entflechtende Struktur wesentlich aufgrund von bestimmten Besonderheiten der Industrie oder des geographischen Marktes herausgebildet hat, die durch Entflechtung nicht beseitigt werden. In diesen Fällen ist die Eignung der Entflechtung zu bezweifeln, weil sie nur temporäre, nicht aber langfristige Verbesserungen erreichen würde. Es wäre vielmehr eine Rückentwicklung zu einer Struktur zu erwarten, die in wesentlichen Belangen mit der entflochtenen übereinstimmt.

735. Die Monopolkommission ist sich bewußt, daß mit der Wahl einer so hohen Eingriffsschwelle, wie sie der „strukturbedingte Mißbrauch einer marktbeherrschenden Stellung" darstellt, gleichzeitig auch eine Entscheidung für eine nur beschänkte wettbewerbspolitische Wirksamkeit dieses Instruments getroffen ist. Sie nimmt diesen Nachteil jedoch in Kauf, erstens um den Charakter von Entflechtungsmaßnahmen als „ultima ratio" der Wettbewerbspolitik zu wahren und zweitens um die widerspruchsfreie Einfügung dieses zusätzlichen Instruments in die Systematik des GWB zu ermöglichen. Diese Konzeption der Entflechtung ist nur geeignet, in einzelnen Extremfällen vermachtete Marktstrukturen aufzubrechen. Die Hauptlast der gegen die zunehmende Unternehmenskonzentration gerichteten Wettbewerbspolitik würde auch weiterhin bei der Zusammenschlußkontrolle liegen.

3.4. Marktergebniskriterien

3.4.1. Einbeziehung der Marktergebnisse in Entflechtungsüberlegungen

736. Marktergebniskriterien, an die eine Entflechtungsregelung anknüpfen könnte, sind in den Vorschlägen von Kaysen/Turner und Hart genannt. Sie beziehen sich auf die Gewinnspanne und die Flexibilität der Preise. Die negativen Erfahrungen, die mit der Ermittlung mißbräuchlicher Preissetzungen marktbeherrschender Unternehmen (Kontrolle der Preishöhe)[1]) gemacht wurden, zeigen die Unzulänglichkeit von Kriterien des Marktergebnisses als Anknüpfungspunkt für Entflechtungsmaßnahmen. In aller Regel wird es wegen des Fehlens vergleichbarer Bedingungen und einer ausreichenden wettbewerbstheoretischen Basis nicht möglich sein, eindeutig festzustellen, ob ein Marktergebnis als wettbewerbsgerecht anzusehen ist oder nicht. So können unter bestimmten Marktbedingungen hohe Gewinnspannen mit funktionsfähigem Wettbewerb vereinbar sein, während umgekehrt aus niedrigen Gewinnspannen nicht zwangsläufig auf das Fehlen von Marktmacht oder das Vorliegen von wesentlichem Wettbewerb geschlossen werden kann. Nach Auffassung der Monopolkommission kommen daher Marktergebnisse als alleinige Eingriffskriterien für Entflechtungen nicht in Betracht.

737. Die an Strukturkriterien ansetzenden Entflechtungskonzeptionen enthalten ausnahmslos Klauseln, um im Konfliktfall zwischen Wettbewerb und Effizienz die Möglichkeit zur Abwägung offenzuhalten. Diese Abwägung erfolgt in der Regel aufgrund bestimmter Kriterien des Marktergebnisses. Rechtmäßig erworbene und ausgeübte Patente und Massenproduktionsvorteile („economies of scale") sind Tatbestände, die trotz des Vorliegens der Voraussetzungen zur Aussetzung von Entflechtungsmaßnahmen führen.

738. Die Monopolkommission teilt die Auffassung, daß ein wirtschaftspolitisches Dilemma auftreten kann zwischen den strukturellen Bedingungen, die ein Höchstmaß an funktionsfähigem Wettbewerb erwarten lassen, und den Erfordernissen wirtschaftlicher Produktion sowie weiteren gesamtwirtschaftlich übergeordneten Interessen. Die Monopolkommission hält daher die Einbeziehung von Marktergebniskriterien der überlegenen Wirtschaftlichkeit in eine Entflechtungsregelung für dringend geboten. Maßnahmen der Unternehmensentflechtung sollten dort ihre Grenzen haben, wo gewichtige wirtschaftspolitische Gründe für die Aufrechterhaltung bestehender Unternehmens- und Marktstrukturen vorliegen.

3.4.2. Berücksichtigung von „economies of scale"

739. Nach Auffassung der Monopolkommission können in Entflechtungsverfahren nur solche Kostenvorteile der Unternehmensgröße berücksichtigt werden, die auch gesamtwirtschaftliche Vorteile darstellen. Hierzu gehören Kostenersparnisse durch Massenproduktion oder durch andere Größenvorteile bei der Beschaffung, der Produktion, dem Absatz oder der technischen und organisatorischen Weiterentwicklung, soweit diese auf einem verringerten Einsatz realer Produktionsfaktoren beruhen („real economies"). Durch sie werden Produktionsfaktoren freigestellt, die an anderer Stelle einen zusätzlichen Beitrag zum Sozialprodukt leisten können. Bei dieser gesamtwirtschaftlichen Betrachtung kommt es nur auf die Entstehung von Ersparnissen an. Die Einbeziehung auch der Wirkungen auf die Einkommensverteilung in die Beurteilung würde nach Auffassung der Kommission auf unüberwindbare Schwierigkeiten bei der Feststellung und bei der Bewertung dieser Wirkungen stoßen.

Nicht als Ausnahmetatbestände zu berücksichtigen sind hingegen einzelwirtschaftliche Größenvorteile, die die betreffenden Unternehmen auf Kosten ande-

[1]) Vgl. Monopolkommission, Sondergutachten 1, a. a. O., insbesondere Tz. 35 ff.

rer erzielen („financial economies"). Eine Senkung der Beschaffungskosten als Folge größenabhängiger Nachfragemacht würde beispielsweise keine gesamtwirtschaftlichen Vorteile bringen. Sie würde lediglich in einer Gewinnverlagerung vom Zulieferer auf den Nachfrager bestehen, der keine reale Einsparung von Produktionsfaktoren entspricht und die mithin an anderer Stelle auch keine zusätzlichen Wachstumseffekte bewirken kann. Als Rechtfertigungsgrund für die Existenz wettbewerbsschädlicher Unternehmensstrukturen können sie daher nicht geltend gemacht werden.

740. Der Monopolkommission ist vorgetragen worden, daß die Prüfung des Vorliegens von „economies of scale" fragwürdige Ergebnisse hervorbringe, weil sie nur unter großen — zumeist statistisch bedingten — Unsicherheiten vorgenommen werden könne. Dieses Argument läßt sich bei Vorliegen von nachweisbaren „economies of scale" auch auf die Unterscheidung erweitern, ob es sich um „real economies" oder um „financial economies" handelt.

741. Die Monopolkommission verkennt nicht, daß im Einzelfall Abgrenzung- oder Bewertungsprobleme statistischer und prognostischer Art bei der Schätzung von „economies of scale" auftreten können. Die Kommission hält diese Probleme aber im Grundsatz für lösbar. Im übrigen sieht die Kommission hierin keine im Rahmen der Entflechtung grundsätzlich neu auftretenden Probleme, die nicht bereits für Fälle der Ministererlaubnis nach § 24 Abs. 3 GWB relevant sind. Sie ist daher der Auffassung, daß trotz der genannten Unzulänglichkeiten „economies of scale" als Tatbestandsvoraussetzungen beim Entflechtungseingriff einbezogen werden sollten.

Nach Auffassung der Monopolkommission sollte die Existenz von „economies of scale" nicht als genereller Ausnahmetatbestand zu einem Verzicht auf die betreffende Entflechtungsmaßnahme führen. Es ist vielmehr im Einzelfall abzuwägen, ob die zu erwartenden Kostennachteile infolge der Entflechtung nicht durch die Verbesserung der Wettbewerbsvoraussetzungen überkompensiert werden. Bei der Abwägung ist zu berücksichtigen, daß die Wiederherstellung funktionsfähigen Wettbewerbs auf dem betreffenden Markt auf längere Sicht zur Durchsetzung neuer Produktionsverfahren und damit ebenfalls zu Kostensenkungen beitragen kann.

3.5. Ergebnisse von Sektorenuntersuchungen

742. Die Monopolkommission hat in ihrem Gutachten zur Mißbrauchsaufsicht[1]) vorgeschlagen, in Anlehnung an den Inhalt von Artikel 12 Abs. 1 der „Verordnung Nr. 17 des Rates der Europäischen Wirtschaftsgemeinschaft"[2]) die Kartellbehörde zu Sektorenuntersuchungen zu ermächtigen.

[1]) Vgl. Monopolkommission, Sondergutachten 1, a. a. O., Tz. 72.

[2]) Erste Durchführungsverordnung zu Artikel 85 und 86 des Vertrages vom 6. Februar 1962 (BGBl. II S. 93/ABl. S. 204).

Daran sollte sich eine Generalklausel anschließen, nach der das Bundeskartellamt zu den notwendigen Maßnahmen gegenüber der in der Sektorenuntersuchung festgestellten Wettbewerbsbeeinträchtigung legitimiert würde.

Der Vorschlag sieht Aufgreifkriterien für eine Sektorenuntersuchung durch das Bundeskartellamt vor:

> „Lassen in einem Wirtschaftszweig Preisbewegungen, übereinstimmendes Verhalten von Wettbewerbern oder andere Umstände vermuten, daß der Wettbewerb in dem betreffenden Wirtschaftszweig beschränkt ist, so kann die Kartellbehörde beschließen, eine allgemeine Untersuchung dieses Wirtschaftszweiges durchzuführen. Im Rahmen dieser Untersuchung ist sie berechtigt, von den diesem Wirtschaftszweig angehörenden Unternehmen alle Auskünfte zu verlangen, die zur Beurteilung von Wettbewerbsverhältnissen in diesem Wirtschaftszweig erforderlich sind."

In der Ermächtigung zur Sektorenuntersuchung werden die Auskunftsrechte der Kartellbehörde begründet, die in § 46 GWB geregelt werden. Auskunftsrechte werden in dem Umfange vorgesehen, in dem es zur Erfüllung der den Behörden im GWB übertragenen Aufgaben erforderlich ist. Damit könnte eine Erweiterung der Befugnisse des Bundeskartellamtes verbunden sein, wenn das Ermittlungsrecht auch auf solche Fälle ausgedehnt würde, die nach geltendem Recht außerhalb der nach § 44 GWB durch die Behörden wahrzunehmenden Aufgaben liegen.

743. Das Erfordernis für Sektorenuntersuchungen läßt sich aus dem Spektrum der an die Untersuchungsergebnisse gegebenenfalls anknüpfenden Abhilfemaßnahmen ableiten. Da Entflechtungsanordnungen wegen der hohen Intensität ihres Eingriffs nur als „ultima ratio" der im Einzelfall in Betracht zu ziehenden Maßnahmen vorgesehen sein sollten, ergibt sich für die Sektorenanalyse zusätzlich die Funktion, das Erfordernis von Entflechtungsanordnungen zu begründen bzw. die dem jeweiligen Gesetzesverstoß am ehesten angepaßte Abhilfemaßnahme zu ermitteln. Der Erfolg der Entflechtung hängt dabei wesentlich vor der zu erwartenden Strukturstabilität ab.

Neben dieser prognostischen Funktion hat die Sektorenuntersuchung auch Feststellungen über die Ursachen von Markt- und Unternehmensentwicklungen zu treffen. Dazu gehört die Prüfung, inwieweit eine überragende Marktstellung auf Marktkräfte oder auf überlegene unternehmerische Leistung zurückzuführen ist, auf Ursachen also, die durch Entflechtung nicht nachhaltig beseitigt werden können oder die aus wirtschaftspolitischen Grundsatzerwägungen heraus nicht mit strukturellen Eingriffen bedroht werden sollten.

744. Die Monopolkommission vertritt die Auffassung, daß für die von ihr bevorzugte Ausgestaltung einer Entflechtungsregelung innerhalb des GWB eine spezielle Ermächtigung des Bundeskartellamtes zur Sektorenuntersuchung verzichtbar ist. Für die Prüfung, ob mißbräuchliches Verhalten marktbeherrschender Unternehmen im Sinne von § 22 GWB vorliegt, sind die Auskunftsrechte des Bundeskartellamtes in § 46 GWB als hinreichend anzusehen. Da nach den Vorstellungen der Kommission Entflechtungsanordnungen nur als Maßnahme gegen den strukturbedingten Mißbrauch einer marktbeherrschenden Stellung getroffen werden sollten, ist insoweit eine Erweiterung der Ermittlungsbefugnisse des Bundeskartellamtes nicht erforderlich.

Die Kommission geht davon aus, daß die Prüfung der Angemessenheit des strukturellen Eingriffs als Abhilfemaßnahme zum pflichtgemäßen Ermessen der für die Durchführung der Entflechtung zuständigen Instanzen gehört. Im Zuge der Abwägung müssen sowohl die Notwendigkeit als auch die nachhaltige Wirkung einer gegebenenfalls durchzuführenden Entflechtung festgestellt werden.

4. Durchführung von Entflechtungsmaßnahmen im Rahmen des GWB

745. Nach Auffassung der Monopolkommission sollten Entflechtungsregeln in den Rahmen des GWB gestellt werden. Entflechtungsmaßnahmen sollten beim kumulativen Vorliegen der folgenden Voraussetzungen im Zusammenhang mit der Mißbrauchsaufsicht über marktbeherrschende Unternehmen ergriffen werden:

- Vorliegen einer marktbeherrschenden Stellung,
- mißbräuchliches Verhalten,
- Strukturbedingtheit des Mißbrauchs,
- keine überragenden Nachteile für das Gemeinwohl.

Damit ist nach Meinung der Kommission gleichzeitig gesichert, daß die Entflechtung als „ultima ratio" der Mißbrauchsaufsicht erst bei Ausschöpfung aller anderen rechtlichen Mittel eingesetzt wird.

4.1. Gegenstand von Entflechtungen

746. Die Feststellung der wirtschaftlichen Härte (insbesondere des Risikos der Zerstörung wirtschaftlicher Effizienz) sowie des Aufwands eines strukturellen Eingriffs bleibt zwangsläufig dem Einzelfall überlassen. Erste Hinweise lassen sich jedoch aus einer differenzierenden Betrachtung des von einem strukturellen Eingriff bedrohten Entflechtungsobjekts ableiten. Für die Maßnahmenseite ist diese Differenzierung insofern von Bedeutung, als in Entsprechung zur Entflechtung bereits vollzogener Zusammenschlüsse strukturelle Eingriffe ganz allgemein dem Prinzip des § 24 Abs. 6 Satz 3 GWB folgen sollten, wonach Maßnahmen anzuordnen sind, die mit dem geringsten Aufwand und der geringsten Belastung für die Beteiligten zum Ziele führen. Dies kann bei der Entflechtung von Oligopolen zu besonderen Fragestellungen führen. (Tz. 752f.)

4.1.1. Entflechtung von marktbeherrschenden Einzelunternehmen

747. Die Kommission sieht die geringsten Probleme bei der Auflösung von *personellen oder finanziellen Verflechtungen* zwischen Unternehmen, welche ansonsten nicht voneinander abhängig sind. Bei Entflechtungsanordnungen ist in solchen Fällen wegen der wirtschaftlichen Selbständigkeit ein Übermaß an Aufwand oder Belastung der Entflechtungsmaßnahmen kaum zu erwarten.

Verschiedene Formen der Unternehmensverflechtung können gleichzeitig bestehen. So werden unter Umständen vertragliche Verflechtungen gemeinsam mit Kapitalbeteiligungen vorliegen, oder Kapitalverflechtungen ziehen eine Besetzung von Positionen in den Organen der Unternehmen nach sich. In derartigen Fällen ist zu prüfen, ob der Gesetzeszweck erst durch die vollständige Trennung der Unternehmen oder bereits durch Teilentflechtungen erreicht werden kann. Wenn die Voraussetzungen vorliegen, sollten dann zunächst die Kapitalbeteiligungen gelöst werden, ergänzend müßten gegebenenfalls weitere Entflechtungsmaßnahmen angeordnet werden.

748. Bei der Entflechtung *verbundener Unternehmen,* insbesondere von Konzernen, sprechen zunächst weder die bestehenden vertraglichen Vereinbarungen noch Kapitalbeteiligungen gegen die Möglichkeit einer wirtschaftlich problemlosen Entflechtung. Bei Fortgeltung der bestehenden Zusammenschlußkontrolle kann eine Rückführung der Verflechtung nur bis unterhalb der durch die Zusammenschlußkontrolle erfaßten Grenze erwirkt werden, wenn nicht gleichzeitig mit der Entflechtung das Verbot einer Rückverflechtung (auch bis unterhalb der Schwelle, die den Zusammenschlußtatbestand erfüllt) verbunden ist.

Die rechtliche Selbständigkeit von Unternehmen spricht im Grundsatz zuerst einmal für eine weitgehend problemlose Auflösung der Unternehmensverbindung. Liegt bei rechtlicher Selbständigkeit aber wirtschaftliche Abhängigkeit vor, so ist bei Entflechtungen weder die wirtschaftliche Lebensfähigkeit noch die Erhaltung der bisherigen Wirtschaftlichkeit ohne weiteres gesichert. Nach den Erfahrungen der amerikanischen Antitrustpolitik sind indessen Probleme dieser Art prinzipiell lösbar durch die Möglichkeit einer Auflage, die dem oder den zu entflechtenden Unternehmen die Neubildung einer abtrennbaren Unternehmenseinheit vorschreibt, unbeschadet der gegebenenfalls erforderlichen Prüfung, ob dadurch ein Verlust von „economies" zu erwarten ist.

749. Bei der Entflechtung von *Einzelunternehmen* sind als abgrenzbare Einheiten sachlich (z. B. produktionstechnisch) getrennte Unternehmensteile in Betracht zu ziehen. Hierbei ist jedoch in weit größerem Umfang als bei der Entflechtung von miteinander verbundenen, rechtlich selbständigen Unternehmen zu befürchten, daß dem Vollzug einer Entflechtungsanordnung Hindernisse durch die fehlende Lebensfähigkeit einzelner Unternehmensteile entgegenstehen. In derartigen Fällen muß geprüft werden, ob durch eine Auslagerung oder Teilung von Unternehmensfunktionen die Gründung einer organisatorisch selbständigen Unternehmenseinheit ermöglicht werden kann.

Bei der Aufspaltung des Unternehmens können als „real economies" zudem wirtschaftliche Vorteile der Mehrbetrieblichkeit („multi-plant economies") verlorengehen. Die Wahrscheinlichkeit des Verlusts von „economies" wird schließlich bei einer Auflösung von *Betrieben* (räumlich-technische Unternehmenseinheiten) als einem noch enger eingegrenzten Entflechtungsobjekt so groß, daß nach Auffassung der Monopolkommission Entflechtungsmaßnahmen auf dieser Ebene kaum in Frage kommen.

750. Die Beschränkung *gewerblicher Schutzrechte* als Maßnahme der Entflechtung sollte nach Meinung der Monopolkommission in Betracht gezogen werden, wenn über den Inhalt des Schutzrechts hinaus Patente wettbewerbsbeschränkend benutzt werden. In jedem Falle bedeutet dieser Eingriff eine geringere Zäsur innerhalb eines Unternehmens und erfordert einen geringeren Aufwand als andere Maßnahmen zur Veränderung der Unternehmensstruktur. Bei dieser insofern weitgehend problemlosen Form der Entflechtung kann die Behörde sowohl das Verbot einer Ausübung oder eine Freigabe von Patenten als auch eine Zwangslizensierung anordnen. Nach Auffassung der Kommission sollte in derartigen Fällen die Patentlizensierung mit Vorrang betrieben werden.

751. Mit der organisatorischen Entflechtung von Unternehmen allein wird gegebenenfalls das Entflechtungsziel dann nicht erreicht, wenn durch fortbestehende Beteiligungsverhältnisse ein einheitlicher Kontrolleinfluß auf die sich aus der Entflechtung ergebenen Unternehmen bestehen bleibt. Mittelbare Verflechtungen auf der Ebene der Anteilseigner bleiben regelmäßig bestehen, wenn die Entflechtung nicht durch den Verkauf von Unternehmensteilen bzw. Vermögenswerten durchgeführt wird.

Eine Ergänzung der Entflechtung *auf der Ebene der Anteilseigner* wird immer dann erforderlich, wenn aufgrund einer hohen Konzentration des Anteilsbesitzes ein dominierender Einfluß einzelner Anteilseigner mit Mehrheitsbesitz möglich bleibt. Bei einer relativ breiten Streuung des Anteilsbesitzes wird dagegen eine solche Entflechtung entbehrlich.

4.1.2. Entflechtung von marktbeherrschenden Oligopolen

752. Der Monopolkommission ist die Auffassung vorgetragen worden, daß von einer Entflechtung von Oligopolen aus Gründen des mangelnden wettbewerbstheoretischen Wissens und der geringeren wettbewerbspolitischen Effizienz abgesehen werden sollte. Zudem würden bei einer Entflechtungsmöglichkeit gegenüber Oligopolen unerwünschte Ausweichreaktionen in Form von gruppeninternen Abstimmungen ausgelöst. Die Monopolkommission verkennt nicht die besonderen Probleme bei der Entflechtung von Oligopolen, die vor allem bei symmetrischen Oligopolen deutlich hervortreten. Die Kommission vertritt dennoch die Meinung, daß eine Entflechtung sich auch auf Oligopole erstrecken muß, wenn die Umstände vorliegen, die bei Einzelunternehmen zu Entflechtungen führen würden.

753. Nach Auffassung der Monopolkommission kommen für Entflechtungen praktisch nur Fälle in Betracht, in denen sich alle Oligopolmitglieder mißbräuchlich verhalten. Dies ergibt sich zunächst schon daraus, daß eine gleichgerichtete Verhaltensweise typisch für die gemeinsame Marktbeherrschung gemäß § 22 Abs. 2 GWB sein kann. Darüber hinaus erscheint es kaum denkbar, daß mißbräuchliche Verhaltensweisen einzelner Oligopolisten als strukturbedingt anzusprechen sind.

Ebensowenig wie die Frage, in wieviel Teile ein Einzelunternehmen gegebenenfalls zu entflechten ist, läßt sich die Frage generell beantworten, welche Mitglieder eines Oligopols bei Vorliegen der Voraussetzungen zu entflechten sind. Hier wie dort läßt sich eine sachgerechte Entscheidung nur unter Berücksichtigung der konkreten Umstände treffen. Ziel der Maßnahme ist es, die spontane wettbewerbsbeschränkende Verhaltenskoordination im Oligopol für die Zukunft zu verhindern. Dazu ist nicht in jedem Falle die Entflechtung aller Oligopolmitglieder erforderlich. Es genügt, wenn durch die Entflechtung eine Struktur erreicht werden kann, mit der die Bedingungen für funktionsfähigen Wettbewerb entscheidend verbessert werden. Im asymmetrischen Oligopol mit einem herausragenden Unternehmen könnte ein Entflechtungserfolg beispielsweise bereits durch die Entflechtung des dominierenden Unternehmens erreicht werden. Hieran zeigt sich erneut, daß die von der Monopolkommission vorgeschlagene Entflechtungsregelung keinen Strafcharakter trägt.

4.2. Umsetzung der Entflechtungsanordnung

4.2.1. Verkauf von Vermögenswerten

754. Wenn die Entflechtung im Wege des Verkaufs vollzogen wird, so kann dies einmal dadurch geschehen, daß ein Unternehmen neu errichtet wird und seine Kapitalanteile über einen Makler oder durch die Börse dem Publikum zugänglich gemacht werden. Zum anderen kann der Entflechtungsgegenstand als Ganzes an einen Erwerber veräußert werden.

Beide Formen der Verkaufslösung haben eine Umstrukturierung des Vermögensbesitzes mit Enteignungscharakter für die Anteilseigner des zu entflechtenden Unternehmens zur Folge [1]), wenn durch Anordnung Anteils- oder Anlagewerte im Wege der Barabgeltung auf neue Eigner übergehen. Wegen der Unfreiwilligkeit des Vorgangs ergibt sich das Problem des angemessenen Verkaufserlöses. Aber ebenso wie bei den eventuellen Kursrückgängen, von denen eine Entflechtung begleitet sein kann [2]), müssen auch finanzielle Einbußen bei der Veräußerung von Anlagewerten in Kauf genommen werden. Vergleichbares gilt auch, wenn bei der Entflechtung von gewerblichen Schutzrechten — die als Vermögensgegenstände anzusehen sind — eine angemessene Entschädigung unterbleibt. Im übrigen ist die ordnungsgemäße Bewertung in jedem Falle einer gerichtlichen Überprüfung zugänglich zu machen.

---

[1]) Zu den diesbezüglichen verfassungsrechtlichen Problemen vgl. Abschnitt 6 dieses Kapitels.

[2]) Vgl. dazu Tz. 758.

755. Bei Entflechtungen durch den Verkauf von Anlage- oder Beteiligungswerten stellt sich bei der Durchführung der Maßnahme auch die Frage nach der Zulässigkeit des Erwerbs durch bestimmte potentielle Käufer. Während Vorgänge, bei denen eine Veräußerung der Anteilswerte an eine gestreute Käuferschaft möglich ist, relativ problemlos sind, können bei einer Veräußerung als Ganzes an einen Erwerber Schwierigkeiten auftreten. Wie im Falle Anzag/Holdermann[1]) kann es nämlich an geeigneten Käufern des Entflechtungsgegenstandes fehlen, sei es, daß kein Kaufinteresse besteht oder daß Kaufwillige vorhanden, aber unter wettbewerbspolitischen Gesichtspunkten nicht geeignet sind. Letzteres könnte z. B. der Fall sein, wenn der Erwerb einen Zusammenschluß darstellt, durch den eine marktbeherrschende Stellung entsteht oder verstärkt wird. In solchen Fällen sollte nach Auffassung der Monopolkommission nach geeigneten verfahrensmäßigen Alternativen gesucht werden, mit denen das Entflechtungsziel auf angemessene Weise erreicht werden kann. In erster Linie ist hier analog zu § 24 Abs. 7 Nr. 4 GWB an eine Übertragung entflochtener Unternehmen auf einen Treuhänder zu denken. Dadurch wird der Veräußerer nachhaltig genötigt, andere Kaufinteressenten als tatsächliche oder potentielle Marktbeherrscher zu ermitteln. Da in Analogie zu den Erfahrungen mit den Sanierungsfusionen Marktführer am ehesten zur Zahlung des günstigsten Kaufpreises bereit und in der Lage sind[2]), sollte sichergestellt sein, daß bei Entflechtungsverfahren nicht die gegebenenfalls für den Veräußerer günstigste, sondern eine wettbewerbspolitisch unbedenkliche Lösung erreicht wird.

756. Im übrigen kann der Verkauf von Beteiligungs- und Anlagewerten die Ausgestaltung des Entflechtungsverfahrens mit einer frühzeitigen Einbeziehung der betroffenen Unternehmen in das Verfahren sowie einer entsprechenden Fristsetzung dazu beitragen, daß die im Zuge der Entflechtung auftretenden Probleme entschärft werden. Das gilt sowohl für die Bemühungen eines Unternehmens, einen angemessenen Preis zu erzielen, als auch überhaupt einen geeigneten Käufer zu finden. Eine Fristsetzung ist letztlich auch für den Verkauf von Beteiligungen an der Börse zweckmäßig, da ein längerer Zeitraum, in welchem die Anteilswerte zum Verkauf offeriert werden, der Kurspflege der jeweiligen Papiere dienlich ist.

Weiterhin erleichtert nach Auffassung der Monopolkommission unter Umständen auch die Publizierung des durch die Entflechtungsanordnung notwendigen Verkaufs bzw. der Lizenzgewährung eine möglichst friktionslose Durchführung der Entflechtung. Entscheidungen, die eine Veräußerung von Anlage- oder Beteiligungswerten im Zuge von Entflechtungen oder eine Entflechtung von gewerblichen Schutzrechten vorsehen, sollten in Entsprechung zu § 58 GWB im Bundesanzeiger veröffentlicht werden.

---

[1]) Vgl. oben Tz. 693 ff.

[2]) Vgl. dazu Monopolkommission, Hauptgutachten 1973/1975, a. a. O., Tz. 934 ff. sowie Monopolkommission, Sondergutachten 5, Zur Entwicklung der Fusionskontrolle, Baden-Baden 1977, Tz. 2f.

4.2.2. Ausgründung von Unternehmen

757. Bei einer Entflechtung, die nicht durch Verkauf von Unternehmensteilen vollzogen wird, kann entsprechend dem amerikanischen Recht zwischen folgenden Möglichkeiten unterschieden werden:

— Ein Unternehmen gründet eine neue Gesellschaft, überträgt dieser die zu entflechtenden Vermögensgegenstände und übernimmt dafür alle Kapitalanteile der neu gegründeten Gesellschaft. Die Kapitalanteile werden „pro rata" an die Anteilseigner des Unternehmens ausgeschüttet, das die Ausgründung vorgenommen hat (sog. „spin-off").
— Es erfolgt eine Neugründung und Vermögensübertragung wie oben, mit dem Unterschied, daß die Kapitalanteile der neuen Gesellschaft gegen Anteile des Gründungsunternehmens umgetauscht werden (sog. „split-off").
— Ein Unternehmen überträgt seine Vermögenswerte auf zwei (oder mehrere) Gesellschaften und übernimmt deren Kapitalanteile vollständig. Die nunmehrige Holding wird aufgelöst, und ihre Anteilseigner erhalten pro rata im Austausch gegen ihre bisher gehaltenen Anteile die Kapitalanteile der neu gegründeten Gesellschaften (sog. „split-up").

758. Ergebnis aller dieser Formen der Entflechtung ist eine Umschichtung des Anteilsbesitzes bei den Anteilseignern. Es handelt sich dabei zunächst um eine rechentechnische Auseinandersetzung, ohne daß der Gesamtwert der Kapitalanteile davon berührt wird. Eine Änderung des tatsächlichen Wertes — zum Beispiel des Kurswertes von Aktien — kann sich aber insofern ergeben, als Kursänderungen infolge der Entflechtung in Kauf genommen werden müssen, die eine gesunkene Ertragserwartung des entflochtenen Unternehmens (auch durch den Verlust von wirtschaftlicher Macht) seitens der Anleger ausdrücken.

Bei den eher auftretenden Kurssenkungen als Folge verringerter Ertragserwartungen handelt es sich nach Auffassung der Monopolkommission um das übliche Risiko für Kapitalanleger bzw. — soweit ein hoher Kurswert die Ertragskraft von wettbewerbsbeeinträchtigender wirtschaftlicher Macht widerspiegelt — um Werte mit bestenfalls nachrangiger Schutzwürdigkeit. Darüber hinausgehende Kursverluste sind nur in dem Ausmaß zu erwarten, wie im Zuge der Abwägung gesamtwirtschaftliche Nachteile der Entflechtung zur Vermeidung überragender Wettbewerbsbeschränkungen in Kauf genommen wurden.

759. Die Entflechtung von Unternehmen durch Neugründung und Verteilung der Aktien der neu gegründeten Gesellschaften an die Anteilseigner steht unter dem Vorbehalt einer Lösung von gegebenenfalls auftretenden gesellschaftsrechtlichen Problemen. Die Übertragung der Kapitalanteile des zu entflechtenden Unternehmensteils auf die Anteilseigner des ausgründenden Unternehmens kann in Konflikt mit Bestimmungen geraten, welche die Zuwendungen von Vermögenswerten an Anteilseigner regeln. Diese Konflikte treten regelmäßig auf, wenn entsprechende aktienrechtliche Vorschriften berührt sind. Zu klären sind auch Fragen der Haftung und des Verhältnisses der aus der Entflechtung hervorgegangenen Unternehmen zu eventuellen Alt-Gläubigern. Darüber hinaus können im Zusammenhang mit steuerlichen Vorschriften (z. B. über die Besteuerung bei der im Einzelfall unumgänglichen Auflösung stiller Reserven) abgabenrechtliche Zahlungsverpflichtungen entstehen, die zu negativen Begleiteffekten (z. B. in Form einer übermäßigen Belastung) führen. Eine ergänzende Gesetzgebung zur Überwindung der gesellschaftsrechtlichen Hindernisse und der steuerlichen Probleme bei Entflechtungen muß nach Auffassung der Monopolkommission in Erwägung gezogen werden.

4.2.3. Vollzugssicherung

760. Für eine wirksame Durchführung von Entflechtungsanordnungen sind auch Maßnahmen zur Sicherung der Lebensfähigkeit von durch Entflechtung getrennten Wirtschaftseinheiten von wesentlicher Bedeutung. Eine diesbezügliche Forderung bedarf keiner gesonderten Begründung durch den wettbewerbspolitischen Zweck der Entflechtungsmaßnahme. Bei einer analogen Anwendung der Vorschrift des § 24 Abs. 6 Satz 3 GWB, welche die Wahrung der Belange Dritter bei der nachträglichen Auflösung von bereits vollzogenen Zusammenschlüssen vorschreibt, ist das Erfordernis für die Sicherung der wirtschaftlichen Stellung der entflochtenen Unternehmensteile berücksichtigt.

Zur Sicherung der Lebensfähigkeit sollte die Möglichkeit bestehen, den Beschluß mit bestimmten Auflagen oder Beschränkungen zu versehen. Die Auflagen sind zeitlich zu befristen, damit nach einer Übergangsfrist ein von staatlichen Eingriffen weitgehend unbeeinflußter Ablauf der Marktprozesse gewährleistet ist. Dies erscheint auch deshalb geboten, weil in Entsprechung zu § 24 Abs. 3 Satz 4 GWB eine laufende Verhaltenskontrolle von Unternehmen ausgeschlossen werden sollte. Einer Ausdehnung der Auflagenkompetenz auf nicht von den Entflechtungsmaßnahmen berührte Unternehmen stehen dagegen grundsätzliche ordnungspolitische Bedenken entgegen.

4.3. Ablauf des Entflechtungsverfahrens

761. Die Zuständigkeit für Entflechtungsanordnungen sollte gemeinsam beim Bundeskartellamt und beim Bundesminister für Wirtschaft liegen. Damit werden die bei der Zusammenschlußkontrolle von beiden Instanzen getrennt vorgenommenen Prüfungen der wettbewerbsrechtlichen Eingriffsvoraussetzungen sowie möglicherweise vorhandener wirtschaftspolitischer Erlaubnisgründe bei den Entflechtungsverfahren gemeinsam durchgeführt. Diese an sich von der Monopolkommission befürwortete Aufgabentrennung in diesem Falle aufzuheben, ergibt sich zwangsläufig aus dem besonderen Charakter einer Entflechtungsanordnung. Die Feststellung eines verbotswidrigen Kartells oder eines unter § 24 Abs. 1 GWB fallenden Zusammenschlusses führt lediglich zur Untersagung dieser wettbewerbsbeschränkenden Vorgänge und hat damit in der Regel die Erhaltung des „Status quo" bzw. die Wiederherstellung des „Status quo ante" zur Folge. Bei Entflechtungen handelt es sich dagegen von vornherein um eine positive Gestaltung von Marktstrukturen. Die Feststellung der Eingriffsvoraussetzungen ist daher lediglich die Ausgangsbasis. Die positive Gestaltung von Markt- und Unternehmensstrukturen ist aber überhaupt nicht denkbar ohne die Berücksichtigung evtl. vorliegender Massenproduktionsvorteile, Kostenvorteile von Betriebs- und Unternehmensverbindungen, Ursachen internationaler Wettbewerbsfähigkeit usw. Die erzwungene Außerachtlassung dieser gesamtwirtschaftlichen Vorteile würde die Entflechtungspläne des Bundeskartellamtes in aller Regel zu realitätsfernen Modellüberlegungen machen. Die eigentliche Gestaltungsaufgabe würde damit auf das Bundeswirtschaftsministerium verlagert, das nach der Systematik des GWB allein die dazu erforderliche rechtliche Kompetenz besitzt.

Die Monopolkommission sieht daher keine andere Möglichkeit, als die Prüfung aller relevanten Gesichtspunkte von vornherein in einem gemeinsamen Verfahren beider Behörden vorzuschlagen. Dieses Verfahren, das an sich die dem GWB zugrundeliegende Aufgabenzuweisung aufhebt, erscheint der Kommission in diesem Fall möglich. Wie bereits dargestellt, ist im hier vorgelegten Vorschlag für eine Entflechtungsmöglichkeit die Eingriffsschwelle so hoch angesetzt, daß das Verfahren vermutlich nur in wenigen Fällen besonders starker Marktvermachtung zur Anwendung kommen wird.

Das Prüfungsverfahren beginnt im Bundeskartellamt mit der Feststellung einer marktbeherrschenden Stellung und deren mißbräuchlichen Ausnutzung. Insoweit besteht kein Unterschied zu dem bisherigen Verfahren nach § 22 GWB. Vor dem Erlaß einer Mißbrauchsverfügung hätte das Bundeskartellamt nun jedoch zusätzlich zu prüfen, ob der Mißbrauch als sturkturbedingt anzusehen ist. Wird diese Frage verneint, ist der Weg für die Mißbrauchsverfügung frei, wird sie bejaht, so sind die Eingriffsvoraussetzungen für eine Entflechtung gegeben.

762. Wenn diese Voraussetzungen zur Entflechtung vorliegen, dann soll das Bundeskartellamt dies in einem Beschluß feststellen. Dieser Feststellungsbeschluß, der die Erforderlichkeit von Entflechtungsmaßnahmen begründet, ergeht anstelle einer ansonsten gebotenen Mißbrauchsverfügung. Er ist im Bundesanzeiger zu veröffentlichen und dem Bundesminister für Wirtschaft sowie den betroffenen Unternehmen schriftlich mitzuteilen.

Der Beschluß kann von den Unternehmen jedoch nicht isoliert, sondern nur zusammen mit der abschließenden Entflechtungsentscheidung angefochten werden. Hierin liegt kein Verstoß gegen die Rechtsweggarantie des Artikel 19 IV GG, da der Feststellungsbeschluß kein Verwaltungsakt ist, welcher Außenwirkungen gegen Dritte entfaltet. Eventuelle wirtschaftliche Auswirkungen dieses Beschlusses (z. B. Absinken der Kurswerte von Aktien aufgrund der Publizierung) sind nach Auffassung der Monopolkommission als bloße Reflexe und nicht als Rechtsbeeinträchtigungen anzusehen.

763. Nach Veröffentlichung des Feststellungsbeschlusses soll im Zusammenwirken des Bundesministers für Wirtschaft und des Bundeskartellamts ein Entflechtungsplan ausgearbeitet werden. Dieser Plan soll sowohl die wettbewerbspolitischen Implikationen der zu schaffenden Unternehmens- und Marktstrukturen berücksichtigen als auch den gegebenen wirtschaftlichen und wirtschaftspolitischen Erfordernissen ausgewogen Rechnung tragen. Eventuelle Vorschläge der betroffenen Unternehmen sollten im Entflechtungsplan soweit wie möglich berücksichtigt werden. Nach Fertigstellung des Plans ergeht die Entflechtungsentscheidung, die im Beschwerdefall durch die zuständigen Gerichte überprüfbar ist.

764. Die Monopolkommission schlägt vor, im Anschluß an § 22 Abs. 6 GWB folgende Bestimmung einzufügen:

> Sind für ein mißbräuchliches Verhalten eines oder mehrerer Unternehmen mit einer marktbeherrschenden Stellung strukturelle Ursachen maßgeblich und ist deshalb nicht zu erwarten, daß aufgrund von nach Absatz 5 durch die Kartellbehörde anzuordnenden Maßnahmen der Mißbrauch nachhaltig abgestellt werden kann, dann ordnet die Kartellbehörde anstelle einer Mißbrauchsverfügung im Einvernehmen mit dem Bundesminister für Wirtschaft die Entflechtung der marktbeherrschenden Unternehmen an. Von einer Entflechtungsanordnung ist abzusehen, wenn im Einzelfall die Entflechtung von gesamtwirtschaftlichen Nachteilen begleitet würde, welche die wettbewerblichen Vorteile überwiegen, oder wenn der Entflechtung ein überragendes Interesse der Allgemeinheit entgegensteht; hierbei ist auch die Wettbewerbsfähigkeit der Unternehmen auf Märkten außerhalb des Geltungsbereichs dieses Gesetzes zu berücksichtigen. Bei der Entflechtung von Unternehmen sind unter Wahrung der Belange Dritter diejenigen Maßnahmen anzuordnen, die mit dem geringsten Aufwand und der geringsten Belastung zum Ziele führen. Die Entflechtung kann mit Beschränkungen und Auflagen verbunden werden. Diese dürfen sich nicht darauf richten, die beteiligten Unternehmen einer laufenden Verhaltenskontrolle zu unterziehen.

Die nachfolgenden Abschnitte des GWB, welche Ordnungswidrigkeiten im Sinne des GWB festlegen (§§ 38 ff. GWB) sowie Zuständigkeit (§§ 44 ff. GWB) und Verfahrensfragen des Gesetzes (§§ 51 ff. GWB) regeln, müßten entsprechend angepaßt werden.

5. Entflechtungen aufgrund besonderer gesetzlicher Regelungen

5.1. Abgrenzung gegenüber der Entflechtung im Rahmen des GWB

765. Die Monopolkommission ist sich bewußt, daß mit der von ihr vorgeschlagenen Entflechtungsmöglichkeit im Rahmen des GWB nur wenige Fälle extrem wettbewerbswidriger Marktstrukturen erfaßt und gelöst werden können. Insbesondere ist die vorgeschlagene Normierung ungeeignet, ganze Wirtschaftszweige aus wettbewerbspolitischen Gründen neu zu strukturieren, wie dies beispielsweise durch die amerikanischen Gesetzesvorschläge von Kaysen und Turner, Harris und Hart beabsichtigt wurde.

In früheren Gutachten hat die Monopolkommission wettbewerbsbeschränkende Unternehmensverflechtungen festgestellt, die ihrer Auffassung nach entflochten werden sollten, obwohl der Mißbrauch einer marktbeherrschenden Stellung bei ihnen nicht vorliegt. Es handelt sich dabei vor allem um finanzielle Kontrollbeteiligungen der Banken an Nichtbanken sowie um Verflechtungen zwischen verschiedenen Energieträgern, die geeignet sind, den marktübergreifenden Substitutionswettbewerb zu beeinträchtigen.

Die Kommission hat diskutiert, inwieweit derartige Fälle durch entsprechende Ausgestaltung der allgemeinen Entflechtungsbestimmungen im Rahmen des GWB erfaßt werden können. Sie ist zu dem Ergebnis gekommen, daß dies nicht möglich ist. Die Kommission sieht keine andere Möglichkeit, als derartige branchenspezifische Fälle durch eine spezielle Gesetzgebung zu erfassen.

766. Bei wettbewerbsbeschränkenden Unternehmensverflechtungen unterhalb der Schwelle der Marktbeherrschung würde eine Entflechtung im Rahmen des GWB ohne Neugestaltung der Fusionskontrolle nicht sinnvoll zu regeln sein. Die materiell-rechtlichen Eingriffskriterien für die Entflechtung würden sonst unterhalb derjenigen für die Fusionskontrolle angesetzt werden. Es könnten somit Fälle auftreten, in denen

— Unternehmenszusammenschlüsse entflochten werden, die zuvor in der Fusionskontrolle unbeanstandet geblieben sind,

  und

— entflochtene Unternehmen sich unbeanstandet erneut zusammenschließen.

Diese Widersprüche lassen sich nach Auffassung der Kommission auch nicht dadurch ausräumen, daß die Entflechtung durch ein Verbot der Rückverflechtung ergänzt wird. Nach einem längeren Zeitraum und den dadurch bedingten Veränderungen der Unternehmensstrukturen ist es den Behörden nicht mehr möglich, zweifelsfrei zu entscheiden, ob es sich in jedem Einzelfall um eine Rückverflechtung oder um einen neuen Zusammenschluß handelt.

767. In ihrem ersten Hauptgutachten hat die Monopolkommission aufgrund ihrer Untersuchung des Bankensektors den Vorschlag gemacht, „Kreditinstituten den Eigenerwerb von Anteilen an Nichtbanken zu untersagen, soweit mehr als 5 % der Summe der Kapitalanteile erworben wurden"[1]). Zur Frage der Behandlung des Altbesitzes hat sich die Kommission in diesem Zusammenhang nicht geäußert,

[1]) Vgl. Monopolkommission, Hauptgutachten 1973/1975, a. a. O., Tz. 566 ff.

um der von ihr geplanten grundsätzlichen Auseinandersetzung mit dem Instrument der Entflechtung nicht vorzugreifen. Sie hat sich deshalb auf die schon erwähnten allgemeinen Hinweise beschränkt[1]).

Inzwischen hat die vom Bundesminister für Finanzen eingesetzte Studienkommission „Grundsatzfragen der Kreditwirtschaft" ihren Bericht vorgelegt. Die Monopolkommission begrüßt, daß auch in diesem Bericht auf die möglichen wettbewerbsverfälschenden Wirkungen der Beteiligung von Banken an Nichtbanken hingewiesen wird und daß Vorschläge zur Begrenzung des Neuerwerbs und zur Entflechtung des Altbesitzes gemacht werden[2]).

Allerdings hält die Mehrheit der Monopolkommission die von der Mehrheit der Bankenstrukturkommission vorgeschlagene Grenze von 25 % des Kapitals des Beteiligungsunternehmens zuzüglich einer Aktie für viel zu hoch angesetzt, um wesentliche Wettbewerbsverfälschungen zu verhindern[3]). Sie unterstützt demgegenüber nachdrücklich den Vorschlag der starken Minderheit in der Bankenstrukturkommission, die eine Grenze bei 10 % des Kapitals des Beteiligungsunternehmens für richtig hielt[4]). Dieser Vorschlag kommt den eigenen Überlegungen der Mehrheit der Monopolkommission am nächsten.

768. Eine Auflösung der Verflechtungen zwischen Unternehmen, die auf verschiedenen Märkten beherrschende oder monopolistische Stellungen haben, könnte nach Meinung der Monopolkommission mit der Wiederherstellung der Subsitutionskonkurrenz in vielen Fällen zu einer erheblichen Verbesserung der Wettbewerbsbedingungen beitragen. Derartige Entflechtungen würden sich aber nicht — wie beim Vorschlag der Kommission — gegen den strukturell bedingten Mißbrauch marktbeherrschender Stellungen, sondern gegen die Kombination von marktbeherrschenden Stellungen als solche richten. Die Kommission hält es nicht für zweckmäßig, im GWB neben der von ihr vorgeschlagenen Anknüpfung der Entflechtung an den Mißbrauch marktbeherrschender Unternehmen ein besonderes gesetzliches Eingriffskriterium zu schaffen, nach dem Entflechtungsmaßnahmen gegenüber einem Teil der Unternehmen vom Tatbestand des Mißbrauchs abgekoppelt werden. Sie ist der Auffassung, daß dieser Anwendungsbereich der Entflechtung jeweils durch besondere Gesetze geregelt oder in bestehende Gesetze eingefügt werden sollte, welche zur Regelung einzelner Wirtschaftsbereiche erlassen worden sind.

769. Nach den Vorstellungen der Monopolkommission sollten Initiativen des Gesetzgebers zur Entflechtung auf eine möglichst sichere Grundlage gestellt werden. Daher empfiehlt sich vor der Einleitung struktureller Eingriffe eine eingehende Untersuchung der Wettbewerbsverhältnisse, die sich über den Einzelmarkt hinaus auch auf die sachlich nahen anderen Märkte mit Substitutionsbeziehungen zu einem für die Entflechtung in Frage kommenden Wirtschaftszweig erstreckt. Die Kommission schlägt daher vor, dem Bundesminister für Wirtschaft die Kompetenz zu übertragen, das Bundeskartellamt mit einer Sektorenuntersuchung zu beauftragen, an deren Ergebnis die gesetzliche Regelung anknüpfen würde.

5.2. Sektorenuntersuchungen durch das Bundeskartellamt

770. Die Zweckmäßigkeit von Sektorenuntersuchungen durch das Bundeskartellamt ergibt sich daraus, daß sie sich inhaltlich an die Art der gegenwärtigen Ermittlungstätigkeit bei Verfahren nach dem GWB anschließen und sich weitgehend mit den für Entflechtungen im Rahmen des GWB erforderlichen Prüfungen decken. Die Sektorenuntersuchung hat einmal die Aufgabe, die Wettbewerbsprozesse auf den verschiedenen Märkten des jeweiligen Sektors transparent zu machen und marktübergreifende Wirkungen auf den Wettbewerb aufzudecken. Dazu müssen die Besonderheiten der Marktstrukturen in den Zusammenhang mit unternehmerischen Verhaltensweisen der Vergangenheit und den daraus hervorgegangenen Marktergebnissen gestellt werden. Besondere Aufmerksamkeit ist auch Marktverflechtungen innerhalb eines Sektors zu schenken, welche durch Kapitalbeteiligungen oder durch gleichzeitige wirtschaftliche Betätigung von Unternehmen auf verschiedenen Märkten hervorgerufen werden. Zum anderen muß die Sektorenuntersuchung auch die Gründe ermitteln, die zur Entwicklung bestimmter Marktbedingungen geführt haben (Genese), und die voraussichtlichen Wirkungen abschätzen, welche mit Entflechtungsmaßnahmen verbunden sein werden (Prognose).

771. Bei der Genese und Prognose müßte auch geprüft werden, inwieweit gewisse branchentypische Zwangsläufigkeiten technischer oder wirtschaftlicher Art zu einem bestimmten wirtschaftlichen Ergebnis geführt haben. Wenn diese Zwangsläufigkeiten nicht durch Strukturveränderungen beseitigt werden können, so läßt sich die Unwirksamkeit von Entflechtungsmaßnahmen absehen. Die Entwicklung, die zu der beanstandeten Situation geführt hat, wird nach Vollzug des Eingriffs erneut einsetzen. Darüber hinaus sollte aus dem Ergebnis einer Sektoranalyse auch ersichtlich sein, ob gesamtwirtschaftlich bedeutsame Nachteile durch eine Entflechtung zu erwarten wären, etwa in der Form, wie sie bei der Entflechtung auf der Grundlage des GWB im Rahmen der Abwägung maßgeblich sind.

772. Die für Entflechtungen nach dem GWB notwendige Feststellung der Angemessenheit und der Geeignetheit der Entflechtung (Ziel/Mittel-Relation) ist auch für Sektorenuntersuchungen bei Entflechtungen aufgrund gesetzlicher Einzelfallregelungen von wesentlicher Bedeutung. Hier sollen Entflechtungen gleichfalls vorgenommen werden,

[1]) Ebenda, Tz. 962 ff.

[2]) Vgl. Bericht der Studienkommission „Grundsatzfragen der Kreditwirtschaft", Schriftenreihe des Bundesministers der Finanzen, Heft 28, Tz. 810 ff., insbesondere 839 ff.

[3]) Ebenda, Tz. 846 ff., insbesondere Tz. 880.

[4]) Ebenda, Tz. 850 ff., insbesondere Tz. 880.

wenn sich weniger durchgreifende Maßnahmen als fruchtlos erwiesen haben oder ihr Versagen offenkundig ist und wenn die Entflechtungsmaßnahme einen dauerhaften Erfolg bei der Beseitigung der für den Wettbewerb nachteiligen Strukturen verspricht.

773. Die Kompetenz zur Sektorenuntersuchung durch das Bundeskartellamt würde eine Erweiterung seiner Befugnisse bedeuten, die von den geltenden Vorschriften des § 46 GWB nicht gedeckt sind. Insoweit wäre eine Ergänzung des GWB notwendig, welche die umfassenden Auskunftsrechte des Bundeskartellamtes auch auf die für den Bundesminister für Wirtschaft auftragsgemäß vorgenommenen Sektorenuntersuchungen ausdehnt.

774. Die Monopolkommission schlägt vor, im Anschluß an § 46 GWB eine Erweiterung der Zuständigkeit des Bundeskartellamtes zu normieren:

> Zur Vorbereitung von Entflechtungen aufgrund besonderer gesetzlicher Regelungen kann der Bundesminister für Wirtschaft dem Bundeskartellamt die allgemeine Untersuchung eines bestimmten Wirtschaftszweiges übertragen. Diese Untersuchung erstreckt sich auf die Prüfung der marktbezogenen sowie marktübergreifenden Wettbewerbsbedingungen und wettbewerblichen Verhaltensweisen unter Berücksichtigung der Verflechtungen von Unternehmen des betreffenden Wirtschaftszweiges. Sie enthält ferner die Feststellung der Ursachen bestimmter wirtschaftlicher Entwicklungen sowie der voraussichtlichen Wirkungen struktureller Eingriffe, gegebenenfalls einschließlich der Darlegung besonderer unternehmerischer Leistung oder des durch Entflechtung drohenden Verlusts überlegener Wirtschaftlichkeit bei Unternehmen oder Unternehmensverbindungen in diesem Wirtschaftszweig.

6. Verfassungsrechtliche Würdigung der Entflechtung

775. Die von der Monopolkommission vorgeschlagene Entflechtungsregelung ist unter verfassungsrechtlichen Gesichtspunkten zu messen an grundgesetzlich möglicherweise geforderten oder vorausgesetzten Wirtschaftsverfassungsprinzipien und — vor allem — an den Individualgrundrechten der Eigentumsgarantie des Artikels 14 GG und der Berufsfreiheit, Artikel 12 GG.

6.1. Entflechtung und Wirtschaftsverfassung

776. Das Grundgesetz hat, wie das BVerfG schon früh in seiner Entscheidung zum Investitionshilfegesetz vom 20. Juli 1954[1]) festgestellt hat, keine geschlossene Systemvorstellung zum verbindlichen Ordnungskonzept für die grundgesetzliche Wirtschaftsordnung erhoben. Diese Feststellung entspricht seitdem der herrschenden Meinung in Schrifttum und Rechtsprechung; das Bundesverfassungsgericht hat diese Auffassung seit dem 20. Juli

1) BVerfGE 4, 7 (17 ff.)

1954 vielfältig wiederholt und bekräftigt[1]), das letzte Mal in seiner Entscheidung zur Verfassungsmäßigkeit des Mitbestimmungsgesetzes. Das Grundgesetz gilt hiernach als „wirtschaftspolitisch neutral" — mit der Maßgabe, daß „der Gesetzgeber ... jede ihm sachgemäß erscheinende Wirtschaftspolitik verfolgen darf, sofern er dabei das GG, insbesondere die Grundrechte beachtet"[2]). Die konkret verbindliche Wirtschaftsordnung ist demgemäß zunächst Aufgabe des Gesetzgebers und seines demokratisch legitimierten Gestaltungsmandats. Die in diesem Sinne gestaltbare Wirtschaftsordnung unterliegt jedoch nicht beliebigen ordnungspolitischen Entscheidungen des Gesetzgebers, denn die Verfassung verfügt über ein reiches Maß an konkret-wirtschaftsordnenden Entscheidungen, die für jede wirtschaftspolitische Ordnungsgebung und Gesetzgebung verbindlich sind. In diesem Sinne bedeutet wirtschaftsverfassungsrechtliche „Neutralität" oder „Offenheit" nicht beliebige Gestaltbarkeit, sondern nur „relative Offenheit"[3]).

777. Die wichtigsten konkret-wirtschaftsverfassenden Ordnungsentscheidungen des Grundgesetzes liegen in den Grundrechten sowie in den objektiven Verfassungsprinzipien von Rechtsstaatlichkeit und Sozialstaatlichkeit. Die Grundrechte verkörpern nicht nur subjektive Rechte bzw. individuale Freiheitsgewährleistungen; sie stellen darüber hinaus auch objektive Rechtsgrundsätze dar, d. h. Ordnungs- und Gestaltungsprinzipien, die die staatliche Wirtschaftspolitik nicht nur zu beachten, sondern auch zu fördern hat. In ihrer freiheitlichen Ausübung organisieren die Grundrechte die freiheitlich autonomen Handlungssysteme und konstituieren damit auch funktionelle Garantien für die Gesellschaft bzw. ihre privatwirtschaftlichen Initiativen. Daraus folgt eine Begrenzung staatlicher Lenkungs-, Planungs- oder Aufsichtsmaßnahmen in den Kernzonen dieser Funktionsgarantien. Die für die Wirtschaftsordnung wichtigsten Grundgarantien finden sich

- — in der Eigentumsgewährleistung des Artikels 14 GG,
- — in der Berufs- und Gewerbefreiheit des Artikels 12 GG,
- — in der Vereinigungs- und Koalitionsfreiheit des Artikels 9 Abs. 1 und 3 GG,
- — im sog. Generalfreiheitsrecht des Artikels 2 Abs. 1 GG,
- — in der Freizügigkeitsgarantie des Artikels 11 GG,
- — im allgemeinen Gleichheitssatz gemäß Artikel 3 Abs. 1 GG.

778. In diesem Rahmen sind alle wirtschaftlichen Betätigungsfreiheiten und damit auch die Wettbewerbsfreiheit grundgesetzlich geschützt. Dieser grundrechtliche Schutz auch der Wettbewerbsfreiheit impliziert jedoch kein verfassungsrechtliches

1) BVerfGE 7, 377 (400); 12, 341 (347); 14, 19 (23); 14, 263 (275); 21, 73 (78); 25, 1 (19 ff.); 30, 292 (317 ff.); 50, 290 (336 ff.).
2) BVerfGE 50, 290 (338).
3) BVerfGE 50, 338.

Bekenntnis zu einem marktwirtschaftlichen Ordnungsmodell. Mit „Wettbewerb" im verfassungsrechtlich geschützten Sinne ist vielmehr die typische konkrete Funktion tatsächlicher Konkurrenz bzw. tatsächlichen Wettbewerbs zwischen Wirtschaftssubjekten gemeint, die in bestimmter (typischer) Weise von ihren jeweiligen Wirtschaftsfreiheiten Gebrauch machen.

779. Eine tiefergehende Erörterung dieses Problembereichs ist indessen für die Überprüfung der Vereinbarkeit des Entflechtungsvorschlags der Monopolkommission mit dem Grundgesetz nicht notwendig:

Der Entflechtungsvorschlag der Monopolkommission dient dem Zweck, den Wettbewerb schädigende Marktmachtpositionen aufzulösen. Dementsprechend kommt eine Entflechtung nur in Betracht für Unternehmen, die marktbeherrschende Positionen mißbräuchlich ausnutzen und deren Verhalten marktstrukturbedingt ist. Entflechtungmaßnahmen zielen damit auf eine Intensivierung des Wettbewerbs ab. Derartige Maßnahmen stehen nicht im Widerspruch zu Grundrechten, auf denen diese Markt- und Wettbewerbsordnung beruht; sie sind vielmehr dazu bestimmt, die diese Wirtschaftsordnung ermöglichenden Grundrechte zu verwirklichen. Zu fragen wäre demnach allenfalls, ob Entflechtungsmaßnahmen zu dem Zweck, Machtballungen aufzulösen und Voraussetzungen für funktionierenden Wettbewerb zu schaffen oder zu erhalten, von Verfassungs wegen geboten wären. Die hier zu prüfende Vereinbarkeit von Entflechtung und Verfassung wäre damit implizit vorausgesetzt.

6.2. Entflechtung und Übermaßverbot

780. Steht somit die den Grundrechten entsprechende Markt- und Wettbewerbsordnung nicht im Widerspruch zu staatlicher Wettbewerbsförderungspolitik, so kann diese auf der Ebene der einzelnen Grundfreiheitsrechte doch zu Konflikten führen. Die Verkürzung von individuellen Freiheiten greift auch dann in grundrechtlich geschützte Positionen ein, wenn sie den Freiheitsraum eines anderen schützt oder erweitert und insgesamt dazu dient, Voraussetzungen für funktionierenden Wettbewerb zu schaffen oder zu erhalten. Staatliche Wettbewerbspolitik ist in diesem Sinne Konfliktlösungspolitik, sei es, daß die gefährdete Wettbewerbsfreiheit einzelner Marktteilnehmer gegenüber Wettbewerbsbeschränkungen in der Person anderer Marktteilnehmer gesichert werden soll, sei es, daß wettbewerbspolitische Autonomien gegenüber anderen wirtschaftspolitischen Zielsetzungen abgegrenzt werden müssen. In diesem Sinne dient auch eine Entflechtungsregelung der Konfliktlösung:

Soweit Entflechtungsmaßnahmen die Position von als übermächtig erkannten Wirtschaftssubjekten beschränken, handelt es sich hierbei diesen Wettbewerbern gegenüber um Rechtseingriffe in deren bestehende marktstarke Position. Zugleich handelt es sich hierbei aus der Sicht der staatlichen Wettbewerbspolitik um Maßnahmen der fördernden Wettbewerbsgestaltung und damit der Verwirklichung der hinter dieser Wettbewerbsordnung stehenden Grundrechte.

781. Aus verfassungsrechtlicher Sicht unterstehen diese grundsätzlich verfassungskonformen Wettbewerbspolitiken — wie alle potentiell eingriffswirksamen Maßnahmen in grundrechtlichen Gewährleistungsbereichen — dem disziplinierenden Maßstab des Übermaßverbots. Dessen drei Teilgewährleistungen, d. h. die Grundsätze der Erforderlichkeit, der Verhältnismäßigkeit und der Geeignetheit begrenzen jede staatliche Maßnahme, die in grundrechtliche Freiheitsbereiche eingreifen kann.

782. Wettbewerbspolitisch soll eine Entflechtung die bestehenden Ineffizienzen der Fusionskontrolle und Mißbrauchsaufsicht überwinden. Damit fügt sich eine Entflechtungsregelung in das gegebene System des Wettbewerbsrechts ein und erfüllt die allgemeinen Voraussetzungen verfassungsrechtlicher *Erforderlichkeit.*

783. Die vorgeschlagene Entflechtungsregelung entspricht auch den Prinzipien der *Verhältnismäßigkeit.* Der mit der Entflechtungsregelung verbundene Grundrechtgseingriff ist proportional im Sinne der Mittel-Zweck-Relation und stellt einen möglichst schonenden Ausgleich zwischen den kollidierenden Grundrechten her. Generell erweist sich zwar jede Entflechtungsregelung als besonders massiver Eingriff, der hinsichtlich seiner Intensität über das Maß der bisherigen Aufsichtsinstrumentarien des Wettbewerbsrechts erheblich hinausreicht. Die von der Monopolkommission vorgeschlagene Entflechtungsregelung läßt die Institute der Mißbrauchsaufsicht sowie der Fusionskontrolle unberührt. Diese werden nicht ersetzt, sondern dort ergänzt, wo diese versagen. Die Entflechtungsregelung ist „ultima ratio" staatlicher Wettbewerbsaufsicht; sie entspricht damit dem Gebot der Verhältnismäßigkeit.

784. Der Entflechtungsvorschlag genügt schließlich auch dem Gebot der *Geeignetheit.* Entflechtungsmaßnahmen richten sich gegen Wettbewerbsbeschränkungen, die ihre Ursache in der Marktstruktur haben. Folgerichtig müssen die tatbestandlichen Voraussetzungen einer Entflechtung an der Marktstruktur anknüpfen. Eine ausschließlich oder primär an Kriterien einer bloßen Verhaltenskontrolle anknüpfende Entflechtungsregelung wäre dagegen ungeeignet.

Nach dem Entflechtungsvorschlag der Monopolkommission kommen als Objekte einer Entflechtungsregelung nur Unternehmen in Betracht, die marktbeherrschend sind und sich strukturbedingt mißbräuchlich verhalten. Ansatzpunkt sowie Ziel der konkreten Entflechtungsmaßnahme ist demnach die Struktur eines bestimmten relevanten Marktes. Das Verhaltenskriterium des Mißbrauchs ist selbst wiederum als „strukturbedingter" Mißbrauch auf die Marktstruktur bezogen und dient einer weiteren Einschränkung des Anwendungsbereichs einer andernfalls nur auf die Marktstruktur abstellenden Entflechtungsnorm. Die vorgeschlagene Regelung erscheint insoweit auch als geeignetes Mittel.

6.3. Entflechtung und Eigentumsgarantie

785. Die Eigentumsgarantie des Artikels 14 GG schützt grundsätzlich jedes vermögenswerte Recht, die freie und privatnützige Verfügung über dieses Recht durch seinen Inhaber und die prinzipielle freie Disposition über den sachlichen, ökonomischen sowie sonstigen Nutzen dieses Rechts. Die Eigentumsgarantie des Artikels 14 GG verkörpert so ein elementares Grundrecht; das verfassungsrechtliche Bekenntnis zu ihm formuliert eine Wertentscheidung von besonderer Bedeutung für den sozialen Rechtsstaat. Das Eigentum ist das wichtigste Rechtsinstitut zur Abgrenzung privater Vermögensbereiche. Grundrechtsdogmatisch wird das Eigentum als Rechtsinstitut wie auch in seiner konkreten Gestalt in der Hand des einzelnen Eigentümers gewährleistet (Eigentumsgarantie als Institutsgarantie und als Individualrecht). Funktionsmäßig gewährleistet Artikel 14 GG dem Eigentümer nicht nur den vermögensmäßigen Rechtsbestand, sondern einen maßgebenden Freiheitsraum im vermögensrechtlichen Bereich; das Eigentum ressortiert — anders ausgedrückt — im „inneren Zusammenhang mit der Garantie der persönlichen Freiheit"[1]); es ist somit vorrangig nicht Sach-, sondern Rechtsträgergarantie. Das Eigentum soll seinem Träger einen Freiheitsraum im vermögensrechtlichen Bereich sichern und ihm dadurch eine eigenverantwortliche Gestaltung seines Lebens ermöglichen. Als wichtigste Garantieelemente bezeichnet das Bundesverfassungsgericht daher die Privatnützigkeit des Eigentums bzw. dessen Zuordnung zu einem Rechtsträger, „in dessen Hand es als Grundlage privater Initiative und im eigenverantwortlichen privaten Interesse ‚von Nutzen' sein soll, und ... die von dieser Nutzung nicht immer deutlich abgrenzbare grundsätzliche Verfügungsbefugnis über den Eigentumsgegenstand"[2]). Sachlich umfaßt die Eigentumsgarantie grundsätzlich alle Formen vermögenswerter Rechtspositionen, einschließlich des Eigentums an Produktionsmitteln.

786. Der konkret maßgebende Inhalt des Eigentums bzw. dessen konkrete Gewährleistungsreichweite folgt erst aus der gesetzgeberischen Inhaltsbestimmung. Dieser muß sich nicht nur an der vermögensrechtlichen Gewährleistungsfunktion, sondern auch und gleichrangig an der Sozialpflichtigkeit des Eigentums gemäß Artikel 14 Abs. 2 GG orientieren:

„Die Bestandsgarantie des Artikels 14 Abs. 1 Satz 1 GG, der Regelungsauftrag des Artikels 14 Abs. 1 Satz 2 GG und die Sozialpflichtigkeit des Eigentums nach Artikel 14 Abs. 2 GG stehen in einem unlösbaren Zusammenhang. Keiner dieser Faktoren darf über Gebühr verkürzt werden; vielmehr müssen alle zu einem verhältnismäßigen Ausgleich gebracht werden"[3]). Von besonderer Bedeutung ist hierbei

[1]) BVerfGE 24, 389.
[2]) BVerfGE 50, 339.
[3]) BVerfGE 50, 340.

„die eigene Leistung als besonderer Schutzgrund für die Eigentümerposition"[1]). Die Befugnis des Gesetzgebers zur inhaltlichen und schrankenmäßigen Konkretisierung des Eigentums ist dagegen um so weiter, je mehr das Eigentumsobjekt in einem sozialen Bezug und einer sozialen Funktion steht. Maßgebend hierfür ist der in Artikel 14 Abs. 2 GG Ausdruck findende Gesichtspunkt, daß Nutzung und Verfügung in diesem Fall nicht lediglich innerhalb der Sphäre des Eigentümers bleiben, sondern Belange anderer Rechtsgenossen berühren, die auf die Nutzung des Eigentumsobjekts angewiesen sind. Unter dieser Voraussetzung umfaßt das grundgesetzliche Gebot einer am Gemeinwohl orientierten Nutzung das Gebot der Rücksichtnahme auf den Nichteigentümer, der seinerseits der Nutzung des Eigentumsobjekts zu seiner Freiheitssicherung und verantwortlichen Lebensgestaltung bedarf. Auch wenn das Eigentum insoweit weitergehenden Beschränkungen unterworfen werden kann als in seiner personalen Funktion, fordert die Bestandsgarantie des Artikels 14 Abs. 1 Satz 1 GG in jedem Fall die Erhaltung des Zuordnungsverhältnisses und der Substanz des Eigentums.

787. Entfaltet sich die Eigentumsgarantie demgemäß zwischen der „personalen Funktion" und der „sozialen Funktion" des jeweiligen Vermögensrechts bzw. „Eigentumsobjekts", so bedarf es auch der differenzierenden Wertung von legitimen und nicht mehr legitimen Beschränkungen der Eigentumsverwendung. Als hierfür zentralen Maßstab hat das Bundesverfassungsgericht das Prinzip der Verhältnismäßigkeit berufen, demzufolge „die gesetzliche Eigentumsbindung ... von dem geregelten Sachbereich her geboten sein" muß und „nicht weitergehen" darf, „als der Schutzzweck reicht, dem die Regelung dient"[2]). Folgerichtig sollen „dem Gesetzgeber um so engere Grenzen gezogen" sein, „je mehr Eigentumsnutzung und -verfügung innerhalb der Eigentümersphäre verbleiben, da dann ein außerhalb dieser liegender Zweck, der eine ‚verhältnismäßige' Eigentumsbindung rechtfertigen könnte, schwerer aufzufinden sein wird". Oder anders ausgedrückt: „bei sozialem Bezug und bei sozialer Funktion des Eigentums" ist „der Gestaltungsbereich des Gesetzgebers im Blick auf die Sozialbindung des Eigentums relativ weit"[3]).

788. Die einer wettbewerbspolitischen Entflechtungsregelung zugrunde liegende Ordnungsentscheidung bzw. die durch die Entflechtungsregelung bewirkte Kollisionslösung zwischen konkurrierenden Grundfreiheiten verkörpert zunächst bzw. für sich genommen eine legitime gesetzgeberische Konkretisierung des Allgemeinwohls. Mit dieser Feststellung ist die nähere Qualifikation — entweder Sozialbindung im Sinne des Artikels 14 Abs. 2 GG oder Enteignung im Sinne des Artikels 14 Abs. 3 GG — noch offengelassen. Grundsätzlich ist die einer Entflechtungsregelung zugrunde liegende Gemeinwohlentscheidung geeignet, beiden Eingriffs-

[1]) BVerfGE 50, 340.
[2]) BVerfGE 21, 73 (86); 50, 341.
[3]) BVerfGE 42, 294; 50, 341.

tatbeständen des Artikels 14 GG zu genügen. Das den Wettbewerb bzw. die Wettbewerbsfreiheit Dritter gefährdende (Groß-)Unternehmen steht in einem besonderen sozialen Bezug sowie in einer besonderen sozialen Funktion im Sinne der Eigentumsrechtsprechung des Bundesverfassungsgerichts; beides ermächtigt den Gesetzgeber, jenen Unternehmen auch besondere Wettbewerbspflichtigkeiten aufzuerlegen, ungeachtet der Tatsache, daß das Großunternehmen damit in Verhältnis zum kleineren oder mittelständischen Unternehmen ungleich behandelt wird. Solche Ungleichbehandlungen sind gerade aus der Sicht des Schutzes der Freiheit des Wettbewerbs gerechtfertigt, wenn nicht geboten. In diesem Sinne hat auch das Bundesverfassungsgericht verschiedentlich wirtschaftspolitische bzw. wettbewerbliche Begünstigungen von Klein- oder mittelständischen Unternehmen gegenüber Großunternehmen verfassungsrechtlich gerechtfertigt[1]; der äußeren Ungleichbehandlung beider Unternehmensarten steht die Herstellung von tatsächlicher Chancengleichheit gegenüber.

Hinzu kommt, daß sich die machtbildende Unternehmenskonzentration auch als maßgebend eigentumspolitisches Legitimationsproblem darstellt. Gerade ein sozialstaatlich verpflichtetes Eigentum bedingt gegenüber solchen Konzentrationsprozessen ein besonderes Maß an Kontrolle sowie Disziplinierung zum Schutze unterlegener Dritter. Da die potentielle Bedrohung der Wettbewerbsfreiheiten Dritter durch marktbeherrschende Unternehmen bzw. übermächtige Großunternehmen erfahrungsgemäß besteht, sind Maßnahmen zur Kontrolle und Begrenzung solcher ökonomischer Macht gemäß Artikel 14 Abs. 2 GG bzw. Artikel 14 Abs. 3 GG gerechtfertigt. Die Eigentumsgarantie des Artikels 14 GG impliziert zwar auch die (legitime) Chance zum Erwerb oder zur Bildung gesellschaftlich-ökonomischer Macht. Die Wirtschafts- und Gesellschaftsordnung des Grundgesetzes negiert solche Macht aber nicht von vornherein oder generell. Andererseits fordert ein sozialstaatlich gebundenes Eigentum, daß das Wirtschaftssubjekt, das solche ökonomische und gesellschaftliche Macht mittels Einsatzes oder Erwerbs von Eigentum erworben hat, dieses gemeinverträglich im Sinne der sozialen Rücksichtnahme auf die Belange und Freiheiten anderer Wirtschaftssubjekte nutzt[2].

789. Entflechtungsmaßnahmen betreffen das unternehmensmäßige Produktionseigentum mit unterschiedlicher Intensität. Sie können sich im Rahmen der Sozialbindung halten, sie können jedoch auch den Charakter einer entschädigungspflichtigen Enteignung erreichen. Es ist aber auch denkbar, daß Entflechtungsmaßnahmen sich schon tatbestandlich im Vorfeld des verfassungsrechtlich geschützten Eigentums halten.

790. Am *tatbestandlichen Eingriff* in die Substanz verfassungsrechtlich geschützten Eigentums und seiner verfassungsrechtlich garantierten Zuordnung *fehlt es namentlich* dort, wo die Entflechtungsmaßnahme lediglich eigentumsmäßig vermittelte Erwerbschancen, Erweiterungschancen, Wachstumsmöglichkeiten oder Rentabilitätserwartungen betrifft. In diesen Fällen wird das entflochtene Unternehmen noch nicht in seinem substantiellen Bestand beschränkt.

791. Die *Qualität tatbestandlicher Eigentumseingriffe* erreichen Entflechtungsmaßnahmen erst, wenn die genannten Beschränkungen die Wettbewerbsfähigkeit des betroffenen Unternehmens in solcher Weise beschneiden, daß die Existenz- oder Wettbewerbsfähigkeit als solche verloren zu gehen droht. Keine Entflechtungsmaßnahme darf den wettbewerblichen oder finanziellen Ruin eines Unternehmens herbeiführen.

Verbindliche Beurteilungsmaßstäbe bleiben in derartigen Fällen die ökonomische Funktionsbindung des verfassungsrechtlichen Eigentumsbegriffes sowie das eingriffsbegrenzende Übermaßverbot. Unter dem Gesichtspunkt des letzteren bieten Ausnahmetatbestände für „economies of scale" genügend Grundlagen für eine verfassungskonforme Entflechtungsgesetzgebung.

792. Einen Grenzfall kann die Entflechtung *von finanziellen Kontrollbeteiligungen* bilden: Soweit solche Beteiligungen nur dem wirtschaftlichen Anlage- oder Erwerbsinteresse dienen, fehlt hinsichtlich der Verbindung zum Beteiligungsunternehmen der eigentumsrechtlich-substanzmäßige Bezug. Die finanzielle Kontrolle ist eigentumsrechtlich als bloße Chancenverfolgung anzusehen. Außerdem fehlt es an der vom Bundesverfassungsgericht herausgestellten „personalen" Beziehung. Daher werden sich für die Entflechtung bloß finanzieller Kontrollbeteiligungen ungleich mehr Möglichkeiten ergeben als für die Entflechtung auch unternehmerisch genutzten Anteilseigentums.

793. Eigentumsrechtlich noch vor den substanzmäßigen Eingriffen liegen Entflechtungsmaßnahmen, die sich in der *Begrenzung von Verfügungsbefugnissen erschöpfen*, wie beispielsweise die Auflösung von Beherrschungsverträgen oder die Beschränkung von Stimmrechten. Positionen werden hier nur hinsichtlich bestimmter wirtschaftlicher Verfügungsrechte beschnitten. Daher wird es sich bei Entflechtungsmaßnahmen dieser Art in aller Regel um bloße Sozialbindungen im Sinne des Artikels 14 Abs. 2 GG handeln.

794. Eigentumsrechtliche Verfassungsprobleme ergeben sich darüber hinaus vor allem für die *entziehende Entflechtung*. Ihr Maßnahmenkatalog ist durch die zwangsweise verfügte Abgabe oder Entziehung einzelner Vermögens. bzw. Unternehmensrechte gekennzeichnet. Hierbei spielt es grundsätzlich keine Rolle, ob die konkrete Entflechtungsmaßnahme sich als organisatorische, betriebliche oder sonstige Entflechtungsart darstellt.

795. Derartige Maßnahmen dürfen grundsätzlich nicht ohne Entschädigung oder wirtschaftlich-vermögensmäßige Kompensation geschehen (Arti-

---

[1]) BVerfGE 19, 101 (114 ff.); 21, 160 (169); 21, 292 (299 ff.); 23, 50 (59 ff.); 30, 292 (314 ff.); 37, 1 (24); 37, 38 (53 ff.).

[2]) BVerfGE 50, 290 (341).

kel 14 Abs. 3 GG). Die Aufgabe einer Entflechtung liegt in der privatwirtschaftlichen Strukturveränderung und damit in einer privatrechtlichen Umorganisation. Daher erweist sich die privatwirtschaftlich erbrachte Kompensationsleistung als nächstliegende Lösung. *Das mildeste wie sachlichste Entflechtungsmittel liegt in der pro-rata-Lösung.* Diese beläßt den vom entflochtenen Unternehmen abgespaltenen Unternehmensteil vermögensrechtlich bei diesem Unternehmen oder seinem Träger. Lediglich die rechtliche Organisationsform der Innehaltung dieses Vermögensrechts ändert sich. *Eine solche Lösung führt im Grunde von der entziehenden Entflechtung zur umgestaltenden Entflechtung hinüber.* Diese zielt von vornherein auf die „interne" Umverteilung bestimmter Unternehmens- oder Vermögensrechte. Solche Maßnahmen muß der Anteilseigner im Rahmen seiner eigentumsrechtlichen Sozialbindung hinnehmen. Daraus ergibt sich, daß die verfassungsrechtliche Eigentumsgarantie des Artikels 14 GG der umgestaltenden Entflechtung prinzipiell offen gegenübersteht. Unter Berücksichtigung des Grundsatzes der Verhältnismäßigkeit ist zunächst das Verfahren der bloß umgestaltenden Entflechtung zu wählen. Die von der Monopolkommission vorgeschlagene Entflechtungsregelung entspricht diesen verfassungsrechtlichen Geboten.

6.4. Entflechtung und Berufsfreiheit

796. Das Grundrecht der Berufs- und Gewerbefreiheit aus Artikel 12 GG schützt nicht nur die (individuale) Berufsfreiheit, sondern auch die Gewerbefreiheit. Artikel 12 Abs. 1 GG umfaßt im Rahmen dieser Gewährleistungen auch die Freiheit zum wirtschaftlichen Erwerb und Wachstum und verfügt über einen gewährleistungsmäßigen Bezug zur gewerblich-unternehmerischen Organisationsform. So eröffnet Artikel 12 Abs. 1 GG namentlich auch das Recht, ein Gewerbe oder einen Beruf in der Organisationsform einer Kapitalgesellschaft zu betreiben.

797. Schränkenrechtlich untersteht die Berufs- und Gewerbefreiheit einer gestuften Beschränkungssystematik, die das Bundesverfassungsgericht erstmals in seinem Apotheken-Urteil entwickelt hat und die zur weiteren Grundlage seiner gesamten späteren Judikatur zu Artikel 12 Abs. 1 GG wurde [1]). Hiernach erstreckt sich der Gesetzesvorbehalt aus Artikel 12 Abs. 1 Satz 2 GG sowohl auf die Freiheit der Berufswahl als auch auf die Freiheit der Berufsausübung; Unterschiede ergeben sich erst — nach Maßgabe des allgemeinen Übermaßverbots — auf der konkreten Beschränkungsstufe: Wo die Freiheit der Berufsausübung schon durch „vernünftige Erwägungen des Gemeinwohls" bzw. deren Zweckmäßigkeitsentscheidung beschränkt werden darf, kann die Freiheit der Berufswahl nur zum „Schutze besonders wichtiger Gemeinschaftsgüter" beschränkt werden, wobei wiederum zwischen subjektiven Zulassungsvoraussetzungen und objektiven Zulassungsvoraussetzungen zu unterscheiden ist. Dies hat zur Folge, daß Beschränkungen auf der Stufe objektiver Zulassungsvoraussetzungen nur zur „Abwehr nachweisbarer oder höchstwahrscheinlicher schwerer Gefahren für ein überragend wichtiges Gemeinschaftsgut" statthaft sind.

¹) BVerfGE 7, 377 (400 ff.).

798. Hinsichtlich der Schranken gerade der „Unternehmerfreiheit" differenziert das Bundesverfassungsgericht in ähnlicher Weise wie zu Artikel 14 GG. Auch hier operiert das Bundesverfassungsgericht mit dem Differenzierungsmerkmal des „sozialen Bezuges" und der „sozialen Funktion", denen eine konkrete unternehmerische Betätigung verpflichtet ist. Wahrnehmung von Unternehmerfreiheit ist danach sowohl die Gründung und Führung eines Klein- oder Mittelbetriebs als auch die Tätigkeit eines Großunternehmens. Während sich bei den ersten der personale Bezug des Grundrechts auch im wirtschaftlichen Bereich voll verwirklicht, geht dieser bei Großunternehmen nahezu gänzlich verloren; er mag sich noch bei einem maßgebenden Anteilseigner finden, vor allem wenn dieser, wie bei der Gesellschaft mit beschränkter Haftung möglich, zugleich in der Leitung des Unternehmens tätig ist. Davon abgesehen ist indessen Unternehmerfreiheit im Fall von Großunternehmen nicht Element der Ausformung der Persönlichkeit des Menschen, sondern grundrechtliche Gewährleistung eines Verhaltens, dessen Wirkungen weit über das wirtschaftliche Schicksal des eigenen Unternehmens hinausreichen [1]).

799. Diesen zuletzt genannten Aspekt bezieht das Bundesverfassungsgericht ausdrücklich auf eine Wirtschaft, in der, wie in der Bundesrepublik, die Konzentration weit fortgeschritten ist. Verfassungsrechtlich ergeben sich damit erneut Abstufungen in der grundrechtlichen Gewährleistung ebenso wie zu Artikel 14 GG. Festzuhalten bleibt, daß eine Entflechtungsregelung nicht deshalb dem Grundrecht der Berufsfreiheit widerspricht, weil sie unternehmensmäßige Strukturen verändert. Im Einklang hiermit hat auch das Bundesverfassungsgericht bereits ausgesprochen, daß beispielsweise die „Konzernunabhängigkeit privatwirtschaftlicher Unternehmen Qualifikationen" wiedergäbe, „die die betriebswirtschaftliche und soziale Struktur des Unternehmens" beschrieben, „nicht aber Eigenschaften des nach Artikel 12 Abs. 1 GG geschützten ‚Berufs'" [2]). Im gleichen Sinne scheitern an Artikel 12 Abs. 1 GG Entflechtungsmaßnahmen nicht, die bestimmten Leitungsorganen eines Unternehmens die gleichzeitige Wahrnehmung von Leitungsfunktionen in anderen Unternehmen verbieten. Maßnahmen dieser Art betreffen allein die freie Berufsausübung und sind demgemäß durch die einfache Gemeinwohl-Entscheidung der konkreten Entflechtungsanordnung gerechtfertigt.

800. Der auch bei Artikel 12 Abs. 1 GG im Vordergrund stehende Aspekt der „personalen Berufsfunktion" führt bei der Entflechtung von finanziellen Kontrollbeteiligungen zum wiederum gleichen Ergebnis. Auch hier fehlt es in der Regel an einem entsprechenden personalen Sinnbezug der betreffen-

¹) BVerfGE 50, 363.
²) BVerfGE 30, 292 (313).

den Finanzbeteiligung; es dominieren die Zwecke des finanziellen Erwerbs und der finanziellen Kontrolle, so daß das Grundrecht des Artikels 12 Abs. 1 GG zumindest nicht im Kern seiner Gewährleistung tangiert wird.

801. Soweit Entflechtungsmaßnahmen überhaupt das Grundrecht des Artikels 12 Abs. 1 GG beschränken, handelt es sich in diesen Fällen um die Wahrnehmung bestimmter Freiheitschancen, wie der Erwerbsfreiheit, der Wachstumsfreiheit, der Produktionsfreiheit, der freien Produktionserweiterung etc. Innerhalb des Grundrechts der Berufs- und Gewerbefreiheit handelt es sich bei Beschränkungen dieser Freiheiten in der Regel um bloße Eingriffe in die freie Berufs- und Gewerbeausübung, also nicht um Eingriffe in die verfassungsrechtlich besonders geschützte Freiheit der Berufs- und Gewerbewahl. Diese sind durch einfache Erwägung des Gemeinwohls gerechtfertigt. Da die wettbewerbspolitische Zielsetzung der Entflechtung solchen Gemeinwohlerfordernissen gerecht wird, ergeben sich aus der Sicht des Artikels 12 Abs. 1 GG keine verfassungsrechtlich begründeten Einwände gegen die Einführung oder Durchführung von Entflechtungsmaßnahmen.

6.5. Entflechtung und sonstige Verfassungsbestimmungen

802. Das Zentrum der grundrechtlichen Entflechtungsproblematik liegt bei den vorstehend untersuchten Grundrechten aus Artikel 14 und Artikel 12 GG. Darüber hinaus ergeben sich verfassungsrechtliche Fragen, soweit es um die unternehmensstrukturellen Gewährleistungen nach Maßgabe der allgemeinen Vereinigungsfreiheit und der gleichfalls grundrechtlich geschützten Vertragsfreiheit geht.

6.5.1. Entflechtung und Vereinigungsfreiheit

803. Die allgemeine Vereinigungsfreiheit gemäß Artikel 9 Abs. 1 GG erfaßt tatbestandlich sowohl Vorgänge des externen Unternehmenswachstums als auch Vorgänge der internen Unternehmensgestaltung. Schützt Artikel 9 Abs. 1 GG damit tatbestandlich die wirtschaftliche konzentrations- und unternehmensmäßig-gesellschaftsrechtliche Organisationsfreiheit, so findet das Entflechtungsproblem letztlich dennoch seinen maßgebenden Standort im Bereich der Grundrechte aus Artikel 12 und Artikel 14 GG. Denn das Verhältnis dieser wirtschaftlichen Hauptfreiheiten zu Artikel 9 Abs. 1 GG ist tatbestandlich zwar das einer „Idealkonkurrenz"; materiell-rechtlich dominieren innerhalb dieses Konkurrenzverhältnisses aber die Grundrechte aus Artikel 12 und Artikel 14 GG. Denn diese Grundrechte bestimmen den (ökonomischen) Zweck, dem ein Zusammenschluß oder eine bestimmte gesellschaftsrechtliche Unternehmensorganisation dienen soll. Die Vereinigungsfreiheit ist mit anderen Worten nur Instrument zur freiheitlichen Nutzung der Gewährleistungen aus Artikel 12 und Artikel 14 GG. Die Vereinigungsfreiheit tritt auf diese Weise gleichsam in den Dienst der wirtschaftlichen Freiheitsrechte; zwischen beiden besteht ein Zweck-Mittel-Verhältnis (Vereinigungsfreiheit als grundrechtliches „Ausübungsrecht" — Eigentumsgarantie als materiell-zweckbestimmendes „Inhaltsrecht"). Verfassungssystematisch bedeutet dies, daß das Grundrecht der Vereinigungsfreiheit im Rahmen einer Entflechtungsregelung bzw. deren grundrechtlicher Überprüfung keine entscheidende Rolle spielt.

6.5.2. Entflechtung und Vertragsfreiheit

804. Von ebenfalls untergeordneter Bedeutung sind die mit einer Entflechtungsregelung möglicherweise zusammenhängenden Einschränkungen der wirtschaftlichen Vertragsfreiheit. Eine tiefergehende Erörterung des Problems, ob die Vertragsfreiheit in Artikel 2 Abs. 1 GG und damit dem Generalfreiheitsrecht, oder in Artikel 12 und Artikel 14 GG geschützt ist, erübrigt sich damit. Angesichts der Spezialität der Grundrechte aus Artikel 12 und Artikel 14 GG spielt diese grundrechtssystematische Einordnung für die hier zur Untersuchung stehende Problemlage keine Rolle. Der grundrechtliche Schutz des Artikels 2 Abs. 1 GG reicht jedenfalls und unbestrittenermaßen nicht weiter als der aus Artikel 12 und Artikel 14 GG.

Köln, den 30. Juni 1980

E. Kantzenbach

D. Fertsch-Röver U. Immenga
E. Mittelsten Scheid J. Murawski

Anhang

Inhalt

A. Gesetz gegen Wettbewerbsbeschränkungen (Auszug: §§ 22 bis 24b) in der Fassung vom 4. April 1974 (BGBl. I, S. 875 bis 880)

zuletzt geändert durch Gesetz vom 26. April 1980*) (BGBl. I, S. 458 bis 460)

§ 22

(1) Ein Unternehmen ist marktbeherrschend im Sinne dieses Gesetzes, soweit es als Anbieter oder Nachfrager einer bestimmten Art von Waren oder gewerblichen Leistungen

1. ohne Wettbewerber ist oder keinem wesentlichen Wettbewerb ausgesetzt ist oder
2. eine im Verhältnis zu seinen Wettbewerbern überragende Marktstellung hat; hierbei sind außer seinem Marktanteil insbesondere seine Finanzkraft, sein Zugang zu den Beschaffungs- oder Absatzmärkten, Verflechtungen mit anderen Unternehmen sowie rechtliche oder tatsächliche Schranken für den Marktzutritt anderer Unternehmen zu berücksichtigen.

(2) Als marktbeherrschend gelten auch zwei oder mehr Unternehmen, soweit zwischen ihnen für eine bestimmte Art von Waren oder gewerblichen Leistungen allgemein oder auf bestimmten Märkten aus tatsächlichen Gründen ein wesentlicher Wettbewerb nicht besteht und soweit sie in ihrer Gesamtheit die Voraussetzungen des Absatzes 1 erfüllen.

(3) Es wird vermutet, daß

1. ein Unternehmen marktbeherrschend im Sinne des Absatzes 1 ist, wenn es für eine bestimmte Art von Waren oder gewerblichen Leistungen einen Marktanteil von mindestens einem Drittel hat; die Vermutung gilt nicht, wenn das Unternehmen im letzten abgeschlossenen Geschäftsjahr Umsatzerlöse von weniger als 250 Millionen Deutscher Mark hatte;
2. die Voraussetzungen des Absatzes 2 vorliegen, wenn für eine bestimmte Art von Waren oder gewerblichen Leistungen
   a) drei oder weniger Unternehmen zusammen einen Marktanteil von 50 vom Hundert oder mehr haben oder
   b) fünf oder weniger Unternehmen zusammen einen Marktanteil von zwei Dritteln oder mehr haben;

   die Vermutung gilt nicht, soweit es sich um Unternehmen handelt, die im letzten abgeschlossenen Geschäftsjahr Umsatzerlöse von weniger als 100 Millionen Deutscher Mark hatten.

Für die Berechnung der Marktanteile und der Umsatzerlöse gilt § 23 Abs. 1 Satz 2 bis 10 entsprechend.

(4) Die Kartellbehörde hat gegenüber marktbeherrschenden Unternehmen die in Absatz 5 genannten Befugnisse, soweit diese Unternehmen ihre marktbeherrschende Stellung auf dem Markt für diese oder andere Waren oder gewerbliche Leistungen mißbräuchlich ausnutzen.

Ein Mißbrauch im Sinne des Satzes 1 liegt insbesondere vor, wenn ein marktbeherrschendes Unternehmen als Anbieter oder Nachfrager einer bestimmten Art von Waren oder gewerblichen Leistungen

1. *die Wettbewerbsmöglichkeiten anderer Unternehmen in einer für den Wettbewerb auf dem Markt erheblichen Weise ohne sachlich gerechtfertigten Grund beeinträchtigt;*
2. *Entgelte oder sonstige Geschäftsbedingungen fordert, die von denjenigen abweichen, die sich bei wirksamem Wettbewerb mit hoher Wahrscheinlichkeit ergeben würden; hierbei sind insbesondere die Verhaltensweisen von Unternehmen auf vergleichbaren Märkten mit wirksamem Wettbewerb zu berücksichtigen;*
3. *ungünstigere Entgelte oder sonstige Geschäftsbedingungen fordert, als sie das marktbeherrschende Unternehmen selbst auf vergleichbaren Märkten von gleichartigen Abnehmern fordert, es sei denn, daß der Unterschied sachlich gerechtfertigt ist.*

(5) Die Kartellbehörde kann unter den Voraussetzungen des Absatzes 4 marktbeherrschenden Unternehmen ein mißbräuchliches Verhalten untersagen und Verträge für unwirksam erklären; § 19 gilt entsprechend. Zuvor soll die Kartellbehörde die Beteiligten auffordern, den beanstandeten Mißbrauch abzustellen.

(6) Soweit die Voraussetzungen des Absatzes 1 bei einem Konzernunternehmen im Sinne des § 18 des Aktiengesetzes vorliegen, stehen der Kartellbehörde die Befugnisse nach Absatz 5 gegenüber jedem Konzernunternehmen zu.

§ 23

(1) Der Zusammenschluß von Unternehmen ist dem Bundeskartellamt unverzüglich anzuzeigen, wenn

1. im gesamten Geltungsbereich dieses Gesetzes oder in einem wesentlichen Teil desselben durch den Zusammenschluß ein Marktanteil von mindestens 20 vom Hundert erreicht oder erhöht wird oder ein beteiligtes Unternehmen auf einem anderen Markt einen Anteil von mindestens 20 vom Hundert hat oder

---

* Die Änderungen durch die 4. GWB-Novelle sind kursiv hervorgehoben.

2. die beteiligten Unternehmen insgesamt zu einem Zeitpunkt innerhalb des letzten vor dem Zusammenschluß endenden Geschäftsjahres mindestens 10000 Beschäftigte oder in diesem Zeitraum Umsatzerlöse von mindestens 500 Millionen Deutscher Mark hatten.

Ist ein beteiligtes Unternehmen ein abhängiges oder herrschendes Unternehmen im Sinne des § 17 des Aktiengesetzes oder ein Konzernunternehmen im Sinne des § 18 des Aktiengesetzes, so sind für die Berechnung der Marktanteile, der Beschäftigtenzahl und der Umsatzerlöse die so verbundenen Unternehmen als einheitliches Unternehmen anzusehen; wirken mehrere Unternehmen auf Grund einer Vereinbarung oder in sonstiger Weise derart zusammen, daß sie gemeinsam einen beherrschenden Einfluß auf ein beteiligtes Unternehmen ausüben können, so gilt jedes von ihnen als herrschendes Unternehmen. Für die Ermittlung der Umsatzerlöse gilt § 158 Abs. 1 und 2 des Aktiengesetzes; Umsatzerlöse aus Lieferungen und Leistungen zwischen Unternehmen, die im Sinne des Satzes 2 verbunden sind (Innenumsatzerlöse), die Mehrwertsteuer sowie Verbrauchsteuern bleiben außer Betracht; Umsatzerlöse in fremder Währung sind nach dem amtlichen Kurs in Deutsche Mark umzurechnen. An die Stelle der Umsatzerlöse treten bei Kreditinstituten und Bausparkassen ein Zehntel der Bilanzsumme, bei Versicherungsunternehmen die Prämieneinnahmen des letzten abgeschlossenen Geschäftsjahres. Die Bilanzsumme ist um diejenigen Ansätze zu vermindern, die für Beteiligungen an im Sinne des Satzes 2 verbundenen Unternehmen ausgewiesen sind; Prämieneinnahmen sind die Einnahmen aus dem Erst- und Rückversicherungsgeschäft einschließlich der in Rückdeckung gegebenen Anteile. Bei Unternehmen, deren Geschäftsbetrieb ganz oder teilweise im Vertrieb von Waren besteht, sind insoweit nur drei Viertel der Umsatzerlöse in Ansatz zu bringen. Bei Unternehmen, deren Geschäftsbetrieb ganz oder teilweise im Verlag, in der Herstellung oder im Vertrieb von Zeitungen oder Zeitschriften oder deren Bestandteilen besteht, ist insoweit das Zwanzigfache der Umsatzerlöse in Ansatz zu bringen; Satz 6 bleibt unberührt. *Beim Erwerb des Vermögens eines anderen Unternehmens ganz oder zu einem wesentlichen Teil ist für die Berechnung der Marktanteile, der Beschäftigtenzahl und der Umsatzerlöse des Veräußerers nur auf den veräußerten Vermögensteil abzustellen. Satz 8 gilt entsprechend für den Erwerb von Anteilen, soweit dabei weniger als 25 von Hundert Anteile beim Veräußerer verbleiben und der Zusammenschluß nicht die Voraussetzungen des Absatzes 2 Nr. 2 Satz 3 und Nr. 5 erfüllt. Steht einer Person oder Personenvereinigung, die nicht Unternehmen ist, die Mehrheitsbeteiligung an einem Unternehmen zu, so gilt sie für die Zwecke dieses Gesetzes als Unternehmen.*

(2) Als Zusammenschluß im Sinne dieses Gesetzes gelten folgende Tatbestände:

1. Erwerb des Vermögens eines anderen Unternehmens ganz oder zu einem wesentlichen Teil durch Verschmelzung, Umwandlung oder in sonstiger Weise.
2. Erwerb von Anteilen an einem anderen Unternehmen, wenn die Anteile allein oder zusammen mit sonstigen, dem Unternehmen bereits gehörenden Anteilen
   a) 25 vom Hundert des stimmberechtigten Kapitals des anderen Unternehmens erreichen oder
   b) 50 vom Hundert des stimmberechtigten Kapitals des anderen Unternehmens erreichen oder
   c) dem Unternehmen eine Mehrheitsbeteiligung im Sinne des § 16 Abs. 1 des Aktiengesetzes gewähren.

   Zu den Anteilen, die dem Unternehmen gehören, rechnen auch die Anteile, die einem im Sinne des Absatzes 1 Satz 2 verbundenen Unternehmen oder einem anderen für Rechnung eines dieser Unternehmen gehören und, wenn der Inhaber des Unternehmens ein Einzelkaufmann ist, auch die Anteile, die sonstiges Vermögen des Inhabers sind. Erwerben mehrere Unternehmen gleichzeitig oder nacheinander im vorbezeichneten Umfang Anteile an einem anderen Unternehmen, so gilt dies hinsichtlich der Märkte, auf denen das andere Unternehmen tätig ist, auch als Zusammenschluß der sich beteiligenden Unternehmen untereinander (Gemeinschaftsunternehmen). *Als Zusammenschluß gilt auch der Erwerb von Anteilen, soweit dem Erwerber durch Vertrag, Satzung, Gesellschaftsvertrag oder Beschluß eine Rechtsstellung verschafft ist, die bei der Aktiengesellschaft ein Aktionär mit mehr als 25 vom Hundert des stimmberechtigten Kapitals innehat. Anteilen an einem Unternehmen stehen Stimmrechte gleich.*
3. Verträge mit einem anderen Unternehmen, durch die
   a) ein Konzern im Sinne des § 18 des Aktiengesetzes gebildet oder der Kreis der Konzernunternehmen erweitert wird oder
   b) sich das andere Unternehmen verpflichtet, sein Unternehmen für Rechnung des Unternehmens zu führen oder seinen Gewinn ganz oder zum Teil an das Unternehmen abzuführen oder
   c) dem Unternehmen der Betrieb des anderen Unternehmens ganz oder zu einem wesentlichen Teil verpachtet oder sonst überlassen wird.
4. Herbeiführung der Personengleichheit von mindestens der Hälfte der Mitglieder des Aufsichtsrats, des Vorstands oder eines sonstigen zur Geschäftsführung berufenen Organs von Unternehmen.
5. Jede sonstige Verbindung von Unternehmen, auf Grund deren ein oder mehrere Unternehmen unmittelbar oder mittelbar einen beherrschenden Einfluß auf ein anderes Unternehmen ausüben können.

(3) Ein Zusammenschluß ist auch dann anzunehmen, wenn die beteiligten Unternehmen bereits vorher im Sinne des Absatzes 2 zusammengeschlossen

waren, es sei denn, daß der Zusammenschluß nicht zu einer wesentlichen Verstärkung der bereits bestehenden Unternehmensverbindung führt. Ein Zusammenschluß liegt nicht vor, wenn ein Kreditinstitut bei der Gründung oder Kapitalerhöhung eines Unternehmens oder sonst im Rahmen seines Geschäftsbetriebes Anteile an einem anderen Unternehmen zum Zweck der Veräußerung auf dem Markt erwirbt, solange es das Stimmrecht aus diesen Anteilen nicht ausübt und sofern die Veräußerung innerhalb eines Jahres erfolgt; bei der Gründung eines Unternehmens führt die Ausübung des Stimmrechts in der ersten Hauptversammlung nach der Gründung nicht zu einem Zusammenschluß. Ist ein an einem Zusammenschluß beteiligtes Unternehmen ein im Sinne des Absatzes 1 Satz 2 verbundenes Unternehmen, so gelten auch das herrschende Unternehmen sowie diejenigen Unternehmen, von denen das herrschende Unternehmen abhängig ist, als am Zusammenschluß beteiligt. Schließen sich zwei oder mehr Unternehmen zusammen, so gilt dies auch als Zusammenschluß der von ihnen abhängigen Unternehmen.

(4) Zur Anzeige sind verpflichtet:

1. in den Fällen der Verschmelzung oder Umwandlung die Inhaber des aufnehmenden oder des neugebildeten Unternehmens oder deren Vertreter, bei juristischen Personen und Gesellschaften die nach Gesetz oder Satzung zur Vertretung berufenen Personen;
2. im übrigen
   a) die Inhaber der am Zusammenschluß beteiligten Unternehmen und
   b) in den Fällen des Absatzes 2 Nr. 1 und 2 auch der Veräußerer

   oder deren Vertreter, bei juristischen Personen und Gesellschaften die nach Gesetz oder Satzung zur Vertretung berufenen Personen; in den Fällen des Buchstabens b gilt Absatz 3 Satz 3 entsprechend.

(5) In der Anzeige ist die Form des Zusammenschlusses anzugeben. Die Anzeige muß ferner über jedes beteiligte Unternehmen folgende Angaben enthalten:

1. die Firma oder sonstige Bezeichnung und den Ort der Niederlassung oder den Sitz;
2. die Art des Geschäftsbetriebes;
3. soweit die Voraussetzungen des Absatzes 1 Satz 1 erfüllt sind, den Marktanteil einschließlich der Grundlagen für seine Berechnung oder Schätzung, die Zahl der Beschäftigten und die Umsatzerlöse; an Stelle der Umsatzerlöse sind bei Kreditinstituten und Bausparkassen die Bilanzsumme, bei Versicherungsunternehmen die Prämieneinnahmen anzugeben;
4. beim Erwerb von Anteilen an einem anderen Unternehmen (Absatz 2 Nr. 2) die Höhe der erworbenen und der insgesamt gehaltenen Beteiligung.

Ist ein beteiligtes Unternehmen ein im Sinne des Absatzes 1 Satz 2 verbundenes Unternehmen, so sind die in Satz 2 Nr. 1 bis 3 geforderten Angaben auch über die so verbundenen Unternehmen zu machen sowie die Konzernbeziehungen, Abhängigkeits- und Beteiligungsverhältnisse zwischen den verbundenen Unternehmen mitzuteilen.

(6) Das Bundeskartellamt kann von jedem beteiligten Unternehmen Auskunft über Marktanteile einschließlich der Grundlagen für die Berechnung oder Schätzung sowie über den Umsatzerlös bei einer bestimmten Art von Waren oder gewerblichen Leistungen verlangen, den das Unternehmen im letzten vor dem Zusammenschluß endenden Geschäftsjahr erzielt hat. Ist ein beteiligtes Unternehmen ein im Sinne des Absatzes 1 Satz 2 verbundenes Unternehmen, so kann das Bundeskartellamt die Auskunft auch über die so verbundenen Unternehmen verlangen; es kann die Auskunft auch von den verbundenen Unternehmen verlangen. *§ 46 Abs. 2, 5 und 9 gilt entsprechend.* Zur Erteilung der Auskunft hat das Bundeskartellamt eine angemessene Frist zu bestimmen. Die Befugnisse des Bundeskartellamtes nach § 46 bleiben unberührt.

§ 23 a

(1) Unbeschadet des § 22 Abs. 1 bis 3 wird für die Zusammenschlußkontrolle vermutet, daß durch den Zusammenschluß eine überragende Marktstellung entstehen oder sich verstärken wird, wenn

1. sich ein Unternehmen, das im letzten vor dem Zusammenschluß endenden Geschäftsjahr Umsatzerlöse von mindestens zwei Milliarden Deutscher Mark hatte, mit einem anderen Unternehmen zusammenschließt, das
   a) auf einem Markt tätig ist, auf dem kleine und mittlere Unternehmen insgesamt einen Marktanteil von mindestens zwei Dritteln und die am Zusammenschluß beteiligten Unternehmen insgesamt einen Marktanteil von mindestens fünf vom Hundert haben, oder
   b) auf einem oder mehreren Märkten marktbeherrschend ist, auf denen insgesamt im letzten abgeschlossenen Kalenderjahr mindestens 150 Millionen Deutscher Mark umgesetzt wurden, oder

2. die am Zusammenschluß beteiligten Unternehmen im letzten vor dem Zusammenschluß endenden Geschäftsjahr insgesamt Umsatzerlöse von mindestens zwölf Milliarden Deutscher Mark und mindestens zwei der am Zusammenschluß beteiligten Unternehmen Umsatzerlöse von jeweils mindestens einer Milliarde Deutscher Mark hatten; die Vermutung gilt nicht, soweit der Zusammenschluß auch die Voraussetzungen des § 23 Abs. 2 Nr. 2 Satz 3 erfüllt und das Gemeinschaftsunternehmen nicht auf einem Markt tätig ist, auf dem im letzten Kalenderjahr mindestens 750 Millionen Deutscher Mark umgesetzt wurden.

(2) Für die Zusammenschlußkontrolle gilt auch eine Gesamtheit von Unternehmen als marktbeherrschend, wenn sie

1. *aus drei oder weniger Unternehmen besteht, die auf einem Markt die höchsten Marktanteile und zusammen einen Marktanteil von 50 vom Hundert erreichen, oder*
2. *aus fünf oder weniger Unternehmen besteht, die auf einem Markt die höchsten Marktanteile und zusammen einen Marktanteil von zwei Dritteln erreichen,*

es sei denn, die Unternehmen weisen nach, daß die Wettbewerbsbedingungen auch nach dem Zusammenschluß zwischen ihnen wesentlichen Wettbewerb erwarten lassen oder die Gesamtheit der Unternehmen im Verhältnis zu den übrigen Wettbewerbern keine überragende Marktstellung hat. Satz 1 gilt nicht, soweit es sich um Unternehmen handelt, die im letzten abgeschlossenen Geschäftsjahr Umsatzerlöse von weniger als 150 Millionen Deutscher Mark hatten oder wenn die am Zusammenschluß beteiligten Unternehmen insgesamt einen Marktanteil von nicht mehr als 15 vom Hundert erreichen. § 22 Abs. 2 und 3 Satz 1 Nr. 2 bleibt im übrigen unberührt.

(3) Bei der Berechnung der Umsatzerlöse und Marktanteile ist § 23 Abs. 1 Satz 2 bis 6 und 8 bis 10 anzuwenden.

§ 24

(1) Ist zu erwarten, daß durch einen Zusammenschluß eine marktbeherrschende Stellung entsteht oder verstärkt wird, so hat die Kartellbehörde die in den folgenden Bestimmungen genannten Befugnisse, es sei denn, die beteiligten Unternehmen weisen nach, daß durch den Zusammenschluß auch Verbesserungen der Wettbewerbsbedingungen eintreten und daß diese Verbesserungen die Nachteile der Marktbeherrschung überwiegen.

(2) Liegen die Voraussetzungen des Absatzes 1 vor, so untersagt das Bundeskartellamt den Zusammenschluß. Das Bundeskartellamt darf einen Zusammenschluß untersagen, sobald ihm das Vorhaben des Zusammenschlusses bekanntgeworden ist; vollzogene Zusammenschlüsse darf das Bundeskartellamt nur innerhalb einer Frist von einem Jahr seit Eingang der vollständigen Anzeige nach § 23 untersagen; § 24a Abs. 2 Satz 2 Nr. 1 und 5 bis 6 gilt entsprechend. Vor einer Untersagung ist den obersten Landesbehörden, in deren Gebiet die beteiligten Unternehmen ihren Sitz haben, Gelegenheit zur Stellungnahme zu geben. Hat das Bundeskartellamt die Verfügung nach Satz 1 erlassen, so ist es unzulässig, den Zusammenschluß ohne Erlaubnis des Bundesministers für Wirtschaft zu vollziehen oder am Vollzug des Zusammenschlusses mitzuwirken; Rechtsgeschäfte, die gegen dieses Verbot verstoßen, sind unwirksam; dies gilt nicht für Verträge über die Verschmelzung, Umwandlung, Eingliederung oder Gründung eines Unternehmens und für Unternehmensverträge im Sinne der §§ 291 und 292 des Aktiengesetzes, sobald sie durch Eintragung in das Handelsregister oder in das Genossenschaftsregister rechtswirksam geworden sind. Ein vollzogener Zusammenschluß, den das Bundeskartellamt untersagt hat, ist aufzulösen, wenn nicht der Bundesminister für Wirtschaft die Erlaubnis zu dem Zusammenschluß erteilt.

(3) Der Bundesminister für Wirtschaft erteilt auf Antrag die Erlaubnis zu dem Zusammenschluß, wenn im Einzelfall die Wettbewerbsbeschränkung von gesamtwirtschaftlichen Vorteilen des Zusammenschlusses aufgewogen wird oder der Zusammenschluß durch ein überragendes Interesse der Allgemeinheit gerechtfertigt ist; hierbei ist auch die Wettbewerbsfähigkeit der beteiligten Unternehmen auf Märkten außerhalb des Geltungsbereiches dieses Gesetzes zu berücksichtigen. Die Erlaubnis darf nur erteilt werden, wenn durch das Ausmaß der Wettbewerbsbeschränkung die marktwirtschaftliche Ordnung nicht gefährdet wird. Die Erlaubnis kann mit Beschränkungen und Auflagen verbunden werden. Diese dürfen sich nicht darauf richten, die beteiligten Unternehmen einer laufenden Verhaltenskontrolle zu unterstellen. § 22 bleibt unberührt.

(4) Der Antrag auf Erteilung der Erlaubnis zum Zusammenschluß ist binnen einer Frist von einem Monat beim Bundesminister für Wirtschaft schriftlich einzureichen. Die Frist beginnt mit der Zustellung der in Absatz 2 Satz 1 bezeichneten Verfügung des Bundeskartellamtes; wird die Verfügung des Bundeskartellamtes innerhalb der in § 65 Abs. 1 Satz 1 und 2 vorgesehenen Frist angefochten, so beginnt die Frist für den Erlaubnisantrag in dem Zeitpunkt, in dem die Verfügung des Bundeskartellamtes unanfechtbar wird. Der Bundesminister für Wirtschaft soll über den Antrag innerhalb von vier Monaten seit Ablauf der in den Sätzen 1 und 2 genannten Frist für den Erlaubnisantrag entscheiden. Vor der Entscheidung ist den obersten Landesbehörden, in deren Gebiet die beteiligten Unternehmen ihren Sitz haben, Gelegenheit zur Stellungnahme zu geben.

(5) Der Bundesminister für Wirtschaft kann die Erlaubnis widerrufen oder durch Anordnung von Beschränkungen ändern oder mit Auflagen versehen, wenn die beteiligten Unternehmen einer mit der Erlaubnis verbundenen Auflage zuwiderhandeln. Der Bundesminister für Wirtschaft kann die Erlaubnis zurücknehmen, wenn die beteiligten Unternehmen sie durch arglistige Täuschung, Drohung, Bestechung oder durch Angaben erwirkt haben, die in wesentlicher Beziehung unrichtig oder unvollständig waren.

(6) Die Auflösung eines vollzogenen Zusammenschlusses kann auch darin bestehen, daß die Wettbewerbsbeschränkung auf andere Weise als durch Wiederherstellung des früheren Zustands beseitigt wird. Das Bundeskartellamt ordnet die zur Auflösung des Zusammenschlusses erforderlichen Maßnahmen an, wenn

1. seine in Absatz 2 Satz 1 bezeichnete Verfügung unanfechtbar geworden ist und,
2. falls die beteiligten Unternehmen beim Bundesminister für Wirtschaft einen Antrag auf Erteilung der Erlaubnis zum Zusammenschluß gestellt hatten, die Ablehnung dieses Antrags oder in den Fällen des Absatzes 5 der Widerruf oder die Rücknahme unanfechtbar geworden ist.

Hierbei hat es unter Wahrung der Belange Dritter diejenigen Maßnahmen anzuordnen, die mit dem geringsten Aufwand und der geringsten Belastung für die Beteiligten zum Ziele führen.

(7) Zur Durchsetzung seiner Anordnung kann das Bundeskartellamt insbesondere

1. durch einmalige oder mehrfache Festsetzung eines Zwangsgeldes von 10000 bis eine Million Deutscher Mark die zur Auflösung des Zusammenschlusses Verpflichteten dazu anhalten, daß sie unverzüglich die angeordneten Maßnahmen ergreifen,
2. untersagen, daß das Stimmrecht aus Anteilen an einem beteiligten Unternehmen, die einem anderen beteiligten Unternehmen gehören oder ihm zuzurechnen sind, ausgeübt wird, oder die Ausübung des Stimmrechts oder die Art der Ausübung von der Erlaubnis des Bundeskartellamtes abhängig machen,
3. den Zusammenschluß bewirkende Verträge der in § 23 Abs. 2 Nr. 1 und 3 bezeichneten Art für unwirksam erklären; dies gilt nicht für Verträge über die Verschmelzung, Umwandlung, Eingliederung oder Gründung eines Unternehmens und für Unternehmensverträge im Sinne der §§ 291 und 292 des Aktiengesetzes, sobald sie durch Eintragung in das Handelsregister oder in das Genossenschaftsregister rechtswirksam geworden sind,
4. einen Treuhänder bestellen, der für die zur Auflösung des Zusammenschlusses Verpflichteten die erforderlichen Willenserklärungen abzugeben und die erforderlichen tatsächlichen Handlungen vorzunehmen hat; hierbei ist zu bestimmen, in welchem Umfang während der Dauer der Treuhänderschaft die Rechte der Betroffenen ruhen; für das Rechtsverhältnis zwischen dem Treuhänder und dem Verpflichteten sind die §§ 664, 666 bis 670 des Bürgerlichen Gesetzbuches entsprechend anzuwenden; der Treuhänder kann von dem Verpflichteten eine angemessene Vergütung beanspruchen.

(8) Die Absätze 1 bis 7 gelten nicht,

1. wenn die beteiligten Unternehmen insgesamt im letzten abgeschlossenen Geschäftsjahr Umsatzerlöse von weniger als 500 Millionen Deutscher Mark hatten oder
2. *wenn sich ein Unternehmen, das nicht abhängig ist und im letzten abgeschlossenen Geschäftsjahr Umsatzerlöse von nicht mehr als 50 Millionen Deutscher Mark hatte, einem anderen Unternehmen anschließt, es sei denn, das eine Unternehmen hatte Umsatzerlöse von mindestens vier Millionen Deutscher Mark und das andere Unternehmen Umsatzerlöse von mindestens einer Milliarde Deutscher Mark, oder*
3. *soweit ein Markt betroffen ist, auf dem seit mindestens fünf Jahren Waren oder gewerbliche Leistungen angeboten werden und auf dem im letzten Kalenderjahr weniger als zehn Millionen Deutscher Mark umgesetzt wurden.*

Bei der Berechnung der Umsatzerlöse ist § 23 Abs. 1 Satz 2 bis 10 anzuwenden.

(9) Absatz 8 Satz 1 Nr. 2 ist nicht anzuwenden, soweit durch den Zusammenschluß der Wettbewerb beim Verlag, bei der Herstellung oder beim Vertrieb von Zeitungen oder Zeitschriften oder deren Bestandteilen im Sinne des Absatzes 1 beschränkt wird.

§ 24 a

(1) Das Vorhaben eines Zusammenschlusses kann beim Bundeskartellamt angemeldet werden. Das Vorhaben ist beim Bundeskartellamt anzumelden, wenn

1. *eines der am Zusammenschluß beteiligten Unternehmen im letzten abgeschlossenen Geschäftsjahr Umsatzerlöse von mindestens zwei Milliarden Deutscher Mark hatte oder*
2. *mindestens zwei der am Zusammenschluß beteiligten Unternehmen im letzten abgeschlossenen Geschäftsjahr Umsatzerlöse von jeweils einer Milliarde Deutscher Mark oder mehr hatten oder*
3. *der Zusammenschluß nach Landesrecht durch Gesetz oder sonstigen Hoheitsakt bewirkt werden soll.*

Für die Anmeldung gilt § 23 entsprechend mit der Maßgabe, daß bei Anwendung des § 23 Abs. 1 Satz 1 Nr. 2 und Abs. 6 an die Stelle des Zeitpunktes des Zusammenschlusses der Zeitpunkt der Anmeldung tritt und daß in den Fällen der Verschmelzung oder Umwandlung die Inhaber, die Vertreter oder zur Vertretung berufenen Personen der am Zusammenschluß beteiligten Unternehmen zur Anmeldung verpflichtet sind. Die Anmeldung gilt nur als bewirkt, wenn sie die in § 23 Abs. 5 bezeichneten Angaben enthält. *§ 46 Abs. 9 findet auf die anläßlich der Anmeldung erlangten Kenntnisse und Unterlagen entsprechende Anwendung.*

(2) Ist das Zusammenschlußvorhaben beim Bundeskartellamt angemeldet worden, so darf das Bundeskartellamt den Zusammenschluß nur untersagen, wenn es demjenigen, der die Anmeldung bewirkt hat, innerhalb einer Frist von einem Monat seit Eingang der Anmeldung mitteilt, daß es in die Prüfung des Zusammenschlußvorhabens eingetreten ist und wenn die Verfügung nach § 24 Abs. 2 Satz 1 innerhalb einer Frist von vier Monaten seit Eingang der Anmeldung ergeht. Das Bundeskartellamt darf den Zusammenschluß auch nach Ablauf der vier Monate untersagen, wenn

1. die am Zusammenschluß beteiligten Unternehmen einer Fristverlängerung zugestimmt haben oder
2. der Zusammenschluß vollzogen wird, obgleich die in Satz 1 genannte Frist von einem Monat oder, wenn das Bundeskartellamt die Mitteilung nach Satz 1 gemacht hat, die dort genannte Frist von vier Monaten noch nicht abgelaufen ist oder
3. der Zusammenschluß anders als angemeldet vollzogen wird oder

4. der Zusammenschluß noch nicht vollzogen ist und die Verhältnisse, auf Grund deren das Bundeskartellamt von der Mitteilung nach Satz 1 oder von der Untersagung des Zusammenschlusses nach § 24 Abs. 2 Satz 1 abgesehen hatte, sich wesentlich geändert haben oder
5. das Bundeskartellamt durch unrichtige oder unvollständige Angaben der am Zusammenschluß beteiligten Unternehmen oder eines anderen veranlaßt worden ist, die Mitteilung nach Satz 1 oder die Untersagung des Zusammenschlusses nach § 24 Abs. 2 Satz 1 zu unterlassen oder
6. eine Auskunft nach § 23 Abs. 6 oder § 46 nicht oder nicht fristgemäß erteilt wurde und das Bundeskartellamt dadurch zu dem in Nummer 5 bezeichneten Verhalten veranlaßt worden ist.

(3) Die Anmeldung des Zusammenschlußvorhabens läßt die Pflicht zur Anzeige des Zusammenschlusses nach § 23 unberührt; bei der Anzeige nach § 23 kann auf die bei der Anmeldung des Zusammenschlußvorhabens eingereichten Unterlagen Bezug genommen werden.

(4) Ist ein Zusammenschlußvorhaben nach Absatz 1 Satz 2 anzumelden, so ist es unzulässig, den Zusammenschluß vor dem Ablauf der in Absatz 2 Satz 1 genannten Frist von einem Monat und, wenn das Bundeskartellamt die Mitteilung nach Absatz 2 Satz 1 gemacht hat, vor dem Ablauf der dort genannten Frist von vier Monaten oder deren vereinbarter Verlängerung zu vollziehen oder am Vollzug dieses Zusammenschlusses mitzuwirken, *es sei denn, das Bundeskartellamt hat demjenigen, der die Anmeldung bewirkt hat, vor Ablauf der in Absatz 2 Satz 1 genannten Fristen schriftlich mitgeteilt, daß das Zusammenschlußvorhaben die Untersagungsvoraussetzungen des § 24 Abs. 1 nicht erfüllt;* Rechtsgeschäfte, die gegen dieses Verbot verstoßen, sind unwirksam; dies gilt nicht für Verträge über die Verschmelzung, Umwandlung, Eingliederung oder Gründung eines Unternehmens und für Unternehmensverträge im Sinne der §§ 291 und 292 des Aktiengesetzes, sobald sie durch Eintragung in das Handelsregister oder in das Genossenschaftsregister rechtswirksam geworden sind.

§ 24 b

(1) Zur regelmäßigen Begutachtung der Entwicklung der Unternehmenskonzentration in der Bundesrepublik Deutschland und der Anwendung der §§ 22 bis 24a wird eine Monopolkommission gebildet. Sie besteht aus fünf Mitgliedern, die über besondere volkswirtschaftliche, betriebswirtschaftliche, sozialpolitische, technologische oder wirtschaftsrechtliche Kenntnisse und Erfahrungen verfügen müssen.

(2) Die Mitglieder der Monopolkommission dürfen weder der Regierung oder einer gesetzgebenden Körperschaft des Bundes oder eines Landes noch dem öffentlichen Dienst des Bundes, eines Landes oder einer sonstigen juristischen Person des öffentlichen Rechts, es sei denn als Hochschullehrer oder als Mitarbeiter eines wissenschaftlichen Instituts, angehören. Sie dürfen ferner nicht Repräsentant eines Wirtschaftsverbandes oder einer Organisation der Arbeitgeber oder Arbeitnehmer sein oder zu diesen in einem ständigen Dienst- oder Geschäftsbesorgungsverhältnis stehen. Sie dürfen auch nicht während des letzten Jahres vor der Berufung zum Mitglied der Monopolkommission eine derartige Stellung innegehabt haben.

(3) Die Monopolkommission soll in ihrem Gutachten den jeweiligen Stand der Unternehmenskonzentration sowie deren absehbare Entwicklung unter wirtschafts-, insbesondere wettbewerbspolitischen Gesichtspunkten beurteilen und die Anwendung der §§ 22 bis 24a würdigen. Sie soll auch nach ihrer Auffassung notwendige Änderungen der einschlägigen Bestimmungen dieses Gesetzes aufzeigen.

(4) Die Monopolkommission ist nur an den durch dieses Gesetz begründeten Auftrag gebunden und in ihrer Tätigkeit unabhängig. Vertritt eine Minderheit bei der Abfassung der Gutachten eine abweichende Auffassung, so kann sie diese in den Gutachten zum Ausdruck bringen.

(5) *Die Monopolkommission erstellt alle zwei Jahre bis zum 30. Juni,* erstmals *zum 30. Juni 1976, ein Gutachten, das sich auf die Verhältnisse in den letzten beiden abgeschlossenen Kalenderjahren erstreckt, und leitet es der Bundesregierung unverzüglich zu. Die Gutachten nach Satz 1 werden den gesetzgebenden Körperschaften von der Bundesregierung unverzüglich vorgelegt und zum gleichen Zeitpunkt von der Monopolkommission veröffentlicht. Zu diesen Gutachten nimmt die Bundesregierung in angemessener Frist gegenüber den gesetzgebenden Körperschaften Stellung. Darüber hinaus kann die Monopolkommission nach ihrem Ermessen zusätzliche Gutachten erstellen. Die Bundesregierung kann sie mit der Erstattung zusätzlicher Gutachten beauftragen. Die Monopolkommission leitet Gutachten nach Satz 4 und 5 der Bundesregierung zu und veröffentlicht sie. Der Bundesminister für Wirtschaft hat in Einzelfällen, die ihm nach § 24 Abs. 3 zur Entscheidung vorliegen, eine gutachtliche Stellungnahme der Monopolkommission einzuholen.*

(6) Die Mitglieder der Monopolkommission werden auf Vorschlag der Bundesregierung durch den Bundespräsidenten berufen. Zum 1. Juli eines jeden Jahres, in dem nach Absatz 5 Satz 1 ein Gutachten zu erstatten ist, scheidet ein Mitglied aus. Die Reihenfolge des Ausscheidens wird in der ersten Sitzung der Monopolkommission durch das Los bestimmt. Der Bundespräsident beruft auf Vorschlag der Bundesregierung jeweils ein neues Mitglied für die Dauer von vier Jahren. Wiederberufungen sind zulässig. Die Bundesregierung hört die Mitglieder der Monopolkommission an, bevor sie neue Mitglieder vorschlägt. Die Mitglieder sind berechtigt, ihr Amt durch Erklärung gegenüber dem Bundespräsidenten niederzulegen. Scheidet ein Mitglied vorzeitig aus, so wird ein neues Mitglied für die Dauer der Amtszeit des ausgeschiedenen Mitglieds berufen; die Sätze 4 bis 6 gelten entsprechend.

(7) Die Beschlüsse der Monopolkommission bedürfen der Zustimmung von mindestens drei Mitgliedern. Die Monopolkommission wählt aus ihrer Mitte einen Vorsitzenden. Die Monopolkommission gibt sich eine Geschäftsordnung.

(8) Die Monopolkommission erhält eine Geschäftsstelle. Die Tätigkeit der Geschäftsstelle besteht in der Vermittlung und Zusammenstellung von Quellenmaterial, der technischen Vorbereitung der Sitzungen der Monopolkommission, dem Druck und der Veröffentlichung der Gutachten sowie der Erledigung der sonst anfallenden Verwaltungsaufgaben.

(9) Die Mitglieder der Monopolkommission und die Angehörigen der Geschäftsstelle sind zur Verschwiegenheit über die Beratungen und die von der Monopolkommission als vertraulich bezeichneten Beratungsunterlagen verpflichtet. Die Pflicht zur Verschwiegenheit bezieht sich auch auf Informationen, die der Monopolkommission gegeben und als vertraulich bezeichnet werden.

(10) Die Mitglieder der Monopolkommission erhalten eine pauschale Entschädigung sowie Ersatz ihrer Reisekosten. Diese werden vom Bundesminister für Wirtschaft im Einvernehmen mit dem Bundesminister des Innern festgesetzt. Die Kosten der Monopolkommission trägt der Bund.

B. Statistischer Anhang

zu

I. Stand und Entwicklung der Unternehmenskonzentration in den Wirtschaftszweigen der Industrie

II. Stand und Entwicklung der Konzentration im Bereich von Großunternehmen

Inhalt | Seite

Den Auswertungen der Tabellen zu Kapitel I liegen folgende Quellen zugrunde:

(a) Sonderaufbereitung des Statistischen Bundesamtes für die Jahre 1968, 1970, 1972, 1973, 1974, 1975, 1976, 1977

(b) Statistisches Jahrbuch 1979 für die Bundesrepublik Deutschland

(c) Statistisches Bundesamt, Fachserie 4: Produzierendes Gewerbe, Reihe 4.1: Beschäftigung, Umsatz und Energieversorgung der Unternehmen und Betriebe im Bergbau und im Verarbeitenden Gewerbe 1977

(d) Bericht über das Ergebnis einer Untersuchung der Konzentration in der Wirtschaft, Bundestagsdrucksache IV/2320 nebst Anlageband

(e) Eigene Berechnungen

I. Stand und Entwicklung der Unternehmenskonzentration in den Wirtschaftszweigen der Industrie

Tabelle I.1

Wirtschaftszweige nach neuer (SYPRO) und alter (WZ) Klassifikationsnummer

Lfd. Nr.	Wirtschaftszweige des Bergbaus und des Verarbeitenden Gewerbes	SYPRO	WZ
1	Bergbau	21	11
2	Mineralölverarbeitung	22	205
3	Herstellung und Verarbeitung von Spalt- und Brutstoffen	24	201
4	Gewinnung und Verarbeitung von Steinen und Erden	25	220
5	Eisenschaffende Industrie	27	230
6	NE-Metallerzeugung, NE-Metallhalbzeugwerke	28	232
7	Gießerei	29	234
8	Ziehereien, Kaltwalzwerke, Stahlverformung, Mechanik, a. n. g.	30	238
9	Stahl- und Leichtmetallbau, Schienenfahrzeuge	31	240
10	Maschinenbau	32	242
11	Straßenfahrzeugbau, Reparatur von Kraftfahrzeugen usw.	33	244
12	Schiffbau	34	246
13	Luft- und Raumfahrzeugbau	35	248
14	Elektrotechnik, Reparatur von elektrischen Haushaltsgeräten	36	250
15	Feinmechanik, Optik, Herstellung von Uhren	37	252
16	Herstellung von Eisen-, Blech- und Metallwaren	38	256
17	Herstellung von Musikinstrumenten, Spielwaren, Füllhaltern usw.	39	258
18	Chemische Industrie	40	200
19	Herstellung von Büromaschinen, Datenverarbeitungsgeräten und -einrichtungen	50	243
20	Feinkeramik	51	224
21	Herstellung und Verarbeitung von Glas	52	227
22	Holzbearbeitung	53	260
23	Holzverarbeitung	54	261
24	Zellstoff-, Holzschliff-, Papier- und Pappeerzeugung	55	264
25	Papier- und Pappeverarbeitung	56	265
26	Druckerei, Vervielfältigung	57	268
27	Herstellung von Kunststoffwaren	58	210
28	Gummiverarbeitung	59	215
29	Ledererzeugung	61	270
30	Lederverarbeitung	62	272
31	Textilgewerbe	63	275
32	Bekleidungsgewerbe	64	276
33	Reparatur von Gebrauchsgütern (ohne Elektrogeräte für den Haushalt)	65	359
34	Ernährungsgewerbe	68	29
35	Tabakverarbeitung	69	280

Tabelle I.2

Umrechnungsfaktoren für SYPRO-Zweisteller[1])

Quelle: (a), (e)

Wirtschaftszweig (Reihenfolge gem. Spalte a)		Umsatz	Beschäftigte	Zahl der beteiligten Unternehmen	Umsatzanteil der . . . größten Unternehmen des Wirtschaftszweiges				
SYPRO Kennziffer	Bezeichnung				3	6	10	25	50
a	b	c	d	e	f	g	h	i	j
21	Bergbau	1,006	1,004	1,169	*0,995*	*0,995*	*0,995*	*0,997*	*0,999*
22	Mineralölverarbeitung	1,001	1,004	1,148	*0,999*	*0,999*	*0,999*	*0,999*	*0,999*
25	Gewinnung und Verarbeitung von Steinen und Erden	1,033	1,000	1,445	*0,968*	*0,968*	*0,977*	*0,972*	*0,966*
27	Eisenschaffende Industrie	0,974	0,972	0,745	*1,027*	*1,027*	*1,027*	*1,024*	—[2])
28	NE-Metallerzeugung, NE-Metallhalbzeugwerke	1,005	1,005	1,137	*0,995*	*0,995*	*0,995*	*0,994*	*0,991*
29	Gießerei	0,989	0,989	1,195	*1,011*	*1,011*	*1,011*	*1,011*	*1,011*
30	Ziehereien, Kaltwalzwerke, Stahlverformung, Mechanik, a. n. g.	—[2])	—[2])	—[2])	—[2])	—[2])	—[2])	—[2])	—[2])
31	Stahl- und Leichtmetallbau, Schienenfahrzeuge	1,027	1,051	1,124	*0,974*	*0,959*	*0,956*	—[2])	*0,915*
32	Maschinenbau	1,016	1,002	1,028	*0,984*	*1,009*	*1,020*	*1,041*	*1,036*
33	Straßenfahrzeugbau, Reparatur von Kraftfahrzeugen usw.	0,889	0,852	0,238	*1,125*	*1,125*	*1,125*	*1,123*	*1,114*
34	Schiffbau	0,985	0,977	0,936	*1,015*	*1,015*	—[2])	*1,015*	*1,011*
35	Luft- und Raumfahrzeugbau	0,969	0,835	1,057	—[2])	—[2])	—[2])	*0,999*	—[3])
36	Elektrotechnik, Reparatur, von elektrischen Haushaltsgeräten	0,992	0,997	1,073	*1,008*	*1,008*	*0,999*	*0,990*	*0,989*
37	Feinmechanik, Optik, Herstellung von Uhren	0,955	0,937	0,647	*1,047*	*1,055*	*1,107*	*1,145*	*1,145*
38	Herstellung von Eisen-, Blech-, und Metallwaren	1,152	1,153	1,361	*0,893*	*0,912*	*0,916*	*0,945*	*0,960*
39	Herstellung von Musikinstrumenten, Spielwaren, Füllhaltern usw.	0,857	0,834	1,185	—[2])	—[2])	—[2])	*0,996*	*0,997*
40	Chemische Industrie	1,006	0,999	1,313	*0,994*	*0,994*	*0,994*	*0,991*	*0,989*
50	Herstellung von Büromaschinen, Datenverarbeitungsgeräten und -einrichtungen	0,966	0,938	1,051	*1,035*	—[2])	—[2])	—[2])	*1,003*
51	Feinkeramik	1,253	1,147	1,484	—[2])	—[2])	*0,830*	—[2])	*0,924*
52	Herstellung und Verarbeitung von Glas	0,998	0,999	1,208	*1,002*	*1,002*	—[2])	—[2])	—[2])
53	Holzbearbeitung	1,136	1,129	2,171	*0,880*	*0,880*	*0,880*	*0,865*	*0,863*
54	Holzverarbeitung	0,955	0,936	0,966	*1,047*	*1,047*	*1,064*	*1,106*	*1,101*
55	Zellstoff-, Holzschliff-, Papier- und Pappeerzeugung	0,992	0,990	1,037	*1,008*	*1,008*	*1,008*	*1,008*	*1,006*
56	Papier- und Pappeverarbeitung	1,012	0,997	1,256	*0,988*	*0,988*	*1,007*	*1,012*	*0,999*
57	Druckerei, Vervielfältigung	1,075	1,082	1,495	*0,930*	*0,930*	*0,930*	*0,929*	*0,935*

noch Tabelle I. 2

Wirtschaftszweig (Reihenfolge gem. Spalte a)		Umsatz	Beschäftigte	Zahl der beteiligten Unternehmen	Umsatzanteil der ... größten Unternehmen des Wirtschaftszweiges				
SYPRO Kennziffer	Bezeichnung				3	6	10	25	50
a	b	c	d	e	f	g	h	i	j
58	Herstellung von Kunststoffwaren ...	1,026	1,038	1,327	*0,819*	*0,851*	*0,883*	*0,908*	*0,932*
59	Gummiverarbeitung	1,089	1,082	1,217	*0,918*	*0,918*	*0,919*	*0,955*	—[2])
61	Ledererzeugung	1,021	1,025	1,238	*0,979*	—[2])	*0,979*	*0,979*	*0,979*
62	Lederverarbeitung	1,038	1,044	1,371	—[2])	—[2])	—[2])	*0,961*	*0,957*
63	Textilgewerbe	0,997	1,001	1,204	*1,003*	*1,003*	*0,997*	*0,980*	—[2])
64	Bekleidungsgewerbe	1,028	1,020	1,208	*0,973*	—[2])	—[2])	*0,973*	*0,976*
68	Ernährungsgewerbe	0,978	0,922	1,249	*1,021*	*1,021*	*1,021*	*1,025*	*1,023*
69	Tabakverarbeitung	1,001	1,006	1,094	*0,999*	—[2])	—[2])	*0,999*	*0,999*

[1]) Faktoren zur Umrechnung der Konzentrationsdaten der Berichtsjahre ab 1977 auf die Berichtskreisabgrenzungen des Jahres 1975; vgl. dazu auch Tz. 187 f.

[2]) Wegen der für die amtliche Statistik geltenden Geheimhaltungsbestimmungen keine Berechnung von Umrechnungsfaktoren möglich.

[3]) Keine Angabe, da Zahl der Unternehmen geringer als 50.

Wirtschaftszweige nach der Höhe ihres Anteils am Umsatz sowie an der Zahl der Beschäftigten des gesamten Produzierenden Gewerbes 1977 [1])

Quelle: (a), (e)

Wirtschaftszweig (Reihenfolge gem. Spalte e) SYPRO Kennziffer	Bezeichnung	Umsatz 1977 (Millionen DM)	Beschäftigte 1977 (Tausend)	Anteil am Umsatz der gesamten Industrie (%)	Anteil an der Zahl aller Beschäftigten der Industrie (%)
a	b	c	d	e	f
40	Chemische Industrie	112 650,0	600,8	11,7	7,8
68	Ernährungsgewerbe	109 125,0	455,7	11,3	5,9
32	Maschinenbau	103 648,8	1 028,9	10,7	13,4
36	Elektrotechnik, Reparatur von elektrischen Haushaltsgeräten	95 468,3	1 011,1	9,9	13,2
33	Straßenfahrzeugbau, Reparatur von Kraftfahrzeugen usw.	91 582,8	623,2	9,5	8,1
22	Mineralölverarbeitung	54 256,2	34,7	5,6	0,5
27	Eisenschaffende Industrie	41 888,0	304,5	4,3	4,0
38	Herstellung von Eisen-, Blech- und Metallwaren	34 188,0	354,3	3,5	4,6
63	Textilgewerbe	30 152,0	324,9	3,1	4,2
54	Holzverarbeitung	23 006,4	217,8	2,4	2,8
25	Gewinnung und Verarbeitung von Steinen und Erden	22 451,6	177,8	2,3	2,3
31	Stahl- und Leichtmetallbau, Schienenfahrzeuge	21 084,7	191,2	2,2	2,5
21	Bergbau	20 929,5	247,3	2,2	3,2
64	Bekleidungsgewerbe	18 845,9	258,9	1,9	3,4
30	Ziehereien, Kaltwalzwerke, Stahlverformung, Mechanik, a. n. g.	18 467,9 [2])	175,6 [2])	1,9 [2])	2,3 [2])
58	Herstellung von Kunststoffwaren	17 373,3	168,9	1,8	2,2
28	NE-Metallerzeugung, NE-Metallhalbzeugwerke	15 973,9	76,2	1,7	1,0
57	Druckerei, Vervielfältigung	14 677,5	170,9	1,5	2,2
69	Tabakverarbeitung	14 049,9	25,1	1,5	0,3
56	Papier- und Pappeverarbeitung	12 555,9	112,1	1,3	1,5
59	Gummiverarbeitung	12 149,0	122,6	1,3	1,6
37	Feinmechanik, Optik, Herstellung von Uhren	11 253,7	145,8	1,2	1,9
50	Herstellung von Büromaschinen, Datenverarbeitungsgeräten und -einrichtungen	10 364,2	69,0	1,1	0,9
29	Gießerei	9 353,5	109,6	1,0	1,4
55	Zellstoff-, Holzschliff-, Papier- und Pappeerzeugung	8 698,2	52,0	0,9	0,7
34	Schiffbau	7 384,1	62,5	0,8	0,8
53	Holzbearbeitung	7 374,5	51,6	0,8	0,7
52	Herstellung und Verarbeitung von Glas	7 136,1	77,8	0,7	1,0
62	Lederverarbeitung	5 767,5	82,2	0,6	1,1
39	Herstellung von Musikinstrumenten, Spielwaren, Füllhaltern usw.	4 402,5	53,5	0,5	0,7
51	Feinkeramik	3 855,4	62,4	0,4	0,8
35	Luft- und Raumfahrzeugbau	3 400,4	36,6	0,4	0,5
61	Ledererzeugung	963,0	7,2	0,1	0,1
	Gesamte Industrie	964 477,7	7 492,7	100,0	100,0

[1]) Alle Angaben in den 1975 geltenden Berichtskreisabgrenzungen der amtlichen Statistik (Schätzung).
[2]) Angabe in den 1977 geltenden Berichtskreisabgrenzungen.

Tabelle I.4

Wirtschaftszweige nach der Höhe des Anteils der drei größten Unternehmen am Umsatz des Wirtschaftszweiges 1977 [1])

Quelle: (a), (e)

Wirtschaftszweig (Reihenfolge gem. Spalte e)		Umsatz		Anteil der 3 größten Unternehmen am Umsatz des Wirtschaftszweiges
SYPRO Kennziffer	Bezeichnung	der 3 größten	aller	
		Unternehmen des Wirtschaftszweiges im Jahre 1977 (Millionen DM)		(%)
a	b	c	d	e
35	Luft- und Raumfahrzeugbau	2571,5[3])	3161,0[3])	*81,3*[3])
50	Herstellung von Büromaschinen, Datenverarbeitungsgeräten und -einrichtungen	7854,0	10364,2	*75,8*
69	Tabakverarbeitung	9780,0	14049,9	*69,6*
21	Bergbau	13783,2	20929,5	*65,9*
22	Mineralölverarbeitung	31487,9	54256,2	*58,0*
33	Straßenfahrzeugbau, Reparatur von Kraftfahrzeugen usw.	49480,9	91582,8	*54,0*
34	Schiffbau	3274,0	7384,1	*44,3*
55	Zellstoff, Holzschliff, Papier- und Pappeerzeugung	3346,4	8698,2	*38,5*
27	Eisenschaffende Industrie	15125,0	41888,0	*36,1*
59	Gummiverarbeitung	4275,2	12149,0	*35,2*
31	Stahl- und Leichtmetallbau, Schienenfahrzeuge	6875,9	21084,7	*32,6*
36	Elektrotechnik, Reparatur von elektrischen Haushaltsgeräten	30471,7	95468,3	*31,9*
	ungewogenes Mittel aus 33 Wirtschaftzweigen			*26,9*
40	Chemische Industrie	29513,4	112650,0	*26,2*
52	Herstellung und Verarbeitung von Glas	1830,9	7136,1	*25,7*
	gewogenes Mittel aus 33 Wirtschaftszweigen			*25,6*
51	Feinkeramik	790,7[5])	3178,4[5])	*24,9*[5])
28	NE-Metallerzeugung, NE-Metallhalbzeugwerke	3933,7	15973,9	*24,6*
29	Gießerei	2098,1	9353,5	*22,4*
61	Ledererzeugung	200,6	963,0	*20,8*
62	Lederverarbeitung	868,6[2])	5556,3[2])	*15,6*[2])
37	Feinmechanik, Optik, Herstellung von Uhren	1689,5	11253,7	*15,0*

Wirtschaftszweig (Reihenfolge gem. Spalte e)		Umsatz		Anteil der 3 größten Unternehmen am Umsatz des Wirtschaftszweiges
SYPRO Kennziffer	Bezeichnung	der 3 größten	aller	
		Unternehmen des Wirtschaftszweiges im Jahre 1977 (Millionen DM)		(%)
a	b	c	d	e
56	Papier- und Pappeverarbeitung	1609,6	12555,9	*12,8*
53	Holzbearbeitung	671,2	7374,5	*9,1*
32	Maschinenbau	8327,6	103648,8	*8,0*
25	Gewinnung und Verarbeitung von Steinen und Erden	1727,9	22451,6	*7,7*
38	Herstellung von Eisen-, Blech- und Metallwaren	2552,3	34188,0	*7,5*
39	Herstellung von Musikinstrumenten, Spielwaren, Füllhaltern usw.	275,6[4])	3882,0[4])	*7,1*[4])
30	Ziehereien, Kaltwalzwerke, Stahlverformung, Mechanik, a. n. g.	1204,1[2])	18467,9[2])	*6,5*[2])
68	Ernährungsgewerbe	6667,2	109125,0	*6,1*
57	Druckerei, Vervielfältigung	852,4	14677,5	*5,8*
58	Herstellung von Kunststoffwaren	897,2	17373,3	*5,2*
64	Bekleidungsgewerbe	842,5	18845,9	*4,5*
63	Textilgewerbe	1135,2	30152,0	*3,8*
54	Holzverarbeitung	800,9	23006,4	*3,5*

[1]) Angaben in den Berichtskreisabgrenzungen des Jahres 1975 (Schätzung).
[2]) Angaben in den 1977 geltenden Berichtskreisabgrenzungen.
[3]) Angabe für 1975. Wegen der für die amtliche Statistik geltenden Geheimhaltungsbestimmungen keine Angabe für 1977.
[4]) Angabe für 1976. Wegen der für die amtliche Statistik geltenden Geheimhaltungsbestimmungen keine Angabe für 1977.
[5]) Angabe für 1973. Wegen der für die amtliche Statistik geltenden Geheimhaltungsbestimmungen keine Angabe für 1977.

Tabelle I.5

Wirtschaftszweige nach der Höhe des Anteils der sechs größten Unternehmen am Umsatz des Wirtschaftszweiges 1977 [1])

Quelle: (a), (e)

Wirtschaftszweig (Reihenfolge gem. Spalte e)		Umsatz		Anteil der 6 größten Unternehmen am Umsatz des Wirtschaftszweiges
SYPRO Kennziffer	Bezeichnung	der 6 größten	aller	
		Unternehmen des Wirtschaftszweiges im Jahre 1977 (Millionen DM)		(%)
a	b	c	d	e
65	Tabakverarbeitung	12982,9[2])	14038,4[2])	*92,5[2])*
35	Luft- und Raumfahrzeugbau	2870,0[4])	3161,0[4])	*90,8[4])*
50	Herstellung von Büromaschinen, Datenverarbeitungsgeräten und -einrichtungen	7605,4[4])	8904,5[4])	*85,4[4])*
21	Bergbau	17666,1	20929,5	*84,4*
22	Mineralölverarbeitung	43898,0	54256,2	*80,9*
33	Straßenfahrzeugbau, Reparatur von Kraftfahrzeugen usw.	65593,0	91582,8	*71,6*
34	Schiffbau	4784,5	7384,1	*64,8*
27	Eisenschaffende Industrie	23080,1	41888,0	*55,1*
55	Zellstoff-, Holzschliff-, Papier- und Pappeerzeugung	4411,1	8698,2	*50,7*
59	Gummiverarbeitung	5908,9	12149,0	*48,6*
36	Elektrotechnik, Reparatur von elektrischen Haushaltsgeräten	39831,6	95468,3	*41,7*
52	Herstellung und Verarbeitung von Glas	2887,6	7136,1	*40,5*
40	Chemische Industrie	45339,8	112650,0	*40,2*
28	NE-Metallerzeugung, NE-Metallhalbzeugwerke	6207,1	15973,9	*38,9*
	ungewogenes Mittel aus 33 Wirtschaftszweigen			*36,6*
31	Stahl- und Leichtmetallbau, Schienenfahrzeuge	7634,0	21084,7	*36,2*
	gewogenes Mittel aus 33 Wirtschaftszweigen			*35,7*
51	Feinkeramik	1068,2[5])	3178,4[5])	*33,6[5])*
29	Gießerei	3093,9	9353,5	*33,1*
61	Ledererzeugung	307,6[2])	942,8[2])	*32,6[2])*
37	Feinmechanik, Optik, Herstellung von Uhren	2695,7	11253,7	*24,0*
62	Lederverarbeitung	1173,4[2])	5556,3[2])	*21,1[2])*
56	Papier- und Pappeverarbeitung	2386,1	12555,9	*19,0*
53	Holzbearbeitung	1132,3	7374,5	*15,4*
25	Gewinnung und Verarbeitung von Steinen und Erden	3075,3	22451,6	*13,7*
32	Maschinenbau	13230,1	103648,8	*12,8*
39	Herstellung von Musikinstrumenten, Spielwaren, Füllhaltern usw.	452,0[3])	3882,0[3])	*11,6[3])*

Wirtschaftszweig (Reihenfolge gem. Spalte e)		Umsatz		Anteil der 6 größten Unternehmen am Umsatz des Wirtschaftszweiges (%)
		der 6 größten	aller	
SYPRO Kennziffer	Bezeichnung	Unternehmen des Wirtschaftszweiges im Jahre 1977 (Millionen DM)		
a	b	c	d	e
30	Ziehereien, Kaltwalzwerke, Stahlverformung, Mechanik, a.n.g.	2118,7[2])	18467,9[2])	*11,5*[2])
38	Herstellung von Eisen-, Blech- und Metallwaren	3804,7	34188,0	*11,1*
68	Ernährungsgewerbe	10138,6	109125,0	*9,3*
57	Druckerei, Vervielfältigung	1290,5	14677,5	*8,8*
58	Herstellung von Kunststoffwaren	1429,3	17373,3	*8,2*
64	Bekleidungsgewerbe	12716,6[2])	18334,9[2])	*6,9*[2])
63	Textilgewerbe	1967,8	30152,0	*6,5*
54	Holzverarbeitung	1442,8	23006,4	*6,3*

[1]) Alle Angaben in den 1975 geltenden Berichtskreisabgrenzungen der amtlichen Statistik (Schätzung).
[2]) Angabe in den 1977 geltenden Berichtskreisabgrenzungen der amtlichen Statistik.
[3]) Angabe für 1976. Wegen der für die amtliche Statistik geltenden Geheimhaltungsbestimmungen keine Angabe für 1977.
[4]) Angabe für 1975. Wegen der für die amtliche Statistik geltenden Geheimhaltungsbestimmungen keine Angabe für 1977.
[5]) Angabe für 1973. Wegen der für die amtliche Statistik geltenden Geheimhaltungsbestimmungen keine Angabe für 1977.

Tabelle I.6

Wirtschaftszweige nach der Höhe des Anteils der zehn größten Unternehmen am Umsatz des Wirtschaftszweiges 1977 [1])

Quelle: (a), (e)

Wirtschaftszweig (Reihenfolge gem. Spalte e)		Umsatz		Anteil der 10 größten Unternehmen am Umsatz des Wirtschaftszweiges (%)
SYPRO Kennziffer	Bezeichnung	der 10 größten Unternehmen des Wirtschaftszweiges im Jahre 1977 (Millionen DM)	aller Unternehmen des Wirtschaftszweiges im Jahre 1977 (Millionen DM)	
a	b	c	d	e
69	Tabakverarbeitung	11946,2[6])	12424,4[6])	*96,2*[6])
35	Luft- und Raumfahrzeugbau	3006,3[4])	3161,0[4])	*95,1*[4])
21	Bergbau	19644,3	20929,5	*93,9*
22	Mineralölverarbeitung	49678,2	54256,2	*91,6*
50	Herstellung von Büromaschinen, Datenverarbeitungsgeräten und -einrichtungen	8104,6[6])	8982,1[6])	*90,2*[6])
33	Straßenfahrzeugbau, Reparatur von Kraftfahrzeugen usw.	74267,6	91582,8	*81,1*
34	Schiffbau	5702,1[2])	7497,0[2])	*76,1*[2])
27	Eisenschaffende Industrie	30082,3	41888,0	*71,8*
59	Gummiverarbeitung	7278,3	12149,0	*59,9*
55	Zellstoff-, Holzschliff-, Papier- und Pappeerzeugung	5192,9	8698,2	*59,7*
52	Herstellung und Verarbeitung von Glas	3582,8[2])	7153,9[2])	*50,1*[2])
28	NE-Metallerzeugung, NE-Metallhalbzeugwerke	7869,5	15973,9	*49,3*
36	Elektrotechnik, Reparatur von elektrischen Haushaltsgeräten	45599,9	95468,3	*47,8*
51	Feinkeramik	1833,6	3855,4	*47,6*
40	Chemische Industrie	53309,6	112650,0	*47,3*
61	Ledererzeugung	426,7	963,0	*44,3*
	ungewogenes Mittel aus 33 Wirtschaftszweigen			*43,7*
29	Gießerei	3988,4	9353,5	*42,6*
	gewogenes Mittel aus 33 Wirtschaftszweigen			*42,2*
31	Stahl- und Leichtmetallbau, Schienenfahrzeuge	8561,2	21084,7	*40,6*
37	Feinmechanik, Optik, Herstellung von Uhren	3657,4	11253,7	*32,5*
62	Lederverarbeitung	1659,0[5])	5776,4[5])	*28,7*[5])
56	Papier- und Pappeverarbeitung	3260,5	12555,9	*26,0*
53	Holzbearbeitung	1587,0	7374,5	*21,5*
25	Gewinnung und Verarbeitung von Steinen und Erden	3999,4	22451,6	*17,8*
32	Maschinenbau	18152,5	103648,8	*17,5*
39	Herstellung von Musikinstrumenten, Spielwaren, Füllhaltern usw.	634,7[3])	3882,0[3])	*16,4*[3])

Wirtschaftszweig (Reihenfolge gem. Spalte e)		Umsatz		Anteil der 10 größten Unternehmen am Umsatz des Wirtschaftszweiges (%)
SYPRO Kennziffer	Bezeichnung	der 10 größten	aller	
		Unternehmen des Wirtschaftszweiges im Jahre 1977 (Millionen DM)		
a	b	c	d	e
30	Ziehereien, Kaltwalzwerke, Stahlverformung, Mechanik, a. n. g.	2967,0[2])	18467,9[2])	*16,1*[2])
38	Herstellung von Eisen-, Blech- und Metallwaren	4865,7	34188,0	*14,2*
68	Ernährungsgewerbe	13940,7	109125,0	*12,8*
57	Druckerei, Vervielfältigung	1794,6	14677,5	*12,2*
58	Herstellung von Kunststoffwaren	2086,8	17373,3	*12,0*
63	Textilgewerbe	2932,2	30152,0	*9,7*
64	Bekleidungsgewerbe	1734,1[4])	18059,5[4])	*9,6*[4])
54	Holzverarbeitung	2168,6	23006,4	*9,4*

[1]) Alle Angaben in den 1975 geltenden Berichtskreisabgrenzungen der amtlichen Statistik (Schätzung).
[2]) Angabe für 1977 in den 1977 geltenden Berichtskreisabgrenzungen der amtlichen Statistik.
[3]) Angabe für 1976. Wegen der für die amtliche Statistik geltenden Geheimhaltungsbestimmungen keine Angabe für 1977.
[4]) Angabe für 1975. Wegen der für die amtliche Statistik geltenden Geheimhaltungsbestimmungen keine Angabe für 1977.
[5]) Angabe für 1976 in den 1976 gültigen Berichtskreisabgrenzungen. Wegen der für die amtliche Statistik geltenden Geheimhaltungsbestimmungen keine Angabe für 1977.
[6]) Angabe für 1974. Wegen der für die amtliche Statistik geltenden Geheimhaltungsbestimmungen keine Angabe für 1977.

Tabelle I.7

Wirtschaftszweige nach der Zahl der hauptbeteiligten Unternehmen, nach der Zahl der Betriebe pro Unternehmen und nach der Höhe des Anteils der drei größten Unternehmen am Umsatz des Wirtschaftszweiges 1977[1])

Quelle: (a), (c), (e)

Wirtschaftszweig (Reihenfolge gem. Spalte e)		Zahl der hauptbeteiligten		Umsatzanteil der 3 größten Unternehmen (%)
SYPRO Kennziffer	Bezeichnung	Unternehmen	Betriebe pro Unternehmen[2])	
a	b	c	d	e
35	Luft- und Raumfahrzeugbau	37,0	1,7	*81,3*[3])
50	Herstellung von Büromaschinen, Datenverarbeitungsgeräten und -einrichtungen	82,0	1,5	*75,8*
69	Tabakverarbeitung	58,0	2,0	*69,6*
21	Bergbau	104,0	4,0	*65,9*
22	Mineralölverarbeitung	62,0	1,8	*58,0*
33	Straßenfahrzeugbau, Reparatur von Kraftfahrzeugen usw.	471,0	1,5	*54,0*
34	Schiffbau	117,0	1,2	*44,3*
55	Zellstoff, Holzschliff, Papier- und Pappeerzeugung	141,0	1,5	*38,5*
27	Eisenschaffende Industrie	82,0	1,8	*36,1*
59	Gummiverarbeitung	286,0	1,3	*35,2*
31	Stahl- und Leichtmetallbau, Schienenfahrzeuge	1364,0	1,2	*32,6*
36	Elektrotechnik, Reparatur von elektrischen Haushaltsgeräten	2362,0	1,5	*31,9*
40	Chemische Industrie	1590,0	1,4	*26,2*
52	Herstellung und Verarbeitung von Glas	360,0	1,3	*25,7*
51	Feinkeramik	230,0	1,3	*24,9*[5])
28	NE-Metallerzeugung, NE-Metallhalbzeugwerke	183,0	1,3	*24,6*
29	Gießerei	569,0	1,2	*22,4*
61	Ledererzeugung	104,0	1,1	*20,8*
62	Lederverarbeitung	879,0	1,3	*15,6*[2])
37	Feinmechanik, Optik, Herstellung von Uhren	818,0	1,2	*15,0*
56	Papier- und Pappeverarbeitung	990,0	1,2	*12,8*
53	Holzbearbeitung	1107,0	4,6	*9,1*
32	Maschinenbau	4667,0	1,2	*8,0*
25	Gewinnung und Verarbeitung von Steinen und Erden	2816,0	1,9	*7,7*
38	Herstellung von Eisen-, Blech- und Metallwaren	3068,0	1,2	*7,5*
39	Herstellung von Musikinstrumenten, Spielwaren, Füllhaltern usw.	847,0	1,1	*7,1*[4])
30	Ziehereien, Kaltwalzwerke, Stahlverformung, Mechanik, a. n. g.	1568,0[2])	1,1	*6,5*[2])
68	Ernährungsgewerbe	4774,0	1,3	*6,1*
57	Druckerei, Vervielfältigung	2786,0	1,1	*5,8*
58	Herstellung von Kunststoffwaren	2016,0	1,2	*5,2*
64	Bekleidungsgewerbe	3100,0	1,4	*4,5*
63	Textilgewerbe	2122,0	1,4	*3,8*
54	Holzverarbeitung	2396,0	1,1	*3,5*

[1]) Alle Angaben in den 1975 geltenden Berichtskreisabgrenzungen (Schätzung).
[2]) Angabe in den 1977 geltenden Berichtskreisabgrenzungen.
[3]) Angabe für 1975. Wegen der für die amtliche Statistik geltenden Geheimhaltungsbestimmungen keine Angabe für 1977.
[4]) Angabe für 1976. Wegen der für die amtliche Statistik geltenden Geheimhaltungsbestimmungen keine Angabe für 1977.
[5]) Angabe für 1973. Wegen der für die amtliche Statistik geltenden Geheimhaltungsbestimmungen keine Angabe für 1977.

Wirtschaftszweige nach industriellen Hauptgruppen und nach der Höhe ihres Anteils am Umsatz des gesamten Produzierenden Gewerbes 1977[1])

Quelle: (a), (e)

Wirtschaftszweig (Reihenfolge in den Hauptgruppen gem. Spalte c)		Anteil des Wirtschaftszweiges am Umsatz des gesamten Produzierenden Gewerbes (%)	Zahl der hauptbeteiligten Unternehmen	Anteil der ... größten Unternehmen am Umsatz des Wirtschaftszweiges (%)		
SYPRO Kennziffer	Bezeichnung			3	6	10
a	b	c	d	e	f	g
	Bergbau					
21	Bergbau	2,2	104,0	65,9	84,4	93,9
	Grundstoff- und Produktionsgütergewerbe[2])					
40	Chemische Industrie	11,7	1590,0	26,2	40,2	47,3
22	Mineralölverarbeitung	5,6	62,0	58,0	80,9	91,6
27	Eisenschaffende Industrie	4,3	82,0	36,1	55,1	71,8
25	Gewinnung und Verarbeitung von Steinen und Erden	2,3	2816,0	7,7	13,7	17,8
28	NE-Metallerzeugung, NE-Metallhalbzeugwerke	1,7	183,0	24,6	38,9	49,3
59	Gummiverarbeitung	1,3	286,0	35,2	48,6	59,9
29	Gießerei	1,0	569,0	22,4	33,1	42,6
55	Zellstoff-, Holzschliff-, Papier- und Pappeerzeugung	0,9	141,0	38,5	50,7	59,7
53	Holzbearbeitung	0,8	1107,0	9,1	15,4	21,5
	Ungewogenes Mittel aus 9 Wirtschaftszweigen			28,7	41,8	51,3
	Gewogenes Mittel aus 9 Wirtschaftszweigen			32,4	47,8	57,2
	Investitionsgüter produzierendes Gewerbe[3])					
32	Maschinenbau	10,7	4667,0	8,0	12,8	17,5
36	Elektrotechnik, Reparatur von elektrischen Haushaltsgeräten	9,9	2362,0	31,9	41,7	47,8
33	Straßenfahrzeugbau, Reparatur von Kraftfahrzeugen usw.	9,5	471,0	54,0	71,6	81,1
38	Herstellung von Eisen-, Blech-, und Metallwaren	3,5	3068,0	7,5	11,1	14,2
31	Stahl- und Leichtmetallbau, Schienenfahrzeuge	2,2	1364,0	32,6	36,2	40,6
30	Ziehereien, Kaltwalzwerke, Stahlverformung, Mechanik, a. n. g.	1,9[4])	1568,0[4])	6,5[4])	11,5[4])	16,1[4])
37	Feinmechanik, Optik, Herstellung von Uhren	1,2	818,0	15,0	24,0	32,5
50	Herstellung von Büromaschinen, Datenverarbeitungsgeräten und -einrichtungen	1,1	82,0	75,8	—[6])	—[6])
34	Schiffbau	0,8	117,0	44,3	64,8	76,1[4])
35	Luft- und Raumfahrzeugbau	0,4	37,0	—[6])	—[6])	—[6])
	Ungewogenes Mittel aus 10 Wirtschaftszweigen[8])			30,6	34,2	40,7
	Gewogenes Mittel aus 10 Wirtschaftszweigen[8])			28,4	36,5	42,7

noch Tabelle I.8

Wirtschaftszweig (Reihenfolge in den Hauptgruppen gem. Spalte c) SYPRO Kennziffer	Bezeichnung	Anteil des Wirtschaftszweiges am Umsatz des gesamten Produzierenden Gewerbes (%)	Zahl der hauptbeteiligten Unternehmen	Anteil der ... größten Unternehmen am Umsatz des Wirtschaftszweiges (%) 3	6	10
a	b	c	d	e	f	g
	Verbrauchsgüter produzierendes Gewerbe					
63	Textilgewerbe	*3,1*	2122,0	*3,8*	*6,5*	*9,7*
54	Holzverarbeitung	*2,4*	2396,0	*3,5*	*6,3*	*9,4*
64	Bekleidungsgewerbe	*1,9*	3100,0	*4,5*	*6,9*[4])	—[6])
58	Herstellung von Kunststoffwaren	*1,8*	2016,0	*5,2*	*8,2*	*12,0*
57	Druckerei, Vervielfältigung	*1,5*	2786,0	*5,8*	*8,8*	*12,2*
56	Papier- und Pappeverarbeitung	*1,3*	990,0	*12,8*	*19,0*	*26,0*
52	Herstellung und Verarbeitung von Glas	*0,7*	360,0	*25,7*	*40,5*	*50,1*[4])
62	Lederverarbeitung	*0,6*	879,0	*15,6*[4])	*21,1*[4])	*28,7*[7])
39	Herstellung von Musikinstrumenten, Spielwaren, Füllhaltern usw.	*0,5*	847,0	*7,1*[5])	*11,6*[5])	*16,4*[5])
51	Feinkeramik	*0,4*	230,0	—[6])	—[6])	*47,6*
61	Ledererzeugung	*0,1*	104,0	*20,8*	*32,6*[4])	*44,3*
	Ungewogenes Mittel aus 11 Wirtschaftszweigen[8])			*10,5*	*16,2*	*25,6*
	Gewogenes Mittel aus 11 Wirtschaftszweigen[8])			*7,0*	*10,9*	*17,0*
	Nahrungs- und Genußmittelgewerbe[9])					
68	Ernährungsgewerbe	*11,3*	4774,0	*6,1*	*9,3*	*12,8*
69	Tabakverarbeitung	*1,5*	58,0	*69,6*	*92,5*[4])	—[6])

[1]) Alle Angaben in den 1975 geltenden Berichtskreisabgrenzungen der amtlichen Statistik (Schätzung).
[2]) Ohne die Wirtschaftszweige 3011, 3015 und 3030.
[3]) Einbezogen werden die Wirtschaftszweige 3011, 3015 und 3030.
[4]) Angabe in den 1977 geltenden Berichtskreisabgrenzungen der amtlichen Statistik.
[5]) Angabe für 1976. Wegen der für die amtliche Statistik geltenden Geheimhaltungsbestimmungen keine Angabe für 1977.
[6]) Wegen der für die amtliche Statistik geltenden Geheimhaltungsbestimmungen keine Angabe für 1977.
[7]) Angabe in den 1976 gültigen Berichtskreisabgrenzungen. Wegen der für die amtliche Statistik geltenden Geheimhaltungsbestimmungen keine Angabe für 1977.
[8]) Mittelwertbildung ohne Berücksichtigung geheimzuhaltender Werte.
[9]) Wegen geringer Zahl der Wirtschaftszweige keine Mittelwertbildung.

Zweistellige und vierstellige Wirtschaftszweige nach dem Umsatz und nach dem Anteil der größten Unternehmen am Umsatz des jeweiligen Wirtschaftszweiges 1977[1])

Quelle: (a), (e)

Wirtschaftszweig (Reihenfolge gem. Spalte a)		Umsatz des Wirtschaftszweiges (Millionen DM)	Anteil des Vierstellers am Umsatz des Zweistellers (%)	Anteil der ... größten Unternehmen am Umsatz des jeweiligen Wirtschaftszweiges (%)					Zahl der Unternehmen im Wirtschaftszweig
SYPRO Kennziffer	Bezeichnung			3	6	10	25	50	
a	b	c	d	e	f	g	h	i	j
21	*Bergbau*	20 814,7	—	66,2	84,9	94,4	98,9	99,7	89,0
2111	Steinkohlenbergbau und -Brikettherstellung, Kokerei	16 819,7	80,8	81,9	—[2])	—[2])	—	—	13,0
2114	Braunkohlenbergbau und -Brikettherstellung	1 942,0	9,3	—[2])	—	—	—	—	5,0
2150	Kali- und Steinsalzbergbau, Salinen	1 326,9	6,4	—[2])	100,0	—	—	—	6,0
2160	Gewinnung vom Erdöl, Erdgas	393,1	1,9	—[2])	100,0	—	—	—	6,0
2180	Torfgewinnung und -veredelung	185,5	0,9	27,0	—[2])	—[2])	77,0	99,1	53,0
22	*Mineralölverarbeitung*	54 214,5	—	58,1	81,0	91,6	99,4	100,0	54,0
2200	identisch mit 22								
24	*Herstellung und Verarbeitung von Spalt- und Brutstoffen*	228,6	—	—[2])	—	—	—	—	5,0
2400	identisch mit 24								
25	*Gewinnung und Verarbeitung von Steinen und Erden*	21 744,1	—	7,9	14,1	18,2	28,2	37,2	1 949,0
2512	Gewinnung von Natursteinen, a. n. g.	1 185,1	5,5	24,1	34,0	—[2])	60,0	74,9	148,0
2514	Gewinnung von Kalkstein, Gips, Kreide	47,8	0,2	—[2])	—[2])	—	—	—	8,0
2516	Gewinnung von Sand, Kies	1 120,3	5,2	—[2])	—[2])	36,0	—[2])	69,4	165,0
2517	Gewinnung von Schiefer, Ton, Kaolin	179,8	0,8	57,5	—[2])	—[2])	—	—	16,0
2519	Gewinnung von Dolomit, Bims sowie von Steinen und Erden, a. n. g.	154,7	0,7	42,2	65,2	—[2])	—	—	18,0
2525	Verarbeitung von Natursteinen, a. n. g.	698,4	3,2	13,9	21,1	28,4	45,3	63,5	174,0
2529	Verarbeitung von Schiefer sowie von Steinen und Erden, a. n. g.	786,6	3,6	35,5	56,8	69,4	93,2	—	42,0
2531	Herstellung von Zement	2 480,1	11,4	—[2])	—[2])	79,4	96,5	—	32,0
2535	Herstellung von Kalk, Mörtel	959,6	4,4	63,1	71,1	77,3	—[2])	—[2])	52,0
2536	Herstellung von gebranntem Gips	96,7	0,4	34,7	60,4	86,2	—	—	15,0
2541	Ziegelei	2 065,7	9,5	—[2])	—[2])	—[2])	52,5	—[2])	239,0
2542	Herstellung von Grobsteinzeug	252,8	1,2	61,5	76,1	90,9	—	—	17,0
2543	Herstellung von feuerfester Grobkeramik	1 670,1	7,7	47,0	—[2])	—[2])	—[2])	99,4	54,0
2551	Herstellung von Kalksandsteinen	478,5	2,2	11,5	19,3	—[2])	52,5	79,9	82,0
2553	Herstellung von Baustoffen aus Bims	273,9	1,3	27,8	43,3	57,6	84,2	—	41,0
2555	Herstellung von großformatigen Fertigbauteilen aus Beton für Hochbau	319,9	1,5	31,6	43,0	55,1	83,4	—	47,0
2559	Herstellung von Betonerzeugnissen (ohne Baustoffe aus Bims, großformatige Fertigbauteile)	3 888,0	17,9	18,7	21,7	25,2	34,3	45,1	531,0
2563	Herstellung von Gipserzeugnissen, Dämm- und Leichtbauplatten	665,9	3,1	75,4	84,3	—[2])	—	—	24,0

noch Tabelle I.9

Wirtschaftszweig (Reihenfolge gem. Spalte a)		Umsatz des Wirtschaftszweiges	Anteil des Vierstellers am Umsatz des Zweistellers	Anteil der ... größten Unternehmen am Umsatz des jeweiligen Wirtschaftszweiges (%)					Zahl der Unternehmen im Wirtschaftszweig
SYPRO Kennziffer	Bezeichnung	(Millionen DM)	(%)	3	6	10	25	50	
a	b	c	d	e	f	g	h	i	j
2565	Herstellung von Asbestzementwaren	881,8	4,1	84,8	95,1	—[2])	—	—	15,0
2570	Verarbeitung von Asbest	1 052,3	4,8	49,8	68,4	83,2	99,4	—	29,0
2580	Herstellung von Schleifmitteln	816,5	3,8	32,1	—[2])	73,3	90,3	—	48,0
2591	Herstellung von Transportbeton	1 669,6	7,7	7,9	13,7	—[2])	39,8	61,1	152,0
27	*Eisenschaffende Industrie*	43 009,9	—	35,2	53,7	69,9	91,7	—[2])	110,0
2711	Hochofen-, Stahl- und Warmwalzwerke (ohne Herstellung von Stahlrohren)	37 025,5	86,1	40,1	58,6	76,3	96,6	100,0	53,0
2715	Herstellung von Stahlrohren (ohne Präzisionsstahlrohre)	4 716,8	11,0	—[2])	91,7	96,1	—	—	23,0
2720	Herstellung von Präzisionsstahlrohren	482,2	1,1	49,9	—[2])	90,0	—	—	13,0
2740	Schmiede-, Preß- und Hammerwerke	785,4	1,8	67,1	81,0	90,2	—	—	21,0
28	*NE-Metallerzeugung, NE-Metallhalbzeugwerke*	15 896,8	—	24,7	39,0	49,5	70,7	85,7	161,0
2811	NE-Leichtmetallhütten	1 206,1	7,6	—[2])	—[2])	—[2])	—	—	11,0
2813	NE-Schwermetallhütten	3 083,8	19,4	75,7	94,5	—[2])	—	—	12,0
2816	NE-Metallumschmelzwerke	3 439,8	21,6	—[2])	—[2])	79,1	94,4	—	41,0
2850	NE-Metallhalbzeugwerke	8 167,1	51,4	31,1	48,5	59,6	81,1	—[2])	97,0
29	*Gießerei*	9 459,9	—	22,2	32,7	42,2	57,7	68,5	476,0
2910	Eisen-, Stahl- und Tempergießerei .	7 452,2	78,8	28,2	41,5	52,5	68,6	—[2])	267,0
2950	NE-Metallgießerei	2 007,8	21,2	—[2])	—[2])	—[2])	55,9	72,9	209,0
30	*Ziehereien, Kaltwalzwerke, Stahlverformung, Mechanik, a. n. g.* ...	18 467,9	—	6,5	11,5	16,1	25,5	35,4	1 568,0
3011	Stabziehereien, Kaltwalzwerke	2 550,4	13,8	28,2	—[2])	58,1	—[2])	97,7	60,0
3015	Drahtziehereien (einschließlich Herstellung von Drahterzeugnissen) .	4 786,7	25,9	24,2	—[2])	47,6	63,8	76,9	198,0
3021	Herstellung von Gesenk-, leichten Freiformschmiedestücken, schweren Preß-, Zieh- und Stanzteilen ..	3 858,1	20,9	16,5	22,9	29,3	47,3	64,4	254,0
3025	Stahlverformung, a. n. g., Oberflächenveredlung, Härtung	6 806,1	36,9	5,2	9,4	14,2	24,6	35,8	893,0
3030	Mechanik, a. n. g.	466,6	2,5	—[2])	—[2])	25,7	43,1	62,0	163,0
31	*Stahl- und Leichtmetallbau, Schienenfahrzeuge*	20 529,3	—	33,5	37,7	42,5	—[2])	61,9	1 214,0
3111	Herstellung von Stahl- und Leichtmetallkonstruktionen (ohne Grubenausbau)	11 382,2	55,4	—[2])	45,2	—[2])	57,5	64,7	831,0
3114	Weichenbau, Herstellung von Kreuzungen und ähnliches Gleismaterial	82,2	0,4	51,9	—[2])	—[2])	—	—	11,0
3117	Herstellung von Grubenausbaukonstruktionen	722,9	3,5	79,0	86,9	92,1	—	—	22,0
3151	Kessel- und Behälterbau	7 133,1	34,7	40,3	49,7	—[2])	68,9	78,1	321,0
3171	Lokomotivbau	37,5	0,2	—[2])	—	—	—	—	4,0

Wirtschaftszweig (Reihenfolge gem. Spalte a) SYPRO Kennziffer	Bezeichnung	Umsatz des Wirtschaftszweiges (Millionen DM)	Anteil des Vierstellers am Umsatz des Zweistellers (%)	Anteil der ... größten Unternehmen am Umsatz des jeweiligen Wirtschaftszweiges (%) 3	6	10	25	50	Zahl der Unternehmen im Wirtschaftszweig
a	b	c	d	e	f	g	h	i	j
3174	Waggonbau	1 057,1	*5,1*	*—[2])*	*—[2])*	*100,0*	—	—	10,0
3177	Feld- und Industriebahnwagenbau .	46,5	*0,2*	*—[2])*	—	—	—	—	4,0
3179	Reparatur von Schienenfahrzeugen .	67,9	*0,3*	*42,1*	*75,5*	*96,4*	—	—	13,0
32	*Maschinenbau*	101 996,3	—	*8,2*	*12,6*	*17,2*	*26,8*	*34,7*	4540,0
3210	Herstellung von landwirtschaftlichen Maschinen, Ackerschleppern	6 404,4	*6,3*	*30,5*	*40,8*	*49,5*	*66,8*	*79,8*	257,0
3220	Herstellung von Metallbearbeitungsmaschinen, Maschinen- und Präzisionswerkzeugen	10 949,1	*10,7*	*6,7*	*10,7*	*15,6*	*30,3*	*45,6*	834,0
3230	Herstellung von Textil- und Nähmaschinen	4 794,1	*4,7*	*19,9*	*34,6*	*46,5*	*—[2])*	*84,2*	191,0
3240	Herstellung von Maschinen für die Nahrungs- und Genußmittelindustrie, chemische und verwandte Industrien	12 115,3	*11,9*	*18,7*	*25,6*	*32,9*	*46,2*	*57,5*	625,0
3256	Herstellung von Hütten-, Walzwerkseinrichtungen; Bergwerks-, Gießereimaschinen, Hebezeuge usw. . .	10 520,1	*10,3*	*24,6*	*32,1*	*39,5*	*55,0*	*67,5*	456,0
3257	Herstellung von Bau-, Baustoff- und ähnlichen Maschinen	6 044,3	*5,9*	*27,8*	*36,0*	*43,8*	*64,2*	*81,4*	236,0
3260	Herstellung von Zahnrädern, Getrieben, Lagern, Antriebselementen .	7 983,3	*7,8*	*46,2*	*57,7*	*—[2])*	*—[2])*	*88,1*	207,0
3270	Herstellung von Maschinen für weitere bestimmte Wirtschaftszweige .	6 230,6	*6,1*	*21,5*	*29,2*	*—[2])*	*—[2])*	*67,8*	347,0
3280	Sonstiger Maschinenbau	36 955,1	*36,2*	*22,5*	*32,1*	*39,5*	*52,4*	*60,5*	1387,0
33	*Straßenfahrzeugbau, Reparatur von Kraftfahrzeugen usw.*	103 072,5	—	*48,0*	*63,6*	*72,1*	*79,1*	*83,3*	1976,0
3311	Herstellung von Kraftwagen und Kraftwagenmotoren	75 587,4	*73,3*	*65,5*	*86,8*	*98,3*	*100,0*	—	35,0
3314	Herstellung von Teilen für Kraftwagen und Kraftwagenmotoren . .	13 872,9	*13,5*	*17,1*	*27,1*	*37,8*	*59,7*	*77,4*	282,0
3316	Herstellung von Karosserien, Aufbauten, Anhängern für Kraftwagen	4 275,8	*4,1*	*22,9*	*—[2])*	*41,0*	*—[2])*	*77,9*	225,0
3327	Herstellung von Kraftrad- und Fahrradteilen	487,3	0,5	*35,3*	*48,6*	*64,2*	*89,3*	—	41,0
3380	Sonstiger Straßenfahrzeugbau	304,3	*0,3*	*42,8*	*—[2])*	*77,8*	*98,6*	—	28,0
3390	Reparatur von Kraftfahrzeugen, Fahrrädern, Lackierung von Straßenfahrzeugen	7 807,1	*7,6*	*4,2*	*6,7*	*9,3*	*—[2])*	*21,9*	1351,0
34	*Schiffbau*	7 497,0	—	*43,7*	*63,8*	*76,1*	*90,4*	*96,8*	125,0
3400	identisch mit 34								
35	*Luft- und Raumfahrzeugbau*	3 507,7	—	*—[2])*	*—[2])*	*—[2])*	*99,4*	—	35,0
3500	identisch mit 35								

noch Tabelle I.9

SYPRO Kennziffer	Wirtschaftszweig (Reihenfolge gem. Spalte a) Bezeichnung	Umsatz des Wirtschaftszweiges (Millionen DM)	Anteil des Vierstellers am Umsatz des Zweistellers (%)	Anteil der . . . größten Unternehmen am Umsatz des jeweiligen Wirtschaftszweiges (%)					Zahl der Unternehmen im Wirtschaftszweig
				3	6	10	25	50	
a	b	c	d	e	f	g	h	i	j
36	*Elektrotechnik, Reparatur von elektrischen Haushaltsgeräten*	96 216,4	—	*31,7*	*41,4*	*47,8*	*58,9*	*66,5*	2201,0
3610	Herstellung von Batterien, Akkumulatoren	1 546,6	*1,6*	*63,5*	*84,1*	—	—[2])	—	21,0
3620	Herstellung von Geräten der Elektroerzeugung, -Umwandlung, -Verteilung und ähnliches	37 382,2	*38,9*	*46,9*	*54,1*	*58,4*	*65,3*	*71,4*	949,0
3640	Herstellung von elektrischen Leuchten und Lampen	3 186,5	*3,3*	*31,6*	*40,0*	—[2])	*60,8*	*73,3*	243,0
3650	Herstellung von Elektrohaushaltsgeräten	8 661,6	*9,0*	*35,7*	*54,1*	*64,8*	*84,6*	*94,1*	140,0
3660	Herstellung von Zählern, Fernmelde-, Meß-, Regel- und elektrisch-medizinischen Geräten usw.	28 760,9	*29,9*	*66,3*	*70,3*	*73,4*	*79,3*	*84,8*	549,0
3670	Herstellung von Rundfunk-, Fernseh-, Phonotechnischen Geräten .	14 468,4	*15,0*	*50,7*	*66,9*	*77,5*	*91,9*	*97,4*	118,0
3680	Reparatur von elektrischen Geräten für den Haushalt	110,0	*0,1*	*52,4*	—[2])	*85,9*	—	—	23,0
3690	Montage von Elektrotechnischen Erzeugnissen (ohne Bauinstallation) .	2 100,2	*2,2*	*60,9*	—[2])	—[2])	*82,2*	*89,0*	158,0
37	*Feinmechanik, Optik, Herstellung von Uhren*	11 780,5	—	*14,3*	*22,7*	*29,4*	*40,1*	*50,5*	1264,0
3711	Optik (ohne Augenoptik, Foto- und Kinotechnik)	1 149,4	*9,8*	—[2])	—[2])	—[2])	*95,8*	—[2])	52,0
3715	Augenoptik	1 017,7	*8,6*	*45,0*	—[2])	—[2])	*81,9*	*92,6*	91,0
3721	Herstellung von Foto-, Projektions- und Kinogeräten	1 659,1	*14,1*	—[2])	—[2])	—[2])	*88,6*	*97,8*	70,0
3751	Feinmechanik (ohne Herstellung von medizin- und orthopädiemechanischen Erzeugnissen)	3 626,4	*30,8*	—[2])	—[2])	*46,0*	—[2])	*75,7*	255,0
3760	Herstellung von medizin- und orthopädiemechanischen Erzeugnissen.	2 858,7	*24,3*	—[2])	—[2])	*31,3*	*42,8*	*52,3*	667,0
3771	Herstellung von Uhren	1 469,2	*12,5*	—[2])	—[2])	—[2])	*62,8*	*80,6*	129,0
38	*Herstellung von Eisen-, Blech- und Metallwaren*	29 674,2	—	*8,4*	*12,2*	*15,5*	*23,5*	*31,3*	2254,0
3810	Herstellung von Handelswaffen und deren Munition	1 532,6	*5,2*	*88,6*	*92,7*	*96,6*	*100,0*	—	25,0
3821	Herstellung von Werkzeugen sowie Geräten für die Landwirtschaft ...	2 443,7	*8,2*	*16,1*	*23,9*	*31,2*	*47,3*	*61,6*	282,0
3830	Herstellung von Heiz- und Kochgeräten	1 540,6	*5,2*	*52,6*	*65,6*	*77,8*	*95,0*	—	47,0
3842	Herstellung von Stahlblechwaren (ohne Möbel)	6 419,0	*21,6*	—[2])	—[2])	*16,8*	*30,6*	*44,9*	550,0
3844	Herstellung von NE-Metallblechwaren (ohne Möbel)	1 637,8	*5,5*	*25,5*	*36,8*	—[2])	*62,4*	*77,6*	154,0
3847	Herstellung von Möbeln aus Metall	3 081,0	*10,4*	—[2])	—[2])	*34,4*	—[2])	*73,9*	202,0

Wirtschaftszweig (Reihenfolge gem. Spalte a)		Umsatz des Wirtschaftszweiges (Millionen DM)	Anteil des Vierstellers am Umsatz des Zweistellers (%)	Anteil der ... größten Unternehmen am Umsatz des jeweiligen Wirtschaftszweiges (%)					Zahl der Unternehmen im Wirtschaftszweig
SYPRO Kennziffer	Bezeichnung			3	6	10	25	50	
a	b	c	d	e	f	g	h	i	j
3848	Herstellung von Panzerschränken (Tresoren)	93,2	*0,3*	*67,2*	*84,4*	*—²)*	—	—	12,0
3849	Herstellung von Feinstblechpackungen	1 915,5	*6,5*	*—²)*	*—²)*	*—²)*	*96,2*	—	42,0
3850	Herstellung von Schlössern, Beschlägen	3 571,6	*12,0*	*—²)*	*—²)*	*32,0*	*55,6*	*72,5*	237,0
3871	Herstellung von Schneidwaren, Bestecken	896,5	*3,0*	*—²)*	*—²)*	*51,2*	*68,6*	*83,6*	116,0
3882	Herstellung von sonstigen Metallwaren (ohne -kurzwaren)	4 178,8	*14,1*	*21,8*	*31,3*	*39,2*	*58,4*	*70,9*	295,0
3889	Herstellung von Metallkurzwaren, leichten Preß-, Zieh-, Stanzteilen	2 363,8	*8,0*	*17,1*	*22,6*	*—²)*	*41,4*	*56,4*	292,0
39	*Herstellung von Musikinstrumenten, Spielwaren, Füllhaltern usw.*	*5 134,4*	—	*—²)*	*—²)*	*—²)*	*30,0*	*42,2*	715,0
3911	Herstellung von Musikinstrumenten	559,5	*10,9*	*35,1*	*45,8*	*55,2*	*78,3*	*91,9*	85,0
3931	Herstellung von Spielwaren, Christbaumschmuck	1 599,4	*31,2*	*22,5*	*35,0*	*—²)*	*64,6*	*79,2*	185,0
3940	Herstellung von Turn- und Sportgeräten	524,0	*10,2*	*18,6*	*34,9*	*47,7*	*74,3*	*95,8*	63,0
3951	Herstellung von Gold- und Silberschmiedewaren, a. n. g.	23,1	*0,4*	*73,3*	*—²)*	—	—	—	7,0
3954	Herstellung von Schmuck aus Edelmetall oder Edelmetallplattierungen	1 014,2	*19,8*	*13,9*	*—²)*	*31,6*	*—²)*	*70,5*	156,0
3957	Herstellung von Phantasieschmuck	220,8	*4,3*	*20,6*	*30,9*	*41,0*	*66,8*	*90,4*	68,0
3960	Bearbeitung von Edel- und Schmucksteinen, Perlen, Perlmutter, Hartglas	96,1	*1,9*	*38,6*	*58,5*	*73,8*	*100,0*	—	25,0
3970	Herstellung von Münzen, Medaillen	124,7	*2,4*	*67,5*	*78,9*	*91,3*	—	—	16,0
3980	Herstellung von Füllhaltern und ähnliches, Stempeln; Verarbeitung von Schnitz- und Formstoffen	413,3	*8,0*	*42,0*	*55,5*	*—²)*	*90,7*	—	46,0
3990	Foto- und Filmlabors	559,4	*10,9*	*—²)*	*—²)*	*54,8*	*78,6*	*96,0*	64,0
40	*Chemische Industrie*	112 014,6	—	*26,3*	*40,5*	*47,6*	*61,4*	*71,2*	1211,0
4031	Herstellung von chemischen Grundstoffen (auch mit anschließender Weiterverarbeitung)	63 764,3	*56,9*	*46,3*	*67,7*	*76,9*	*88,4*	*95,2*	172,0
4034	Herstellung von chemischen Erzeugnissen für Gewerbe, Landwirtschaft (ohne Düngemittel)	16 611,0	*14,8*	*33,2*	*39,4*	*44,7*	*56,2*	*—²)*	511,0
4035	Herstellung von pharmazeutischen Erzeugnissen	12 297,7	*11,0*	*22,1*	*34,9*	*45,0*	*—²)*	*79,0*	271,0
4036	Herstellung von Seifen, Wasch-, Reinigungs-, Körperpflegemitteln	9 894,4	*8,8*	*44,8*	*58,3*	*72,1*	*—²)*	*95,0*	123,0
4037	Herstellung von fotochemischen Erzeugnissen	2098,2	*1,9*	*—²)*	*97,8*	*99,4*	—	—	13,0
4039	Herstellung von sonstigen chemischen Erzeugnissen für privaten Verbrauch, Verwaltungen	3 282,4	*2,9*	*39,5*	*56,3*	*67,0*	*82,0*	*—²)*	111,0
4090	Herstellung von Chemiefasern	4 066,7	*3,6*	*79,8*	*94,5*	*100,0*	—	—	10,0

noch Tabelle I.9

Wirtschaftszweig (Reihenfolge gem. Spalte a)		Umsatz des Wirtschaftszweiges (Millionen DM)	Anteil des Vierstellers am Umsatz des Zweistellers (%)	Anteil der ... größten Unternehmen am Umsatz des jeweiligen Wirtschaftszweiges (%)					Zahl der Unternehmen im Wirtschaftszweig
SYPRO Kennziffer	Bezeichnung			3	6	10	25	50	
a	b	c	d	e	f	g	h	i	j
50	*Herstellung von Büromaschinen, Datenverarbeitungsgeräten und -einrichtungen*	10 728,8	—	73,2	—[2])	—[2])	—[2])	99,3	78,0
5060	Herstellung von Büromaschinen	2 639,8	24,6	—[2])	—[2])	—[2])	97,0	—	48,0
5080	Herstellung von Geräten und Einrichtungen für die automatische Datenverarbeitung	8 089,0	75,4	—[2])	—[2])	—[2])	99,9	—	30,0
51	*Feinkeramik*	3 076,0	—	—[2])	—[2])	57,3	—[2])	86,6	155,0
5110	Herstellung von Porzellan	948,1	30,8	45,8	54,4	65,1	90,3	—[2])	51,0
5120	Herstellung von Steingut, Feinsteinzeug, Ton- und Töpferwaren	445,1	14,5	28,8	42,4	57,5	—[2])	97,4	63,0
5150	Herstellung von sanitärer Installationskeramik	365,3	11,9	92,3	100,0	—	—	—	6,0
5160	Herstellung von technischer Keramik	301,1	9,8	61,8	80,8	94,8	—	—	17,0
5170	Herstellung von Fliesen, Baukeramik, Kacheln, Kachelöfen	1 016,4	33,0	80,0	—[2])	—[2])	—	—	18,0
52	*Herstellung und Verarbeitung von Glas*	7 153,9	—	25,6	40,4	50,1	—[2])	—[2])	298,0
5211	Herstellung von Flachglas (ohne technisches Glas)	674,0	9,5	—[2])	—[2])	—	—	—	8,0
5225	Herstellung von Hohlglas, technisches Glas	3 265,9	46,2	38,1	48,8	60,4	83,4	97,2	72,0
5290	Verarbeitung und Veredlung von Glas, Herstellung und Verarbeitung von Glasfasern	3 136,4	44,3	—[2])	—[2])	—[2])	71,7	80,4	219,0
53	*Holzbearbeitung*	6 489,3	—	10,3	17,4	24,5	42,0	57,8	510,0
5311	Säge- und Hobelwerke	2 777,6	42,8	15,1	—[2])	28,0	41,6	53,6	373,0
5361	Herstellung von Halbwaren aus Holz	3 711,8	57,2	16,8	27,6	39,1	—[2])	84,9	137,0
54	*Holzverarbeitung*	24 095,7	—	3,3	6,0	8,9	16,2	24,1	2481,0
5411	Herstellung von Bauelememente n aus Holz (ohne Fertigteilbauten)	3 758,1	15,6	8,3	—[2])	—[2])	33,5	48,0	511,0
5421	Herstellung von Holzmöbeln (ohne Polstermöbel)	13 536,7	56,2	5,6	9,7	14,1	25,2	—[2])	1219,0
5424	Herstellung von Polstermöbeln	3 091,2	12,8	19,6	27,4	—[2])	52,6	70,8	207,0
5427	Herstellung von Matratzen	284,5	1,2	—[2])	—[2])	67,3	92,7	—	35,0
5431	Herstellung von Holzverpackungsmitteln und -lagerbehältern	649,6	2,7	21,4	35,0	46,9	67,2	84,5	100,0
5441	Herstellung von sonstigen Holzwaren	2 148,2	8,9	15,1	23,2	29,6	45,8	61,0	300,0
5461	Herstellung von Kork-, Korb- und Flechtwaren (ohne Korbmöbel)	100,0	0,4	32,9	53,3	75,3	—	—	22,0
5470	Herstellung von Pinseln, Besen, Bürsten, Bearbeitung von Naturschwämmen	527,3	2,2	17,5	29,4	42,0	67,6	88,6	87,0

SYPRO Kennziffer	Wirtschaftszweig (Reihenfolge gem. Spalte a) Bezeichnung	Umsatz des Wirtschaftszweiges (Millionen DM)	Anteil des Vierstellers am Umsatz des Zweistellers (%)	Anteil der . . . größten Unternehmen am Umsatz des jeweiligen Wirtschaftszweiges (%) 3	6	10	25	50	Zahl der Unternehmen im Wirtschaftszweig
a	b	c	d	e	f	g	h	i	j
55	*Zellstoff-, Holzschliff-, Papier- und Pappeerzeugung*	8 771,0	—	*38,2*	*50,3*	*59,2*	*73,8*	*86,8*	136,0
5500	identisch mit 55								
56	*Papier- und Pappeverarbeitung*	12 410,4	—	*13,0*	*19,2*	*25,8*	*39,2*	*50,8*	788,0
5610	Herstellung von Tapeten, Spezialpapieren, Verpackungsmitteln aus Papier	7 006,5	*56,5*	*10,6*	*18,0*	—[2])	*40,0*	*55,1*	441,0
5620	Herstellung von Schreibwaren, Bürobedarf aus Papier und Pappe, Buchbinderei	2 267,0	*18,3*	*28,8*	*40,5*	*46,8*	*63,4*	*77,3*	221,0
5691	Herstellung von sonstigen Waren aus Papier und Pappe	3 136,9	*25,3*	*47,2*	*60,5*	*68,1*	*84,2*	*92,7*	126,0
57	*Druckerei, Vervielfältigung*	13 656,0	—	*6,2*	*9,4*	*13,1*	*22,4*	*31,0*	1863,0
5700	identisch mit 57								
58	*Herstellung von Kunststoffwaren*	16 941,1	—	*6,3*	*9,7*	*13,6*	*23,6*	*34,1*	1519,0
5800	identisch mit 58								
59	*Gummiverarbeitung*	11 156,3	—	*38,3*	*53,0*	*65,2*	*79,2*	—[2])	235,0
5900	identisch mit 59								
61	*Ledererzeugung*	942,8	—	*21,3*	*32,6*	*45,3*	*73,3*	*90,5*	84,0
6100	identisch mit 61								
62	*Lederverarbeitung*	5 556,3	—	*15,6*	*21,1*	—[2])	*38,0*	*50,3*	641,0
6211	Lederverarbeitung (ohne Herstellung von Schuhen)	1 847,8	*33,3*	*7,9*	*13,9*	*20,3*	*37,3*	*53,1*	326,0
6251	Herstellung von Schuhen	3 708,5	*66,7*	—[2])	—[2])	*39,1*	*55,3*	*68,9*	315,0
63	*Textilgewerbe*	30 242,1	—	*3,8*	*6,5*	*9,7*	*18,3*	—[2])	1762,0
6301	Wollaufbereitung, Zwirnerei, handelsfertige Aufmachung von Wollgarnen	291,4	*1,0*	—[2])	—	—	—	—	5,0
6311	Wollspinnerei	1 471,5	*4,9*	*21,6*	*38,6*	*54,7*	*86,3*	*99,8*	54,0
6312	Baumwollspinnerei	3 142,8	*10,4*	*29,0*	—[2])	*55,4*	*78,9*	*95,9*	74,0
6322	Zwirnerei, handelsfertige Aufmachung von Baumwollgarnen	307,9	*1,0*	*54,5*	—[2])	*85,6*	—	—	23,0
6323	Zwirnerei, handelsfertige Aufmachung von Seidengarnen	933,6	*3,1*	—[2])	—[2])	—[2])	—	—	24,0
6331	Wollweberei, a. n. g.	1 239,4	*4,1*	*16,3*	*29,5*	*43,3*	*74,3*	*98,1*	58,0
6332	Baumwollweberei, a. n. g.	4 597,6	*15,2*	*15,3*	*23,6*	—[2])	*54,0*	—[2])	171,0
6333	Seidenweberei, a. n. g.	1 344,8	*4,4*	—[2])	—[2])	—[2])	*93,1*	—	40,0
6354	Leinen-, Hanf- und Ramieaufbereitung und -verarbeitung	63,8	*0,2*	*73,4*	—[2])	—	—	—	8,0
6355	Jutespinnerei und -weberei	275,5	*0,9*	*51,8*	*78,5*	*96,6*	—	—	13,0

noch Tabelle I.9

SYPRO Kennziffer	Wirtschaftszweig (Reihenfolge gem. Spalte a) Bezeichnung	Umsatz des Wirtschaftszweiges (Millionen DM)	Anteil des Vierstellers am Umsatz des Zweistellers (%)	Anteil der ... größten Unternehmen am Umsatz des jeweiligen Wirtschaftszweiges (%) 3	6	10	25	50	Zahl der Unternehmen im Wirtschaftszweig
a	b	c	d	e	f	g	h	i	j
6357	Herstellung von Seilerwaren, Bindfäden, Schnüren und ähnlichem aus Fasern aller Art	111,7	0,4	—[2])	—[2])	—	—	—	9,0
6361	Herstellung von Gardinenstoff	665,8	2,2	—[2])	—[2])	60,5	87,5	—	47,0
6365	Herstellung von Möbel- und Dekorationsstoff	1 214,2	4,0	20,3	34,8	49,3	78,0	96,3	66,0
6370	Wirkerei, Strickerei	6 793,0	22,5	10,4	—[2])	—[2])	36,7	49,1	653,0
6380	Herstellung von Teppichen und ähnlichen beschichtetem Gewebe	2 777,4	9,2	30,1	44,8	—[2])	85,4	—[2])	58,0
6391	Veredlung von Textilien	2 608,4	8,6	23,9	—[2])	—[2])	—[2])	76,1	173,0
6399	Sonstiges Textilgewerbe, a. n. g.	2 399,3	7,9	—[2])	—[2])	33,6	48,1	61,9	286,0
64	*Bekleidungsgewerbe*	18 334,9	—	4,6	6,9	—[2])	16,0	24,2	2566,0
6413	Herstellung von Herrenoberbekleidung	3 769,0	20,6	9,9	16,1	22,7	40,5	58,7	332,0
6414	Herstellung von Damen- und Kinderoberbekleidung	8 154,9	44,5	—[2])	—[2])	15,8	27,4	40,6	1281,0
6421	Herstellung von Herren-, Damen- und Kinderwäsche	1 489,5	8,1	13,1	20,7	30,2	52,3	73,8	185,0
6425	Herstellung von Haus-, Bett- und Tischwäsche	168,5	0,9	29,2	41,2	—[2])	81,9	—[2])	51,0
6430	Serienfertigung von Arbeits-, Sport-, Leder-, Regenschutzbekleidung, Uniformen	1 690,5	9,2	—[2])	—[2])	34,5	53,4	70,3	255,0
6440	Herstellung von Miederwaren	657,2	3,6	72,4	83,8	91,6	—[2])	—	27,0
6450	Herstellung von Kopfbedeckungen, Bekleidungszubehör	713,1	3,9	13,9	24,1	34,6	56,7	75,8	125,0
6460	Verarbeitung von Fellen, Pelzen	709,6	3,9	23,1	31,6	40,1	59,5	77,4	127,0
6470	Herstellung von Bettwaren (ohne Matratzen)	561,5	3,1	15,2	24,9	36,2	65,3	89,9	76,0
6481	Herstellung von konfektionierten textilen Artikeln für die Innenausstattung	42,3	0,2	59,8	84,2	100,0	—	—	10,0
6489	Herstellung von sonstigen konfektionierten textilen Artikeln, a. n. g.	334,6	1,8	24,8	37,0	46,2	66,6	86,2	83,0
6499	Mit dem Bekleidungsgewerbe verbundene Tätigkeiten	44,1	0,2	61,3	80,9	96,4	—	—	14,0
65	*Reparatur von Gebrauchsgütern (ohne elektrische Geräte für den Haushalt)*	14,9	—	70,6	100,0	—	—	—	6,0
6500	identisch mit 65								
68	*Ernährungsgewerbe*	111 553,4	—	6,0	9,1	12,5	21,1	29,2	3823,0
6811	Mahl- und Schälmühlen	3 209,0	2,9	33,8	—[2])	56,3	78,5	93,0	80,0
6812	Herstellung von Teigwaren	467,9	0,4	44,9	71,1	86,3	—	—	21,0
6813	Herstellung von Nährmitteln (ohne Teigwaren)	2 389,7	2,1	50,1	—[2])	—[2])	—[2])	—	40,0

Wirtschaftszweig (Reihenfolge gem. Spalte a) SYPRO Kennziffer	Bezeichnung	Umsatz des Wirtschaftszweiges (Millionen DM)	Anteil des Vierstellers am Umsatz des Zweistellers (%)	Anteil der ... größten Unternehmen am Umsatz des jeweiligen Wirtschaftszweiges (%) 3	6	10	25	50	Zahl der Unternehmen im Wirtschaftszweig
a	b	c	d	e	f	g	h	i	j
6814	Herstellung von Stärke, Stärkeerzeugnissen	1 339,6	*1,2*	*91,3*	*95,9*	—[2])	—	—	13,0
6816	Herstellung von Kartoffelerzeugnissen, a. n. g.	585,5	*0,5*	*63,4*	*82,3*	—[2])	—	—	23,0
6818	Herstellung von Backwaren (ohne Dauerbackwaren)	3 557,9	3,2	9,1	—[2])	—[2])	36,0	47,8	707,0
6819	Herstellung von Dauerbackwaren	1 608,7	1,4	60,1	69,7	77,1	89,8	97,9	68,0
6821	Zuckerindustrie	4 342,5	3,9	47,5	59,1	70,6	92,2	—	38,0
6825	Obst- und Gemüseverarbeitung	4 257,5	3,8	31,7	41,4	49,2	64,2	78,2	192,0
6828	Herstellung von Süßwaren (ohne Dauerbackwaren)	7 308,9	6,6	28,0	39,0	49,9	73,6	88,6	151,0
6831	Molkerei, Käserei	14 738,9	13,2	11,7	18,1	23,6	38,1	54,6	287,0
6836	Herstellung von Dauermilch, Milchpräparaten, Schmelzkäse	4 348,1	3,9	34,1	50,4	67,6	—[2])	—	44,0
6841	Ölmühlen, Herstellung von Speiseöl	2 689,4	2,4	53,2	78,9	—[2])	—	—	16,0
6844	Herstellung von Margarine und ähnlichen Nahrungsfetten	4 753,0	4,3	—[2])	—[2])	98,2	—	—	17,0
6847	Talgschmelzen, Schmalzsiedereien	155,7	0,1	—[2])	—[2])	—	—	—	9,0
6852	Schlachthäuser (ohne kommunale Schlachthöfe)	5 542,1	5,0	42,3	53,4	—[2])	—[2])	94,0	101,0
6853	Fleischwarenindustrie (ohne Talgschmelzen, Schmalzsiedereien)	7 773,5	7,0	11,7	19,3	26,4	43,2	60,1	297,0
6854	Fleischerei	2 703,1	2,4	—[2])	—[2])	24,3	37,1	49,7	402,0
6856	Fischverarbeitung	1 816,2	1,6	54,3	63,7	71,8	88,0	98,2	64,0
6860	Verarbeitung von Kaffee, Tee, Herstellung von Kaffeemitteln	9 129,2	8,2	43,3	64,1	79,6	—[2])	—	46,0
6871	Brauerei	11 325,3	10,2	8,1	15,5	23,7	42,4	—[2])	582,0
6872	Mälzerei	631,1	0,6	30,4	44,9	58,8	95,3	—	28,0
6873	Alkoholbrennerei	174,5	0,2	—[2])	—[2])	—[2])	—	—	15,0
6875	Herstellung von Spirituosen	4 272,7	3,8	23,4	36,1	46,4	—[2])	91,2	95,0
6877	Herstellung und Verarbeitung von Wein	1 367,7	1,2	49,1	—[2])	81,5	—[2])	—	38,0
6879	Mineralbrunnen, Herstellung von Mineralwasser, Limonaden	3 831,4	3,4	19,4	24,7	30,2	43,2	58,3	248,0
6882	Übriges Ernährungsgewerbe (ohne Herstellung von Futtermitteln)	1 343,4	1,2	17,4	—[2])	43,8	71,6	90,6	82,0
6889	Herstellung von Futtermitteln	5 738,1	5,2	24,5	40,0	50,9	72,6	—[2])	119,0
69	*Tabakverarbeitung*	14 038,4	—	69,7	92,5	—[2])	99,2	100,0	53,0
6911	Herstellung von Zigaretten	13 339,7	95,0	73,3	—[2])	100,0	—	—	10,0
6915	Tabakverarbeitung (ohne Herstellung von Zigaretten)	698,7	5,0	37,9	59,9	75,2	—[2])	—	43,0

[1]) Angaben in den 1977 geltenden Berichtsabgrenzungen. Vgl. dazu auch Tz. 182—186.
[2]) Wegen der für die amtliche Statistik geltenden Geheimhaltungsbestimmungen keine Angabe für 1977.

Tabelle I.10

Die Konzentration von Umsatz und Beschäftigung in den Wirtschaftszweigen 1977[1])

Quelle: (a), (e)

Wirtschaftszweig (Reihenfolge gem. Spalte ce)		Anteil der . . . umsatzstärksten Unternehmen des jeweiligen Wirtschaftszweiges im Jahr 1977 (%)						
SYPRO Kenn-ziffer	Bezeichnung			3	6	10	25	50
a	b			e	f	g	h	i
35	Luft- und Raumfahrzeugbau	am Umsatz	c	81,3[6])	90,8[6])	95,1[6])	99,3	—[7])
		an der Beschäftigtenzahl	d	75,7[6])	89,8[6])	93,9[6])	99,0	—[7])
50	Herstellung von Büromaschinen, Datenverarbeitungsgeräten und -einrichtungen	am Umsatz	c	75,8	85,4[6])	—[2])	97,6[4])	99,7
		an der Beschäftigtenzahl	d	64,9	75,4[6])	—[2])	95,6[4])	99,2
69	Tabakverarbeitung	am Umsatz	c	69,6	92,5[3])	—[2])	99,1	99,9
		an der Beschäftigtenzahl	d	49,2	65,8[3])	—[2])	93,4	99,0
21	Bergbau	am Umsatz	c	65,9	84,4	93,9	98,6	99,6
		an der Beschäftigtenzahl	d	70,4	81,4	94,3	97,1	98,9
22	Mineralölverarbeitung	am Umsatz	c	58,0	80,9	91,6	99,3	99,9
		an der Beschäftigtenzahl	d	37,1	65,1	78,2	94,6	99,2
33	Straßenfahrzeugbau, Reparatur von Kraftfahrzeugen usw. . . .	am Umsatz	c	54,0	71,6	81,1	88,8	92,8
		an der Beschäftigtenzahl	d	45,2	62,0	72,1	83,6	88,9
34	Schiffbau	am Umsatz	c	44,3	64,8	76,1[3])	91,8	97,8
		an der Beschäftigtenzahl	d	41,4	60,2	67,8[3])	86,4	94,5
55	Zellstoff-, Holzschliff-, Papier- und Pappeerzeugung	am Umsatz	c	38,5	50,7	59,7	74,4	87,3
		an der Beschäftigtenzahl	d	33,4	44,2	51,8	68,1	82,2
27	Eisenschaffende Industrie	am Umsatz	c	36,1	55,1	71,8	93,9	98,4[4])
		an der Beschäftigtenzahl	d	38,1	58,6	74,7	94,5	98,3[4])
59	Gummiverarbeitung	am Umsatz	c	35,2	48,6	59,9	75,7	85,5[4])
		an der Beschäftigtenzahl	d	31,5	47,8	56,0	69,6	82,0[4])
51	Feinkeramik	am Umsatz	c	34,3[5])	—[2])	47,6	65,8[4])	80,0
		an der Beschäftigtenzahl	d	29,1[5])	—[2])	43,2	60,0[4])	76,1
31	Stahl- und Leichtmetallbau, Schienenfahrzeuge	am Umsatz	c	32,6	36,2	40,6	—[2])	56,6
		an der Beschäftigtenzahl	d	20,2	25,2	31,2	—[2])	45,9
36	Elektrotechnik, Reparatur von elektrischen Haushaltsgeräten	am Umsatz	c	31,9	41,7	47,8	58,3	65,8
		an der Beschäftigtenzahl	d	31,8	40,2	45,3	54,9	61,8
40	Chemische Industrie	am Umsatz	c	26,2	40,2	47,3	60,9	70,4
		an der Beschäftigtenzahl	d	29,9	36,0	43,1	56,9	66,1
52	Herstellung und Verarbeitung von Glas	am Umsatz	c	25,9	40,5	50,1[3])	65,9[4])	78,4[4])
		an der Beschäftigtenzahl	d	21,0	38,6	45,5[3])	60,3[4])	74,3[4])
28	NE-Metallerzeugung, NE-Metallhalbzeugwerke . . .	am Umsatz	c	24,6	38,9	49,3	70,3	84,9
		an der Beschäftigtenzahl	d	21,5	38,7	44,9	63,2	81,3
29	Gießerei	am Umsatz	c	22,4	33,1	42,6	58,4	69,2
		an der Beschäftigtenzahl	d	20,4	28,0	36,8	52,7	64,0
61	Ledererzeugung	am Umsatz	c	20,8	32,6[3])	44,3	71,8	88,6
		an der Beschäftigtenzahl	d	19,2	29,4[3])	38,6	62,8	82,4

Wirtschaftszweig (Reihenfolge gem. Spalte ce)		Anteil der . . . umsatzstärksten Unternehmen des jeweiligen Wirtschaftszweiges im Jahr (%)						
SYPRO Kenn-ziffer	Bezeichnung			3	6	10	25	50
a	b			e	f	g	h	i
62	Lederverarbeitung	am Umsatz	c	15,6³)	21,1³)	28,7⁵)	36,5	48,1
		an der Beschäftigtenzahl	d	16,6³)	20,8³)	24,8⁵)	34,0	45,0
37	Feinmechanik, Optik, Herstellung von Uhren	am Umsatz	c	15,0	24,0	32,5	45,9	57,8
		an der Beschäftigtenzahl	d	11,3	22,4	30,5	43,7	55,3
56	Papier- und Pappeverarbeitung .	am Umsatz	c	12,8	19,0	26,0	39,7	50,8
		an der Beschäftigtenzahl	d	7,2	11,8	17,6	29,5	40,4
53	Holzbearbeitung	am Umsatz	c	9,1	15,4	21,5	36,4	49,9
		an der Beschäftigtenzahl	d	8,3	14,1	19,7	32,7	43,5
32	Maschinenbau	am Umsatz	c	8,0	12,8	17,5	27,9	36,0
		an der Beschäftigtenzahl	d	5,5	10,8	14,1	22,3	29,3
25	Gewinnung und Verarbeitung von Steinen und Erden	am Umsatz	c	7,7	13,7	17,8	27,4	35,9
		an der Beschäftigtenzahl	d	5,9	11,7	14,1	23,5	31,5
38	Herstellung von Eisen-, Blech- und Metallwaren	am Umsatz	c	7,5	11,1	14,2	22,2	30,1
		an der Beschäftigtenzahl	d	6,5	9,4	12,3	18,3	24,5
39	Herstellung von Musikinstrumenten, Spielwaren, Füllhaltern usw.	am Umsatz	c	7,1⁴)	11,6⁴)	16,4⁴)	29,9	42,1
		an der Beschäftigtenzahl	d	7,5⁴)	11,4⁴)	13,1⁴)	24,8	36,9
30	Ziehereien, Kaltwalzwerke, Stahlverformung, Mechanik, a. n. g.	am Umsatz	c	6,5³)	11,5³)	16,1³)	25,5³)	35,4³)
		an der Beschäftigtenzahl	d	4,7³)	7,6³)	11,1³)	17,8³)	28,2³)
68	Ernährungsgewerbe	am Umsatz	c	6,1	9,3	12,8	21,6	29,9
		an der Beschäftigtenzahl	d	2,7	5,1	9,0	16,5	22,2
57	Druckerei, Vervielfältigung	am Umsatz	c	5,8	8,8	12,2	20,8	28,9
		an der Beschäftigtenzahl	d	4,3	7,2	9,6	16,2	22,4
58	Herstellung von Kunststoffwaren	am Umsatz	c	5,2	8,2	12,0	21,5	31,8
		an der Beschäftigtenzahl	d	3,5	7,7	10,2	16,8	24,2
64	Bekleidungsgewerbe	am Umsatz	c	4,5	6,9³)	9,6⁶)	15,6	23,6
		an der Beschäftigtenzahl	d	3,4	5,0³)	5,5⁶)	10,8	16,3
63	Textilgewerbe	am Umsatz	c	3,8	6,5	9,7	17,9	27,7⁴)
		an der Beschäftigtenzahl	d	2,6	5,9	8,2	14,9	24,1⁴)
54	Holzverarbeitung	am Umsatz	c	3,5	6,3	9,4	17,9	26,5
		an der Beschäftigtenzahl	d	2,8	5,3	7,0	13,2	20,7

[1]) Alle Angaben in den Berichtskreisabgrenzungen des Jahres 1975 (Schätzung).
[2]) Wegen der für die amtliche Statistik geltenden Geheimhaltungsbestimmungen keine Angabe für 1977.
[3]) Angabe in den Berichtskreisabgrenzungen des Jahres 1977.
[4]) Angabe für 1976. Wegen der für die amtliche Statistik geltenden Geheimhaltungsbestimmungen keine Angabe für 1977.
[5]) Angabe in den Berichtskreisabgrenzungen des Jahres 1976. Wegen der für die amtliche Statistik geltenden Geheimhaltungsbestimmungen keine Angabe für 1977.
[6]) Angabe für 1975. Wegen der für die amtliche Statistik geltenden Geheimhaltungsbestimmungen keine Angabe für 1977.
[7]) Keine Angabe, da Zahl der Unternehmen geringer als 50.

Tabelle I.11

Umsatz- und Beschäftigtenanteile für Schichten umsatzstarker Unternehmen 1977[1])

Quelle: (a), (e)

Wirtschaftszweig (Reihenfolge gem. Spalte ce)		Anteil der		
				1–3
SYPRO Kennziffer	Bezeichnung	Unternehmen des jeweiligen		
a	b			e
35	Luft- und Raumfahrzeugbau	am Umsatz	c	*81,3*[6])
		an der Beschäftigtenzahl	d	*75,6*[6])
50	Herstellung von Büromaschinen, Datenverarbeitungsgeräten und -einrichtungen	am Umsatz	c	*75,8*
		an der Beschäftigtenzahl	d	*64,9*
69	Tabakverarbeitung	am Umsatz	c	*69,6*
		an der Beschäftigtenzahl	d	*49,2*
21	Bergbau	am Umsatz	c	*65,9*
		an der Beschäftigtenzahl	d	*70,4*
22	Mineralölverarbeitung	am Umsatz	c	*58,0*
		an der Beschäftigtenzahl	d	*37,1*
33	Straßenfahrzeugbau, Reparatur von Kraftfahrzeugen usw.	am Umsatz	c	*54,0*
		an der Beschäftigtenzahl	d	*45,2*
34	Schiffbau	am Umsatz	c	*44,3*
		an der Beschäftigtenzahl	d	*41,4*
55	Zellstoff, Holzschliff, Papier- und Pappeerzeugung	am Umsatz	c	*38,5*
		an der Beschäftigtenzahl	d	*33,4*
27	Eisenschaffende Industrie	am Umsatz	c	*36,1*
		an der Beschäftigtenzahl	d	*38,1*
59	Gummiverarbeitung	am Umsatz	c	*35,2*
		an der Beschäftigtenzahl	d	*31,5*
51	Feinkeramik	am Umsatz	c	*34,3*[5])
		an der Beschäftigtenzahl	d	*29,1*[5])
31	Stahl- und Leichtmetallbau, Schienenfahrzeuge	am Umsatz	c	*32,6*
		an der Beschäftigtenzahl	d	*20,2*
36	Elektrotechnik, Reparatur von elektrischen Haushaltsgeräten	am Umsatz	c	*31,9*
		an der Beschäftigtenzahl	d	*31,8*
40	Chemische Industrie	am Umsatz	c	*26,2*
		an der Beschäftigtenzahl	d	*29,9*
52	Herstellung und Verarbeitung von Glas	am Umsatz	c	*25,9*
		an der Beschäftigtenzahl	d	*21,0*
28	NE-Metallerzeugung, NE-Metallhalbzeugwerke	am Umsatz	c	*24,6*
		an der Beschäftigtenzahl	d	*21,5*
29	Gießerei	am Umsatz	c	*22,4*
		an der Beschäftigtenzahl	d	*20,4*
61	Ledererzeugung	am Umsatz	c	*20,8*
		an der Beschäftigtenzahl	d	*19,2*
62	Lederverarbeitung	am Umsatz	c	*15,6*[3])
		an der Beschäftigtenzahl	d	*16,6*[3])
37	Feinmechanik, Optik, Herstellung von Uhren	am Umsatz	c	*15,0*
		an der Beschäftigtenzahl	d	*11,3*

umsatzstärksten					Der Umsatzanteil der					
4–6	7–10	11–25	26–50	restlichen	1–3	4–6	7–10	11–25	26–50	restlichen
Wirtschaftszweiges im Jahre 1977 (%)					Unternehmen beträgt das . . . fache des Beschäftigungsanteils					
f	g	h	i	j	k	l	m	n	o	p
9,5[6]) 14,1[6])	4,3[6]) 4,1[6])	—[2]) —[2])	—[7]) —[7])	—[2]) —[2])	1,07	0,67	1,05	[2])	—[7])	—[2])
—[2]) —[2])	—[2]) —[2])	—[2]) —[2])	—[2]) —[2])	0,3 0,8	1,17	—[2])	—[2])	—[2])	—[2])	0,43
—[2]) —[2])	—[2]) —[2])	—[2]) —[2])	0,8 5,6	0,1 1,0	1,42	—[2])	—[2])	—[2])	0,14	0,09
18,6 11,0	9,5 12,9	4,7 2,8	1,0 1,7	0,4 1,1	0,94	1,68	0,73	1,68	0,57	0,37
22,9 28,0	10,7 13,2	7,8 16,4	0,6 4,5	0,1 0,8	1,57	0,82	0,81	0,47	0,13	0,10
17,6 16,8	9,5 10,2	7,7 11,4	4,0 5,3	7,2 11,1	1,20	1,05	0,93	0,67	0,75	0,65
20,5 18,7	—[2]) —[2])	—[2]) —[2])	6,0 8,1	2,2 5,5	1,07	1,09	—[2])	—[2])	0,74	0,40
12,2 10,7	9,0 7,6	14,7 16,3	12,9 14,1	12,7 17,8	1,15	1,14	1,18	0,90	0,91	0,71
19,0 20,5	16,7 16,1	22,0 19,8	—[2]) —[2])	—[2]) —[2])	0,95	0,93	1,04	1,11	—[2])	—[2])
13,4 16,3	11,3 8,2	15,8 13,6	—[2]) —[2])	—[2]) —[2])	1,12	0,83	1,38	1,16	—[2])	—[2])
14,1[5]) 14,3[5])	—[2]) —[2])	—[2]) —[2])	—[2]) —[2])	20,0 23,9	1,18[5])	0,99[5])	—[2])	—[2])	—[2])	0,84
3,6 5,0	4,4 6,0	—[2]) —[2])	—[2]) —[2])	43,4 54,1	1,62	0,72	0,73	—[2])	—[2])	0,80
9,8 8,4	6,0 5,1	10,6 9,6	7,4 6,9	34,2 38,2	1,00	1,17	1,19	1,10	1,08	0,90
14,0 6,1	7,1 7,1	13,6 13,8	9,5 9,2	29,6 33,9	0,88	2,28	1,00	0,99	1,03	0,87
14,6 17,6	—[2]) —[2])	—[2]) —[2])	—[2]) —[2])	—[2]) —[2])	1,23	0,83	—[2])	—[2])	—[2])	—[2])
14,2 17,2	10,4 6,1	21,0 18,3	14,7 18,2	15,1 18,7	1,14	0,83	1,70	1,15	0,81	0,81
10,6 7,6	9,6 8,8	15,8 15,9	10,8 11,3	30,8 36,0	1,10	1,40	1,09	0,99	0,96	0,86
—[2]) —[2])	—[2]) —[2])	27,5 24,2	16,8 19,7	11,4 17,6	1,08	—[2])	—[2])	1,14	0,85	0,65
5,5[3]) 4,2[3])	—[2]) —[2])	—[2]) —[2])	12,3[3]) 11,7[3])	49,2[3]) 53,1[3])	0,94[3])	1,31[3])	—[2])	—[2])	1,05[3])	0,94[3])
8,9 11,1	8,5 8,0	13,4 13,2	11,9 11,6	42,2 44,7	1,33	0,80	1,06	1,02	1,02	0,94

noch Tabelle I.11

Wirtschaftszweig (Reihenfolge gem. Spalte ce)			Anteil der
			1–3
SYPRO Kennziffer	Bezeichnung		Unternehmen des jeweiligen
a	b		e
56	Papier- und Pappeverarbeitung	am Umsatz . . . c	12,8
		an der Beschäftigtenzahl d	7,2
53	Holzbearbeitung	am Umsatz . . . c	9,1
		an der Beschäftigtenzahl d	8,3
32	Maschinenbau	am Umsatz . . . c	8,0
		an der Beschäftigtenzahl d	5,5
25	Gewinnung und Verarbeitung von Steinen und Erden	am Umsatz . . . c	7,7
		an der Beschäftigtenzahl d	5,9
38	Herstellung von Eisen-, Blech- und Metallwaren	am Umsatz . . . c	7,5
		an der Beschäftigtenzahl d	6,5
39	Herstellung von Musikinstrumenten, Spielwaren, Füllhaltern usw.	am Umsatz . . . c	7,1[4])
		an der Beschäftigtenzahl d	7,5[4])
30	Ziehereien, Kaltwalzwerke, Stahlverformung, Mechanik, a. n. g.	am Umsatz . . . c	6,5[3])
		an der Beschäftigtenzahl d	4,7[3])
68	Ernährungsgewerbe	am Umsatz . . . c	6,1
		an der Beschäftigtenzahl d	2,7
57	Druckerei, Vervielfältigung	am Umsatz . . . c	5,8
		an der Beschäftigtenzahl d	4,3
58	Herstellung von Kunststoffen	am Umsatz . . . c	5,2
		an der Beschäftigtenzahl d	3,5
64	Bekleidungsgewerbe	am Umsatz . . . c	4,5
		an der Beschäftigtenzahl d	3,4
63	Textilgewerbe	am Umsatz . . . c	3,8
		an der Beschäftigtenzahl d	2,6
54	Holzverarbeitung	am Umsatz . . . c	3,5
		an der Beschäftigtenzahl d	2,8

1) Alle Angaben in den Berichtskreisabgrenzungen des Jahres 1975 (Schätzung).
2) Wegen der für die amtliche Statistik geltenden Geheimhaltungsbestimmungen keine Angabe für 1977.
3) Angabe in den Berichtskreisabgrenzungen des Jahres 1977.
4) Angabe für 1976. Wegen der für die amtliche Statistik geltenden Geheimhaltungsbestimmungen keine Angabe für 1977.
5) Angabe in den Berichtskreisabgrenzungen des Jahres 1976. Wegen der für die amtliche Statistik geltenden Geheimhaltungsbestimmungen keine Angabe für 1977.
6) Angabe für 1975. Wegen der für die amtliche Statistik geltenden Geheimhaltungsbestimmungen keine Angabe für 1977.
7) Keine Angabe, da Zahl der Unternehmen geringer als 50.

umsatzstärksten					Der Umsatzanteil der					
4–6	7–10	11–25	26–50	restlichen	1–3	4–6	7–10	11–25	26–50	restlichen
Wirtschaftszweiges im Jahre 1977 (%)					Unternehmen beträgt das . . . fache des Beschäftigungsanteils					
f	g	h	i	j	k	l	m	n	o	p
6,2	7,0	13,7	11,1	49,2	1,78	1,34	1,20	1,16	1,02	0,83
4,6	5,8	11,9	10,9	59,6						
6,3	6,2	14,9	13,5	50,1	1,10	1,06	1,11	1,15	1,24	0,89
5,9	5,6	13,0	10,9	56,5						
4,7	4,7	10,4	8,1	64,0	1,47	0,89	1,44	1,27	1,15	0,91
5,3	3,3	8,2	7,0	70,7						
6,0	4,1	9,6	8,5	64,1	1,30	1,04	1,67	1,02	1,06	0,94
5,8	2,5	9,4	8,0	68,5						
3,7	3,1	8,0	7,9	69,9	1,14	1,28	1,07	1,32	1,28	0,93
2,9	2,9	6,0	6,1	75,5						
4,5[4])	4,8[4])	11,9[4])	12,8[4])	58,9[4])	0,95[4])	1,15[4])	2,82[4])	1,04[4])	1,01[4])	0,92[4])
3,9[4])	1,7[4])	11,4[4])	13,0[4])	62,5[4])						
5,0[3])	4,6[3])	9,4[3])	9,9[3])	64,6[3])	1,38[3])	1,72[3])	1,31[3])	1,40[3])	0,95[3])	0,90[3])
2,9[3])	3,5[3])	6,7[3])	10,4[3])	71,8[3])						
3,2	3,5	8,9	8,3	70,1	2,23	1,35	0,89	1,19	1,46	0,90
2,4	3,9	7,4	5,7	77,8						
3,0	3,4	8,6	8,1	71,1	1,34	1,05	1,42	1,30	1,30	0,92
2,8	2,4	6,6	6,3	77,7						
3,1	3,8	9,5	10,4	68,2	1,48	0,73	1,49	1,44	1,39	0,90
4,2	2,5	6,6	7,4	75,8						
—[2])	—[2])	—[2])	8,1	76,4	1,31	—[2])	—[2])	—[2])	1,46	0,91
—[2])	—[2])	—[2])	5,5	83,7						
2,8	3,2	8,2	—[2])	—[2])	1,47	0,83	1,37	1,22	—[2])	—[2])
3,3	2,3	6,7	—[2])	—[2])						
2,8	3,2	8,4	8,6	73,5	1,24	1,12	1,87	1,35	1,15	0,93
2,5	1,7	6,2	7,5	79,3						

Tabelle I.12

Vergleich der Unternehmensgrößen in den Wirtschaftszweigen im Jahre 1977[1])

Quelle: (a), (e)

Wirtschaftszweig (Reihenfolge gem. Spalte g)		Zahl der Unternehmen	Umsatzanteile der 10 größten Unternehmen (%)	Durchschnittlicher Umsatz		Unternehmensgrößenproportionen[7])
SYPRO Kennziffer	Bezeichnung			der 10 größten Unternehmen (Millionen DM)	der übrigen Unternehmen (Millionen DM)	
a	b	c	d	e	f	g
36	Elektrotechnik, Reparatur von elektrischen Hausgeräten	2 362	*47,8*	4 560,0	21,2	215,1
33	Straßenfahrzeugbau, Reparatur von Kraftfahrzeugen usw.	471	*81,1*	7 426,8	37,6	197,7
21	Bergbau	104	*93,9*	1 964,4	13,7	143,7
40	Chemische Industrie	1 590	*47,3*	5 331,0	37,6	141,9
32	Maschinenbau	4 667	*17,5*	1 815,2	18,4	98,9
31	Stahl- und Leichtmetallbau, Schienenfahrzeuge	1 364	*40,6*	856,1	9,2	92,7
68	Ernährungsgewerbe	4 774	*12,8*	1 394,1	19,9	69,9
25	Gewinnung und Verarbeitung von Steinen und Erden	2 816	*17,8*	399,9	6,6	60,8
35	Luft- und Raumfahrzeugbau	40[6])	*95,1*[6])	300,6[6])	5,2[6])	58,3[6])
22	Mineralölverarbeitung	62	*91,6*	4 967,8	88,0	56,4
38	Herstellung von Eisen-, Blech- und Metallwaren	3 068	*14,2*	486,6	9,6	50,7
29	Gießerei	569	*42,6*	398,8	9,6	41,6
59	Gummiverarbeitung	286	*59,9*	727,8	17,6	41,2
37	Feinmechanik, Optik, Herstellung von Uhren	818	*32,5*	365,7	9,4	38,9
57	Druckerei, Vervielfältigung	2 786	*12,2*	179,5	4,6	38,7
34	Schiffbau	125[3])	*76,1*[3])	570,2[3])	15,6[3])	36,5[3])
56	Papier- und Pappeverarbeitung	990	*26,0*	326,1	9,5	34,4
64	Bekleidungsgewerbe	3 225[6])	*9,6*[6])	173,4[6])	5,1[6])	34,2[6])
53	Holzbearbeitung	1 107	*21,5*	158,7	5,3	30,1
30	Ziehereien, Kaltwalzwerke, Stahlverformung, Mechanik, a. n. g.	1 568[3])	*16,1*[3])	296,7[3])	9,9[3])	29,8[3])
52	Herstellung und Verarbeitung von Glas	298[3])	*50,1*[3])	358,3[3])	12,4[3])	28,8[3])
58	Herstellung von Kunststoffwaren	2 016	*12,0*	208,7	7,6	27,4
62	Lederverarbeitung	639[5])	*28,7*[5])	165,9[5])	6,5[5])	25,3[5])
54	Holzverarbeitung	2 396	*9,4*	216,9	8,7	24,8
63	Textilgewerbe	2 122	*9,7*	293,2	12,9	22,8
51	Feinkeramik	230	*47,6*	183,4	9,2	20,0
55	Zellstoff, Holzschliff, Papier- und Pappeerzeugung	141	*59,7*	519,3	26,8	19,4
27	Eisenschaffende Industrie	82	*71,8*	3 008,2	164,0	18,3
28	NE-Metallerzeugung, NE-Metallhalbzeugwerke	178	*49,3*	786,9	48,2	16,3
39	Herstellung von Musikinstrumenten, Spielwaren, Füllhaltern usw.	834[4])	*16,4*[4])	63,5[4])	3,9[4])	16,1[4])
61	Ledererzeugung	104	*44,3*	42,7	5,7	7,5
50	Herstellung von Büromaschinen, Datenverarbeitungsgeräten und -einrichtungen	82	—[2])	—[2])	—[2])	—[2])
69	Tabakverarbeitung	58	—[2])	—[2])	—[2])	—[2])

[1]) Alle Angaben in den Berichtskreisabgrenzungen des Jahres 1975 (Schätzung).
[2]) Wegen der für die amtliche Statistik geltenden Geheimhaltungsbestimmungen keine Angabe für 1977.
[3]) Angabe in den Berichtskreisabgrenzungen des Jahres 1977.
[4]) Angabe für 1976. Wegen der für die amtliche Statistik geltenden Geheimhaltungsbestimmungen keine Angabe für 1977.
[5]) Angabe in den Berichtskreisabgrenzungen des Jahres 1976. Wegen der für die amtliche Statistik geltenden Geheimhaltungsbestimmungen keine Angabe für 1977.
[6]) Angabe für 1975. Wegen der für die amtliche Statistik geltenden Geheimhaltungsbestimmungen keine Angabe für 1977.
[7]) Unternehmensgrößenproportion = durchschnittlicher Umsatz der zehn größten Unternehmen bezogen auf den durchschnittlichen Umsatz der restlichen Unternehmen. Berechnung auf der Basis ungerundeter Werte.

Vergleich der Unternehmensgrößen in den „Oligopolspitzen" der Wirtschaftszweige im Jahre 1977[1])

Quelle: (a), (e)

Wirtschaftszweig (Reihenfolge gem. Spalte f) SYPRO Kenn-ziffer	Bezeichnung	Umsatz-anteil der drei größten Unter-nehmen (%)	Durchschnittlicher Umsatz der drei größten Unternehmen (Millionen DM)	der drei nächst-größten Unternehmen (Millionen DM)	Unter-nehmens-größen-propor-tionen in der „Oligopol-spitze"[6])
a	b	c	d	e	f
31	Stahl- und Leichtmetallbau, Schienenfahrzeuge	*32,6*	2 292,0	252,7	9,1
35	Luft- und Raumfahrzeugbau	*81,3*[5])	857,2[5])	99,7[5])	8,6[5])
50	Herstellung von Büromaschinen, Datenverarbeitungsgeräten und -einrichtungen	*71,2*[5])	2 113,3[5])	421,8[5])	5,0[5])
21	Bergbau	*65,9*	4 594,4	1 294,3	3,5
36	Elektrotechnik, Reparatur von elektrischen Haushaltsgeräten	*31,9*	10 157,2	3 120,0	3,3
55	Zellstoff-, Holzschliff-, Papier- und Pappeerzeugung	*38,5*	1 115,5	354,9	3,1
33	Straßenfahrzeugbau, Reparatur von Kraftfahrzeugen usw.	*54,0*	16 493,6	5 370,7	3,1
69	Tabakverarbeitung	*69,7*	3 260,0	1 067,6	3,1
62	Lederverarbeitung	*15,6*[2])	289,5[2])	101,6[2])	2,8[2])
59	Gummiverarbeitung	*35,2*	1 425,1	544,6	2,6
22	Mineralölverarbeitung	*58,0*	10 496,0	4 136,7	2,5
51	Feinkeramik	*34,3*[4])	356,6[4])	146,5[4])	2,4[4])
34	Schiffbau	*44,3*	1 091,3	503,5	2,2
29	Gießerei	*22,4*	699,4	331,9	2,1
56	Papier- und Pappeverarbeitung	*12,8*	536,5	258,8	2,1
38	Herstellung von Eisen-, Blech- und Metallwaren	*7,5*	850,8	417,5	2,0
64	Bekleidungsgewerbe	*4,6*[2])	280,8[2])	143,1[2])	2,0[2])
57	Druckerei, Vervielfältigung	*5,8*	284,1	146,0	1,9
68	Ernährungsgewerbe	*6,1*	2 222,4	1 157,2	1,9
27	Eisenschaffende Industrie	*36,1*	5 041,7	2 651,7	1,9
61	Ledererzeugung	*21,3*[2])	66,9[2])	35,7[2])	1,9[2])
40	Chemische Industrie	*26,2*	9 837,8	5 275,5	1,9
52	Herstellung und Verarbeitung von Glas	*25,7*	610,3	352,2	1,7
28	NE-Metallerzeugung, NE-Metallhalbzeugwerke	*24,6*	1 311,2	757,8	1,7
32	Maschinenbau	*8,0*	2 775,9	1 634,2	1,7
58	Herstellung von Kunststoffwaren	*5,2*	299,1	177,4	1,7
37	Feinmechanik, Optik, Herstellung von Uhren	*15,0*	563,2	335,4	1,7
39	Herstellung von Musikinstrumenten, Spielwaren, Füllhaltern usw.	*7,1*[3])	91,9[3])	58,8[3])	1,6[3])
53	Holzbearbeitung	*9,1*	223,7	153,7	1,5
63	Textilgewerbe	*3,8*	378,4	277,5	1,4
30	Ziehereien, Kaltwalzwerke, Stahlverformung, Mechanik, a. n. g.	*6,5*[2])	401,4[2])	304,9[2])	1,3[2])
25	Gewinnung und Verarbeitung von Steinen und Erden	*7,7*	576,0	449,1	1,3
54	Holzverarbeitung	*3,5*	267,0	214,0	1,2

[1]) Alle Angaben in den Berichtskreisabgrenzungen des Jahres 1975 (Schätzung).
[2]) Angabe in den Berichtskreisabgrenzungen des Jahres 1977.
[3]) Angabe für 1976. Wegen der für die amtliche Statistik geltenden Geheimhaltungsbestimmungen keine Angabe für 1977.
[4]) Angabe in den Berichtskreisabgrenzungen des Jahres 1976. Wegen der für die amtliche Statistik geltenden Geheimhaltungsbestimmungen keine Angabe für 1977.
[5]) Angabe für 1975. Wegen der für die amtliche Statistik geltenden Geheimhaltungsbestimmungen keine Angabe für 1977.
[6]) Unternehmensgrößenproportion in der Oligopolspitze = Durchschnittlicher Umsatz der drei größten Unternehmen bezogen auf den durchschnittlichen Umsatz der drei nächstgrößten Unternehmen; Berechnung auf der Basis ungerundeter Werte.

Tabelle I.14

Vergleich der Unternehmensgrößen in den „Oligopolspitzen" der vierstelligen Wirtschaftszweige im Jahre 1977[1])

Quelle: (a), (e)

Wirtschaftszweig (Reihenfolge gem. Spalte f)		Umsatzanteil der drei größten Unternehmen (%)	Durchschnittlicher Umsatz		Unternehmensgrößenproportionen in der ‚Oligopolspitze'[2])
SYPRO Kennziffer	Bezeichnung		der drei größten Unternehmen (Millionen DM)	der drei nächstgrößten Unternehmen (Millionen DM)	
a	b	c	d	e	f
3810	Herstellung von Handelswaffen und deren Munition	*88,6*	452,8	20,9	21,7
6814	Herstellung von Stärke, Stärkeerzeugnissen	*91,3*	407,6	20,5	19,9
3660	Herstellung von Zählern, Fernmelde-, Meß-, Regel- und elektro-medizinischen Geräten, usw.	*66,3*	6 358,1	384,3	16,5
5150	Herstellung von sanitärer Installationskeramik	*92,3*	112,4	9,4	12,0
3117	Herstellung von Grubenausbaukonstruktionen	*79,0*	190,3	19,1	9,9
2563	Herstellung von Gipseerzeugnissen, Dämm- und Leichtbauplatten	*75,4*	167,3	19,9	8,4
2565	Herstellung von Asbestzementwaren	*84,8*	249,1	30,3	8,2
2535	Herstellung von Kalk, Mörtel	*63,1*	202,0	25,5	7,9
3620	Herstellung von Geräten der Elektro-Erzeugung, -Umwandlung, -Verteilung und ähnlichem	*46,9*	5 839,0	903,4	6,5
6440	Herstellung von Miederwaren	*72,4*	158,6	25,0	6,3
6819	Herstellung von Dauerbackwaren	*60,1*	322,2	51,7	6,2
2559	Herstellung von Betonerzeugnissen (ohne Baustoffe aus Bims, großformatige Fertigbauteile)	*18,7*	241,8	40,0	6,0
3970	Herstellung von Münzen, Medaillen	*67,5*	28,0	4,8	5,9
6856	Fischverarbeitung	*54,3*	328,6	57,1	5,8
4090	Herstellung von Chemiefasern	*79,8*	1 081,3	200,2	5,4
4034	Herstellung von Chemischen Erzeugnissen für Gewerbe, Landwirtschaft (ohne Düngemittel)	*33,2*	1 837,6	344,3	5,3
5110	Herstellung von Porzellan	*45,8*	144,7	27,3	5,3
2740	Schmiede-, Press- und Hammerwerke	*67,1*	175,6	36,3	4,8
3151	Kessel- und Behälterbau	*40,3*	957,1	223,5	4,3
2542	Herstellung von Grobsteinzeug	*61,5*	51,8	12,4	4,2
6821	Zuckerindustrie	*47,5*	687,5	168,1	4,1
3830	Herstellung von Heiz- und Kochgeräten	*52,6*	270,2	66,8	4,0
2813	NE-Schwermetallhütten	*75,7*	777,7	193,4	4,0
3260	Herstellung von Zahnrädern, Getrieben, Lagern, Antriebselementen	*46,2*	1 229,0	307,4	4,0
3848	Herstellung von Panzerschränken (Tresoren)	*67,2*	20,9	5,3	3,9
6852	Schlachthäuser (ohne kommunale Schlachthöfe)	*42,3*	782,3	203,4	3,8
3640	Herstellung von elektrischen Leuchten und Lampen	*31,6*	335,3	89,3	3,8
6879	Mineralbrunnen, Herstellung von Mineralwasser, Limonaden	*19,4*	248,3	66,8	3,7
5225	Herstellung von Hohlglas, technisches Glas	*38,1*	415,1	115,8	3,6
5691	Herstellung von sonstigen Waren aus Papier und Pappe	*47,2*	493,7	138,5	3,6
3257	Herstellung von Bau-, Baustoff- und ähnlichen Maschinen	*27,8*	559,8	166,5	3,4
6816	Herstellung von Kartoffelerzeugnissen, a. n. g.	*63,4*	123,7	37,0	3,3
4036	Herstellung von Seifen, Wasch-, Reinigungs-, Körperpflegemitteln	*44,8*	1 477,5	446,6	3,3
3256	Herstellung von Hütten-, Walzwerkseinrichtungen; Bergwerks-, Gießereimaschinen; Hebezeuge usw.	*24,6*	863,3	263,6	3,3
3911	Herstellung von Musikinstrumenten	*35,1*	65,5	20,0	3,3
6825	Obst- und Gemüseverarbeitung	*31,7*	449,5	138,0	3,3
5160	Herstellung von technischer Keramik	*61,8*	62,0	19,1	3,2
5500	Zellstoff-, Holzschliff-, Papier- und Pappeerzeugung	*38,2*	1 115,5	354,9	3,1
3889	Herstellung von Metallkurzwaren, leichten Preß-, Zieh-, Stanzteilen	*17,1*	134,8	42,9	3,1

SYPRO Kenn-ziffer	Wirtschaftszweig (Reihenfolge gem. Spalte f) Bezeichnung	Umsatz-anteil der drei größten Unter-nehmen (%)	Durchschnittlicher Umsatz der drei größten Unternehmen (Millionen DM)	Durchschnittlicher Umsatz der drei nächst-größten Unternehmen (Millionen DM)	Unter-nehmens-größen-propor-tionen in der ‚Oligopol-spitze'²)
a	b	c	d	e	f
6499	Mit dem Bekleidungsgewerbe verbundene Tätigkeiten	*61,3*	9,0	2,9	3,1
3670	Herstellung von Rundfunk-, Fernseh-, phono-technischen Geräten	*50,7*	2 444,2	781,8	3,1
3980	Herstellung von Füllhaltern und ähnlichem, Stempeln; Verarbeitung von Schnitz- und Formstoffen	*42,0*	57,8	18,7	3,1
3610	Herstellung von Batterien, Akkumulatoren	*63,5*	327,5	106,3	3,1
3311	Herstellung von Kraftwagen und Kraftwagenmotoren	*65,5*	16 493,6	5 370,7	3,1
3210	Herstellung von landwirtschaftlichen Maschinen, Ackerschleppern	*30,5*	651,6	218,5	3,0
3270	Herstellung von Maschinen für weitere bestimmte Wirtschaftszweige	*21,5*	445,7	160,2	2,8
2555	Herstellung von großformatigen Fertigbauteilen aus Beton für Hochbau	*31,6*	33,7	12,2	2,8
3240	Herstellung von Maschinen für die Nahrungs- und Genußmittelindustrie, chemische und verwandte Industrien	*18,7*	753,8	279,4	2,7
6460	Verarbeitung von Fellen, Pelzen	*23,1*	54,6	20,3	2,7
2570	Verarbeitung von Asbest	*49,8*	174,6	65,2	2,7
3327	Herstellung von Kraftrad- und Fahrradteilen	*35,3*	57,4	21,5	2,7
5900	Gummiverarbeitung	*38,3*	1 425,1	544,6	2,6
3021	Herstellung von Gesenk-, leichten Freiformschmiedestükken, schweren Preß-, Zieh-, Stanzteilen	*16,5*	212,6	81,6	2,6
2200	Mineralölverarbeitung	*58,1*	10 495,8	4 136,9	2,5
6828	Herstellung von Süßwaren (ohne Dauerbackwaren)	*28,0*	681,0	268,4	2,5
5424	Herstellung von Polstermöbeln	*19,6*	202,0	80,8	2,5
6481	Herstellung von konfektionierten textilen Artikeln für die Innenausstattung	*59,8*	8,4	3,4	2,5
5620	Herstellung von Schreibwaren, Bürobedarf aus Papier und Pappe, Buchbinderei	*28,8*	217,3	89,0	2,4
2512	Gewinnung von Natursteinen, a. n. g.	*24,1*	95,3	39,2	2,4
6425	Herstellung von Haus-, Bett- und Tischwäsche	*29,2*	16,4	6,7	2,4
3280	Sonstiger Maschinenbau	*22,5*	2 775,9	1 174,0	2,4
4039	Herstellung von sonstigen chemischen Erzeugnissen für privaten Verbrauch, Verwaltungen	*39,5*	432,7	183,4	2,4
3882	Herstellung von sonstigen Metallwaren (ohne -kurzwaren)	*21,8*	303,7	132,7	2,3
3844	Herstellung von NE-Metallblechwaren (ohne Möbel)	*25,5*	139,3	61,9	2,3
3400	Schiffbau	*43,7*	1 091,3	503,5	2,2
2711	Hochofen-, Stahl- und Warmwalzwerke (ohne Herstellung von Stahlrohren)	*40,1*	4 945,7	2 283,7	2,2
4031	Herstellung von chemischen Grundstoffen (auch mit anschließender Weiterverarbeitung)	*46,3*	9 837,8	4 546,2	2,2
5120	Herstellung von Steingut, Feinsteinzeug, Ton- und Töpferwaren	*28,8*	42,8	20,1	2,1
2910	Eisen-, Stahl- und Tempergießerei	*28,2*	699,4	331,9	2,1
6872	Mälzerei	*30,4*	64,0	30,5	2,1
6836	Herstellung von Dauermilch, Milchpräparaten, Schmelzkäse	*34,1*	493,6	237,4	2,1
6860	Verarbeitung von Kaffee, Tee, Herstellung von Kaffeemitteln	*43,3*	1 317,1	634,5	2,1
6841	Ölmühlen, Herstellung von Speiseöl	*53,2*	476,7	230,2	2,1
3821	Herstellung von Werkzeugen sowie Geräten für die Landwirtschaft	*16,1*	131,2	63,6	2,1

noch Tabelle I.14

Wirtschaftszweig (Reihenfolge gem. Spalte f)		Umsatzanteil der drei größten Unternehmen (%)	Durchschnittlicher Umsatz		Unternehmensgrößenproportionen in der ‚Oligopolspitze'[2])
SYPRO Kennziffer	Bezeichnung		der drei größten	der drei nächstgrößten	
			Unternehmen (Millionen DM)		
a	b	c	d	e	f
6380	Herstellung von Teppichen und ähnlichem beschichtetem Gewebe	*30,1*	278,6	135,9	2,0
6489	Herstellung von sonstigen konfektionierten textilen Artikeln, a. n. g.	*24,8*	27,7	13,6	2,0
3957	Herstellung von Phantasieschmuck	*20,6*	15,2	7,6	2,0
5700	Druckerei, Vervielfältigung	*6,2*	284,1	146,0	1,9
6355	Jutespinnerei und -weberei	*51,8*	47,6	24,5	1,9
3650	Herstellung von Elektrohaushaltsgeräten	*35,7*	1 031,0	531,7	1,9
3960	Bearbeitung von Edel- und Schmucksteinen, Perlen, Perlmutter, Hartglas	*38,6*	12,4	6,4	1,9
2525	Verarbeitung von Natursteinen, a. n. g.	*13,9*	32,3	16,8	1,9
5800	Herstellung von Kunststoffwaren	*6,3*	356,2	190,1	1,9
6100	Ledererzeugung	*21,3*	66,9	35,7	1,9
5441	Herstellung von sonstigen Holzwaren	*15,1*	108,1	58,1	1,9
6332	Baumwollweberei, a. n. g.	*15,3*	234,5	127,2	1,8
2519	Gewinnung von Dolomit, Bims sowie von Steinen und Erden, a. n. g.	*42,2*	21,8	11,9	1,8
6875	Herstellung von Spirituosen	*23,4*	332,9	181,5	1,8
6831	Molkerei, Käserei	*11,7*	572,5	314,4	1,8
3931	Herstellung von Spielwaren, Christbaumschmuck	*22,5*	119,9	66,6	1,8
2553	Herstellung von Baustoffen aus Bims	*27,8*	25,4	14,1	1,8
2850	NE-Metallhalbzeugwerke	*31,1*	846,7	473,0	1,8
6421	Herstellung von Herren-, Damen- und Kinderwäsche	*13,1*	64,9	37,7	1,7
6915	Tabakverarbeitung (ohne Herstellung von Zigaretten)	*37,9*	88,3	51,2	1,7
3314	Herstellung von Teilen für Kraftwagen und Kraftwagenmotoren	*17,1*	792,0	459,7	1,7
4035	Herstellung von pharmazeutischen Erzeugnissen	*22,1*	904,2	525,0	1,7
6812	Herstellung von Teigwaren	*44,9*	70,0	40,9	1,7
3390	Reparatur von Kraftfahrzeugen, Fahrrädern; Lackierung von Straßenfahrzeugen	*4,2*	110,1	64,8	1,7
3220	Herstellung von Metallbearbeitungsmaschinen, Maschinen- Präzisionswerkzeugen	*6,7*	245,4	146,4	1,7
2529	Verarbeitung von Schiefer sowie von Steinen und Erden, a. n. g.	*35,5*	93,1	55,8	1,7
5461	Herstellung von Kork-, Korb- und Flechtwaren (ohne Korbmöbel)	*32,9*	11,0	6,8	1,6
6413	Herstellung von Herrenoberbekleidung	*9,9*	124,4	78,3	1,6
6889	Herstellung von Futtermitteln	24,5	468,5	296,0	1,6
6470	Herstellung von Bettwaren (ohne Matratzen)	*15,2*	28,5	18,1	1,6
5431	Herstellung von Holzverpackungsmitteln und -lagerbehältern	*21,4*	46,4	29,5	1,6
5361	Herstellung von Halbwaren aus Holz	*16,8*	208,3	133,2	1,6
6853	Fleischwarenindustrie (ohne Talgschmelzen, Schmalzsiedereien)	*11,7*	304,0	196,3	1,5
5470	Herstellung von Pinseln, Besen, Bürsten, Bearbeitung von Naturschwämmen	*17,5*	30,8	20,8	1,5
2551	Herstellung von Kalksandsteinen	*11,5*	18,3	12,5	1,5
5610	Herstellung von Tapeten, Spezialpapieren, Verpackungsmitteln aus Papier	*10,6*	248,5	171,1	1,5
6365	Herstellung von Möbel- und Dekorationsstoff	*20,3*	82,3	58,5	1,4
5421	Herstellung von Holzmöbeln (ohne Polstermöbel)	*5,6*	251,9	185,2	1,4
2591	Herstellung von Transportbeton	*7,9*	43,9	32,3	1,4
6450	Herstellung von Kopfbedeckungen, Bekleidungszubehör	*13,9*	33,0	24,3	1,4
3230	Herstellung von Textil- und -Nähmaschinen	*19,9*	317,6	235,4	1,3

Wirtschaftszweig (Reihenfolge gem. Spalte f)		Umsatz anteil der drei größten Unternehmen (%)	Durchschnittlicher Umsatz		Unternehmensgrößenproportionen in der ‚Oligopolspitze'[2]
SYPRO Kennziffer	Bezeichnung		der drei größten	der drei nächstgrößten	
			Unternehmen (Millionen DM)		
a	b	c	d	e	f
2536	Herstellung von gebranntem Gips	*34,7*	11,2	8,3	1,3
6211	Lederverarbeitung (ohne Herstellung von Schuhen)	*7,9*	48,8	37,0	1,3
6311	Wollspinnerei	*21,6*	106,0	83,2	1,3
3179	Reparatur von Schienenfahrzeugen	*42,1*	9,5	7,6	1,3
6331	Wollweberei, a. n. g.	*16,3*	67,1	54,6	1,2
3025	Stahlverformung, a. n. g., Oberflächenveredelung, Härtung	*5,2*	117,1	97,3	1,2
3940	Herstellung von Turn- und Sportgeräten	*18,6*	32,5	28,5	1,1
6871	Brauerei	*8,1*	304,6	282,2	1,1

[1]) Angaben in den 1977 geltenden Berichtskreisabgrenzungen der amtlichen Statistik. Vgl. dazu auch Tz. 182—186.

[2]) Unternehmensgrößenproportion in der Oligopolspitze = Durchschnittlicher Umsatz der drei größten Unternehmen bezogen auf den durchschnittlichen Umsatz der drei nächstgrößten Unternehmen; Berechnung auf der Basis ungerundeter Werte.

Tabelle I.15

Quelle: (a), (e)

Die Umsatzentwicklung in den Wirtschaftszweigen 1973, 1975 und 1977[1])

Wirtschaftszweig (Reihenfolge gem. Spalte f) — SYPRO Kennziffer	Wirtschaftszweig (Reihenfolge gem. Spalte f) — Bezeichnung	Umsatz 1973 (Millionen DM)	Umsatz 1975 (Millionen DM)	Umsatz 1977 (Millionen DM)	Umsatz 1977 (1975=100)	Anteil am Umsatz der gesamten Industrie 1977 (%)
a	b	c	d	e	f	g
33	Straßenfahrzeugbau, Reparatur von Kraftfahrzeugen usw.	56 874,8	66 984,0	91 582,8	136,7	*9,5*
31	Stahl- und Leichtmetallbau, Schienenfahrzeuge	13 882,9	15 706,5	21 084,7	134,2	*2,2*
39	Herstellung von Musikinstrumenten, Spielwaren, Füllhaltern usw.	2 943,4	3 299,4	4 402,5	133,4	*0,5*
53	Holzbearbeitung	6 003,0	5 682,3	7 374,5	129,8	*0,8*
38	Herstellung von Eisen-, Blech-, und Metallwaren	27 076,7	27 406,8	34 188,0	124,7	*3,5*
58	Herstellung von Kunststoffwaren	13 503,8	14 069,9	17 373,3	123,5	*1,8*
54	Holzverarbeitung	18 502,5	18 702,7	23 006,4	123,0	*2,4*
40	Chemische Industrie	73 251,7	92 059,8	112 650,0	122,4	*11,7*
61	Ledererzeugung	838,2	787,0	963,0	122,4	*0,1*
51	Feinkeramik	3 178,4	3 186,5	3 855,4	121,0	*0,4*
52	Herstellung und Verarbeitung von Glas	5 891,9	5 931,8	7 136,1	120,3	*0,7*
37	Feinmechanik, Optik, Herstellung von Uhren	8 558,4	9 523,2	11 253,7	118,2	*1,2*
59	Gummiverarbeitung	9 082,3	10 311,6	12 149,0	117,8	*1,3*
68	Ernährungsgewerbe	80 421,6	93 041,8	109 125,0	117,3	*11,3*
50	Herstellung von Büromaschinen, Datenverarbeitungsgeräten und -einrichtungen	8 098,6	8 904,5	10 364,2	116,4	*1,1*
36	Elektrotechnik, Reparatur von elektrischen Haushaltsgeräten	74 208,4	82 859,0	95 468,3	115,2	*9,9*
28	NE-Metallerzeugung, NE-Metallhalbzeugwerke	13 353,0	13 896,4	15 973,9	115,0	*1,7*
55	Zellstoff-, Holzschliff-, Papier- und Pappeerzeugung	6 959,3	7 583,0	8 698,2	114,7	*0,9*
56	Papier- und Pappeverarbeitung	9 728,4	11 201,9	12 555,9	112,1	*1,3*
32	Maschinenbau	80 728,3	93 290,5	103 648,8	111,1	*10,7*
69	Tabakverarbeitung	12 221,7	12 667,6	14 049,9	110,9	*1,5*
35	Luft- und Raumfahrzeugbau	3 167,1	3 161,0	3 400,4	107,6	*0,4*
63	Textilgewerbe	28 285,7	28 120,8	30 152,0	107,2	*3,1*
30	Ziehereien, Kaltwalzwerke, Stahlverformung, Mechanik, a. n. g.	16 997,9	17 406,4	18467,9[3])	106,1	*1,9*[3])
25	Gewinnung und Verarbeitung von Steinen und Erden	21 973,8	21 321,8	22 451,6	105,3	*2,3*
22	Mineralölverarbeitung	41 354,2	51 900,7	54 256,2	104,5	*5,6*
62	Lederverarbeitung	5 376,2	5 526,8	5 767,5	104,4	*0,6*
64	Bekleidungsgewerbe	16 935,9	18 059,5	18 845,9	104,4	*1,9*
34	Schiffbau	5 587,7	7 099,5	7 384,1	104,0	*0,8*
57	Druckerei, Vervielfältigung	12 973,7	14 715,1	14 677,5	99,7	*1,5*
29	Gießerei	8 049,3	9 525,3	9 353,5	98,2	*1,0*
21	Bergbau	16 676,5	21 584,1	20 929,5	97,0	*2,2*
27	Eisenschaffende Industrie	37 721,1	45 853,0	41 888,0	91,4	*4,3*
	Gesamte Industrie	740 406,0	841 370,0	964 477,7	114,6[2])	*100,0*

[1]) Alle Angaben in den Berichtskreisabgrenzungen des Jahres 1975 (Schätzung).
[2]) Gewogenes Mittel, errechnet aus den Gesamtumsätzen aller Wirtschaftszweige.
[3]) Angabe in den Berichtskreisabgrenzungen des Jahres 1977.

Die Entwicklung von Umsatz und Zahl der Unternehmen in den Wirtschaftszweigen zwischen 1973, 1975 und 1977[1])

Quelle: (a), (e)

Wirtschaftszweig (Reihenfolge gem. Spalte c): SYPRO Kenn-ziffer	Wirtschaftszweig (Reihenfolge gem. Spalte c): Bezeichnung	Umsatz 1977 (1975=100)	Hauptbeteiligte Unternehmen: 1973 (Anzahl)	1975 (Anzahl)	1977[1]) (Anzahl)	Zunahme (+) Abnahme (–)	1977 (1975=100)	im Mittel von je drei Wirtschaftszweigen
a	b	c	d	e	f	g	h	i
33	Straßenfahrzeugbau, Reparatur von Kraftfahrzeugen usw.	136,7	450	441	471	+ 30	106,8	105,4
31	Stahl- und Leichtmetallbau, Schienenfahrzeuge	134,2	1 381	1 339	1 364	+ 25	101,9	
39	Herstellung von Musikinstrumenten, Spielwaren, Füllhaltern usw.	133,4	820	788	847	+ 59	107,5	
53	Holzbearbeitung	129,8	1 122	1 085	1 107	+ 22	102,0	102,1
38	Herstellung von Eisen-, Blech- und Metallwaren	124,7	3 290	3 089	3 068	– 21	99,3	
58	Herstellung von Kunststoffwaren	123,5	1 857	1 919	2 016	+ 97	105,1	
54	Holzverarbeitung	123,0	2 527	2 437	2 396	– 41	98,3	95,5
40	Chemische Industrie	122,4	1 656	1 638	1 590	– 48	97,1	
61	Ledererzeugung	122,4	132	114	104	– 10	91,2	
51	Feinkeramik	121,0	256	235	230	– 5	97,9	97,7
52	Herstellung und Verarbeitung von Glas	120,3	399	376	360	– 16	95,7	
37	Feinmechanik, Optik, Herstellung von Uhren	118,2	850	822	818	– 4	99,5	
59	Gummiverarbeitung	117,8	277	269	286	+ 17	106,3	115,6
68	Ernährungsgewerbe	117,3	3 771	3 599	4 774	+1 175	132,6	
50	Herstellung von Büromaschinen, Datenverarbeitungsgeräten und -einrichtungen	116,4	75	76	82	+ 6	107,9	
36	Elektrotechnik, Reparatur von elektrischen Haushaltsgeräten	115,2	2 330	2 283	2 362	+ 79	103,5	98,3
28	NE-Metallerzeugung, NE-Metallhalbzeugwerke	115,0	174	178	183	+ 5	102,8	
55	Zellstoff-, Holzschliff-, Papier- und Pappeerzeugung	114,7	169	159	141	– 18	88,7	
56	Papier- und Pappeverarbeitung	112,1	1 065	1 020	990	– 30	97,1	92,4
32	Maschinenbau	111,1	4 735	4 636	4 667	+ 31	100,7	
69	Tabakverarbeitung	110,9	82	73	58	– 15	79,5	
35	Luft- und Raumfahrzeugbau	107,6	39	40	37	– 3	92,5	91,5
63	Textilgewerbe	107,2	2 547	2 286	2 122	–164	92,8	
30	Ziehereien, Kaltwalzwerke, Stahlverformung, Mechanik, a. n. g.	106,1[2])	1 779	1 755	1 568[2])	–187	89,3[2])	

noch Tabelle I.16

Wirtschaftszweig (Reihenfolge gem. Spalte c) SYPRO Kennziffer	Bezeichnung	Umsatz 1977 (1975=100)	Hauptbeteiligte Unternehmen 1973	1975	1977[1]	Zunahme (+) Abnahme (−)	1977 (1975=100)	im Mittel von je drei Wirtschaftszweigen
			Anzahl					
a	b	c	d	e	f	g	h	i
25	Gewinnung und Verarbeitung von Steinen und Erden	105,3	3 318	2 977	2 816	−161	94,6	91,2
22	Mineralölverarbeitung	104,5	76	74	62	− 12	83,8	
62	Lederverarbeitung	104,4	1 015	923	879	− 44	95,2	
64	Bekleidungsgewerbe	104,4	3 486	3 225	3 100	−125	96,1	95,3
34	Schiffbau	104,0	114	123	117	− 6	95,1	
57	Druckerei, Vervielfältigung	99,7	3 067	2 944	2 786	−158	94,6	
29	Gießerei	98,2	620	609	569	− 40	93,4	93,0
21	Bergbau	97,0	117	114	104	− 10	91,2	
27	Eisenschaffende Industrie	91,4	86	87	82	− 5	94,3	
	Gesamte Industrie	114,6	43682	41733	42156	+423	101,0	

[2]) Alle Angaben in den Berichtskreisabgrenzungen des Jahres 1975 (Schätzung).

[2]) Angabe in den 1977 geltenden Berichtskreisabgrenzungen.

Tabelle I.17

Komponenten der Umsatzentwicklung in den Wirtschaftszweigen zwischen 1975 und 1977 [1])

Quelle: (a), (b), (e)

Wirtschaftszweig (Reihenfolge gem. Spalte f)		Umsatz entwicklung 1977	davon ist zurückzuführen		
SYPRO Kennziffer	Bezeichnung		Entwicklung der Unternehmensanzahl [2])	Preissteigerungen [3])	Veränderung der Produktionsmenge pro Unternehmen [4])
		(1975 = 100)	(Indexpunkte)		
a	b	c	d	e	f
55	Zellstoff-, Holzschliff-, Papier- und Pappeerzeugung	114,7	88,7	− 6,4	32,4
40	Chemische Industrie	122,4	97,1	0,8	24,5
31	Stahl- und Leichtmetallbau, Schienenfahrzeuge	134,2	102,0	9,6	22,6
33	Straßenfahrzeugbau, Reparatur von Kraftfahrzeugen usw.	136,7	106,8	8,1	21,8
39	Herstellung von Musikinstrumenten, Spielwaren, Füllhaltern usw.	133,4	107,5	5,2	20,7
56	Papier- und Pappeverarbeitung	112,1	97,1	− 4,0	19,0
52	Herstellung und Verarbeitung von Glas	120,3	96,0	4,4	18,6
38	Herstellung von Eisen-, Blech- und Metallwaren	124,7	99,3	6,9	18,5
30	Ziehereien, Kaltwalzwerke, Stahlverformung, Mechanik, a. n. g.	106,1 [5])	89,3 [5])	− 1,3	18,1
22	Mineralölverarbeitung	104,5	83,8	5,4	15,4
54	Holzverarbeitung	123,0	98,3	9,6	15,1
58	Herstellung von Kunststoffwaren	123,5	105,1	4,9	13,5
69	Tabakverarbeitung	110,9	79,5	18,2	13,3
51	Feinkeramik	121,0	97,9	10,2	12,9
37	Feinmechanik, Optik, Herstellung von Uhren	118,2	99,5	6,9	11,8
53	Holzbearbeitung	129,8	102,0	16,5	11,3
50	Herstellung von Büromaschinen, Datenverarbeitungsgeräten und -einrichtungen	116,4	107,9	− 2,3	10,8
61	Lederverarbeitung	122,4	91,2	22,6	8,5
59	Gummiverarbeitung	117,8	106,3	3,3	8,2
35	Luft- und Raumfahrzeugbau	107,6	92,5	7,4	7,7
63	Textilgewerbe	107,2	92,8	6,8	7,6
36	Elektrotechnik, Reparatur von elektrischen Haushaltsgeräten	115,2	103,5	4,3	7,5
25	Gewinnung und Verarbeitung von Steinen und Erden	105,3	94,6	5,5	5,2
64	Bekleidungsgewerbe	104,4	96,1	6,7	1,5
34	Schiffbau	104,0	95,1	7,4	1,5
28	NE-Metallerzeugung, NE-Metallhalbzeugwerke	115,0	102,8	11,1	1,0
32	Maschinenbau	111,1	100,7	10,5	− 0,1
62	Lederverarbeitung	104,4	95,2	10,7	− 1,6
21	Bergbau	97,0	91,2	7,7	− 2,0
57	Druckerei, Vervielfältigung	99,7	94,6	7,7	− 2,6
27	Eisenschaffende Industrie	91,4	94,3	0,6	− 3,5
29	Gießerei	98,2	93,4	8,6	− 3,8
68	Ernährungsgewerbe	117,3	132,6	9,4	−24,9

[1]) Alle Angaben in den Berichtskreisabgrenzungen des Jahres 1975 (Schätzung).

[2]) Die Entwicklung der Unternehmensanzahl entspricht der „Produktionsentwicklung bei unveränderter Unternehmensgröße" in Tabelle I.19 des ersten Hauptgutachtens, Seiten 634 bis 635.

[3]) Geschätzt mit Hilfe von geeigneten Zeitreihen des Index der Erzeugerpreise industrieller Produkte.

[4]) Die Veränderung der Produktionsmenge pro Unternehmen zeigt das mengenmäßige Unternehmenswachstum an (Vgl. Tabelle I.19 im ersten Hauptgutachten, Seiten 634 bis 635).

[5]) Angabe in den 1977 geltenden Berichtskreisabgrenzungen.

Tabelle I.18

Die Entwicklung der Umsatzanteile der jeweils zehn größten Unternehmen der Wirtschaftszweige zwischen 1954 und 1977

Quelle: (a), (d), (e)

Wirtschaftszweig (Reihenfolge gem. Spalte l)		Umsatzanteile der zehn größten									
SYPRO Kenn-ziffer	Bezeichnung	beteiligten Unternehmen (%)		hauptbeteiligten Unternehmen (%)							
		1954	1960	1968	1970	1972	1973	1974	1975	1976[8])	1977[8])
a	b	c	d	e	f	g	h	i	j	k	l
69	Tabakverarbeitung	68,8	84,5	92,2	94,0	94,8	95,4	96,2	—[2])	—[2])	—[2])
35	Luftfahrzeugbau	—[1])	—[1])	91,7	92,7	94,9	96,0	95,9	95,1	—[2])	—[2])
21	Bergbau	34,6	42,0	55,4	—[2])	89,9	90,9	91,8	91,1	93,4	93,9
22	Mineralölverarbeitung ..	72,6[4])	91,5[4])	82,9	83,1	82,8	83,8	86,1	87,2	89,2	91,6
50	Herstellung von Büromaschinen, Datenverarbeitungsgeräten und -einrichtungen	—[3])	—[3])	—[3])	85,7	91,1	89,7	90,2	—[2])	—[2])	—[2])
33	Straßenfahrzeugbau, Reparatur von Kraftfahrzeugen usw.	58,6	67,0	78,5	77,8	80,6	80,9	79,2	79,5	81,2	81,1
34	Schiffbau	71,5	69,0	78,3	72,0	73,9	78,4	—[2])	—[2])	73,8[9])	76,1[10])
27	Eisenschaffende Industrie	51,6	57,8	64,5	66,1	68,7	69,7	72,0	75,1	70,9	71,8
59	Gummiverarbeitung	60,7	59,7	—[2])	57,4	58,2	57,2	56,6	58,9	57,5	59,9
55	Zellstoff-, Holzschliff-, Papier- und Pappeerzeugung	38,5	41,5	—[2])	52,6	—[2])	—[2])	55,1	54,1	—[2])	59,7
52	Herstellung und Verarbeitung von Glas	45,7	51,7	48,7	—[2])	50,0	—[2])	49,7	—[2])	48,3[9])	49,5[10])
28	NE-Metallerzeugung, NE-Metallhalbzeugwerke	44,0	44,7	—[2])	59,1	56,4	53,0	52,5	50,5	51,3	49,3
36	Elektrotechnik, Reparatur von elektrischen Haushaltsgeräten[5])	37,8	38,4	45,1	44,3	45,1	43,9	44,4	48,3	47,3	47,8
51	Feinkeramik	28,5	37,5	45,1	—[2])	—[2])	42,6	45,9	45,9	—[2])	47,6
40	Chemische Industrie[4])	37,5[6])	40,6[6])	44,9	43,5	42,5	43,8	50,0	46,4	49,0	47,3
61	Ledererzeugung	36,5	37,3	35,3	34,4	35,7	40,3	40,1	40,6	—[2])	44,3
29	Gießerei	25,3	22,4	29,8	32,0	35,5	36,0	34,2	37,6	43,2	42,6
31	Stahl- und Leichtmetallbau, Schienenfahrzeuge	25,6	20,2	—[2])	18,2	18,4	18,1	19,6	21,3	23,4	40,6
37	Feinmechanik, Optik, Herstellung von Uhren	25,3	25,2	—[2])	32,4	—[2])	34,8	33,3	33,6	33,2	32,5
62	Lederverarbeitung	21,3	19,9	—[2])	—[2])	—[2])	23,9	—[2])	—[2])	28,7[9])	—[2])
56	Papier- und Pappeverarbeitung	12,2	17,5	20,5	20,6	—[2])	21,9	22,9	24,0	26,0	26,0
53	Holzbearbeitung	9,7	11,9	—[2])	18,7	20,9	20,0	19,5	20,5	—[2])	21,5
25	Gewinnung und Verarbeitung von Steinen und Erden	16,4	17,9	17,8	17,0	16,6	16,8	17,2	17,6	18,2	17,8
32	Maschinenbau	14,6	13,4	17,7	15,6	17,0	16,8	16,9	17,8	19,7	17,5

Wirtschaftszweig (Reihenfolge gem. Spalte l)		Umsatzanteile der zehn größten									
SYPRO Kenn-ziffer	Bezeichnung	beteiligten Unternehmen (%)		hauptbeteiligten Unternehmen (%)							
		1954	1960	1968	1970	1972	1973	1974	1975	1976[8])	1977[8])
a	b	c	d	e	f	g	h	i	j	k	l
30	Ziehereien, Kaltwalzwerke, Stahlverformung, Mechanik, a. n. g.	17,8	17,5	20,3	19,5	20,8	21,7	18,9	17,8	—[2])	16,1[10])
39	Herstellung von Musikinstrumenten, Spielwaren, Füllhaltern usw.	—[1])	—[1])	14,9	14,6	—[2])	14,7	15,0	15,5	16,4	—[2])
38	Herstellung von Eisen-, Blech- und Metallwaren	8,0	9,3	—[2])	11,4	11,8	11,7	12,1	12,3	10,7	14,2
68	Ernährungsgewerbe	11,7	12,0	14,1	13,4	12,9	13,2	13,8	11,8	11,6	12,8
57	Druckerei, Vervielfältigung	11,5	13,4	16,8	—[2])	—[2])	—[2])	12,1	12,5	13,1	12,2
58	Herstellung von Kunststoffwaren	27,9	20,5	20,4	—[2])	—[2])	15,5	14,1	14,0	12,3	12,0
63	Textilgewerbe	7,1	7,2	9,3	9,7	9,7	9,6	9,6	9,5	9,7	9,7
64	Bekleidungsgewerbe ...	6,5	7,4	8,4	10,0	8,8	—[2])	8,8	9,6	—[2])	—[2])
54	Holzverarbeitung	6,6	7,3	9,0	8,6	9,9	9,5	10,7	9,6	9,5	9,4
	Ungewogenes Mittel[7]) ..	31,1	33,5	38,5	40,9	41,5	41,8	42,0	42,3	42,7	43,7

[1]) Aus untersuchungstechnischen Gründen keine Angaben in der Konzentrationsenquête.
[2]) Keine Veröffentlichung wegen der für die amtliche Statistik geltenden Geheimhaltungsbestimmungen.
[3]) Auf Grund einer Änderung der Systematik der Wirtschaftszweige keine Zahlenangaben möglich.
[4]) Einschließlich Kohlenwertstoffindustrie.
[5]) Bis 1968 einschl. Herstellung von Geräten und Einrichtungen für die automatische Datenverarbeitung.
[6]) Ohne Kohlenwertstoffindustrie.
[7]) Bei geheimzuhaltenden Werten erfolgt die Mittelwertbildung unter Heranziehung von Zahlenangaben für möglichst unmittelbar nachfolgende oder vorhergehende Jahre.
[8]) Angaben bereinigt durch Umrechnung auf die 1975 gültigen Berichtskreisabgrenzungen.
[9]) Angaben in der Berichtskreisabgrenzung des Jahres 1976.
[10]) Angabe in den Berichtskreisabgrenzungen des Jahres 1977.

Tabelle I.19

Vergleiche der Umsatzanteile der jeweils zehn größten Unternehmen der Wirtschaftszweige 1973, 1975 und 1977[1])

Quelle: (a), (e)

Wirtschaftszweig (Reihenfolge gem. Spalte g)		Umsatzanteil der jeweils zehn größten Unternehmen				
SYPRO kenn-ziffer	Bezeichnung	1973 (%)	1975 (%)	1977 (%)	Zunahme (+) Abnahme (−)	1977 (1975 =100)
a	b	c	d	e	f	g
31	Stahl- und Leichtmetallbau, Schienenfahrzeuge	18,1	21,3	40,6	+19,3	190,6
38	Herstellung von Eisen-, Blech- und Metallwaren	11,7	12,3	14,2	+ 1,9	115,3
29	Gießerei	36,0	37,6	42,6	+ 5,1	113,5
55	Zellstoff-, Holzschliff-, Papier- und Pappeerzeugung	55,1[7])	54,1	59,7	+ 5,6	110,4
61	Ledererzeugung	40,3	40,6	44,3	+ 3,7	109,1
68	Ernährungsgewerbe	13,2	11,8	12,8	+ 1,0	108,5
56	Papier- und Pappeverarbeitung	21,9	24,0	26,0	+ 2,0	108,3
39	Herstellung von Musikinstrumenten, Spielwaren, Füllhaltern usw.	14,7	15,5	16,4[4])	+ 0,9	105,8
22	Mineralölverarbeitung	83,8	87,2	91,6	+ 4,4	105,0
53	Holzbearbeitung	20,0	20,5	21,5	+ 1,0	104,9
51	Feinkeramik	42,6	45,8	47,6	+ 1,7	103,7
52	Herstellung und Verarbeitung von Glas	50,0[9])	48,3[5])	50,1[3])	+ 1,8[6])	103,7
34	Schiffbau	78,4	73,8[5])	76,1[3])	+ 2,3[6])	103,1
21	Bergbau	90,9	91,9	93,9	+ 2,8	103,0
63	Textilgewerbe	9,6	9,5	9,7	+ 0,2	102,5
40	Chemische Industrie	43,8	46,4	47,3	+ 1,0	102,1
33	Straßenfahrzeugbau, Reparatur von Kraftfahrzeugen usw.	80,9	79,5	81,1	+ 1,6	102,0
59	Gummiverarbeitung	57,2	58,9	59,9	+ 1,0	101,7
25	Gewinnung und Verarbeitung von Steinen und Erden	16,8	17,6	17,8	+ 0,3	101,5
36	Elektrotechnik, Reparatur von elektrischen Haushaltsgeräten	43,9	48,3	47,8	− 0,5	98,9
32	Maschinenbau	16,8	17,8	17,5	− 0,3	98,6
57	Druckerei, Vervielfältigung	12,1[7])	12,5	12,2	− 0,2	98,1
54	Holzverarbeitung	9,5	9,6	9,4	− 0,2	97,8
28	NE-Metallerzeugung, NE-Metallhalbzeugwerke	53,0	50,5	49,3	− 1,3	97,5
37	Feinmechanik, Optik, Herstellung von Uhren	34,8	33,6	32,5	− 1,1	96,8
27	Eisenschaffende Industrie	69,7	75,1	71,8	− 3,3	95,6
30	Ziehereien, Kaltwalzwerke, Stahlverformung, Mechanik, a. n. g.	21,7	17,8	16,1[3])	− 1,7	90,3
58	Herstellung von Kunststoffwaren	15,5	14,0	12,0	− 2,0	85,7
35	Luft- und Raumfahrzeugbau	96,0	95,1	—[2])	—[2])	—[2])
64	Bekleidungsgewerbe	8,8[9])	9,6	—[2])	—[2])	—[2])
50	Herstellung von Büromaschinen, Datenverarbeitungsgeräten und -einrichtungen	89,7	90,2[8])	—[2])	—[2])	—[2])
62	Lederverarbeitung	23,9	—[2])	28,7[5])	—[2])	—[2])
69	Tabakverarbeitung	95,4	96,2[8])	—[2])	—[2])	—[2])

[1]) Alle Angaben für 1977 in den Berichtskreisabgrenzungen des Jahres 1975 (Schätzung).
[2]) Wegen der für die amtliche Statistik geltenden Geheimhaltungsbestimmungen keine Angabe.
[3]) Angabe in den Berichtskreisabgrenzungen des Jahres 1977.
[4]) Angabe für 1976. Wegen der für die amtliche Statistik geltenden Geheimhaltungsbestimmungen keine Angabe für 1977.
[5]) Angabe in den Berichtskreisabgrenzungen des Jahres 1976. Wegen der für die amtliche Statistik geltenden Geheimhaltungsbestimmungen keine Angabe für 1977 bzw. 1975.
[6]) Differenzen zwischen 1977 und 1976 in den jeweils geltenden Berichtskreisabgrenzungen.
[7]) Angabe für 1974. Wegen der für die amtliche Statistik geltenden Geheimhaltungsbestimmungen keine Angabe für 1973.
[8]) Angabe für 1974. Wegen der für die amtliche Statistik geltenden Geheimhaltungsbestimmungen keine Angabe für 1975.
[9]) Angabe für 1972. Wegen der für die amtliche Statistik geltenden Geheimhaltungsbestimmungen keine Angabe für 1973.

Tabelle I.20

Vergleich der Entwicklung der Umsatzanteile der jeweils zehn größten Unternehmen der Wirtschaftszweige 1954/1977, 1968/1977, 1973/1977 und 1975/1977 [1])

Quelle: (a), (d), (e)

Wirtschaftszweig (Reihenfolge gem. Spalte f)		Entwicklung der Umsatzanteile der jeweils zehn größten Unternehmen			
SYPRO Kenn-ziffer	Bezeichnung	1977 (1954 = 100)	1977 (1968 = 100)	1977 (1973 = 100)	1977 (1975= 100)
a	b	c	d	e	f
31	Stahl- und Leichtmetallbau, Schienenfahrzeuge	158,6	223,1 [8])	224,0	190,3
38	Herstellung von Eisen-, Blech- und Metallwaren	177,5	124,6 [8])	121,4	115,3
29	Gießerei	168,3	143,0	118,6	113,5
55	Zellstoff-, Holzschliff-, Papier- und Pappeerzeugung	155,1	113,5 [8])	108,4	110,4
61	Ledererzeugung	121,4	125,5	110,1	109,1
68	Ernährungsgewerbe	109,4	90,8	97,2	108,6
56	Papier- und Pappeverarbeitung	213,1	126,8	118,5	108,3
39	Herstellung von Musikinstrumenten, Spielwaren, Füllhaltern usw.	— [9])	100,1 [4])	111,9 [4])	105,8 [4])
22	Mineralölverarbeitung	126,2	110,5	109,3	105,0
53	Holzbearbeitung	155,1	—	107,7	104,9
51	Feinkeramik	167,0	105,5	111,6	103,7
52	Herstellung und Verarbeitung von Glas	108,3 [6])	95,7 [6])	100,2 [6]) [7])	103,7 [6]) [7])
34	Schiffbau	106,4 [6])	110,6 [6])	97,1 [6])	103,1 [5]) [6])
21	Bergbau	271,4	169,5	103,2	103,0
63	Textilgewerbe	136,6	104,3	101,7	102,5
40	Chemische Industrie	126,1	105,3	108,0	102,1
33	Straßenfahrzeugbau, Reparatur von Kraftfahrzeugen	138,4	103,3	100,3	102,0
59	Gummiverarbeitung	98,7	104,8 [8])	104,7	101,7
25	Gewinnung und Verarbeitung von Steinen und Erden	108,5	100,0	106,0	101,5
36	Elektrotechnik, Reparatur von elektrischen Haushaltsgeräten	126,5	106,0	108,7	98,9
32	Maschinenbau	119,9	98,9	104,1	98,6
57	Druckerei, Vervielfältigung	106,1	72,6	101,0	98,1
54	Holzverarbeitung	142,4	104,4	98,8	97,8
28	NE-Metallerzeugung, NE-Metallhalbzeugwerke	112,0	83,4 [8])	93,0	97,5
37	Feinmechanik, Optik, Herstellung von Uhren	128,5	100,3	93,5	96,8
27	Eisenschaffende Industrie	139,1	111,3	103,0	95,6
30	Ziehereien, Kaltwalzwerke, Stahlverformung, Mechanik, a. n. g.	90,4 [6])	79,3 [6])	74,2 [6])	90,3 [6])
58	Herstellung von Kunststoffwaren	43,0	58,8	77,6	85,7
50	Herstellung von Büromaschinen, Datenverarbeitungsgeräten und -einrichtungen	— [2])	— [2])	— [2])	— [2])
69	Tabakverarbeitung	— [2])	— [2])	— [2])	— [2])
62	Lederverarbeitung	134,7 [3])	144,2 [3])	120,1 [3])	— [2])
35	Luft- und Raumfahrzeugbau	— [2])	— [2])	— [2])	— [2])
64	Bekleidungsgewerbe	— [2])	— [2])	— [2])	— [2])

[1]) Alle Angaben in den Berichtskreisabgrenzungen des Jahres 1975 (Schätzung).
[2]) Wegen der für die amtliche Statistik geltenden Geheimhaltungsbestimmungen keine Angabe für 1977.
[3]) Angabe für 1976 in den 1976 geltenden Berichtskreisabgrenzungen. Wegen der für die amtliche Statistik geltenden Geheimhaltungsbestimmungen keine Angabe für 1977.
[4]) Angabe für 1976. Wegen der für die amtliche Statistik geltenden Geheimhaltungsbestimmungen keine Angabe für 1977.
[5]) Angabe für 1977 (1976 = 100).
[6]) Angabe für 1977 in den 1977 geltenden Berichtskreisabgrenzungen.
[7]) Angabe für 1977 (1972 = 100).
[8]) Angabe für 1977 (1970 = 100).
[9]) Aus untersuchungstechnischen Gründen keine Angaben für 1954.

Tabelle I.21

Vergleich von Konzentrationsgrad, Umsatzentwicklung und Zahl der Unternehmen in den Wirtschaftszweigen 1975 und 1977 [1])

Quelle: (a), (e)

Wirtschaftszweig (Reihenfolge gem. Spalte e)		Umsatz	Zahl der Unternehmen	Umsatzanteil der zehn größten Unternehmen
SYPRO Kenn-ziffer	Bezeichnung	1977 (1975 = 100)	1977 (1975 = 100)	1977 (1975 = 100)
a	b	c	d	e
31	Stahl- und Leichtmetallbau, Schienenfahrzeuge	134,2	101,9	190,6
38	Herstellung von Eisen-, Blech- und Metallwaren	124,7	99,3	115,3
29	Gießerei	98,2	93,4	113,5
55	Zellstoff-, Holzschliff-, Papier- und Pappeerzeugung	114,7	88,7	110,4
61	Ledererzeugung	122,4	91,2	109,1
68	Ernährungsgewerbe	117,0	132,6	108,5
56	Papier- und Pappeverarbeitung	112,1	97,1	108,3
39	Herstellung von Musikinstrumenten, Spielwaren, Füllhaltern usw.	133,4	107,5	105,8 [4])
22	Mineralölverarbeitung	104,5	83,8	105,0
53	Holzbearbeitung	129,8	102,0	104,9
51	Feinkeramik	121,0	97,9	103,7
52	Herstellung und Verarbeitung von Glas	120,3	95,7	103,7 [3])
34	Schiffbau	104,0	95,1	103,1 [5])
21	Bergbau	97,0	91,2	103,0
63	Textilgewerbe	107,2	92,8	102,5
40	Chemische Industrie	122,4	97,1	102,1
33	Straßenfahrzeugbau, Reparatur von Kraftfahrzeugen usw.	136,7	106,8	102,0
59	Gummiverarbeitung	117,8	106,3	101,7
25	Gewinnung und Verarbeitung von Steinen und Erden	105,3	94,6	101,5
36	Elektrotechnik, Reparatur von elektrischen Haushaltsgeräten	115,2	103,5	98,9
32	Maschinenbau	111,1	100,7	98,6
57	Druckerei, Vervielfältigung	99,7	94,6	98,1
54	Holzverarbeitung	123,0	98,3	97,8
28	NE-Metallerzeugung, NE-Metallhalbzeugwerke	115,0	102,8	97,5
37	Feinmechanik, Optik, Herstellung von Uhren	118,2	99,5	96,8
27	Eisenschaffende Industrie	91,4	94,3	95,6
30	Ziehereien, Kaltwalzwerke, Stahlverformung, Mechanik, a. n. g.	106,1 [6])	89,3 [6])	90,3 [6])
58	Herstellung von Kunststoffwaren	123,5	105,1	85,7
50	Herstellung von Büromaschinen, Datenverarbeitungsgeräten und -einrichtungen	116,4	107,9	— [2])
69	Tabakverarbeitung	110,9	79,5	— [2])
62	Lederverarbeitung	104,4	95,2	— [2])
35	Luft- und Raumfahrzeugbau	107,6	92,5	— [2])
64	Bekleidungsgewerbe	104,4	96,1	— [2])

[1]) Alle Angaben in den Berichtskreisabgrenzungen des Jahres 1975 (Schätzung).
[2]) Wegen der für die amtliche Statistik geltenden Geheimhaltungsbestimmungen keine Angabe für 1977.
[3]) Angabe für 1976 in den 1976 geltenden Berichtskreisabgrenzungen. Wegen der für die amtliche Statistik geltenden Geheimhaltungsbestimmungen keine Angabe für 1977.
[4]) Angabe für 1976 (1975 = 100).
[5]) Angabe für 1977 (1976 = 100).
[6]) Angabe in den 1977 geltenden Berichtskreisabgrenzungen (1975 = 100).

Vergleich der Konzentration von Umsatz und Beschäftigung in den Wirtschaftszweigen 1973, 1975 und 1977[1])

Quelle: (a), (e)

Wirtschaftszweig (Reihenfolge gem. Spalte cg) SYPRO Kennziffer	Bezeichnung	Anteil der zehn umsatzstärksten Unternehmen des jeweiligen Wirtschaftszweiges im Jahre		1973	1975	1977	Der Anteil der 10 umsatzstärksten Unternehmen am Umsatz betrug das ... fache des Anteils dieser Unternehmen an der Beschäftigtenzahl des Wirtschaftszweigs 1973	1975	1977
a	b			e	f	g	h	i	j
21	Bergbau	am Umsatz	c	90,9	91,1	93,9	1,00	0,99	1,00
		an der Beschäftigtenzahl	d	91,0	91,9	94,3			
22	Mineralölverarbeitung	am Umsatz	c	83,8	87,2	91,6	1,06	1,15	1,17
		an der Beschäftigtenzahl	d	79,1	75,8	78,2			
33	Straßenfahrzeugbau, Reparatur von Kraftfahrzeugen usw.	am Umsatz	c	80,9	79,5	81,1	1,09	1,11	1,12
		an der Beschäftigtenzahl	d	74,1	71,9	72,1			
34	Schiffbau	am Umsatz	c	78,4	—[2])	76,1[3])	1,09	—[2])	1,12[3])
		an der Beschäftigtenzahl	d	71,9	—[2])	67,8[3])			
27	Eisenschaffende Industrie	am Umsatz	c	69,7	75,1	71,8	0,96	0,97	0,96
		an der Beschäftigtenzahl	d	72,4	77,8	74,7			
59	Gummiverarbeitung	am Umsatz	c	57,2	58,9	59,9	1,04	1,03	1,07
		an der Beschäftigtenzahl	d	55,0	57,2	56,0			
55	Zellstoff-, Holzschliff-, Papier- und Pappeerzeugung	am Umsatz	c	55,1[8])	54,1	59,7	1,08[8])	1,12	1,15
		an der Beschäftigtenzahl	d	50,8[8])	48,4	51,8			
52	Herstellung und Verarbeitung von Glas	am Umsatz	c	50,0[7])	49,7[6])	50,1[3])	1,13[7])	1,09[6])	1,10[3])
		an der Beschäftigtenzahl	d	44,1[7])	45,5[6])	45,5[3])			
28	NE-Metallerzeugung, NE-Metallhalbzeugwerke	am Umsatz	c	53,0	50,5	49,3	1,08	1,06	1,10
		an der Beschäftigtenzahl	d	49,0	47,9	44,9			
36	Elektrotechnik, Reparatur von elektrischen Haushaltsgeräten	am Umsatz	c	43,9	48,3	47,8	1,02	1,04	1,06
		an der Beschäftigtenzahl	d	43,0	46,3	45,3			
51	Feinkeramik	am Umsatz	c	42,6	45,8	47,6	1,10	1,09	1,10
		an der Beschäftigtenzahl	d	38,6	42,0	43,2			
40	Chemische Industrie	am Umsatz	c	43,8	46,4	47,3	1,04	1,03	1,10
		an der Beschäftigtenzahl	d	42,3	45,0	43,1			
61	Ledererzeugung	am Umsatz	c	40,3	40,6	44,3	1,15	1,08	1,15
		an der Beschäftigtenzahl	d	35,0	37,5	38,6			
29	Gießerei	am Umsatz	c	36,0	37,6	42,6	1,15	1,23	1,16
		an der Beschäftigtenzahl	d	31,3	30,5	36,8			
31	Stahl- und Leichtmetallbau, Schienenfahrzeuge	am Umsatz	c	18,1	21,3	40,6	1,12	1,23	1,30
		an der Beschäftigtenzahl	d	16,1	17,4	31,2			
37	Feinmechanik, Optik, Herstellung von Uhren	am Umsatz	c	34,8	33,6	32,5	1,19	1,10	1,07
		an der Beschäftigtenzahl	d	29,3	30,5	30,5			
62	Lederverarbeitung	am Umsatz	c	23,9	—[2])	28,7[5])	1,05	—[2])	1,16[5])
		an der Beschäftigtenzahl	d	22,8	—[2])	24,8[5])			

noch Tabelle I.22

SYPRO Kennziffer	Wirtschaftszweig (Reihenfolge gem. Spalte cg) – Bezeichnung	Anteil der zehn umsatzstärksten Unternehmen des jeweiligen Wirtschaftszweiges im Jahre		1973	1975	1977	Der Anteil der 10 umsatzstärksten Unternehmen am Umsatz betrug das . . fache des Anteils dieser Unternehmen an der Beschäftigtenzahl des Wirtschaftszweigs 1973	1975	1977
a	b			e	f	g	h	i	j
56	Papier- und Pappeverarbeitung	am Umsatz	c	21,9	24,0	26,0	1,16	1,26	1,47
		an der Beschäftigtenzahl	d	19,0	19,0	17,6			
53	Holzbearbeitung	am Umsatz	c	20,0	20,5	21,5	1,08	1,11	1,09
		an der Beschäftigtenzahl	d	18,4	18,4	19,7			
25	Gewinnung und Verarbeitung von Steinen und Erden	am Umsatz	c	16,8	17,6	17,8	1,26	1,22	1,26
		an der Beschäftigtenzahl	d	13,3	14,4	14,1			
32	Maschinenbau	am Umsatz	c	16,8	17,8	17,5	1,19	1,29	1,24
		an der Beschäftigtenzahl	d	14,2	13,8	14,1			
39	Herstellung von Musikinstrumenten, Spielwaren, Füllhaltern usw.	am Umsatz	c	14,7	15,5	16,4[4])	0,93	1,06	1,25[4])
		an der Beschäftigtenzahl	d	15,8	14,7	13,1[4])			
30	Ziehereien, Kaltwalzwerke, Stahlverformung, Mechanik, a. n. g.	am Umsatz	c	21,7	17,8	16,1[3])	1,89	1,60	1,45[3])
		an der Beschäftigtenzahl	d	11,5	11,1	11,1[3])			
38	Herstellung von Eisen-, Blech- und Metallwaren	am Umsatz	c	11,7	12,3	14,2	1,13	1,13	1,16
		an der Beschäftigtenzahl	d	10,4	10,9	12,3			
68	Ernährungsgewerbe	am Umsatz	c	13,2	11,8	12,8	1,40	1,34	1,42
		an der Beschäftigtenzahl	d	9,4	8,8	9,0			
57	Druckerei, Vervielfältigung ..	am Umsatz	c	12,1[8])	12,5	12,2	1,17[8])	1,14	1,28
		an der Beschäftigtenzahl	d	10,3[8])	10,9	9,6			
58	Herstellung von Kunststoffen	am Umsatz	c	15,5	14,0	12,0	1,12	1,20	1,18
		an der Beschäftigtenzahl	d	13,8	11,6	10,2			
63	Textilgewerbe	am Umsatz	c	9,6	9,7	7,7	1,24	1,20	1,18
		an der Beschäftigtenzahl	d	7,7	7,9	8,2			
54	Holzverarbeitung	am Umsatz	c	9,5	9,6	9,4	1,21	1,31	1,35
		an der Beschäftigtenzahl	d	7,9	7,3	7,0			
69	Tabakverarbeitung	am Umsatz	c	95,4	96,2[6])	—[2])	1,26	1,24[6])	—[2])
		an der Beschäftigtenzahl	d	75,8	77,8[6])	—[2])			
35	Luft- und Raumfahrzeugbau .	am Umsatz	c	96,0	95,1	—[2])	1,01	1,01	—[2])
		an der Beschäftigtenzahl	d	94,7	93,9	—[2])			
50	Herstellung von Büromaschinen, Datenverarbeitungsgeräten und -einrichtungen ..	am Umsatz	c	89,7	90,2[6])	—[2])	1,06	1,06[6])	—[2])
		an der Beschäftigtenzahl	d	85,0	85,4[6])	—[2])			
64	Bekleidungsgewerbe	am Umsatz	c	8,8[7])	9,6	—[2])	1,24[7])	1,73	—[2])
		an der Beschäftigtenzahl	d	7,1[7])	5,5	—[2])			

[1]) Alle Angaben für 1977 in den Berichtskreisabgrenzungen des Jahres 1975 (Schätzungen).
[2]) Wegen der für die amtliche Statistik geltenden Geheimhaltungsbestimmungen keine Angabe für das Berichtsjahr.
[3]) Angabe in den Berichtskreisabgrenzungen des Jahres 1977.
[4]) Angabe für 1976. Wegen der für die amtliche Statistik geltenden Geheimhaltungsbestimmungen keine Angabe für 1977.
[5]) Angabe in den Berichtskreisabgrenzungen des Jahres 1976. Wegen der für die amtliche Statistik geltenden Geheimhaltungsbestimmungen keine Angabe für 1977.
[6]) Angabe für 1974. Wegen der für die amtliche Statistik geltenden Geheimhaltungsbestimmungen keine Angabe für 1975.
[7]) Angabe für 1972. Wegen der für die amtliche Statistik geltenden Geheimhaltungsbestimmungen keine Angabe für 1973.
[8]) Angabe für 1974. Wegen der für die amtliche Statistik geltenden Geheimhaltungsbestimmungen keine Angabe für 1973.

Vergleich der relativen Unternehmensgrößen in den Wirtschaftszweigen 1973, 1975 und 1977 [1])

Quelle: (a), (e)

Wirtschaftszweig (Reihenfolge gem. Spalte l)		Durchschnittlicher Umsatz (Millionen DM)						Unternehmensgrößenproportionen [6])			
SYPRO Kennziffer	Bezeichnung	der zehn größten Unternehmen			der restlichen Unternehmen						
		1973	1975	1977	1973	1975	1977	1973	1975	1977	1977 (1975 = 100)
a	b	c	d	e	f	g	h	i	j	k	l
	Zunahme der Unternehmensgrößenproportionen										
31	Stahl- und Leichtmetallbau, Schienenfahrzeuge	251,6	335,1	856,1	8,3	9,3	9,2	30,3	36,0	93,2	258,3
68	Ernährungsgewerbe	1 058,1	1 095,8	1 394,1	18,6	22,9	19,9	56,9	47,9	70,1	146,3
34	Schiffbau	437,9	539,8[5])	570,2[3])	11,6	20,0[5])	15,6[3])	37,8	27,0[5])	36,6[3])	135,6
21	Bergbau	1 516,2	1 966,2	1 964,4	14,2	18,5	13,7	106,8	106,3	143,4	134,9
22	Mineralölverarbeitung	3 463,7	4 525,0	4 967,8	101,8	103,5	88,0	34,0	43,7	56,5	129,1
33	Straßenfahrzeugbau, Reparatur von Kraftfahrzeugen usw.	4 599,4	5 323,1	7 426,8	24,7	31,9	37,6	186,2	166,9	197,5	118,4
38	Herstellung von Eisen-, Blech- und Metallwaren	317,3	338,3	486,6	7,3	7,8	9,6	43,5	43,4	50,7	116,9
29	Gießerei	289,5	357,9	398,8	8,5	9,9	9,6	34,1	36,2	41,5	114,9
59	Gummiverarbeitung	519,8	607,3	727,8	14,5	16,4	17,4	35,8	37,0	41,8	113,0
55	Zellstoff-, Holzschliff-, Papier- und Pappeerzeugung	—[2])	409,9	519,3	—[2])	23,4	26,8	—[2])	17,5	19,4	110,6
53	Holzbearbeitung	119,9	116,6	158,7	4,3	4,2	5,3	27,9	27,8	29,9	107,9
52	Herstellung und Verarbeitung von Glas	—[2])	314,7[5])	358,3[3])	—[2])	11,7[5])	12,4[3])	—[2])	26,9[5])	28,9[3])	107,4
56	Papier- und Pappeverarbeitung	213,2	268,6	326,1	7,2	8,4	9,5	29,6	32,0	34,3	107,3
61	Ledererzeugung	33,8	32,0	42,7	4,1	4,5	5,7	8,2	7,1	7,5	105,3
51	Feinkeramik	135,5	146,1	183,4	7,4	7,7	9,2	18,3	19,0	19,9	105,1
36	Elektrotechnik, Reparatur von elektrischen Haushaltsgeräten	3 259,8	3 999,9	4 560,0	17,9	18,9	21,2	182,1	211,6	215,1	101,6
40	Chemische Industrie	3 210,2	4 267,6	5 331,0	25,0	30,3	37,6	128,4	140,8	141,8	100,7
	Abnahme der Unternehmensgrößenproportionen										
32	Maschinenbau	1 358,7	1 657,6	1 815,2	14,2	16,6	18,4	95,7	99,9	98,7	98,8
28	NE-Metallerzeugung, NE-Metallhalbzeugwerke	707,1	702,3	787,0	38,3	40,9	46,8	18,5	17,2	16,8	97,9
54	Holzverarbeitung	176,5	180,2	216,9	6,6	7,0	8,7	26,7	25,7	24,9	96,8
37	Feinmechanik, Optik, Herstellung von Uhren	297,4	319,6	365,7	6,7	7,9	9,4	44,4	40,5	38,9	96,2

noch Tabelle I.23

Wirtschaftszweig (Reihenfolge gem. Spalte l)		Durchschnittlicher Umsatz (Millionen DM)						Unternehmensgrößenproportionen[6])			
SYPRO Kennziffer	Bezeichnung	der zehn größten Unternehmen			der restlichen Unternehmen						1977 (1975 = 100)
		1973	1975	1977	1973	1975	1977	1973	1975	1977	
a	b	c	d	e	f	g	h	i	j	k	l
25	Gewinnung und Verarbeitung von Steinen und Erden	369,2	374,3	399,9	5,5	5,9	6,6	67,1	63,4	60,6	95,5
63	Textilgewerbe	270,4	266,8	293,2	10,5	11,5	12,9	25,8	23,8	22,7	95,4
57	Druckerei, Vervielfältigung	—[2])	183,5	179,5	—[2])	4,4	4,6	—[2])	41,7	39,0	93,6
58	Herstellung von Kunststoffwaren	208,9	197,2	208,7	6,2	6,3	7,6	33,7	31,3	27,5	87,7
30	Ziehereien, Kaltwalzwerke, Stahlverformung, Mechanik, a. n. g.	369,1	310,2	296,7[3])	7,5	8,2	9,9[3])	49,2	37,8	30,0[3])	79,2
27	Eisenschaffende Industrie	2 629,5	3 443,6	3 008,2	150,3	148,3	164,0	17,5	23,2	18,3	79,0
39	Herstellung von Musikinstrumenten, Spielwaren, Füllhaltern usw.	43,2	51,1	63,5[4])	3,1	3,5	6,0[4])	13,9	14,6	10,6[4])	72,6
50	Herstellung von Büromaschinen, Datenverarbeitungsgeräten, und -einrichtungen	726,9	810,4[8])	—[2])	12,8	12,2[8])	—[2])	56,8	66,4[8])	—[2])	—[2])
35	Luft- und Raumfahrzeugbau	304,0	300,6	—[2])	4,4	5,2	—[2])	69,1	57,8	—[2])	—[2])
62	Lederverarbeitung	128,5	—[2])	165,9[5])	4,1	—[2])	4,7[5])	31,3	—[2])	65,5[5])	—[2])
64	Bekleidungsgewerbe	147,1[7])	173,4	—[2])	4,0[7])	5,1	—[2])	36,9[7])	34,0	—[2])	—[2])
69	Tabakverarbeitung	1 166,1	1 194,6[8])	—[2])	7,8	7,6[8])	—[2])	149,5	157,2[8])	—[2])	—[2])

[1]) Alle Angaben für 1977 in den Berichtskreisabgrenzungen des Jahres 1975 (Schätzung).
[2]) Wegen der für die amtliche Statistik geltenden Geheimhaltungsbestimmungen keine Angabe für das Berichtsjahr.
[3]) Angabe in den Berichtskreisabgrenzungen des Jahres 1977.
[4]) Angabe für 1976. Wegen der für die amtliche Statistik geltenden Geheimhaltungsbestimmungen keine Angabe für 1977.
[5]) Angabe in den Berichtskreisabgrenzungen des Jahres 1976. Wegen der für die amtliche Statistik geltenden Geheimhaltungsbestimmungen keine Angabe für 1977 bzw. 1975.
[6]) Unternehmensgrößenproportion = durchschnittlicher Umsatz der zehn größten Unternehmen bezogen auf den durchschnittlichen Umsatz der restlichen Unternehmen.
[7]) Angabe für 1972. Wegen der für die amtliche Statistik geltenden Geheimhaltungsbestimmungen keine Angabe für 1973.
[8]) Angabe für 1974. Wegen der für die amtliche Statistik geltenden Geheimhaltungsbestimmungen keine Angabe für 1975.

Vergleich der relativen Unternehmensgrößen in den „Oligopolspitzen" der Wirtschaftszweige 1973, 1975 und 1977 [1])

Quelle: (a), (e)

Wirtschaftszweig (Reihenfolge gem. Spalte l)		Durchschnittlicher Umsatz (Millionen DM)						Unternehmensgrößenproportionen in der „Oligopolspitze" [8])			
SYPRO Kenn-ziffer	Bezeichnung	der drei größten Unternehmen			der drei nächstgrößten Unternehmen						1977 (1975 = 100)
		1973	1975	1977	1973	1975	1977	1973	1975	1977	
a	b	c	d	e	f	g	h	i	j	k	l
	Zunahme der Unternehmensgrößenproportionen in der „Oligopolspitze"										
31	Stahl- und Leichtmetallbau, Schienenfahrzeuge	419,6	547,5	2 292,0	220,7	262,3	252,7	1,9	2,1	9,1	433,3
55	Zellstoff-, Holzschliff-, Papier- und Pappeerzeugung	756,4	745,8	1 115,5	315,8	355,9	354,9	2,4	2,1	3,1	147,6
64	Bekleidungsgewerbe	234,8	253,7[5])	280,8[3])	127,3	160,4[6])	143,1[3])	1,8	1,6[6])	2,0[3])	125,0
58	Herstellung von Kunststoffwaren	318,8	269,7	299,1	207,1	197,6	177,4	1,5	1,4	1,7	121,4
22	Mineralölverarbeitung	6 550,6	8 715,6	10496,0	2 863,0	4 167,9	4 136,7	2,3	2,1	2,5	119,0
29	Gießerei	481,7	585,6	699,4	241,0	323,9	331,9	2,0	1,8	2,1	116,7
53	Holzbearbeitung	141,0[7])	155,0	223,7	107,0[7])	116,3	153,7	1,3[7])	1,3	1,5	115,4
56	Papier- und Pappeverarbeitung	341,2	429,9	536,5	171,2	229,9	258,8	2,0	1,9	2,1	110,5
54	Holzverarbeitung	202,8	213,1	267,0	174,4	196,6	214,0	1,2	1,1	1,2	109,1
59	Gummiverarbeitung	1 024,2	1 159,4	1 425,1	410,7	482,6	544,6	2,5	2,4	2,6	108,3
63	Textilgewerbe	376,8	352,7	378,4	236,7	263,7	277,5	1,6	1,3	1,4	107,7
21	Bergbau	3 424,2	4 372,6	4 594,4	977,5	1 284,9	1 294,3	3,5	3,4	3,5	102,9
	Keine Änderung der Unternehmensgrößenproportionen in der „Oligopolspitze"										
28	NE-Metallerzeugung, NE-Metallhalbzeugwerke	1 156,2	1 153,4	1 311,2	619,9	679,8	757,8	1,9	1,7	1,7	100,0
33	Straßenfahrzeugbau, Reparatur von Kraftfahrzeugen usw.	10048,3	11440,9	16493,6	3 485,7	3 746,9	5 370,7	2,9	3,1	3,1	100,0
36	Elektrotechnik, Reparatur von elektrischen Haushaltgeräten	7 612,7	8 877,8	10157,2	1 801,9	2 690,2	3 120,0	4,2	3,3	3,3	100,0
57	Druckerei, Vervielfältigung	274,7[5])	296,4	284,1	150,3[5])	155,4	146,0	1,8[5])	1,9	1,9	100,0
61	Ledererzeugung	54,7	52,0[6])	66,9[3])	28,9	28,0[6])	35,7[3])	1,9	1,9[6])	1,9[3])	100,0
62	Lederverarbeitung	—[2])	322,0[6])	289,5[3])	—[2])	116,4[6])	101,6[3])	—[2])	2,8[6])	2,8[3])	100,0

noch Tabelle I.24

Wirtschaftszweig (Reihenfolge gem. Spalte l)		Durchschnittlicher Umsatz (Millionen DM)						Unternehmensgrößenproportionen in der „Oligopolspitze"[8])			
SYPRO Kenn-ziffer	Bezeichnung	der drei größten Unternehmen			der drei nächstgrößten Unternehmen						1977 (1975 = 100)
		1973	1975	1977	1973	1975	1977	1973	1975	1977	
a	b	c	d	e	f	g	h	i	j	k	l
	Abnahme der Unternehmensgrößenproportionen in der „Oligopolspitze"										
34	Schiffbau	879,8	1 073,4	1 091,3	430,2	470,6	503,5	2,0	2,3	2,2	95,7
38	Herstellung von Eisen-, Blech- und Metallwaren	533,2	590,9	850,8	259,5	286,4	417,5	2,1	2,1	2,0	95,2
68	Ernährungsgewerbe	1 869,9	1 762,0	2 222,4	743,1	861,3	1 157,2	2,5	2,0	1,9	95,0
37	Feinmechanik, Optik, Herstellung von Uhren	471,1	510,3	563,2	311,1	278,8	335,4	1,5	1,8	1,7	94,4
25	Gewinnung und Verarbeitung von Steinen und Erden	535,6	552,7	576,0	355,9	381,4	449,1	1,5	1,4	1,3	92,9
52	Herstellung und Verarbeitung von Glas	529,3	518,0	610,3	269,5	271,2	352,2	2,0	1,9	1,7	89,5
30	Ziehereien, Kaltwalzwerke, Stahlverformung, Mechanik, a. n. g.	593,8	464,4	401,4[3])	355,9	302,6	304,9[3])	1,7	1,5	1,3[3])	86,7
32	Maschinenbau	2 525,8	2 822,9	2 775,9	994,4	1 398,5	1 634,2	2,5	2,0	1,7	85,0
39	Herstellung von Musikinstrumenten, Spielwaren, Füllhaltern, usw.	70,6	80,6	91,9[4])	35,7	43,2	58,8[4])	2,0	1,9	1,6[4])	84,2
27	Eisenschaffende Industrie	4 365,0	6 035,8	5 041,7	2 357,0	2 630,2	2 651,7	1,9	2,3	1,9	82,6
40	Chemische Industrie	6 706,2	8 290,2	9 837,8	2 164,6	3 613,8	5 275,5	3,1	2,3	1,9	82,6
35	Luft- und Raumfahrzeugbau	875,4	857,2	—[2])	102,0	99,5	—[2])	8,6	8,6	—[2])	—[2])
50	Herstellung von Büromaschinen, Datenverarbeitungsgeräten und -einrichtungen	1 809,9	2 113,3	2 618,0	347,7	421,8	—[2])	5,2	5,0	—[2])	—[2])
51	Feinkeramik	263,6	—[2])	356,6[4])	92,5	—[2])	146,5[4])	2,8	—[2])	2,4[4])	—[2])
69	Tabakverarbeitung	3 015,3	3 055,1	3 260,0[3])	—[2])	—[2])	1 067,6[3])	—[2])	—[2])	3,1[3])	—[2])

1) Alle Angaben für 1977 in den Berichtskreisabgrenzungen des Jahres 1975 (Schätzung).
2) Wegen der für die amtliche Statistik geltenden Geheimhaltungsbestimmungen keine Angabe für das Berichtsjahr.
3) Angabe in den Berichtskreisabgrenzungen des Jahres 1977.
4) Angabe für 1976. Wegen der für die amtliche Statistik geltenden Geheimhaltungsbestimmungen keine Angabe für 1977.
5) Angabe für 1974. Wegen der für die amtliche Statistik geltenden Geheimhaltungsbestimmungen keine Angabe für 1973.
6) Angabe für 1974. Wegen der für die amtliche Statistik geltenden Geheimhaltungsbestimmungen keine Angabe für 1975.
7) Angabe für 1972. Wegen der für die amtliche Statistik geltenden Geheimhaltungsbestimmungen keine Angabe für 1973.
8) Unternehmensgrößenproportion in der „Oligopolspitze" = durchschnittlicher Umsatz der drei größten Unternehmen bezogen auf den durchschnittlichen Umsatz der drei nächstgrößten Unternehmen.

II. Stand und Entwicklung der Unternehmenskonzentration im Bereich von Großunternehmen

Tabelle II.1

Die hundert umsatzstärksten Unternehmen 1978

Quelle: Eigene Erhebungen

Rang 1978	Firma und Sitz	Nominal-Kapital[1]) in Millionen DM	Anteilseigner Name
—	Deutsche Bundespost		Bundesrepublik Deutschland
—	Deutsche Bundesbahn		Bundesrepublik Deutschland
1	VEBA AG, Düsseldorf	1 404	Bundesrepublik Deutschland Streubesitz
2	Siemens AG, München	1 644	Familie Siemens Streubesitz
3	Volkswagenwerk AG, Wolfsburg	1 200	Bundesrepublik Deutschland Land Niedersachsen Streubesitz
4	Daimler-Benz AG, Stuttgart	1 357	Deutsche Bank Friedrich Flick KGaA Regierung des Staates Kuweit Mercedes-Automobil-Holding AG Streubesitz
5	Thyssen AG, Duisburg	1 299	Thyssen-Vermögensverwaltung GmbH Fritz Thyssen Stiftung Streubesitz
6	BASF AG, Ludwigshafen	1 939	Streubesitz
7	Hoechst AG, Frankfurt	1 798	Streubesitz
8	Rheinisch-Westfälisches Elektrizitätswerk AG, Essen	1 800	öffentliche Hand
9	Ruhrkohle AG, Essen	535	VEBA AG Salzgitter AG Sidechar (F) Hoesch AG Mannesmann Thyssen AG Krupp Hüttenwerke AG Thyssen Energie GmbH Harpener AG Klöckner Werke AG Steinkohlenbergwerk Friedrich Heinrich AG Niederrheinische Bergwerks AG Bergwerks AG, Walsum Steinkohlenbergwerk Heinrich Robert AG Gewerkschaft Alte Haase
10	Bayer AG, Leverkusen	2 130	Streubesitz
11	ESSO AG, Hamburg	1 000	Exxon Corp. (USA)
12	Allgemeine Elektricitäts-Gesellschaft AEG-Telefunken, Frankfurt/M.	930	Streubesitz
13	Deutsche Shell AG, Hamburg	1 000	Royal Dutch/Shell (NL/GB)
14	Fried. Krupp GmbH, Essen	700	A. Krupp von Bohlen und Halbach-Stiftung Regierung des Staates Iran

Tabelle II.1

Kapitalanteil in %	Umsatz[2]) in Millionen DM				Veränderung in %			
	1978	1976	1974	1972	1978/1976	1976/1974	1974/1972	1978/1972
	33 766	29 664	24 954	19 654	*+13,8*	*+18,9*	*+27,0*	*+71,8*
	26 664[3])	24 696[3])	23 275[3])	18 890[3])	*+ 8,0*	*+ 6,1*	*+23,2*	*+41,2*
ca. *44*	28 839	25 584	16 740	9 659	*+12,7*	*+52,8*	*+73,3*	*+198,6*
Rest								
11	23 462	15 746	13 478	12 132	*+49,0*	*+16,8*	*+11,1*	*+93,4*
89								
20	22 161	16 811	13 740	12 753	*+31,8*	*+22,4*	*+ 7,7*	*+73,8*
20								
60								
unter *25*	20 624	18 387	13 535	10 950	*+12,2*	*+35,8*	*+23,6*	*+88,4*
rund *10*								
14								
25,23								
unter *25*								
rund *25*	19 212	20 387	21 136	9 835	*− 5,8*	*− 3,5*	*+114,9*	*+95,3*
rund *9*								
rund *65*								
über *80*	17 000	16 566	15 752	9 418	*+ 2,6*	*+ 5,2*	*+67,3*	*+80,5*
über *80*	13 076	12 918	11 989	8 375	*+ 1,2*	*+ 7,7*	*+43,2*	*+56,1*
über *50*	12 778	11 459	9 291	6 817	*+11,5*	*+23,6*	*+36,3*	*+87,4*
(Stimmrecht)								
27,2	12 488	12 340	11 857	7 187	*+ 1,2*	*+ 4,1*	*+65,0*	*+73,8*
10,9								
8,3								
7,9								
7,4								
7,2								
6,2								
5,5								
4,8								
4,7								
3,1								
2,9								
1,9								
1,8								
0,2								
über *80*	12 100	11 666	11 399	7 088	*+ 3,7*	*+ 2,3*	*+60,8*	*+70,7*
100	12 076	12 502	10 629	6 115	*− 3,4*	*+17,6*	*+73,8*	*+97,5*
über *50*	12 024	11 341	10 613	8 730	*+ 6,0*	*+ 6,9*	*+21,6*	*+37,7*
100	11 305	11 429	10 226	5 684	*− 1,0*	*+11,8*	*+79,9*	*+98,9*
74,99	10 986	9 016	8 706	6 238	*+21,9*	*+ 3,6*	*+39,6*	*+76,1*
25,01								

noch Tabelle II. 1

Rang 1978	Firma und Sitz	Nominal-Kapital[1]) in Millionen DM	Anteilseigner Name
15	Adam Opel AG, Rüsselsheim	950	General Motors Corp. (USA) . . . .
16	Mannesmann AG, Düsseldorf	949	Streubesitz . . . .
17	Ford-Werke AG, Köln	720	Ford Motor Corp. (USA) . . . .
18	Deutsche BP AG, Hamburg	950	The British Petroleum Comp. (GB) . . . .
19	Gutehoffnungshütte Aktienverein, Oberhausen	404	Nachkommen der Gründer der GHH: Jacobi, Haniel, Huyssen . . . . Allianz, Commerzbank } ind. . . . . Streubesitz . . . .
20	Karstadt AG, Essen	360	Commerzbank AG . . . . Deutsche Bank AG . . . . mehrere priv. Großaktionäre . . . .
21	Friedrich Flick Industrieverwaltung KGaA, Düsseldorf	700	Familie Flick . . . .
22	Robert Bosch GmbH, Stuttgart	680	Familie Bosch . . . . R. Bosch Stiftung GmbH, Bosch Ind. Beteiligungen } . . . .
23	Deutsche Unilever GmbH, Hamburg	537	Unilever NV (NL/GB), über 6 Holding-Gesellschaften . . . .
24	Metallgesellschaft AG, Frankfurt/M.	210	Allianz, Deutsche Bank AG } . . . . Dresdner Bank AG . . . . Schweiz. Gesellsch. f. Metallw. (CH) . . . . . .
25	Aral AG, Bochum	300	VEBA AG . . . . Mobil Oil AG . . . . BASF AG . . . . Gruppe der Benzolerzeuger . . . .
26	Salzgitter AG, Salzgitter	425	Bundesrepublik Deutschland . . . .
27	Hoesch Werke AG, Dortmund	270	ESTEL (NL) . . . .
28	IBM Deutschland GmbH, Stuttgart	1 400	IBM Corp. (USA) . . . .
29	Bayerische Motoren Werke AG, München .	500	Mitglieder der Familie Dr. Herbert Quandt . Streubesitz . . . .
30	Alfred C. Toepfer Verwaltungsgesellschaft mbH, Hamburg	150	Freiherr vom Stein Stiftung . . . .
31	Klöckner & Co., Duisburg	280	Komplementäre: Jörg A. Henle, C. Peter Henle, Karl A. Thoelke Kommanditisten: Peter Klöckner Familienstiftung, Günter Henle . . . .
32	Deutsche Texaco AG, Hamburg	360	Texaco Inc. (USA) . . . .
33	Reemtsma Cigarettenfabriken GmbH, Hamburg	480	3 Familienstämme Reemtsma . . . . Streubesitz . . . .
34	Ruhrgas AG, Essen	415	Bergemann KG . . . . Deutsche BP AG (ind.) . . . . Shell AG, ESSO AG } ind. . . . . Schubert KG . . . . Andere . . . .
35	Neue Heimat, Hamburg	keine Ang.	DGB und Einzelgewerkschaften . . . .
36	Mobil Oil AG, Hamburg	760	Mobil Oil Corp. (USA) . . . .

Kapitalanteil in %	Umsatz[2]) in Millionen DM				Veränderung in %			
	1978	1976	1974	1972	1978/1976	1976/1974	1974/1972	1978/1972
100	10 642	8 804	4 852	6 490	+20,9	+81,5	−25,2	+64,0
über 80	10 641	9 934	10 192	5 444	+ 7,1	− 2,5	+87,2	+95,5
99,8	10 475	8 657	4 991	5 779	+21,0	+73,5	−13,6	+81,3
100	9 528	6 846	6 528	3 718	+39,2	+ 4,9	+75,6	+156,3
	9 479	8 553	7 648	5 880	+10,8	+11,8	+30,1	+61,2
ca. 20								
ca. 30								
ca. 30								
über 25	8 042H	5 441H	4 887H	3 954H	+47,8	+11,3	+23,6	+103,4
über 25								
unter 25								
100	7 624	7 235	8 052	5 722	+ 5,4	−10,1	+40,7	+33,2
10,5	7 594	6 583	5 544	4 629	+15,4	+18,7	+19,8	+64,1
89,5								
100	7 307	6 722	6 929	5 000	+ 8,7	− 3,0	+38,6	+46,1
über 25	7 117	6 226	6 671	4 309	+14,3	− 6,7	+54,8	+65,2
über 25								
16,46								
56	7 083H	6 747H	5 948H	3 834H	+ 5,0	+13,4	+55,1	+84,7
28								
15								
1								
100	6 724	6 619	7 213	4 118	+ 1,6	− 8,2	+75,2	+63,3
100	6 538	6 145	6 793	4 027	+ 6,4	− 9,5	+68,7	+62,4
100	6 318	5 960	4 828	4 280	+ 6,0	+23,4	+12,8	+47,6
ca. 70	6 184	4 490	2 492	2 319	+37,7	+80,2	+ 7,5	+166,7
unter 25								
100	5 981H	5 816H	6 065H	2 411H	+ 2,8	− 4,1	+151,6	+148,1
100	5 849H	5 078H	5 145H	3 035H	+15,2	− 1,3	+69,5	+92,7
99,2	5 547	5 798	5 946	3 197	− 4,3	− 2,5	+86,0	+73,5
65	5 507	5 421	4 993	4 301	+ 1,6	+ 8,6	+16,1	+28,0
35								
34,8	5 493	4 008	2 047	1 318	+37,1	+95,8	+55,3	+316,8
25								
26,5								
13,5								
0,2								
100	5 194	5 369	5 002	4 240	− 3,3	+ 7,3	+18,0	+22,5
100	5 174	4 908	3 935	2 055	+ 5,4	+24,7	+91,5	+151,8

noch Tabelle II. 1

Rang 1978	Firma und Sitz	Nominal-Kapital[1]) in Millionen DM	Anteilseigner Name
37	Kaufhof AG, Köln	300	Commerzbank AG Dresdner Bank AG Streubesitz
38	Deutsche Lufthansa AG, Köln	600	Bundesrepublik Deutschland (direkt und indirekt) Land Nordrhein-Westfalen Streubesitz
39	Degussa, Frankfurt/M.	212	Henkel KGaA, Dresdner Bank AG, Münchener Rückversicherungs-gesellschaft } ind. Streubesitz
40	Gustav Schickedanz KG, Fürth	345	Familien-Verein Schickedanz e. V.
41	Hochtief AG, Essen	70	RWE Commerzbank AG Agricola Verwaltungsgesellschaft KG
42	REWE-Zentral AG, Köln	5	Regionale REWE-Großhandlungen
43	Hertie Waren- und Kaufhaus GmbH, Frankfurt/M. und Berlin	300	Hertie Stiftung, Hamburg, Gemeinnützige Hertie Stiftung, Frankfurt/M.
44	Allgemeine Deutsche Philips Industrie GmbH, Hamburg	500	Philips N. V. (NL)
45	Philipp Holzmann AG	60	Deutsche Bank AG Westdeutsche Landesbank Streubesitz
46	BAT Cigaretten-Fabriken GmbH, Hamburg	300	British American Tobacco Comp. (GB)
47	co op Zentrale AG, Frankfurt/M.	150	Bund deutscher Konsumgenossenschaften Beteiligungsgesellschaften für Gemeinwirtschaft ausländische Konsumgenossenschaften
48	Saarbergwerke AG, Saarbrücken	415	Bundesrepublik Deutschland Saarland
49	Brown, Boveri & Cie AG, Mannheim	144	Brown, Boveri & Cie (CH) Streubesitz
50	Klöckner-Werke AG, Duisburg	447	Internationale Industrielle Belegging Maatschappij „Amsterdam" N. V. (NL) Streubesitz
51	BayWa AG, München	64	Bayerische Raiffeisen-Zentralbank AG Raiffeisen-Genossenschaften in Bayern
52	Vereinigte Industrie-Unternehmungen AG, Berlin und Bonn	467	Bundesrepublik Deutschland (direkt und indirekt)
53	Henkel KGaA, Düsseldorf	300	Familie Henkel
54	Gedelfi Großeinkauf GmbH & Co. KG, Köln	11	52 Gesellschafter, Lebensmittel-Einzelhandelsunternehmen
55	Klöckner-Humboldt-Deutz AG, Köln	221	Klöckner & Co Streubesitz
56	Stumm GmbH-Mabanaft Gruppe[4]), Hamburg	177	Familie Weisser
57	C & A Brenninkmeyer, Düsseldorf	337	Familienbesitz

Kapitalanteil in %	Umsatz[2]) in Millionen DM				Veränderung in %			
	1978	1976	1974	1972	1978/1976	1976/1974	1974/1972	1978/1972
über 25	5 042H	4 763H	4 225H	3 631H	+ 5,9	+12,7	+16,4	+38,9
über 25								
über 25								
über 75	4 992	4 196	3 256	2 412	+19,0	+28,9	+35,0	+107,0
2,25								
17,84								
über 25	4 496	3 760	3 429	1 973	+19,6	+ 9,7	+73,8	+127,9
über 50								
100	4 417H	4 001H	3 416H	2 811H	+10,4	+17,1	+21,5	+57,1
33,89	4 303	2 850	2 150	2 030	+51,0	+32,6	+ 5,9	+112,0
über 25								
über 25								
95	4 286H	3 533H	2 278H	1 525H	+21,3	+55,1	+49,4	+181,0
100	4 272H	4 269H	3 912H	3 475H	+ 0,1	+ 9,1	+12,6	+23,0
100	4 213	4 026	3 631	3 066	+ 4,6	+10,9	+18,4	+37,4
über 25	4 197	2 838	2 191	2 130	+47,9	+29,5	+ 2,9	+97,0
über 25								
unter 50								
100	4 012	3 578	3 421	2 868	+12,1	+ 4,6	+19,3	+39,9
39,3	4 004H	3 128H	2 363H	2 265H	+28,0	+32,4	+ 4,7	+76,8
38,3								
22,4								
74	3 821	3 806	3 277	1 983	+ 0,4	+16,1	+65,3	+92,7
26								
rund 56	3 772	3 442	2 897	2 357	+ 9,6	+18,8	+22,9	+60,0
unter 50								
über 25	3 654	2 972	2 985	1 972	+23,0	− 0,4	+51,4	+85,3
über 50								
über 25	3 479H	3 182H	2 530H	1 996H	+ 9,3	+25,8	+26,8	+74,3
über 50								
100	3 398	3 386	2 811	1 644	+ 0,4	+20,5	+71,0	+106,7
100	3 392	3 259	3 214	2 454	+ 4,1	+ 1,4	+31,0	+38,2
100	3 376H	2 753H	3 086H	3 392H	+22,6	−10,8	− 9,0	− 0,5
unter 50	3 370	3 212	3 233	2 450	+ 4,9	− 0,6	+32,0	+37,6
über 50								
über 50	3 347H	3 146H	2 672H	1 122H	+ 6,4	+17,7	+138,1	+198,3
100	3 334H	2 683H	2 558H	2 369H	+24,3	+ 4,9	+ 8,0	+40,7

noch Tabelle II. 1

Rang 1978	Firma und Sitz	Nominal-Kapital[1]) in Millionen DM	Anteilseigner Name
58	Deutsche Babcock AG, Oberhausen	250	Regierung des Staates Iran .... Berliner Handels- und Frankfurter Bank ... Streubesitz ....
59	Vereinigte Elektrizitätswerke Westfalen AG, Dortmund	600	Allianz, RWE, Deutsche Bank } ind. .... Stadt Bochum .... Stadt Dortmund, Landschaftsverband Westfalen Lippe, Hochsauerland-Kreis, Westdeutsche Landesbank } ind. sonstige Kommunale Körperschaften ..... Streubesitz ....
60	EDEKA-Zentrale AG, Berlin und Hamburg	45	Regionale Großhandelsbetriebe .... EDEKA Zentralinstitutionen und Sonstige
61	Saint-Gobain-Pont-à-Mousson (Deutschland), Aachen	keine Ang.	Saint-Gobain-Pont-à-Mousson (F) ....
62	Standard Elektrik Lorenz AG, Stuttgart ...	384	Int. Standard Electric Corp. (USA), daran ITT 100 % ....
63	Martin Brinkmann AG, Bremen	200	Rothmans Int. LTD (GB) ....
64	Preussag AG, Hannover	315	Westdeutsche Landesbank .... Streubesitz ....
65	Nestlé-Gruppe Deutschland GmbH, Frankfurt/M.	keine Ang.	Nestlé (CH) ....
66	Stahlwerke Röchling-Burbach GmbH, Völklingen	330	ARBED (Lux) .... Röchling'sche Familiengemeinschaft .....
67	Bertelsmann AG, Gütersloh	161	Großaktionär: Familie Mohn .... Dr. Gerd Bucerius ....
68	Oetker-Gruppe, Bielefeld	110	R. A. Oetker ....
69	Grundig AG, Fürth	263	Max Grundig Stiftung .... (daran Philips (NL) beteiligt) Grundig-Familien-Verein e. V. .... Familienmitglieder ....
70	Horten AG, Düsseldorf	250	BAT (GB) (indirekt) .... Deutsche Bank AG, Commerzbank AG } ind. .... Streubesitz ....
71	Hapag-Lloyd AG, Hamburg	180	Deutsche Bank AG .... Dresdner Bank AG .... Münchener Rückversicherung, Allianz } ind. ...
72	Otto Wolff AG, Köln	100	Familienbesitz .... Otto Wolff'sche Verwaltungs GmbH & Co. .
73	Bilfinger + Berger Bau-AG, Mannheim ...	40	Dresdner Bank AG .... Streubesitz ....
74	Otto Versand (GmbH & Co.), Hamburg ...	200	Familie W. Otto .... über Otto AG für Beteiligungen Westdeutsche Allgemeine Zeitungsverlagsgesellschaft .... Schweizerische Kreditanstalt .... Kommanditgesellschaft Aurum ....

Kapitalanteil in %	Umsatz[2]) in Millionen DM				Veränderung in %			
	1978	1976	1974	1972	1978/1976	1976/1974	1974/1972	1978/1972
25,02	3 194	3 179	2 560	1 668	*+ 0,5*	*+24,2*	*+53,5*	*+91,5*
über *5*								
rund *70*								
	3 143	2 734	2 162	1 648	*+15,0*	*+26,5*	*+31,2*	*+90,7*
25,32								
4,99								
32,59								
14,98								
22,12								
87,1	3 001H	2 207H	1 366H	1 011H	*+36,0*	*+61,6*	*+35,1*	*+196,8*
12,9								
100	2 850	2 828	2 243	1 830	*+ 0,8*	*+26,1*	*+18,7*	*+55,7*
85,93	2 797	2 696	2 685	2 188	*+ 3,8*	*+ 0,4*	*+22,7*	*+27,8*
100	2 756	2 679	2 739	2 505	*+ 2,9*	*− 2,2*	*+ 9,3*	*+10,0*
rund *40*	2 684	2 675	2 647	1 924	*+ 0,3*	*+ 1,1*	*+37,6*	*+39,5*
rund *60*								
100	2 648	2 278	1 945	1 693	*+16,2*	*+17,1*	*+14,9*	*+56,4*
97,9	2 556	1 911	2 502	1 343	*+33,8*	*−23,6*	*+86,3*	*+90,3*
2,1								
	2 489	2 166	1 403	771	*+14,9*	*+54,4*	*+82,0*	*+222,8*
89,3								
10,7								
100	2 471	2 889	3 431	2 587	*−14,5*	*−15,8*	*+32,6*	*− 4,5*
über *50*	2 464	2 223	1 794	1 213	*+10,8*	*+23,9*	*+47,9*	*+103,1*
0,3								
10,6								
über *25*	2 459H	2 489H	2 266H	1 844H	*− 1,2*	*+ 9,8*	*+22,9*	*+33,4*
25								
unter *50*								
über *25*	2 453	1 905	1 762	1 194	*+28,8*	*+ 8,1*	*+47,6*	*+105,4*
über *25*								
über *25*								
unter *75*	2 388H	2 241H	2 499H	1 545H	*+ 6,6*	*−10,3*	*+61,7*	*+54,6*
über *25*								
unter *50*	2 246	1 910	1 046	966	*+17,6*	*+82,6*	*+ 8,3*	*+132,5*
über *50*								
50	2 129H	1 837H	1 329H	1 141H	*+15,9*	*+38,2*	*+16,5*	*+86,6*
25								
15								
10								

noch Tabelle II. 1

Rang 1978	Firma und Sitz	Nominal-Kapital[1]) in Millionen DM	Anteilseigner Name
75	Messerschmitt-Bölkow-Blohm GmbH, München	85	Thyssen AG, Siemens AG, S.N.I.A. (F) } ind.
			Familie Blohm
			Nachlaß Prof. Messerschmitt
			Ludwig Bölkow
			The Boeing Corp. (USA)
			Freistaat Bayern
			Hansestadt Hamburg
76	Franz Haniel & Cie. GmbH, Duisburg	100	Familie Haniel
77	Bayernwerk AG, München	600	Freistaat Bayern
			Vereinigte Industrieunternehmungen AG
78	Bosch-Siemens Hausgeräte GmbH, Stuttgart	140	Robert Bosch GmbH
			Siemens AG
79	Tengelmann Warenhandelsgesellschaft, Mülheim	72	Familie Haub
80	Elf Mineraloel GmbH, Düsseldorf	230	ELF Union (F)
			Lacaussade (F)
81	Wilhelm Werhahn, Neuss	264	Familie Werhahn
82	Strabag Bau-AG, Köln	55	Werhahn Gruppe
			Streubesitz
83	Magirus-Deutz AG, Ulm	250	IVECO Industrial Vehicles Corp. (NL) (daran FIAT 80 %, Klöckner-Humboldt-Deutz 20 %)[6])
84	Continental Gummi-Werke AG, Hannover	270	Bayer AG
			Deutsche Bank AG
			Streubesitz
85	Enka Glanzstoff AG, Wuppertal	223	Azko N. V. (NL)
86	Agfa-Gevaert AG, Leverkusen	310	Bayer AG über Agfa AG
			Gevaert Photo-Producten N. V. (B)
87	Linde AG, Wiesbaden	140	Streubesitz
88	E. Kampffmeyer, Hamburg	40	Kurt Kampffmeyer
89	Zahnradfabrik Friedrichshafen AG, Friedrichshafen	60	Zeppelin Stiftung
			Hella Gräfin von Brandenstein-Zeppelin, Gesellschaft bürgerlichen Rechts
			Maag-Zahnräder & Maschinen AG (CH)
90	Dyckerhoff & Widmann AG, München	34	Familie Lübbert
			Siemens AG, Bayerische Landesbank Girozentrale, Norddeutsche Landesbank Girozentrale } ind.
			Berliner Handels- und Frankfurter Bank (indirekt)
91	AGIP AG, München	170	ENI (I)
92	Axel Springer Verlag AG, Berlin	115	Eigentümer A. Springer und Familie
93	Schering AG, Berlin	251	Streubesitz
94	ITT Gesellschaft für Beteiligungen mbH, Frankfurt/M.	472	ITT-Industries Inc. (USA)

Kapitalanteil in %	Umsatz[2]) in Millionen DM				Veränderung in %			
	1978	1976	1974	1972	1978/1976	1976/1974	1974/1972	1978/1972
33,78	2 117	1 635	1 444	1 157	+29,5	+13,1	+24,8	+ 83,0
0,75								
13,34								
4,14								
0,99								
7,8								
20,25								
99	2 115H	1 898H	1 711H	926H	+11,4	+10,9	+84,8	+128,4
60	2 085	1 453	798	639	+43,5	+82,1	+24,9	+226,3
40								
50	2 084	1 925	1 911	1 598	+ 8,3	+ 0,7	+19,6	+ 30,4
50								
100	2 031H	1 693H	1 388H	809H	+20,0	+22,0	+71,6	+151,0
97,17	2 029	1 812	974	—	+12,0	+86,0	—	+108,3[5])
2,83								
100	1 981H	1 636H	1 160H	1 028H	+21,1	+41,0	+12,8	+ 92,7
über 25	1 945	1 626	1 329	1 277	+19,6	+22,4	+ 4,1	+ 52,3
über 50								
98	1 927	2 010	1 010	—	− 4,1	+99,0	—	+ 90,8[5])
11,59	1 915	1 779	1 584	1 290	+ 7,6	+12,3	+22,8	+ 48,5
unter 25								
über 60								
97,2	1 870	2 056	2 217	1 767	− 9,1	− 7,3	+25,5	+ 5,8
50	1 829	1 737	1 445	1 166	+ 5,3	+20,2	+23,9	+ 56,9
50								
ca. 90	1 825	1 554	1 298	998	+17,4	+19,7	+30,5	+82,9
100	1 808H	1 820H	1 422H	—	− 0,7	+28,0	—	+ 27,1[5])
89,8	1 767	1 623	1 235	912	+ 8,9	+31,4	+35,4	+ 93,8
6,2								
4								
ca. 30	1 744	1 616	1 315	1 349	+ 7,9	+22,9	− 2,5	+ 29,3
26								
ca. 9								
100	1 736	1 754	1 390	963	− 1,0	+26,2	+44,3	+ 80,3
100	1 727	1 430	1 170	1 105	+20,8	+22,2	+ 5,9	+ 56,3
über 50	1 727	1 563	1 406	1 070	+10,5	+11,1	+31,4	+ 61,4
100	1 719	1 508	1 399	1 060	+14,0	+ 7,8	+32,0	+ 62,2

noch Tabelle II. 1

Rang 1978	Firma und Sitz	Nominal-Kapital[1]) in Millionen DM	Anteilseigner Name
95	Touristik Union International GmbH KG, Hannover	36	Horten (indirekt)
			Deutsche Bundesbahn (indirekt)
			Hapag-Lloyd AG, abr. Amtliches Bayer. Reisebüro } dir. u. ind.
			Div. Reisebüros
96	Aktiengesellschaft der Dillinger Hüttenwerke, Dillingen	158	Marine-Wendel (F)
			Stahlwerke Röchling-Burbach GmbH (indirekt)
97	Carl Zeiss, Oberkochen	179	Carl Zeiss Stiftung
98	Eschweiler Bergwerks-Verein, Herzogenrath	126	ARBED (Lux)
99	Rheinische Olefinwerke GmbH, Wesseling	300	BASF AG
			Deutsche Shell AG
100	Michelin Reifenwerke KGaA, Karlsruhe	300	Michelin (F) (indirekt)

[1]) Bei Aktiengesellschaften Grundkapital, bei GmbH's Stammkapital, bei den übrigen Rechtsformen entsprechende Kapitalabgrenzung. Die Angaben wurden den Geschäftsberichten entnommen.

[2]) Bei Unternehmen, die mehr als 66,6 % ihres Umsatzes im Handel tätigen, wurden 75 % des Umsatzes berücksichtigt. Diese Fälle sind durch ein „H" gekennzeichnet.

[3]) Summe der Aufwendungen.

[4]) Ab 1. Januar 1978 Namensänderung. Zuvor: Marquard & Bahls GmbH & Co.

[5]) Veränderung in % 1978/1974.

[6]) Ab 1. Januar 1980 ist FIAT an der IVECO mit 100 % beteiligt.

Kapitalanteil in %	Umsatz[2]) in Millionen DM				Veränderung in %			
	1978	1976	1974	1972	1978/1976	1976/1974	1974/1972	1978/1972
20	1 685	1 450	1 200	926	*+16,2*	*+20,8*	*+ 29,6*	*+ 82,0*
12,37								
24,75								
42,83								
über 50	1 664	1 499	1 789	1 032	*+11,0*	*−16,2*	*+ 73,4*	*+ 61,2*
über 25								
100	1 638	1 405	1 244	1 002	*+16,6*	*+12,9*	*+ 24,2*	*+ 63,5*
95,8	1 626	1 624	1 522	1 048	*+ 0,1*	*+ 6,7*	*+ 45,2*	*+ 55,2*
50	1 606	1 755	1 999	781	*− 8,5*	*−12,2*	*+156,0*	*+105,6*
50								
über 50	1 574	1 461	1 132	780	*+ 7,7*	*+29,1*	*+ 45,1*	*+101,8*

Tabelle II.2

Die Sachanlagen und Beteiligungen von 96 Unternehmen aus dem Kreis der „100 Größten" 1978

Quelle: Eigene Erhebungen

Rangfolge nach dem Umsatz	Rangfolge nach den ausgewiesenen Sachanlagen insgesamt[1])	Rangfolge nach den ausgewiesenen Beteiligungen[1])	Firma	Wirtschaftszweig[2])	Sachanlagen				Beteiligungen in TDM[6])	Sachanlagen insgesamt und Beteiligungen in TDM	Erläuterungen[7]
					Grundstücke und Bauten[3])	Maschinen und Betriebs- und Geschäftsausstattung[4])	immaterielle Anlagewerte[5])	insgesamt			
1	2	5	VEBA AG	205	2128677	7920313	79745	10128735	1823149	11951884	
2	11	7	Siemens AG	250	1714239	1537135	0	3251374	1232292	4483666	
3	10	10	Volkswagenwerk AG	244	1921244	1717694	0	3638938	634886	4273824	
4	16	24	Daimler Benz AG	244	1082561	1399795	65	2482421	313652	2796073	
5	7	6	Thyssen AG	230—232	1502564	3037299	7837	4547700	1246440	5794140	
6	6	4	BASF AG	200	1522349	3202566	2611	4727526	1932309	6659835	
7	8	1	Hoechst AG	200	1878295	2296392	3150	4177837	2962825	7140662	
8	1	8	Rheinisch-Westfälisches Elektrizitätswerk AG	101	2076030	11040110	56073	13172213	859524	14031737	
9	5	16	Ruhrkohle AG	110	1843411	3266929	17169	5127509	465042	5592551	
10	9	3	Bayer AG	200	1849044	2102011	0	3951055	1974974	5926029	
11	32	30	ESSO AG	205	200685	934014	7411	1142110	234708	1376818	TK
12	24	9	Allgemeine Elektricitäts-Gesellschaft AEG-Telefunken	250	645071	878517	27474	1551062	811837	2362899	
13	25	15	Deutsche Shell AG	205	280398	1196174	65097	1541669	482593	2024262	E
14	13	31	Fried. Krupp GmbH	230—232	894712	1790493	213	2685418	220724	2906142	
15	19	55	Adam Opel AG	244	558838	1369530	0	1928368	72961	2001329	E
16	15	12	Mannesmann AG	230—232/238	1084988	1474582	7160	2566730	604707	3171437	
17	37	54	Ford-Werke AG	244	384708	559958	0	944666	74822	1019488	
18	45	21	Deutsche BP AG	205	222044	426359	0	648403	338474	986877	E
19	29	22	Gutehoffnungshütte Aktienverein	242	656342	703529	616	1360487	323951	1684438	
20	18	69	Karstadt AG	43	1899461	369 001	0	2268462	39261	2307723	
21	27	2	Friedr. Flick Industrieverwaltung KGaA	200	532563	851085	3967	1387615	2067465	3455080	
22	39	19	Robert Bosch GmbH	250	330618	549123	0	879741	374028	1253769	
23	35	77	Deutsche Unilever GmbH	28/29	389747	583191	18769	991707	15738	1007445	TK
24	42	34	Metallgesellschaft AG	233	293060	495661	952	789673	154259	943932	
25	47	40	Aral AG	43	361620	271160	170	632950	126797	759747	E
26	14	29	Salzgitter AG	230—232	860247	1746535	4199	2610981	242376	2853357	
27	17	17	Hoesch Werke AG	230—232	751719	1656300	769	2408788	388079	2796867	TK
28	23	90	IBM Deutschland GmbH	250	777926	1051157	0	1829083	496	1829579	E

Rangfolge nach dem Umsatz	Rangfolge nach den ausgewiesenen Sachanlagen insgesamt[1]	Rangfolge nach den ausgewiesenen Beteiligungen[1]	Firma	Wirtschaftszweig[2]	Sachanlagen: Grundstücke und Bauten[3]	Sachanlagen: Maschinen und Betriebs- und Geschäftsausstattung[4]	Sachanlagen: immaterielle Anlagewerte[5]	Sachanlagen: insgesamt	Beteiligungen in TDM[6]	Sachanlagen insgesamt und Beteiligungen in TDM	Erläuterungen[7]
29	31	65	Bayerische Motorenwerke AG	244	413444	850410	0	1263854	47462	1311316	
30	70	66	Alfred C. Toepfer Verwaltungsgesellschaft mbH	40/41	34021	305886	35	339942	44707	384649	
31	68	38	Klöckner & Co.	40/41	263081	93168	981	357230	130741	487971	
32	78	32	Deutsche Texaco AG	205	145472	136045	3343	284860	205140	490000	
33	44	63	Reemtsma Cigarettenfabriken GmbH	299	380369	305197	38235	723801	51492	775293	
34	12	39	Ruhrgas AG	103	171623	2568621	1077	2741321	130265	2871586	
35	—	—	NEUE HEIMAT	7	—	—	—	—	—	—	SO
36	38	14	Mobil Oil AG	205	105674	815203	7509	928386	490200	1418586	E
37	28	86	Kaufhof AG	43	1142273	212143	10667	1365083	4006	1369089	
38	21	72	Deutsche Lufthansa AG	5	215004	1629732	1217	1845953	26193	1872146	
39	60	20	Degussa	200	176169	262885	0	439054	371191	810245	
40	71	88	Gustav Schickedanz KG	43	259345	68101	728	328174	2301	330475	
41	57	78	Hochtief AG	30	216194	251489	0	467683	15222	482905	
42	96	42	REWE-Zentral AG	40/41/43	1966	1198	5	3169	120560	123729	So
43	30	82	Hertie Waren- und Kaufhaus GmbH	43	1191736	126 320	8574	1326630	5565	1332195	
44	49	58	Allgemeine Deutsche Philips Industrie GmbH	250	247137	352256	308	599701	60081	659782	TK
45	77	84	Philipp Holzmann AG	30	138205	156369	0	294574	5030	299604	
46	87	91	BAT Cigaretten-Fabriken GmbH	299	20833	112947	84	133864	161	134025	E
47	74	41	co op Zentrale AG	40/41	127331	170638	9664	307633	124177	431810	
48	26	57	Saarbergwerke AG	110	443084	954359	317	1397760	65487	1463247	
49	46	64	Brown, Boveri & Cie AG	250	301441	335715	0	637156	49024	686180	TK
50	20	36	Klöckner-Werke AG	230—232	621083	1253652	261	1874996	148727	2023723	
51	51	76	BayWa AG	40/41/43	410868	168675	0	579543	16139	595682	
52	22	13	Vereinigte Industrie-Unternehmen AG	233	695968	1132305	11336	1839609	517473	2357082	KW
53	61	11	Henkel KGaA	200	179735	251464	3143	434342	615303	1049645	
54	95	92	Gedelfi Großeinkauf GmbH & Co. KG	40/41	2887	2418	173	5478	89	5567	So
55	53	18	Klöckner-Humboldt-Deutz AG	242	226152	267922	8	494082	383083	877165	

noch Tabelle II.2

Rangfolge nach dem Umsatz	Rangfolge nach den ausgewiesenen Sachanlagen insgesamt[1])	Rangfolge nach den ausgewiesenen Beteiligungen[1])	Firma	Wirtschaftszweig[2])	Sachanlagen: Grundstücke und Bauten [3])	Sachanlagen: Maschinen und Betriebs- und Geschäftsausstattung [4])	Sachanlagen: immaterielle Anlagewerte[5])	Sachanlagen: insgesamt	Beteiligungen in TDM [6])	Sachanlagen insgesamt und Beteiligungen in TDM	Erläuterungen[7])
56	—	—	Stumm GmbH — Mabanaft Gruppe	40/41	—	—	—	—	—	—	
57	80	94	C & A Brenninkmeyer	43	16991	210338	0	227329	0	227329	E
58	73	73	Deutsche Babcock AG	242	193753	114462	1332	309547	24721	334268	
59	4	44	Vereinigte Elektrizitätswerke Westfalen AG	101	712789	6421002	16630	7150425	106484	7256909	
60	90	59	EDEKA Zentrale AG	40/41	62025	13382	0	75407	58759	134166	
61	—	—	Saint-Gobain-Pont-à-Mousson (Deutschland)	—	—	—	—	—	—	—	GD
62	56	45	Standard Elektrik Lorenz AG	250	184725	291092	0	475817	97401	573218	TK
63	85	23	Martin Brinkmann AG	299	81821	74008	0	155829	313964	469793	E
64	40	33	Preussag AG	233	254008	597034	5716	856758	203650	1060408	
65	36	68	Nestlé Gruppe Deutschland GmbH	28/29	389475	594050	633	984158	42260	1026418	GD
66	33	48	Stahlwerke Röchling-Burbach GmbH	230—232	367607	715609	960	1084176	89610	1173786	TK
67	—	—	Bertelsmann AG	7	—	—	—	—	—	—	
68	41	26	Oetker-Gruppe	28/29	240476	558405	852	799733	308596	1108329	
69	67	28	Grundig AG	250	289316	74989	127	364432	269012	633444	
70	43	80	Horten AG	43	658034	72146	0	730180	10340	740520	E
71	34	49	Hapag-Lloyd AG	5	62727	994628	3585	1060940	80705	1141645	
72	91	46	Otto Wolff AG	40/41	39531	31379	502	71412	96230	167642	
73	86	71	Bilfinger + Berger Bau-AG	30	27000	121815	0	148815	28281	177096	
74	82	62	Otto Versand GmbH & Co.	43	115064	44891	3787	163742	52723	216465	
75	58	67	Messerschmitt-Bölkow-Blohm GmbH	248	224082	220500	39	444621	43195	487816	E
76	88	52	Franz Haniel & Cie. GmbH	40/41	55498	61032	5703	122233	77901	200134	
77	3	51	Bayernwerk AG	101	1139750	6395712	0	7535462	79966	7615428	
78	84	56	Bosch-Siemens Hausgeräte GmbH	250	71942	85834	0	157776	68605	226381	E
79	92	81	Tengelmann Warenhandelsgesellschaft	43	12090	32848	30	44968	8642	53610	
80	48	94	Elf Mineraloel GmbH	205	71970	547768	4394	624132	0	624132	TK
81	79	61	Wilhelm Werhahn	43	127698	121090	0	248788	54453	303241	
82	81	74	Strabag Bau-AG	30	34679	161430	20	196129	22763	218892	
83	63	87	Magirus-Deutz AG	244	200905	201550	0	402455	3987	406442	E

Rangfolge nach dem Umsatz	Rangfolge nach den ausgewiesenen Sachanlagen insgesamt[1]	Rangfolge nach den ausgewiesenen Beteiligungen[1]	Firma	Wirtschaftszweig[2]	Sachanlagen: Grundstücke und Bauten [3]	Sachanlagen: Maschinen und Betriebs- und Geschäftsausstattung [4]	Sachanlagen: immaterielle Anlagewerte[5]	Sachanlagen: insgesamt	Beteiligungen in TDM [6]	Sachanlagen insgesamt und Beteiligungen in TDM	Erläuterungen[7]
84	55	43	Continental Gummi-Werke AG	213	207456	268035	389	475880	114478	590358	
85	69	53	Enka Glanzstoff AG	200	150231	204519	0	354750	77713	432463	TK
86	66	47	Agfa-Gevaert AG	200	102345	264353	0	366698	89879	456577	E
87	64	35	Linde AG	242	195560	181913	0	377473	152167	529640	
88	93	70	E. Kampffmeyer	40/41	11831	5440	101	17372	38329	55701	
89	62	71	Zahnradfabrik Friedrichshafen AG	244	169043	250196	90	419329	28281	447610	
90	83	85	Dyckerhoff & Widmann AG	30	68082	95348	28	163458	4335	167793	
91	89	50	AGIP AG	205	73722	26213	12534	112469	80109	192578	
92	76	75	Axel Springer Verlag AG	7	165751	132840	819	299410	16819	316229	
93	54	25	Schering AG	200	284518	198970	0	483488	312892	796380	
94	75	60	ITT Gesellschaft für Beteiligungen mbH	—	123490	181884	214	305588	55938	361526	
95	94	79	Touristik Union International GmbH KG	5	6953	3650	136	10739	14520	25259	
96	72	27	Aktiengesellschaft der Dillinger Hüttenwerke	230—232	63082	252236	0	315318	303843	619161	
97	59	37	Carl Zeiss	252	217008	224838	1099	442945	140115	583060	
98	52	83	Eschweiler Bergwerks-Verein	110	242424	281490	2799	526713	5433	532146	
99	50	93	Rheinische Olefinwerke GmbH	200	190936	400773	0	591709	70	591779	
100	65	89	Michelin Reifenwerke KGaA	213	195388	177168	4570	377126	2216	379342	

[1]) In den Fällen, in denen keine Rangnummer angegeben ist, war eine Ermittlung für 1978 nicht möglich.

[2]) Nummer der amtlichen Systematik der Wirtschaftszweige von 1979. Zur Bedeutung der Kennziffern und zu Änderungen der Systematik gegenüber der in den Hauptgutachten 1973/1975 und 1976/1977 verwendeten Systematik der Wirtschaftszweige von 1961 (Nachtrag 1970) vgl. Tabelle 8. Zuordnung nach dem Umsatzschwerpunkt.

[3]) Zusammenfassung folgender Positionen der Jahresbilanzgliederung gemäß § 151 AktG: Grundstücke und grundstücksgleiche Rechte mit Geschäfts-, Fabrik- und anderen Bauten, Grundstücke und grundstücksgleiche Rechte mit Wohnbauten, Grundstücke und grundstücksgleiche Rechte ohne Bauten, Bauten auf fremden Grundstücken.

[4]) Zusammenfassung folgender Positionen der Jahresbilanzgliederung gemäß § 151 AktG: Maschinen und maschinelle Anlagen, Betriebs- und Geschäftsausstattung, Anlagen im Bau und Anzahlungen auf Anlagen.

[5]) Bezeichnung nach § 151 AktG: Konzessionen, gewerbliche Schutzrechte und ähnliche Rechte sowie Lizenzen an solchen Rechten. Die Fälle, in denen in den Bilanzen ein Erinnerungswert von 1,— DM angegeben ist, werden hier wie die Fälle behandelt, in denen keine immateriellen Anlagewerte angegeben sind (= 0).

[6]) Als Beteiligungen gelten Anteilsrechte der wirtschaftlichen Einheit an anderen Unternehmen, die dazu bestimmt sind, dem Geschäftsbetrieb durch Herstellung einer dauerhaften Verbindung zu dienen, gleichgültig ob die Anteilsrechte in Wertpapieren verbrieft sind oder nicht. Im Zweifel gelten gemäß § 152 Abs. 2 AktG Anteile an einer Kapitalgesellschaft, deren Nennbeträge insgesamt den vierten Teil des Nennkapitals dieser Gesellschaft erreichen, sowie Kuxe einer bergrechtlichen Gewerkschaft, deren Zahl insgesamt den vierten Teil der Kuxe dieser Gewerkschaft erreicht, als Beteiligungen.

[7]) Bedeutung der verwendeten Abkürzungen:
E = Einzelabschluß
GD = Umsätze der deutschen Gruppe (Obergesellschaft und Beteiligungsgesellschaften haben 50 % und mehr Kapitalanteil)
KW = Konsolidierte Umsätze der in- und ausländischen Konzerngesellschaften
TK = Konsolidierte Umsätze des inländischen Teilkonzerns
So = Sonstige Umsatzabgrenzung.

Tabelle II.3

Die personellen Verpflechtungen zwischen geschäftsführenden und kontrollierenden Organen der „100 Größten" 1978

Quelle: Eigene Erhebungen

Rangfolge nach dem Umsatz	Geschäftsführungsmitglieder der Unternehmen in Spalte 2 haben in Organen der Geschäftsführungskontrolle[1]) der Unternehmen in Spalte 3 . . . Mandate inne (Spalte 4)		
	Firma	Firma	Zahl der Mandate
1	2	3	4
1	VEBA AG	Ruhrkohle AG	1
		Fried. Krupp GmbH	1
		Aral AG	1
		Salzgitter AG	1
		Ruhrgas AG	2
		Hapag-Lloyd AG	1
		Eschweiler Bergwerks-Verein	1
2	Siemens AG	Daimler-Benz AG	1
		Gutehoffnungshütte Aktienverein	1
		Salzgitter AG	2
		Metallgesellschaft AG	1
		Bosch-Siemens Hausgeräte GmbH	4
		Dyckerhoff & Widmann AG	1
3	Volkswagenwerk AG	Thyssen AG	1
		Hoesch Werke AG	1
		Brown, Boveri & Cie AG	1
		Deutsche Babcock AG	1
4	Daimler-Benz AG	Fried. Krupp GmbH	1
		Bertelsmann AG	1
5	Thyssen AG	Siemens AG	1
		Ruhrkohle AG	1
		Deutsche BP AG	1
6	BASF AG	Gutehoffnungshütte Aktienverein	1
7	Hoechst AG	Ruhrkohle AG	1
		Kaufhof AG	1
		Brown, Boveri & Cie AG	1
		Vereinigte Industrie-Unternehmungen AG	1
		Deutsche Babcock AG	1
		Philipp Holzmann AG	1
8	Rheinisch-Westfälisches Elektrizitätswerk AG	Karstadt AG	1
		Deutsche Babcock AG	1
		Hochtief AG	4
		Philipp Holzmann AG	1
		Vereinigte Elektrizitätswerke Westfalen AG	1
		Standard Elektrik Lorenz AG	1
9	Ruhrkohle AG	Fried. Krupp GmbH	1
		Mobil Oil AG	1
		Ruhrgas AG	1
		Brown, Boveri & Cie AG	1
		Klöckner-Humboldt-Deutz AG	1
		Deutsche Babcock AG	1
10	Bayer AG	Metallgesellschaft AG	1
		Karstadt AG	1
		Degussa	1
		Horten AG	1
		Hapag-Lloyd AG	1
		Agfa-Gevaert AG	3
		Linde AG	1

Rangfolge nach dem Umsatz	Geschäftsführungsmitglieder der Unternehmen in Spalte 2 haben in Organen der Geschäftsführungskontrolle[1]) der Unternehmen in Spalte 3 . . . Mandate inne (Spalte 4)		
	Firma	Firma	Zahl der Mandate
1	2	3	4
11	ESSO AG	Deutsche Unilever GmbH	1
		Ruhrgas AG	1
12	Allgemeine Elektricitäts-Gesellschaft AEG-Telefunken	Hoesch Werke AG	1
13	Deutsche Shell AG	Ruhrgas AG	1
		Rheinische Olefinwerke GmbH	1
16	Mannesmann AG	Siemens AG	1
		Hoechst AG	1
		ESSO AG	1
		Ruhrkohle AG	1
		Allgemeine Elektricitäts-Gesellschaft	1
		Ruhrgas AG	1
		Deutsche Babcock AG	1
		Bertelsmann AG	1
19	Gutehoffnungshütte Aktienverein	Bayer AG	1
		Deutsche Shell AG	1
		Standard Elektrik Lorenz AG	1
		Preussag AG	1
		Franz Haniel & Cie. GmbH	1
20	Karstadt AG	Grundig AG	1
21	Friedrich Flick Industrieverwaltung KGaA	Daimler-Benz AG	1
		Fried. Krupp GmbH	1
		Deutsche BP AG	1
		Henkel KGaA	1
		Klöckner & Co.	1
		Standard Elektrik Lorenz AG	1
22	Robert Bosch GmbH	BASF AG	1
		Daimler-Benz AG	1
		Volkswagen AG	1
		Klöckner-Humboldt-Deutz AG	1
		Enka Glanzstoff AG	1
		Bosch-Siemens Hausgeräte GmbH	3
		Otto Wolff AG	1
		Continental Gummi-Werke AG	1
24	Metallgesellschaft AG	Volkswagen AG	1
		Philipp Holzmann AG	1
26	Salzgitter AG	Volkswagenwerk AG	1
		Ruhrkohle AG	1
		Preussag AG	1
29	Bayerische Motorenwerke AG	Kaufhof AG	1
31	Klöckner & Co.	Klöckner-Werke AG	1
		Brown, Boveri & Cie AG	1
		Klöckner-Humboldt-Deutz AG	1
		Deutsche Babcock AG	1
34	Ruhrgas AG	Preussag AG	1
		Stahlwerke Röchling-Burbach GmbH	1
36	Mobil Oil	Aral AG	2
		Ruhrgas AG	1
37	Kaufhof AG	Deutsche Unilever GmbH	1

noch Tabelle II. 3

Rangfolge nach dem Umsatz	Geschäftsführungsmitglieder der Unternehmen in Spalte 2 haben in Organen der Geschäftsführungskontrolle[1]) der Unternehmen in Spalte 3 . . . Mandate inne (Spalte 4)		
	Firma	Firma	Zahl der Mandate
1	2	3	4
40	Gustav Schickedanz KG	Touristik Union International GmbH KG	1
50	Klöckner-Werke AG	Ruhrkohle AG	1
52	Vereinigte Industrie-Unternehmungen AG	Bayernwerk AG	2
55	Klöckner-Humboldt-Deutz AG	Mobil Oil AG	1
		Magirus-Deutz AG	1
58	Deutsche Babcock AG	Gedelfi Großeinkauf GmbH & Co. KG	1
		Bilfinger + Berger Bauaktiengesellschaft	1
64	Preussag AG	Deutsche Shell AG	1
66	Stahlwerke Röchling-Burbach GmbH	Mobil Oil AG	1
68	Oetker-Gruppe	Karstadt AG	1
		Bayerische Motoren Werke AG	1
		Hertie Waren- und Kaufhaus GmbH	1
70	Horten AG	Touristik Union International GmbH KG	1
72	Otto Wolff AG	Enka Glanzstoff AG	1
		Touristik Union International GmbH KG	1
74	Otto Versand GmbH & Co.	Reemtsma Cigarettenfabriken GmbH	1
75	Messerschmitt-Bölkow-Blohm GmbH	Robert Bosch GmbH	1
79	Tengelmann Warenhandelsgesellschaft	Gedelfi Großeinkauf GmbH & Co. KG	1
81	Wilhelm Werhahn	Rheinisch-Westfälisches Elektrizitätswerk AG	1
		Strabag Bau-AG	2
84	Continental Gummi-Werke AG	Stahlwerke Röchling-Burbach GmbH	1

[1]) Bei Aktiengesellschaften Aufsichtsräte,
bei anderen Rechtsformen neben der Geschäftsführung im Geschäftsbericht des Unternehmens genannte Kontrollorgane (Verwaltungsrat, Beirat, Gesellschafterausschuß).

Auf der Kontrollorganebene sind in dieser Auswertung die folgenden zehn Unternehmen nicht enthalten, da bei diesen Unternehmen nur die personelle Besetzung der Geschäftsführung ermittelbar war:

1. Alfred C. Toepfer Verwaltungsgesellschaft mbH,
2. NEUE HEIMAT,
3. Stumm GmbH — Mabanaft Gruppe,
4. C & A Brenninkmeyer
5. Oetker-Gruppe,
6. Tengelmann Warenhandelsgesellschaft,
7. E. Kampffmeyer,
8. ITT Gesellschaft für Beteiligungen mbH,
9. Carl Zeiss,
10. Elf Mineraloel GmbH.

Die personellen Verpflechtungen auf der Ebene der Organe der Geschäftsführungskontrolle der „100 Größten“ [1]) 1978

Rangfolge nach dem Umsatz	Kontrollorganmitglieder[2]) der Unternehmen in Spalte 2 haben in Organen der Geschäftsführungskontrolle der Unternehmen in Spalte 3 ... Mandate inne (Spalte 4)		
	Firma	Firma	Zahl der Mandate
1	2	3	4
1	VEBA AG	Thyssen AG	1
		Daimler-Benz AG	1
		Volkswagenwerk AG	1
		Siemens AG	1
		Ruhrkohle AG	2
		Bayer AG	1
		Allgemeine Elektricitäts-Gesellschaft	1
		Mannesmann AG	1
		Friedrich Flick Industrieverwaltung KGaA	1
		Karstadt AG	1
		Kaufhof AG	1
		Deutsche Lufthansa AG	2
		Vereinigte Industrie-Unternehmungen AG	1
		Saint-Gobain-Pont-à-Mousson (Deutschland)	1
		Preussag AG	1
		Horten AG	1
		Hapag-Lloyd AG	1
		Otto Wolff AG	2
		Aktiengesellschaft der Dillinger Hüttenwerke	1
		Bayernwerk AG	1
		Stahlwerke Röchling-Burbach GmbH	1
2	Siemens AG	VEBA AG	1
		Thyssen AG	2
		Daimler-Benz AG	1
		Hoechst AG	2
		ESSO AG	1
		Ruhrkohle AG	2
		Bayer AG	2
		Mannesmann AG	1
		Gutehoffnungshütte Aktienverein	2
		Deutsche BP AG	1
		Metallgesellschaft AG	2
		Reemtsma Cigarettenfabriken GmbH	1
		Kaufhof AG	1
		Ruhrgas AG	1
		Henkel KGaA	1
		Deutsche Babcock AG	1
		Philipp Holzmann AG	1
		Bertelsmann AG	1
		Bilfinger + Berger Bauaktiengesellschaft	1
		Hapag-Lloyd AG	2
		Otto Wolff AG	1
		Schering AG	2
3	Volkswagenwerk AG	VEBA AG	1
		BASF AG	1
		Ruhrkohle AG	1
		Bayer AG	1
		Rheinisch-Westfälisches Elektrizitätswerk AG	1
		Mannesmann AG	2

noch Tabelle II.4

Rangfolge nach dem Umsatz	Kontrollorganmitglieder[2]) der Unternehmen in Spalte 2 haben in Organen der Geschäftsführungskontrolle der Unternehmen in Spalte 3 ... Mandate inne (Spalte 4)		
	Firma	Firma	Zahl der Mandate
1	2	3	4
		Karstadt AG	1
		Vereinigte Industrie-Unternehmungen AG	3
		Klöckner-Humboldt-Deutz AG	2
		Philipp Holzmann AG	1
		Preussag AG	1
		Enka Glanzstoff AG	1
		Bosch-Siemens Hausgeräte GmbH	1
		Otto Wolff AG	2
		Continental Gummi-Werke AG	1
4	Daimler-Benz AG	VEBA AG	1
		Thyssen AG	1
		Siemens AG	1
		Ruhrkohle AG	1
		Rheinisch-Westfälisches Elektrizitätswerk AG	1
		Bayer AG	1
		Metallgesellschaft AG	3
		Deutsche Texaco AG	1
		Karstadt AG	1
		Reemtsma Cigarettenfabriken GmbH	1
		Klöckner-Werke AG	1
		Deutsche Lufthansa AG	1
		Degussa	1
		Henkel KGaA	2
		Philipp Holzmann AG	2
		Vereinigte Elektrizitätswerke Westfalen AG	1
		Standard Elektrik Lorenz AG	1
		Enka Glanzstoff AG	2
		Stahlwerke Röchling-Burbach GmbH	1
		Continental Gummi-Werke AG	1
		Strabag Bau-AG	1
		Schering AG	1
		Linde AG	1
5	Thyssen AG	VEBA AG	1
		Daimler-Benz AG	1
		Siemens AG	2
		Hoechst AG	1
		Ruhrkohle AG	1
		Rheinisch-Westfälisches Elektrizitätswerk AG	3
		Fried. Krupp GmbH	1
		Gutehoffnungshütte Aktienverein	1
		Salzgitter AG	1
		Metallgesellschaft AG	3
		Reemtsma Cigarettenfabriken GmbH	1
		Deutsche Lufthansa AG	1
		Brown, Boveri & Cie AG	1
		Henkel KGaA	1
		Klöckner-Humboldt-Deutz AG	1
		Deutsche Babcock AG	1
		Philipp Holzmann AG	1
		Hapag-Lloyd AG	1
		Otto Wolff AG	1
		Schering AG	2

Rangfolge nach dem Umsatz	Kontrollorganmitglieder[2]) der Unternehmen in Spalte 2 haben in Organen der Geschäftsführungskontrolle der Unternehmen in Spalte 3 . . . Mandate inne (Spalte 4)		
	Firma	Firma	Zahl der Mandate
1	2	3	4
6	BASF AG	Volkswagenwerk AG	1
		Ruhrkohle AG	1
		Deutsche Shell AG	1
		Allgemeine Elektricitäts-Gesellschaft	1
		Deutsche Unilever GmbH	1
		Robert Bosch GmbH	1
		Kaufhof AG	1
		Brown, Boveri & Cie AG	1
		Klöckner-Humboldt-Deutz AG	1
		co op Zentrale AG	1
		Enka Glanzstoff AG	1
		Bosch-Siemens Hausgeräte GmbH	1
		Otto Wolff AG	1
		Continental Gummi-Werke AG	2
7	Hoechst AG	Thyssen AG	1
		Siemens AG	2
		ESSO AG	1
		Ruhrkohle AG	1
		Rheinisch-Westfälisches Elektrizitätswerk AG	1
		Mannesmann AG	2
		Gutehoffnungshütte Aktienverein	3
		Kaufhof AG	1
		Ruhrgas AG	1
		Degussa	2
		Brown, Boveri & Cie AG	2
		Deutsche Babcock AG	1
		Hochtief AG	1
		Bertelsmann AG	1
		Enka Glanzstoff AG	1
		Hapag-Lloyd AG	1
8	Rheinisch-Westfälisches Elektrizitätswerk AG	Thyssen AG	3
		Ruhrkohle AG	1
		Daimler-Benz AG	1
		Volkswagenwerk AG	1
		Hoechst AG	1
		Bayer AG	1
		Mannesmann AG	1
		Fried. Krupp GmbH	1
		Salzgitter AG	1
		Metallgesellschaft AG	1
		Karstadt AG	1
		Klöckner-Werke AG	1
		Kaufhof AG	1
		Deutsche Lufthansa AG	2
		Vereinigte Industrie-Unternehmungen AG	1
		Klöckner-Humboldt-Deutz AG	1
		Philipp Holzmann AG	1
		Enka Glanzstoff AG	1
		Otto Wolff AG	1
		Strabag Bau-AG	1
9	Ruhrkohle AG	VEBA AG	2
		Thyssen AG	1
		BASF AG	1
		Daimler-Benz AG	1

noch Tabelle II.4

Rangfolge nach dem Umsatz	Kontrollorganmitglieder[2]) der Unternehmen in Spalte 2 haben in Organen der Geschäftsführungskontrolle der Unternehmen in Spalte 3 . . . Mandate inne (Spalte 4)		
	Firma	Firma	Zahl der Mandate
1	2	3	4
	Ruhrkohle AG (Fortsetzung)	Volkswagenwerk AG	1
		Siemens AG	2
		Hoechst AG	1
		ESSO AG	1
		Rheinisch-Westfälisches Elektrizitätswerk AG	1
		Fried. Krupp GmbH	3
		Deutsche BP AG	1
		Salzgitter AG	2
		Metallgesellschaft AG	1
		Deutsche Lufthansa AG	1
		Ruhrgas AG	2
		Vereinigte Industrie-Unternehmungen AG	1
		Deutsche Babcock AG	1
		co op Zentrale AG	2
		Preussag AG	1
		Bertelsmann AG	1
		Hapag-Lloyd AG	1
		Stahlwerke Röchling-Burbach GmbH	1
10	Bayer AG	VEBA AG	1
		Daimler-Benz AG	1
		Volkswagenwerk AG	1
		Siemens AG	2
		Rheinisch-Westfälisches Elektrizitätswerk AG	1
		Deutsche Shell AG	1
		Mannesmann AG	2
		Gutehoffnungshütte Aktienverein	1
		Karstadt AG	2
		Kaufhof AG	1
		Vereinigte Industrie-Unternehmungen AG	1
		Henkel KGaA	1
		Klöckner-Humboldt-Deutz AG	2
		Standard Elektrik Lorenz AG	2
		Preussag AG	1
		Hapag-Lloyd AG	1
		Otto Wolff AG	2
		Franz Haniel & Cie. GmbH	1
		Continental Gummi-Werke AG	1
		Linde AG	1
11	ESSO AG	Siemens AG	1
		Hoechst AG	1
		Ruhrkohle AG	1
		Deutsche Unilever GmbH	1
		Allgemeine Deutsche Philipps Industrie GmbH	1
		Ruhrgas AG	1
		Deutsche Babcock AG	1
		Standard Elektrik Lorenz AG	1
		Bertelsmann AG	1
		Bayernwerk AG	1
12	Allgemeine Elektricitäts-Gesellschaft AEG-Telefunken	VEBA AG	1
		BASF AG	1
		Deutsche Shell AG	1
		Mannesmann AG	1

Rangfolge nach dem Umsatz	Kontrollorganmitglieder[2]) der Unternehmen in Spalte 2 haben in Organen der Geschäftsführungskontrolle der Unternehmen in Spalte 3 . . . Mandate inne (Spalte 4)		
	Firma	Firma	Zahl der Mandate
1	2	3	4
	Allgemeine Elektricitäts-Gesellschaft AEG-Telefunken (Fortsetzung)	Gutehoffnungshütte Aktienverein	1
		Salzgitter AG	1
		Hoesch Werke AG	1
		Mobil Oil AG	1
		Deutsche Lufthansa AG	1
		Vereinigte Industrie-Unternehmungen AG	1
		Saint-Gobain-Pont-à-Mousson (Deutschland)	1
		Preussag AG	2
		Bertelsmann AG	1
		Bilfinger + Berger Bauaktiengesellschaft	1
		Hapag-Lloyd AG	1
		Continental Gummi-Werke AG	1
13	Deutsche Shell AG	BASF AG	1
		Bayer AG	1
		Allgemeine Elektricitäts-Gesellschaft	1
		Salzgitter AG	1
		Vereinigte Industrie-Unternehmungen AG	1
		Standard Elektrik Lorenz AG	1
		Preussag AG	1
		Franz Haniel & Cie. GmbH	1
		Continental Gummi-Werke AG	1
14	Fried. Krupp GmbH	Thyssen AG	1
		Ruhrkohle AG	3
		Rheinisch-Westfälisches Elektrizitätswerk AG	1
		Friedrich Flick Industrieverwaltung KGaA	1
		Deutsche BP AG	2
		Salzgitter AG	2
		Metallgesellschaft AG	2
		Mobil Oil AG	1
		Deutsche Lufthansa AG	1
		Ruhrgas AG	2
		Brown, Boveri & Cie AG	1
		Henkel KGaA	1
		Klöckner-Humboldt-Deutz AG	1
		Deutsche Babcock AG	3
		co op Zentrale AG	1
		Klöckner & Co.	1
		Standard Elektrik Lorenz AG	1
		Grundig AG	2
		Hapag-Lloyd AG	2
15	Adam Opel AG	Metallgesellschaft AG	1
		Stahlwerke Röchling-Burbach GmbH	1
16	Mannesmann AG	VEBA AG	1
		Volkswagenwerk AG	2
		Siemens AG	1
		Hoechst AG	2
		Bayer AG	2
		Rheinisch-Westfälisches Elektrizitätswerk AG	1
		Allgemeine Elektricitäts-Gesellschaft	1
		Gutehoffnungshütte Aktienverein	1
		Robert Bosch GmbH	1
		Deutsche Texaco AG	1

noch Tabelle II.4

Rangfolge nach dem Umsatz	Kontrollorganmitglieder[2]) der Unternehmen in Spalte 2 haben in Organen der Geschäftsführungskontrolle der Unternehmen in Spalte 3 . . . Mandate inne (Spalte 4)		
	Firma	Firma	Zahl der Mandate
1	2	3	4
	Mannesmann AG (Fortsetzung)	Karstadt AG	1
		Deutsche Lufthansa AG	1
		Degussa	1
		Vereinigte Industrie-Unternehmungen AG	2
		Klöckner-Humboldt-Deutz AG	1
		Deutsche Babcock AG	1
		Saint-Gobain-Pont-à-Mousson (Deutschland)	1
		Preussag AG	1
		Grundig AG	1
		Hapag-Lloyd AG	1
		Otto Wolff AG	1
		Eschweiler Bergwerks-Verein	1
17	Ford-Werke AG	Henkel KGaA	1
		Strabag Bau-AG	1
		Schering AG	1
18	Deutsche BP AG	Siemens AG	1
		Ruhrkohle AG	1
		Fried. Krupp GmbH	2
		Metallgesellschaft AG	1
		Henkel KGaA	1
		Klöckner & Co.	1
		Standard Elektrik Lorenz AG	1
		Hapag-Lloyd AG	1
		Franz Haniel & Cie. GmbH	1
19	Gutehoffnungshütte Aktienverein	Thyssen AG	1
		Siemens AG	2
		Hoechst AG	3
		Bayer AG	1
		Allgemeine Elektricitäts-Gesellschaft	1
		Mannesmann AG	1
		Salzgitter AG	1
		Metallgesellschaft AG	1
		Kaufhof AG	1
		Degussa	1
		Brown, Boveri & Cie AG	1
		Hochtief AG	1
		Bosch-Siemens Hausgeräte GmbH	1
		Hapag-Lloyd AG	2
		Franz Haniel & Cie. GmbH	2
		Messerschmitt-Bölkow-Blohm GmbH	1
		Schering AG	1
20	Karstadt AG	VEBA AG	1
		Daimler-Benz AG	1
		Volkswagenwerk AG	1
		Bayer AG	2
		Rheinisch-Westfälisches Elektrizitätswerk AG	1
		Mannesmann AG	1
		Metallgesellschaft AG	1
		Degussa	1
		Vereinigte Industrie-Unternehmungen AG	1
		Klöckner-Humboldt-Deutz AG	1
		Hochtief AG	1
		Standard Elektrik Lorenz AG	1

Rangfolge nach dem Umsatz	Kontrollorganmitglieder[2]) der Unternehmen in Spalte 2 haben in Organen der Geschäftsführungskontrolle der Unternehmen in Spalte 3 . . . Mandate inne (Spalte 4)		
	Firma	Firma	Zahl der Mandate
1	2	3	4
	Karstadt AG (Fortsetzung)	Preussag AG	1
		Hapag Lloyd AG	1
		Otto Wolff AG	2
		Linde AG	2
21	Friedrich Flick Industrieverwaltung KGaA	VEBA AG	1
		Fried. Krupp GmbH	1
		Grundig AG	1
22	Robert Bosch GmbH	BASF AG	1
		Mannesmann AG	1
		Reemtsma Cigarettenfabriken GmbH	1
		Vereinigte Industrie-Unternehmungen AG	1
		Klöckner & Co.	1
		Bosch-Siemens Hausgeräte GmbH	1
23	Deutsche Unilever GmbH	BASF AG	1
		ESSO AG	1
		Ruhrgas AG	1
24	Metallgesellschaft AG	Thyssen AG	3
		Daimler-Benz AG	3
		Siemens AG	2
		Ruhrkohle AG	1
		Rheinisch-Westfälisches Elektrizitätswerk AG	1
		Fried. Krupp GmbH	2
		Adam Opel AG	1
		Gutehoffnungshütte Aktienverein	1
		Deutsche BP AG	1
		Salzgitter AG	1
		Karstadt AG	1
		Reemtsma Cigarettenfabriken GmbH	1
		Deutsche Lufthansa AG	1
		Degussa	2
		Brown, Boveri & Cie AG	1
		Henkel KGaA	1
		Philipp Holzmann AG	1
		Grundig AG	1
		Bilfinger + Berger Bauaktiengesellschaft	1
		Hapag-Lloyd AG	3
		Wilh. Werhahn	1
		Schering AG	2
25	Aral AG	Ruhrgas AG	2
26	Salzgitter AG	Thyssen AG	1
		Ruhrkohle AG	2
		Rheinisch-Westfälisches Elektrizitätswerk AG	1
		Deutsche Shell AG	1
		Allgemeine Elektricitäts-Gesellschaft	1
		Fried. Krupp GmbH	2
		Gutehoffnungshütte Aktienverein	1
		Metallgesellschaft AG	1
		Deutsche Lufthansa AG	1
		Ruhrgas AG	1
		Saarbergwerke AG	1
		co op Zentrale AG	1
		Bosch-Siemens Hausgeräte GmbH	1
		Hapag-Lloyd AG	1

noch Tabelle II. 4

Rangfolge nach dem Umsatz	Kontrollorganmitglieder²) der Unternehmen in Spalte 2 haben in Organen der Geschäftsführungskontrolle der Unternehmen in Spalte 3 . . . Mandate inne (Spalte 4)		
	Firma	Firma	Zahl der Mandate
1	2	3	4
27	Hoesch Werke AG	Allgemeine Elektricitäts-Gesellschaft	1
		Mobil Oil AG	1
		Preussag AG	1
		Hapag-Lloyd AG	1
28	IBM Deutschland GmbH	Klöckner-Humboldt-Deutz AG	1
29	Bayerische Motoren Werke AG	Hertie Waren- und Kaufhaus GmbH	1
31	Klöckner & Co.	Fried. Krupp GmbH	1
		Deutsche BP AG	1
		Robert Bosch GmbH	1
		Reemtsma Cigarettenfabriken GmbH	1
		Klöckner-Werke AG	2
		Vereinigte Industrie-Unternehmungen AG	1
		Henkel KGaA	1
		Klöckner-Humboldt-Deutz AG	1
		Standard Elektrik Lorenz AG	1
32	Deutsche Texaco AG	Daimler-Benz AG	1
		Mannesmann AG	1
		Klöckner-Werke AG	1
		Vereinigte Elektrizitätswerke Westfalen AG	1
		Enka Glanzstoff AG	1
		Hapag-Lloyd AG	1
		Continental Gummi-Werke AG	1
		Strabag Bau-AG	1
33	Reemtsma Cigarettenfabriken GmbH	Thyssen AG	1
		Daimler-Benz AG	1
		Siemens AG	1
		Robert Bosch GmbH	1
		Metallgesellschaft AG	1
		Vereinigte Industrie-Unternehmungen AG	1
		Henkel KGaA	1
		co op Zentrale AG	1
		Klöckner & Co.	1
		Philipp Holzmann AG	1
		Nestlè-Gruppe Deutschland GmbH	2
		Schering AG	1
34	Ruhrgas AG	Siemens AG	1
		Hoechst AG	1
		ESSO AG	1
		Ruhrkohle AG	2
		Fried. Krupp GmbH	1
		Aral AG	2
		Deutsche Unilever GmbH	1
		Salzgitter AG	1
		Mobil Oil AG	1
		Brown, Boveri & Cie AG	1
		Klöckner-Humboldt-Deutz AG	1
		Deutsche Babcock AG	2
		Bertelsmann AG	1
		Hapag-Lloyd AG	1
36	Mobil Oil AG	Allgemeine Elektricitäts-Gesellschaft	1
		Fried. Krupp GmbH	1
		Hoesch Werke AG	1
		Ruhrgas AG	1

Rangfolge nach dem Umsatz	Kontrollorganmitglieder[2]) der Unternehmen in Spalte 2 haben in Organen der Geschäftsführungskontrolle der Unternehmen in Spalte 3 . . . Mandate inne (Spalte 4)		
	Firma	Firma	Zahl der Mandate
1	2	3	4
	Mobil Oil AG (Fortsetzung)	Brown, Boveri & Cie AG	1
		Klöckner-Humboldt-Deutz AG	1
		Deutsche Babcock AG	1
		Preussag AG	1
		Hapag-Lloyd AG	1
37	Kaufhof AG	VEBA AG	1
		BASF AG	1
		Siemens AG	1
		Hoechst AG	1
		Bayer AG	1
		Rheinisch-Westfälisches Elektrizitätswerk AG	1
		Gutehoffnungshütte Aktienverein	1
		Brown, Boveri & Cie AG	3
		Vereinigte Industrie-Unternehmungen AG	1
		Deutsche Babcock AG	1
		co op Zentrale AG	1
		Hochtief AG	1
		Philipp Holzmann AG	1
		Magirus-Deutz AG	1
		Otto Wolff AG	2
38	Deutsche Lufthansa AG	VEBA AG	2
		Thyssen AG	1
		Daimler-Benz AG	1
		Ruhrkohle AG	1
		Rheinisch-Westfälisches Elektrizitätswerk AG	2
		Allgemeine Elektricitäts-Gesellschaft	1
		Mannesmann AG	1
		Fried. Krupp GmbH	1
		Salzgitter AG	1
		Metallgesellschaft AG	1
		Vereinigte Industrie-Unternehmungen AG	1
		Philipp Holzmann AG	1
		Saint-Gobain-Pont-à-Mousson (Deutschland)	1
		Preussag AG	2
		Enka Glanzstoff AG	1
		Bayernwerk AG	1
39	Degussa	Daimler-Benz AG	1
		Hoechst AG	2
		Mannesmann AG	1
		Guthoffnungshütte Aktienverein	1
		Metallgesellschaft AG	2
		Karstadt AG	1
		Henkel KGaA	2
		Bilfinger + Berger Bauaktiengesellschaft	1
		Hapag-Lloyd AG	2
40	Gustav Schickedanz KG	Touristik Union International GmbH KG	1
41	Hochtief AG	Hoechst AG	1
		Gutehoffnungshütte Aktienverein	1
		Karstadt AG	1
		Kaufhof AG	1
		Brown, Boveri & Cie AG	1
		Deutsche Babcock AG	1

noch Tabelle II.4

Rangfolge nach dem Umsatz	Kontrollorganmitglieder[2]) der Unternehmen in Spalte 2 haben in Organen der Geschäftsführungskontrolle der Unternehmen in Spalte 3 . . . Mandate inne (Spalte 4)		
	Firma	Firma	Zahl der Mandate
1	2	3	4
	Hochtief AG (Fortsetzung)	Vereinigte Elektrizitätswerke Westfalen AG	1
		Standard Elektrik Lorenz AG	1
43	Hertie Waren- und Kaufhaus GmbH	Bayerische Motoren Werke AG	1
		Strabag Bau-AG	1
44	Allgemeine Deutsche Philips Industrie GmbH	ESSO AG	1
		Brown, Boveri & Cie AG	1
		Bayernwerk AG	1
45	Philipp Holzmann AG	Thyssen AG	1
		Daimler-Benz AG	2
		Volkswagenwerk AG	1
		Siemens AG	1
		Rheinisch-Westfälisches Elektrizitätswerk AG	1
		Metallgesellschaft AG	1
		Reemtsma Cigarettenfabriken GmbH	1
		Kaufhof AG	1
		Deutsche Lufthansa AG	1
		Brown, Boveri & Cie AG	1
		Vereinigte Industrie-Unternehmungen AG	1
		Henkel KGaA	1
		Deutsche Babcock AG	1
		Enka Glanzstoff AG	1
		Schering AG	1
46	BAT Cigaretten-Fabriken GmbH	Horten AG	3
47	co op Zentrale AG	BASF AG	1
		Ruhrkohle AG	2
		Fried. Krupp GmbH	1
		Salzgitter AG	1
		Reemtsma Cigarettenfabriken GmbH	1
		Kaufhof AG	1
		Nestlé-Gruppe Deutschland GmbH	1
		Otto Wolff AG	1
48	Saarbergwerke AG	Salzgitter AG	1
		Preussag AG	1
		Stahlwerke Röchling-Burbach GmbH	1
		Eschweiler Bergwerks-Verein	1
49	Brown, Boveri & Cie AG	Thyssen AG	1
		BASF AG	1
		Hoechst AG	2
		Hoechst AG	1
		Fried. Krupp GmbH	1
		Metallgesellschaft AG	1
		Mobil Oil AG	1
		Kaufhof AG	3
		Allgemeine Deutsche Philips Industrie GmbH	1
		Ruhrgas AG	1
		Vereinigte Industrie-Unternehmungen AG	1
		Klöckner-Humboldt-Deutz AG	1
		Deutsche Babcock AG	3
		Hochtief AG	1
		Philipp Holzmann AG	1

Rangfolge nach dem Umsatz	Kontrollorganmitglieder[2]) der Unternehmen in Spalte 2 haben in Organen der Geschäftsführungskontrolle der Unternehmen in Spalte 3 . . . Mandate inne (Spalte 4)		
	Firma	Firma	Zahl der Mandate
1	2	3	4
50	Klöckner-Werke AG	Daimler-Benz AG	1
		Rheinisch-Westfälisches Elektrizitätswerk AG	1
		Deutsche Texaco AG	1
		Klöckner-Humboldt-Deutz AG	1
		Klöckner & Co.	2
		Vereinigte Elektrizitätswerke Westfalen AG	1
		Enka Glanzstoff AG	1
		Continental Gummi-Werke AG	1
		Strabag Bau-AG	1
52	Vereinigte Industrie-Unternehmungen AG	VEBA AG	1
		Volkswagenwerk AG	3
		Ruhrkohle AG	1
		Bayer AG	1
		Rheinisch-Westfälisches Elektrizitätswerk AG	1
		Deutsche Shell AG	1
		Allgemeine Elektricitäts-Gesellschaft	1
		Mannesmann AG	2
		Robert Bosch GmbH	1
		Karstadt AG	1
		Reemtsma Cigarettenfabriken GmbH	1
		Kaufhof AG	1
		Deutsche Lufthansa AG	1
		Brown, Boveri & Cie AG	1
		Klöckner-Humboldt-Deutz AG	1
		Deutsche Babcock AG	1
		Klöckner & Co.	1
		Philipp Holzmann AG	1
		Saint-Gobain-Pont-à-Mousson (Deutschland)	1
		Preussag AG	1
		Horten AG	1
		Otto Wolff AG	1
53	Henkel KGaA	Thyssen AG	1
		Daimler-Benz AG	2
		Siemens AG	1
		Bayer AG	1
		Fried. Krupp GmbH	1
		Ford-Werke AG	1
		Deutsche BP AG	1
		Metallgesellschaft AG	1
		Reemtsma Cigarettenfabriken GmbH	1
		Degussa	2
		Klöckner & Co.	1
		Philipp Holzmann AG	1
		Standard Elektrik Lorenz AG	1
		Schering AG	1
54	Gedelfi Großeinkauf GmbH & Co KG	Otto Wolff AG	1
55	Klöckner-Humboldt-Deutz AG	Thyssen AG	1
		BASF AG	1
		Volkswagenwerk AG	2
		Bayer AG	2

noch Tabelle II.4

Rangfolge nach dem Umsatz	Kontrollorganmitglieder[2]) der Unternehmen in Spalte 2 haben in Organen der Geschäftsführungskontrolle der Unternehmen in Spalte 3 . . . Mandate inne (Spalte 4)		
	Firma	Firma	Zahl der Mandate
1	2	3	4
	Klöckner-Humboldt-Deutz AG (Fortsetzung)	Rheinisch-Westfälisches Elektrizitätswerk AG	1
		Mannesmann AG	1
		Fried. Krupp GmbH	1
		IBM Deutschland GmbH	1
		Karstadt AG	1
		Klöckner-Werke AG	1
		Mobil Oil AG	1
		Ruhrgas AG	1
		Brown, Boveri & Cie AG	1
		Vereinigte Industrie-Unternehmungen AG	1
		Deutsche Babcock AG	2
		Klöckner & Co.	1
		Enka Glanzstoff AG	1
		Bosch-Siemens Hausgeräte GmbH	1
		Bilfinger + Berger Bauaktiengesellschaft	1
		Otto Wolff AG	2
		Continental Gummi-Werke AG	1
58	Deutsche Babcock AG	Thyssen AG	1
		Siemens AG	1
		Hoechst AG	1
		ESSO AG	1
		Ruhrkohle AG	1
		Mannesmann AG	1
		Fried. Krupp GmbH	3
		Mobil Oil AG	1
		Kaufhof AG	1
		Ruhrgas AG	2
		Brown, Boveri & Cie AG	3
		Vereinigte Industrie-Unternehmungen AG	1
		Klöckner-Humboldt-Deutz AG	2
		Hochtief AG	1
		Philipp Holzmann AG	1
		Standard Elektrik Lorenz AG	1
		Bertelsmann AG	1
59	Vereinigte Elektrizitätswerke Westfalen AG	Daimler-Benz AG	1
		Deutsche Texaco AG	1
		Klöckner-Werke AG	1
		Hochtief AG	1
		Enka Glanzstoff AG	1
		Continental Gummi-Werke AG	1
		Strabag Bau-AG	1
61	Saint-Gobain-Pont-à-Mousson (Deutschland)	VEBA AG	1
		Allgemeine Elektricitäts-Gesellschaft	1
		Mannesmann AG	1
		Deutsche Lufthansa AG	1
		Vereinigte Industrie-Unternehmungen AG	1
		Preussag AG	1
62	Standard Elektrik Lorenz AG	Daimler-Benz AG	1
		ESSO AG	1
		Bayer AG	2
		Deutsche Shell AG	1
		Fried. Krupp GmbH	1
		Deutsche BP AG	1
		Karstadt AG	1

Rangfolge nach dem Umsatz	Kontrollorganmitglieder[2]) der Unternehmen in Spalte 2 haben in Organen der Geschäftsführungskontrolle der Unternehmen in Spalte 3 . . . Mandate inne (Spalte 4)		
	Firma	Firma	Zahl der Mandate
1	2	3	4
	Standard Elektrik Lorenz AG (Fortsetzung)	Henkel KGaA	1
		Deutsche Babcock AG	1
		Klöckner & Co.	1
		Hochtief AG	1
		Preussag AG	1
		Franz Haniel & Cie. GmbH	1
		Linde AG	1
63	Martin Brinkmann AG	Enka Glanzstoff AG	1
64	Preussag AG	VEBA AG	1
		Volkswagenwerk AG	1
		Ruhrkohle AG	1
		Bayer AG	1
		Deutsche Shell AG	1
		Allgemeine Elektricitäts-Gesellschaft	2
		Mannesmann AG	1
		Hoesch Werke AG	1
		Karstadt AG	1
		Mobil Oil AG	1
		Deutsche Lufthansa AG	2
		Saarbergwerke AG	1
		Vereinigte Industrie-Unternehmungen AG	1
		Saint-Gobain-Pont-à-Mousson (Deutschland)	1
		Standard Elektrik Lorenz AG	1
		Hapag-Lloyd AG	1
		Stahlwerke Röchling-Burbach GmbH	1
		Franz Haniel & Cie. GmbH	1
		Eschweiler Bergwerks-Verein	1
65	Nestlé-Gruppe Deutschland GmbH	Reemtsma Cigarettenfabriken GmbH	2
		co op Zentrale AG	1
66	Stahlwerke Röchling-Burbach GmbH	VEBA AG	1
		Daimler-Benz AG	1
		Ruhrkohle AG	1
		Adam Opel AG	1
		Saarbergwerke AG	1
		Preussag AG	1
		Eschweiler Bergwerks-Verein	3
67	Bertelsmann AG	Siemens AG	1
		Hoechst AG	1
		ESSO AG	1
		Ruhrkohle AG	1
		Allgemeine Elektricitäts-Gesellschaft	1
		Ruhrgas AG	1
		Deutsche Babcock AG	1
		Linde AG	1
69	Grundig AG	Fried. Krupp GmbH	2
		Friedrich Flick Industrieverwaltung KGaA	1
		Metallgesellschaft AG	1
		Mannesmann AG	1
70	Horten AG	VEBA AG	1
		BAT Cigaretten-Fabriken GmbH	3
		Vereinigte Industrie-Unternehmungen AG	1
		Hapag-Lloyd AG	1

noch Tabelle II.4

Rangfolge nach dem Umsatz	Kontrollorganmitglieder[2]) der Unternehmen in Spalte 2 haben in Organen der Geschäftsführungskontrolle der Unternehmen in Spalte 3 ... Mandate inne (Spalte 4)		
	Firma	Firma	Zahl der Mandate
1	2	3	4
	Horten AG (Fortsetzung)	Agfa-Gevaert AG	1
		Aktiengesellschaft der Dillinger Hüttenwerke	1
71	Hapag-Lloyd AG	VEBA AG	1
		Thyssen AG	1
		Siemens AG	2
		Hoechst AG	1
		Ruhrkohle AG	1
		Bayer AG	1
		Allgemeine Elektricitäts-Gesellschaft	1
		Mannesmann AG	1
		Fried. Krupp GmbH	2
		Gutehoffnungshütte Aktienverein	2
		Deutsche BP AG	1
		Salzgitter AG	1
		Metallgesellschaft AG	3
		Hoesch Werke AG	1
		Deutsche Texaco AG	1
		Karstadt AG	1
		Mobil Oil AG	1
		Ruhrgas AG	1
		Degussa	2
		Preussag AG	1
		Horten AG	1
		Schering AG	1
		Aktiengesellschaft der Dillinger Hüttenwerke	1
72	Otto Wolff AG	VEBA AG	2
		Thyssen AG	1
		BASF AG	1
		Volkswagenwerk AG	2
		Siemens AG	1
		Bayer AG	2
		Rheinisch-Westfälisches Elektrizitätswerk AG	1
		Mannesmann AG	1
		Karstadt AG	2
		Kaufhof AG	1
		Vereinigte Industrie-Unternehmungen AG	1
		Klöckner-Humboldt-Deutz AG	2
		co op Zentrale AG	1
		Gedelfi Großeinkauf GmbH & Co. KG	1
		Enka Glanzstoff AG	1
		Bosch-Siemens Hausgeräte GmbH	1
		Continental Gummi-Werke AG	1
73	Bilfinger + Berger Bau-AG	Siemens AG	1
		Allgemeine Elektricitäts-Gesellschaft	1
		Metallgesellschaft AG	1
		Degussa	1
		Klöckner-Humboldt-Deutz AG	1
75	Messerschmitt-Bölkow-Blohm GmbH	Gutehoffnungshütte Aktienverein	1
		Magirus-Deutz AG	1

Rangfolge nach dem Umsatz	Kontrollorganmitglieder[2]) der Unternehmen in Spalte 2 haben in Organen der Geschäftsführungskontrolle der Unternehmen in Spalte 3 . . . Mandate inne (Spalte 4)		
	Firma	Firma	Zahl der Mandate
1	2	3	4
76	Franz Haniel & Cie. GmbH	Bayer AG	1
		Deutsche Shell AG	1
		Gutehoffnungshütte Aktienverein	2
		Deutsche BP AG	1
		Standard Elektrik Lorenz AG	1
		Preussag AG	1
77	Bayernwerk AG	VEBA AG	1
		ESSO AG	1
		Deutsche Lufthansa AG	1
		Allgemeine Deutsche Philips Industrie GmbH	1
78	Bosch-Siemens Hausgeräte GmbH	BASF AG	1
		Volkswagenwerk AG	1
		Gutehoffnungshütte Aktienverein	1
		Salzgitter AG	1
		Robert Bosch GmbH	1
		Klöckner-Humboldt-Deutz AG	1
		Enka Glanzstoff AG	1
		Otto Wolff AG	1
		Continental Gummi-Werke AG	1
81	Wilh. Werhahn	Metallgesellschaft AG	1
82	Strabag Bau-AG	Daimler-Benz AG	1
		Rheinisch-Westfälisches Elektrizitätswerk AG	1
		Ford-Werke AG	1
		Deutsche Texaco AG	1
		Klöckner-Werke AG	1
		Hertie Waren- und Kaufhaus GmbH	1
		Vereinigte Elektrizitätswerke Westfalen AG	1
		Enka Glanzstoff AG	1
		Continental Gummi-Werke AG	1
		Schering AG	1
83	Magirus-Deutz AG	Kaufhof AG	1
		Messerschmitt-Bölkow-Blohm GmbH	1
84	Continental Gummi-Werke AG	BASF AG	2
		Daimler-Benz AG	1
		Volkswagenwerk AG	1
		Bayer AG	1
		Deutsche Shell AG	1
		Allgemeine Elektricitäts-Gesellschaft	1
		Deutsche Texaco AG	1
		Klöckner-Werke AG	1
		Klöckner-Humboldt-Deutz AG	1
		Vereinigte Elektrizitätswerke Westfalen AG	1
		Enka Glanzstoff AG	2
		Bosch-Siemens Hausgeräte GmbH	1
		Otto Wolff AG	1
		Strabag Bau-AG	1
85	Enka Glanzstoff AG	BASF AG	1
		Daimler-Benz AG	2
		Volkswagenwerk AG	1

noch Tabelle II.4

Rangfolge nach dem Umsatz	Kontrollorganmitglieder[2]) der Unternehmen in Spalte 2 haben in Organen der Geschäftsführungskontrolle der Unternehmen in Spalte 3 . . . Mandate inne (Spalte 4)		
	Firma	Firma	Zahl der Mandate
1	2	3	4
	Enka Glanzstoff AG (Fortsetzung)	Hoechst AG	1
		Rheinisch-Westfälisches Elektrizitätswerk AG	1
		Deutsche Texaco AG	1
		Klöckner-Werke AG	1
		Deutsche Lufthansa AG	1
		Klöckner-Humboldt-Deutz AG	1
		Philipp Holzmann AG	1
		Vereinigte Elektrizitätswerke Westfalen AG	1
		Martin Brinkmann AG	1
		Bosch-Siemens Hausgeräte GmbH	1
		Otto Wolff AG	1
		Continental Gummi-Werke AG	2
		Strabag Bau-AG	1
		Aktiengesellschaft der Dillinger Hüttenwerke	1
86	Agfa-Gevaert AG	Horten AG	1
87	Linde AG	Daimler-Benz AG	1
		Bayer AG	1
		Karstadt AG	2
		Standard Elektrik Lorenz AG	1
		Bertelsmann AG	1
90	Dyckerhoff & Widmann AG	Axel Springer Verlag AG	1
92	Axel Springer Verlag AG	Dyckerhoff & Widmann AG	1
93	Schering AG	Thyssen AG	2
		Daimler-Benz AG	1
		Siemens AG	2
		Ford-Werke AG	1
		Gutehoffnungshütte Aktienverein	1
		Metallgesellschaft AG	2
		Reemtsma Cigarettenfabriken GmbH	1
		Henkel KGaA	1
		Philipp Holzmann AG	1
		Hapag-Lloyd AG	1
		Strabag Bau-AG	1
95	Touristik Union International GmbH KG	Gustav Schickedanz KG	1
96	Aktiengesellschaft der Dillinger Hüttenwerke	VEBA AG	1
		Horten AG	1
		Enka Glanzstoff AG	1
		Hapag-Lloyd AG	1
98	Eschweiler Bergwerks-Verein	Mannesmann AG	1
		Saarbergwerke AG	1
		Preussag AG	1
		Stahlwerke Röchling-Burbach GmbH	3

[1]) In dieser Auswertung sind die folgenden zehn Unternehmen der „100 Größten" 1978 nicht enthalten, weil bei diesen Unternehmen nur die personelle Besetzung der Geschäftsführung ermittelbar war:
1. Alfred C. Toepfer Verwaltungsgesellschaft mbH, 2. NEUE HEIMAT, 3. Stumm GmbH — Mabanaft Gruppe, 4. C & A Brenninkmeyer, 5. Oetker Gruppe, 6. Tengelmann Warenhandelsgesellschaft, 7. E. Kampffmeyer, 8. ITT Gesellschaft für Beteiligungen mbH, 9. Carl Zeiss, 10. Elf Mineraloel GmbH.

[2]) Bei Aktiengesellschaften Aufsichtsräte, bei anderen Rechtsformen neben der Geschäftsführung im Geschäftsbericht des Unternehmens genannte Kontrollorgane (Verwaltungsrat, Beirat, Gesellschafterausschuß).

C. Materialien und Stellungnahmen

C.1 Vorschlag einer Verordnung (EWG) des Rates über die Kontrolle von Unternehmenszusammenschlüssen

(Von der Kommission dem Rat vorgelegt am 20. Juli 1973)
Abl. 1973 C 92/1 vom 31. Oktober 1973

DER RAT DER EUROPÄISCHEN GEMEINSCHAFTEN —

gestützt auf den Vertrag zur Gründung der Europäischen Wirtschaftsgemeinschaft, insbesondere auf die Artikel 87 und 235,

auf Vorschlag der Kommission,

nach Stellungnahme des Europäischen Parlaments,

nach Stellungnahme des Wirtschafts- und Sozialausschusses,

in Erwägung nachstehender Gründe:

Um die allgemeinen Ziele des Vertrages zur Gründung der Europäischen Wirtschaftsgemeinschaft zu verwirklichen, ist der Gemeinschaft in Artikel 3 Buchstabe f) die Aufgabe übertragen worden, „ein System zu errichten, das den Wettbewerb innerhalb des Gemeinsamen Marktes vor Verfälschungen schützt".

Eine Analyse der Marktstrukturen in der Gemeinschaft zeigt, daß sich der Konzentrationsprozeß beschleunigt und der Konzentrationsgrad derart zunimmt, daß die Aufrechterhaltung eines wirksamen Wettbewerbs im Gemeinsamen Markt in Frage gestellt und damit die Verwirklichung des in Artikel 3 Buchstabe f) umschriebenen Zieles gefährdet werden könnte.

Es ist daher erforderlich, Unternehmenszusammenschlüsse einer systematischen Kontrolle zu unterwerfen.

Der Vertrag sieht insoweit bereits gewisse Befugnisse vor.

Artikel 86 ist anwendbar auf Zusammenschlüsse von Unternehmen, die eine beherrschende Stellung auf dem Gemeinsamen Markt oder auf einem wesentlichen Teil desselben innehaben und diese Stellung im Wege des Zusammenschlusses dergestalt verstärken, daß der erreichte Beherrschungsgrad den Wettbewerb wesentlich behindert.

Diese Befugnisse gestatten ein Tätigwerden jedoch ausschließlich gegenüber Zusammenschlüssen, die dazu führen, daß nur noch Unternehmen auf dem Markt verbleiben, die in ihrem Marktverhalten von dem den Zusammenschluß bewirkenden Unternehmen abhängen; sie erlauben es außerdem nicht, den Vollzug derartiger Zusammenschlüsse von vornherein zu verhindern.

Es ist deshalb geboten, zusätzliche Befugnisse vorzusehen, die es erlauben, auch sonstige Zusammenschlüsse zu erfassen, die geeignet sind, den Wettbewerb im Gemeinsamen Markt zu verfälschen, und für derartige Zusammenschlüsse ein System der vorherigen Kontrolle einzuführen.

Nach Artikel 235 des Vertrages kann sich die Gemeinschaft die zur Verwirklichung ihrer Ziele erforderlichen Befugnisse verleihen.

Zur Errichtung eines Systems, das den Wettbewerb innerhalb des Gemeinsamen Marktes vor Verfälschungen schützt, ist es notwendig, diejenigen Zusammenschlüsse, durch welche die Unternehmen die Möglichkeit erlangen oder verstärken, einen wirksamen Wettbewerb im Gemeinsamen Markt oder in einem wesentlichen Teil desselben zu verhindern, einer Kontrolle zu unterwerfen, soweit sie geeignet sind, den Handel zwischen Mitgliedstaaten zu beeinträchtigen.

Bei der Beurteilung der Möglichkeit einen wirksamen Wettbewerb zu verhindern, sind insbesondere die Wahlmöglichkeiten der Lieferanten und Verbraucher, die wirtschaftliche Macht und die Finanzkraft der beteiligten Unternehmen, die Struktur der betroffenen Märkte sowie die Entwicklung des Angebots und der Nachfrage bei den jeweiligen Erzeugnissen und Dienstleistungen zu berücksichtigen.

Von der Anwendung dieser Verordnung können die Zusammenschlüsse ausgenommen werden, die mit Rücksicht auf die geringere Bedeutung des Umsatzes und der Marktanteile der beteiligten Unternehmen nicht geeignet sind, einen wirksamen Wettbewerb im Gemeinsamen Markt zu verhindern.

Um die im allgemeinen Interesse der Gemeinschaft und insbesondere im Rahmen der gemeinsamen Politiken zu verwirklichenden Ziele miteinander in Einklang zu bringen, kann es erforderlich sein, bestimmte Zusammenschlüsse unter im Einzelfall festzusetzenden Bedingungen und Auflagen von der Unvereinbarkeit auszunehmen.

Der Kommission ist die Aufgabe zu übertragen, die erforderlichen Entscheidungen zu treffen, um den Vollzug von Zusammenschlüssen, die mit dem Gemeinsamen Markt unvereinbar sind, zu verhindern oder rückgängig zu machen, die Voraussetzungen eines wirksamen Wettbewerbs wieder herzustellen und festzustellen, daß bestimmte Zusammenschlüsse als mit dem Gemeinsamen Markt vereinbar angesehen werden können. Es ist angebracht, der Kommission vorbehaltlich der Nachprüfung durch den Gerichtshof insoweit eine ausschließliche Zuständigkeit zu übertragen.

Um eine wirksame Überwachung zu gewährleisten, ist es geboten, eine vorherige Anmeldepflicht für die wichtigsten Zusammenschlüsse einzuführen und die Unternehmen zu verpflichten, den Vollzug dieser Zusammenschlüsse zeitweilig aufzuschieben.

Es ist angezeigt, Fristen festzulegen, innerhalb welcher die Kommission darüber beschließen muß, ob wegen eines angemeldeten Zusammenschlusses das Verfahren einzuleiten ist, und innerhalb welcher die Kommission über die Unvereinbarkeit eines Zusammenschlusses mit dem Gemeinsamen Markt abschließend zu entscheiden hat.

Es ist zweckdienlich, das Recht der beteiligten Unternehmen zu gewährleisten, von der Kommission angehört zu werden, sobald das Verfahren eingeleitet worden ist, sowie dritten Personen, die ein ausreichendes Interesse glaubhaft machen, Gelegenheit zur Äußerung zu geben.

Die Kommission muß die Mitwirkung der Mitgliedstaaten erhalten; sie muß im übrigen über die Befugnis verfügen, Auskünfte zu verlangen und Nachprüfungen vorzunehmen, die zur Beurteilung von Zusammenschlüssen nach den Vorschriften dieser Verordnung erforderlich sind.

Die Beachtung der Vorschriften dieser Verordnung muß durch Geldbußen und Zwangsgelder sichergestellt werden können. Es ist angebracht, dem Gerichtshof insoweit nach Artikel 172 eine Zuständigkeit zu übertragen, welche die Befugnis zu unbeschränkter Ermessensnachprüfung umfaßt.

Es erscheint zweckmäßig, diese Verordnung sowohl auf Zusammenschlüsse, die den Tatbestand der mißbräuchlichen Ausnutzung einer beherrschenden Stellung erfüllen, als auch auf Zusammenschlüsse anzuwenden, die den beteiligten Unternehmen die Möglichkeit gewähren, einen wirksamen Wettbewerb im Gemeinsamen Markt zu verhindern; es ist deshalb klarzustellen, daß die Verordnungen Nr. 17 und (EWG) Nr. 1017/68 vom Inkrafttreten dieser Verordnung an auf Zusammenschlüsse keine Anwendung mehr finden —

HAT FOLGENDE VERORDNUNG ERLASSEN:

Artikel 1

Grundsatzbestimmungen

(1) Jedes Vorgehen, das unmittelbar oder mittelbar einen Zusammenschluß zwischen Unternehmen oder Gruppen von Unternehmen bewirkt, durch den diese die Möglichkeit erlangen oder verstärken, einen wirksamen Wettbewerb auf dem Gemeinsamen Markt oder auf einem wesentlichen Teil desselben zu verhindern, ist mit dem Gemeinsamen Markt unvereinbar, sofern mindestens eines der beteiligten Unternehmen seinen Sitz im Gemeinsamen Markt hat und der Zusammenschluß dazu führen kann, den Handel zwischen den Mitgliedstaaten zu beeinträchtigen.

Bei der Beurteilung der Möglichkeit, einen wirksamen Wettbewerb zu verhindern, sind insbesondere die Wahlmöglichkeiten der Lieferanten und Verbraucher, die wirtschaftliche Macht und die Finanzkraft der beteiligten Unternehmen, die Struktur der betroffenen Märkte sowie die Entwicklung des Angebots und der Nachfrage bei den jeweiligen Erzeugnissen und Dienstleistungen zu berücksichtigen.

(2) Absatz 1 gilt nicht, wenn

— der Gesamtumsatz aller an dem Zusammenschluß beteiligten Unternehmen weniger als 200 Millionen Rechnungseinheiten beträgt und

— die vom Zusammenschluß betroffenen Erzeugnisse oder Dienstleistungen in keinem Mitgliedstaat mehr als 25 v. H. des Umsatzes mit gleichen Erzeugnissen oder Dienstleistungen und solchen ausmachen, die für den Verbraucher auf Grund ihrer Eigenschaften, ihrer Preislage und ihres Verwendungszwecks als gleichartig anzusehen sind.

(3) Die Bestimmungen des Absatzes 1 können auf Zusammenschlüsse für nicht anwendbar erklärt werden, die für die Verwirklichung eines im allgemeinen Interesse der Gemeinschaft liegenden vorrangigen Zieles unerläßlich sind.

Artikel 2

Definition des Zusammenschlusses

(1) Ein Zusammenschluß im Sinne von Artikel 1 wird dadurch bewirkt, daß eine Person, ein Unternehmen oder eine Gruppe von Personen oder Unternehmen die Kontrolle über ein oder mehrere Unternehmen erwirbt.

(2) Die Kontrolle wird durch Rechte oder Verträge begründet, die einzeln oder zusammen, unter Berücksichtigung aller tatsächlichen und rechtlichen Umstände, die Möglichkeit gewähren, die Tätigkeit eines Unternehmens zu bestimmen, insbesondere durch:

1. Eigentums- oder Nutzungsrechte an der Gesamtheit oder an Teilen des Vermögens eines Unternehmens;
2. Rechte oder Verträge, die Einfluß auf die Bestellung, die Entscheidungen oder Beschlüsse der Organe eines Unternehmens gewähren;
3. Rechte oder Verträge, die es ermöglichen, die Geschäfte eines Unternehmens zu führen;
4. Verträge mit einem Unternehmen über die Bildung oder Verwendung seines Gewinns;
5. Verträge mit einem Unternehmen über die Gesamtheit oder einen erheblichen Teil seines Bedarfs oder Absatzes, wenn diese Verträge nach Menge oder Laufzeit das Maß der handelsüblichen Beschaffungs- oder Absatzverträge überschreiten.

(3) Die Kontrolle wird für diejenigen Personen, Unternehmen oder Gruppen von Personen oder Unternehmen begründet,

1. die aus diesen Rechten oder Verträgen selbst berechtigt sind;
2. die, obwohl sie aus diesen Rechten oder Verträgen nicht selbst berechtigt sind, die Befugnis haben, die sich daraus ergebenden Rechte auszuüben;
3. die als Treuhänder Eigentümer von Vermögensgegenständen eines Unternehmens oder von Anteilsrechten an einem Unternehmen sind und befugt sind, die sich daraus ergebenden Rechte auszuüben.

(4) Die Kontrolle eines Unternehmens wird nicht begründet, wenn Banken oder Finanzierungsunternehmen bei der Gründung oder der Kapitalerhöhung eines Unternehmens Anteilsrechte an diesem zum Zwecke der Veräußerung auf dem Markt erwerben, sofern sie die sich aus diesen Anteilsrechten ergebenden Stimmrechte nicht ausüben.

Artikel 3

Entscheidungsbefugnisse der Kommission

(1) Stellt die Kommission fest, daß ein Zusammenschluß in den Anwendungsbereich von Artikel 1 Abs. 1 fällt und die Voraussetzungen von Artikel 1 Abs. 3 nicht erfüllt, so erklärt sie diesen Zusammenschluß durch Entscheidung für unvereinbar mit dem Gemeinsamen Markt.

(2) Entscheidungen der Kommission, durch welche die Unvereinbarkeit eines Zusammenschlusses im Sinne von Absatz 1 erklärt wird, führen nicht zur Nichtigkeit der Rechtshandlungen, die sich auf den Zusammenschluß beziehen.

(3) Ist der Zusammenschluß bereits vollzogen worden, so kann die Kommission in der nach Absatz 1 zu treffenden Entscheidung oder in einer gesonderten Entscheidung die Trennung der erworbenen oder zusammengefaßten Unternehmen oder Vermögenswerte oder die Beendigung der gemeinsamen Kontrolle oder andere Maßnahmen anordnen, die geeignet sind, die Voraussetzungen eines wirksamen Wettbewerbs wiederherzustellen.

(4) Stellt die Kommission fest, daß ein unter Artikel 1 Abs. 1 fallender Zusammenschluß die Voraussetzungen von Artikel 1 Abs. 3 erfüllt, so erklärt sie Artikel 1 Abs. 1 durch Entscheidung für nicht anwendbar; sie kann diese Entscheidung mit Bedingungen und Auflagen verbinden.

(5) Vorbehaltlich der Nachprüfung durch den Gerichtshof ist die Kommission ausschließlich zuständig, die in diesem Artikel vorgesehenen Entscheidungen zu erlassen.

Artikel 4

Vorherige Anmeldung von Zusammenschlüssen

(1) Zusammenschlußvorhaben sind vor ihrer Durchführung bei der Kommission anzumelden, wenn der Gesamtumsatz der beteiligten Unternehmen eine Milliarde Rechnungseinheiten erreicht oder überschreitet.

(2) Zusammenschlußvorhaben von Unternehmen oder Unternehmensgruppen, die den in Absatz 1 genannten Umsatz bereits erreicht oder überschritten haben, sind von der Verpflichtung zur vorherigen Anmeldung befreit, wenn der Umsatz des Unternehmens, über das die Kontrolle erworben werden soll, weniger als dreißig Millionen Rechnungseinheiten beträgt.

(3) Zur Anmeldung verpflichtet sind die Personen, Unternehmen oder Gruppen von Personen oder Unternehmen, die beabsichtigen, eine Kontrolle im Sinne von Artikel 2 zu erwerben.

(4) Zusammenschlußvorhaben, die nicht unter Absatz 1 fallen, können bei der Kommission angemeldet werden.

Artikel 5

Berechnung des Umsatzes und der Marktanteile

(1) a) Bei der Berechnung des Gesamtumsatzes im Sinne von Artikel 1 Abs. 2 und Artikel 4 Abs. 1 sind die im letzten abgeschlossenen Geschäftsjahr mit allen Waren und Dienstleistungen getätigten Umsätze
1. der an dem Zusammenschluß beteiligten Unternehmen,
2. der Unternehmen oder Unternehmensgruppen, welche die an dem Zusammenschluß beteiligten Unternehmen im Sinne von Artikel 2 kontrollieren,
3. der Unternehmen oder Unternehmensgruppen, die von den an dem Zusammenschluß beteiligten Unternehmen im Sinne von Artikel 2 kontrolliert werden,

zusammenzuzählen.

b) Bei der Berechnung der Marktanteile im Sinne von Artikel 1 Abs. 2 sind die Marktanteile aller vorstehend unter a) aufgeführten Unternehmen zusammenzuzählen.

(2) An die Stelle des Umsatzes im Sinne von Artikel 1 Abs. 2, Artikel 4 Abs. 1 und des vorstehenden Absatzes tritt
- bei Banken und Finanzierungsinstituten ein Zehntel der Bilanzsumme,
- bei Versicherungsunternehmen die Summe der vereinnahmten Prämien.

Artikel 6

Einleitung des Verfahrens

(1) Stellt die Kommission fest, daß ein Zusammenschluß in den Anwendungsbereich von Artikel 1 Abs. 1 oder Abs. 3 fallen kann, so leitet sie das Verfahren ein und teilt dies den beteiligten Unternehmen sowie den zuständigen Behörden der Mitgliedstaaten mit.

(2) Handelt es sich um ein Zusammenschlußvorhaben, das bei der Kommission angemeldet worden ist, so muß das Verfahren innerhalb einer Frist von drei Monaten eingeleitet werden, es sei denn, daß die beteiligten Unternehmen einer Verlängerung dieser Frist zustimmen. Die Dreimonatsfrist beginnt am Tag nach dem Erhalt der Anmeldung oder, falls die bei der Anmeldung zu liefernden Angaben unvollständig sind, am Tag nach dem Erhalt der vollständigen Angaben.

(3) Die Kommission kann das Verfahren auch nach Ablauf der Dreimonatsfrist einleiten, wenn die von den Unternehmen bei der Anmeldung gelieferten Angaben unrichtig oder entstellt sind.

(4) Vorbehaltlich des Absatzes 3 gilt ein Zusammenschlußvorhaben, das bei der Kommission angemeldet worden ist, als vereinbar mit dem Gemeinsa-

men Markt, wenn die Kommission innerhalb der in Absatz 2 bezeichneten Frist das Verfahren nicht eingeleitet hat.

Artikel 7

Aufschub des Vollzugs von Zusammenschlüssen

(1) Die Unternehmen dürfen ein bei der Kommission angemeldetes Zusammenschlußvorhaben vor Ablauf der in Artikel 6 Abs. 2 bezeichneten Frist nicht vollziehen, es sei denn, daß die Kommission ihnen mitteilt, daß zur Einleitung des Verfahrens kein Anlaß besteht.

(2) Leitet die Kommission das Verfahren ein, so kann sie die beteiligten Unternehmen durch Entscheidung verpflichten, den Vollzug des Zusammenschlußvorhabens solange aufzuschieben, bis die Kommission über die Vereinbarkeit dieses Zusammenschlusses mit dem Gemeinsamen Markt entschieden oder das Verfahren eingestellt hat.

Artikel 8

Mitteilung der Beschwerdepunkte und Anhörungen

(1) Vor Entscheidungen auf Grund der Artikel 3, 7, 13 und 14 gibt die Kommission den beteiligten Unternehmen und, vor Entscheidungen auf Grund der Artikel 13 und 14 außerdem den beteiligten Unternehmensvereinigungen, Gelegenheit, sich zu den von der Kommission in Betracht gezogenen Beschwerdepunkten zu äußern.

(2) Soweit die Kommission oder die zuständigen Behörden der Mitgliedstaaten es für erforderlich halten, kann sie auch andere Personen oder Personenvereinigungen anhören. Beantragen Personen oder Personenvereinigungen, daß sie angehört werden, so ist diesem Antrag stattzugeben, wenn sie ein ausreichendes Interesse glaubhaft machen.

(3) Die Artikel 2, 3, 4, 7, 8, 9, 10 und 11 der Verordnung Nr. 99/63/EWG sind anzuwenden.

Artikel 9

Einstellung des Verfahrens

Stellt die Kommission nach Einleitung des Verfahrens fest, daß kein Anlaß besteht, gegen einen Zusammenschluß einzuschreiten, so stellt sie das Verfahren ein und teilt dies den beteiligten Unternehmen sowie den zuständigen Behörden der Mitgliedstaaten mit.

Artikel 10

Auskunftsverlangen

(1) Die Kommission kann zur Erfüllung der ihr in dieser Verordnung übertragenen Aufgaben von den Regierungen und den zuständigen Behörden der Mitgliedstaaten sowie von Unternehmen und Unternehmensvereinigungen alle erforderlichen Auskünfte einholen.

(2) Richtet die Kommission ein Auskunftsverlangen an ein Unternehmen oder an eine Unternehmensvereinigung, so übermittelt sie der zuständigen Behörde des Mitgliedstaats, in dessen Hoheitsgebiet sich der Sitz des Unternehmens oder der Unternehmensvereinigung befindet, gleichzeitig eine Abschrift dieses Verlangens.

(3) In ihrem Verlangen weist die Kommission auf die Rechtsgrundlage und den Zweck des Verlangens sowie auf die in Artikel 13 Abs. 1 Buchstabe b für den Fall der Erteilung einer unrichtigen Auskunft vorgesehenen Zwangsmaßnahmen hin.

(4) Zur Erteilung der Auskunft sind die Inhaber der Unternehmen oder deren Vertreter, bei juristischen Personen, Gesellschaften und nicht rechtsfähigen Vereinen die nach Gesetz oder Satzung zur Vertretung berufenen Personen verpflichtet.

(5) Wird eine von Unternehmen oder Unternehmensvereinigungen verlangte Auskunft innerhalb einer von der Kommission festgesetzten Frist nicht oder nicht vollständig erteilt, so fordert die Kommission die Auskunft durch Entscheidung an. Die Entscheidung bezeichnet die geforderten Auskünfte, bestimmt eine angemessene Frist zur Erteilung der Auskünfte und weist auf die in Artikel 13 Abs. 1 Buchstabe b und Artikel 14 Abs. 1 Buchstabe a vorgesehenen Zwangsmaßnahmen sowie auf das Recht hin, vor dem Gerichtshof gegen die Entscheidung Klage zu erheben.

(6) Die Kommission übermittelt der zuständigen Behörde des Mitgliedstaats, in dessen Hoheitsgebiet sich der Sitz des Unternehmens oder der Unternehmensvereinigung befindet, gleichzeitig eine Abschrift der Entscheidung.

Artikel 11

Nachprüfungen durch Behörden der Mitgliedstaaten

(1) Auf Ersuchen der Kommission nehmen die zuständigen Behörden der Mitgliedstaaten Nachprüfungen vor, welche die Kommission auf Grund von Artikel 12 Abs. 1 für angezeigt hält oder in einer Entscheidung nach Artikel 12 Abs. 3 angeordnet hat. Die mit der Durchführung der Nachprüfungen beauftragten Bediensteten der zuständigen Behörden der Mitgliedstaaten üben ihre Befugnisse unter Vorlage eines schriftlichen Prüfungsauftrags der zuständigen Behörde desjenigen Mitgliedstaats aus, in dessen Hoheitsgebiet die Nachprüfung vorgenommen werden soll. In dem Prüfungsauftrag sind der Gegenstand und der Zweck der Nachprüfung zu bezeichnen.

(2) Bedienstete der Kommission können auf Antrag der Kommission oder auf Antrag der zuständigen Behörde des Mitgliedstaats, in dessen Hoheitsgebiet die Nachprüfung vorgenommen werden soll, die Bediensteten dieser Behörde bei der Erfüllung ihrer Aufgaben unterstützen.

Artikel 12

Nachprüfungsbefugnisse der Kommission

(1) Die Kommission kann zur Erfüllung der ihr in dieser Verordnung übertragenen Aufgaben bei Unternehmen und Unternehmensvereinigungen alle erforderlichen Nachprüfungen vornehmen.

Zu diesem Zweck verfügen die beauftragten Bediensteten der Kommission über folgende Befugnisse:

a) die Bücher und sonstigen Geschäftsunterlagen zu prüfen;
b) Abschriften oder Auszüge aus Büchern und Geschäftsunterlagen anzufertigen oder anzufordern;
c) mündliche Erklärungen an Ort und Stelle anzufordern;
d) alle Räumlichkeiten, Grundstücke und Transportmittel der Unternehmen zu betreten.

(2) Die mit der Nachprüfung beauftragten Bediensteten der Kommission üben ihre Befugnisse unter Vorlage eines schriftlichen Prüfungsauftrags aus, in dem der Gegenstand und der Zweck der Nachprüfung bezeichnet sind und in dem auf die in Artikel 13 Abs. 1 Buchstabe c vorgesehenen Zwangsmaßnahmen für den Fall hingewiesen wird, daß die angeforderten Bücher oder sonstigen Geschäftsunterlagen nicht vollständig vorgelegt werden. Die Kommission unterrichtet die zuständige Behörde des Mitgliedstaats, in dessen Hoheitsgebiet die Nachprüfung vorgenommen werden soll, rechtzeitig vor der Nachprüfung über den Prüfungsauftrag und die Person des beauftragten Bediensteten.

(3) Unternehmen und Unternehmensvereinigungen sind verpflichtet, die Nachprüfungen zu dulden, welche die Kommission in einer Entscheidung angeordnet hat. Die Entscheidung bezeichnet den Gegenstand und den Zweck der Nachprüfung, bestimmt den Zeitpunkt des Beginns der Nachprüfung und weist auf die in Artikel 13 Abs. 1 Buchstabe c und Artikel 14 Abs. 1 Buchstabe b vorgesehenen Zwangsmaßnahmen sowie auf das Recht hin, vor dem Gerichtshof gegen die Entscheidung Klage zu erheben.

(4) Die Kommission erläßt die in Abs. 3 bezeichneten Entscheidungen nach Anhörung der zuständigen Behörde des Mitgliedstaats, in dessen Hoheitsgebiet die Nachprüfung vorgenommen werden soll.

(5) Bedienstete der zuständigen Behörde des Mitgliedstaats, in dessen Hoheitsgebiet die Nachprüfung vorgenommen werden soll, können auf Antrag dieser Behörde oder auf Antrag der Kommission die Bediensteten der Kommission bei der Erfüllung ihrer Aufgaben unterstützen.

(6) Widersetzt sich ein Unternehmen einer auf Grund dieses Artikels angeordneten Nachprüfung, so gewährt der betreffende Mitgliedstaat den beauftragten Bediensteten der Kommission die erforderliche Unterstützung, damit diese ihre Nachprüfungen durchführen können. Zu diesem Zweck treffen die Mitgliedstaaten vor dem ... nach Anhörung der Kommission die erforderlichen Maßnahmen.

Artikel 13

Geldbußen

(1) Die Kommission kann gegen Unternehmen und Unternehmensvereinigungen durch Entscheidung Geldbußen in Höhe von eintausend bis fünfzigtausend Rechnungseinheiten festsetzen, wenn sie vorsätzlich oder fahrlässig

a) in einer Anmeldung nach Artikel 4 unrichtige oder entstellte Angaben machen,
b) eine nach Artikel 10 verlangte Auskunft unrichtig oder nicht innerhalb der in einer Entscheidung nach Artikel 10 gesetzten Frist erteilen,
c) bei Nachprüfungen nach Artkel 11 oder 12 die angeforderten Bücher oder sonstigen Geschäftsunterlagen nicht vollständig vorlegen oder die in einer Entscheidung nach Artikel 12 angeordnete Nachprüfung nicht dulden.

(2) Die Kommission kann gegen natürliche oder juristische Personen, die der in Artikel 4 umschriebenen Verpflichtung zur vorherigen Anmeldung vorsätzlich oder fahrlässig nicht nachgekommen sind, durch Entscheidung Geldbußen in Höhe von eintausend bis zu einer Million Rechnungseinheiten festsetzen.

(3) Die Kommission kann gegen die beteiligten Unternehmen durch Entscheidung Geldbußen in Höhe von bis zu zehn vom Hundert des Wertes der zusammengefaßten Vermögenswerte festsetzen, wenn sie vorsätzlich oder fahrlässig ein Zusammenschlußvorhaben vor Ablauf der in Artkel 6 Abs. 2 bezeichneten Frist oder entgegen einer Entscheidung der Kommission nach Artikel 3 Abs. 1 oder Artikel 7 Abs. 2 vollziehen.

Artikel 14

Zwangsgelder

(1) Die Kommission kann gegen Unternehmen und Unternehmensvereinigungen durch Entscheidung Zwangsgelder bis zu einem Höchstbetrag von fünfundzwanzigtausend Rechnungseinheiten für jeden Tag des Verzugs von dem in der Entscheidung bestimmten Zeitpunkt an festsetzen, um sie anzuhalten,

a) eine Auskunft vollständig und richtig zu erteilen, die sie in einer Entscheidung nach Artikel 10 angefordert hat,
b) eine Nachprüfung zu dulden, die sie in einer Entscheidung nach Artikel 12 angeordnet hat.

(2) Die Kommission kann gegen die beteiligten Unternehmen durch Entscheidung Zwangsgelder bis zu einem Höchstbetrag von fünfzigtausend Rechnungseinheiten für jeden Tag des Verzugs von dem in der Entscheidung bestimmten Zeitpunkt an festsetzen, um sie anzuhalten, die sich aus einer Entscheidung nach Artikel 3 Abs. 3 ergebenden Maßnahmen durchzuführen.

Artikel 15

Nachprüfung durch den Gerichtshof

Bei Klagen gegen Entscheidungen der Kommission, in denen eine Geldbuße oder ein Zwangsgeld festgesetzt ist, hat der Gerichtshof die Befugnis zu unbeschränkter Nachprüfung der Entscheidung im Sinne von Artikel 172 des Vertrages; er kann die festgesetzte Geldbuße oder das festgesetzte Zwangsgeld aufheben, herabsetzen oder erhöhen.

Artikel 16

Berufsgeheimnis

(1) Die bei Anwendung der Artikel 10, 11 und 12 erlangten Kenntnisse dürfen nur zu dem mit der Auskunft oder Nachprüfung verfolgten Zweck verwertet werden.

(2) Die Kommission und die zuständigen Behörden der Mitgliedstaaten sowie ihre Beamten und sonstigen Bediensteten sind verpflichtet, Kenntnisse nicht preiszugeben, die sie bei Anwendung dieser Verordnung erlangt haben und die ihrem Wesen nach unter das Berufsgeheimnis fallen.

(3) Die Vorschriften der Absätze 1 und 2 stehen der Veröffentlichung von Übersichten oder Zusammenfassungen, die keine Angaben über einzelne Unternehmen oder Unternehmensvereinigungen enthalten, nicht entgegen.

Artikel 17

Entscheidungsfristen und Veröffentlichung von Entscheidungen

(1) a) Die Entscheidungen nach Artikel 3 Abs. 1 und Abs. 4 müssen innerhalb einer Frist von neun Monaten, beginnend mit dem Tag der Einleitung des Verfahrens, erlassen werden, es sei denn, daß die beteiligten Unternehmen einer Verlängerung dieser Frist zustimmen.

b) Die Frist von neun Monaten gilt nicht, wenn die Kommission gezwungen war, eine Auskunft im Wege der Entscheidung nach Artikel 10 anzufordern oder eine Nachprüfung durch Entscheidung nach Artikel 12 anzuordnen.

(2) Die Kommission veröffentlicht die Entscheidungen, die sie nach Artikel 3 erläßt.

(3) Die Veröffentlichung erfolgt unter Angabe der Beteiligten und des wesentlichen Inhalts der Entscheidung; sie muß den berechtigten Interessen der Unternehmen an der Wahrung ihrer Geschäftsgeheimnisse Rechnung tragen.

Artikel 18

Rechnungseinheit

Für die Anwendung dieser Verordnung gilt die für die Aufstellung des Haushaltsplans der Gemeinschaft nach den Artikeln 207 und 209 des Vertrages vorgesehene Rechnungseinheit.

Artikel 19

Verbindung mit den Behörden der Mitgliedstaaten

(1) Die Kommission übermittelt den zuständigen Behörden der Mitgliedstaaten unverzüglich eine Abschrift der Anmeldungen sowie der wichtigsten Schriftstücke, die bei ihr auf Grund dieser Verordnung eingereicht werden.

(2) Sie führt die in dieser Verordnung genannten Verfahren in enger und stetiger Verbindung mit den zuständigen Behörden der Mitgliedstaaten durch. Diese sind berechtigt, zu diesen Verfahren Stellung zu nehmen; sie können insbesondere von der Kommission verlangen, das Verfahren nach Artikel 6 einzuleiten.

(3) Der Beratende Ausschuß für Kartell- und Monopolfragen ist vor jeder Entscheidung nach Artikel 3 sowie vor jeder Entscheidung nach den Artikeln 13 und 14 anzuhören.

(4) Der Beratende Ausschuß setzt sich aus für Kartell- und Monopolfragen zuständigen Beamten zusammen. Jeder Mitgliedstaat bestimmt als seinen Vertreter einen Beamten, der im Falle der Verhinderung durch einen anderen Beamten ersetzt werden kann.

(5) Die Anhörung erfolgt in einer gemeinsamen Sitzung, zu der die Kommission einlädt; diese Sitzung findet frühestens vierzehn Tage nach Absendung der Einladung statt. Der Einladung sind eine Darstellung des Sachverhalts unter Angabe der wichtigsten Schriftstücke sowie ein vorläufiger Entscheidungsvorschlag für jeden zu behandelnden Fall beizufügen.

(6) Der Beratende Ausschuß kann seine Stellungnahme abgeben, auch wenn Mitglieder des Ausschusses oder ihre Vertreter nicht anwesend sind. Das Ergebnis des Anhörungsverfahrens ist schriftlich niederzulegen und wird dem Entscheidungsvorschlag beigefügt. Es wird nicht veröffentlicht.

Artikel 20

Ausschließliche Anwendbarkeit dieser Verordnung

Auf Zusammenschlüsse im Sinne dieser Verordnung finden die Verordnungen Nr. 17 und (EWG) Nr. 1017/68 keine Anwendung.

Artikel 21

Ausführungsbestimmungen

Die Kommission ist ermächtigt, Ausführungsbestimmungen über Form, Inhalt und andere Einzelheiten der Anmeldungen nach Artikel 4 dieser Verordnung zu erlassen.

Artikel 22

Inkrafttreten

Diese Verordnung tritt am ... in Kraft.

Diese Verordnung ist in allen ihren Teilen verbindlich und gilt unmittelbar in jedem Mitgliedstaat.

C.2 Schriftliche Stellungnahme zur Entflechtungsanhörung

von Prof. Dr. Frederic M. Scherer

Department of Economics, Northwestern University, Evanston/Ill.

Vom Standpunkt des Wirtschaftswissenschaftlers, der an der Durchsetzung der Antitrustpolitik in den USA aktiv teilgenommen hat und sich mit der zugrundeliegenden Wirtschaftstheorie eingehend beschäftigt hat, möchte ich heute der Monopolkommission, vor der zu erscheinen ich mir zur Ehre anrechne, einige Gedanken zur Frage der Entflechtungsregelung vortragen.

Lassen Sie mich mit einem kurzen Rückgriff auf die Theorie beginnen. Gute ökonomische Leistungen sind es, die wir von den Marktteilnehmern erwarten, insbesondere von den Anbietern von Gütern und Dienstleistungen. Anerkanntermaßen hängt die Leistungsfähigkeit einer Industrie vom Zusammenwirken zwischen Anbietern und Nachfragern ab. Das Marktgeschehen seinerseits hängt von der Marktstruktur, beispielsweise dem Grad der Konzentration auf der Anbieterseiter und den Schranken zum Markteintritt ab.

Für die Wettbewerbspolitik entsteht ein Problem, wenn die Leistungen auf dem Markt unzureichend sind oder zu werden drohen. Der Wettbewerbspolitik stehen zwei wesentliche Instrumente zur Verfügung:

- Erstens kann versucht werden, auf das Verhalten der Marktteilnehmer einzuwirken, beispielsweise durch Festsetzung von Schranken, in denen sich die Preisbildung vollziehen muß, durch die Einführung von Bußgeldern, falls diese Schranken übertreten werden oder vielleicht sogar durch Festlegung zulässiger Preis- und Gewinniveaus.
- Zweitens kann versucht werden, die Marktstruktur zu ändern, um sicherzustellen, daß bei einer genügend großen Anzahl von Anbietern und Nachfragern eine befriedigende Entwicklung auf dem Markt bereits mit geringen zusätzlichen Verhaltensvorschriften erwartet werden kann.

Stark konzentrierte Märkte stellen besonders harte Probleme für die Wettbewerbspolitik dar. Wenn ein Anbieter marktbeherrschend ist oder der Markt stark oligopolistisch ist (zum Beispiel wenn die drei führenden Hersteller einen 70%igen Marktanteil haben), besteht eine Tendenz zu monopolistischer Preis- und Mengenpolitik, selbst wenn die Verhaltensvorschriften direkte Preisabsprachen untersagen.

Wenn der erste, das Marktverhalten steuernde Ansatz gewählt wird, können die zuständigen Behörden versucht sein, zu spezifizieren, was angemessenes Verhalten ist, beispielsweise bezüglich der Preis- und Gewinnspannen, und deshalb die betroffenen Firmen kontinuierlich überwachen, um sicherzustellen, daß die Kriterien für angemessenes Verhalten beachtet werden. Dieser Weg ist schwierig in der Durchführung, denn die Bestimmung eines angemessenen Preises ist bereits schwierig. Der U. S. Supreme Court hat bereits im Jahre 1927 festgestellt, daß ein heute angemessener Preis morgen durch veränderte Daten unangemessen sein kann [1]).

Das Vorschreiben von angemessenen Gewinnspannen kann den unerwünschten Effekt haben, daß Firmen mit Monopolstellung ineffizient operieren, was darauf hinausliefe, daß die Stellung dieser Firmen zu erhöhten Kosten anstatt zu hohen Gewinnen führt.

Der strukturelle Ansatz ist in vielerlei Hinsicht einfacher. Wenn die Struktur eines Marktes das Geschehen und die Leistungen als unzureichend erscheinen läßt, greift der Staat einmalig ein, um strukturelle Bedingungen zu schaffen, die zumindest in absehbarer Zukunft die gewünschte Entwicklung herbeiführen. Hierbei stehen die Wettbewerbskräfte im Vordergrund, während die Notwendigkeit fortgesetzter staatlicher Eingriffe minimiert wird. Diese Vorgehensweise ist naheliegend für diejenigen, die freie Märkte als wirtschaftliches Organisationsprinzip befürworten. Allerdings ist auch die Durchführung des strukturellen Ansatzes alles andere als leicht. Es ist eine verbreitete Ansicht, daß die Unternehmer sich gegen eine Aufsplitterung ihrer Unternehmen in kleinere, miteinander konkurrierende Teile sträuben. Wie Tiger kämpfen sie sowohl auf der rechtlichen wie auf der politischen (legislativen) Ebene. Neben einer grundsätzlichen Entflechtungsablehnung gibt es zwei Hauptgründe für diesen starken Widerstand:

- Erstens ist eine solche Vorgehensweise in dem Maße, in dem eine Entflechtung eine Wettbewerbssituation auf dem Markt nach sich zieht, wahrscheinlich effizienter darin, Gewinnspannen zu beschneiden und organisatorischen Überfluß zu beseitigen, als eine staatliche Behörde es wäre, die mit notwendigerweise unvollständigen und inkonsistenten Eingriffen versuchen würde, das Verhalten auf dem Markt zu kontrollieren. Erfahrungen aus den USA zeigen, daß die Wirtschaft im allgemeinen Verhaltenskontrollen strukturellen Maßnahmen vorzieht, teilweise weil die Betroffenen glauben, aufgrund ihres besseren Informationsniveaus tatsächlich diejenigen kontrollieren zu können, die ihr Verhalten kontrollieren sollen. Außerdem ist es oft leichter, sich an Verhaltensvorschriften anzupassen und so ihre Folgen leichter zu bewältigen.

---

[1]) U. S. v. Trenton Potteries Co. et al., 273 U.S. 392, 396 (1927).

— Aber zweitens besteht die Gefahr, daß eine strukturelle Reorganisation die Verwirklichung von „scale economies" verhindert und somit zu Ineffizienz in der Industrie führen könnte. Wenn solche Gefahren tatsächlich bestehen, werden die Gegner struktureller Maßnahmen diesen Punkt sowohl in einem speziellen Monopolfall als auch in der allgemeinen politischen Debatte hervorheben.

Deshalb ist es wichtig, herauszufinden, wie groß der tatsächliche Verlust durch Nichtausnutzung von „scale economies" bedingt durch eine strukturelle Neuorganisierung des Marktes ist.

Ein Teil meiner Forschungsarbeiten[2]) beschäftigte sich mit diesem Thema. Ausgangspunkt war die Beobachtung, daß die meisten marktbeherrschenden Firmen mehrbetriebliche Unternehmen sind. Dies gilt für die Bundesrepublik Deutschland wie für die USA. In unserer Stichprobe von 12 Industrien unterhielten die drei führenden Hersteller für die engeren deutschen Märkte durchschnittlich zwischen 1,0 und 13,7 Betriebe, wobei der Median der 12 Industrien bei 4,0 lag. Meine Kollegen und ich versuchten deshalb, die sich aus der Mehrbetrieblichkeit ergebenden „scale economies" im Gegensatz zu einem einzigen Betrieb, der alle bekannten betriebsspezifischen „scale economies" ausnutzt, zu bestimmen. Unsere Ergebnisse waren komplexer Natur. Wir fanden tatsächliche Vorteile der Mehrbetrieblichkeit. Das Ausmaß dieser Vorteile war von Industrie zu Industrie verschieden und schien auch eher für den Verwaltungs- und Marketing- als für den Produktionsbereich der Unternehmen zu gelten. Aber für die Mehrzahl der Unternehmen waren die Vorteile der mehrbetrieblichen Struktur nicht sehr groß. Außerdem — dies gilt zumindest für die USA, wo unser Bild am vollständigsten war — fanden wir, daß die führenden Hersteller charakteristischerweise wesentlich größer waren, als sie hätten sein müssen, um die prinzipiellen Vorteile der Mehrbetrieblichkeit auszuschöpfen. Hieraus schloß ich, daß die Effizienzverluste einer weitreichenden, aber sachgemäß durchgeführten Entflechtungsregelung schlimmstenfalls gering sein würden.

Ich zögere, diese Folgerung auf die Bundesrepublik Deutschland auszudehnen. Ich habe nicht direkt an den Interviews für die Bundesrepublik Deutschland teilgenommen und es muß gesagt werden, daß wir bei den deutschen Unternehmen im Vergleich zu allen anderen Nationen (USA, Kanada, Großbritannien, Frankreich, Schweden) die meisten Schwierigkeiten beim Sammeln von Informationen hatten. Zuversichtlich bin ich in der Aussage, daß ein großer Teil der führenden Produzenten in der Bundesrepublik Deutschland aus mehrbetrieblichen Firmen besteht. Ausgehend von dem oben erwähnten Ergebnis, nämlich daß die „scale economies", bedingt durch mehrbetriebliche Struktur, tendenziell gering sind, könnte man erwarten, daß die Wirtschaftlichkeitsverluste einer Entflechtungsregelung ähnlich gering sind[3]).

Unmittelbar, nachdem ich meine Studien über die Wirtschaftlichkeitsaspekte mehrbetrieblicher Organisation beendet hatte, wurde ich Direktor des Bureau of Economics der Federal Trade Commission (FTC). Dort setzte ich meine Studien zu den Möglichkeiten einer Entflechtungspolitik fort. Zu dieser Zeit tendierte die öffentliche Meinung in ungewöhnlich starkem Ausmaß zu einer Politik durchgreifender Antitrust-Maßnahmen. Dennoch nahmen wir keine neuen Umstrukturierungsfälle in Angriff, brachten einen Fall (Xerox) mit dem Ergebnis weniger drastischer Patentlizensierungsvorschriften zu Ende, stellten mehrere, in der Schwebe befindliche Verfahren ein und verfolgten nur einen Fall (den der breakfast cereal industry) mit Nachdruck. Es gab mehrere Gründe für diesen vielleicht überraschenden Mangel an Aktivität. Die Erfahrung, die dieser Bilanz zugrunde lag, trug wesentlich bei zu meinem derzeitigen Pessimismus bezüglich der Chancen, durch strukturelle Neuorganisation stark konzentrierter Märkte fühlbaren gesamtwirtschaftlichen Nutzen zu gewinnen. Zum einen zeigten unsere Ergebnisse, daß Entflechtungen zu spürbaren Wirtschaftlichkeitsverlusten in einigen Industrien führen können, obwohl diese Industrien eigentlich geeignete Kandidaten für eine Neustrukturierung wären. Dies scheint insbesondere für Industrien zu gelten, in denen ein langer Produktionslauf für einzelne Produkte vorteilhaft ist und gleichzeitig Marketing-Vorteile durch Anbieten einer breiten Produktpalette, möglichst mit gemeinsamen Konstruktionselementen, erzielbar sind. Solche Überlegungen spielten eine Rolle bei den FTC-Entscheidungen, keine strukturellen Antitrust-Maßnahmen in den folgenden Industrien vorzunehmen: Außenbordmotoren, synthetische Waschmittel und größere elektrische Haushaltsgeräte. Ich nehme an, daß solche Überlegungen auch bei den Entscheidungen in der Autoindustrie nach Beendigung der FTC-Untersuchungen von Bedeutung sein werden, vorausgesetzt, daß die Firmen durch Informationen mitarbeiten und die Untersuchung so zu einem klaren Abschluß gebracht werden kann.

Zweitens wurde klar, daß einige Industrien stark konzentriert waren, weil die führenden Hersteller frühzeitig neue Produkte auf den Markt gebracht hatten oder Möglichkeiten zu „scale economies" ausgenutzt hatten. Aus Präzedenz- und Motivationsgründen zögern die meisten Verantwortlichen in den USA, mit Umstrukturierungsmaßnahmen einzugreifen, es sei denn, daß unbefriedigendes Verhalten zu starker Konzentration geführt hat, oder daß das derzeitige Marktgeschehen, vielleicht im Gegensatz zu dem der kurzfristigen Vergangenheit, selbst unbefriedigend ist.

Beachtenswert ist, daß die Entwicklung hochkonzentrierter Märkte meistens die Folge einer überle-

---

2) Siehe hierzu F. M. Scherer, Alan Beckstein, Erich Kaufer und R. D. Murphy: The Economics of Multi-Plant Organization: An International Comparison (Harvard University Press: 1975), S. 208.

3) Siehe hierzu m. Artikel: „Economies of Scale and Industrial Concentration", in: Harvey J. Goldschmid et al., ed., Industrial Concentration: The New Learning (Little, Brown), 1974, S. 15 bis 54, 100.

genen Innovationspolitik oder der Ausnutzung von Kostenersparnismöglichkeiten ist und nicht die Folge anderer weniger lobenswerter Entwicklungen, denn ein anderer Weg hin zu starker Konzentration — horizontale Fusionen — ist weitgehend durch die U.S. Antitrust-Politik versperrt worden. Dies mag für Europa nicht gelten, wo die Fusionskontrolle weniger durchgreifend war und weitfassende horizontale Fusionen durchaus übliche sind.

Drittens sollte erkannt werden, daß Aussagen bezüglich Marktstruktur und Marktgeschehen Wahrscheinlichkeitscharakter haben und nicht deterministisch sind. Starke Konzentration führt nicht notwendigerweise zu monopolistischer Preisbildung und nicht zufriedenstellendem Marktgeschehen; es besteht nur eine Tendenz hierzu. Dies bedeutet, daß die Marktleistungen in einzelnen Industrien zufriedenstellend sein können, obwohl hier eine Entflechtung sinnvoll erschienen wäre. Der Nutzen einer strukturellen Neuorganisation kann, selbst wenn die Kosten in Form von Nichtausnutzung von „scale economies" gering sind, unmerklich sein, wenn die Leistungen auf dem Markt schon zufriedenstellend sind. Wenn Kosten und Nutzen gering sind, werden sich die Entscheidungsträger wohl gegen eine strukturelle Neuorganisation aussprechen, es sei denn, daß ein politischer Konsens darüber besteht, daß Konzentration unabhängig von ökonomischen Nachteilen nicht wünschenswert ist — ein Konsens, der in den USA nicht besteht. Ein als gut bewertetes Marktverhalten veranlaßte die FTC, die Verfahren gegen einige Industrien einzustellen, z. B. größere elektrische Haushaltsgeräte, Bierbrauereien und Hersteller von Außenbordmotoren. Solche Überlegungen könnten in Europa noch bedeutsamer sein, weil starker Importwettbewerb auch in Industrien, deren nationale Marktstruktur hoch konzentriert ist, zu verändertem Marktverhalten führen könnte.

Auf der positiven Seite ist der Fall der breakfast cereal industry zu verbuchen, der augenblicklich von der FTC verhandelt wird. Hier konnten bei geringen Kosten beachtliche Verbesserungen durch eine Entflechtung erzielt werden. Sechs Prozent oder ein Siebtel dessen, was der führende Hersteller Kellogg augenblicklich hat, scheinen die Mindestoptimalunternehmensgröße in dieser Industrie zu sein. Die Preise betragen durchweg das Doppelte der Stückkosten und diese hohen Preis-Kosten-Spannen führen zu enormen, vielleicht verschwendeten Wettbewerbsausgaben. Es gibt Anhaltspunkte für offene Absprachen über die Marktstrategie unter der faktischen Preisführerschaft von Kellogg. Die Struktur der Industrie scheint so, daß wirklicher Preiswettbewerb, selbst ohne Absprachen, unwahrscheinlich ist. Meiner Ansicht nach ist das Vorhaben der FTC — fünf neue Hersteller durch ein „spin-off" und Zwangslizensierung der wichtigsten „cereal" Formeln und Warenzeichen — völlig ausreichend, um neuen Preiswettbewerb zum Vorteil der Konsumenten zu schaffen. Der alternative Ansatz der britischen Monopolkommission für dieselbe Industrie sah eine kontinuierliche Überwachung von Kelloggs Preisen und Gewinnen vor. Es wäre interessant, Effizienz und administrative Kosten der beiden Wege zu vergleichen. Umstrukturierung zur Verbesserung des Wettbewerbs wird den Verfechtern eines freien Marktablaufs als der geeignetere Ansatz erscheinen.

Meine Erfahrungen bei der FTC zusammenfassend, würde ich sagen, daß es Fälle gibt, in denen strukturelle Neuordnungen des Marktes „lohnend" sind, auch wenn diese Fälle in der Minderzahl sind[4]. Als „lohnend" bezeichne ich eine Umstrukturierung, wenn drei Kriterien erfüllt sind:

i) Keine spürbaren Wirtschaftlichkeitsverluste infolge der Entflechtung.
ii) Das Marktgeschehen der letzten Zeit war so wenig wettbewerbsorientiert, daß die Gewinnchancen der Behörde im möglichen Rechtsstreit angemessen gut sind und somit eine gerichtliche Entflechtungsanordnung verfügbar ist.
iii) Die Entflechtung läßt eine spürbare Veränderung des Marktgeschehens erwarten.

Dieser pessimistische Standpunkt könnte natürlich viel mehr auf einen Mangel an Tatkraft und Einfühlungsvermögen bei meiner eigenen Person und meinen früheren Mitarbeitern zurückzuführen sein, als auf eine tatsächlich geringe Anzahl von „lohnenden" Fällen. Eine Gesetzesänderung im Sinne einer „no fault" Regelung würde die Erfüllung des zweiten Kriteriums erleichtern und zusätzliche Fälle hinzubringen. Dennoch bin ich überzeugt, daß die Anzahl der Industrien in den USA, in denen eine Entflechtung unter gesamtwirtschaftlichen Gesichtspunkten befürwortet werden könnte, gering ist. Ich beziehe mich hierbei im wesentlichen auf das erste und dritte Kriterium.

Ich denke, die Verantwortlichen in den U.S.-Antitrust-Behörden sind zu derselben Auffassung gekommen, und deshalb sind seit 1975 nur zwei neue Umstrukturierungsfälle in Angriff genommen worden — die Telefonzuliefererindustrie sowie die Hersteller von Titandioxyd-Pigmenten. Statt dessen ist verstärkt versucht worden, die Schranken zum Markteintritt abzubauen, beispielsweise durch die Lizensierung von Patenten oder Warenzeichen, die den Markteintritt erfolgreich verwehrt haben, oder durch Beendigung diskriminierender Praktiken und durch die Einführung durchsetzbarer Verhaltensregeln, die es voraussichtlich den Oligopolisten erschweren würden, zusammenzuarbeiten[5]. Ein Beispiel für letzteres ist der FTC-Fall gegen die vier Hersteller von „Tetraäthylen" aufgrund sogenannten „Price Signalling's".

Die U.S. Behörden haben strukturelle Antitrust-Politik weitaus rigoroser in bezug auf horizontale Fusionen betrieben. Denn es besteht ein großer Unterschied zwischen der Verhinderung einer noch nicht vollzogenen Fusion und dem Aufspalten eines Unternehmens, das über einen mehrjährigen Zeitraum

[4]) Hierzu Scherer: The Posnerian Harvest: Separating Wheat from Chaff, 86 Yale Law Journal 974, 994 (April 1977).

[5]) Über die Effekte von Verhaltensregeln auf Markteintrittsschranken und die Verhinderung von Absprachen siehe W. L. Baldwin, The Feedback Effect of Business Conduct on Industry Structure, 12 Journal of Law and Economics 123 (April 1969).

als Einheit gewirkt hat. Die Wahrscheinlichkeit direkter Wirtschaftlichkeitsverluste ist geringer im Fall einer Fusionsunterbindung. Das Gleiche gilt für potentielle „scale economies". Von dem, was heute über die Effekte von Fusionen bekannt ist, läßt sich tendenziell ableiten, daß entweder die Effiziensgewinne im Durchschnitt klein oder nur so langfristig realisierbar sind, daß sie kein Entscheidungskriterium sind[6].

Wenn die optimale Unternehmensgröße noch nicht erreicht ist, liegt eine Alternative zur Fusion im internen Wachstum. Tatsächlich würde ich meine Beobachtungen dahingehend zusammenfassen wollen, daß „scale economies" mit größerer Wahrscheinlichkeit die Folge internen Wachstums als die Folge von Fusionen sind. Beispielsweise gibt es wenig Anhaltspunkte dafür, daß die massiven Fusionen in der deutschen Bierbrauindustrie zu ausgedehnten Rationalisierungen oder Vergrößerungen in den erworbenen Brauereien geführt haben[7]. Den US-Brauereien waren Fusionen untersagt worden, so daß sie neue Fabrikationsstätten mit erheblich geringeren Stückkosten in Betrieb nehmen mußten. Aus diesen und anderen Gründen ist es leichter, eine starke Antifusionspolitik zu betreiben, als eine Politik, die auf die strukturelle Aufspaltung solcher Unternehmen zielt, die durch internes Wachstum überlegene Positionen erreicht haben.

[6] Die neueste Studie, die einige europäische Länder, darunter die Bundesrepublik Deutschland, behandelt, stammt von Dennis Mueller, ed., The Determinants and Effects of Mergers: An Intern. Comparison, im Druck.

[7] Dieses Ergebnis leite ich aus persönlicher Korrespondenz mit Joachim Schwalbach her, der augenblicklich an einer Dissertation über Strukturänderungen der deutschen Bierbrauindustrie arbeitet.

C.2 Schriftliche Stellungnahme zur Entflechtungsanhörung

von Dr. Harald Schumacher
Hochschule für Wirtschaftspolitik, Hamburg

Grundsatzfragen zur Entflechtung

Die Notwendigkeit einer Entflechtungsregelung läßt sich zunächst begründen mit dem Versagen des Marktes, eine kompetitive Marktstruktur auf Dauer zu erhalten. Die dem Wettbewerb immanenten Dekonzentrationstendenzen erweisen sich in der Regel als zu schwach bzw. als zu zeitaufwendig. Eine Entflechtung würde daher die nicht ausreichenden Dekonzentrationskräfte des Wettbewerbs stärken oder gleichsam imitieren. Dabei ist zu beachten, daß durch eine Entflechtung nicht nur hochkonzentrierte Marktstrukturen nachträglich aufgelöst werden, sondern eine Entflechtungsregelung auch *präventive* Wirkungen entfalten kann. Sofern sie an wenigen, eindeutig definierten Eingriffskriterien orientiert ist, bietet sie die Chance, das Unternehmensverhalten in eine wettbewerbspolitisch erwünschte Richtung zu lenken (Unterlassung von Investition zur Erlangung marktbeherrschender Positionen, Diversifikation in neue Märkte, Vermeidung von Mißbrauchsstrategien u. ä.). Zwar ist nicht zu verkennen, daß u. U. auch ein erwünschtes Verhalten (Innovationen) wegen des befürchteten Entzugs von Leistungsgewinnen unterbleiben kann (‚disincentive'-Argument). Dem ist jedoch entgegenzuhalten, daß im Wettbewerbsprozeß selbst, genauer: im verfolgenden Wettbewerb, diese Wirkung angelegt ist. Im übrigen kann diesem Argument durch eine entsprechende Ausgestaltung der ‚escape clauses' Rechnung getragen werden.

Daneben läßt sich die Rechtfertigung einer Entflechtungsregelung nicht nur aus möglichen ‚market failures' herleiten, sondern auch aus dem bisherigen Versagen der Wettbewerbspolitik gegenüber Marktmacht. Verwiesen sei nur auf die lange Zeit fehlende und in ihrer heutigen Struktur lückenhafte Fusionskontrolle und die mangelnde Wirksamkeit der Mißbrauchsaufsicht bezüglich des Preisverhaltens. Zwar ist einer Verschärfung dieser Formen der Marktmachtkontrolle gegenüber einer Entflechtungsregelung generell der Vorzug zu geben, doch kann auf diese dennoch nicht verzichtet werden, da einmal die Fusionskontrolle nur die heutigen Fusionen erfaßt und zum anderen der Verhaltenskontrolle wegen der Beweislastverteilung und den Informationsvorteilen der Unternehmen relativ enge Grenzen gesetzt sind.

Unmittelbares Ziel einer Entflechtungsmaßnahme ist eine *Dezentralisierung* ökonomischer Entscheidungsstrukturen, die über eine Reduktion des Konzentrationsgrades und der absoluten Unternehmensgröße (u. U. auch über eine Auflösung ineffizienter Organisations- und Managementstrukturen) erfolgt. Erwartet wird eine Verbesserung der ‚performance' des Marktes und die Eingrenzung von Mißbrauchsstrategien, soweit diese sich kausal auf bestimmte Markt- und Unternehmensstrukturen zurückführen lassen.

Von sekundärer Bedeutung ist demgegenüber aus *ökonomischer* Sicht die Frage, mit welchen ökonomischen und gesellschaftspolitischen Zielsetzungen sich eine Entflechtungsregelung begründen läßt. Diese sind in der Tat vielfältig: Sicherung der wettbewerblichen Entfaltungsfreiheit, Reduktion der Inflationsrate, Vermeidung allokativer und unternehmensinterner Ineffizienzen, Verbesserung der Einkommens- und Vermögensverteilung, Erhöhung der Arbeitszufriedenheit und der Innovationsrate, Sicherung demokratischer Strukturen (Pressekonzentration!) usw. Von Belang wäre eine Zieldiskussion nur dann, wenn man der Dilemmathese folgt, die Konflikte zwischen den genannten Zielsetzungen behauptet. (So läßt sich in den Begründungen der alliierten Entflechtungsmaßnahmen nach dem 2. Weltkrieg solch eine Dilemmathese nachweisen, da durch eine Zerschlagung der ökonomischen Potenz des damaligen Deutschlands demokratische politische Strukturen wieder hergestellt werden sollten.) Nach unserer Auffassung bestehen jedoch keine Zielkonflikte, soweit es sich um die Entflechtung hoch konzentrierter Märkte und sehr großer Unternehmen handelt.

Unter *rechtspolitischen* Aspekten hingegen ist eine Zieldiskussion insofern von Bedeutung, als Umfang und Art des Zielkatalogs über die rechtliche Ausgestaltung der Entflechtungsregelung entscheidet. Hat man einen sehr breiten Zielkatalog vor Augen, wird man eine generelle gesetzliche Regelung, etwa in Anlehnung an die Gesetzesentwürfe von Hart und Harris, befürworten. Wird dagegen vorrangig die Sicherung wettbewerblicher Entfaltungsfreiheit angestrebt, ist eine Orientierung am normativen Referenzsystem des GWB möglich (vgl. Möschel-Gutachten). Unter ökonomischen Aspekten spricht vieles für eine generelle Entflechtungsregelung. Indes ist auch die politische Durchsetzbarkeit einer Entflechtungsregelung zu bedenken. Und danach dürfte sich eher eine am GWB orientierte Lösung empfehlen, soweit diese erlaubt, durch die Einführung einer widerlegbaren Vermutungsklausel eine Beweislastumkehr vorzunehmen (vgl. Vorschlag von Schulte-Braucks).

Eingriffsvoraussetzungen, hier: Eingriffskriterien

Der Entflechtungseingriff kann sich, ausgehend von dem in der Wettbewerbstheorie entwickelten Konzept, den Marktprozeß in eine Struktur-, Verhaltens- und Ergebnisdimension gedanklich zu zerlegen, an Marktstruktur-, Verhaltens- und Ergebniskriterien orientieren. Zur Messung dieser Merkmale sind dann entsprechende Einzeltests bzw. kombinierte Tests erforderlich.

a) Der *Marktergebnistest* macht eine wesentliche Zielsetzung von Entflechtungsregelungen, nämlich die Verbesserung der Marktergebnisse, zur Grundlage des Eingriffs. Da der Eingriff selbst strukturbezogen ist, muß unterstellt werden, daß ein eindeutiger Rückschluß von den Marktergebnissen auf die Marktstruktur möglich ist. Das ist aber nur bedingt der Fall. In den bislang vorliegenden Entflechtungsregelungen werden die Höhe der Profitrate und die Preisrigidität als Ergebniskriterien vorgeschlagen (vgl. Hart Bill, Kaysen/Turner).

Die eingeschränkte Verwendbarkeit des Profitratenkriteriums ergibt sich daraus, daß einmal eine relativ hohe Profitrate auch mit kompetitiven Marktstrukturen vereinbar ist (Marktlagengewinne, Innovationsgewinne), zum anderen niedrige Profitraten nicht unbedingt ein Indiz für funktionsfähigen Wettbewerb sind, da bekanntlich auch marktbeherrschende Unternehmen auf Grund unternehmensinterner Ineffizienz (‚organizational slack', ‚X-inefficiency') niedrige Profitraten aufweisen können. Ähnlich verhält es sich mit dem Kriterium der Preisrigidität, denn auch auf vermachteten Märkten sind flexible Preise nicht ausgeschlossen (Abwehr und Disziplinierung von Außenseitern). Eine Orientierung an diesem Kriterium könnte daher Fehlentscheidungen begünstigen.

Hinzu kommt die Schwierigkeit, die Marktergebniskriterien zu messen (Mehrproduktunternehmen!) bzw. eindeutig zu definieren (was heißt „Preisrigidität"?, wie hoch soll die zulässige Profitrate sein?). Dadurch würde aber die Präventivwirkung einer Entflechtungsregelung erheblich gemindert.

b) Der *Marktverhaltenstest* steht vor dem Problem, wettbewerbliches Verhalten von nicht wettbewerblichem bzw. mißbräuchlichem Verhalten abzugrenzen. Das ist noch relativ problemlos, sofern Behinderungsstrategien bzw. Preisstruktur- und Marktstrukturmißbräuche vorliegen. Erhebliche Schwierigkeiten entstehen dagegen beim Nachweis des Ausbeutungsmißbrauchs durch überhöhte Preise (Vergleichsmarktproblem). Und nicht erfaßt würden andere Formen schlechter ‚performance'. Der Zielkatalog einer Entflechtungsregelung wäre mithin sehr eingeengt. Ferner ist zu beachten, daß auch im Marktverhaltenstest der Nachweis erforderlich ist, daß das mißbräuchliche Verhalten durch die Marktstruktur kausal bedingt ist, sofern man die Entflechtung nicht als Sanktionsmaßnahme verstehen will. Ein derartiger Nachweis dürfte aber nur in Fällen des Preisstruktur- und Marktstrukturmißbrauchs ohne größere Schwierigkeiten gelingen.

Ein Vorteil des Marktverhaltenstests ist hingegen zweifellos darin zu sehen, daß er sich recht problemlos in den § 22 GWB einfügen läßt. Den angeführten Nachteilen könnte dabei durch die Einfügung einer Vermutungsregel wenigstens teilweise Rechnung getragen werden.

c) Die Verwendung eines *Marktstrukturtests* bietet sich insofern an, als eine Entflechtung ja auf die Veränderung von Markt- und Unternehmensstrukturen zielt. Der Marktstrukturtest beruht auf der Annahme, daß aus bestimmten Strukturen innerhalb einer gewissen Bandbreite bestimmte Verhaltensweisen und Marktergebnisse prognostizierbar sind. Man mag bezweifeln, ob die ökonomische Theorie diesen Anspruch zur Zeit erfüllen kann. Nur trifft diese Kritik nicht nur den Marktstrukturtest, sondern gleichermaßen auch die übrigen Tests. Mit der Gültigkeit des Struktur-, Verhaltens-, Ergebnis-Paradigmas steht und fällt der Entflechtungsansatz als solcher.

Im Rahmen des Marktstrukturtests sind folgende Probleme zu lösen:

— Sollen nur Marktanteilskriterien verwendet werden oder auch z. B. die Höhe der Marktschranken, die Unternehmensmobilität, die Entwicklung der Umsätze?
— Ist es zweckmäßig, die absolute Unternehmensgröße einzubeziehen?
— Soll der Test nur auf die marktbeherrschende Einzelunternehmung abstellen oder auch das kooperative (enge) Oligopol berücksichtigen?

Auf eine Einbeziehung von weiteren Strukturvariablen neben dem *Marktanteilskriterium* kann u. E. verzichtet werden. So besteht zwischen der Höhe der Marktschranken und dem Marktanteil oberhalb eines kritischen Schwellenwerts (50 %) über intervenierende Variable (‚scale economies', Kapitalaufwand u. ä.) eine enge wechselseitige Beziehung [1]).

Mit der zusätzlichen Aufnahme von Mobilitätskriterien und der Umsatzentwicklung (vgl. Neal Commission/Harris Bill) wird offenbar bezweckt, jene Märkte von einer Entflechtung freizustellen, auf denen trotz Erfüllung des Marktanteilskriteriums Wettbewerb vermutet werden kann. Um die Wirksamkeit einer Entflechtungsregelung zu sichern, empfiehlt sich jedoch grundsätzlich die Strategie, Entlastungsgründe nicht bereits in den Eingriffskriterien, sondern im Rahmen der ‚escape clauses' zu berücksichtigen.

Merkmale, die auf die *absolute Unternehmensgröße* abstellen, werden als Eingriffskriterien gefordert, um vertikal integrierte und konglomerate Unternehmen zu erfassen. Nun besteht allerdings eine wechselseitige Beziehung zwischen Marktanteilsgröße und der Unternehmensmacht. Denn in den meisten Fällen kann sich Unternehmensmacht erst bei Vorliegen einer Marktanteilsmacht entfalten. Andererseits wird sich die Ausübung des Marktanteils äußern. Sofern diese Beziehung im Einzelfall nicht gegeben sein sollte, ist die absolute Größe unter ökonomischen Aspekten unproblematisch (Zwang

---

[1]) Zur herausragenden Bedeutung des Marktanteils der Einzelunternehmung im Marktstrukturtest vgl. W. G. Shepherd: The Treatment of Market Power, New York, London 1975, S. 45 ff.

zur Dezentralisierung und Divisionalisierung in sehr großen Unternehmen).

Damit soll keineswegs die *politische* Macht von Großunternehmen verkannt werden, nur ist u. E. die Entflechtung kein geeignetes Instrument zur Kontrolle politischer Macht. Hierfür bedarf es anderer Ansätze.

Allerdings spricht einiges dafür, das Marktanteilskriterium mit einem Größenkriterium zu koppeln, weil die absolute Größe bestehende Marktanteilsmacht potenziert. Oberhalb einer bestimmten Umsatzgröße (1 Mrd.) wäre dann ein niedrigerer Schwellenwert anzusetzen (30 %).

Die gesetzlichen Entflechtungsvorschläge in den USA haben vorrangig die Auflösung von *Oligopolen* zum Ziel, wobei vor allem an kollusive, enge Oligopole gedacht ist. Es sollte jedoch u. E. aus folgenden Gründen auf die Einbeziehung von Oligopolen in eine Entflechtungsregelung verzichtet werden und sich diese auf die dominierende Einzelunternehmung beschränken.

— Empirische Untersuchungen zeigen, daß Struktur-Ergebnis-Beziehungen im Oligopol weniger stark ausgeprägt sind als in ‚dominant firm industries'. Der Entflechtungsansatz ruht hier also auf theoretisch weniger festem Boden.
— Die Stabilität eines Oligopols wird nicht selten durch den hohen Marktanteil einer dominierenden Einzelunternehmung gesichert (asymmetrisches Oligopol). Diese wird dann aber im Regelfall über das Marktanteilskriterium der Einzelunternehmung erfaßt.
— Sofern die Marktanteile relativ gleichmäßig verteilt sind (symmetrisches Oligopol), stellt sich das Problem, jene Unternehmung herauszufinden, die die Stabilität des Oligopols bewirkt. Auf das Marktanteilskriterium kann in diesem Fall schwerlich zurückgegriffen werden.
  Da sich auch ein trial-and-error-Verfahren verbietet, müßten zwangsläufig alle dem Oligopol zugehörigen Unternehmen entflochten werden. Das dürfte dann mit erheblichen Verfahrens- und Übergangskosten verbunden sein.
— Die Präventivwirkung einer Entflechtungsregelung begünstigt ein konformes Verhalten im Oligopol. Denn da die Oligopolvermutung auf eine Unternehmensgruppe abstellt, kann das Überschreiten der kritischen Marktanteilsschwelle häufig nur durch eine gruppeninterne Abstimmung der Expansionspolitik vermieden werden.
— Während die Herausbildung einer marktbeherrschenden Stellung durch internes Wachstum der Einzelunternehmung nicht kontrolliert werden kann, bestehen wettbewerbspolitische Ansätze, die Bildung gruppenstabilisierender Kooperationsformen (z. B. Kapital- und Personalverflechtungen, abgestimmte Verhaltensweisen) zu erschweren.

Ein nicht unerhebliches Problem des Marktstrukturansatzes bildet zweifellos die Abgrenzung des relevanten Marktes. Nur läßt sich dieses Problem ebensowenig bei den übrigen Tests umgehen (Kausalitätsnachweis, Strukturbezogenheit des Entflechtungsverfahrens) und bildet auch in anderen wettbewerbspolitischen Ansätzen gleichsam das tägliche Brot des Wettbewerbspolitikers.

d) Den kritischen Einwänden gegenüber den drei genannten Tests, wird meist dadurch Rechnung zu tragen versucht, daß *kombinierte Markttests* vorgeschlagen werden, vor allem ein kombinierter Struktur-Ergebnis-Test (vgl. Hart Bill, Kaysen/Turner). Dabei ist allerdings nicht immer erkennbar, ob die Einzeltests alternativ oder additiv zu verwenden sind.

   Die alternative Verwendung der Tests impliziert die Annahme, daß entweder auch jene Fälle erfaßt werden sollen, die den Strukturtest bestehen würden, oder aber man will — ausgehend von einer Dominanz des ‚performance-tests' — über ein Strukturkriterium das mögliche Versagen dieses Tests kompensieren. Dem ist einmal entgegenzuhalten, daß Ergebnistests — wie ausgeführt — wenig leistungsfähig sind. Zum anderen ist nicht einsichtig, wieso in den Fällen schlechter Marktergebnisse auf Märkten unterhalb der kritischen Anteilsschwelle durch eine marktstrukturbezogene Entflechtungsmaßnahme positive Effekte erhofft werden. D. h. mit der Relativierung der Strukturtests wird dem Entflechtungsansatz insgesamt die Grundlage entzogen. Die Verwendung zusätzlicher Tests vermag daran nichts zu ändern.

   Sofern die Tests additiv verbunden sind, besteht offenbar die Absicht, solche Fälle von einem Entflechtungseingriff auszunehmen, in denen ein Markt mit einem hohen Konzentrationsgrad gute Marktergebnisse aufweist. Aus Effizienzgründen ist es u. E. jedoch sinnvoller, diesen Sachverhalt nicht in den Eingriffskriterien zu berücksichtigen, sondern im Rahmen der ‚escape clauses'.

e) Die Intentionen, die hinter der Forderung nach einer *Sektorenuntersuchung* stehen, sind unterschiedlich.

   Drei Interpretationen bieten sich an:

   — Es soll deutlich gemacht werden, daß über eine Analyse des Marktes i. e. S. hinaus auch das „Umfeld" („Sektor") zu sondieren ist, in das der Markt eingebettet ist. Darauf kann jedoch auch bei der Abgrenzung des relevanten Marktes in der Regel nicht verzichtet werden (potentieller Wettbewerb), so daß die Sektorenanalyse unter diesem Aspekt keinen gesonderten Anknüpfungspunkt darstellt.
   — Eine Sektorenanalyse kann ferner die Aufgabe haben, gesetzliche Entflechtungsmaßnahmen zunächst auf jene Märkte zu konzentrieren, die gesamtwirtschaftlich von erheblicher Bedeutung sind, soweit diese nicht bereits vorgegeben sind (vgl. Hart Bill). Aus Gründen der Praktikabilität und der Erfolgswirksamkeit dürfte sich eine Sektorenanalyse in diesem Sinne empfehlen.

— Die Sektorenanalyse läßt sich schließlich auch als ein kombinierter Struktur-Verhaltens-Ergebnis-Test interpretieren, der auf gesetzliche Vermutungskriterien verzichtet (vgl. Empfehlung von Möschel). Erhebliche Nachteile dürften u. E. darin zu sehen sein, daß
  — der Ermessungsspielraum der zuständigen Behörde und damit die Rechtsunsicherheit groß ist,
  — die Beweislast auf seiten der zuständigen Behörde liegt, was angesichts des Informationsvorsprungs der Unternehmen erhebliche Effizienzeinbußen einer Entflechtungsregelung zur Folge haben dürfte,
— die mit einer Entflechtungsregelung auch beabsichtigte Präventivwirkung entfällt, weil keine verhaltenssteuernden Eingriffskriterien vorgegeben werden.

Eine Sektorenanalyse als *Anknüpfungspunkt* einer Entflechtungsregelung empfiehlt sich daher m. E. nicht, soweit jene nicht lediglich die Aufgabe hat, die Entflechtungsmaßnahmen zunächst auf die gesamtwirtschaftlich relevanten Sektoren zu lenken. Geeigneter scheint uns aus Gründen der Praktikabilität, der Rechtssicherheit und der Wirksamkeit einer Entflechtung die Orientierung an Vermutungskriterien, insbesondere am Marktanteil der Einzelunternehmung, differenziert nach der Unternehmensgröße.

Es verbleibt die Abklärung der Frage, ob die Einführung einer ‚delay clause' zweckmäßig ist. Sowohl die Vorschläge von Hart und Harris bzw. Neal Commission sehen für die Struktur- und Ergebnisvariablen eine ‚delay clause' vor, wenn auch unterschiedlicher Länge. Mit dieser Klausel soll der Tatsache Rechnung getragen werden, daß auch im Wettbewerbsprozeß — vorübergehend — die kritischen Anteilswerte überschritten werden können bzw. „schlechte" Marktergebnisse nicht nur die Folge von Monopol- bzw. Oligopolmacht sind. Der Wettbewerb erhält gleichsam die Chance, innerhalb des verlangten Zeitraums kompetitive Strukturen und „gute" Marktergebnisse wieder herzustellen. Die Entflechtung setzt erst dann ein, wenn die Dekonzentrationseffekte und die Effizienzverbesserung nicht mehr erwartet werden können. Nun besteht hier allerdings die Schwierigkeit, die Zeitspanne, in der sich insbesondere der verfolgende Wettbewerb entfaltet, zu quantifizieren. Die ökonomische Theorie liefert hier kaum Anhaltspunkte, ebenso wenig liegen statistische Untersuchungen darüber vor. Angesichts dieser Sachlage ist es sinnvoller, die mit den ‚delay clauses' verbundene Intention im Rahmen der ‚escape clauses' zu verwirklichen.

Ausnahmeregelungen (‚escape clauses')

Es lassen sich grundsätzlich zwei Kategorien von ‚escape clauses' unterscheiden. Zunächst Klauseln, die die Umstände bei der Erreichung der Marktstellung berücksichtigen (Entlastungsklauseln). Im Rahmen des Marktstrukturtests sind sie erforderlich, um den Unternehmen die Möglichkeit zu geben, nachzuweisen, daß trotz Vorliegens der Vermutungskriterien die marktbeherrschende Stellung legitimiert werden kann.

Die Beweislast liegt auf seiten der betroffenen Unternehmen. Sodann Klauseln, die den Entflechtungserfolgen Rechnung tragen (Abwägungsklauseln). Hier geht es darum, den zu erwartenden positiven Effekten einer Entflechtung mögliche Kosten gegenüberzustellen (Trade-off-Analyse). Die Beweislast liegt auch auf seiten der Entflechtungsbehörde.

In den Entflechtungsvorschlägen dominieren drei Entlastungsklauseln:

— die Existenz von erheblichen ‚economies of scale' im Produktionsbereich („Natürliches Monopol"),
— die legale Ausübung von Patenten,
— die Rechtfertigung der Marktstellung durch überragende Marktleistungen (‚superior conduct').

Soweit erhebliche produktionstechniche ‚economies of scale' vorliegen, ist davon auszugehen, daß es sich wettbewerbspolitisch um einen Ausnahmebereich handelt. Auf eine Entflechtung kann dann verzichtet werden, da hier die Unternehmen einer staatlichen Verhaltenskontrolle unterliegen (sollten). Das Argument der Patentfundierung ist zu akzeptieren, auf eine diesbezügliche Einzelklausel kann jedoch verzichtet werden. Es verbleibt das Problem, daß die marktbeherrschende Stellung das Ergebnis einer — nicht patentgeschützten — überlegenen Organisations- und Innovationskompetenz sein mag. Um ‚disincentives' zu vermeiden, ist daher u. E. eine Entlastungsklausel notwendig, die dieser Möglichkeit Rechnung trägt. Dabei kann zugunsten einer Generalklausel auf eine Aufzählung einzelner Leistungsmerkmale verzichtet werden (vgl. Empfehlung von Schulte-Braucks). Es wäre jedoch eine ‚delay clause' zu empfehlen, welche den Nachweis verlangt, daß die überragende Marktleistung innerhalb der letzten fünf (sieben?) Jahre erbracht wurde.

Da mit einer Entflechtung nicht nur Vorteile, sondern unmittelbar auch Kosten verbunden sind, wird in der Regel die Einführung von *Abwägungsklauseln* in die Entflechtungsregelung empfohlen. Allerdings sollte auf jeden Fall darauf verzichtet werden, Vermutungstatbestände zu formulieren, bei deren Erfüllung eine Abwägung mit den möglichen Vorteilen von vornherein unterbleibt. So sind nach Harris und Hart Entflechtungen ausgeschlossen, wenn der Verlust von ‚substantial economies' zu befürchten ist. Dabei dürfte es sich im wesentlichen um produktionstechnisch bedingte economies handeln, deren Verlust bei der Entflechtung eines einzelnen Betriebes möglich ist. Kaysen/Turner nehmen daher explizit betriebliche Entflechtungen von vornherein aus, während sonstige economies lediglich „in Rechnung zu stellen" sind.

Insgesamt gesehen wird u. E. die Bedeutung von ‚economies of scale' überschätzt. Von gewisser Bedeutung sind sie in der Tat im Produktionsbereich einer Unternehmung. Nur dürften — wie die amerikanischen Erfahrungen zeigen — Betriebsentflechtungen nur selten erforderlich sein. Aber selbst dann ist eine Entflechtung über die Auflage der „Neuzüchtung" eines Unternehmens möglich. Demgegenüber bestehen ‚multiplant economies' in Form von Finanzierungs- und Marketingvorteilen, die bei einer Unternehmensentflechtung berührt werden können, zu einem nicht unerheblichen Teil aus ‚pecuniary economies'. Diese beeinflussen zwar die Einkommensverteilung, stellen aber keine gesamtwirtschaftlichen Ersparnisse dar. Auf eine gesonderte ‚economies clause' sollte daher verzichtet werden.

Ähnlich verhält es sich mit dem Argument, eine Entflechtung gefährde die internationale Wettbewerbsfähigkeit einer Unternehmung. Diese beruht weniger auf Kostenvorteilen, sondern auf der Innovationsfähigkeit eines Unternehmens. Und die Innovationsfähigkeit dürfte von einem bestimmten Konzentrationsgrad an und oberhalb einer bestimmten Unternehmensgröße eher abnehmen, während die Neigung wächst, sich durch Einflußnahme auf die staatliche Wirtschaftspolitik vor der internationalen Konkurrenz zu schützen (vgl. die amerikanische Stahlindustrie Anfang der sechziger Jahre). Von einer Entflechtung kann daher u. E. zu Recht eher eine Stärkung der internationalen Wettbewerbsfähigkeit erwartet werden (vgl. auch die entsprechende Begründung in der Hart Bill). Im übrigen läßt sich eine Trade-off-Analyse nicht in abstrakter Weise, sondern stets nur bezogen auf konkrete Entflechtungsformen durchführen. Dabei gilt es dann, jene Maßnahme herauszufinden, die bei annähernd gleichen Positiveffekten mit den geringsten Kosten verbunden ist. Das mag im Einzelfall die Wahl einer ‚second best'-Lösung bedeuten, jedoch angesichts der vielfältigen Entflechtungsmöglichkeiten nur selten den Verzicht auf eine Entflechtung überhaupt zur Folge haben. Die Aufnahme einer Abwägungsklausel in die Entflechtungsregelung ist daher nicht zu empfehlen.

Abschließende Stellungnahme

Zu bevorzugen wäre eine gesetzliche Entflechtungsregelung in Anlehnung an die Vorschläge von Hart, Harris/Neal Commission und Kaysen/Turner, wenn auch mit den hier vorgetragenen Modifikationen bezüglich der Vermutungskriterien und den ‚escape clauses'. Angesichts der nicht zu verkennenden Widerstände im politischen Raum bietet sich allerdings die Einführung einer Entflechtungsregelung in den Bezugsrahmen des § 22 GWB als zweitbeste Lösung an. Um die für eine wirksame Entflechtungsregelung nachteilige Bindung an den Mißbrauchsnachweis teilweise zu vermeiden, empfiehlt sich allerdings die Einführung einer strukturorientierten Vermutungsregel, wie sie von Schulte-Braucks vorgeschlagen wird. Der hier vorgesehene kritische Marktanteilswert für die Einzelunternehmung von 50 % sollte jedoch oberhalb einer bestimmten Unternehmensgröße (1 Mrd.) auf 30 % herabgesenkt werden. Andererseits ist die Einführung einer Toleranzklausel bezüglich der Unternehmensgröße und des Marktumfangs zweckmäßig. Ferner empfiehlt es sich, den Nachweis, daß das Unternehmen „seine Stellung ausschließlich durch leistungsgerechten Wettbewerb erworben oder erhalten hat" (vgl. § 22 IV, 2 im Reformvorschlag von Schulte-Braucks) durch eine ‚delay clause' („innerhalb der letzten fünf [sieben] Jahre") zu ergänzen.